Computerhardware für Anfänger

PC, Notebook, Tablet, Smartphone

Die Hardware kennenlernen – Warnzeichen erkennen
Fehler und Reparaturen vermeiden

9. Auflage   Juni 2024

Impressum

Autor

Klaus Eifert, geb. 1949 in Sachsen;

- 1967–1973 Studium in Moskau, Abschluss als Dipl.-Ing. für Elektronik, Spezialrichtung Entwurf und Konstruktion von Computersystemen.
- 1973–1990 Arbeit im Forschungsinstitut der Metallurgie. Entwicklung und Einsatz von Großrechnern und spezialisierten PCs, Robotertechnik und lokalen Rechnernetzen.
- 1990–2008 eigene Firma „Schulung und Beratung" sowie Arbeit als Dozent in der Lehrlingsausbildung und Lehrerweiterbildung und im Computerservice.
- Seit 2005 als Autor tätig.

Angaben zu den lieferbaren Büchern des Autors, Leseproben, ein kleines Fachwortlexikon und weitere Hilfen und Anleitungen sowie Bestellmöglichkeiten finden Sie auf www.eifert.net. Übrigens: Bestellungen, die bis 15 Uhr über meinen Shop eifert.net erfolgen, erreichen am gleichen Abend das Leipziger Paketverteilzentrum und treffen meist am nächsten Tag bei Ihnen ein.

Impressum

Copyright: Alle weltweiten Rechte liegen beim Autor. Kein Teil dieser Ausgabe darf digital gespeichert werden. Nachdruck, auch auszugsweise, sowie die Verbreitung durch Film, Funk, Fernsehen und Internet oder durch fotomechanische Wiedergabe, Tonträger und Datenverarbeitungssysteme jeder Art darf nur mit schriftlicher Genehmigung des Autors erfolgen.

Die Verwendung von Warenbezeichnungen oder Handelsnamen berechtigt nicht zu der Annahme, dass diese frei benutzt werden können. Es kann sich um eingetragene Warenzeichen oder sonstige geschützte Kennzeichen handeln, auch wenn sie nicht als solche markiert sind.

Haftungsausschluss: Obwohl alle Informationen nach bestem Wissen verfasst wurden, muss der Autor jede Verantwortung für eventuelle Schäden ablehnen, die bei Befolgung der Anleitungen eintreten könnten.

Bildlizenzen: Titelbild von © Mikhail Mishchenko von de.fotolia.com, weitere Lizenzen siehe Seite 290.

Die Deutsche Bibliothek verzeichnet diese Publikation in der Deutschen Nationalbibliografie; detaillierte bibliografische Daten sind im Internet über https://portal.dnb.de/opac.htm abrufbar.

Danksagung

Besonderer Dank gebührt meinen Lektoren, die unzählige Fehler, Dopplungen, Auslassungen und Logikmängel gefunden und mich mit Ideen versorgt haben. Zahlreiche Leser haben mit Fragen und Anmerkungen geholfen, dieses Buch von Auflage zu Auflage besser zu machen. Einige der aktivsten möchte ich hier nennen (in alphabetischer Reihenfolge): E. Bruhm, T. Gärditz, E. Haas, E. Hannaske, H. Hanselmann, E. Klug, J. Kuntze, S. Schön, Dr. Stotz, H. Wanger, D. Wilk.

Historie

1. Auflage im Dezember 2010, überarbeitet im Nov. 2011, erneut überarbeitet April 2012 und Jan. 2013
2. Auflage im August 2013, überarbeitet im April 2014
3. Auflage im April 2015, überarbeitet im September 2015, überarbeitet und ergänzt im Januar 2016
4. Auflage im November 2016, überarbeitet im April 2017, im Juni 2017, Dez. 2017 und November 2018
5. Auflage im Dezember 2019, überarbeitet im Oktober 2020
6. Auflage im Februar 2021, überarbeitet im Mai 2021 und Dezember 2021
7. Auflage im Mai 2022, aktualisiert im August 2022 und November 2022
8. Auflage im Juli 2023, überarbeitet im Februar 2024
9. Auflage im Juni 2024

Druck: ScandinavianBook, Rudolf-Diesel-Str. 10, 91413 Neustadt a. d. Aisch
Gestaltung: vision2.media   ISBN 978-3-00-032596-0

Vorwort

Dieses „Hardware-Anfängerbuch" vermittelt grundlegende Hardware-Kenntnisse, die jeder Benutzer eines Computers haben sollte, ob er nun einen PC, Notebook, Tablet, Smartphone oder anderes hat. Dieses Buch soll für jeden verständlich sein, und es werden nur minimale technische Kenntnisse vorausgesetzt.

Dies ist kein Einsteigerbuch für Leute, die das erste Mal vor einem Computer sitzen. Wie man das Gerät einschaltet, das Betriebssystem startet, benutzt und beendet, wie man die Maus oder das Touchpad benutzt und Anwendungen startet, sollte bereits bekannt sein.

Das Buch ist für Leute geschrieben, die etwas mehr über ihre Hardware wissen wollen. Mehr Wissen über die Hardware kann ihnen Fehlkäufe und teure Reparaturen ersparen. Es werden auch die Besonderheiten der Hardware von Smartphones und Tablets betrachtet. Die in diesem Buch beschriebenen Komponenten stecken auch im Navi, den E-Book-Readern Kindle und Tolino, in Tablets und Smartphones.

Es soll Ihnen helfen,

- mit Ihren (möglicherweise mehreren) Computern sachkundiger umzugehen,
- Warnzeichen für Gefahren zu erkennen,
- technische Daten des eigenen Computers ermitteln und einschätzen zu können,
- Angebote und Anzeigen bewerten zu können und Fallen zu umgehen,
- Computerspezialisten und Verkäufern die richtigen Fragen stellen zu können,
- bei Neukauf oder Aufrüstung eines PCs mehr Leistung für Ihr Geld zu erhalten und
- sich sicher zu fühlen, wenn jemand mit Ihnen über Computer reden will.

Dieses Buch enthält einige Anleitungen, wie man den Arbeitsspeicher aufrüstet, ein defektes DVD-Laufwerk auswechselt, eine Festplatte einbaut und PC oder Notebook reinigt. Das sind einfache Tätigkeiten, dafür braucht man kein handwerkliches Geschick. Auf Reparaturanleitungen für Smartphone oder Tablet habe ich verzichtet, es gibt zu viele Modelle und Ersatzteile sind ohnehin nicht zu bekommen. Für die meisten Modelle gibt es Anleitungen auf YouTube. Kompliziertere Anleitungen, wie man seinen PC repariert, modernisiert oder einen eigenen PC komplett selbst konfiguriert und zusammenschraubt, fanden ebenfalls keinen Eingang in dieses Buch. Das Buch wäre zu umfangreich und zu teuer geworden, und die meisten Leser würden ohnehin ihren PC nicht aufschrauben. Falls Sie einmal selbst an Ihrem PC schrauben wollen, empfehle ich Ihnen mein Buch „Computerhardware für Fortgeschrittene", das in der 7. Auflage vom März 2024 vorliegt. Dort finden Sie

- die Hintergrundinformationen, die für Anfänger zu kompliziert sind,
- ausführlichere Anleitungen für die Fehlersuche,
- Montage- und Demontageanleitungen für den Austausch von Komponenten,
- Empfehlungen, aus welchen Komponenten Sie einen individuellen PC zusammenstellen können,
- eine komplette bebilderte Montageanleitung.

Aktualität

Vor jedem Druck bemühe ich mich, meine Bücher auf den neuesten Stand zu bringen. Ich aktualisiere Preise und Produktempfehlungen und kontrolliere, ob Links ins Internet noch gültig sind. Dennoch sollten Sie den technischen Daten und Preisen nur bedingt vertrauen, denn die IT-Branche entwickelt sich schnell. Die Preise wurden in deutschen Online-Shops ermittelt und dienen nur zu groben Orientierung.

Manche Daten sind nur schwer zu finden, weil die Hersteller ihre neuesten Technologien und Verfahren geheimhalten. Aktuelle Zahlen und Statistiken könnte ich bei `https://de.statista.com` abonnieren, doch 49 Euro pro Monat sind mir dafür zu teuer. Doch auch wenn einige der Zahlen, Statistiken und Testberichte mehrere Jahre alt sind, können sie eine Orientierung geben und Entwicklungsrichtungen aufzeigen.

INHALTSVERZEICHNIS

    Autor 2
    Impressum 2
    Danksagung 2
    Historie 2
    Aktualität 3

1 Grundlagenwissen 11
    1.1 Hardware und Software 11
    1.2 Einführung 11
    1.3 Fachbegriffe der Elektronik 15
        1.3.1 Leiterplatten 15
        1.3.2 Halbleiter 15
        1.3.3 Transistoren 16
    1.4 Zahlensysteme 17
        1.4.1 Was ist das eigentlich – ein Zahlensystem? 17
        1.4.2 Warum benutzen Computer nicht das Dezimalsystem? 18
        1.4.3 Darstellung von Buchstaben und Zahlen 21

2 Zentraleinheit 23
    2.1 Prozessor 25
        2.1.1 Bestandteile der CPU 25
        2.1.2 Taktfrequenz 26
        2.1.3 Der Cache-Speicher des Prozessors 27
        2.1.4 Turbo-Modus, Speedstep und Wärmeentwicklung 31
        2.1.5 Intel, AMD und Apple 31
        2.1.6 Benchmarks 33
        2.1.7 Zukünftige Entwicklungen 33
        2.1.8 Kühlung der CPU 36
    2.2 Die Hauptplatine 39
        2.2.1 CPU und RAM 39
        2.2.2 Chipsatz, Northbridge, Southbridge und Platform Controller Hub ... 41
        2.2.3 Steckplätze 41
        2.2.4 BIOS-ROM, CMOS-RAM, Uhr und Batterie 42
    2.3 Externe (rückwärtige) Anschlüsse der Hauptplatine 43
        2.3.1 Tastaturbuchse und Mausbuchse 43
        2.3.2 Serielle und parallele Anschlüsse 44
        2.3.3 USB-Anschlüsse 44
        2.3.4 FireWire (IEEE 1394) 47
        2.3.5 Thunderbolt 47
        2.3.6 Bildschirm-Anschlüsse 48
    2.4 Plug and Play 49
    2.5 Was ist das BIOS? 49
        2.5.1 Welche Aufgaben hat das BIOS? 50
        2.5.2 Das UEFI-BIOS und GPT-Partitionen 50
        2.5.3 BIOS-Setup-Programm 53
        2.5.4 Welche BIOS-Einstellungen sollten Sie kennen? 53
        2.5.5 BIOS-Update 54

3 Speicher 55
    3.1 Maßeinheiten 55
    3.2 Anforderungen an Speicher 56
        3.2.1 Klassifikation des Speichers nach Bauteilen 56
        3.2.2 Wie groß sind die Geschwindigkeitsunterschiede? 56
    3.3 RAM-Speicher 57
        3.3.1 RAM – Was ist das? 57

Inhaltsverzeichnis

    3.3.2 Arbeitsspeicher 57
    3.3.3 DRAM 57
    3.3.4 SRAM 64
3.4 ROM 65
3.5 Flash-Speicher 66
    3.5.1 Verwendung 67
    3.5.2 Drei Technologien: SLC, MLC und TLC 68
    3.5.3 Datensicherheit 68

4 Magnetische und SSD-Massenspeicher 69
4.1 Wer braucht noch Magnetfestplatten? 69
    4.1.1 Geschichte: Vom Magnetdraht bis zur Floppy-Disk 70
    4.1.2 Das Prinzip der magnetischen Speicherung und dessen Mängel 70
4.2 Festplatte 71
    4.2.1 Grundwissen 71
    4.2.2 Hauptbestandteile einer Festplatte 73
    4.2.3 Technische Daten und Herausforderungen 74
    4.2.4 Erschütterungen: Der plötzliche Tod 76
    4.2.5 Überhitzung: Die verkannte Gefahr 78
    4.2.6 Verschleiß: Das unabwendbare Ende 79
    4.2.7 Fehlerkorrektur 81
    4.2.8 SMART bedeutet: Die Festplatte meldet sich krank 83
    4.2.9 Lebensdauer 84
    4.2.10 Festplatte rechtzeitig austauschen! 85
    4.2.11 Anschluss IDE, SATA oder M.2 87
    4.2.12 Probleme vermeiden: Pflege und Wartung von Magnetfestplatten 88
    4.2.13 Zukünftige magnetische Festplatten 89
4.3 Solid State Drive 91
    4.3.1 Was ist eine „SSD"? 91
    4.3.2 Lebensdauer 91
    4.3.3 Defragmentieren von SSD-Festplatten 93
    4.3.4 Wie schnell sind SSDs? 93
    4.3.5 Energiebedarf 94
    4.3.6 Sicheres Löschen von SSD-Festplatten und USB-Sticks 94
    4.3.7 Hybrid Hard Drive 94
    4.3.8 Das schnellere M.2 Interface 95
    4.3.9 Zukünftige SSD-Festplatten 96
4.4 RAID 97
4.5 Externe Festplatten 99
    4.5.1 Baugrößen 99
    4.5.2 Sicherheit externer magnetischer Festplatten .100
    4.5.3 Vor dem Herausziehen unbedingt abmelden! .100
    4.5.4 Verwendung einer SSD als externen Speicher .101
    4.5.5 Wie viel Gigabyte sollte die Festplatte haben? 101
    4.5.6 Lebensdauer 101
4.6 USB-Speichersticks 102
4.7 Netzwerkspeicher 103

5 Optische Massenspeicher 105
5.1 Vergangenheit und Zukunft 105
5.2 Funktionsprinzip 106
5.3 Unterschiede zwischen CD, DVD und Blu-ray 108
5.4 Beschriftung oder Aufkleber? 110
5.5 Geschwindigkeiten 110

Inhaltsverzeichnis

- 5.6 Datensicherheit 112
- 5.7 Langlebige optische Medien 115
    - 5.7.1 M-Disk: tausend Jahre haltbar? 115
    - 5.7.2 Sandisk Memory Vault 115
    - 5.7.3 Andere Technologien 116
- 5.8 Lohnt sich Blu-ray? 116
- 5.9 Die Zukunft optischer Medien 117
- 5.10 Probleme mit Medien 118
    - 5.10.1 Was tun, wenn das Laufwerk die Scheibe nicht auswerfen will? . 118
    - 5.10.2 Die CD/DVD/BD lässt sich nicht lesen 118
- 6 Ausgabe 119
    - 6.1 Bildschirm 119
        - 6.1.1 Auflösung 119
        - 6.1.2 CRT-Bildschirme 122
        - 6.1.3 TFT-Flachbildschirme 123
        - 6.1.4 Ergonomie 129
        - 6.1.5 Displayreinigung von Smartphones und Tablet-PC 131
        - 6.1.6 Elektronisches Papier – Das E-Book 132
        - 6.1.7 Neue Entwicklungen: OLED und AMOLED 132
    - 6.2 Grafikkarte 133
        - 6.2.1 Die Aufgabe der Grafikkarte 133
        - 6.2.2 Auflösung und Farbtiefe 134
        - 6.2.3 Rendern, SLI, Crossfire und CUDA 134
        - 6.2.4 3D-Darstellung 135
        - 6.2.5 Echte 3D-Darstellung 135
        - 6.2.6 Onboard-Grafik 137
        - 6.2.7 Shared Memory 138
        - 6.2.8 Turbo-Cache 138
        - 6.2.9 Anschlüsse 139
        - 6.2.10 Dual-Monitor-Lösungen 141
    - 6.3 Fernsehen mit dem PC 143
    - 6.4 Sound 144
        - 6.4.1 Digitalisierung 144
        - 6.4.2 AC97 145
        - 6.4.3 Raumklang 145
        - 6.4.4 Physiologisches 145
        - 6.4.5 PMPO 145
        - 6.4.6 Bildschirme mit integriertem Lautsprecher 145
        - 6.4.7 USB-Sound-Stick 146
    - 6.5 Tintendrucker 147
        - 6.5.1 Druckverfahren 147
        - 6.5.2 Druckkosten 148
    - 6.6 3D-Drucker 152
        - 6.7.1 Druckverfahren 153
        - 6.7.2 Softwaretreiber 154
        - 6.7.3 Vergleich mit anderen Druckverfahren 154
        - 6.7.4 Gesundheitsgefährdung 155
        - 6.7.5 Fremdtoner 156
        - 6.7.6 Kompaktgeräte und modulare Geräte 156
        - 6.7.7 Betriebskosten 157
    - 6.8 Plotter 158
- 7 Eingabe 159

Inhaltsverzeichnis

- 7.1 Tastatur 159
  - 7.1.1 Funktionsweise der PC-Tastatur 159
  - 7.1.2 Tastenbelegung 159
  - 7.1.3 Sondertasten 159
  - 7.1.4 Ergonomie 160
  - 7.1.5 Tastatur und Maus für Tablet und Smartphone 161
  - 7.1.6 Schutz und Reinigung der Tastatur 161
  - 7.1.7 Notlösungen 162
- 7.2 Maus 162
  - 7.2.1 Arten von Mäusen 162
  - 7.2.2 Anschlüsse 163
  - 7.2.3 Mögliche Probleme 164
- 7.3 Touchpad 165
- 7.4 Touchscreen 165
  - 7.4.1 Verwendung 165
  - 7.4.2 Technologien 165
  - 7.4.3 Ergonomie bei Notebooks und Tablets 167
- 7.5 Grafiktablett 168
- 7.6 Scanner 168
- 7.7 Joystick 169
- 7.8 Gamepad 170
- 8 Netzteil, Gehäuse und Lüfter 171
  - 8.1 Netzteil 171
    - 8.1.1 Einleitung 171
    - 8.1.2 Bauformen und Typen 172
    - 8.1.3 Luft und Lärm 172
    - 8.1.4 Die optimale Leistung 172
    - 8.1.5 Ein- und Ausschalten und die Bereitschaftsspannung ... 172
    - 8.1.6 Überspannungsschutz 174
    - 8.1.7 Unterbrechungsfreie Stromversorgungen 174
    - 8.1.8 Reparaturen 174
  - 8.2 Gehäuse für Desktop-PCs 175
    - 8.2.1 Was ist eigentlich ein „Desktop-PC"? 175
    - 8.2.2 Standardgehäuse 175
    - 8.2.3 Miniaturgehäuse 176
    - 8.2.4 All-in-One-PC: Bildschirme mit eingebautem PC 177
    - 8.2.5 „Montagefreundliche" Gehäuse 177
    - 8.2.6 Formfaktor 177
  - 8.3 Kühlung 178
    - 8.3.1 Das Problem 178
    - 8.3.2 Lüfterarten 178
    - 8.3.3 Lüfter auswechseln 179
    - 8.3.4 Luftströmungen 179
    - 8.3.5 Lüfterausfall 180
    - 8.3.6 Staub 180
  - 8.4 Der leise PC 182
    - 8.4.1 Lärm macht krank 182
    - 8.4.2 Beim Kauf auf leise Komponenten achten 182
    - 8.4.3 Nachträgliche Maßnahmen 183
    - 8.4.4 Der geräuschlose PC 183
  - 8.5 Stromsparfunktionen und die Umwelt 184
  - 8.6 Energiesparende PCs 184

INHALTSVERZEICHNIS

9 Netzwerke 185
   9.1 Grundlagen 185
      9.1.1 Grundbegriffe 185
      9.1.2 Wie funktioniert ein Netzwerk? 186
   9.2 Technik 187
      9.2.1 Paarweise Verbindungen zweier PCs 187
      9.2.2 Verbindungen zwischen zwei oder vielen PCs 187
      9.2.3 Kabel 188
      9.2.4 Switch 189
      9.2.5 Modem 189
      9.2.6 DSL-Router 190
   9.3 WLAN 191
      9.3.1 Normen und Datenübertragungsraten 191
      9.3.2 Betriebsmodi 193
      9.3.3 Reichweite 193
      9.3.4 Mesh-Netzwerke 194
      9.3.5 Sicherheit 194
      9.3.6 WLAN funktioniert nicht – was tun? 196
      9.3.7 Gesundheitsgefährdung? 196
   9.4 Power-LAN 197
   9.5 Bluetooth 198
   9.6 RFID 199
   9.7 NFC 200
   9.8 Transferjet 200
   9.9 GSM 201
   9.10 UMTS 201
   9.11 LTE 202
      9.11.1 Technik 202
      9.11.2 Ausbauetappen und Verfügbarkeit 203
   9.12 5G – Mobilfunk der 5. Generation 204

10 Notebooks und andere mobile Geräte 205
   10.1 Allgemeine Betrachtungen 205
      10.1.1 Betriebsdauer 205
      10.1.2 Tauglichkeit für Spiele 206
      10.1.3 Ergonomie 206
      10.1.4 Vertragsgestaltung bei Mobilgeräten 207
   10.2 Die Formfaktoren bei portablen Geräten 208
      10.2.1 Laptop und Notebook 208
      10.2.2 Netbook 208
      10.2.3 Subnotebook 209
      10.2.4 Ultrabook 209
      10.2.5 Chromebooks 209
      10.2.6 Tablet 209
      10.2.7 Smartphone 210
   10.3 Komponenten 210
      10.3.1 CPU 210
      10.3.2 Massenspeicher 211
      10.3.3 Arbeitsspeicher 213
      10.3.4 Schnittstellen 213
   10.4 Stromversorgung von Mobilgeräten 215
      10.4.1 Wie kann man Strom sparen? 215
      10.4.2 Akku-Technologien 216

Inhaltsverzeichnis

10.4.3 Lebensdauer von Akkus 217
10.4.4 Brandgefahr 218
10.4.5 Neue Entwicklungen 219
10.4.6 Kabelloses Laden 219
10.5 Mobile Geräte in der Sommerhitze 219
10.6 Mobile Geräte in der Winterkälte 220
10.7 Reparaturen 221
    10.7.1 Ersatzteile 221
    10.7.2 Reparaturdauer 221
    10.7.3 Besonders robuste Geräte 222
    10.7.4 Reparaturen vermeiden 223
    10.7.5 Wasserschäden 223
    10.7.6 Erweiterungen und Aufrüstung 224
10.8 Welches Notebook soll ich kaufen? 225
    10.8.1 Kriterien 225
    10.8.2 Bildschirmarbeitsverordnung 225
    10.8.3 Brauche ich ein Notebook? 226
    10.8.4 Gebrauchte Notebooks 226

11 Gedanken vor dem Kauf 227
11.1 Allgemeine Gedanken 227
11.2 Darf es auch etwas teurer sein? 228
11.3 Muss es die allerneueste Technologie sein? 229
11.4 Wo werden sorgfältig geprüfte PCs verkauft? 230
11.5 Wo kauft man einen PC? 230
11.6 Warum sind die Elektronikmärkte so günstig? 231
11.7 Gebrauchte PCs 232
11.8 Wie kauft man einen PC? 233
11.9 Wann kauft man einen PC? 233
11.10 Was für einen PC brauchen Sie? 234
    11.10.1 Profi-PC für Filmbearbeitung und Programmentwicklung 234
    11.10.2 PC für Spieler 234
    11.10.3 PC für Internet sowie Büro-PC für Office-Anwendungen 234
    11.10.4 Notebook, Thin Client und Tablet 235
    11.10.5 PCs mit alternativen Betriebssystemen 236
    11.10.6 Den alten PC bekommen die Kinder zum Spielen? 236
11.11 Nach dem Kauf 236
    11.11.1 Beim Einkauf nichts vergessen 236
    11.11.2 Auspacken und aufstellen 237
    11.11.3 Den Computer anschließen 237
11.12 Lohnt sich Tuning? 237
11.13 Overclocking 238
11.14 Lohnt sich Eigenbau? 239
11.15 Marktführer 239
11.16 Reparaturen, Reklamationen und Umtausch 240
11.17 Garantie und Gewährleistung 242

12 Warum altern PCs? Warum gehen sie kaputt? 243
12.1 Kondensatoren 243
    12.1.1 Alterung von Elkos 243
    12.1.1 Zu kurze Lebensdauer 244
12.2 Elektromigration 246
12.3 Dreck und Hitze 247

Inhaltsverzeichnis

12.4 Mechanische Ursachen 247
    12.4.1 Mikrorisse 247
    12.4.2 Steck- und Lötverbindungen 247
    12.4.3 Elektronische Bauteile leben nicht ewig 248
12.5 Physikalisch-chemische Vorgänge 248
12.6 Fehler des Herstellers 249
12.7 Umwelteinflüsse 250
    12.7.1 Temperatur 250
    12.7.2 Überspannungen und Stromausfälle 250

13 Reinigung, Kleinreparaturen und Aufrüstung 251
    13.1 Allgemeine Hinweise 251
    13.2 Reinigung und Inspektion 251
    13.3 Sicherheit 252
    13.4 Einbau einzelner Komponenten 254
        13.4.1 RAM aufrüsten 254
        13.4.2 DVD und Festplatte 255
        13.4.3 Vergleich von Datenübertragungsraten 255

14 Notebook reinigen und reparieren 257
    14.1 Pflegemaßnahmen ohne Aufschrauben 257
    14.2 Ungefährliche Maßnahmen mit Aufschrauben 257
    14.3 Maßnahmen, die einiges Geschick erfordern 257

15 Fehlersuche 259
    15.1 Startprobleme 259
        15.1.1 Hardware-Startprobleme 259
        15.1.2 Ist es ein Problem der Hardware oder der Software? ...261
        15.1.3 Ein Hardware-Problem ist am wahrscheinlichsten ...262
    15.2 Auswertung des Ereignisprotokolls 264
    15.3 Internet geht nicht 266
    15.4 Besonderheiten bei Notebooks 267
    15.5 Ich finde die Ursache nicht, die Werkstatt auch nicht 267

16 Anhang 269
    16.1 Fachwortverzeichnis 269
    16.2 Verzeichnis der Abbildungen 287
    16.3 Bildlizenzen 290
    16.4 Verzeichnis der Tabellen 291
    16.5 Anleitungen 293
    16.6 Index 293

Verlagsprogramm 299
    Bezugsmöglichkeiten 299
    Beilagen 299
    Bestellungen von Schulen 299

GRUNDLAGEN

1 Grundlagenwissen

1.1 Hardware und Software

Von den vielen Themen rund um den Computer beschränkt sich dieses Buch auf die Hardware. Was ist eigentlich Hardware?

Hardware (sprich: Hardwähr) ist der materielle Teil des Computers: das Gehäuse mit Prozessor, Festplatte und DVD-Laufwerk sowie die Peripherie mit Tastatur, Maus, Bildschirm und Drucker. Man kann die Komponenten anfassen, sie haben ein Gewicht, und einige müssen mit dem Schraubendreher installiert werden. Hardware geht nur selten kaputt (solange man sie nicht fallen lässt oder ertränkt), und wenn doch: Auf Hardware gibt es Garantie. Sie haben ein Recht auf fehlerfreie Ware oder auf Rückgabe.

Software (sprich: Softwähr) ist im Gegensatz dazu der nicht-materielle Teil des PC: das Betriebssystem und die Programme. Software wird mit Tastatur und Maus installiert.

Es hat noch nie einen Software-Hersteller gegeben, der irgendeine Garantie auf die Fehlerfreiheit seiner Software gegeben hätte. Je komplexer die Software, desto mehr Fehler enthält sie. „Gute" Software von erfahrenen Programmierern enthält einen Fehler pro tausend Befehlszeilen, bei Software der Spitzenklasse (für Kernkraftwerke, Satelliten und Interkontinentalraketen) rechnet man mit einem Fehler pro zehntausend Befehlszeilen. Deshalb müssen Programme durch regelmäßige Aktualisierungen nachgebessert werden. Die Lage wird noch dadurch verschärft, dass auch die Benutzer Fehler machen. Jeder klickt hin und wieder einmal daneben. Statistisch gesehen werden Computerprobleme fast ausnahmslos durch Softwarefehler und Bedienfehler verursacht. In diesem Buch geht es jedoch nur um die Hardware.

1.2 Einführung

Die Grundlagen für die heutigen PC wurden schon vor sehr langer Zeit gelegt. Die ersten Computer wurden in den 1940er Jahren gebaut. Grafische Bedienoberflächen gibt es seit den 1950er Jahren. Der erste erfolgreiche Heimcomputer war der „Altair 8800" im Jahr 1974. 1981 brachte IBM den „Personal Computer" auf den Markt, und Teile von dessen Bauplan stecken auch heute noch in jedem PC. Die Reklame und die Fachzeitschriften vermitteln uns den Eindruck, es würden ständig revolutionäre Innovationen eingeführt. Mitunter wird sogar technologischer Rückschritt als Fortschritt deklariert. Natürlich wissen Sie, dass Reklame nicht den Zweck hat, Sie zu informieren, sondern Sie zum Kauf zu animieren, und Fachzeitschriften müssen sich mit reißerischen Artikeln von der Konkurrenz abheben und über jede „Neuheit" und jedes Gerücht als Erste schreiben.

Haben Sie schon einmal darüber nachgedacht, dass beim PC „Neu" oftmals bedeutet

- „Voreilig auf den Markt geworfen und noch nicht in der Praxis bewährt."
- „Die Nachbesserungen gibt es im Internet, der Kunde wird sie dort schon finden."
- „Wenn 80 % der Käufer zufrieden sind, reicht es aus." Oder genauer: „Gekauft ist gekauft. Wir haben das Geld des Kunden, und für das Abschmettern der Reklamationen ist die Serviceabteilung zuständig." Außerdem ist die Gewinnspanne bei Reparaturen und Ersatzteilen viel höher als beim Verkauf, vor allem bei Notebooks.

Aber wo sind denn die wirklichen Innovationen zu finden?

1. 1948 wurde der Transistor erfunden. Die Schaltungen und Verfahren, nach denen CPU, RAM, ROM, Disketten und Festplatten arbeiten, galten in den 60er Jahren bereits als „bewährte Technologien". 1960 wurde der Tintenstrahldrucker erfunden und 1971 der Laserdrucker.
2. Magnetische Speicherverfahren gibt es schon lange: Die Tonaufzeichnung auf Stahldraht wurde bereits 1899 patentiert. Etwa 1940 erreichten Magnetbandgeräte die Praxisreife. Die Computer der 1950er Jahre benutzten Magnettrommelspeicher als Arbeitsspeicher. Diese Technologien bereiteten den Weg für die 1956 entwickelte erste Festplatte und für die 1969 erfundene Diskette. Geschwindigkeit und Kapazität sind Jahr für Jahr gestiegen und der Preis pro Byte ist gefallen, doch die technologischen Grundlagen sind seit mehr als 100 Jahren unverändert.

Grundlagen

3. 1974 entwickelte Intel den 8-Bit-Prozessor i8080. Der 1978 entwickelte 16-Bit-Prozessor i8086 wurde „abwärtskompatibel" konstruiert, so dass die Programme des Vorgängers nach einer automatischen Umkodierung auf dem neuen i8086 lauffähig waren. Intel hat sich 1978 gegenüber IBM verpflichtet, jeden neuen Prozessor abwärtskompatibel zu entwickeln – und hält sich auch daran, ebenso wie AMD und andere Prozessorhersteller. „Abwärtskompatibel" bedeutet, dass jeder neue Prozessor die Befehle seiner Vorgänger beherrscht, damit alte Programme auch auf neuen Prozessoren laufen.

4. Im Jahr 1964 wurde die Maus erfunden, um die Arbeit mit Computern komfortabler zu gestalten. 1973 wurde für den „Xerox Alto" eine „grafische Bedienoberfläche" entwickelt (engl. **G**raphical **U**ser **I**nterface, abgekürzt GUI). Es dauerte 12 Jahre, bis man eine sinnvolle Verwendung für die Maus gefunden hatte: Mit dem „Amiga" erreichte die Maus 1985 den Massenmarkt. 1990 hatte Microsoft erste Erfolge mit einem grafischen Zusatz für das Betriebssystem DOS, der den Namen „Windows" erhielt. Damals konnte jeder wählen, ob er lieber kryptische DOS-Befehle eintippen will oder ob er den Computer mit der Maus bedient.

5. Seit 2002 gibt es ein „Hyper-Threading" genannten Verfahren: Wenn bei der Abarbeitung eines Programmteils eine Wartezeit eintritt (z. B. weil die Daten aus dem Arbeitsspeicher noch nicht eingetroffen sind), wird zu einem anderen Programmteil gewechselt. 2006 wurden die ersten „Dual Core"-CPUs verkauft, die zwei Rechenwerke in der CPU enthalten. Doch neu ist die Parallelverarbeitung nicht. Bereits der britische „Colossus", der 1943 zur Entschlüsselung von Geheimcodes eingesetzt wurde, war ein Parallelrechner. Heutige Supercomputer verteilen ihre Arbeit auf zehntausende Prozessoren.

Auch auf dem Gebiet der Software wurden viele Grundlagen schon vor Jahrzehnten gelegt:

1. 1974 wurde das Betriebssystem CP/M entwickelt, und 1981 erschien das daran angelehnte MS-DOS 1.0 als erstes Betriebssystem von Microsoft. Alle paar Jahre gab es eine weiterentwickelte Version von MS-DOS, die letzte hatte die Versionsnummer 6.22. Für diejenigen, die DOS nicht kennen: Das „**D**isk **O**peration **S**ystem" braucht keine Maus und läuft im reinen Textmodus. Befehle muss man an der Tastatur eintippen. Ein Beispiel für einen DOS-Befehl, der aus allen Ordnern des Laufwerks C: alle Word-Dateien aller Benutzer auf einen USB-Stick kopiert, der den Laufwerksbuchstaben E: trägt:

   ```
   xcopy c:\users\*.doc* e:\*.doc* /d /s /e /y
   ```

   Solche Kommandozeilenbefehle werden von hartgesottenen Profis benutzt, weil einige dieser Befehle viel effektiver sind als das Klicken mit der Maus, und manche dieser „klassischen" Befehle können die letzte Rettung sein, wenn Windows nicht mehr funktioniert.

2. Bei jeder neuen Version eines Betriebssystems achten die Entwickler darauf, dass neben allen Verbesserungen auch sämtliche alten Befehle weiterhin funktionieren. Wenn Sie auf ein moderneres Betriebssystem umsteigen, können Sie Ihre älteren, lieb gewonnenen Programme weiter verwenden und natürlich auch Ihre Daten weiter benutzen. Durch dieses freundliche Prinzip, die Abwärtskompatibilität, kann ich auch heute noch die meisten Befehle verwenden, die ich in den 1980er Jahren gelernt habe. Allerdings hat die Abwärtskompatibilität auch Grenzen. In jeder neuen Version des Betriebssystems die „Andockstellen" für ältere Programme mitzuschleppen ist aufwendig. Irgendwann, nach etwa zehn bis fünfzehn Jahren, halten die Hersteller den Aufwand nicht mehr für sinnvoll, weil (angeblich) kaum noch jemand die Uraltprogramme nutzt. Die Lieblingsspiele meiner Kinder laufen heute nicht mehr ...

3. Windows XP, Vista, Windows 7 bis 11 kommen beim Start ohne DOS aus. Doch die klassischen DOS-Befehle sind nicht verschwunden. Alle Windows-Versionen besitzen ein Fenster für DOS-Befehle, die sogenannte Eingabeaufforderung. Im Laufe der Jahre wurden die DOS-Befehle weiterentwickelt. Weil viele neue Befehle hinzugekommen sind, spricht man nicht mehr von DOS-Befehlen, sondern von Kommandozeilenbefehlen. Das Befehlssortiment ist so umfangreich, dass sich moderne Windows-Betriebssysteme für Server vollständig mit Kommandozeilenbefehlen installieren, konfigurieren und bedienen lassen, ohne auch nur ein einziges Mal die Maus benutzen zu müssen.

4. Es gibt nicht nur das fast immer verwendete Windows als Betriebssystem für den PC, sondern auch eine Vielfalt an alternativen Betriebssystemen, von denen Linux das bekannteste ist. Die Wurzeln dieser Betriebssysteme reichen meist noch weiter zurück als die von Windows. Der größte Teil der Smartphones und Tablets benutzt das Betriebssystem „Android", das auf Linux basiert.

GRUNDLAGEN

5. E-Mail ist auch nicht so neu, wie man denkt. Die ersten Versuche wurden bereits 1971 durchgeführt. Im Jahr 1979 stellte Eric Allman das Programm „Delivermail" fertig, das 1981 in „Sendmail" umbenannt wurde. Die übergroße Mehrzahl der E-Mail-Server benutzt dieses Programm auch heute noch in einer weiterentwickelten Version als „elektronisches Postamt".

Hard- und Software wurden Jahr für Jahr in kleinen Schritten verbessert: Taktfrequenzen, Drehzahlen, Packungsdichten (im Chip und auf der Festplattenoberfläche) werden erhöht usw. Durch Weiterentwicklung und Massenfertigung sinken die Preise. Aber gibt es etwas grundsätzlich Neues? Nur selten.

- Das bedeutet, dass ein solides Grundlagenwissen kaum veraltet. Es ist interessant, hilfreich und gewiss keine Zeitvergeudung, sich mit den Grundlagen zu beschäftigen.
- Grundlagenwissen ist unumgänglich, um in „neuen" Entwicklungen hinter den Werbeversprechen und Testberichten das Wesentliche zu erkennen und zu bewerten.
- Grundlagenwissen ist notwendig, um den Verkäufer das Richtige fragen zu können, statt auf ihn hereinzufallen und die Ladenhüter zu kaufen.
- Grundlagenwissen hilft oft gerade dann weiter, wenn die Hard- oder Software „spinnt" und einem allmählich die Ideen ausgehen, was man noch versuchen könnte.

Den meisten Leuten, die sich für Computer interessieren, fehlen diese Grundlagen vollkommen. In der Schule wird solches Wissen bisher nicht vermittelt. In Fachzeitschriften wird Grundlagenwissen leider nur selten und unsystematisch geboten. Die Redakteure und Autoren sind Computerfreaks und schreiben für andere Computerfreaks in deren Sprache.

Sicherlich hätten sich viele Computerprobleme und Datenverluste vermeiden lassen, wenn der Benutzer im entscheidenden Moment eine Vorstellung davon gehabt hätte, was sich gerade im Computer abspielt. Wer mehr über seinen Computer weiß, wird weniger Probleme haben und weniger (teure und nervenaufreibende) Fehler begehen. Vielen Computerbenutzern, die sich eigentlich überhaupt nicht für Technik interessieren, ist das bereits mehr oder weniger klar.

Dieses Buch will Ihnen Grundlagenwissen vermitteln, das Ihnen bei realen praktischen Problemen hilft oder diese Probleme zu vermeiden hilft. Regeln und Empfehlungen werden begründet. Am wichtigsten aber ist:

- Jeder kann dieses Buch verstehen, auch wenn er/sie sich eigentlich für Computertechnik überhaupt nicht interessiert. Natürlich werden Fachwörter verwendet, aber sie werden erklärt. Schauen Sie bitte in das Fachwortverzeichnis!
- Selbst erfahrenere Computerbenutzer werden einige interessante Gedanken finden können.

In diesem Buch geht es vor allem um den „klassischen" Desktop-PC und um Notebooks. Aber Smartphones, Tablets und E-Reader bestehen aus den gleichen Komponenten. Akkus und Bildschirme beispielsweise leiden unter Minusgraden auf die gleiche Weise, gleichgültig, ob sie in einem Smartphone oder in einem Notebook stecken.

Angesichts der Verkaufszahlen von Smartphones und Tablets meinen einige Leute, das Zeitalter der klobigen PCs ginge dem Ende zu. Wer seinen Computer hauptsächlich für E-Mail, zum Surfen und für ein paar Online-Spiele benutzt, für den scheint ein Desktop-PC überdimensioniert zu sein. Er ist teuer, kompliziert, laut, viel zu groß und verbraucht zu viel Strom. Ein Tablet ist da manchmal die bessere Wahl.

Doch der Desktop-PC kann vieles, was seine kleinen Geschwister nicht leisten können.

- Schreiben mit einer Tastatur, mit der auch Vielschreiber zufrieden sind,
- Speichern und Verwalten großer Datenmengen wie Fotos, Videos und Musik,
- Mehrere Anwendungen gleichzeitig nutzen und Daten zwischen ihnen einfach austauschen,
- Arbeit mit vielen Fenstern und Nutzung mehrerer Displays mit großen Bildschirmdiagonalen,
- Präzises Arbeiten (stellen Sie sich Bildbearbeitung mit den Fingerspitzen auf einem 8" Display vor!),
- Rechenintensive Anwendungen, wie z. B. Videoschnitt,
- Nutzung als Home-Server, Steuerung von Haustechnik und Modellbahnanlagen,

Grundlagen

- Nutzung als Flugsimulator und für anspruchsvolle Spiele,
- DVD und Blu-ray lesen und brennen.

Hinzu kommt seine vielfältige Erweiterbarkeit: Hochleistungs-Grafikkarte, diverse Schnittstellenkarten u. a.

Beachten Sie die Unmenge an Schnittstellen. Was können Sie nicht alles (gleichzeitig) anschließen: Externe Festplatten, USB-Speichersticks, Drucker, Scanner, Kameras, Skype-Headset, Smartphones ... Und wenn die Schnittstellen nicht ausreichen, steckt man einfach eine Erweiterungskarte in den PC.

Außerdem schont der PC die Umwelt. Man kann problemlos defekte Teile auswechseln und das PC-Leben durch Aufrüstung (Austausch von Komponenten durch leistungsfähigere Komponenten) verlängern. Einen defekten Tablet-Computer können Sie nicht reparieren. Selbst wenn Sie das zugeklebte Gehäuse aufbrechen, finden Sie keine Standardteile, die man ersetzen könnte. Aufrüsten geht auch nicht. Und die Müllberge wachsen ...

Freilich benötigt ein Desktop-PC mehr Energie, doch der gesamte Energieaufwand bei der Herstellung der Rohmaterialien und Komponenten ist so groß, dass der Energieverbrauch beim Kunden kaum ins Gewicht fällt. Und mit dem Desktop-PC sind Sie schneller mit der Arbeit fertig und können den PC früher ausschalten.

Hatten Sie jemals Gelegenheit zu vergleichen, wie viel schneller man mit einem Desktop-PC eine umfangreiche Internet-Recherche durchführen kann im Vergleich zu einen Notebook oder gar einem Tablet? Ich kann mir nicht vorstellen, dass ein Firmenchef seine Innendienst-Mitarbeiter mit Notebooks oder Tablets ausstatten würde. Wo „Zeit ist Geld" gilt, darf man an der Leistung der Computer nicht sparen.

Als der PC 1981 auf den Markt kam, war er eine Arbeitsmaschine. Niemand konnte sich damals vorstellen, welche Vielfalt von Anwendungen es einmal geben wird und dass der PC Einzug in die Haushalte nehmen wird. Und nun, nach fünf Jahrzehnten, ist der PC auf dem Weg zurück zu den Profis und den Anwendern, die ihn für ihre Arbeit und für anspruchsvolle Hobbys benötigen. Für viele „Normalanwender" genügt vielleicht ein Tablet-Computer.

Wenn Ihnen die folgenden „Fachbegriffe der Elektronik" zu kurz gehalten und deshalb schwer verständlich sind: Auf `eifert.net/hwg01` können Sie mehr darüber erfahren, wie hochreines Halbleitermaterial, Chips und Leiterplatten hergestellt werden und wie Dioden und Transistorschaltungen funktionieren.

Bild 1.1: Leiterplatten-Ausschnitt 50×30 mm, mit versilberten Leiterzügen, einfachen Bauelementen und Microchip
Links: Block mit 5 Mini-Kippschaltern („DIL-Schalter"), oben: fünf Widerstände, rechts: integrierter Schaltkreis, unten: drei Kontaktstifte, zwei davon sind mit einem blauen Jumper kurzgeschlossen.

Grundlagen

1.3 Fachbegriffe der Elektronik

Elektronische Bauelemente sind Widerstände, Kondensatoren, Dioden, Transistoren, Schaltkreise und andere. Schalter, Relais, Leitungen, Steckverbinder, Sicherungen, Transformatoren, Batterien und Lautsprecher zählen zu den elektrischen Bauelementen.

Eine **elektronische Schaltung** besteht aus elektronischen und elektrischen Bauelementen, die zu einer sinnvollen Funktion verbunden sind, z. B. Blinkgeber, Dämmerungsschalter, Verstärker.

1.3.1 Leiterplatten

Elektronische Bauelemente werden auf Leiterplatten montiert. Eine Leiterplatte besteht aus einer ungefähr 1 mm dicken Trägerplatte aus Isoliermaterial, oft aus Glasfasern. Auf der Oberfläche der Platte sind flache Leiterzüge aus Kupfer aufgeklebt, die zur besseren Leitfähigkeit meist versilbert werden. Hat die Trägerplatte auf der Ober- und Unterseite Leiterzüge, wird sie zweilagig genannt. Klebt man mehrere Leiterplatten aufeinander, nennt man sie mehrlagig. Leiterplatten in Computern sind oft 8-lagig, in Mobiltelefonen 12-lagig. Die Leiterplatte wird gebohrt und die Bohrlöcher werden innen verzinnt, um die obere und untere Leiterebene zu verbinden. Zum Schluss werden Widerstände, Kondensatoren und weitere elektronische Bauelemente in die Bohrungen gesteckt und verlötet. Damit ist eine Platine (englisch: board) entstanden – so nennt man eine Leiterplatte, die mit Bauteilen bestückt ist.

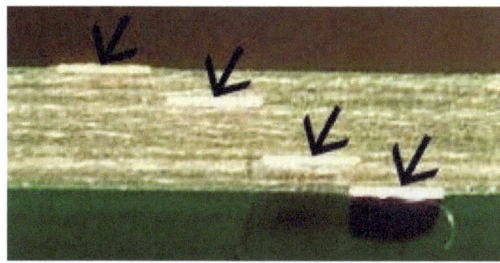
Bild 1.2: Mehrlagige Leiterplatte im Querschnitt mit vier durchgeschnittenen Leitern

Bild 1.4: Vergoldete Pins eines Mikrochips

Bild 1.3: Hochintegrierter IC („Northbridge") mit Kühlkörper, aufgelötet auf Hauptplatine

Die Microchips in Bild 1.1 und 1.4 haben „Beinchen" (engl.: pin). Microchips mit SMD-Kontakten (**S**urface **M**ounted **D**evice, deutsch: oberflächenmontiertes Bauelement, siehe Bild 1.3 und 1.5) sind vorteilhaft, weil dadurch viele Bohrungen wegfallen und die Platinen beidseitig bestückt werden können.

Bild 1.5: Aufgelötete Miniaturwiderstände

1.3.2 Halbleiter

Nach der elektrischen Leitfähigkeit unterscheidet man Leiter (z. B. Metalle) und Nichtleiter (z. B. Porzellan, Gummi, Plaste). Hochreine Silizium- und Germaniumkristalle sind Nichtleiter, denn es gibt keine freien Elektronen für den Ladungstransport. Durch Hinzufügen winzigster Mengen Fremdatome, das „**Dotieren**" (übliche Dosierung: 1 bis 100 Fremdatome auf eine Milliarde Atome) wird das Material zum **Halbleiter**. Stellen Sie sich ein Fußballfeld vor, auf dem Ziegelsteine gestapelt sind, 2500 Meter hoch. Wenn ein einziger Ziegelstein davon kaputt ist, entspricht das einer Dotierung von $1 : 10^{10}$, was einem Verhältnis von 100 zu einer Milliarde entspricht.

Ein **n**-Halbleiter wird durch Dotieren mit z. B. Phosphor hergestellt. Weil Phosphor leicht Elektronen (die **n**egativ geladen sind) abgibt, entsteht ein winziger Elektronenüberschuss. Die Elektronen können Strom transportieren. Weil der Stromfluss um Größenordnungen geringer ist als in Metallen, wird das Material als **Halb**leiter bezeichnet. Durch Dotierung mit z. B. Indium, welches gierig Elektronen aufsaugt, entsteht ein Überschuss an **p**ositiv geladenen Atomkernen und man erhält einen **p**-Halbleiter.

Fügt man p- und n-Halbleiter zusammen, entsteht eine **Diode**. Die Berührungsfläche nennt man Grenzschicht. Die nach Elektronen hungernden p-Atomkerne saugen die Elektronen aus der benachbarten n-Schicht. Wenn alle freien Ladungsträger (Elektronen) abgewandert sind, kann kein Strom mehr fließen. Die Grenzschicht wird zur Sperrschicht.

GRUNDLAGEN

Wenn man den p-Halbleiter mit dem Pluspol einer Spannungsquelle verbindet und den n-Halbleiter mit dem Minuspol, drückt die Spannungsquelle massenhaft Ladungen in den Kristall. Die Grenzschicht wird mit Ladungsträgern überschwemmt, und dadurch kann Strom fließen.

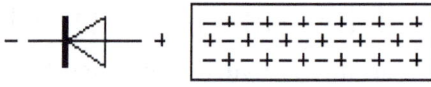

Polt man die Spannungsquelle um, werden die Ladungsträger abgesaugt. Es entsteht wieder eine Sperrschicht, größer als im spannungslosen Zustand. Es kann kein Strom fließen.

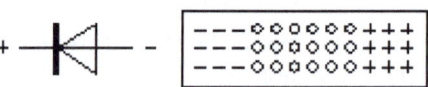

Ein Bauteil, welches den Strom nur in einer Richtung durchlässt, nennt man „Diode" oder „Gleichrichter".

1.3.3 Transistoren

Das wichtigste Halbleiterbauelement ist der Transistor. Nichts in der Welt wird in so großen Stückzahlen produziert wie Transistoren. Millionen davon stecken in einem Prozessor. Mit zwei davon (plus einige weitere für die Ansteuerung) kann man ein „Flip-Flop" bauen (einen Speicher für ein Bit, wie z. B. in Bild 1.7). Mit einigen Transistoren kann man ein einfaches Radio oder einen Verstärker bauen. Einzelne Transistoren kommen heute kaum noch zum Einsatz, meist werden viele davon in ein gemeinsames Gehäuse (den Chip) gesteckt.

Ein Transistor besteht aus drei Lagen von Halbleiterschichten. Je nach Reihenfolge der Schichten gibt es pnp- oder npn-Transistoren. Die äußeren Schichten heißen Emitter und Kollektor, die dünne Schicht zwischen ihnen (etwa fünf Atome dick) heißt Basis. Im stromlosen Transistor saugen Kollektor und Emitter die Ladungsträger aus der Basis heraus und die Basis wird zur Sperrschicht. Der Transistor ist „gesperrt", und zwischen Emitter und Kollektor fließt nur ein winziger „Reststrom".

Betrachten wir als Beispiel die Arbeitsweise eines npn-Transistors. Wenn man mit dem Regelwiderstand R_1 eine kleine Spannung an den Basis-Anschluss (B) anlegt, fließen Elektronen über den Basiswiderstand R_B in die Basisschicht hinein, sie werden aber sofort wieder vom Kollektor (C) und vor allem vom Emitter (E) abgesaugt. Wenn die Basisspannung steigt und 0,6 Volt überschreitet, fließen mehr Elektronen in die Sperrschicht hinein als abgesaugt werden können. Mit steigender Basisspannung wird die Basisschicht immer mehr mit Elektronen gefüllt – und wird dadurch leitend! Man sagt, der Transistor „öffnet sich" für den Strom. Dadurch kann Strom vom Kollektor zum Emitter fließen. Der Kollektorstrom I_C ist typisch 100mal größer als der Basisstrom I_B. Die Widerstände R_B und R_C begrenzen den Strom, damit der Transistor nicht durchbrennt.

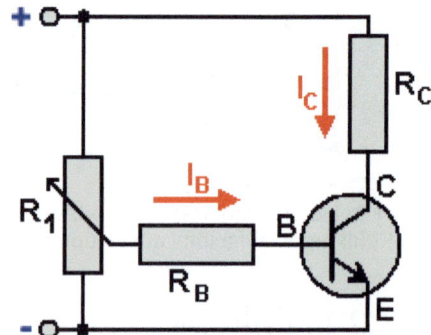

Bild 1.6: Schaltung mit npn-Transistor

Es wird nur ein sehr kleiner Basisstrom benötigt, um die Basisschicht mit Elektronen zu füllen, denn weniger als ein Milliardstel der Atome „hungern" nach einem Elektron. Das Verhältnis vom Kollektorstrom I_C zum Basis-Steuerstrom I_B nennt man den „**Stromverstärkungsfaktor**", der meist wesentlich größer als 100 ist.

Anfangs konnte auf jedem Stück Halbleiter nur ein Transistor untergebracht werden. Später gelang es, auch die Widerstände und Kondensatoren aus Halbleitermaterial zu fertigen und zusammen mit dem Transistor auf dem Halbleiterstück unterzubringen. Die fortschreitende Miniaturisierung ermöglichte eine wachsende Zahl von Bauelementen pro Halbleiter.

Bild 1.7: Einfache Speicherschaltung ohne Leiterplatte, 1967, zum Speichern von 1 Bit. Rot: Transistor, Grün: Widerstand, Schwarz: Diode.
Dargestellter Ausschnitt: 20 × 12 mm

Ein **integrierter Schaltkreis** (**Mikrochip** oder einfach nur Chip, engl. „**i**ntegrated **c**ircuit", abgekürzt **IC**) ist eine elektronische Schaltung, die auf einem einzelnen Halbleiterstück untergebracht werden konnte, obwohl sie aus sehr vielen Bauelementen besteht.

Grundlagen

Bei der Herstellung eines IC wird die Fotolithografie in mehreren Schritten verwendet: Das Halbleitermaterial wird mit Fotolack beschichtet und durch eine Maske belichtet. Der Lack härtet an den belichteten Stellen aus, an den unbelichteten Stellen bleibt er löslich und wird im nächsten Schritt abgewaschen. Anschließend können die freigelegten Bereiche bearbeitet werden: Durch Ätzen eines Grabens (um die Fläche in einzelne Transistoren zu zerlegen), durch Beschuss mit Atomen (zur Dotierung), durch Beschichtung mit Metall (um Leiterzüge zu erzeugen) und anderes.

Weil Halbleiter empfindlich auf Sauerstoff, Licht und Schmutz reagieren, werden sie in einem hermetischen Gehäuse gekapselt.

Ein Prozessor ist ein integrierter Schaltkreis, der Milliarden Transistoren (und weitere Bauelemente) enthält.

1.4 Zahlensysteme

1.4.1 Was ist das eigentlich – ein Zahlensystem?

Ein Zahlensystem dient dazu, Zahlen – vor allem große Zahlen – einfach und übersichtlich darzustellen. Außerdem soll es möglichst einfach sein, mit den Zahlen zu rechnen.

Mit dem Wachstum der ersten Städte und Zivilisationen entstand die Notwendigkeit, mit großen Zahlen umzugehen. Auf einem Bierdeckel mit einigen Strichen die Anzahl der bestellten Biere zu notieren, ist übersichtlich. Mit 300 Strichen zu notieren, dass ein Einwohner seine Steuern mit 300 Krügen Wein bezahlt hat, ist sehr unübersichtlich. Deshalb wurden die ersten Zahlensysteme erfunden: das sumerische, das ägyptische und später das römische Zahlensystem. Die Grundidee: Für größere Mengen von Einsen werden Gruppensymbole eingeführt. Die Römer verwendeten den Buchstaben „I" für die Eins. Zehn Striche wurden durch ein „X" ersetzt, „C" steht für hundert und „M" für tausend. Es gibt Zeichen für 10 000, 100 000, Million usw. Zusätzlich gibt es Halbzahlen: „V" für fünf, „L" für 50 und „D" für 500. Statt 300 Striche zu zeichnen, schreibt man „CCC". „MCCXIII" bedeutet also 1213. Ein anderes Beispiel: Die Zahl 132 könnte als CXXXII, IIXXXC, XCXIIC oder XXXIIC geschrieben werden. Die Reihenfolge der Ziffern spielt eigentlich keine Rolle, nur die Summe zählt. Daher werden derartige Zahlensysteme als „Additionssysteme" bezeichnet.

Eine beliebige Reihenfolge der Ziffern führt allerdings dazu, dass es für eine Zahl viele verschiedene Schreibweisen gibt. Das ist unübersichtlich. Deshalb befolgten die Römer die Regel, die größeren Ziffern vor den kleineren zu schreiben.

Für die römischen Zahlen gibt es eine weitere, etwas merkwürdige Sonderregelung, um das Schreiben von vier gleichen aufeinanderfolgenden Zeichen zu vermeiden: Steht vor einer größeren Ziffer eine kleinere, wird die kleine von der großen abgezogen. Die Zahlen werden dadurch kürzer. So schreibt man beispielsweise für die Zahl 49 nicht „XXXXVIII", sondern „XLIX". Diese Zahl ist zusammengesetzt aus „XL" = 50 minus 10, plus „IX" = 10 minus 1.

```
Zahl        richtig     falsch
4           IV          IIII
9           IX          VIIII
19          XIX         XVIIII
1959        MCMLIX      MDCCCCLVIIII
```

Wenn Sie arabische in römische Zahlen umrechnen wollen, können Sie die Excel-Formel „=römisch(1959)" verwenden.

Die Addition und Subtraktion römischer Zahlen ist nicht leicht, gemessen an unseren heutigen Kenntnissen und Gewohnheiten. Die Multiplikation ist sehr kompliziert. Kaufleute benutzten ein Rechenbrett mit Rechensteinen oder einen Rechentisch. Die Zahlen zu dividieren oder gar zu potenzieren ist ein Albtraum. Vielleicht ist das ein Grund, warum von den Römern keine großen Entdeckungen auf den Gebieten Mathematik, Physik und Astronomie bekannt sind.

Die Inder haben das Dezimalsystem einschließlich der Null erfunden und die Araber haben es im 13. Jahrhundert nach Europa gebracht. Durch die Rechenbücher von Adam Ries wurde es in Deutschland bekannt. Dieses System vereinfachte das Rechnen sehr.

GRUNDLAGEN

Durch welche Besonderheiten ist das Dezimalsystem den römischen Zahlen überlegen?

- Das Dezimalsystem ist ein Zahlensystem mit zehn Ziffern. Alle Zahlen, klein oder beliebig groß, können aus zehn Ziffern (den Ziffern von 0 bis 9) gebildet werden. Zehn Ziffern = Dezimal.
- Das Dezimalsystem ist ein „Stellenwertsystem": Der „Wert" einer Ziffer hängt davon ab, an welcher Stelle einer Zahl sie steht. Wenn eine Ziffer von der letzten Stelle in die vorletzte Stelle einer Zahl vorrückt (wenn man z. B. rechts eine Null anfügt), ist sie zehn Mal mehr „wert". In der Zahl „333" kommt die Ziffer 3 dreimal vor, wobei sie drei verschiedene Bedeutungen hat: dreihundert, dreißig und drei.
- Für das Rechnen mit großen Zahlen gibt es „relativ einfache" Regeln. Ob ich mit zweistelligen oder 20-stelligen Zahlen rechne, die Regeln sind dieselben.

Wir verwenden das Zehnersystem, weil wir Dinge an zehn Fingern abzählen. Die Griechen und Chinesen benutzten nur eine Hand zum Zählen und verwendeten deshalb das Pentalsystem (Fünfersystem). Wenn wir leichtbewegliche Zehen hätten und barfuß laufen würden, wäre vielleicht das Zwanziger-Zahlensystem optimal. Die Maya und die Azteken hatten es, und einige isolierte Naturvölker benutzen es heute noch.

Hätten die Menschen einen weniger beweglichen Daumen, würden wir möglicherweise das Achter-Zahlensystem (Oktalsystem) für das natürlichste Zahlensystem der Welt halten.

Für Computer wird ebenfalls ein Stellenwertsystem benutzt, in dem es nur zwei Ziffern gibt, die Null und die Eins. Dieses „binäre Zahlensystem", auch „Dualsystem" genannt, wurde im 17 Jahrhundert vom deutschen Philosoph, Mathematiker und Physiker Gottfried Wilhelm von Leibniz erfunden. Der Name des Zahlensystems kommt aus dem Lateinischen: bina = paarweise, duo = zwei.

Wie rechnet man im Binärsystem? Ganz einfach: Ob es um die Regeln für Addition, Multiplikation, Division und andere geht, alle uns bekannten Rechenregeln sind für alle Stellenwert-Zahlensysteme identisch! Nur der Übertrag bei der Addition erfolgt nicht wie gewohnt nach der Neun, sondern schon nach der Eins.

Mehr über Zahlensysteme und das Rechnen damit können Sie auf `eifert.net/hwg02` finden.

1.4.2 Warum benutzen Computer nicht das Dezimalsystem?

Es gibt zwei Möglichkeiten, Ziffern elektrisch darzustellen. Die eine kennen Sie vielleicht von alten Telefonen mit „Impulswahl". Wenn man auf der Wählscheibe die Neun wählt, werden neun Stromimpulse zur Vermittlungsstelle geschickt, die einen Drehwähler um neun Schritte drehen. Moderne Telefone benutzen das „Mehrfrequenzwahlverfahren", auch „Tonwahlverfahren", das mit Tönen verschiedener Frequenz arbeitet.

Die andere Möglichkeit ist, Ziffern durch unterschiedlich hohe Spannungen darzustellen. Würde man unser vertrautes Dezimalsystem für Computer verwenden, könnte man jede der zehn Ziffern durch einen anderen Spannungswert darstellen. Wenn die Elektronik mit 3 Volt Spannung arbeitet, würde Ziffer 0 durch 0 Volt, Ziffer 1 durch 0,3 V, Ziffer 2 durch 0,6 V, Ziffer 3 durch 0,9 V usw. bis zur Ziffer 9 mit 2,7 V dargestellt. Diese Spannungen müssten sehr genau eingehalten werden, um sie unterscheiden zu können. Nehmen wir als Beispiel die Ziffer 2 mit 0,6 Volt. Würde die Spannung der „Zwei" um nur 0,15 Volt (5 % von 3 Volt, dem Maximalwert) auf 0,75 Volt steigen, wäre sie von der „Zwei" genauso weit wie von der „Drei" entfernt. Die Elektronik könnte nicht mehr zwischen benachbarten Ziffern unterscheiden.

Ist eine Genauigkeit von deutlich weniger als 5 % überhaupt möglich?

Das erste Hindernis ist die extreme Temperaturempfindlichkeit aller Halbleiter. Sie erwärmen sich, wenn Strom hindurchfließt. Zehn Grad Temperaturerhöhung kann die Zahl der freien Ladungsträger verdoppeln. Damit steigt die Stromstärke und der Halbleiter wird immer wärmer, wenn der Strom nicht begrenzt wird, wie es z. B. mit dem Widerstand Rc in Bild 1.6 erfolgt.

Das zweite Problem ist die Nichtlinearität aller Halbleiterelemente. Im Bild 1.8 sehen Sie eine typische „Kennlinie". In der Waagerechten ist die Eingangsspannung (an der Basis) gezeigt, die senkrechte Achse zeigt den Ausgangsstrom (den Kollektorstrom).

Wenn man die Eingangsspannung von Null beginnend allmählich erhöht, würde bei einem Bauelement mit linearer Kennlinie der Strom proportional zunehmen. Bei einem Transistor beginnt ein nennenswerter Strom erst zu fließen, wenn die Eingangsspannung etwa 0,6 Volt überschritten hat.

Solange die Basisspannung zwischen 0 Volt und 0,6 Volt liegt, bleibt der Ausgangsstrom Null!

Im Bereich von 1,2 bis 3 Volt hängt der Ausgangsstrom fast linear von der Eingangsspannung ab. Steigt die Eingangsspannung weiter, gerät der Transistor in die „Sättigung": Egal wie weit man die Eingangsspannung erhöht, der Ausgangsstrom steigt nicht mehr.

Mit so einem Bauelement kann man also zehn Ziffern nicht genau genug unterscheiden.

Das dritte Problem sind die großen Toleranzen bei der Herstellung. Winzigste Schwankungen in Materialqualität und Fertigungsbedingungen führen zu großen Abweichungen vom Durchschnitt. Betrachten wir als Beispiel ein einfaches Halbleiterelement: einen Transistor. Hochintegrierte Schaltungen enthalten Millionen Transistoren, da müsste es doch möglich sein, einen **einzelnen** Transistor „nach Maß" zu fertigen? Weit gefehlt. Nehmen wir als Beispiel den Transistor BC 546, der seit Jahrzehnten von zahlreichen Firmen als Massenprodukt gefertigt wird.

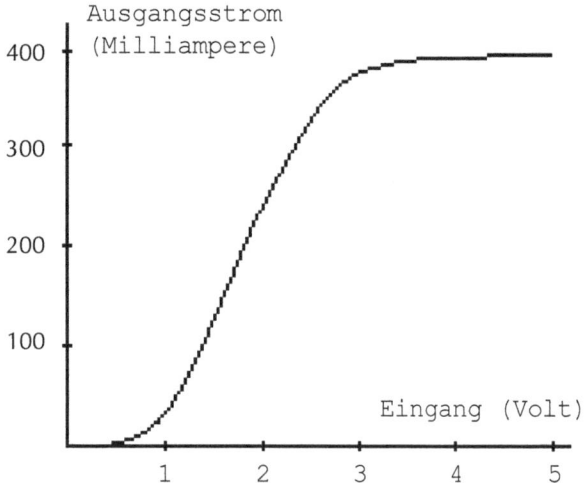

Bild 1.8: Ungefähre Kennlinie eines Schalttransistors
Abhängigkeit des Ausgangsstroms von der Eingangsspannung

Allerdings schafft es noch immer keiner der Hersteller, Transistoren mit genau den gewünschten Eigenschaften herzustellen.

Angenommen, ein Hersteller bekommt eine Bestellung über 10 000 Transistoren mit einer Stromverstärkung der Gruppe B. Er wird etwa 20 000 Stück produzieren und sie in der Gütekontrolle in die Gruppen A, B und C einsortieren. Abweichler mit

Gruppe A	Gruppe B	Gruppe C
110 ... 220	200 ... 450	420 ... 800

Tab. 1.1: Transistor-Stromverstärkungsklassen aus dem Datenblatt des Transistors BC 546

einer Stromverstärkung unter 110 oder über 800 sind unverkäuflich und werden entsorgt oder als Bastlermaterial verramscht. Beachten Sie die gewaltige Streuung des Stromverstärkungsfaktors von 110 bis 800! Der Kunde wird mit den Transistoren aus Gruppe B beliefert. Und der Rest? Der geht ins Lager. Bei einer entsprechender Preisgestaltung wird sich das meiste verkaufen lassen.

Stellen Sie sich eine Autofabrik vor, wo Autos unterschiedlicher Qualität vom selben Fließband rollen: PKWs mit einem Verbrauch von 20 Litern auf 100 km und 60 km/h Höchstgeschwindigkeit, und eine Stunde später mit 6 Litern/100 km und 300 km/h Höchstgeschwindigkeit. In der Gütekontrolle würden die Autos sortiert und in mehrere Klassen eingeteilt, die dann zu verschiedenen Preisen verkauft werden. Autos mit einem Verbrauch über 20 Litern oder einer Höchstgeschwindigkeit unter 60 km/h werden verschrottet. Nun, vielleicht habe ich ein wenig übertrieben, jedenfalls würden sich die Autobauer unter Ihnen schon bei viel kleineren Qualitätsunterschieden in Grund und Boden schämen. Doch so verfährt die Halbleiterindustrie mit ihren Erzeugnissen.

Wenn es schon bei einem simplen Transistor nicht gelingt, ihn „nach Maß" herzustellen – wie viel schwerer ist es dann, einen Prozessor mit hunderten Millionen Transistoren mit genau den gewünschten Eigenschaften zu produzieren? Es gelingt nicht. Der Ausschuss steigt exponentiell mit der Größe des Chips. Bei der Einführung einer neuen Produktgeneration kann anfangs deutlich mehr als die Hälfte der Produktion unbrauchbar sein. Doch auch die brauchbaren CPUs unterscheiden sich. Wenn sie die gleiche Berechnung durchführen, werden sie unterschiedlich heiß. Wenn der Prozessor bei der geplanten Frequenz zu heiß wird, bekommt er eine niedrigere Taktfrequenz aufgedruckt, denn die Wärmeentwicklung ist ungefähr proportional zur Taktfrequenz. Stromsparende Exemplare, die besonders „cool" bleiben, werden etwas teurer verkauft und vielleicht in Premium-Notebooks verbaut.

Grundlagen

Um auf die Frage zurückzukommen, ob eine Genauigkeit von deutlich weniger als 5 % überhaupt möglich ist: Ja, unter den zehntausenden Transistoren könnte man einige wenige finden, die genau genug wären. Allerdings wäre die Ausbeute extrem niedrig und demzufolge der Preis hoch. Bezahlbare Computer könnte man so nicht bauen.

Wenn allerdings ein Transistor nicht zehn, sondern nur zwei Zustände unterscheiden muss, vereinfacht das die Konstruktion eines Computers enorm. Die zwei Zustände „gesperrt" und „geöffnet" beherrscht jeder Transistor.

Ist es aber möglich, statt mit zehn Ziffern mit nur zwei Ziffern auszukommen?

Das Dualsystem

Das Dualsystem ist ein Zahlensystem, das mit zwei Ziffern auskommt: Null und Eins. Das macht es fehlerresistent. Da die Elektronik nur zwei Zustände zu unterscheiden braucht, sind auch nichtlineare Elemente mit schwankenden Parametern geeignet.

Bei einer Betriebsspannung von 3 Volt gilt meist eine Eingangsspannung zwischen 0 V und 0,8 V als Ziffer 0, und eine Eingangsspannung über 2,0 V gilt als Ziffer 1. Eine Eingangsspannung im Bereich zwischen 0,8 V und 2,0 V ist undefiniert und darf nicht auftreten.

In jedem Schaltkreis werden die Signale verstärkt und regeneriert: Die Ausgänge eines Schaltkreises liefern 0,4 V bei der Ziffer 0. Selbst wenn diese Spannung etwas größer oder kleiner als 0,4 V ist, wird sie trotzdem von der nachfolgenden Schaltung einwandfrei als Null erkannt, solange sie 0,8 Volt nicht überschreitet. Für die Ziffer 1 liefert der Schaltkreis eine typische Ausgangsspannung von 2,4 V. Sie darf zwischen 2,0 und 3,0 Volt variieren und wird trotzdem einwandfrei erkannt. Durch diese großzügig bemessenen Toleranzen bei den zulässigen Eingangsspannungen wird eine hohe Zuverlässigkeit erreicht. Die genauen Spannungen sind je nach Herstellungstechnologie (TTL, CMOS, Schottky oder andere) unterschiedlich und sind Datenblättern zu entnehmen.

Fazit: Nur auf der Basis des binären Zahlensystems kann man bezahlbare Computer bauen. Weil nur noch zwei Spannungen unterschieden werden müssen, reichen die Toleranzen elektronischer Bauelemente aus, so dass die preiswerte Massenfertigung von Schaltkreisen möglich wurde. Weil wir preiswerte Computer wollen, müssen wir die kleine Unannehmlichkeit in Kauf nehmen, dass die Computer nur mit den Ziffern Null und Eins arbeiten und dass jede, absolut jede Information (Zahlen, Texte, Bilder, Musik, Videos, ...) in eine Folge von Nullen und Einsen umgewandelt werden muss.

Binärzahlen sind allerdings sehr lang und unübersichtlich. Rechnet man die vierstellige Dezimalzahl 1234 in eine Binärzahl um, erhält man die 11-stellige Zahl 100 1101 0010. Die Anzahl der Binärstellen wird als „Bit" (engl.: **bi**nary digi**t**; dt.: Binärziffer) bezeichnet, 100 1101 0010 ist also eine 11-Bit-Binärzahl. Ein anderes Beispiel: Die Dezimalzahl 1 000 000 wird zu 1111 0100 0010 0100 0000, einer 20-Bit-Zahl. Können Sie sich so eine Binärzahl merken oder sie wenigstens fehlerfrei abschreiben? Das ist schwierig. Deshalb benutzen Programmierer aushilfsweise das Hexadezimalsystem.

Das Hexadezimalsystem

Das lateinische Wort „Hexadezimal" bedeutet „Sechzehn". Es handelt sich also um ein Zahlensystem mit 16 Ziffern. Mit den Ziffern 0 bis 9 hat man aber nur 10 Ziffern zur Verfügung. Um nicht sechs weitere Ziffernsymbole neu erfinden zu müssen (und weltweit neue Computertastaturen mit sechs zusätzlichen Tasten einführen zu müssen), verwendet man die Zeichen A, B, C, D, E und F als Ziffern. Zählen wir einmal im Hexadezimalsystem, beginnend mit der Ziffer Null:

0, 1, 2, 3, 4, 5, 6, 7, 8, 9, A, B, C, D, E, F, 10, 11, 12, 13, 14, 15, 16, 17, 18, 19, 1A, 1B, 1C, 1D, 1E, 1F, 20, 21, 22 usw. Nach der 79 kommt 7A, 7B, 7C, 7D, 7E, 7F, 80. Nach AE kommt AF und B0, nach FE kommt FF, 100 und 101. Alles klar?

Weil im Hexadezimalsystem mehr Ziffern zur Verfügung stehen, kann man sehr große Zahlen mit weniger Ziffernstellen darstellen. Mit einer fünfstelligen Hex-Zahl beispielsweise kann man maximal $16^5 = 1\,048\,576$ Zahlen darstellen.

GRUNDLAGEN

Die Umrechnung von Binärzahlen in Hexadezimalzahlen ist ganz leicht. Man unterteilt die Binärzahl von rechts beginnend in Vierergruppen und ersetzt jede Vierergruppe durch eine Hexadezimalziffer. So hat eine Hexadezimalzahl viermal weniger Stellen als die gleiche Binärzahl. Das ist der Vorteil des Hexadezimalsystems: Große Zahlen werden kompakt dargestellt und man kann sie sich besser merken.

Betrachten wir das Beispiel mit der Darstellung einer Million.

Binär	1111	0100	0010	0100	0000
Hexadezimal	F	4	2	4	0

Tab. 1.2: Umrechnung Binär – Hexadezimal am Beispiel der Dezimalzahl 1 000 000

1 Million = 1111 0100 0010 0100 0000 = F4240

1 Million als Hexadezimalzahl ist F4240. Sie sehen, die Hexadezimal-Zahlen sind viermal kürzer als Binärzahlen.

Beachten Sie: Weder der Mensch noch der PC arbeiten direkt im Hexadezimalsystem. Es dient der Verständigung zwischen Mensch und Maschine. Das Hexadezimalsystem dient dem Binärsystem als Hilfssystem. Um Menschen das Arbeiten mit Binärzahlen zu erleichtern, zeigt der PC diese als Hexadezimalzahlen an. Nun, eine 64-Bit-Zahl würde ja kaum auf den Bildschirm passen.

Eine Tabelle wie die nebenstehende können Sie mit Excel erstellen. Nutzen Sie die Funktion `DEZINBIN(Zahl;Stellen)` für die Umrechnung von Dezimal in Binär. `DEZINBIN(18)` ergibt `10010`, `DEZINBIN(18,10)` ergänzt die Zahl um führende Nullen auf zehn Stellen und ergibt die Zahl `0000010010`. Ebenso funktionieren `DEZINOKT()` und `DEZINHEX()` für Oktal- und Hexadezimalzahlen.

1.4.3 Darstellung von Buchstaben und Zahlen

Um Texte zu schreiben, benutzen wir ein Alphabet aus einigen Dutzend Groß- und Kleinbuchstaben sowie zahlreiche Sonderzeichen. Für Zahlen haben wir zehn Ziffern zur Verfügung. Das „Alphabet" des Computers besteht aber nur aus zwei Ziffern: Eins und Null. Wie kann man damit auskommen?

Die Methode ist einfach und wurde schon vor langer Zeit erfunden. Denken Sie an das Morsealphabet: Es gibt kurze und lange Zeichen („Punkt" und „Strich") sowie Pausen zwischen den Morsezeichen. In der Morsecode-Tabelle ist jedem Buchstaben eine Kombination von Punkten und Strichen zugeordnet. Eine ähnliche Codetabelle gibt es auch für die Darstellung von Buchstaben im Computer.

ASCII

Eine der gebräuchlichsten Code-Tabellen für Computer ist ASCII, was für „**A**merican **S**tandard **C**ode for **I**nformation **I**nterchange" steht (Amerikanischer Standardcode für Informationsaustausch, sprich: Ässki). In der ASCII-Tabelle sind alle in der englischen Sprache verwendeten Zeichen aufgezählt und von 0 bis 127 fortlaufend durchnummeriert. So hat beispielsweise der Buchstabe „A" die dezimale Nummer 65 (binär: 100 0001). Sogar die Zeichen für die Ziffern haben eine Nummer: Die Ziffer „1" hat die Nummer 49 (binär: 11 0001). Auch „nicht druckbare" Zeichen haben eine Nummer bekommen, zum Beispiel die Taste „Enter" und die Löschtaste „Rückschritt" (Backspace). In der Tabelle 1.4 sind einige Werte aufgeführt.

Dez.	Binär	Hex.
0	0	0
1	1	1
2	10	2
3	11	3
4	100	4
5	101	5
6	110	6
7	111	7
8	1000	8
9	1001	9
10	1010	A
11	1011	B
12	1100	C
13	1101	D
14	1110	E
15	1111	F
16	1 0000	10
17	1 0001	11
18	1 0010	12
19	1 0011	13
20	1 0100	14
21	1 0101	15
22	1 0110	16
23	1 0111	17
24	1 1000	18
25	1 1001	19
26	1 1010	1A
27	1 1011	1B
28	1 1100	1C
29	1 1101	1D
30	1 1110	1E
31	1 1111	1F
32	10 0000	20
33	10 0001	21
34	10 0010	22
35	10 0011	23
36	10 0100	24
37	10 0101	25
38	10 0110	26
39	10 0111	27
40	10 1000	28
41	10 1001	29
42	10 1010	2A
43	10 1011	2B
44	10 1100	2C

Tab. 1.3: Umrechnung Dezimal – Binär – Hexadezimal

Grundlagen

Wenn auf der Tastatur eine Taste nicht funktioniert, drücken Sie die Alt-Taste, tippen Sie auf dem Ziffernblock den dreistelligen ASCII-Code ein und lassen Sie dann die Alt-Taste los.

Notebooks haben keine separaten Tasten für den Ziffernblock, statt dessen funktionieren die Tasten rund um das „I" wie der Ziffernblock, wenn man die Taste „Fn" (unterste Reihe einer Notebook-Tastatur, zweite von links) gedrückt hält. Wenn Sie zusätzlich zur Fn-Taste die Alt-Taste drücken, erzeugen die Tasten den blau aufgedruckten Tastencode des Ziffernblocks. So können Sie auch einen ASCII-Code eingeben.

Ein Text im ASCII-Format enthält keine Formatierungen (Fett, Kursiv) oder Schriftarten. Wenn Sie den Editor aus der Zubehör-Programmgruppe verwenden oder eine Datei in MS Word als „Nur-Text" speichern, wird ASCII verwendet.

Nun gibt es zahlreiche Buchstaben in anderen Sprachen, die im englischen Alphabet nicht vorkommen. Für deutsche Texte beispielsweise braucht man die Umlaute sowie das „ß". Andere Länder benutzen andere Sonderzeichen. Für die ursprünglichen 127 Zeichen der einfachen ASCII-Tabelle wurden deshalb mehrere Erweiterungstabellen mit je 128 Zusatzzeichen zusammengestellt. Die in Amerika, Mitteleuropa und Australien verbreitete Kodierung „Latin-1" enthält deutsche Umlaute, französische Accent-Zeichen und spanische Zeichen mit Tilde. Dazu kommen diverse kaufmännische und wissenschaftliche Zeichen. Andere Erweiterungstabellen gibt es für griechische, slawische, nordische und einige weitere Sprachen. Das „**A**merican **N**ational **S**tandards **I**nstitute" (das ist das US-amerikanische Äquivalent zum DIN, dem **D**eutschen **I**nstitut für **N**ormung) hat den einfachen und den erweiterten ASCII-Zeichensatz unter dem Namen „ANSI-Zeichensatz" zusammengefasst. Verwechseln Sie nicht den ASCII Code mit dem ANSI Code: Die ersten 127 Zeichen sind identisch, doch die restlichen 129 sind unterschiedlich. Der ANSI-Code enthält eine Menge nützlicher Sonderzeichen, die Sie auf der Tastatur nicht finden, wie z. B. £≠«»‰½¼¾∑®†→⇨•±÷∂ƒ©∆≤≈√∫~μ∞. Der ANSI-Code ist immer vierstellig und beginnt mit einer Null. Er wird ebenso wie der ASCII-Code eingegeben.

Unicode

Allerdings reichen auch 256 Zeichen noch nicht für alle Sprachen aus. Japaner, Chinesen und zahlreiche andere Völker mit nicht-lateinischen Schriftzeichen waren benachteiligt und forderten eine praktikable Möglichkeit, die vielen Zeichen ihrer Sprache genau so selbstverständlich benutzen zu dürfen, wie wir das lateinische Alphabet am Computer benutzen. Deshalb entwickelten die Computerfachleute eine Kodierung namens „Unicode", mit der man alle jemals von Menschen verwendeten Schriftzeichen speichern kann, einschließlich sumerischer Keilschrift, ägyptischer Hieroglyphen und weiterer Schriftzeichen, die vielleicht zukünftig entdeckt oder erfunden werden. Unicode kann derzeit über 1,1 Millionen unterschiedliche Zeichen darstellen. Je nachdem, welches der vielen Zeichen man darstellen möchte, braucht man dafür 1 bis 4 Byte. Unsere lateinischen Buchstaben werden wie im ASCII-Standard mit einem Byte kodiert. Einige Zeichen der erweiterten ASCII-Tabelle verweisen auf eine der vielen Untertabellen mit weiteren Zeichen. MS-Office, OpenOffice und die meisten anderen Schreibprogramme erkennen automatisch, ob ein Text in ASCII oder in Unicode gespeichert ist.

Zeichen	dezimal	binär
Backspace	8	1000
Tabulator	9	1001
Enter	13	1101
*	42	10 1010
+	43	10 1011
0	48	11 0000
1	49	11 0001
2	50	11 0010
...		
9	57	11 1001
:	58	11 1010
;	59	11 1011
<	60	11 1100
=	61	11 1101
>	62	11 1110
?	63	11 1111
@	64	100 0000
A	65	100 0001
B	66	100 0010
C	67	100 0011
...		
Z	90	101 1010
[	91	101 1011
\	92	101 1100
]	93	101 1101
^	94	101 1110
_	95	101 1111
`	96	110 0000
a	97	110 0001
b	98	110 0010
c	99	110 0011
...		
z	122	111 1010
{	123	111 1011
|	124	111 1100
}	125	111 1101
~	126	111 1110
Erweiterter Zeichensatz		
ü	129	1000 0001
ä	132	1000 0100
ö	148	1001 0100
Ä	142	1000 1110
Ö	153	1001 0101
Ü	154	1001 0110
ß	225	1110 0001

Tab. 1.4: Auszug aus der ASCII-Tabelle

2 Zentraleinheit

Der erste Universalcomputer „Z3" wurde 1941 von Konrad Zuse gebaut. „Universal" deshalb, weil er „frei programmierbar" war (d. h. beliebige Programme ausführen konnte). Der Computer Z3 rechnete digital mit 22 Stellen (Zahlen bis vier Millionen), bestand aus 2600 Relais und führte 20 Befehle pro Sekunde aus.

Ohne von Zuse zu wissen, entwickelte Howard Aiken (USA) im Jahr 1944 aus 3500 Relais und 2225 Fernsprechzählern den „Mark I". Er steckte in einem 15 m langen und 2,5 m hohen Schrank. Mark I benutzte das Dezimalsystem. Der Computer benötigte 0,3 Sekunden für eine Addition und 6 Sekunden pro Multiplikation. Der Büromaschinenkonzern IBM baute ihn in einer kleinen Serie für die US-Navy. Seine technischen Daten sollen Thomas Watson, Präsident von IBM, zu der Äußerung veranlasst haben: „Ich glaube, es gibt einen Weltmarkt für vielleicht fünf Computer." Nun, bei einem Stückpreis von einer halben Million Dollar und 5 Tonnen Gewicht war Mark I ganz offensichtlich kein Kandidat für eine Massenproduktion ...

1946 ging in den USA der „ENIAC" (electronic numerical integrator and calculator) in Betrieb. Mit seinen 18 000 Elektronenröhren war er der erste vollelektronische Computer. Er schaffte 35 Multiplikationen pro Sekunde, fast das Doppelte wie der Z3. Damals waren die Elektronenröhren noch sehr anfällig, deshalb wurden in jedem Monat 2000 Elektronenröhren prophylaktisch ausgewechselt. Angeblich war der ENIAC die Hälfte der Zeit wegen Wartungsarbeiten außer Betrieb.

1981 begann IBM mit der Serienproduktion des „Personal Computers". Dessen Erfolg veranlasste zahlreiche Firmen, „kompatible" Computer zu entwickeln. Hardware-kompatibel bedeutet, dass Tastaturen, Drucker, Speicher, Laufwerke, Bildschirme und andere Komponenten verschiedener Hersteller untereinander austauschbar sind. Software-Kompatibilität bedeutet, dass ein Programm auf Computern unterschiedlicher Hersteller funktioniert, ohne dass irgendwelche Anpassungen nötig sind.

Für Wetterprognosen, Klimasimulationen, Erdbebenvorhersagen und für Crashtests werden Supercomputer mit gewaltigen Rechenleistungen eingesetzt. Pharmazie, Genforschung, theoretische Chemie, Astrophysik und andere Forschungen kommen nicht ohne Supercomputer aus. Der IBM-Supercomputer Deep Blue hat 1997 gegen den Schachweltmeister Kasparow mit 3,5 zu 2,5 Punkten gewonnen. Für die Berechnungen hatte Deep Blue 256 Recheneinheiten (CPUs = Central Processor Unit) zur Verfügung.

Im Jahr 2012 wurde der „JUQUEEN" in Deutschland im Forschungszentrum Jülich in Betrieb genommen. Damals belegte er Platz 8 der „Weltbestenliste" und war der leistungsstärkste Computer Europas. JUQUEEN bestand aus 72 Schränken mit 458 752 Prozessorkernen (28 672 Prozessoren mit je 16 Kernen) und 448 000 Gigabyte Arbeitsspeicher. Nach sechs Jahren wurde er im Mai 2018 abgeschaltet, weil das Forschungszentrum Jülich den leistungsstärkeren „JUWELS" in Betrieb nehmen konnte. 2022 wurde „JUWELS" zum leistungsstärksten Computer Deutschlands und der EU um- und ausgebaut. 5134 Intel-CPUs, 1872 AMD-CPUs und 3744 Grafikprozessoren mit insgesamt 13,2 Millionen Prozessorkernen arbeiten zusammen. Er hat einen Arbeitsspeicher von 628 992 Gigabyte. Zum Vergleich: Ihr PC hat vermutlich 4, 8 oder 16 GByte RAM.

Einer der schnellsten Computer der Welt ist „Summit" im Oak Ridge National Laboratory (USA). Die Rechenleistung erbringen gemeinsam 9216 POWER9 CPUs (mit je 22 Kernen sind das insgesamt 202 752 Kerne) und 27 648 Nvidia Tesla Grafikprozessoren. Mit seinen 10 Petabyte Arbeitsspeicher (10^{17} Byte, das sind 10 Millionen Gigabyte) belegt der Computer eine Fläche von 520 Quadratmetern. Der „Summit" braucht 13 MW Energie, das ist der Bedarf von 100 000 Haushalten.

Es gehen ständig neue, leistungsfähigere Superrechner in Betrieb. Die aktuelle Bestenliste finden Sie in der Wikipedia unter `https://de.wikipedia.org/wiki/`**`TOP500`**

Ein moderner Supercomputer kostet zwischen 50 und 500 Millionen Euro. Etwas „preiswerter" sind Großrechner, sogenannte „Mainframes". Sie kosten von 0,5 bis 50 Millionen Euro. Wegen ihrer bemerkenswert hohen Zuverlässigkeit werden sie in den Rechenzentren von Universitäten, Verwaltungen, Banken und Großfirmen eingesetzt, beispielsweise für Flugreservierungssysteme.

ZENTRALEINHEIT

EDV-Anlagen der „mittleren Datentechnik" werden von mittelständischen Unternehmen und großen Konstruktionsbüros eingesetzt. Der bedeutendste Anbieter ist IBM mit dem System „AS/400". Dieses System ist „skalierbar", d. h. man kann zunächst ein 5-Benutzer-System mit zwei „Power-PC-Prozessoren" kaufen und es bei Bedarf schrittweise bis zu einem System mit dutzenden CPUs für tausend Benutzer erweitern.

Bei der AS/400 sind Hard- und Software durch eine „Isolationsschicht" getrennt. Die Isolationsschicht ermöglicht den Anwendern, die Hardware zu modernisieren oder auszuwechseln, ohne dass irgendeine Änderung an der Software nötig ist – und umgekehrt. Auf einer AS/400-Anlage können gleichzeitig Windows (in verschiedenen Versionen), Linux, Unix und andere Programme laufen. Die Zuverlässigkeit ist beeindruckend. Allerdings kostet so ein System etwa ein- bis dreihunderttausend Euro.

„Workstations" sind im Leistungsbereich zwischen der mittleren Datentechnik und einem „gewöhnlichen" PC angesiedelt. Oft sind mehrere Prozessoren eingebaut, jeder mit mehreren Prozessorkernen. Workstations werden vorzugsweise für CAD-Systeme und für wissenschaftlich-technische Berechnungen eingesetzt. Die Zuverlässigkeit ihrer Hardware übertrifft einen PC um Größenordnungen. Als Betriebssystem werden vorzugsweise Unix- und Linuxsysteme eingesetzt. Die Bedeutung von Workstations hat im letzten Jahrzehnt abgenommen, weil sehr gut ausgestattete PCs sich der Leistung von Workstations annähern.

In diesem Buch geht es vor allem um einen Typ von Computern, der normalerweise nur einen einzigen Prozessor enthält und nach dem Grundmodell des IBM-PC von 1981 gebaut ist: um den **P**ersonal **C**omputer, abgekürzt „PC". Von allen bezahlbaren Computern ist der PC der Computertyp mit den vielseitigsten Verwendungsmöglichkeiten.

Ende 2008 gab es immerhin schon eine Milliarde PCs. Dazu kommen (nach einer Schätzung von 2011) die 300 000 Server von Microsoft, 100 000 Server der Firma Intel und die 70 000, die der Internet-Provider 1&1 betreibt. Es wurde geschätzt, dass Google eine Million Server benutzt (Google hält die Zahl geheim) und dass jedes Quartal 100 000 dazukommen. Wenn man noch die Playstations von Sony, die Wii von Nitendo und die X-Box von Microsoft dazurechnet (das sind Spielcomputer mit einer ähnlichen Leistung wie ein PC) sowie „Embedded Computer" (eingebettete, integrierte Computer, die in Handys, Waschmaschinen, Autos und Werkzeugmaschinen stecken), gab es schon gegen Ende des letzten Jahrhunderts viel mehr Computer als Menschen. Seitdem sind Milliarden Smartphones und Tablets dazugekommen.

Der wichtigste und meist auch teuerste Teil eines PC-Systems ist die „graue Kiste" mit den Systemkomponenten, die als Systemeinheit oder Grundgerät bezeichnet wird.

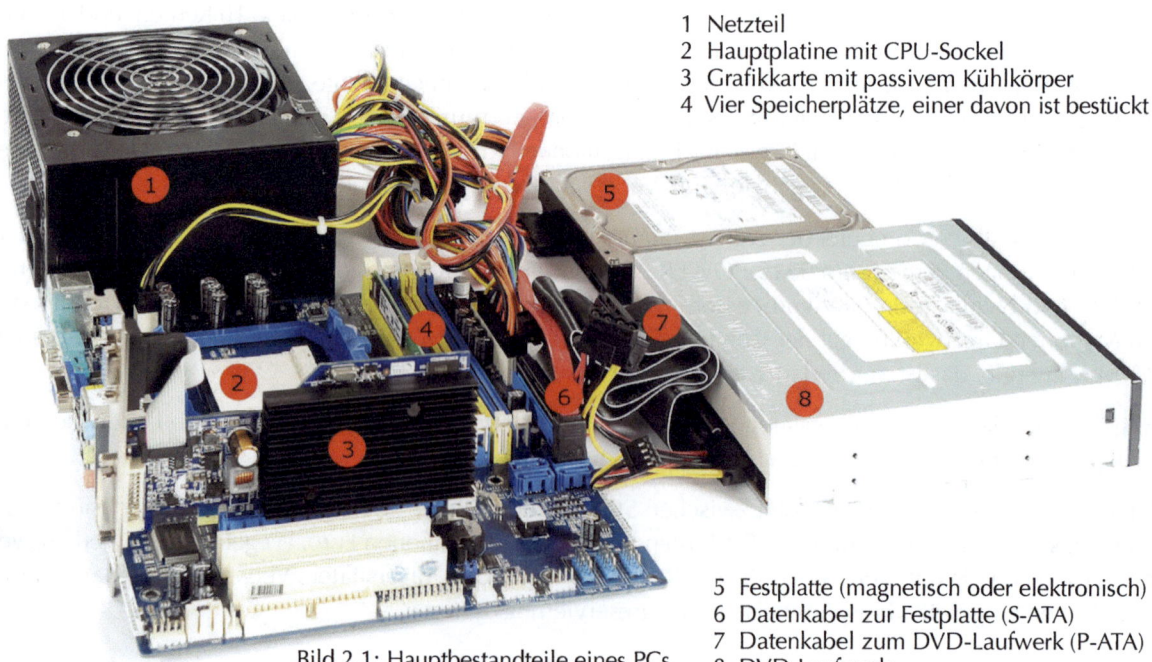

1 Netzteil
2 Hauptplatine mit CPU-Sockel
3 Grafikkarte mit passivem Kühlkörper
4 Vier Speicherplätze, einer davon ist bestückt
5 Festplatte (magnetisch oder elektronisch)
6 Datenkabel zur Festplatte (S-ATA)
7 Datenkabel zum DVD-Laufwerk (P-ATA)
8 DVD-Laufwerk

Bild 2.1: Hauptbestandteile eines PCs

Zentraleinheit

Auf `eifert.net/hwk01` finden Sie Fotos von verschiedenen Computersystemen und Komponenten.

Auf Bild 2.1 sehen Sie, welche Teile in einer PC-Systemeinheit stecken:
- die Hauptplatine mit Prozessorhalterung („Socket") und RAM-Speicher sowie vielen Anschlüssen für die Hardware-Schnittstellen innen und außen,
- eine Grafikkarte, wenn sie nicht in die Hauptplatine integriert ist,
- als Massenspeicher eine Festplatte und oft ein DVD-Laufwerk, früher auch ein Diskettenlaufwerk.

An die Systemeinheit werden Peripherie-Geräte angeschlossen, meist an der Rückseite:
- Zu den Eingabegeräten zählen unter anderem Tastatur, Maus, Kamera und Scanner.
- Zu den Ausgabegeräten gehören Bildschirm und Drucker.
- Zu den peripheren Speichergeräten zählen beispielsweise externe Festplatten und USB-Speichersticks.

2.1 Prozessor

Die „**C**entral **P**rocessing **U**nit" (CPU), deutsch: Zentrale Verarbeitungseinheit oder Zentraleinheit, kurz: Prozessor, ist die oberste Steuerung für den PC. Die CPU führt Berechnungen aus und steuert alle Komponenten des PCs. Keine Mausbewegung, keine Tastenbetätigung, kein Byte, das aus dem Internet eintrifft – nichts darf der CPU entgehen. Leistung und Qualität der CPU sind daher entscheidend für die zuverlässige Funktion des ganzen Computersystems.

Im Laufe der Jahrzehnte gab es viele Hersteller von CPUs: Intel, AMD, Motorola, Cyrix, IBM, IDT, NEC, SiS, UMC, VIA, ARM, Rockwell und andere. Die Firma Intel ist der Marktführer und bestimmt seit Jahrzehnten entscheidend die technologische Entwicklung. Die Firmen AMD und Apple sind für Intel die wichtigsten Konkurrenten.

Jede Prozessorfamilie hat im Vergleich zur vorhergehenden Generation erweiterte Eigenschaften und zusätzliche Befehle. Eines der wichtigsten Designkriterien ist dabei die „Kompatibilität": Die Hersteller achten darauf, dass auf jeder neuen CPU alle Befehle ebenso funktionieren wie auf der Vorgänger-CPU. Dadurch läuft Ihre vertraute Software auf jedem neuen Prozessor. Allerdings braucht man für eine neue Generation von CPUs fast ausnahmslos eine neue Generation von Hauptplatinen.

Jahr	Bezeichnung	Takt (MHz)	Transistoren
1981	i8086 „PC"	4,77	29 000
1982	i80286 „286-er"	6-16	120 000
1985	i80386 „386-er"	16-33	275 000
1991	i80486 „486-er"	25-100	1 180 000
1993	Pentium I	66-200	3 100 000
1995	Pentium Pro	166-200	5 500 000
1997	Pentium MMX	166-233	4 500 000
1997	Pentium II	233-450	7 500 000
1999	Pentium III	333-1400	24 Mio.
2000	Pentium 4	1400-3500	42 Mio.
2006	Core 2 Duo	1667-2333	291 Mio.
2008	Core i3, i5, i7	1000-3400	1,2 Mia.
2011	Core i7 3960X	3300-3900	2,3 Mia.
2015	Core i7-5960X	3000-3500	2,6 Mia.
2017	Core i9-7900X	3300-4500	3,5 Mia.
2020	Core i9-10990XE	4000-5600	12 Mia.
2022	Core i9-13900K	2000-5600	14,2 Mia.

Tab. 2.1: Wichtige Prozessorfamilien von Intel

Zur Serie Core i9-13900 gehören die leistungsfähigsten Intel-CPUs. Ein Beispiel: Der i9-13900K hat 16 E-Kerne (Energie-Effizienz-Kerne) mit einem Takt bis 4,3 GHz für leichte Aufgaben (Word, Excel, Internet) und weitere 8 P-Kerne (Performance-Kerne) mit einem Takt bis 5,6 GHz für schwere Aufgaben (Spiele, Videobearbeitung). Er wird seit Herbst 2022 verkauft und kostet etwa 600 Euro. Einfachere CPUs wie den Celeron G6900 mit Dual 3,4 GHz gibt es bereits ab 60 Euro.

2.1.1 Bestandteile der CPU

- Das Rechenwerk ALU (**A**rithmetic **L**ogic **U**nit) führt die Berechnungen aus,
- die Steuereinheit CU (**C**ontrol **U**nit) mit dem Befehlsdecoder entschlüsselt die Befehle,
- der Speichermanager MMU (**M**emory **M**anagement **U**nit) verwaltet den Arbeitsspeicher,
- der mathematische Koprozessor FPU (**F**loating **P**oint **U**nit) führt Gleitkommaberechnungen aus,
- der CPU-Cache speichert häufig benötigte Daten.

ZENTRALEINHEIT

2.1.2 Taktfrequenz

Alle Vorgänge in einem Prozessor laufen **getaktet** (synchron) ab. Die **Taktfrequenz** gibt an, wie oft die Taktsignale erfolgen. Der erste IBM-PC mit dem Prozessor „i8088" aus dem Jahr 1981 hatte eine Taktfrequenz von knapp 5 MHz (MHz = **Mega**hertz = Millionen Takte pro Sekunde). Jeder Takt dauert also 200 ns (Nanosekunden). Jede einzelne Schaltung des i8088 war so entworfen, dass sie niemals länger als 200 ns

Gesetzliche Maßeinheiten der Zeit
1 s = 1000 ms (Millisekunden)
1 ms = 1000 µs (Mikrosekunden)
1 µs = 1000 ns (Nanosekunden)
1 ns = 1000 ps (Pikosekunden)

Tab. 2.2: Maßeinheiten der Zeit

für einen einfachen Befehl braucht. Anders ausgedrückt: Ein Prozessortakt war die Zeit für die Ausführung eines einfachen Befehls, zum Beispiel einer Addition. Auch ein Speicherzugriff dauerte genau einen Takt.

Das ist allerdings eine vereinfachte Darstellung. Einige Befehle sind komplizierter auszuführen als andere und ihre Ausführung dauert deutlich länger. Nehmen wir als Beispiel die Division. Einerseits ist sie viel aufwendiger als eine Addition, andererseits kommt sie sehr selten vor. Die Taktfrequenz und damit die Rechengeschwindigkeit wurde so gewählt, dass die meisten Befehle während eines Taktes ausgeführt werden können. Aufwendigere Befehle bekommen als „Fristverlängerung" einen zweiten, dritten oder weitere Takte genehmigt.

Es ist logisch, dass eine CPU mit einer höheren Taktfrequenz mehr Befehle pro Zeiteinheit ausführen kann. Deshalb wurde im Laufe der Jahre die Taktfrequenz der CPU schrittweise erhöht. Die Taktfrequenzen stiegen von 4,77 MHz (1981) auf 6, 8, 10 und 12 MHz. Es entbrannten regelrechte „Megahertz-Schlachten" zwischen den Konkurrenten: Wer hat den schnellsten Prozessor? Etwa im Jahr 1993 erreichten die CPUs eine Taktfrequenz von 100 MHz, was 10 ns pro Takt entspricht: eine Steigerung auf das zwanzigfache in zwölf Jahren! Im Jahr 2002 waren 3000 MHz erreicht. Eine weitere Steigerung schien fast unmöglich, denn es wurde immer schwieriger, die CPUs ausreichend zu kühlen. Denn je höher die Taktfrequenz, desto mehr Stromimpulse führen zu erhöhter Wärmentwicklung (erhöhter Elektronenfluss = erhöhte Reibung = erhöhte Wärmeabgabe) in den extrem winzigen Millionen Leiterbahnen.

Einer der Auswege war das „**H**yper-**T**hreading-Verfahren" (HT), das im Jahr 2002 von Intel auf den Markt gebracht wurde. Ein „Thread" (dt.: Faden), übersetzt im Sinne der Computertechnologie „Programmfaden", ist ein kleiner Programmabschnitt, der unabhängig von anderen Threads ausgeführt werden kann. Wenn Sie beispielsweise von einem Rechteck die Fläche f = a × b und den Umfang u = 2 (a + b) berechnen müssen, hat es keinen Einfluss auf die Ergebnisse, in welcher Reihenfolge die Berechnungen ausgeführt werden. Wenn die CPU einen Programmfaden nicht weiter ausführen kann (z. B. weil das Heranschaffen von Daten aus dem Arbeitsspeicher noch ein Weilchen dauert), wechselt eine Hyper-Threading-fähige CPU einfach zur Abarbeitung eines anderen Programmfadens. Theoretisch verdoppelt sich die Leistung der CPU durch HT, realistisch ist ein Leistungszuwachs bis zu 33 % ohne Erhöhung der Taktfrequenz.

Seit 2006 gibt es CPUs mit zwei Prozessorkernen (Core Duo) in einem gemeinsamen Gehäuse. Der Intel Core 2 Quad mit vier Kernen ist seit Anfang 2007 erhältlich und die Intel Core i7 enthalten sechs, acht oder zehn Prozessorkerne, der Intel Core i9 sogar 18 Kerne. Einerseits kann mit der Mehrkerntechnologie der Energiebedarf der CPU und damit die Wärmeentwicklung drastisch reduziert werden, indem z. B. ungenutzte Funktionseinheiten und auch ganze Kerne zeitweilig abgeschaltet werden. Andererseits steigt die Rechenleistung drastisch an. Eine Acht-Kern-CPU mit 3 GHz Taktfrequenz, wobei jeder Kern Hyper-Threading beherrscht, kann (rein theoretisch) 8 × 3 × 2 = 48 Milliarden Befehle pro Sekunde ausführen! In der Liga der Hochleistungscomputer sind CPUs mit 12, 16, 57 oder 260 Kernen weit verbreitet.

Der RAM (Arbeitsspeicher) enthält die Daten und Befehle für die CPU. Seine Geschwindigkeit ist wichtig für die Leistung des Computers. Pro Befehl müssen durchschnittlich ein bis vier Datenbyte aus dem RAM gelesen werden, der Befehlscode selbst besteht aus weiteren ein bis vier Byte. Die RAM-Zugriffszeiten hatten sich von 120 ns (1981) auf 12 ns (1990) verringert. Während die Geschwindigkeit der CPUs in diesem Zeitraum auf das 20-fache stieg, wurde RAM „nur" 10-mal schneller. Der RAM wurde zunehmend zur Bremse. Je schneller die CPUs wurden, desto öfter mussten sie für einige Takte pausieren (sogenannte Wartetakte einlegen, engl.: „Waitstate"), um auf das Eintreffen der angeforderten Daten aus dem RAM zu warten. Was nun?

Es gibt bisher drei Lösungsmöglichkeiten, um den RAM-Engpass zu entschärfen: Bus-Breite, Parallelisierung und den Cache-Speicher. (Als „Bus" werden die Datenleitungen im PC bezeichnet, mit denen große Datenmengen transportiert werden. Es gibt z. B. den PCI-Express-Bus, der die Steckplätze der Erweiterungskarten verbindet, und den Speicherbus, der die RAM-Steckplätze mit der CPU verbindet. 64 Datenleitungen, bis zu 40 Adressleitungen und einige Steuerleitungen bilden den Speicherbus.)

- Der erste PC mit der i8088-CPU holte sich jedes Byte einzeln aus dem Speicher. Die i8086-CPU konnte bereits 16 Bit = 2 Byte parallel (in einem Lesevorgang) aus dem Speicher lesen. Die 286er und 386er Prozessoren arbeiteten mit einer 32-Bit-Anbindung (= 4 Byte), während die CPUs ab dem Pentium 64 Bit (= 8 Byte) gleichzeitig in einem Speichertakt lesen bzw. schreiben können.
- Den Speicherbus von derzeit 8 Byte auf 16 Byte zu verbreitern wäre eine Möglichkeit, doch es würde sich kaum lohnen. Die CPU greift im ständigen Wechsel auf mindestens zwei Speicherbereiche zu: Daten und Programmcode. Es ist zu selten, dass die CPU mehr als acht unmittelbar aufeinanderfolgende Byte benötigt. Deshalb arbeiten moderne CPUs mit der Dual-, Triple- oder Quad-Channel-Technologie: Aus der CPU führen zwei, drei oder vier Speicherbusse zu den RAM-Steckplätzen. Während der zuletzt angesprochene Speicherkanal noch mit dem Abschließen einer Lese- oder Schreiboperation beschäftigt ist, kann die CPU weitere Anforderungen an die anderen Speicherkanäle richten. Der Hardware-Aufwand ist freilich groß. Für jeden Speicherbus müssen mehr als hundert Kontakte aus der CPU herausgeführt werden. Deshalb haben die Vier-Kanal-CPUs von Intel 2011 oder 2066 Anschlüsse (Pins).
- Die dritte Möglichkeit ist die Verwendung eines „Cache"-Speichers, englische Aussprache „Käsch". Der Prozessorcache ist ein kleiner schneller Speicher, der sich das Prozessorgehäuse mit der CPU teilt und die Arbeit der CPU wesentlich beschleunigt.

2.1.3 Der Cache-Speicher des Prozessors

Was ist das – ein Cache?

Wenn die CPU ein Byte aus dem RAM braucht, muss sie lange warten. Wenn die CPU das Byte fünf Mal braucht, muss sie fünf Mal warten. Als Abhilfe bekommt die CPU einen Cache und einen Cachecontroller. Das Wort „Cache" wird mit Zwischenspeicher, Pufferspeicher, geheime Vorratskammer oder geheimes Lager übersetzt. „Geheim" bedeutet in diesem Zusammenhang, dass von außen nicht sichtbar ist, was sich darin abspielt.

Bei jedem Lesezugriff der CPU auf den Arbeitsspeicher wird eine Kopie der gelesenen Daten im Cache gespeichert. Wenn die CPU ein Byte zum ersten Mal anfordert, ist es noch nicht im Cache-Speicher. Das nennt man einen „Cache-Miss". Wird dieses Byte kurz nach der ersten Verwendung erneut angefordert, findet es der Cache-Controller im Cache. Einen solchen „Treffer" nennt man „Cache-Hit". Die CPU bekommt das Byte aus dem Cache und muss nicht auf den Arbeitsspeicher warten.

Der Speicherbus ist seit dem ersten Pentium 64 Bit breit. Der Arbeitsspeicher liest stets acht Byte, niemals ein einzelnes Byte. Entsprechend merkt sich auch der Cache acht benachbarte Byte als „Cache-Line", sprich „käsch-lain". Wenn die CPU ein benachbartes Byte anfordert, kann sie aus dem Cache bedient werden.

Im Computer gibt es mehrere Cache-Speicher:

- Ein Festplattencache ist Bestandteil der Festplattenelektronik. Wenn die CPU einen Teil einer Spur anfordert, wird die gesamte Spur gelesen und für spätere Anforderungen im Cache gespeichert.
- CD-, DVD- und Blu-ray-Brenner benutzen einen Cache. Dadurch reißt der Datenstrom am Brennlaser nicht ab, wenn es zu kleinen Verzögerungen beim Nachschub der zu brennenden Daten kommt. Auch beim Lesen hilft der Cache, vor allem bei transportablen Playern: wenn der Lesekopf wegen eines Schlagloches die Spur verloren hat, kommt die Musik übergangsweise aus dem Cache.
- Im Inneren der CPU gibt es einen Prozessor-Cache, um den es im Weiteren geht.

Warum braucht die CPU einen Cache?

In den ersten CPUs gab es drei zeitlich getrennte Phasen:

1. Die CPU beauftragt die Speichersteuerung, einen Befehl und die zugehörigen Daten aus dem Speicher zu holen, und wartet geduldig, bis der Speicher die bestellten Bytes liefert.
2. Sind die Daten eingetroffen, führt die CPU den Befehl aus. Inzwischen wartet der Speicher, denn erst nach Ausführung des Befehls steht fest, welcher Befehl und welche Daten als nächste gebraucht werden.
3. Das Ergebnis der Berechnung wird in den Speicher zurückgeschrieben.

Dabei geht viel Zeit verloren, weil CPU und Speicher immer nur abwechselnd arbeiten. Dieser Zeitverlust lässt sich durch ein „Prefetch" genanntes Verfahren der „Vorratshaltung" vermindern: Eine Baugruppe der CPU holt die nächsten Befehle im Voraus und hält sie im Cache bereit, bis die CPU sie braucht. Seit dem Pentium laufen das Heranschaffen der Daten und deren Verarbeitung weitgehend gleichzeitig ab.

Der Prozessor-Cache ist ein kleiner, schneller Speicher, der Kopien von den am häufigsten benötigten Daten des Arbeitsspeichers enthält. Wenn der Prozessor Daten aus dem Arbeitsspeicher anfordert, prüft die Cache-Elektronik blitzschnell, ob von den benötigten Daten vielleicht schon eine Kopie im Cache-RAM existiert. Wenn ja (ein „Cache-Hit"), erhält die CPU die Daten noch im selben Takt. Wenn nein (ein „Cache-Miss"), wird die Anforderung an den Arbeitsspeicher weitergegeben. Die CPU muss warten, d. h. einige Wartetakte einlegen, oder vorübergehend zu einer anderen Aufgabe wechseln (Hyper-Threading).

Die Strategie der Cache-Nutzung

Irgendwann ist der Cache voll und es muss Platz für neue Daten frei gemacht werden. Der Cache-Controller muss eine Kombination der folgenden Kriterien benutzen, um Entscheidungen zu treffen:

- Welche Daten sind in den letzten Mikrosekunden am häufigsten benutzt worden?
- Welche Daten werden demnächst voraussichtlich benötigt? Und:
- Welche Daten werden voraussichtlich nicht mehr benötigt und können deshalb entfernt werden, um Platz frei zu machen?

Vorausschauendes Lesen

Bevor das Rechenwerk der CPU einen Befehl ausführen kann, haben andere Baugruppen der CPU schon die Vorarbeit geleistet: Sie haben für etwa 5 bis 15 Befehle im Voraus analysiert, welche Daten für diese Befehle benötigt werden, um das Heranschaffen dieser Daten frühzeitig einzuleiten. Dadurch kann das Rechenwerk meistens mit voller Geschwindigkeit arbeiten.

Verzögertes Schreiben

Jedes von der CPU berechnete Ergebnis wird zunächst im Cache gespeichert. Oft wird das Ergebnis eines Rechenschrittes in einem der nachfolgenden Rechenschritte weiterverwendet, dann findet es die CPU ohne Wartezeit im Cache. Zwar muss das Ergebnis irgendwann in den langsamen Arbeitsspeicher abtransportiert werden, aber das wird vorzugsweise dann erledigt, wenn die CPU einmal keine Leseanforderungen an den Arbeitsspeicher hat.

Sprungvorhersage

Das Problem ist: Woher „weiß" die Elektronik, welche Daten demnächst „voraussichtlich benötigt" werden? „Am häufigsten benutzt", „voraussichtlich benötigt" und „voraussichtlich nicht mehr benötigt" – die Zukunft vorauszusagen, war noch nie einfach. Wie kann die Elektronik voraussehen, was zukünftig benötigt werden wird? Die Treffsicherheit dieser Voraussage ist für die Geschwindigkeit der CPU entscheidend.

Jedes Programm enthält eine große Anzahl Verzweigungsbefehle. So nennt man die Befehle, bei denen die CPU in Abhängigkeit von einem Zwischenergebnis entscheiden muss, ob es mit dem nächsten Befehl der Befehlsliste weitergeht oder ob zu einer anderen Stelle der Befehlsliste „gesprungen" wird.

Die Steuerung des Cache-Speichers kann den weiteren Programmablauf nicht erraten und stellte bei frühen Prozessoren die Arbeit ein, bis das Rechenwerk den Verzweigungsbefehl bearbeitet und über den weiteren Programmverlauf entschieden hatte. Erst danach konnte die Cache-Steuerung beginnen, die Daten für die Weiterarbeit heranzuschaffen, während nun wieder die CPU warten musste.

Seit Jahren arbeiten die Prozessorhersteller daran, wie die Elektronik die wahrscheinlichste Programmfortsetzung immer besser vorhersagen kann (die „Branch Prediction" = Sprungvorhersage). Hat die Elektronik gut „geraten" und die richtigen Daten vorbereitet, kann das Rechenwerk zügig weiterarbeiten. „Falsch spekuliert" bedeutet, dass die Kopien der vorausschauend bereitgestellten Daten verworfen werden und das Rechenwerk warten muss.

Aktuelle CPUs haben 2 bis 22 MB Cache. Obwohl der Arbeitsspeicher etwa tausend Mal größer ist, schafft es die Cache-Verwaltung mit ausgefeilten Algorithmen, beachtliche 80 % bis 90 % der vom Prozessor benötigten Daten rechtzeitig im Cache bereitzustellen.

64-Bit-Verarbeitungsbreite

Die CPU kann jedes Byte des Arbeitsspeichers einzeln adressieren. Ob sie die Bytes einzeln oder in Gruppen anfordert, hängt vom ausgeführten Programm ab. Bei genauen mathematischen Berechnungen (Gleitkommaberechnungen) sind die Zahlen meist 4 Byte groß. Die Bits im Speicher sind zu Gruppen von 64 Bit zusammengefasst. Die 8 Byte einer solchen Gruppe werden stets gleichzeitig gelesen oder geschrieben. Nehmen wir an, dass die CPU nur das dritte Byte dieser Gruppe benötigt. Die Bytes 0 bis 7 werden gelesen, das Byte 3 zur CPU geschickt, und das angeforderte Byte 3 sowie die restlichen 7 nicht benötigten Byte verbleiben noch eine Weile im Cache-Speicher. Falls die CPU bald darauf Byte 4 benötigt, bekommt sie es aus dem Cache, und die Bytes 0 bis 7 brauchen nicht erneut gelesen zu werden. Das ist vorteilhaft, denn es gibt viele Arten von Daten, die Byte für Byte benötigt werden: Texte, Musik und Videos werden nur selten „rückwärts" oder sprungweise gelesen, angehört bzw. angesehen.

Wo befindet sich der Prozessorcache?

Der 386er war der erste Prozessor, der mit einem Cache arbeitete. Der Cache bestand aus vier oder acht einzelnen Speicherchips, die auf der Hauptplatine untergebracht waren. In die 486er CPUs passten vier mal mehr Transistoren hinein. Der Cache konnte direkt im Prozessorchip seinen Platz finden. Die kurzen Datenwege erhöhten die Geschwindigkeit stark.

Die Leiterzüge und Strukturen wurden immer weiter verkleinert. Das ermöglicht es, mehr Transistoren in der CPU unterzubringen. Ein Teil der zusätzlichen Transistoren wurde verwendet, um den Cache zu vergrößern. Es gibt aber für die Cache-Größe eine Obergrenze. Wird der Cache zu groß, dauert das Suchen und Verwalten zu lange. Und wenn es die Cache-Verwaltung nicht mehr schafft, innerhalb eines CPU-Takts die im Cache vorhandene Daten zu liefern, wird der Cache ineffizient. Deshalb wurde der Cache zweistufig organisiert. Der kleine, schnelle **Level-1-Cache** in der CPU wurde um einen größeren, etwas langsameren **Level-2-Cache** ergänzt.

Der erste Pentium mit zweistufigem Cache war der Pentium Pro im Jahr 1995. Er hatte 16 kByte L1-Cache und 512 kB L2-Cache. Er wurde vor allem in Servern verwendet. Zwei Jahre später brachte Intel den preiswerteren Pentium II heraus, bei dem der L2-Cache aus der CPU herausgenommen war. Um die Datenwege möglichst kurz zu halten, wurde der L2-Cache zusammen mit dem Pentium II auf eine kleine Leiterplatte gelötet (siehe Bild 2.3), die in einen „Slot1" (Slot = Steckverbinder) auf der Hauptplatine gesteckt wurde.

Beim Pentium III konnten die Leiterzüge und Strukturen im CPU-Kern weiter verkleinert werden, es passten jetzt viel mehr Transistoren in das Gehäuse. Der L2-Cache konnte wieder ins Innere der CPU wandern.

Die typische RAM-Ausstattung wurde immer größer und die Anforderungen auch. Neuere CPUs haben einen dreistufigen Cache. Einer der leistungsfähigsten Prozessoren der „fünften Generation" ist der „Core i7-5960X Extreme Edition" von Intel, ein Achtkernprozessor mit 2,6 Milliarden Transistoren. Er hat pro Kern einen L1-Cache von 32 kB Daten + 32 kB Instruktionen und einen L2-Cache von 256 kB. Die 20 MByte L3-Cache werden von allen Kernen gemeinsam genutzt. Allerdings kostete diese CPU anfangs 1100 Euro.

Zentraleinheit

Der Smartphone-Prozessor Intel Atom Z2460 hat einen Level-1-Cache von 32 kB für Befehle und 24 kB für Daten sowie einen Level-2-Cache von 512 kB, ist also durchaus vergleichbar mit den Desktop-CPUs.

Durch den Cache hat die Taktfrequenz aufgehört, alleiniger Maßstab für die Rechenleistung einer CPU zu sein. Die Größe des Cache und die „Treffsicherheit" der Elektronik bei der Vorhersage der demnächst benötigten Daten sind ebenfalls wichtig. Was nützt eine hohe Taktfrequenz, wenn die CPU Pausen einlegen muss, um auf Daten zu warten? Während die CPU mit etwa 3 GHz arbeitet, bringt es der schnellste DDR4-Speicher (DDR4-3600) auf 29 GByte/s. Auf den ersten Blick scheint das ausreichend. Allerdings sind die 29 GByte/s ein theoretischer Wert, der nur dann erreicht werden könnte, wenn die angeforderten Daten im Speicher aufeinanderfolgend abgelegt sind. Doch die meisten Daten sind eher zufällig im RAM verteilt, also dauert der Zugriff viel länger. Außerdem werkeln in heutigen CPUs zwei bis sechzehn datenhungrige Recheneinheiten, und jede braucht mehrere Byte pro Takt.

Bild 2.2: Pentium Pro aufgeschnitten, von unten, 1995 (Abmessungen: 32 × 35 mm)
links: Steuer- und Recheneinheiten,
rechts: Cache Level II, erkennbar an der regelmäßigen Struktur

Trotz aller Raffinessen kann kein Speicher den Datenhunger moderner CPUs befriedigen. So heißt es für die CPU immer wieder: warten, warten, warten. Die Entwickler kompensieren das, so gut sie können. Mehr als drei Viertel der Transistoren in modernen CPUs werden für den Cache-Speicher und die Vorausschau-Logik verwendet.

RISC und CISC

Bild 2.3: Pentium II mit abgenommenem Kühler, 1997
242 Kontakte, 13 × 6 cm
In der Mitte die CPU, seitlich zwei Cache-Chips

Die i8086 CPU kannte 80 Befehle. Neue CPU-Generationen erhielten zusätzliche nützliche Befehle, z. B. zum Zeichenfolgevergleich (das macht Virenscanner schneller) oder zum Berechnen von Prüfsummen. Heutige Desktop-CPUs kennen mehr als 500 Befehle. Das macht sie kompliziert, aber auch schnell. CPUs mit so einem „Komplexen Befehlssatz" werden als CISC = **C**omplex **I**nstruction **S**et **C**omputer) bezeichnet.

Doch es wurde festgestellt, dass 80 % der heutigen Programme nur 20 % der CPU-Befehle benutzen. Manche Befehle wurden nie genutzt: Die Programmierer (und die Compiler) kennen manche Befehle gar nicht. Außerdem muss jedes Programm beim Start prüfen, was für eine CPU im PC steckt. Eine ältere CPU kennt die neuen Befehle nicht. Der Programmierer muss also eine Verzweigung vorsehen: Ein Programmzweig für ältere CPUs, in dem nur die „alten" Befehle genutzt werden, und einer für neuere CPUs mit Nutzung der neuen, schnellen Befehle. Da ist es einfacher, die neuen Befehle nicht zu nutzen oder in der Programmbeschreibung anzugeben: „Erfordert mindestens Core Duo oder Athlon 64, läuft nicht auf älteren CPUs".

Für Smartphones und Tablets wird ein Designentwurf „RISC" (**R**educed **I**nstruction **S**et **C**omputer) verwendet. Alle komplizierten Befehle werden weggelassen, vor allem wenn deren Ausführung länger dauert. Wie oft muss wohl eine Smartphone-CPU eine Division oder eine Gleitkommaberechnung ausführen? Die „weggelassenen" Befehle muss der Programmierer durch Unterprogramme ersetzen. Das macht die CPU einfach, preiswert und sehr schnell.

CPUs mit RISC-Befehlssatz sind überall dort von Vorteil, wo die CPU eine relativ einfache Aufgabe hat: Bordcomputer, Maschinensteuerungen, Smartphones, aber auch Supercomputer.

2.1.4 Turbo-Modus, Speedstep und Wärmeentwicklung

Solange sich ein Computerchip im Zustand „0" oder „1" befindet, verbraucht er fast keinen Strom. Im kurzen Moment des Umschaltens zwischen beiden Zuständen steigt der Strombedarf auf ein Vielfaches des Ruhestroms an. Je öfter die Umschaltung erfolgt (also je höher der Takt), desto höher ist die Wärmeentwicklung. Die leistungsschwache CPU „Pentium Dual-Core E2140" beispielsweise braucht 42 Watt im Betrieb und nur 11 Watt im Leerlauf. Wenn sie von ihrer Nominalfrequenz von 1,6 GHz auf 3,4 GHz übertaktet wird (d. h. mit überhöhter Geschwindigkeit betrieben wird), steigt der Leistungsbedarf auf 83 Watt. Also bei doppelter Frequenz fast die doppelte Verlustleistung! Leistungsstarke CPUs, wie z. B. der „Pentium Dual Core D 840" mit 2 x 3,2 GHz, verwandeln 140 Watt in Wärme, der „Athlon 64 X2 6400+" 124 Watt.

Die Dual Core D840 CPU hat eine Fläche von 2 cm^2 und verwandelt 140 Watt in Wärme. Die CPU hat also eine Heizleistung von 70 W/cm^2. Wie bescheiden wirkt dagegen die Hitze einer Kochplatte: Bei 18 cm Durchmesser hat sie eine Fläche von etwa 250 cm^2. Bei einer Leistung von 1000 Watt ergibt das nur 4 W/cm^2. Ich hoffe, es ist jetzt verständlich, wie wichtig eine gute Kühlung ist! Wenn man die Taktfrequenz um 20 % erhöht, würde die CPU 19 % mehr Wärme erzeugen.

Es wurde faktisch unmöglich, durch Erhöhung der Taktfrequenz mehr Leistung zu erreichen. Einer der neuen Wege zur Leistungssteigerung ist die Verkleinerung der Strukturen. Stark vereinfacht gesagt: Schmalere Leiter enthalten weniger Atome, deshalb müssen weniger Elektronen in Bewegung gesetzt werden, damit ein Strom fließt. Eine weitere Möglichkeit sind Mehrkernprozessoren: Die am höchsten belasteten Baugruppen in der CPU, wie z. B. das Rechenwerk, sind mehrfach vorhanden und teilen die Arbeit untereinander auf.

„Turbo-Modus" ist die Fähigkeit der CPU, abhängig von der Auslastung der Kerne und der CPU-Temperatur den Takt kurzzeitig zu erhöhen, sogar zu verdoppeln. Die CPU überwacht ständig die Temperatur ihrer Hauptkomponenten. Wird ein Kern zu heiß, macht er eine Abkühlpause und einer der kühleren Kerne übernimmt die Arbeit. Wenn die Anwendung nur einen der Kerne benutzt, kann dieser höher getaktet werden, während ungenutzte Kerne abkühlen. Die Technologie Turbo-Boost Max ermittelt den Kern, der momentan am höchsten übertaktet werden kann, und weist diesem Kern die wichtigste (zeitkritischste) Aufgabe zu.

„Speedstep" ist die Fähigkeit der CPU, bei geringer Belastung den Takt automatisch zu verringern. Es wird Strom gespart und die in der CPU angesammelte Wärmemenge wird allmählich abgebaut. Wenn die nächste „Turbo-Modus-Phase" beginnt, kann die CPU etwas länger durchhalten, bis sie gedrosselt werden muss.

2.1.5 Intel, AMD und Apple

Beim 386er hatte IBM Bedenken, von einem einzigen Prozessorhersteller abhängig zu sein. Intel wurde genötigt, der Firma AMD die Fertigungsunterlagen zu überlassen. Dadurch konnte damals jeder Kunde frei wählen, ob er auf seine Hauptplatine einen von Intel oder einen von AMD produzierten Prozessor stecken will. Diese Vereinbarung ist längst ausgelaufen.

Heute muss jeder Prozessorhersteller die interne Schaltung und die Anschlüsse seiner CPU anders aufbauen als die Intel-Ingenieure, um nicht von Intel wegen Patentverletzung verklagt zu werden (und umgekehrt). Deshalb gibt es gravierende Unterschiede in der internen Architektur der CPUs verschiedener Hersteller. Das bedeutet leider auch, dass die Hauptplatinen für Intel- und AMD-CPUs unterschiedlich sind. Sie können also nicht probeweise eine AMD-CPU durch eine Intel-CPU ersetzen, um zu testen, welche schneller ist.

Marktanteile zu erringen ist nicht einfach. AMD kann seine Prozessoren nur verkaufen, solange sie „befehlskompatibel" zu Intel-Prozessoren sind. Befehlskompatibel bedeutet, dass alle Befehle das gleiche Resultat liefern müssen wie das Intel-Original. Für einen nicht kompatiblen Prozessor würde es keine Software geben, der Hersteller müsste ein eigenes Windows und alle Anwendungsprogramme selbst entwickeln. Jeder Hersteller kann natürlich zusätzliche Befehle einbauen und darauf hoffen, dass die Softwarehersteller diese auch benutzen werden.

Prozessoren zu entwickeln, ist aufwendig. Intel gibt an, dass die Kosten für die Entwicklung des ersten Pentium höher waren als der Kaufpreis eines komplett ausgerüsteten Flugzeugträgers. Dazu kommt der Aufwand, für jede neue CPU-Generation neue Chipfabriken zu bauen. In den letzen Jahren konnten bzw. wollten sich nur noch Intel und AMD die hohen Entwicklungskosten für Universalprozessoren leisten. Einige weitere Firmen bauen Spezialprozessoren, z. B. für Handys und Smartphones.

Apple hatte seine Computer bisher mit Intel-CPUs bestückt. Seit Juni 2020 produziert Apple eine CPU „M1" mit 16 Milliarden Transistoren, vier Hochleistungskernen und weiteren vier Stromsparkernen für einfache Aufgaben. Die M1-CPU soll in allen Apple-Neuentwicklungen zum Einsatz kommen.

Unterschiede im Design

Intel favorisiert ein Design, bei dem die Recheneinheiten des Prozessors pro Takt etwas weniger leisten (und deshalb weniger warm werden), wodurch man den Prozessor etwas höher takten kann.

AMD hat sich für ein Design entschieden, bei dem die Recheneinheiten pro Takt mehr leisten. Außerdem steckt ein Teil vom Chipsatz im Gehäuse der CPU. Dadurch arbeitet die CPU effektiver, wird aber heißer und darf nicht so schnell getaktet werden.

AMD hatte im Jahr 2006 mit der Prozessorfamilie „Athlon" etwa die gleiche Leistung und fast den gleichen Marktanteil wie Intel. In den Folgejahren konnte Intel mit den Core-Prozessoren Marktanteile dazugewinnen. Intel hatte Anfang 2019 bei CPUs für Desktop und Notebooks einen Marktanteil von zwischen 80 und 85 %.

2017 hat AMD eine neue Prozessorgeneration „Ryzen" auf den Markt gebracht, die in Rechenleistung und Preis mit Intel vergleichbar ist. Ryzen 5, 7 und 9 sind etwa vergleichbar mit de i5, i7 und i9 Prozessoren von Intel. Die Unterschiede in der Leistung und auch im Preis von intel Core i9-14900K und AMD Ryzen 9 7950X3D sind unerheblich. Wobei AMD bei den speziellen Anforderungen von Spielen oft einen Tick schneller ist, während Intel bei Büro- und wissenschaftlichen Anwendungen im Vorteil ist.

Bei Server-Prozessoren hatte Intel einen Marktanteil von etwa 95 %, doch dieser Anteil schwindet. AMD bringt mit den EPYC-CPUs deutlich mehr Leistung als Intel mit den XEON-CPUs. EPYC-CPUs haben mehr Kerne, während die XEON-CPUs höhere Leistung pro Kern und einen höheren Takt bieten. Für manche Server-Anwendungen ist die höhere Zahl von Kernen nicht nutzbar. AMD hat bei Server-CPUs einen aktuellen Marktanteil von etwa 25 % erreicht.

Welcher Prozessor ist besser – Intel oder AMD?

Weil und solange die übergroße Mehrheit aller Programmentwickler einen Intel-Prozessor in ihren PCs hat (oder gar ein Mehrprozessorsystem), werden Programme auf Intel-Prozessoren gründlicher getestet und haben deshalb weniger Fehler. Für professionelle Anwendungen, wo Sicherheit und Minimierung des Absturzrisikos besonders wichtig sind, ist eine Intel-CPU mit einem Intel-Chipsatz („Alles aus einer Hand") die beste Paarung. Eine AMD-CPU mit NVIDIA-Chipsatz dürfte die zweitbeste Paarung sein. Betrachtet man nur die Anschaffungskosten, liegt AMD beim Preis-Leistungs-Verhältnis oft vorn.

Celeron, Duron und Sempron

Normale Büroluft enthält einige hunderttausend feinster Staubteilchen pro Liter. CPUs werden in Reinsträumen produziert, in denen pro Liter Luft maximal ein Staubkorn vorkommen darf. Prozessoren sind nur wenige Quadratmillimeter groß, und nicht jedes Staubkorn fällt auf einen Prozessor. Wenn es trifft, verursacht es verheerende Schäden. Wenn auch nur einer von Millionen Transistoren versagt, ist der Chip unbrauchbar. Es gibt allerdings eine Ausnahme: Wenn der Schaden nur eine Hälfte des internen Cache betrifft und die andere Hälfte des Cache fehlerfrei ist, wird die defekte Hälfte des Cache abgeschaltet. Das kommt nicht selten vor, denn der interne Cache belegt mehr als die Hälfte der Schaltkreisfläche und ist von Fehlern relativ oft betroffen. Solche „abgespeckten" CPUs werden bzw. wurden von Intel unter dem Markennamen Celeron und von AMD als Duron oder „Sempron" zu einem deutlich geringeren Preis verkauft. Diese Prozessoren schaffen noch etwa 80 % der Leistung des vollständigen Prozessors und sind ansonsten voll kompatibel und fehlerfrei. Für viele Büro- und Heim-PC reicht das aus.

Wenn die Nachfrage nach CPUs im unteren Leistungssegment sehr groß ist, werden auch schon einmal vollständig intakte CPUs durch Verkleinern des internen Cache, durch Abschalten einiger Kerne oder andere Maßnahmen „abgespeckt". So können die Prozessorhersteller relativ schnelle, moderne Prozessoren im unteren Preissegment anbieten, ohne die Preise für die „vollständigen" Prozessoren zu senken.

2.1.6 Benchmarks

Um die Leistung heutiger CPUs zu vergleichen, reicht ein Blick auf die Taktfrequenz nicht mehr aus. Größe und Organisation des Cache-Speichers, die Qualität der Vorschaulogik, die interne Arbeitsteilung zwischen den Baugruppen der CPU und Designunterschiede haben entscheidende Bedeutung. Intel verwendete den iCOMP-Index und AMD das P-Rating und QuantiSpeed, um (vorzugsweise die eigenen) CPUs zu vergleichen. Heute beurteilt und vergleicht man die Leistung von CPUs mit speziellen Testprogrammen, sogenannten „Benchmarks", wie z. B. `https://www.cpubenchmark.net` (engl.). Diese Testprogramme lassen den PC ein Sortiment vorgegebener Aufgaben aus einem bestimmten Themengebiet lösen (z. B. die Konvertierung eines Videos). Die benötigte Zeit wird gestoppt und mit der Konkurrenz verglichen. Fachzeitschriften sind voll mit solchen Tests.

Was taugen die Benchmarks?

Leider kann man keinen der vielen Benchmarks als den besten empfehlen. Das Problem ist: Je nachdem, wofür Sie Ihren PC nutzen, sind unterschiedliche Kriterien wichtig. Betrachten wir zwei Beispiele.

- Server haben große Datenmengen zu speichern. In Servern werden viele Festplatten parallelgeschaltet, die gewaltige Datenströme liefern können. Die Leistung eines Servers wird danach beurteilt, wie schnell er Daten von den Festplatten zu den Netzwerkkarten und umgekehrt transportieren kann. Der Arbeitsspeicher kann gar nicht groß genug sein. Die Leistung der Grafikkarte ist irrelevant, denn niemand schaut auf den Bildschirm. Die Rechenleistung der CPU spielt oft eine untergeordnete Rolle. Sie muss ja fast nichts rechnen, sondern nur den Datentransfer organisieren.
- Kauft man einen PC für die neuesten Actionspiele, braucht er vor allem eine hervorragende Grafikkarte und einen guten Prozessor. Die Leistung der Festplatte und des Netzwerks sind etwas weniger wichtig.

Es gibt also keinen Allround-Benchmark, sondern man braucht für jede Benutzergruppe andere Benchmarks.

2.1.7 Zukünftige Entwicklungen

Wir erwarten von der Halbleiterindustrie, dass unsere Computer leistungsfähiger werden. Welche Wege gibt es, um dieses Ziel zu erreichen?

Multimedia-Erweiterungen

In jeder CPU ist ein „mathematischer Co-Prozessor" für wissenschaftlich/technische Berechnungen enthalten. Die CPU rechnet mit einer Genauigkeit von 64 Bit. Der Coprozessor hat eine 80-Bit-Gleitkomma-Arithmetik, die $2^{(80-64)} = 2^{16} = 65\,536$ mal genauer ist. Doch bei der typischen Computernutzung wird der Coprozessor nicht gebraucht. Im Jahr 1997 ergänzte Intel die CPU um die „**M**ultimedia **E**xtension", abgekürzt MMX. Mit 57 neuen Befehlen konnte der (meistens brachliegende) Coprozessor für Multimediaberechnungen genutzt werden. AMD bezeichnete eine ähnliche Befehlssatzerweiterung als „3DNow!".

1999 brachte Intel mit dem Pentium III die Weiterentwicklung von MMX unter dem Namen „**S**treaming **S**IMD **E**xtensions", abgekürzt „SSE", heraus. Weitere 70 Befehle ermöglichten eine bessere Nutzung der CPU. Der Befehlssatz war von 80 Befehlen des i8086 auf 200 Befehle beim Pentium III angewachsen. Nach Hinzufügen der Erweiterungen SSE2, SSE3 und SSE4 wuchs der Befehlssatz auf 430 Befehle. Durch AVX, AVX2 und FMA sind weitere Befehle hinzugekommen.

Größere Verarbeitungsbreite

Die Intel 8088 CPU konnte mit 8-Bit-Zahlen rechnen, der i8086 rechnete mit 16-Bit-Zahlen. Seit dem i80386 können die CPUs 32-Bit-Zahlen verarbeiten. Das bedeutet, dass Zahlen bis $4\,294\,967\,296$ (2^{32}) für die CPU zum „kleinen Einmaleins" gehören und in einem einzigen Takt verarbeitet werden. Seit 2006 gibt es erste 64-Bit-CPUs, die zunächst in Servern und Hochleistungs-PCs eingesetzt wurden und heute in jedem PC stecken. Diese CPUs können Zahlen bis $2^{64} = 18\,446\,744\,073\,709\,551\,616$ (18 Trilliarden) in einem einzigen Takt verarbeiten.

Kleinere Strukturen

Im Jahr 1965, kurz nach der Erfindung der integrierten Schaltung, prognostizierte Dr. Moore, ein Mitbegründer von Intel, eine Verdopplung der Anzahl elektronischer Bauteile auf einem Chip alle 18 Monate. Diese Prognose wurde als „Mooresches Gesetz" bezeichnet und es ist kaum zu glauben, dass die Halbleiterindustrie diese Steigerungsrate der Packungsdichte etwa bis 2015 beibehalten konnte. Durch die Annäherung an physikalische Grenzen wird die zukünftige Steigerungsrate kleiner: Das Kosten-Nutzen-Verhältnis wird immer schlechter.

Ein Maß für die erreichte „Kleinheit" der Strukturen ist die Strukturbreite. Damit wird der halbe Abstand zweier Leiterbahnen im Chip bezeichnet. Offensichtlich passen durch Verkleinerung der Strukturen mehr Transistoren auf die Chipfläche. Ein Beispiel: Intel gelang es im Jahr 2009, die Strukturen von 45 auf 32 nm zu verkleinern. Dadurch benötigte jeder Transistor nur noch die halbe Fläche ($32^2 / 45^2 = 51\%$). Nun passte die doppelte Anzahl Transistoren in die CPU. Damit reichte der Platz für die 731 Millionen Transistoren des Intel Core i7. Intel sagt, jede Verdopplung der Packungsdichte senkt die Fertigungskosten um 30 %.

Jahr	1980	1999	2001	2003	2005	2007	2009	2012	2014	2017	2019	2024
Strukturbreite (nm)	3000	180	130	90	65	45	32	22	14	10	7	2

Tab. 2.3: Entwicklung der Strukturbreite (in der Serienproduktion).
Vergleich: Die meisten Viren sind 20 bis 80 nm groß. Intel meint, wegen der 3D-Stapelung der Komponenten verliert die Angabe einer Strukturbreite an Bedeutung, zumal jeder Hersteller die Strukturbreite anders definiert.

Doch es gibt noch weitere Vorteile der Miniaturisierung:

- Kleinere Transistoren kommen mit einer kleineren Versorgungsspannung aus, so dass pro Transistor weniger Energie gebraucht wird, und
- die Schaltungen werden schneller, weil die Entfernungen zwischen den Transistoren kürzer werden und die Signale schneller von einem Transistor zum nächsten wandern.

Der Weg zu noch kleineren Strukturen wird immer steiniger. Um die 22-nm-Strukturen zu ermöglichen, wurden dreidimensionale Transistoren entwickelt. Intel nennt das eine Revolution.

Bei der Chipherstellung wird das Halbleitermaterial mit einem lichtempfindlichen Lack beschichtet. Die gewünschte Schaltung wird auf den Lack projiziert. Danach werden die unbelichteten Abschnitte abgewaschen, die belichteten Abschnitte bleiben geschützt. Nun können die freiliegenden Flächen geätzt oder beschichtet werden. Doch gewöhnliches Licht streut zu stark. Für die ersten Testchips mit 7 nm Strukturen, die von IBM im Jahr 2015 präsentiert wurden, brauchte man extremes Ultraviolettlicht. Für noch kleinere Strukturen ist auch UV-Licht zu grob. Wird man zu Elektronen- oder Röntgenstrahlen wechseln müssen, die in einem Teilchenbeschleuniger erzeugt werden?

Diese und viele andere Probleme machen die Umstellung auf kleinere Strukturen sehr teuer. Der Bau der Infineon-Halbleiterfabrik in Dresden hat 3 Milliarden Euro gekostet. Ein Werk für die 7 nm Fertigung würde 10 bis 12 Milliarden Dollar kosten und ein Werk für 5 nm sogar 14 bis 18 Milliarden Dollar, sagte der Ex-Chef von GlobalFoundries.

Auch in Zukunft wird die Entwicklung von Hochleistungs-CPUs weitergehen. Der Anteil von spezialisierten Prozessoren wird zunehmen. Einige hochspezialisierte CPUs benötigen nicht mehr das Maximum an Rechenleistung. Für manche Berechnungen nutzt man die Prozessoren von Hochleistungs-Grafikkarten.

Was konnten die Entwickler mit den vielen Transistoren anfangen?

- In den vergangenen Jahren wurden den CPUs Spezialbefehle für Multimedia-Anwendungen (MMX und SSE) hinzugefügt, z. B. Spezialbefehle für Prüfsummenberechnung und Zeichenfolgenvergleiche. Es soll weitere Spezialfunktionen geben. Gegenwärtig besteht ein hoher Bedarf an Spezialbefehlen für die Kryptografie (Verschlüsselung). Mit dem Befehlssatz AES-NI können AES-verschlüsselte Daten 25 mal schneller entschlüsselt werden.
- Der Cache-Speicher kann stark vergrößert werden.
- Wenn der Prozessorcache voll ist, muss die Elektronik entscheiden, welche Speicherzellen freigemacht

- werden können: Die am längsten nicht benutzten oder die am seltensten benutzten? Eine aufwendigere Cache-Steuerelektronik könnte bessere Entscheidungen treffen und die Cache-Nutzung verbessern.
- Wenn Sie eine Zahl mit zehn multiplizieren sollen, greifen Sie dann zum Taschenrechner? Nein, denn Sie kennen einen „Rechentrick": Sie hängen einfach eine Null an. Wenn man genügend Transistoren zur Verfügung hat, kann man der CPU zahlreiche „Rechentricks" „beibringen" und dadurch Berechnungen beschleunigen.
- Wenn Sie 3 × 3 rechnen müssen, greifen Sie wohl kaum zum Taschenrechner, weil Sie das kleine Einmaleins auswendig gelernt haben. Ähnliche Tabellen in der CPU könnten häufig vorkommende Berechnungen beschleunigen.
- Spezielle Schaltungen könnten zukünftig noch weiter vorausschauend „erraten", welche Daten aus dem Arbeitsspeicher benötigt werden könnten (Speculative Precomputation). Wenn der Speicherbus wenig beschäftigt ist, werden diese Daten auf Vorrat geholt.
- Vorhandene Funktionen können beschleunigt werden. Ein Beispiel: Bei der Addition können Überträge auftreten, die in die nächsthöhere Stelle eingerechnet werden müssen. Stellen Sie sich vor, Sie müssten 999 999 + 1 berechnen. In jeder Dezimalstelle entsteht ein Übertrag, der in der nächsthöheren Stelle eingerechnet werden muss. Analog könnte die CPU zwei 64-stellige Zahlen in einem ersten Schritt addieren und anschließend im ungünstigsten Fall weitere 63 Schritte benötigen, um die Überträge zu berücksichtigen. Wenn allerdings der Konstrukteur eine üppige Anzahl Transistoren zur Verfügung hat, lässt sich die Addition auf wenige Schritte reduzieren, sogar ein „Ein-Schritt-Addierer" wird möglich. Ein schnelles „Addierwerk" ist deshalb so wichtig, weil sich die anderen Grundrechenarten auf die Addition zurückführen lassen.
- Zusätzliche Komponenten werden in die CPU integriert. Viele preiswerte CPUs enthalten einen Grafikchip, so dass keine separate Grafikkarte benötigt wird. Smartphone-CPUs können Funkcontroller für WLAN, UMTS, LTE und Bluetooth, GPS-Elektronik, Kameracontroller und anderes enthalten, so braucht man an so einen Chip nur noch Antennen, Speicher, Display und Kamerachip anzuschließen.

Mehr Kerne

2009 stellte Intel den ersten Xeon-Prozessor mit acht Kernen vor, der in Servern eingesetzt wird. Für den Massenmarkt gibt es den Core i7 mit unterschiedlich vielen Kernen. Je nach Auslastung kann für jeden Kern die Versorgungsspannung erhöht oder verringert werden. Zeitweilig unbenutzte Kerne können sogar komplett abgeschaltet werden, um Strom zu sparen und die Wärmeentwicklung zu verringern.

Die CPUs von Intel der Serie „Core i9-13900" haben acht „Performance"-Kerne, 16 „Efficient"-Kerne und einen „Thread Director", der die Rechenarbeit auf die Kerne verteilt. Der Präfix „i9" kennzeichnet CPUs mit mindestens 10 Kernen. AMD bietet Paroli mit der 16-Kern-CPU „Ryzen 9 5950X" für 400 Euro. Besonders anspruchsvollere Kunden kaufen die AMD Ryzen Threadripper Pro 3995WX mit 64 Kernen für 5200 Euro.

Ende 2023 hat Intel die neue Generation der „Core Ultra" Prozessoren vorgestellt. Zusätzlich zu den Performance- und Effizienz-Kernen gibt es einen „Neuronalen" Kern (Gaussian & Neural Accelerator), der typische Berechnungen der künstlichen Intelligenz beschleunigen soll. AMD hat in den Ryzen 7 8700G ebenfalls eine NPU (Neuronale Processor Unit) zur KI-Beschleunigung eingebaut.

Leider steigt die Leistung bei Universalprozessoren nicht so stark wie die Zahl der Prozessorkerne. Die Vorausschaulogik erkennt nicht genug unabhängige Programmteile (Threads), die auf die Kerne verteilt werden könnten, und es sind immer nur kleine Threads. Die Effektivität steigt in dem Maße, in dem die Programmierer in zukünftigen Programmen die parallelisierbaren Teile explizit markieren. Doch auch wenn sie das tun: Ein großer Teil vom Programmcode heutiger Programme ist vor vielen Jahren entstanden, als noch niemand an Parallelverarbeitung dachte.

Smartphone-CPUs arbeiten mit mehreren Kernen. Die hohe Rechenleistung leert den Akku schnell. NVIDIA hat den vier Kernen einen fünften „Stromspar-Kern" hinzugefügt, der zum Einsatz kommt, wenn das Smartphone im Ruhezustand ist. Die anderen Kerne werden bei Bedarf geweckt. Andere Hersteller haben nachgezogen. Die Galaxy-Modelle von Samsung ab dem S4 haben vier leistungsstarke Kerne plus vier Sparkerne. Andere Smartphones und Tablets schalten alle bis auf einen Kern ab und/oder reduzieren die Taktfrequenz, um Energie zu sparen.

Hot Spots beseitigen

Hot Spots heißen die winzigen Stellen der CPU, wo die Temperatur besonders hoch ist, hervorgerufen durch hochbelastete Funktionseinheiten. Wenn zu viel Wärme entsteht, muss die CPU ihren Takt herabsetzen. Wenn man von diesen heißlaufenden Funktionseinheiten einige zusätzliche auf dem Chip verteilt und sie abwechselnd benutzt, verteilt sich die Wärme besser und der Takt kann erhöht werden.

„Grüne" CPUs

Heutige Prozessoren schalten ungenutzte Funktionsgruppen ab und reduzieren den Stromverbrauch bei geringer Auslastung. Die gewaltige Rechenleistung heutiger CPUs wird nicht überall gebraucht. Bei vielen Servern wirkt es sich kaum auf die Gesamtleistung aus, wenn die CPU etwas langsamer ist. Wenn man eine 3-GHz-CPU mit einem Takt von 1,5 GHz betreibt, sinkt deren Leistungsbedarf auf die Hälfte.

Miniaturisierung

Die hohe Packungsdichte ermöglicht nun auch sehr kleine Computer. Intel stellte 2013 einen Kleinstrechner „Galileo" vor. Auf einer Leiterplatte von 107 × 71 mm groß befindet sich ein 15 × 15 mm SoC (**S**ystem-**o**n-a-**C**hip), der eine CPU mit 400 MHz, 512 MB RAM und 8 MB Flash-ROM enthält. Galileo hat 3 USB-Anschlüsse, ein RJ45 Netzwerk, ein MicroSD-Kartenslot, ein PCI-Express-Anschluss, digitale und analoge Ein- und Ausgänge sowie Anschlüsse für „Arduino"-Baugruppen. Das mitgelieferte Betriebssystem ist Linux.

Im Januar 2014 präsentierte Intel für das „Internet der Dinge" den „Edison": Die 35 × 25 mm kleine Platine enthält einen 500 MHz Dual-Core-Notebook-Prozessor, 1 GB RAM sowie WLAN und Bluetooth. Und 2015 wurde der Minicomputer „Curie" vorgestellt, der mitsamt Batterie die Größe eines Jackenknopfes hat und über Bluetooth Verbindung mit dem Smartphone aufnehmen kann. „Curie" kostete 20 Euro. Leider hat Intel Anfang 2017 die Produktion von Galileo, Curie und Edison wegen zu geringer Nachfrage eingestellt.

Ein weiterer beliebter Minicomputer ist der „Raspberry Pi". Derartige Kleinstcomputer werden vor allem von Bastlern für 80 Euro gekauft und als Mediaplayer sowie für vielfältige Steuerungsaufgaben genutzt. Das Betriebssystem ist Linux. Bei Microsoft registrierte Nutzer können im Rahmen des „Windows Developer Program for Internet of Things" kostenlos eine „nicht kommerzielle" Version von Windows 10 beziehen.

2.1.8 Kühlung der CPU

Die schnelle Ableitung der Wärme ist höchst problematisch. Auf der CPU muss immer ein Kühlkörper montiert werden, fast immer zusätzlich mit einem Lüfter. Ganz ohne Kühlkörper würde der Prozessor bereits nach 15 bis 60 Sekunden durchbrennen oder zumindest stark altern! Der Kühlkörper muss gut anliegen. Weil die Oberflächen von CPU und Kühler nie völlig eben sind, verbleibt ein winziger Luftspalt. Weil Luft die Wärme schlecht leitet, muss dieser Luftspalt mit Wärmeleitpaste gefüllt werden. Die Wärmeleitfähigkeit von Kupfer beträgt 380 W/(m·K), Luft 0,024 W/(m·K) und Wärmeleitpaste von 0,8 bis 10 W/(m·K).

Verdoppelt man die Taktfrequenz, entsteht näherungsweise die doppelte Wärmemenge. Teilweise kann man das durch bessere Kühlung ausgleichen. Zwei der Bilder auf Seite 38 zeigen Hochleistungskühler mit „Heatpipe". Die wärmeleitenden Teile sind aus Kupfer – ein teures Metall, aber ein hervorragender Wärmeleiter. Um die Wärme schnell von der CPU wegzuleiten, wird eine Art Wärmepumpe, die Heatpipe (deutsch etwa „Hitze-Pipeline"), verwendet. Die „Rohrschlange" ist mit einem Kühlmittel gefüllt, das einen niedrigen Siedepunkt hat. Wenn das Kühlmittel verdampft, entzieht es der CPU eine Menge Wärme. Der Dampf steigt in der Rohrschlange auf, kühlt ab und wird wieder flüssig, wobei die aufgenommene Wärme abgegeben wird. Nach einem ähnlichen Prinzip funktioniert ein kompressorloser Kühlschrank.

Wie heiß darf die CPU werden? Das muss dem Datenblatt des Herstellers entnommen werden. Es hängt auch von der Arbeit ab, welche der Prozessor gerade erledigt.

Prozessorhersteller zeigen manchmal auf Messen, dass eine aktuelle CPU, die mit flüssigem Helium gekühlt wird, durchaus die dreifache Leistung wie bei normaler Kühlung erreichen kann (allerdings wird sie das wohl nur wenige Wochen überleben). Einige Computerfreaks verwenden Wasserkühlungen, um ihren PC **„übertakten"** (ein wenig schneller laufen lassen) zu können. Es werden sogar regelmäßige Wettbewerbe veranstaltet, wer seine CPU am höchsten übertakten kann.

ZENTRALEINHEIT

Komprimieren und Dekomprimieren sowie Filmschnitt belasten die CPU stark. Als Richtwert gilt: Die durchschnittliche Temperatur sollte 60 °C nicht überschreiten. Die CPU darf auch einmal kurzzeitig etwas heißer werden, aber mehr als 80 °C sind für jede CPU zu viel, selbst wenn diese Temperatur nur kurzzeitig auftritt.

Im Laufe der Monate und Jahre lässt die Kühlleistung nach. Dafür gibt es mehrere Ursachen:

- Staubablagerungen im Gehäuse und vor allem auf den Kühlrippen verschlechtern die Wärmeableitung.
- Die Wärmeleitpaste wird allmählich hart und spröde. Durch Erschütterungen und Vibration bilden sich Luftspalten, die Wärmeableitung wird schlechter. Wenn die Hitze nicht nach oben entweichen kann, wird sie verstärkt nach unten abgeleitet und erhitzt die Hauptplatine. Ganz dicht an der CPU sind eine Menge Elektrolytkondensatoren angeordnet. Deren Alterung wird stark beschleunigt.
- Weil die Lager verschmutzen und verschleißen, drehen die Lüfter langsamer und lauter.

Deshalb sollten Sie mindestens einmal jährlich den Staub aus dem Gehäuse blasen. Alle ein bis zwei Jahre sollte man über eine Erneuerung der Wärmeleitpaste nachdenken, um Hitzeproblemen vorzubeugen.

Seit dem Pentium 4 überwacht eine thermische Schutzschaltung („Thermal Monitoring") die Temperatur im Prozessorkern. Falls die Temperatur zu hoch wird, halbiert die CPU den Takt. Spätestens wenn Ihnen das passiert, sollten Sie in eine bessere Kühlung investieren! Einen Hinweis auf thermische Probleme finden Sie vermutlich im Ereignisprotokoll (Bild 15.1), wenn dort CPU-Probleme gemeldet werden.

In der Endphase seines Lebens beginnt der Lüfter Lärm zu machen, vorzugsweise nach dem Einschalten. Anfangs normalisiert sich die Drehzahl einige Minuten nach dem Einschalten, und das Geräusch verschwindet wieder. Einige Wochen später ist das nervige Geräusch verschwunden. Prima! Nein, ist gar nicht prima. Der Zustand des Lagers hat sich vermutlich noch weiter verschlechtert, und der Lüfter steht jetzt für immer still. Jetzt wird es gefährlich. Selbst wenn die Schutzschaltung sicherheitshalber den CPU-Takt halbiert, kann es sein, dass noch immer zu viel Hitze entsteht. Zweierlei kann jetzt passieren:

1. Die CPU wird so stark überhitzt, dass der PC abstürzt – entweder einige Minuten nach dem Einschalten oder stark gehäuft während des normalen Betriebes. Dieser Fehler kann leicht zu finden und zu beseitigen sein, bevor Ihre CPU größeren Schaden nimmt.
2. Die CPU wird heiß, aber die Abstürze bleiben ganz aus oder sind nicht allzu häufig. Das ist sehr schlecht. Lesen Sie „Elektromigration" im Kapitel 12 „Warum altern PCs?" Die CPU altert sehr schnell und „stirbt" bald. Verlassen Sie sich nicht darauf, die CPU als Garantiefall umgetauscht zu bekommen. Die CPU-Hersteller können meist anhand der Verfärbung der CPU erkennen, dass diese zu heiß geworden ist und den Garantieumtausch verweigern.

Wie kann ich feststellen, ob mein CPU-Lüfter noch läuft? Es gibt drei Möglichkeiten:

1. Aufschrauben und nachsehen. Fast immer ist es die von vorn gesehen linke Gehäusewand, die mit zwei Schrauben an der Rückwand befestigt ist. Wenn Sie diese Seitenwand entfernen, haben Sie freien Blick auf den Lüfter. Der Lüfter muss sofort nach dem Einschalten des PCs zügig anlaufen. Bei manchen PCs läuft der Kühler zeitverzögert oder temperaturgesteuert einige Sekunden später an, doch es sollte stets die gleiche Verzögerung sein.
2. Sie können ein Hilfsprogramm installieren, das im laufenden Betrieb diese Daten anzeigt. Ein solches Hilfsprogramm wird manchmal auf der Treiber-CD der Hauptplatine mitgeliefert.
3. Drücken Sie beim Start des PCs die Taste DEL oder F2, um ins BIOS zu kommen. Wie das geht, steht im Kapitel 2.5.3 „BIOS-Setup-Programm". Suchen Sie nach Drehzahlanzeige und CPU-Temperatur, meist wird man unter „Power Management" fündig. Wenn eine Alarmfunktion vorhanden ist, sollten Sie einen Alarm auslösen lassen, wenn die Temperatur über 60 °C ansteigt.

ZENTRALEINHEIT

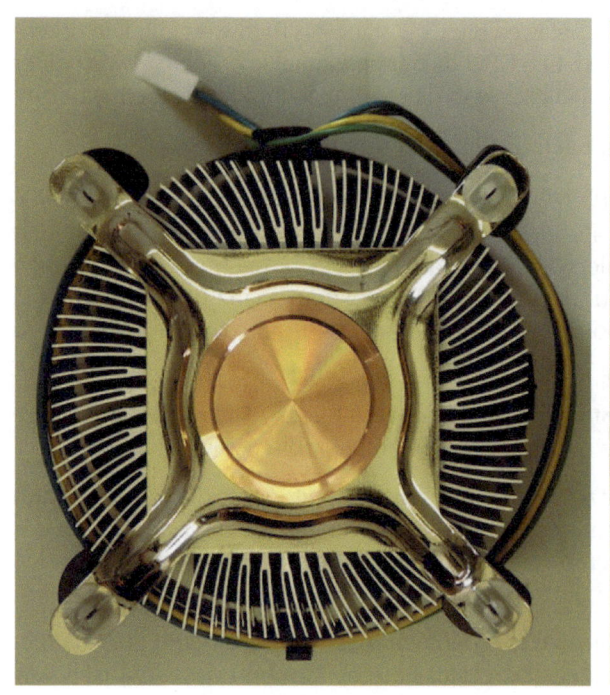

Bild 2.4: Intel-Standardkühler von unten

Bild 2.5: Hochleistungskühler mit „Heatpipe", von hinten

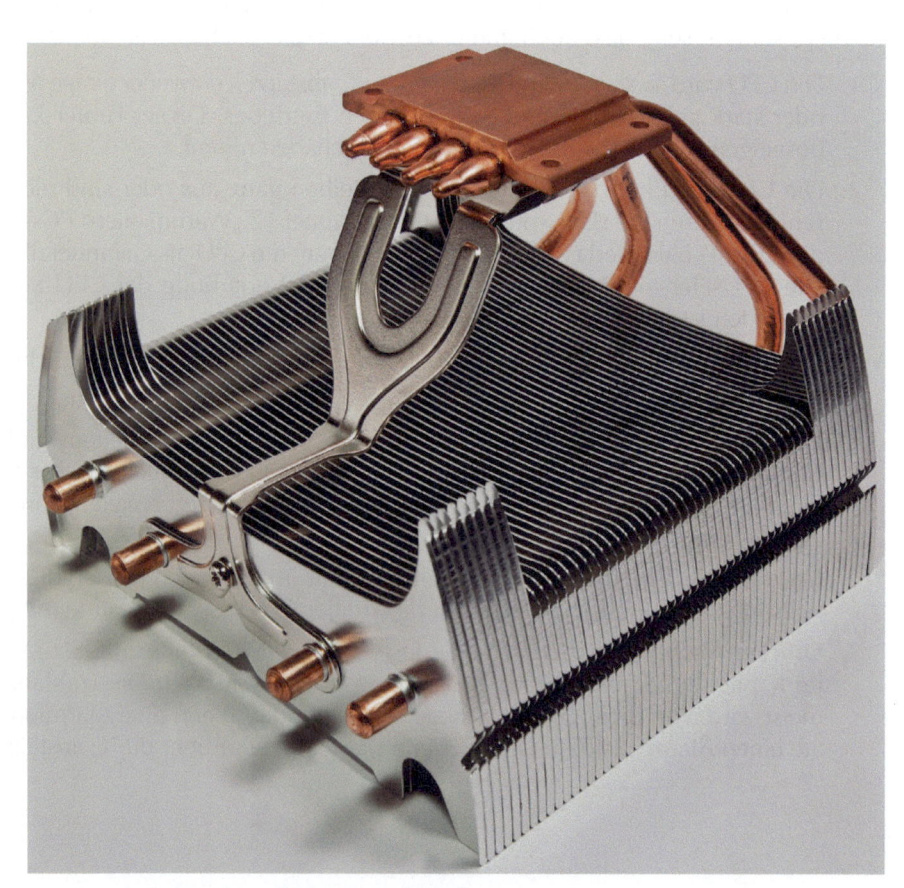

Bild 2.6: Passiver CPU-Kühler mit vier Heatpipes, 12 × 12 cm
Ansicht von unten. Der Kupferblock wird auf die CPU gedrückt. Die vier Heatpipes leiten die Wärme zu den Kühlrippen. Die Kühlung ist so gut, dass bei CPUs der mittleren und unteren Leistungsklasse auf einen Lüfter verzichtet werden kann.

Mehr über die Kühlung der CPU können Sie unter **eifert.net/hwcool** nachlesen.

2.2 Die Hauptplatine

Elektronische Bauelemente werden auf Leiterplatten montiert. Hochintegrierte Bauelemente haben hunderte Anschlüsse. Schauen Sie einmal auf das Bild 2.10 auf der nächsten Seite! Der blaue Steckplatz (15) für die PCI Express Grafikkarte hat 164 Pins, die drei weißen PCI-Steckplätze (12) je 60. Rechts im Bild sind vier Steckplätze für Arbeitsspeicher mit je 240 Kontakten. Die CPU auf Bild 2.9 hat 775 Pins auf einer Fläche von 38 × 38 mm, neueste CPUs haben 1700 Anschlüsse, es gibt auch CPUs mit 2066 Pins. Sie alle müssen auf kürzestem Weg kreuzungsfrei verbunden werden. Deshalb werden viele dünne Leiterplatten zu mehrlagigen Leiterplatten aufeinandergeklebt. Die Industrie kann Leiterplatten mit bis zu etwa 48 Ebenen fertigen. Die Platte wird gebohrt und die Bohrlöcher werden innen verzinnt, um die Leiterebenen untereinander zu verbinden. Dann werden Schaltkreise, Widerstände, Kondensatoren, Steckverbinder und weitere Bauelemente in die Bohrungen gesteckt und verlötet. Eine bestückte Leiterplatte nennt man eine Platine (englisch: board).

Bild 2.7: Ausschnitt einer Leiterplatte mit hochintegriertem SMD-Schaltkreis

Die größte Platine im PC (etwa 18 × 30 cm) nennt man **Hauptplatine**. Englisch wird sie als Motherboard oder Mainboard bezeichnet. Meist sind Leiterbahnen in mehr als einem Dutzend Ebenen übereinander gestapelt. Warum so viele?

Der Trend geht zu immer mehr Ebenen, um die Fläche der Leiterplatten weiter zu verringern. Kleinere Abstände zwischen den Schaltkreisen bringen einen Geschwindigkeitsvorteil: In einer viertel Nanosekunde (so lange dauert ein Takt einer 4-GHz-CPU) legt ein elektrisches Signal nur 7,5 cm zurück. Lange Signalwege machen also die Hauptplatine langsamer.

Die Hauptplatine wird mit Abstandsbolzen im Gehäuse befestigt. Die Position der Befestigungspunkte ist durch den so genannten „Formfaktor" definiert (siehe dazu 8.2.5 im Kapitel „Gehäuse"). Die Hauptplatine ist Träger für zahlreiche Steckplätze, Schaltkreisfassungen, externe und interne Anschlüsse und elektronische Baugruppen.

2.2.1 CPU und RAM

Auf der Hauptplatine befindet sich ein Schaltkreis-Sockel (englisch: Socket), in den der Prozessor gesteckt wird. Weil die Prozessoren immer mehr Anschlusskontakte brauchen, gibt es zahlreiche Sockeltypen. Die Pentium 4 CPUs hatten 478 Kontaktstifte. Die nächste CPU-Generation von Intel hatte 775 Kontakte. Der FM2+ Sockel von AMD hat 906 Kontakte, der AM4-Sockel für die CPUs „Zen" und „Ryzen" hat 1331 Pins. Die darauffolgenden Intel-CPUs haben 989, 1155, 1156, 1366, 2011, 2066 oder 1700 Kontakte.

Das Bild 2.8 zeigt den „Sockel 775" mit eingesetzter CPU. Die Andruckplatte (im unteren Teil des Bildes, unscharf) ist aufgeklappt.

Bild 2.8 und 2.9: Dual-Core-CPU D925, 3 GHz
Abmessungen: 38 × 38 mm × 4 mm
Oben: CPU in den Sockel eingesetzt
Unten: Blick auf die 775 Kontakte der CPU

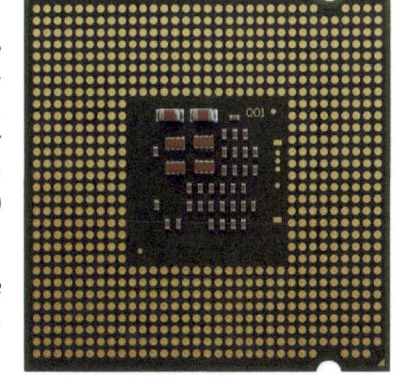

Zentraleinheit

Bild 2.10: Hauptplatine ASUS TUF Gaming B760M-PLUS WIFI
1: Sockel 1700 für Intel-CPU,
2: Hochgeklappte Andruckplatte der CPU,
3: Verriegelungshebel für den CPU-Sockel,
4: Vier Steckplätze für DDR5-RAM,
5: Stromzuführung des Mainboards,
6: USB-Anschluss für 2x Front USB 3.1, rechts daneben: Frontanschluss für USB-C,
7: Zwei SATA-Steckplätze,
8: Chipsatz B760,
9: Zwei weitere SATA-Steckplätze,
10: Kühler über dem M.2-SSD-Steckplatz,
11: Anschlüsse für vier USB 2.0 Front,
12: PCIe x16 (über Chipsatz),
13: PCIe x1,
14: BIOS-Batterie,
15: PCIe x16 (von der CPU),
16: Kühler über dem M.2-SSD-Steckplatz,
17: und 20: Kühlkörper der CPU-Spannungsversorgung,
18: Rückwärtige Anschlüsse,
19: Stromversorgung 12 V für die CPU.

Zentraleinheit

Um eine CPU mit so vielen Anschlüssen ohne Risiko einsetzen zu können, werden ZIF-Sockets (**Z**ero **I**nsertion **F**orce, deutsch: Null-Kraft-Sockel) verwendet, die mit einem Schwenkhebel ausgestattet sind. Sind der Hebel und die Andruckplatte hochgeklappt, kann die CPU eingesetzt oder entnommen werden.

Weiterhin findet man auf der Hauptplatine zwei bis vier (selten: sechs oder acht) Steckplätze für RAM (Arbeitsspeicher). Auf dem Bild 2.10 sind es vier Steckplätze oberhalb vom CPU-Sockel. Die Platine von Bild 12.4 (auf Seite 245) hat sechs RAM-Steckplätze. Auf der Hauptplatine sind Taktgeber, Uhr, Chipsatz und andere Bauteile aufgelötet.

2.2.2 Chipsatz, Northbridge, Southbridge und Platform Controller Hub

Früher gab es auf jeder Hauptplatine eine „Northbridge" und eine „Southbridge". Die **Northbridge** („nördliche Brücke") ist ein Schaltkreis, der die CPU mit dem Arbeitsspeicher, der Grafikkarte und der Southbridge verbindet. Manchmal war eine einfache Grafikkarte in die Northbridge integriert. Um die Datenwege kurz zu halten, wurde die Northbridge nahe an CPU, Arbeitsspeicher und Grafiksteckplatz platziert. Die Datenverbindung zwischen Northbridge und CPU heißt „**F**ront **S**ide **B**us", abgekürzt FSB.

Für „langsame" Peripherie-Anschlüsse (Tastatur, Maus, USB usw.), Netzwerk, Massenspeicher und weitere Geräte mit geringerem Datendurchsatz war die **Southbridge** zuständig. Die Southbridge ist nicht mit der CPU verbunden, sondern mit der Northbridge. Northbridge und Southbridge zusammen werden als **Chipsatz** bezeichnet. Der Chipsatz ist als „zentrale Datenverteilerstelle" für die Gesamtleistung und die Stabilität des PC-Systems in einem viel höherem Maße verantwortlich, als die meisten Menschen glauben.

Beginnend 2008 gab es erste Intel-Hauptplatinen mit geänderter Arbeitsteilung. Die Aufgaben der Northbridge (das Interface zum Speicher und zur Grafikkarte) sind zum Teil der CPU geworden. Die Netzwerk-, USB- und Massenspeicher sind weiterhin an die frühere Southbridge angeschlossen, die seitdem als „**P**latform **C**ontroller **H**ub" bezeichnet wird. Der PCH wird heiß und muss gekühlt werden. Im Bild 2.10 ist dieser Kühler mit „TUF GAMING" beschriftet. Der PCH ist über das „**D**irect **M**edia **I**nterface", abgekürzt DMI, mit der CPU verbunden. Das DMI kann über vier oder acht parallele PCI-Express-Verbindungen (Erklärung für „PCI Express" folgt ein paar Zeilen weiter) 3940 MByte/s oder 7880 MByte/s transportieren. AMD bezeichnet die frühere Southbridge als „**F**usion **C**ontroller **H**ub".

2.2.3 Steckplätze

Eine spezielle Gruppe von Platinen in der Größe von etwa 10 × 18 Zentimetern nennt man „**Erweiterungskarte**", „Steckkarte" oder nur „Karte". Es gibt je nach Funktion Grafikkarten, Soundkarten, Netzwerkkarten, Fernsehkarten und viele mehr. Die Steckplätze der Hauptplatine, in welche solche Erweiterungskarten hineingesteckt werden, heißen „Slots". Die Erweiterungskarten stecken senkrecht auf der Hauptplatine. Eine typische Hauptplatine hat drei bis sieben Steckplätze (Slots) für Erweiterungskarten. Die Slots sind nach Abmessung, Anzahl und Anordnung der Kontakte unterschiedlich. Auf aktuellen Hauptplatinen gibt es zwei Arten von Steckplätzen: PCI und PCIe.

PCI (**P**eripheral **C**omponent **I**nterconnect, Nr. 12 auf Bild 2.10) wurde 1992 für den Pentium entwickelt und kann 533 MByte/s transportieren. Speziell für Grafikkarten gab es den **AGP** (**A**ccelerated **G**raphics **P**ort = beschleunigter Grafikkarten-Anschluss, nicht abgebildet), der bis zu 2133 MByte/s transportieren kann. 2003 wurden PCI und AGP durch **PCI-Express**, abgekürzt **PCIe**, abgelöst.

PCIe benutzt eine variable Anzahl von unabhängigen Datenkanälen („Lane"), die in Gruppen von 4, 8, 16 oder 32 gebündelt werden können. Die kurzen **PCIe x1**-Steckplätze (Nr. 14, 16 in Bild 2.10) benutzen nur einen Kanal und können damit in Ein- und Ausgaberichtung gleichzeitig je 985 MByte/s bei einem Takt von 8 GHz transportieren. Das ist für Netzwerkkarten, USB 3.0-Karten und Soundkarten ausreichend.

PCIe x16 (Nr. 15 in Bild 2.10) bündelt 16 Kanäle und wird vor allem für Grafikkarten verwendet. PCIe x16 kann 15,5 MByte/s transportieren. In der Tabelle 2.4 sind die Kenndaten von PCIe Schnittstellen aufgeführt. Gegenwärtig (April 2024) wird sowohl die Version 3 mit 8 GHz verwendet als auch Version 4 mit 16 GHz.

Auf handelsüblichen Hauptplatinen kommen PCIe x1 und PCIe x16 zum Einsatz. In Servern werden auch PCIe x4, PCIe x8 und PCIe x32 Karten verwendet. Man kann kürzere Karten in längere Slots stecken. Die Bauform mancher Steckplätze erlaubt das Einstecken von längeren Karten in kürzere Steckplätze.

PCIe in der Version 1.0 wird mit 2,5 GHz getaktet. Jede neue Version von PCIe hat den Takt etwa verdoppelt.

Die Version 6.0 der Spezifikation wurde 2022 verabschiedet. Der Takt ist bei 32 GHz geblieben, jedoch werden pro Takt zwei Bit übertragen, um den höheren Datendurchsatz zu erreichen. Die ersten Produkte könnten im Sommer 2024 auf den Markt kommen. Version 7.0 wird entwickelt, aber kaum vor 2026 verfügbar sein.

Steckplatz	Länge	V 1.0	V 2.0	V 3.0	V 4.0	V 5.0	V 6.0
Takt GHz		2,5	5	8	16	32	32
PCIe x1	25 mm	0,25	0,5	0,98	2	4	8
PCIe x2		0,5	1,0	1,96	4	8	16
PCIe x4	39 mm	1,0	2,0	3,9	8	16	32
PCIe x8	56 mm	2,0	4,0	7,8	16	32	64
PCIe x16	89 mm	4,0	8,0	15,5	32	64	128
PCIe x32		8,0	16,0	31,0	64	128	256

Tab. 2.4: PCIe: Maße und Netto-Datenraten in GByte/s (etwa)

2.2.4 BIOS-ROM, CMOS-RAM, Uhr und Batterie

BIOS-ROM

ROM bedeutet **R**ead **O**nly **M**emory = „Nur-Lese-Speicher", wird oft als Festwertspeicher bezeichnet. Seine wichtigste Besonderheit: Ein ROM-Speicher verliert seine Daten nicht, wenn der PC ausgeschaltet wird.

Darum werden ROM-Bausteine in mehreren PC-Komponenten verwendet, um deren jeweiliges Startprogramm bereitzuhalten. Dass die Festplatte, die Grafikkarte und der Brenner einen derartigen Festwertspeicher benötigen, ist wenig bekannt. Viel bekannter ist der „BIOS-ROM". Mit dem darin gespeicherten Programm startet der PC nach dem Einschalten. Ein „BIOS-Update" kann diesen Speicher auf den neuesten Stand bringen („up to date"). Auch andere ROMs, z. B. im DVD-Brenner, können „upgedated" werden.

Bild 2.11: BIOS-ROM-Speicherchip

CMOS-RAM und Uhr

CMOS ist eine Technologie, um extrem stromsparende Halbleiter herzustellen. Mit dieser Technologie werden die Computeruhr (RTC = **R**eal-**T**ime-**C**lock) und ein kleiner Parameterspeicher (der CMOS-RAM) gefertigt. Speicher und Uhr befinden sich im selben Chip. In diesem Speicher sind die Parameter der Festplatten, der parallelen und der seriellen Ports sowie weitere Angaben über die Hardware des PCs gespeichert. Das BIOS ermittelt die meisten Werte automatisch während des Systemstarts. Der Händler oder der Benutzer kann einige Werte optimieren bzw. anpassen. Das Betriebssystem und andere Software fragen diese Daten bei Bedarf ab.

Batterie

Solange der PC eingeschaltet ist, werden die Uhr und das CMOS-RAM vom Netzteil mit Strom versorgt. Bei ausgeschaltetem PC übernimmt das eine Batterie, die als BIOS-Batterie oder als CMOS-Batterie bezeichnet wird. Diese reicht etwa drei bis acht Jahre. In der Taskleiste wird eine völlig falsche Uhrzeit angezeigt? Sie haben im BIOS oder in Windows das Datum und die Uhrzeit eingestellt und am nächsten Tag hat der PC erneut Datum und Uhrzeit vergessen? Vermutlich muss nur die Batterie ausgewechselt werden. Das können Sie selbst erledigen. Drücken Sie die Haltefeder (im Bild 2.12 oben) nach außen und die Batterie springt heraus. Eine neue Batterie vom Typ 2032 bekommen Sie im Supermarkt, im Fachhandel oder beim Uhrmacher.

Es ist keine Bagatelle, wenn der PC mit falschem Datum läuft. Updates und Installationen können scheitern, weil Windows nicht zwischen älteren und neueren Dateien unterscheiden kann. Der Zugriff auf Internet-Dienste, z. B. E-Mail, kann unmöglich sein, weil Sicherheitszertifikate abgelaufen sein können oder für den PC, dessen Uhr vielleicht noch im Jahr 2000 verweilt, in der fernen Zukunft liegen.

Bild 2.12: Batterie in der Halterung

ZENTRALEINHEIT

Bild 2.13: Kurze Wege auf der Hauptplatine
Auch auf dieser Hauptplatine befindet sich die Northbridge in zentraler Lage, in der Mitte unter dem blauen Kühlkörper. Dahinter die Steckplätze: PCIe x16 hellblau, PCIe x1 (rechts) weiß, PCI (links) weiß. Links oben, außerhalb des Bildes, die CPU. Links unten, gelb: Sechs SATA-Anschlüsse für Massenspeicher. Rechts, rot und gelb: Vier Steckplätze für Arbeitsspeicher mit weißen Halteklammern. Unten, unscheinbar, schwarz: Southbridge.

2.3 EXTERNE (RÜCKWÄRTIGE) ANSCHLÜSSE DER HAUPTPLATINE

Am hinteren Rand der Hauptplatine befinden sich die Anschlüsse für die Peripherie: Tastatur, Maus, Drucker, Modem, USB, Sound, Netzwerk und andere. Anzahl und Typ der Anschlüsse sind bei jeder Hauptplatine anders. Deshalb liegt jeder Hauptplatine eine individuelle Blende mit passenden Öffnungen für die rückwärtigen Anschlüsse bei. Die Außenmaße aller Blenden sind identisch, damit sie in jedes Gehäuse passen.

Die Hauptplatinen haben mehr Anschlüsse, als sich in der rückwärtigen Blende unterbringen lassen. Die meisten Computergehäuse haben zusätzliche USB- und Audioanschlüsse an der Vorderseite, die mit der Hauptplatine mit Kabeln verbunden werden.

2.3.1 Tastaturbuchse und Mausbuchse

Die Buchsen werden in Dokumentationen als „PS/2" bezeichnet. Diese Anschlüsse sind nicht verwechslungssicher! Wenn Sie die Beschriftung und die Farbmarkierung beachten (Tastatur violett, Maus grün), kann nichts schiefgehen. Falls Sie die Stecker verwechseln, brennt nichts durch. Wichtig: Sie müssen Tastatur und Maus noch vor dem Einschalten des Computers angesteckt haben, sonst erkennt und benutzt er sie nicht.

Eine Zeit lang wurden Hauptplatinen nicht mehr mit PS/2-Anschlüssen ausgestattet, weil sie als veraltet galten. Neue Hauptplatinen haben oft wieder einen Anschluss, meist als Kombianschluss mit grün-violetter Kennzeichnung. PS/2 hat den Vorteil, immer zu funktionieren, ohne Treiberinstallation. Falls eine USB-Tastatur Probleme mit den USB-Treibern hat, kann man mit einer PS/2-Tastatur das Problem beheben. Bei Notebooks gibt es keine PS/2-Anschlüsse mehr, Tablets und Smartphones hatten nie einen.

Bild 2.14: Tastatur- und Mausbuchse, PS/2

ZENTRALEINHEIT

Bild 2.15: Rückwärtige Blende einer Hauptplatine ASUS B360-G, 160 × 45 mm
obere Bildhälfte: Violett/grün: PS/2 Buchse, wahlweise für PS/2 Tastatur oder PS/2 Maus verwendbar.
                    Rot: Netzwerk (LAN)
untere Bildhälfte: USB-Buchsen. Schwarz: USB 2.0, rot: USB 3.1 Gen. 2 (10 Mbit/s), blau: USB Gen. 1 (5 Mbit/s)
                    Anschlüsse für Bildschirm: DVI und HDMI
Rechts: Anschlüsse für Audio (SPDIF: optisch, MIC IN: Mikrofon, LINE OUT: Kopfhörer oder externe Lautsprecher)

2.3.2 Serielle und parallele Anschlüsse

25 Jahre lang waren serielle Anschlüsse (COM1 und COM2) an jedem PC vorhanden. Diese Schnittstellen wurden für langsame Geräte verwendet, wie zum Beispiel Maus, externes Modem, Rechnerkopplung und für die Programmierung von Telefonanlagen und anderen Geräten. Heute wird USB anstelle von seriellen Anschlüssen verwendet. Für Sonderfälle gibt es USB-Serielle Adapter.

Bild 2.16: Serieller Port, 9-polig

Parallel bedeutet, dass alle Bits eines Zeichens gleichzeitig über ein dickes Kabelbündel übertragen werden. Dieser Anschluss wurde hauptsächlich für Drucker verwendet. Heutige Drucker haben einen USB-Anschluss, der Parallelport ist deshalb überflüssig. Die 25-polige Buchse benötigte einfach zu viel Platz.

Bild 2.17: Parallel-Port, 25-polig

2.3.3 USB-Anschlüsse

Frühere PCs hatten eine Vielzahl von großen Anschlusssteckern: Seriell, Parallel, Joystick, PS/2 und andere. Intel wollte langfristig diese Vielfalt ersetzen und schuf 1996 den „universellen seriellen Anschluss" USB (**U**niversal **S**erial **B**us Connector.

USB-Geräte kann man an den Computer anstecken, während er eingeschaltet ist. Der USB-Controller im PC (der „Master") erkennt das angeschlossene Gerät und dessen Eigenschaften automatisch und stellt die höchste Übertragungsgeschwindigkeit ein, zu der beide Seiten fähig sind. Jeder USB-Teilnehmer kann außer seiner Höchstgeschwindigkeit auch alle niedrigeren Geschwindigkeiten nutzen.

USB 1.1 kennt zwei Geschwindigkeiten: **Low-Speed** 1,5 Mbit/s und **Full-Speed** 12 Mbit/s. Beides reicht für Maus, Tastatur und Drucker, aber nicht für externe Festplatten und Brenner. Im Jahr 2000 kam USB 2.0 mit einem **High-Speed**-Modus mit 480 Mbit/s, der für USB-Speichersticks und Festplatten halbwegs ausreicht. Zum Vergleich: 480 Mbit/s entsprechen etwa 60 MByte/s. Das Füllen einer größeren Festplatte über USB 2.0 kann einige Stunden dauern. Zudem werden diese Geschwindigkeiten in der Praxis nicht erreicht, realistisch sind zwei Drittel davon.

Mit dem Nachfolger USB 3.0 kam der „**SuperSpeed**" Modus dazu. Die Geschwindigkeit reicht nun auch für große Festplatten. Das Kabel ist jetzt neunpolig statt vierpolig.

Alte und neue Stecker und Buchsen sind kompatibel: Man kann die USB 2.0-Geräte am USB 3.0-Anschluss betreiben und umgekehrt. Das funktioniert fast ausnahmslos.

Um die Geschwindigkeit von 5 Gbit/s nutzen zu können, müssen beide Geräte USB 3.0 beherrschen und mit einem 9-poligen USB 3.0-Kabel verbunden sein. Vielleicht müssen Sie ein Treiberupdate durchführen.

USB 3.0 ist weit verbreitet. Neue Hauptplatinen haben sowohl USB 3.0 als auch USB 2.0 Anschlüsse. Externe Festplatten werden fast ausnahmslos mit USB 3.0 Anschluss gefertigt, USB-Speichersticks meistens.

2014 wurde die Spezifikation USB 3.1 veröffentlicht. „USB SuperSpeed Plus" hat zwei Kanäle: Der eine kann 5 oder 10 Gbit/s übertragen und der zweite ist ein USB 2.0 Kanal. Es gibt schon viele Geräte, welche die hohe USB 3.1 Datenrate nutzen können.

Neue Bezeichnungen wurden eingeführt, um die USB-Bezeichnungen eindeutiger zu machen, siehe Tabelle 2.5. Verständlicher wurde es dadurch nicht.

Über das neue USB 4.0 können mehrere Datenströme in gleicher oder entgegengesetzter Richtung gleichzeitig gesendet werden, wobei die 40 Gbit/s ausreichen, um hochauflösende Videos in 4k-Auflösung (3840 × 2160) zu übertragen. Seit 2020 wird USB 4.0 von iMac und MacBook von Apple unterstützt. Erste Hauptplatinen von Intel (z. B. das Mainboard „Asus ROG Maximus Z790 Hero" für 580 €) gibt es seit Sommer 2023. AMD will im 2. Quartal 2024 erste Mainboards mit USB 4.0 vorstellen. Obwohl USB 4.0 als nicht ganz ausgereift gilt, wurde 2022 bereits ein Standard USB 4.2 vorgestellt, der 80 Gbit/s gleichzeitig in zwei Richtungen übertragen kann. Alternativ sind 120 Gbit/s in einer Richtung und 40 Gbit/s in der Gegenrichtung möglich.

MByte/s	Mbit/s	Bezeichnung (alt und neu)	seit
0,2	**1,5**	USB 1.1 Low Speed	1996
1,5	**12,0**	USB 1.1 Full Speed	1996
60	**480**	USB 2.0 High Speed	2000
625	**5000**	USB 3.0 Superspeed neu: USB 3.2 Gen. 1x1	2008
1250	**10 000**	USB 3.1 SuperSpeed Plus neu: USB 3.2 Gen. 2x1	2014
2500	**20 000**	USB 3.2 20 Gbps neu: USB 3.2 Gen. 2x2	2017
5000	**40 000**	USB 4.0 40 Gbps	2020
10000	**80 000**	USB 4.2 80 - 120 Gbps	2022

Tab. 2.5: Datenübertragungsraten der USB-Schnittstelle

Bild 2.18: USB Stecker Typ C

Kabel und Stecker

Die USB-Kabel sind nicht symmetrisch: Der rechteckige Stecker auf Seite des PCs ist vom Typ A, am externen Gerät ist er quadratisch mit zwei abgeschrägten Ecken (Typ B). Für den Anschluss kleiner Geräte werden Mini- und Micro-USB-Stecker verwendet. Wenn das USB-Kabel zu Tastatur, Maus oder Drucker zu kurz ist, gibt es Verlängerungen. Die Gesamtlänge von Kabel plus Verlängerung sollte fünf Meter nicht überschreiten. Kabel für USB 3.1 Generation 2 (10 Gbit/s) dürfen laut Spezifikation nicht länger als ein Meter sein.

Bild 2.19: Verschiedene USB-2-Stecker von links nach rechts:
Typ A, Typ B, Typ B mini 5-polig

Damit das Kabel schön flexibel ist, sind die Adern in vielen Verlängerungskabeln dünn. Wenn man eine Festplatte oder ein anderes Gerät mit hohem Strombedarf anschließt, könnte der Spannungsabfall im Kabel zu groß sein. Kaufen Sie besser ein langes Anschlusskabel statt ein zu kurzes Kabel zu verlängern.

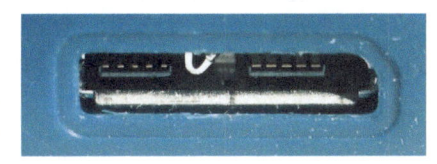

Bild 2.20: USB 3.0-Buchse (am Gerät)
Ein USB 2.0 Stecker würde in die rechte Hälfte der Buchse passen.

Mit dem Standard USB 3.1 wurde ein Stecker Typ C eingeführt: Mit dem Querschnitt von nur 8,4 × 2,6 mm passt er auch in die flachsten Smartphones. Überdies gibt es keine Ober- und Unterseite: Man braucht nicht mehr fummeln, um festzustellen, wie herum der Stecker in die Buchse passt. Es gibt Adapter zum Steckertyp Typ A und B. Der Anschluss liefert 2 Ampere. USB 3.1 (Generation 1 und 2) kann wahlweise den Steckertyp C oder die für USB 3.0 eingeführten Stecker (mit blauem Einsatz, siehe Bild 2.22) nutzen. USB 4.0 benutzt ausschließlich den Steckertyp C.

Bild 2.21: USB 3.0 Stecker zum Gerät

Achtung: Die Bezeichnung „USB 3.1" garantiert weder die Geschwindigkeit von 10 Gbit/s noch eine Stromstärke von 5 A. Wenn der Anschluss mit „USB 3.1 Generation 1" bezeichnet ist, heißt das: Übertragungsrate ist „nur" 5 Gbit/s wie bei USB 3.0. Die vollen 10 Gbit/s erhalten Sie nur von einem Anschluss, der mit „USB 3.1 Gen. 2" bezeichnet ist. Und natürlich müssen auch USB-Kabel, eventuelle Adapter und Hubs für USB 3.1 Gen. 2 zertifiziert sein.

Bild 2.22: USB 3.0 Stecker A (zum PC)

Hub

Wenn die USB-Anschlüsse am PC nicht ausreichen, gibt es zwei Möglichkeiten:

- Man steckt eine Erweiterungskarte in den PC. Sie kostet weniger als 20 Euro, der Einbau ist völlig unproblematisch. Je nach Ausführung bekommt man zwei bis vier zusätzliche USB-Anschlüsse. Ein älterer PC kann so mit USB 3.0-Schnittstellen nachgerüstet werden.
- Man verwendet Verteiler, sogenannte „Hubs". Mit genügend Hubs könnten bis zu 127 Geräte angeschlossen werden, wenn einige Regeln und Einschränkungen eingehalten werden. Besonders wichtig: Ein USB-Kabel darf nicht länger als fünf Meter sein.

Es gibt aktive USB-Hubs (mit eigenem Netzteil) und passive USB-Hubs (die den Strom vom PC beziehen und auf die angeschlossenen Geräte verteilen, siehe im Kapitel 10.3.4 „Schnittstellen" den Abschnitt „USB"). Viele aktive USB-Hubs kann man mit oder ohne Netzteil betreiben, im letzten Fall arbeiten sie passiv.

Wenn Sie mehrere Geräte mit hohem Stromverbrauch wie einen USB-Brenner, eine USB-Festplatte und einen externen TV-Empfänger an einen passiven Hub anschließen, der nicht mehr als maximal 0,5 A bzw. 0,9 A vom PC bekommen kann, reicht der Strom vielleicht nicht für alle. Im günstigsten Falle wird der PC abschalten. In extremen Fällen kann ein minderwertiges PC-Netzteil überlastet und sogar zerstört werden! Wenn Sie die Geräte mit höherem Strombedarf direkt an den PC oder an einen USB-Hub mit eigenem Netzteil stecken, schützen Sie Ihren PC. Manche stromhungrige USB-Geräte haben einen Anschluss für ein externes Steckernetzteil, den Sie dann auch nutzen sollten, um das PC-Netzteil zu entlasten.

Treiber

USB-Massenspeicher werden von Windows zuverlässig erkannt. Bei anderen USB-Geräten kann es Komplikationen geben. Wenn Sie z. B. einen neuen Drucker anstecken, installiert Windows möglicherweise einen veralteten Treiber oder einen Universaltreiber, mit dem Ihr Gerät vielleicht nicht funktioniert und der sich mitunter nur schwer entfernen lässt, auch nicht durch Installation der mitgelieferten Treiber-CD.

Lesen Sie die Installationsanleitung! Wenn Sie keine haben, sollten Sie zuerst die Treiber-CD einlegen und die Treiber installieren. Das neue Gerät stecken Sie erst nach Abschluss der Installation an bzw. wenn Sie vom Installationsprogramm dazu aufgefordert werden.

USB-Geräte sind „Hot-Plug"-fähig, das bedeutet: Hinzufügen oder Entfernen von Komponenten ist möglich, sogar wenn PC und Gerät eingeschaltet sind – sofern die Software nicht darauf zugreift. Damit das klappt, sind die äußeren Kontakte im USB-Stecker (die Stromversorgung) 2 mm länger als die inneren, siehe Bild 2.22. Dadurch ist das USB-Gerät betriebsbereit, noch bevor die inneren Kontakte die Datenverbindung herstellen.

Stromversorgung

USB-Geräte mit geringem Strombedarf können auf ein eigenes Netzteil verzichten. Solche Geräte ohne eigenes Netzteil nennt man „Bus-powered". Sie melden ihren Strombedarf beim Anstecken und der USB-Controller im PC entscheidet, ob er den Strom bereitstellen kann. Jeder USB 2.0-Port kann 0,5 Ampere bei 5 Volt Spannung liefern, USB 3.0 stellt bis zu 0,9 A bereit. USB 3.1 kann über Standardkabel 2 Ampere liefern. Mit speziellen Kabeln (mit Elektronik in beiden Steckern) können aus einem USB 3.1 Anschluss Stromstärken bis zu 5 Ampere bei Spannungen von 5, 12 und 20 Volt entnommen werden. 20 Volt mit 5 Ampere sind 100 Watt, das reicht sogar für die Stromversorgung von großen Notebooks aus. Doch nicht jede Hauptplatine kann die Ströme und Spannungen liefern, die USB 3.1 zu transportieren bereit ist.

Externe USB-Festplatten in 2,5" Größe benötigen im Anlaufmoment 500 bis 1100 mA, dann sollte der Strombedarf auf 250 bis 400 mA fallen. Die meisten USB 2.0 Anschlüsse tolerieren diese kurzzeitige Überlastung. Wenn ein USB 2.0-Gerät ständig mehr als 500 mA Strom benötigt, greifen die Hersteller zu einem Trick (der nicht standardkonform ist): Ein Kabel mit zwei USB-Steckern wie in Bild 2.23. Das Gerät kann dadurch den benötigten Strom aus zwei Schnittstellen saugen. Der Typ-B-Stecker (im Bild der untere) kommt ins Gerät und die beiden Typ-A-Stecker steckt man in den Computer. Der „obere" Stecker ist nur für den Stromanschluss zuständig und stellt keine Datenverbindung her. Dadurch kann das Gerät aus zwei USB-Anschlüssen je 0,5 A beziehen. Stecken Sie unbedingt beide Stecker ein (zuerst den „oberen", der nur den Strom überträgt), sonst kann es wegen Unterspannung zu Fehlfunktionen und sogar zu Datenverlust kommen. Besser: Benutzen Sie einen USB 3.0 Anschluss, der kann bis zu 900 mA liefern, und lassen Sie den „oberen" Stecker unbenutzt.

2.3.4 FireWire (IEEE 1394)

Dieser Anschluss wurde ursprünglich für Filmkameras und externe Festplatten verwendet, weil FireWire deutlich schneller als USB 2.0 ist. Die maximalen Übertragungsraten sind in der Tabelle aufgeführt.

Firewire hat im Vergleich zu USB einige Vorteile: Es verursacht weniger CPU-Belastung. Die Geräte können untereinander kommunizieren, auch wenn der PC ausgeschaltet oder kein PC angeschlossen ist. Geräte können bis zu 1,5 A Strom über das Kabel beziehen (zum Vergleich: USB 2.0 kann maximal 0,5 A bereitstellen, USB 3.0 maximal 0,9 A, USB 3.1 von 2 A bis 5 A).

Bild 2.23: USB-2-Kabel für externe Festplatte mit höherem Strombedarf

Im Jahr 2008 wurde FireWire von USB 3.0 in der Datenrate überholt, seitdem kommt es in Neugeräten nicht mehr vor. Der Nachfolger von FireWire heißt Thunderbolt und ist erneut schneller als USB.

Datenrate	Standard	seit
400 Mbit/s	IEEE 1394a	1995
800 Mbit/s	IEEE 1394b	2002
3200 Mbit/s	IEEE 1394b S3200	2008

Tab. 2.6: Datenübertragungsraten von FireWire

2.3.5 Thunderbolt

(deutsch: Donnerkeil) ist ein universaler Anschluss für den Transfer von großen Datenmengen in beide Richtungen. Mit zwei Kanälen von je 10 GBit/s ist es viermal schneller als USB 3.0. Das reicht sogar für hochauflösende Bildschirme. Wenn die Monitore einen Thunderbolt-Eingang und einen Ausgang haben, ist eine Kaskadierung möglich: über einen einzigen Anschluss am PC können mehrere Monitore hintereinander gehängt werden. Theoretisch können bis zu acht Geräte hintereinander geschaltet werden.

Bild 2.24: FireWire-Stecker

Thunderbolt wurde von Intel und Apple als Nachfolger von FireWire und Displayport entwickelt. Der MacBook Pro war im Februar 2011 das erste Gerät mit dieser Schnittstelle. Zur Zeit ist es nicht als Mangel zu betrachten, wenn die neue Hauptplatine keinen Thunderbolt-Anschluss hat. Es gibt noch keine Festplatten oder andere Datenträger im Handel, für welche die Geschwindigkeit eines USB 3.0-Anschlusses nicht ausreichen würde. Thunderbolt kommt fast ausschließlich bei Apple-Geräten zum Einsatz.

Thunderbolt ist rückwärtskompatibel mit DisplayPort: Mini-DisplayPort-Stecker passen in die Thunderbolt-Buchse. Wenn Sie an einen iMac, MacBook Pro oder MacBook Air einen Zweitbildschirm anschließen wollen, geht das mit einem Kabel „Mini-DisplayPort nach Display-Port". Ein älterer Bildschirm ohne DisplayPort-Anschluss kann über ein Kabel „MiniDisplayPort nach DVI Adapter" angesteckt werden.

Das neue USB 3.1 ist mit 10 Gbit/s ebenso schnell wie (einer der Kanäle von) Thunderbolt 1. Es gibt schon Thunderbolt 2 mit 20 Gbit/s pro Kanal und Thunderbolt 3 mit 40 Gbit/s pro Kanal.

Allerdings haben Thunderbolt 1, 2 und 3 einen Nachteil: Thunderbolt-Stecker sind voluminös und die Kabel sind teuer, weil in jeden Stecker ein Microprozessor eingebaut werden muss.

Der Standard USB 4 ermöglicht es, Thunderbolt 3 über USB zu übertragen. Es bleibt den Herstellern überlassen, ob sie das tun. Dem USB4-Anschluss eines Smartphones eine solche Übertragungsleistung zu gönnen wäre kaum sinnvoll und unnötig teuer. Für ein Tablet oder Notebook könnte es sinnvoll sein, externe Monitore über einen kleinen USB-C-Stecker anschließen zu können statt einen großen HDMI-Stecker einzubauen.

Thunderbolt-Kupferkabel dürfen drei Meter lang sein. Bei optischen Kabeln sind zehn Meter möglich. Dazu muss in den Steckern eine Konvertierung der elektrischen Signale in Lichtsignale und zurück erfolgen, damit die Stecker mit Glasfaserleitung verbunden werden können.

Es gibt einige Geräte mit Thunderbolt-Schnittstelle, z. B. externe Festplatten und Displays. Für den Anschluss externer magnetischer Festplatten ist gegenwärtig USB 3.1 schnell genug.

2.3.6 Bildschirm-Anschlüsse

Viele CPUs haben einen integrierten Grafik-Prozessor, der für Büro-Anwendungen ausreichend Leistung hat. Das erspart den Kauf einer separaten Grafikkarte. Die Grafik-Einheit von Intel-CPUs unterstützt vier Bildschirme mit jeweils 4k-Auflösung (3840 x 2160 Pixel). Allerdings muss die Hauptplatine diese Bildsignale an entsprechende Anschüsse weiterleiten. Meist werden nur drei Anschlüsse unterstützt: DP, HDMI und DVI.

Bei hochpreisigen Hauptplatinen und CPUs nehmen die Hersteller an, dass der Kunde viel Grafikleistung benötigt und ohnehin eine Grafikkarte verwenden will und verzichten deshalb auf die Grafikkomponenten von Hauptplatine und CPU.

Auf Bild 2.15 sehen Sie die rückwärtigen Grafikanschlüsse der Hauptplatine: eine DVI-Buchse und eine HDMI-Buchse. Ältere Hauptplatinen haben oft einen VGA-Ausgang, und neuere einen DisplayPort-Anschluss. Neue Notebooks haben oft einen USB-C-Anschluss mit DisplayPort-Funktion.

Mehr zu den verschiedenen Bildschirmanschlüssen finden Sie im Kapitel 6.2.8 über Grafikkarten.

ZENTRALEINHEIT

2.4 PLUG AND PLAY

Bild 2.25: Jumper

In den ersten Jahren der PC-Technik musste der Händler zahlreiche Ressourcen (Unterbrechungsleitungen, Speicherbelegung u. a.) manuell festlegen, damit sich die Komponenten nicht „in die Quere" kamen. Unten ist eine alte Netzwerkkarte abgebildet. Bei den vielen roten Vierecken handelt es sich um Steckbrücken, sogenannte Jumper. Sie können sich bestimmt vorstellen, wie kompliziert und wie fehleranfällig es war, ein halbes Dutzend PC-Komponenten auf diese Art zu konfigurieren.

Auf dem Ausschnitt rechts ist gezeigt, wie der Netzwerkkarte ein Interrupt zugewiesen wurde: Mit der Position des roten Jumpers wird festgelegt, dass sich die Netzwerkkarte über Unterbrechungsleitung IRQ2 (**I**nterrupt **R**equest 2) bei der CPU melden muss, wenn ein Datenpaket eingetroffen ist.

Bild 2.26: Detail: IRQ Einstellung

Bild 2.27: Netzwerkkarte von 1992, ohne PnP, mit 15 roten Jumpern

Windows 95 brachte als Neuerung **P**lug a**n**d **P**lay (deutsch etwa „reinstecken und loslegen"), abgekürzt PnP. Jede nichttriviale Komponente hat einen eigenen Speicher, in dem deren Anforderungen und Möglichkeiten abgelegt sind. Das BIOS fragt beim Start die Parameter ab, versucht eine für alle Komponenten akzeptable, widerspruchsfreie Konfiguration zu finden und stellt die Komponenten darauf ein. Anfangs funktionierte das so schlecht, dass PnP als „Plug and Pray" verspottet wurde („reinstecken und beten", dass es klappen möge). Doch mittlerweile funktioniert PnP gut und erspart eine Menge Stress.

2.5 WAS IST DAS BIOS?

„BIOS" ist die Abkürzung von „**B**asic **I**nput **O**utput **S**ystem", deutsch: „Basis-Ein-/Ausgabe-System". Nach dem Einschalten des Computers beginnt die CPU, das BIOS-Programm abzuarbeiten. Zuerst wird ein Selbsttest ausgeführt, mögliche Fehler werden mit Pieptönen signalisiert. In gewisser Weise wird der PC mit dem BIOS-Programm „zum Leben erweckt" und nach dem Selbsttest wird das Starten eines Betriebssystems eingeleitet.

Bild 2.28: Mini-Pieper auf dem Mainboard

49

ZENTRALEINHEIT

Das BIOS ist ein fest eingebautes Mini-Betriebssystem, das automatisch arbeitet und nicht bedient werden kann. Es wird vom Hersteller der Hauptplatine in einem Festwertspeicherbaustein (ROM) bereitgestellt. Zieht man den 230 Volt Stecker aus der Dose, bleibt das im ROM gespeicherte Startprogramm erhalten.

Das BIOS stellt einfache Treiber für die wichtigsten PC-Komponenten bereit. Die meisten BIOS-Treiber werden später vom Betriebssystem durch optimierte Treiber ersetzt.

Das BIOS nimmt eine Zwischenstellung zwischen Hardware und Software ein.

- „Normale" Software, wie Betriebssystem und Anwendungen, wird auf Datenträgern geliefert. Man hat eine große Auswahl, welche Software man installiert, und man kann sie auch deinstallieren.
- Die BIOS-Software ist in der Hardware fest eingebaut und kann nicht entfernt werden.

Das BIOS ist also weder Hard- noch Software. Wegen dieser Zwitterstellung hat das BIOS den Namen „Firmware" bekommen.

2.5.1 Welche Aufgaben hat das BIOS?

Das BIOS-Programm beginnt nach dem Einschalten mit dem „**P**ower **O**n **S**elf **T**est" (abgekürzt POST, deutsch: Selbsttest nach dem Einschalten). Dabei werden die grundlegenden Funktionen des PC überprüft (z. B. mit einem Speichertest). Wenn Fehler auftreten, werden sie auf dem Bildschirm angezeigt. Wenn die Bildschirmausgabe nicht möglich ist, werden Fehler durch eine unterschiedliche Anzahl von Pieptönen signalisiert. Dafür gibt es auf der Hauptplatine einen Pieper, oder es wird im Inneren des Gehäuses ein kleiner Lautsprecher angesteckt.

- Die Hardware wird konfiguriert (Plug & Play) und Stromsparfunktionen werden eingerichtet (Power-Management). Ressourcen werden verteilt, z. B. Interrupts (so heißen die Unterbrechungsanforderungen an die CPU).
- On-Board-Komponenten (Chipsatz, Schnittstellen, ...) werden mit Betriebsparametern versorgt (z. B. Anzahl Wartezyklen) und initialisiert. Datum und Uhrzeit werden verwaltet.
- Lüfterdrehzahlen und Temperaturen von Prozessor und Hauptplatine werden überwacht.
- Auf dem Massenspeicher wird nach einem Betriebssystem gesucht. Das gefundene Betriebssystem wird in den Arbeitsspeicher geladen und das Betriebssystem gestartet.

Als Speicher für das BIOS werden heute Flash-EEPROMS (**Flash E**lectrical **E**rasable **P**rogrammable **R**ead **O**nly **M**emory = blitzschnell elektrisch löschbarer und wiederbeschreibbarer Nur-Lese-Speicher) verwendet. Diese Speicherbausteine können ohne Spezialgeräte gelöscht und neu beschrieben werden, dadurch kann der Benutzer ein sogenanntes BIOS-Update bei Bedarf selbst durchführen.

2.5.2 Das UEFI-BIOS und GPT-Partitionen

Das BIOS von 1981 kannte noch keine Festplatten. Eine erste Überarbeitung ermöglichte Festplatten bis 32 MB. Immer neue Modifikationen wurden nötig, um die Kapazitäts-Obergrenze schrittweise auf 504 MB, 2016 MB, 3,7 GB, 7,8 GB, 128 GB und zuletzt auf 2047,99 GB anzuheben. Nun hat die Flickschusterei ein Ende gefunden. Der Aufwand, das BIOS an neue Entwicklungen (z. B. noch größere Festplatten) anzupassen, wurde zu hoch. Das **U**nified **E**xtensible **F**irmware **I**nterface (UEFI) hat das klassische BIOS ersetzt. EFI wurde 2001 von Intel für die Server-CPU Itanium entwickelt, ein etwas anderes EFI wurde seit 2006 von Apple verwendet. Die PC-, Software- und Firmware-Hersteller haben sich nun auf eine vereinheitlichte (unified) Version geeinigt. Die klassischen BIOS-Funktionen gibt es noch unter der Bezeichnung „Legacy-BIOS-Modus", damit ältere Betriebssysteme zu neueren Boards kompatibel bleiben. Die ersten Notebooks wurden seit 2010 mit dem UEFI-BIOS ausgestattet, und etwas später auch die Mainboards von Desktop-Computern. Inzwischen ist das UEFI-BIOS die Normalausstattung. Seit 2020 schwindet die Unterstützung für das alte BIOS: Einige, vor allem hochpreisige Mainboards, verzichten auf das Legacy BIOS.

Was ist neu am UEFI-BIOS?

- Das alte BIOS akzeptiert Festplatten bis 2 TB, mit UEFI sind 8 000 000 000 TB möglich (das ist ungefähr die Speicherkapazität aller Computer auf der Erde im Jahr 2008 zusammengenommen).
- Der Startvorgang wird erheblich beschleunigt, weil mehrere Prozesse parallel ablaufen.

- Das alte BIOS war DOS-ähnlich und konnte nur mi der Tastatur bedient werden, UEFI ist graphisch übersichtlicher gestaltet und wird mit Tastatur und Maus bedient.
- Ein Mini-Betriebssystem, die „UEFI-Shell" (ähnlich zu DOS) ist integriert. Das macht beispielsweise Reparaturen möglich, wenn Windows nicht startet, für die man früher eine „Live Disk" brauchte.
- Zusatzprogramme können integriert werden, z. B. ein Datensicherungsprogramm oder einfache Spiele. Die NSA (der Auslandsgeheimdienst der USA) träumt bestimmt davon, ein unauffälliges Spionageprogramm ins UEFI-BIOS zu integrieren. Sie muss nur einen patriotischen BIOS-Hersteller finden. Der chinesische Geheimdienst ist da vermutlich schon weiter.

Die Partitionierung

Um Programme und Daten verschiedener Art trennen zu können, wird die Festplatte in Bereiche unterteilt. Die Unterteilung der Festplatte heißt Partitionierung, die Bereiche der Festplatte werden Partitionen genannt, Microsoft nennt sie „Volumes". Im ersten Sektor der Festplatte, genannt **M**aster **B**oot **R**ecord, befindet sich eine Liste mit der aktuellen Aufteilung der Festplatte. Diese Tabelle nennt man Partitionstabelle.

Die klassische Partitionstabelle im **M**aster **B**oot **R**ecord war zu klein, um Festplatten von mehr als 2200 GB verwalten zu können. Deshalb wurde zusammen mit dem UEFI-BIOS eine neue Partitionsverwaltung eingeführt: **G**UID **P**artition **T**able (GPT). Mit GPT können 128 Partitionen auf Festplatten bis 8 Milliarden Terabyte verwaltet werden.

Welchen Partitionierungsstil sollte ich bevorzugen?

Windows 11 kann nur mit dem UEFI-BIOS auf einer GPT-partitionierten Festplatte installiert werden. Windows 7 und früher funktionieren nur im Legacy-Modus auf einer MBR-partitionierten Festplatte. Bei einer Neuinstallation von Windows 8 und 10 gibt es Wahlmöglichkeiten.

ImPrinzip ist es möglich, eine MBR-partitionierte Festplatte in eine GPT-partitionierte umzuwandeln. Aber: ein auf einer MBR-partitionierten Festplatte installiertes Windows 10 kann man zwar auf eine GPT-Festplatte umkopieren, aber dort nicht starten.

Wenn Sie die Wahl haben, sollten Sie bei einer Neuinstallation vorzugsweise das UEFI-BIOS mit GPT-Partitionierung benutzen. UEFI mit GPT ist moderner, bootet schneller und ist durch Secure Boot besser gegen Schadsoftware geschützt. Und wenn Ihre Festplatte größer als 2,2 TB ist, führt an GPT ohnehin kein Weg vorbei. Außerdem werden MBR-partitionierte Festplatten von zukünftigenHauptplatinen ohne Legacy-Mode möglicherweise nicht mehr erkannt.

Trusted Computing

Intel und Microsoft haben einen TPM-Standard erarbeitet, um die Computersicherheit zu verbessern. Die aktuelle Version 2.0 von TPM wurde im Jahr 2012 verabschiedet. Immer mehr Computer haben einen „**T**rusted **P**latform **M**odule Chip", auch in Mobiltelefone, Smartphones und Unterhaltungselektronik wird er zunehmend eingebaut werden. TPM hat unter anderem folgende Aufgaben:

- TPM soll verhindern, dass das System bereits beim Bootvorgang durch Viren manipuliert wird.
- Mit TPM können Manipulationen am BIOS-Code erkannt werden.
- Microsoft baut immer mehr Schutzfunktionen in Windows ein, um Malware-Angriffe zu erschweren.
- TPM kann für die Zwei-Faktor-Authentisierung genutzt werden.
- Die komplette Windows-Partition oder Daten auf Wechseldatenträgern können verschlüsselt werden. Mit TPM-Unterstützung können die Daten so verschlüsselt werden, dass sie nur noch auf einem einzigen PC (dem eigenen) geöffnet werden können.

Ein Gerät mit TPM, daran angepasstem Betriebssystem und Software bildet zusammen eine „Trusted Computing Plattform". Der Hersteller des Betriebssystems legt fest, welche Software sich auf einem TPM-Gerät installieren lässt, ähnlich wie es bereits auf Smartphones der Fall ist. Der Hersteller könnte auch das Booten von jeglicher Live-CD verhindern (eine Live-CD ist eine startfähige CD mit Betriebssystem, mit der man den PC benutzen kann, ohne auf die Festplatte zugreifen zu müssen). Dann wäre der Nutzer davor geschützt, dass Diebe die Daten von seiner Festplatte auslesen. Doch er könnte seine Daten selbst nicht mehr retten, falls Windows einmal nicht startet.

ZENTRALEINHEIT

Seit 2015 fordert Microsoft einen TPM-Chip für Notebooks, die das Logo „Windows 10 Ready" tragen. Deshalb haben viele Business-Notebooks einen separaten TPM-Chip auf der Hauptplatine. Viele Hauptplatinen für PCs haben ebenfalls einen TPM-Chip oder die Möglichkeit, diesen Chip nachzurüsten.

Seit der TPM-Version 2.0 ist es möglich, einen kleiner Microcontroller in den Chipsatz oder in die CPU zu integrieren. Das nennt sich Firmware-TPM (fTPM 2.0) und spart den separaten TPM-Chip ein.

Für Windows 11 ist TPM 2.0 zwingend erforderlich. Hat Ihr PC einen TPM-Chip? Tippen Sie „TPM" ins Suchfeld von Windows 10 ein oder starten Sie mit „tpm.msc" das TPM-Management. Im Gerätemanager wird zwischen „Prozessoren" und „Softwaregeräte" ein Eintrag „Sicherheitsgeräte" mit „Trusted Platform Module 2.0" angezeigt.

Wenn Sie keinen TPM-Chip finden, muss er wahrscheinlich im BIOS aktiviert werden.

- Wenn Ihr PC einen Intel-Chipsatz hat, suchen Sie im BIOS unter den „Erweiterten Optionen" nach der „PCH-FW Configuration" (**P**latform **C**ontroller **H**ub – **F**irm**w**are). Schalten Sie die „Intel **P**latform **T**rust **T**echnology" auf „Enabled". Bei anderen BIOS-Versionen gehen Sie ins Menü „Security" → „Trusted Computing" → „Security Device Support" → „TPM-Device" auf „PTT" stellen.
- Bei AMD gehen Sie über „Security" → „Trusted Computing" → „AMD CPU fTPM" aktivieren, außerdem „Secure Device Support" aktivieren. Im einem BIOS von ASUS finden Sie TPM unter „Advanced" → „CPU Configuration" oder „Advanced" → „AMD fTPM Configuration".

Notfalls können Sie mit dem Programm RUFUS ein Windows-11-Installationsmedium so modifizieren, mit dem sich Windows 11 auch auf älteren PCs installieren lässt.

Auf den Webseiten des BSI wird erklärt, wie TPM funktioniert. Suchen Sie nach „`bsi tpm grundlagen`". Unter „Trusted Computing im praktischen Einsatz" finden Sie zahlreiche TPM-Kritiker mit ihren Argumenten.

Die IT-Experten der Bundesregierung hielten schon das Betriebssystem Windows 8 für gefährlich. Durch eine Hintertür in Windows 8, die sich nicht verschließen lässt, ist es Microsoft oder auch Behörden möglich, das Betriebssystem aus der Ferne zu kontrollieren. Professor Rüdiger Weis, Sicherheitsexperte in Berlin, sagte dazu: *Auf mindestens drei Ebenen seien die neuen Trusted-Computing-Systeme angreifbar. Man müsse davon ausgehen, dass die NSA die entsprechenden Rechner problemlos kompromittieren könnte – ebenso auch die Chinesen, wenn die TPM-Chips in China gefertigt würden.* Für Windows 10 und 11 gilt das ebenso.

Der TPM-Chip soll zukünftig durch einen verbesserten Sicherheitschip „Pluton" ersetzt werden, der direkt in die CPUs eingebaut wird. Pluton soll nun auch das BIOS schützen, was TPM nicht kann. Dieser neue Schutz wird zuerst für Firmen-PCs und Business-Notebooks eingeführt.

Secure Boot

Ab UEFI Version 2.3.1 gibt es „Secure Boot". Das sichere Booten lässt sich nur durchführen, wenn alle BIOS-Komponenten von Microsoft oder einer anderen Zertifizierungsstelle genehmigt sind. Damit soll verhindert werden, dass Schadsoftware bereits vor dem Start des Betriebssystems die Kontrolle übernehmen kann, denn dann wären sämtliche Antivirenprogramme machtlos. Secure Boot verhindert nicht alle denkbaren Angriffe, aber es macht Angriffe so aufwendig, dass derartige Angriffe unwahrscheinlich sind.

Wenn allerdings ein BIOS-Hersteller auf Anweisung des Geheimdienstes eine Spionagesoftware ins BIOS einbauen würde, können Antivirenprogramme diese nicht finden.

Das UEFI Secure Boot kann man im UEFI-BIOS-Setup ausschalten. Das UEFI-BIOS startet dann mit einem CSM (**C**ompatibility **S**upport **M**odule) wie ein klassisches BIOS. Diese Option wird oft als „Legacy Boot" bezeichnet. Im CSM-Modus kann man auch von einer Live-CD booten oder ein nicht-zertifiziertes Betriebssystem nutzen, wie z. B. Linux. Doch mit diesem klassischen BIOS kann Windows auf der Boot-Festplatte nur maximal 2,2 TByte Speicherplatz nutzen.

2.5.3 BIOS-Setup-Programm

Um die Parameter der Festplatten und andere Parameter in das CMOS-RAM einspeichern zu können, wird ein Hilfsprogramm, das sogenannte „BIOS-Setup-Programm" benötigt. In den 80er Jahren, als ROM-Speicher noch sehr teuer war, wurde dieses Programm auf Diskette beigelegt. Heute wird das BIOS-Setup-Programm im ROM untergebracht. Wenn man Veränderungen an den Einstellungen vornehmen will, muss man „ins BIOS gehen", genauer gesagt: das BIOS-Setup-Programm starten. Dazu unterbricht man den Startvorgang des PC im richtigen Moment mit einer Taste oder Tastenkombination. Meist wird die Taste Del bzw. Entf oder die Taste F2 dafür verwendet, in seltenen Fällen auch F12, F10, F8, F1, Esc, Strg-Einfg oder Strg-Esc. Beobachten Sie den PC beim Booten genau. Bei einigen PCs wird am unteren Bildschirmrand eine Meldung angezeigt, mit welcher Taste man ins Setup kommt, z. B. „Press Del for Setup". Wenn Sie so eine Meldung sehen, haben Sie einige Sekunden**bruchteile** Zeit, die Entf-Taste zu drücken. Wenn Sie den Moment verpasst haben, müssen Sie Windows hochfahren, herunterfahren und es erneut versuchen. Beachten Sie, dass Windows 10 normalerweise nicht völlig herunterfährt, um schneller neu starten zu können. In diesem Fall drücken Sie die Windows-Taste plus „r" und tippen Sie `shutdown /s /f /t 0` ein, gefolgt von Enter. Dann fährt Windows „richtig" herunter und beim nächsten Start können Sie es erneut versuchen.

Wenn Sie im BIOS-Setup sind, seien Sie vorsichtig. Das Anschauen der Einstellungen ist völlig ungefährlich, aber falsche Einstellungen können den PC ausbremsen oder stilllegen. Deshalb verfügt fast jedes BIOS über einen Selbstschutz: Wenn das Booten mehrmals nicht gelingt (weil Sie den Startvorgang absichtlich unterbrochen haben oder weil einer der eingestellten Parameter nicht funktioniert), werden Sie nach einigen Fehlstarts gefragt, ob Sie die Standardeinstellungen zurückhaben möchten. Meist müssen Sie dann die Taste F1 drücken und daran anschließend die zurückgesetzten Einstellungen abspeichern.

Wenn Sie Probleme mit dem BIOS haben, finden Sie vielleicht auf **eifert.net/hb1** eine Lösung.

2.5.4 Welche BIOS-Einstellungen sollten Sie kennen?

Es gibt große Unterschiede, wie die BIOS-Menüs aufgebaut sind, dennoch gibt es einige Gemeinsamkeiten.

Irgendwo ist immer ein Abschnitt „Boot Sequence" oder „Boot Device Priority" vorhanden. Manchmal ist er unter „Advanced BIOS Features" versteckt. Dort kann man einstellen, ob der PC zuerst versuchen soll, von DVD oder USB-Stick zu booten. Wenn keine bootfähige DVD) eingelegt ist, wird von Festplatte gebootet.

Wenn Sie ein UEFI-BIOS haben, werden manche DVD-Laufwerke doppelt aufgeführt: einmal als UEFI-kompatibel, einmal als „klassisches". Welches davon beim Booten funktioniert, kann je nach DVD-Inhalt verschieden sein.

Unter dem Menüpunkt „Power" ist meist ein „Hardware Monitor" zu finden, manchmal unter „Health" (Gesundheit). Hier wird die Temperatur von CPU und Mainboard angezeigt (in Celsius und Fahrenheit, wobei °C = (°F-32) × 5/9 ist).

Die Drehzahl der Lüfter (Fan Speed) wird in RPM (**r**otations **p**er **m**inute, deutsch: Umdrehungen pro Minute) angegeben. N/A bedeutet „nicht angeschlossen".

Im Menü „Integrated Peripherals" oder „Onboard Devices" können Sie Komponenten auf der Hauptplatine deaktivieren. Die seriellen Anschlüsse (COM1 und COM2), den parallelen Druckeranschluss LPT1 sowie Firewire (IEEE 1394) brauchen Sie bestimmt nicht. Falls Sie eine hochwertige Soundkarte gekauft haben, sollten Sie den auf der Hauptplatine integrierten Soundchip deaktivieren. „S.M.A.R.T. Monitoring" bzw. „S.M.A.R.T. Protection" sollte unbedingt „enabled" sein. Dann haben Sie eine Chance von etwa 60 %, eine Warnung zu bekommen, kurz bevor Ihre Festplatte „stirbt" und Sie Ihre Daten verlieren.

Bei den Exit-Optionen gibt es eine Einstellung „Load Setup Defaults" (Default = Standard), um alle Werte auf Standard zu setzen. Das hilft manchmal bei Hardware-Problemen. Manchmal gibt es zwei Einstellmöglichkeiten: Optimale Einstellungen für den Normalbetrieb und die „gebremste" Einstellung „Fail-Safe", mit der ein gehäuft abstürzender PC vielleicht noch eine Weile funktioniert.

Mit „Exit & Save Changes" speichert man die vorgenommenen Einstellungen, mit „Exit & Discard Changes" werden Änderungen verworfen. Bei manchem (vorwiegend sehr altem) BIOS werden Sie aufgefordert, das Speichern mit der Taste „y" (yes) zu bestätigen. Wenn das nicht klappt, nehmen Sie die Taste „z", weil das BIOS eine amerikanische Tastatur erwartet, auf der die Tasten y und z im Vergleich zur deutschen Tastatur vertauscht sind. Am rechten oder unteren Bildrand finden Sie eine Erläuterung, mit welchen Tasten Sie die Einstellungen vornehmen können. Oft sind es die Tasten „PgUp" und „PgDn" (Page Up und Page Down = Bild auf- oder abwärts) oder die Tasten „+" und „-" am rechten Rand der Tastatur.

```
Exit Options

Exit & Save Changes
Exit & Discard Changes

Load Setup Defaults
Load Fail-Safe Defaults
```

2.5.5 BIOS-Update

Das BIOS-Programm befindet sich in einem Flash-Speicher (Festwertspeicher), weil der PC ohne BIOS nicht starten kann. Allerdings lässt sich ein Flash-Speicher mit einer speziellen Methode beschreiben. Damit das BIOS nicht von einem Computerschädling verändert werden kann, gibt es zwei Sicherheitsvorkehrungen:

- Das BIOS ist manchmal mit einem Schreibschutz versehen: Früher musste man einen Jumper umstecken, um das BIOS überschreiben zu können. Heute wird meist ein Schreibschutz verwendet, der über das BIOS-Setup aus- und eingeschaltet werden kann.
- Das Programm, mit dem das Update durchgeführt wird, ist herstellerspezifisch und nicht im Computer gespeichert.

Wann ist ein BIOS-Update sinnvoll?

- Wenn Sie eine ältere CPU durch eine neue ersetzen wollen. Eventuell läuft die neue CPU nicht an, wenn das BIOS zu alt ist. In diesem Fall müssen Sie die alte CPU noch einmal einbauen, das Update durchführen und es mit der neuen CPU erneut versuchen.
- Der Hersteller gibt für jede BIOS-Version an, welche Neuerungen es enthält und welche Fehler damit beseitigt werden. Wenn Sie in der Beschreibung auf die Ursache stoßen, warum sich Ihr PC „komisch" verhält, ist ein Update sinnvoll. Beispielsweise erkennen sehr alte Boards möglicherweise nicht die volle Größe Ihrer neuen Festplatte. Hier könnte ein Update helfen.
- Der Hersteller verspricht eine Geschwindigkeitssteigerung? Bestimmt sind es nur wenige Prozent. Eine Geschwindigkeitssteigerung von weniger als 20 % würden Sie im Alltagsbetrieb ohnehin nicht spüren. Außerdem ist das BIOS nur zu Beginn des Startvorgangs aktiv. Das Betriebssystem, sobald es gestartet ist, benutzt die BIOS-Treiber nicht, sondern verwendet eigene optimierte Treiber.

Risiken beim Update

Ein Absturz oder ein kurzer Stromausfall während eines BIOS-Updates sind eine Katastrophe, und auch ein unvermutet aufklappendes Fenster (z. B. „E-Mail eingetroffen") kann das Ende bedeuten. Wenn bei einem BIOS-Update etwas schiefläuft, müssen Sie wahrscheinlich die Hauptplatine verschrotten oder an den Hersteller einschicken (was vermutlich teurer ist als eine neue Platine und einige Wochen dauern kann). Wenn die neue Platine nicht baugleich ist oder zumindest den gleichen Chipsatz besitzt, wird der PC wahrscheinlich nicht mehr starten, und Sie müssen Windows neu installieren. Falls Ihre Daten vom Betriebssystem verschlüsselt wurden oder auch nur für die Mitbenutzer des PC gesperrt sind, kommen Sie mit einem neu installierten Windows nicht mehr an Ihre Daten heran. Einem BIOS-Update sollte deshalb immer eine Datensicherung vorausgehen!

Bei einem Notebook sollten Sie generell auf ein BIOS-Update verzichten. Einerseits ist kaum vorstellbar, welchen Sinn ein Update bei einem Notebook haben sollte. Die CPU ist eingelötet. Andererseits ist das Risiko sehr hoch: Falls das Update fehlschlägt, können Sie das Notebook wegwerfen, denn der Austausch einer Notebook-Hauptplatine ist zu teuer – Sie müssen mit etwa zwei- bis dreihundert Euro rechnen.

Deshalb rate ich davon ab, ein BIOS-Update zu versuchen, mit zwei Ausnahmen: Sie wollen die CPU austauschen oder Sie sind sich sicher, mit dem Update ein Kompatibilitätsproblem beheben zu können. Wegen der genannten Risiken ist ein BIOS-Update nichts für Anfänger und wird daher erst im Buch „Computerhardware für Fortgeschrittene" beschrieben.

3 Speicher

3.1 Maßeinheiten

Bit und Byte sind Maßeinheiten für die Menge an Speicherplatz. Ein Bit ist Speicherplatz für die kleinstmögliche Informationsmenge: 1 oder 0, Ja oder Nein, Ein oder Aus. Mit einem Bit kann man zwei Zustände darstellen, mit zwei Bit kann man 2 × 2 = 4 Zustände unterscheiden (00, 01, 10, 11). Jedes weitere Bit verdoppelt die Zahl der Kombinationen. Mit 8 Bit kann man 2 hoch 8 = 256 Kombinationen darstellen. Eine Gruppe von acht Bit nennt man ein Byte. Man kann in einem Byte also eine Zahl zwischen 0 und 255 oder ein Zeichen (einen Buchstaben des Alphabets, eine Ziffer oder ein Sonderzeichen) speichern.

1 Giga = 1 000 Mega = 1 000 000 Kilo = 1 000 000 000 sind gesetzliche Maßeinheiten. In der Informatik werden diese Einheiten abweichend verwendet.

Es hat sich eingebürgert, die üblichen Einheiten (Kilo für 10^3 = 1 000, Mega für 10^6 = 1 000 000 usw.), die eigentlich auf Potenzen der Zahl 10 beruhen, auf die in der Informatik üblicheren Zweierpotenzen zu übertragen (zu runden). Mit einem „Kilo-Byte" sind aber nicht 1000, sondern 1024 Byte gemeint. Entsprechend wird 1024^2 = 1 048 576 mit „Mega" bezeichnet, 1024^3 = 1 073 741 824 mit „Giga" usw. Den kleinen Unterschied nimmt man in Kauf. Das führt manchmal zu Missverständnissen. Sie haben eine Festplatte mit einer Kapazität von einem Terabyte gekauft und Windows gibt deren Größe mit nur 909 GB an? Das ist kein Betrug. Sehen Sie sich die vorletzte Zeile der Tabelle an! Der Hersteller hatte die Wahl, 1 TB (1 000 000 000 000 Byte) oder 909 GB auf das Etikett zu schreiben. Natürlich hat er die besser klingende Angabe für die Werbung verwendet.

TB (Terabyte)	GB (Gigabyte)	MB (Megabyte)	KB (Kilobyte)	Byte
			1 =	1024 = 2^{10}
		1 =	1024 =	1 048 576 = 2^{20} = 1024^2
	1 =	1024 =	1 048 576 =	1 073 741 824 = 2^{30} = 1024^3
	100 =	102 400 =	104 857 600 =	107 374 182 400 = 2^{30} × 100
0,909 =	931 =	953 674 =	976 562 500 =	1 000 000 000 000
1 =	1024 =	1 048 576 =	1 073 741 824 =	1 099 511 627 776 = 2^{40} = 1024^4

Tab. 3.1: Umrechnungen Tera – Giga – Mega – Kilo – Byte

Um diese Verwirrungen zwischen 1000 und 1024 zu beseitigen, sind die neuen Maßeinheiten kibi (**ki**lo **bi**när), mebi, gibi und tebi eingeführt worden.

- 2 hoch 10 Byte = 1 024 Byte = 1 Kibibyte = 1 KiB (sprich: Kibibait)
- 2 hoch 20 Byte = 1 048 576 Byte = 1 Mebibyte = 1 MiB (sprich: Mebibait)
- 2 hoch 30 Byte = 1 073 741 824 Byte = 1 Gibibyte = 1 GiB (sprich: Gibibait)
- 2 hoch 40 Byte = 1 099 511 627 776 Byte = 1 Tebibyte = 1 TiB (sprich: Tebibait)

Allerdings sind diese Einheiten noch wenig bekannt bzw. werden von den großen Herstellern ignoriert.

Da der PC im Binärsystem rechnet, wird auch der Speicher binär adressiert. Elektronischer Speicher lässt sich nicht in beliebigen „Portionen" herstellen. Speicherchips und Speichermodule haben eine Kapazität, die eine Zweierpotenz ist: 2^0=1, 2^1=2, 2^2=4, 2^3=8, 2^4=16, 2^5=32, 2^6=64, 2^7=128, 2^8=256, 2^9=512, 2^{10}=1024, 2^{11}=2048, 2^{12}=4096, 2^{13}=8192, 2^{14}=16 384, 2^{15}=32 768, 2^{16}=65 536 usw. sowie Vielfache davon. Eine Speicherkapazität von 1000 lässt sich nicht herstellen (zumindest nicht mit vertretbarem Aufwand).

Beim magnetischen und optischen Speicher gibt es keine fertigungsbedingten Einschränkungen auf Zweierpotenzen. Man hätte einen Datenblock durchaus genau 1000 Byte groß machen können. Weil aber im PC ein ständiger Datenaustausch zwischen den Speicherarten stattfindet, wären unterschiedliche Datenblockgrößen extrem unpraktisch. Deshalb ist der kleinste adressierbare Datenblock auf allen magnetischen und optischen Datenträgern genau 512 Byte groß, die Hälfte von 1024, oder neuerdings 4096 Byte.

SPEICHER

3.2 ANFORDERUNGEN AN SPEICHER

Der ideale Speicher wäre gleichzeitig sehr schnell, preiswert und hätte gigantische Kapazität. Darüber hinaus sollten die gespeicherten Informationen bei Bedarf jahrzehntelang verlustfrei haltbar sein. Leider gibt es keine Speichertechnologie, welche diese Anforderungen auch nur näherungsweise erfüllt. Große Kapazitäten sind nur mit relativ langsamen Verfahren zu erreichen, andererseits sind schnelle Speicher teuer und klein. Daher gibt es in einem PC mehrere Arten von Speicher, die abgestimmt zusammenarbeiten.

Die folgende Tabelle zeigt typische Werte für die in einem PC gebräuchlichen Technologien.

Speichertyp	CPU-Cache	Arb.-Speicher	USB-Stick	SSD-Speicher	M.2 Speicher	Festplatte	DVD
Klassifikation	flüchtig	flüchtig	dauerhaft	dauerhaft	dauerhaft	dauerhaft	dauerhaft
Preis pro MB	5 Euro	0,5 Cent	0,01 Cent	0,004 Cent	0,005 Cent	0,002 Cent	0,01 Cent
Größe (typ.)	8 MB	8 GB	64 GB	500 GB	500 GB	4000 GB	4,7 GB
Datenrate pro Sekunde	24 GB	12,8 GB	0,4 GB	0,55 GB	6,4 GB	0,15 GB (Lesen)	0,01 GB (Lesen)

Tab. 3.2: Übersicht über Speichertechnologien. Preise pro MByte von 06/2023

„Flüchtig" bedeutet: Strom weg, Daten weg. „Dauerhaft" heißt: Die Daten bleiben erhalten, auch wenn der Strom abgeschaltet wird.

3.2.1 Klassifikation des Speichers nach Bauteilen

Der **externe Speicher** (Massenspeicher) wird als „extern" bezeichnet, weil er nicht Bestandteil der Hauptplatine ist, sondern mit Kabeln an die Hauptplatine angeschlossen wird. Aber er befinder sich im Gehäuse des PCs. Er ist langsam, weil er mit mechanisch bewegten Teilen arbeitet. Die Daten werden zu Blöcken zusammengefasst. Man unterscheidet magnetische Speichermedien (Festplatten, Diskettenlaufwerke) und optische Speichermedien (CD- und DVD-Laufwerke sowie Blu-ray).

Flash-Speicher (USB-Stick) und SSD-Festplatten haben zwar keine bewegten Teile, werden aber wegen Kapazität und Geschwindigkeit zu den externen Speichern gerechnet.

Der **interne Speicher** ist direkt auf der Hauptplatine aufgelötet oder aufgesteckt. Der interne Speicher kommt ohne mechanisch bewegte Teile aus und ist deshalb sehr schnell. Es gibt zwei Arten:

- ROM: Read Only Memory (Nur-Lese-Speicher) für das Startprogramm (BIOS) und
- RAM: Speicher für Arbeitsdaten

3.2.2 Wie groß sind die Geschwindigkeitsunterschiede?

Für den Arbeitsspeicher sind Zugriffszeiten von weniger als **5 Nanosekunden** üblich. Die Festplatte als externer Speicher benötigt pro Lese- oder Schreibzugriff durchschnittlich 9 Millisekunden = **9 000 000 Nanosekunden**. Bei einer so langen Wartezeit ist es nicht sinnvoll, jedes Byte einzeln zu lesen. Deshalb werden gleichartige Daten zu Blöcken zusammengefasst. Ein Datenblock auf Diskette oder Festplatte ist 512 Byte groß. Beim Lesen eines einzelnen Blockes kommt die Festplatte auf durchschnittlich 9 ms pro 512 Byte = 18 000 Nanosekunden pro Byte. Diese Blöcke werden zu größeren Einheiten zusammengefasst, den sogenannten Verwaltungseinheiten, engl.: „cluster". Die Größe der Verwaltungseinheit hängt von der Größe der Festplatte ab, es können 8 bis 64 Sektoren zu einem Cluster gehören. Je größer die Festplatte, desto größer die Cluster. Mehrere Cluster hintereinander bilden eine Spur der Festplatte.

Wenn sich eine Festplatte mit 7200 U/min dreht, sind das 120 Umdrehungen pro Sekunde, also etwa 8 Millisekunden für eine Umdrehung. Im statistischen Durchschnitt werden 4 ms (eine halbe Umdrehung) gebraucht, bis die angeforderten Daten unter dem Lese-/Schreibkopf vorbeirasen.

Nehmen wir an, eine Spur enthält 200 Sektoren zu je 512 Byte, das ergibt rund 100 000 Byte. Die Festplatte benötigt im Mittel 9 ms, um den Kopf in Position zu bringen, plus 4 ms für eine halbe Umdrehung.

SPEICHER

13 ms für 100 000 Byte ergibt eine Wartezeit von 130 ns pro Byte bzw. **1000 ns für 8 Byte**. Allerdings ist das eine äußerst optimistische Rechnung, denn es kommt nicht oft vor, dass hunderttausend aufeinanderfolgende Bytes von der CPU angefordert werden. Das zeigt aber auch, dass eine Optimierung der Reihenfolge der Daten (die Defragmentierung) auf einem Massenspeicher sinnvoll ist, um bessere Geschwindigkeiten zu erzielen. Im Unterschied dazu kann der Arbeitsspeicher **8 aufeinanderfolgende Byte in nur 5 ns** liefern, wobei die Geschwindigkeit nicht von der Anordnung der Daten abhängt.

Windows bemüht sich, alle für eine Anwendung benötigten Programmteile und Daten im Arbeitsspeicher bereitzuhalten. Wenn der Arbeitsspeicher nicht reicht, muss Windows Daten vom Arbeitsspeicher auf die viel langsamere Festplatte auslagern. Geizen Sie also nicht mit Arbeitsspeicher beim Kauf eines PC!

3.3 RAM-Speicher

Wir beginnen mit der Betrachtung der Halbleiter-Bausteine, die für RAM und ROM verwendet werden. Die externen Speicher (Diskettenlaufwerke, Festplatten, Flash-Speicher und optische Speicher) werden in späteren Kapiteln behandelt.

3.3.1 RAM – Was ist das?

RAM bedeutet **R**andom **A**ccess **M**emory, deutsch: „wahlweise ansprechbarer Speicher" oder auch „Speicher mit frei wählbarem Zugriff". „Wahlweise" bedeutet zweierlei:

- Im Unterschied zum ROM kann man den Speicher nicht nur lesen, sondern auch beschreiben. Die Reihenfolge und Häufigkeit, mit der Daten geschrieben oder gelesen werden können, ist beliebig.
- Im Unterschied zur Festplatte kann jedes Byte einzeln adressiert werden, in beliebiger Reihenfolge.

Leider ist RAM ein flüchtiger Speicher. Das bedeutet: Strom weg – Daten weg. Nach dem Einschalten des PC ist der RAM leer und muss erst mit Programmen und Daten aus dem externen Speicher gefüllt werden. Dieser Vorgang ist das „Laden" des Betriebssystems. Vor dem Ausschalten des PC müssen veränderte Daten auf die Festplatte zurückgeschrieben (gespeichert) werden, sonst gehen sie verloren. Der Begriff „speichern" ist etwas unglücklich gewählt, denn dabei werden die bereits (im RAM) gespeicherten Daten auf einen dauerhaften Massenspeicher, die Festplatte, kopiert.

3.3.2 Arbeitsspeicher

Die wichtigste Verwendung für RAM-Bausteine ist der Arbeitsspeicher, der auch als Hauptspeicher bezeichnet wird. Der Arbeitsspeicher ist eine Baugruppe auf der Hauptplatine, die über schnelle Datenwege mit dem Prozessor verbunden ist. Der Prozessor benutzt den Arbeitsspeicher als Ablage für operative Daten, Zwischenergebnisse und auch für die Liste der nächsten abzuarbeitenden Befehle. Im Inneren des Prozessors ist nur ganz wenig Platz für Daten, ohne ausreichend Arbeitsspeicher kann die CPU nicht arbeiten.

Die RAM-Speicherbausteine lassen sich in zwei Arten unterteilen, die auf ganz unterschiedlichen Technologien beruhen und dementsprechend in ihren Kenndaten sehr unterschiedlich sind. Es gibt **d**ynamischen RAM (**D**RAM) und **s**tatischen RAM (**S**RAM).

3.3.3 DRAM

Der dynamische Speicher (DRAM) ist verblüffend einfach aufgebaut. Jede Speicherzelle besteht aus einem Kondensator (das ist ein Kurzzeitspeicher für Elektrizität) und einem Transistor. Um eine „Eins" zu speichern, wird der Kondensator aufgeladen. Soll eine „Null" gespeichert werden, bleibt der Kondensator ungeladen. Wenn die CPU wissen will, was gespeichert ist (das nennt man eine Leseanforderung), gibt der Transistor die elektrische Ladung frei. Falls eine „Eins" gespeichert war, fließt für einen kurzen Moment ein Entladestrom. Wenn eine „Null" gespeichert war, fließt kein Strom. So oder so ist der Kondensator danach entladen. Deshalb muss in einem zweiten Schritt der frühere Speicherinhalt wiederhergestellt werden.

Solch ein „Lesen-und-Wiederherstellen"-Zyklus dauert etwa fünf bis zehn ns (Nano-Sekunden), er kann also bis zu 200 Millionen mal pro Sekunde erfolgen. Etwa die Hälfte dieser Zeit wird für das Lesen der Daten gebraucht, die zweite Hälfte des Zyklus wird für das Zurückschreiben (Wiederherstellen) benötigt.

SPEICHER

Warum aber wird der Speicher als „dynamisch" bezeichnet? **Halbleiter**material ist kein perfekter Isolator. Wie der Name sagt, leitet es elektrischen Strom, wenn auch wenig. Deshalb verlieren die Kondensatoren ihre Ladung nicht nur durch das Lesen, sondern auch durch „Leckströme". Darum muss die Ladung der winzigen Kondensatoren einige tausend Male in der Sekunde aufgefrischt (nachgeladen) werden. Während der Auffrischung, die englisch als „refresh" bezeichnet wird, kann die CPU nicht auf die Daten zugreifen.

DRAM ist wegen des simplen Funktionsprinzips günstig zu produzieren, wobei man hohe Packungsdichten erreicht. Deshalb wird DRAM als Arbeitsspeicher im PC eingesetzt.

Bis etwa 1991 wurden die rechts abgebildeten DRAM-Schaltkreise verwendet. 36 Stück davon mussten in die Fassungen der Hauptplatine eingesteckt werden, um ein Megabyte Arbeitsspeicher zu bestücken. Stellen Sie sich den Aufwand vor, wenn einer davon defekt war und man durch Auswechseln ermitteln muss, welcher der defekte ist! Zum Glück kamen die Konstrukteure auf die Idee, 9 oder 18 dieser Schaltkreise auf eine kleine Platine von etwa 13 × 3 cm aufzulöten. Eine solche Platine nennt man „Speichermodul", siehe übernächste Seite. Die Hauptplatine mit vier derartigen Modulen statt mit 36 einzelnen Chips zu bestücken, war eine große Erleichterung.

Im Laufe der Jahre wechselten mehrmals die DRAM-Bauformen, Kapazitäten und Geschwindigkeiten. Auf einzelne DRAM folgten SDRAM, dann folgten DDR-1 bis DDR-5.

Die theoretischen Datenraten der Tabelle sind nur zum Teil nutzbar.

Ein doppelt breiter Datenbus verdoppelt die theoretisch mögliche Datenrate. Es werden acht Byte gleichzeitig gelesen, aber falls davon nur ein Byte gebraucht wird, sind die restlichen sieben Bytes nutzlos.

Bild 3.1: Einzelner Speicherchip, 256 kbit, etwa 1991

Ab DDR-3 ist eine automatische Bitfehlerkorrektur integriert, die je nach Hersteller unterschiedlich schnell ist.

Immer mehr Speicherzellen konnten in einem Chip untergebracht werden. Dadurch sanken die Preise pro Bit. Allerdings verläuft der Preisverfall nicht linear, sondern hängt von Angebot und Nachfrage ab. Die seit 2014 anhaltend hohe Nachfrage nach Tablets und Smartphones hat ein leichtes Steigen der RAM-Preise bewirkt. Und „brandneue" Technologien sind anfangs immer 30 bis 50 % teurer als die Vorgänger, schließlich müssen die Forschungs- und Entwicklungskosten hereingeholt werden. Seit Sommer 2020 steigen die Preise erneut wegen der hohen Nachfrage.

Typ	Modul	Chip	Speichertakt	Übertragungsrate
SDRAM	PC100	PC100	100 MHz	800 MByte/s
SDRAM	PC133	PC133	133 MHz	1066 MByte/s
DDR-1	PC1600	DDR-200	100 MHz	1600 MByte/s
DDR-1	PC2100	DDR-266	133 MHz	2100 MByte/s
DDR-1	PC3200	DDR-400	200 MHz	3200 MByte/s
DDR-2	PC2-3200	DDR2-400	100 MHz	3200 MByte/s
DDR-2	PC2-6400	DDR2-800	200 MHz	6400 MByte/s
DDR-2	PC2-8500	DDR2-1067	266 MHz	8500 MByte/s
DDR-3	PC3-6400	DDR3 - 800	100 MHz	6400 MByte/s
DDR-3	PC3-8500	DDR3-1067	133 MHz	8500 MByte/s
DDR-3	PC3-10600	DDR3-1333	166 MHz	10 600 MByte/s
DDR-3	PC3-12800	DDR3-1600	200 MHz	12 800 MByte/s
DDR-3	PC3-17000	DDR3-2133	266 MHz	17 000 MByte/s
DDR-3	PC3-19200	DDR3-2400	300 MHz	19 200 MByte/s
DDR-4	PC4-12800	DDR4-1600	800 MHz	12 800 MByte/s
DDR-4	PC4-17000	DDR4-2133	1066 MHz	17 000 MByte/s
DDR-4	PC4-21300	DDR4-2666	1333 MHz	21 300 MByte/s
DDR-4	PC4-22400	DDR4-2800	1400 MHz	22 400 MByte/s
DDR-4	PC4-24000	DDR4-3000	1500 MHz	24 000 MByte/s
DDR-4	PC4-25600	DDR4-3200	1600 MHz	25 600 MByte/s
DDR-5		DDR5-4800	2400 MHz	38 400 MByte/s
DDR-5		DDR5-6400	3200 MHz	51 200 MByte/s
DDR-5		DDR5-7200	3600 MHz	57 600 MByte/s
DDR-5		DDR5-8400	4200 MHz	67 200 MByte/s

Tab. 3.3: Übersicht Speichermodule seit 1992 (Auswahl)

SPEICHER

Intel und Micron haben zehn Jahre eine Speichertechnologie entwickelt, die im 2015 vorgestellt wurde. Die „3D-Xpoint-Technik" (Xpoint wird gesprochen: Crosspoint) könnte zukünftig bis 1000 mal schneller arbeiten als der heute in SSDs verwendete NAND-Flash-Speicher und bis zu 1000-mal so haltbar sein.

3D Xpoint wird eine bis zu zehnmal so hohe Speicherdichte wie RAM haben, aber langsamer sein. Eine Zeit lang wurde 3D Xpoint unter dem Namen „Optane" als Festplattenbeschleuniger für Magnetfestplatten vermarktet, doch die Nachfrage war wohl zu gering.

SDRAM

SDRAM (**S**ynchrone **DRAM**) wurden auf Mainboards mit Pentium-III-CPU verwendet. Sehen Sie im Bild 3.2 (nächste Seite) den kleinen Schaltkreis mit acht Anschlüssen in der rechten oberen Ecke (mit rotem Kreis markiert)? Das ist das „SPD-ROM". Darin hat der Hersteller des Moduls dessen Parameter permanent gespeichert, z. B. den maximal zulässigen Speichertakt. Auch alle DDR-Module haben so einen SPD-ROM, siehe Bild 3.3 am rechten Rand oben sowie Bild 3.6 in der Mitte. Das BIOS liest den SPD-ROM beim Start aus und konfiguriert die Hauptplatine entsprechend.

Jahr	Menge	Preis	Typ
1979	1 kB	60 DM	36 Chips
1990	1 MB	98 DM	SDRAM
2010	1 GB	20 Euro	DDR-3
2014	1 GB	7 Euro	DDR-3
2017	1 GB	10 Euro	DDR-4
2019	1 GB	6 Euro	DDR-4
2020	1 GB	4 Euro	DDR-4
2022	1 GB	4 Euro	DDR-4
2023	1 GB	2,4 Euro	DDR-4
2023	1 GB	3,2 Euro	DDR-5

Tab. 3.4: Preisentwicklung bei RAM

DDR-1

Die Geschwindigkeit der SDRAM Module reichte für den Pentium 4 nicht aus. 1999 kamen die ersten „DDR"-Module auf den Markt. Statt synchron arbeiten DDR-Module asynchron: DDR steht für **D**oppelte **D**aten-**R**ate und bedeutet, dass pro Speichertakt zweimal Daten übertragen werden. Die erste Generation dieser Speicher (DDR-1) wurde mit 100 MHz getaktet, wegen der Verdopplung wurden daraus 200 MHz. Da bei jedem Speicherzugriff gleichzeitig 8 Byte (64 Bit) übertragen werden, beträgt die Datenübertragungsrate 100 MHz × 2 × 8 Byte = 1600 MByte/s. Das schnellste Speichermodul „PC3200", bestückt mit „DDR-400"-Chips, erreichte maximal 3200 MByte/s.

DDR-2

Eine erneute Verdopplung: Pro Speichertakt werden viermal Daten übertragen. Die 3200 MByte/s des schnellsten DDR-Moduls werden schon bei 100 MHz Taktfrequenz erreicht. Bei 266 MHz sind maximal 8500 MByte/s möglich. Die schnelleren RAM-Module werden merklich heiß. Deshalb werden hochwertige RAM mit Kühlkörpern ausgestattet, wie im Bild 3.4 und 3.5. In neuen Computern wird DDR-2 nicht mehr eingesetzt: Er ist deutlich langsamer als DDR-3.

DDR-3

Die Datenübertragungsrate verdoppelt sich zum dritten Mal: Pro Takt werden achtmal Daten übertragen. Bei 100 MHz Takt werden 6400 MByte/s erreicht. Der Standard reicht bis maximal 19200 MByte/s bei 300 MHz, mehr als doppelt so viel wie die schnellsten DDR-2-Module erreichten. Beachten Sie: Auf manchen Hauptplatinen funktionieren schnellere Module als DDR3-1333 nicht.

DDR3 arbeitet mit einer Betriebsspannung von 1,5 Volt. Vorzugsweise für Notebooks gibt es Low-Voltage-Module (DDR3L) mit 1,35 Volt und Ultra-Low-Voltage-Module (DDR3U) für 1,25 V. Wenn Sie den Speicher aufrüsten, müssen Sie RAM mit genau der Spannung kaufen, die von der Hauptplatine bereitgestellt wird. In Neugeräten kommt DDR-3 wohl nicht mehr zum Einsatz.

DDR-4

Die Datenübertragungsrate wurde nicht verdoppelt, insofern ist DDR-4 keine völlig neue Technologie. Die höhere Geschwindigkeit wird einerseits durch den höheren Speichertakt erreicht, andererseits durch eine höhere interne „Parallelisierung".

Typ	Spannung
DDR(-1)	2,5 V
DDR-2	1,8 V
DDR-3	1,5 V
DDR-4	1,2 V
DDR-5	1,1 V

Tab. 3.5: Spannungen

SPEICHER

Bei DDR3-Modulen muss alle 64 Millisekunden ein Refresh-Zyklus stattfinden. Die DDR4-Speichermodule steuern die Refreshrate dynamisch: Bei niedriger Temperatur verlieren die Speicherzellen weniger Elektronen und die Refresh-Häufigkeit kann verringert werden. Das spart etwa 20 % Energie und die CPU muss seltener auf das Ende eines Refresh-Zyklus warten.

Bild 3.2: SDRAM-Modul, 64 MB, PC133 (133 MHz) mit 168 Kontakten

Weitere 15 % Energie spart die auf 1,2 Volt verringerte Betriebsspannung.

Bild 3.3: DDR-1-Modul, 256 MB, PC2100 (266 MHz) mit 184 Kontakten

Erste Hersteller haben 2014 mit der Serienproduktion von „Stacked-DDR-4-RAM" begonnen. Beim sogenannten „3D-Stacking" werden bis zu acht Schichten von RAM-Zellen im Inneren des Chips übereinander gestapelt. Damit werden RAM-Riegel mit bis zu 32 GB möglich.

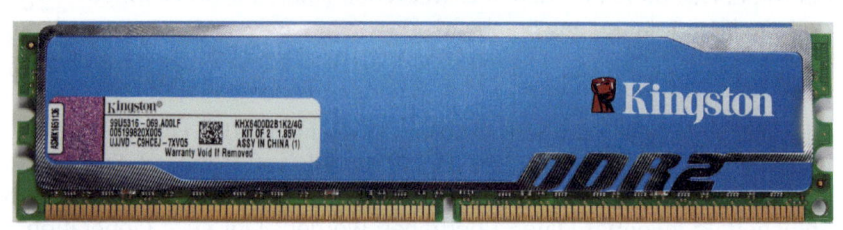

Bild 3.4: DDR-2-Modul, 2 GB, PC6400 (200 MHz) mit 240 Kontakten

Etwa Mitte 2017 hatte DDR-4 einen Marktanteil von 50 % erreicht, ab 2019 wurden fast nur noch Mainboards für DDR-4 verkauft. Bis im Jahr 2021 der Wechsel zu DDR-5 eingeleitet wurde.

Bild 3.5: DDR-3-Modul, 2 GB, DDR3-1600 (200 MHz) mit 240 Kontakten

DDR-5

Der Standard wurde im Juli 2020 endgültig fertiggestellt. Der Standard sieht Geschwindigkeiten von DDR5-3200 bis DDR5-8400 vor. Gegenwärtig sind Module mit DDR5-7800 die schnellsten erhältlichen Module.

Bild 3.6: DDR-4-Modul, 4 GB, mit 288 Kontakten (Notebooks haben 260 Pins)

DDR-5-Module haben eigene Spannungsregler: Sie erhalten 12 Volt vom Mainboard und verwandeln diese in stromsparende 1,1 Volt Hauptspannung sowie Hilfsspannungen von 0,5 und 1,8 Volt. Die Energieeinsparung im Vergleich zu DDR-4 beträgt etwa 10 %.

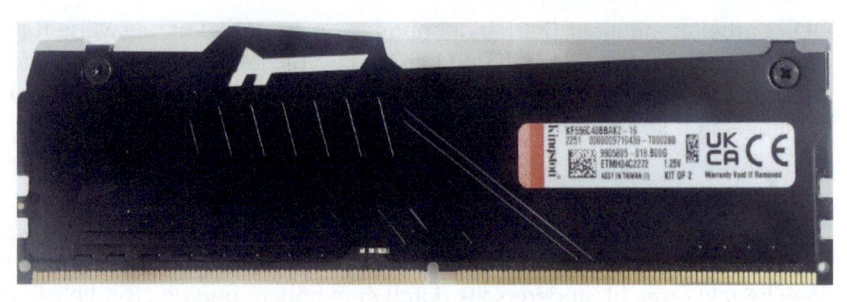

Bild 3.7: DDR-5-Modul, 16 GB, mit 288 Kontakten

Speicher

DDR-4 arbeitet mit 64 Datenbit, DDR-5 teilt den Datenkanal in zwei Teile zu je 32 Datenbit. Die beiden Speicherkanäle arbeiten unabhängig. Dadurch wird theoretisch die doppelte Geschwindigkeit wie bei DDR-4 erreicht. Dazu kommt noch die höhere Taktfrequenz.

Speicherkapazitäten bis 128 GB pro Modul sind geplant. Ein normaler PC kann mit bis zu 512 GB DDR5-RAM bestückt werden.

Beachten Sie beim Aufrüsten des Arbeitsspeichers: Für jeder Speichergeneration werden neue Hauptplatinen gebraucht. Eine Hauptplatine, die für DDR-4 vorgesehen ist, kann weder mit DDR-3 noch mit DDR-5 bestückt werden. Der Hersteller von Hauptplatinen mit den neuesten 600er oder 700er Intel-Chipsätzen hat die Wahl, ob er Steckplätze entweder für DDR-4 oder für DDR-5 vorsieht. Beides gleichzeitig geht nicht.

Dual Channel, Triple Channel und Quad Channel

Zur Erinnerung: In jedem SDRAM wird die Information als elektrische Ladung gespeichert: viel Ladung = Ziffer 1, wenig Ladung = Ziffer 0. Um die Information zu lesen, werden alle Minikondensatoren eines Speicherworts (8, 16, 32 oder 64 Bit je nach Speicherarchitektur) gleichzeitig entladen. Wenn dabei ein Strom fließt, war in der Speicherzelle eine „1" gespeichert. Während die CPU die angeforderten Daten erhält, lädt die Speicherelektronik diejenigen Zellen wieder auf, aus denen eine „1" gelesen wurde. Das Lesen der Daten und das Wiederherstellen dauern etwa gleich lange. Falls die CPU erneut Daten anfordert, während noch die Wiederherstellung läuft, muss sie warten.

Um diese Zwangspause zu verkürzen, ermöglichen Hauptplatinen mit Mehrkernprozessoren den Dual-Channel-Betrieb. Die CPU benutzt zwei unabhängige Speicherkanäle, um die RAM-Module zeitversetzt ansteuern zu können. Während das eine Modul mit der Regeneration beschäftigt ist, kann bereits auf das andere Modul zugegriffen werden. Dafür werden zwei gut zueinander passende Speichermodule gebraucht. Zwei Module aus derselben Serie sollten es sein, besser noch: vom Hersteller vermessene Paare. Bestückt man die Platine mit einem einzelnen Speichermodul, verschenkt man etwa 15 % Geschwindigkeit. Falls die Hauptplatine zwei Paar Steckplätze hat, sollten entweder zwei oder alle vier Steckplätze belegt werden.

Diese Technologie wurde bei den Intel-i7-CPUs zur Triple-Channel-Technologie weiterentwickelt (siehe Bild 12.4 auf Seite 245). Die Steckplätze sollten mit Dreiergruppen von RAM-Modulen bestückt werden, die vom Hersteller vermessen sind: Entweder ein oder zwei Trios. Seit 2010 wird der Quad Channel mit vier Speicherkanälen sowohl von Intel als auch von AMD angeboten.

Fehlerkorrektur

Aktuelle Speichermodule haben eine interne automatische Fehlerkorrektur „ECC" (**E**rror **C**orrection **C**ode). Bei DDR-4 werden die 64 Datenbit mit acht ECC-Bits geschützt. DDR-5 hat zwei Datenkanäle zu je 32 Datenbit, wobei jeder Kanal mit acht zusätzlichen ECC-Bits geschützt wird. Auch der Inhalt von Prozessor-Cache, Flash-Speicher und Festplatten wird durch Fehlerkorrekturverfahren geschützt. Wozu ist das nötig?

Es gibt zufällige Störungen, z. B. durch Spannungsspitzen von der Energieversorgung. Überall auf der Erde gibt es eine natürliche Radioaktivität. Außerdem dringen Reste des Sonnenwindes und von energiereicher kosmischer Strahlung bis zur Erdoberfläche vor und können die Ladung aus einem Bit herausschlagen. Einmal im Monat (sehr grob geschätzt) wird einer Ihrer RAM-Bausteine so schwer getroffen, dass die interne Fehlerkorrektur versagt. Dazu ein interessantes Fundstück aus den 70er Jahren:

„*Das National Laboratory in Los Alamos (New Mexico, USA) hat sich bei IBM einmal beschwert, dass bei ihren Kollegen in Livermore (Kalifornien, USA) bei den gleichen Rechnern viel weniger Fehler auftreten. Dazu muss man wissen, dass Los Alamos auf ca. 2200 m Höhe liegt, während Livermore in der Nähe von San Francisco etwa auf Meereshöhe liegt. In Los Alamos ist die kosmische Neutronenstrahlung fünfmal stärker als auf Meereshöhe.*" (gefunden auf http://www.elektronik-kompendium.de/sites/com/1504141.htm).

Einzelbitfehler führen nur selten zu Abstürzen: Meist trifft es ungenutzte Programmteile oder Massendaten. Wenn in einer Video- oder Audiodatei ein Bit falsch ist, können Sie das unmöglich sehen oder hören.

Speicher

Arbeitsspeicher aufrüsten: Welcher RAM ist der richtige für Sie?

Ob Sie DDR-1, -2, -3, -4 oder -5 brauchen, hängt ausschließlich von Ihrer Hauptplatine ab, denn für jeden RAM-Typ sieht der Steckplatz anders aus und er benötigt eine andere Versorgungsspannung. Die Anzahl der Kontakte ist unterschiedlich, und die Kerben befinden sich an unterschiedlichen Positionen. Sehen Sie im Handbuch der Hauptplatine nach, welcher Typ passt und welche Mindest- und Höchstgeschwindigkeit gefordert sind. Falls Sie aus dem englischen Handbuch nicht schlau werden, zeigen Sie es dem Verkäufer. Vielleicht können Sie auch einen der vorhandenen RAM-Bausteine ausbauen und als Muster mitnehmen. Oder Sie installieren SiSoft Sandra. Über „Hardware-Informationen" → „Onboard-Geräte" → „Hauptplatine" → „Speicherbänke" finden Sie die technischen Informationen zu Ihren Speichermodulen.

	Typ	Abstand
Desktop	SDRAM	24,5 mm
Desktop	DDR(-1)	60,0 mm
Desktop	DDR-2	62,7 mm
Desktop	DDR-3	55,0 mm
Desktop	DDR-4	61,5 mm
Desktop	DDR-5	65,2 mm
Notebook	DDR-2	16,3 mm
Notebook	DDR-3	24,8 mm
Notebook	DDR-4	31,4 mm

Tab. 3.6: Abstand der Mitte der Kerbe vom nächstgelegenen Rand

Bei der Geschwindigkeit sollten Sie nicht das geforderte Minimum wählen. Ein höherer RAM-Takt macht den PC schneller, wobei der Preis eines Moduls nur sehr wenig von der Schaltgeschwindigkeit abhängt.

Bei Mischbestückungen stellt das BIOS den Speichertakt so ein, dass das langsamste Modul damit zurechtkommt (das klappt fast immer). Wenn Sie z. B. ein langsames 4-GB-Speichermodul DDR4-1600 mit einem schnellen 8-GB-Modul DDR4-3200 ergänzen, würde das schnelle Modul von 1600 MHz auf 800 MHz heruntergetaktet. In diesem Fall ist es wahrscheinlich sinnvoller, auf das langsamere Speichermodul zu verzichten. Sie haben dann zwar weniger Speicher, der aber schneller getaktet wird.

Beachten Sie das Kapitel 13.4.1 „RAM aufrüsten". Unter `eifert.net/hws03` finden Sie Hilfe bei der Auswahl der richtigen Speichermodule und eine ausführlichere Einbau-Anleitung.

Warum den Arbeitsspeicher aufrüsten?

Die Größe des Arbeitsspeichers beeinflusst stark die Geschwindigkeit des Rechners. Wenn der Arbeitsspeicher knapp wird, muss das Betriebssystem prognostizieren, welche Programmkomponenten demnächst vermutlich nicht benötigt werden, und diese auf die (vieltausendmal langsamere) Festplatte auslagern. Wenn Sie einen vom Betriebssystem nicht vorausgeahnten Klick machen, muss das Betriebssystem ganz schnell irgendein ungenutztes Programmteil auslagern, um das von Ihnen gewünschte Programmteil laden zu können. Zu wenig Arbeitsspeicher bremst deshalb auch den schnellsten PC aus.

Komplettsysteme sind mit RAM eher knapp ausgestattet, um einen günstigen Preis zu erreichen. Für ein wenig Surfen, Musik hören und Videos betrachten reicht das auch. Doch wenn es die Möglichkeit gibt, sollte man schon beim Kauf eine bessere RAM-Ausstattung wählen.

Selbst wenn Ihr PC gleich nach dem Kauf schnell genug ist, wird er im Laufe der Monate immer langsamer. Wieso?

- Im Laufe der Zeit werden immer mehr Programme installiert. Vergleichen Sie einmal die heutige Anzahl der installierten Programme mit dem Stand kurz nach dem Kauf!
- Nicht nur die Programme belegen mehr Platz. Immer mehr Daten sammeln sich an. Fotos, Musik und Videos belegen viel Platz. Die Magnetköpfe der Festplatte müssen immer länger werdende Wege zurücklegen, um die benötigten Daten heranzuschaffen.
- Das Antivirenprogramm lädt jeden Tag eine Liste von neuen Bedrohungen herunter. Je umfangreicher diese Liste ist, desto länger dauert das Scannen jeder einzelnen Datei.
- Im Laufe der Zeit werden sowohl Windows als auch die installierten Programme durch Updates sowohl umfangreicher als auch langsamer. Ein frisch installiertes Windows fordert nach der Installation eine Menge Updates an, es können durchaus mehr als einhundert sein. Und jedes halbe Jahr wird Windows 10 mit einem weiteren großen Update versorgt.
- Windows bewahrt alle je verwendeten Bibliotheken, Treiber u. a. im „Komponentenspeicher" WinSXS auf, auch die nach Updates (voraussichtlich) nicht mehr benötigten Dateien.

Allerdings wird nicht nur die Festplatte voller, sondern die zahlreicheren und größeren Dateien belegen mehr Arbeitsspeicher als vorher. Windows muss zunehmend oft ungenutzte Programmteile auslagern. Deshalb ist eine Vergrößerung des Arbeitsspeichers meist sinnvoll.

	Zustand	Belegt	Ordner	Dateien
Win7 Home SP1	neu installiert	11,2 GB	13 693	65 543
	nach 93 Updates	14,0 GB	16 337	83 384
Win8 Enterprise	neu installiert	14,7 GB	15 528	66 532
	nach 128 Updates	26,3 GB	23 196	168 595
Win10 Pro 64	neu (Vers. 20H1)	21,5 GB	37 706	142 265
Win11 Pro	neu (Vers. 21H2)	25,4 GB	91 739	269 326

Tab. 3.7: Speicherbedarf verschiedener Windows-Installationen sofort nach der Installation und nach Durchführung aller Updates (einschließlich der Auslagerungsdatei, die von der RAM-Größe abhängt)

Durch ständige technologische Fortschritte sinken die RAM-Preise ständig, etwa 20 bis 30 % pro Jahr. Doch das gilt nur für die jeweils neueste Technologie. Veraltete Technologien werden nicht mehr weiterentwickelt und die Produktionsmengen sinken, deshalb bleiben die Preise für ältere RAM-Typen zunächst auf dem früheren hohem Niveau. Erst wenn die Nachfrage gegen Null tendiert, fällt der Preis.

12 bis 18 Monate nach dem Kauf eines PC können Sie passende RAM-Module billig nachkaufen. Wesentlich länger als zwei Jahre mit dem Nachkauf zu warten ist riskant, weil dann die passende RAM-Sorte möglicherweise nicht mehr hergestellt wird oder in so geringer Menge, dass wegen andauernder Nachfrage die Preise nicht sinken.

Typ	Preis pro 8 GB
DDR-2	20 Euro
DDR-3	16 Euro
DDR-4	20 Euro
DDR-5	25 Euro

Tab. 3.8: Preise 04/2024

Mit der Vergrößerung des Arbeitsspeichers erzielt man ein sehr günstiges Verhältnis zwischen Preis und Leistungszuwachs. Mehr Leistung kann man auch durch das Auswechseln der CPU erreichen (falls das geht). Aber ein CPU-Tausch ist relativ teuer (weil Sie die ausgebaute CPU nicht weiterverwenden können) und bringt vermutlich ein bescheidenes Resultat.

Mindestausstattung

Wollen Sie wissen, wie knapp Ihr Arbeitsspeicher ist? Halten Sie die Tasten Strg und Alt gedrückt, und tippen Sie kurz auf die Taste Entf. Klicken Sie auf Task-Manager, und wählen Sie die Registerkarte „Leistung". Klicken Sie auf „Arbeitsspeicher". Beobachten Sie die Angaben „In Verwendung" und „Verfügbar" gleich nach dem Start und wenn Sie einige Ihrer üblichen Programme gestartet haben. Wenn der Wert „Verfügbar" unter 1 GB fällt, würde dem PC eine Speichererweiterung sehr gut tun.

	32 Bit	64 Bit
Windows XP	0,5 GB	0,5 GB
Windows Vista	0,5 GB	1 GB
Windows 7	1 GB	2 GB
Windows 8	1 GB	2 GB
Windows 10	1 GB	2 GB
Windows 11		4 GB

Tab. 3.9: RAM Mindestausstattung

Wie viel Arbeitsspeicher Sie brauchen, hängt von der Version des Betriebssystems und von den Anwendungen ab. Die von Microsoft angegebene Mindestanforderung sehen Sie in Tabelle 3.9. Früher brauchte jede neue Windows-Version mehr Speicher als die Vorgängerversion, um vernünftig zu arbeiten. Auch für Anwendungsprogramme gilt: Eine neue Version braucht mehr RAM. Doch seit Windows 8 hat Microsoft mit dem „Abspecken" des Betriebssystems begonnen, um Windows auf den relativ knapp mit RAM ausgestatteten Smartphones konkurrenzfähig zu machen.

Immer wenn der Arbeitsspeicher nicht ausreicht, lagert Windows einige momentan nicht benötigte Programmteile zeitweilig in einen reservierten Bereich der Festplatte aus, in die „Auslagerungsdatei", engl. „Swap File". Dieses Auslagern und Zurückholen ist sehr zeitaufwendig. Besonders wenn Sie mehrere Anwendungen gleichzeitig benutzen, sollten Sie nicht mit der RAM-Mindestausstattung arbeiten.

Um die Auslagerungsvorgänge auf die Festplatte zu verringern und zügig arbeiten zu können, sollte die Speicherausstattung das drei- bis vierfache des Minimums erreichen. Noch mehr Speicher als das Vierfache des empfohlenen Minimums ist bei Servern und virtuellen Computern sinnvoll und auch Videoschnitt und einige Spiele profitieren davon. Bei Alltagsanwendungen bringt mehr als das Vierfache des empfohlenen Minimums kaum einen Geschwindigkeitszuwachs.

Maximalausstattung

Eine weitere Einschränkung wird durch das Betriebssystem gesetzt. Ein 32-Bit-Betriebssystem kann nur etwa 3,5 GB RAM adressieren, gleichgültig, ob Sie 4, 6 oder 8 GB installiert haben. Ein 64-Bit-Betriebssystem hat diese Beschränkung nicht.

Viele Hauptplatinen lassen nur eine begrenzte Speicherausstattung zu, um die Produktionskosten niedrig zu halten. Jede Steckfassung mehr erhöht die Kosten in der Fertigung. Sehen Sie im Handbuch zur Hauptplatine nach, wie viel RAM möglich und welche Kombination von Speichermodulen zulässig ist.

3.3.4 SRAM

Der „statische Speicher" (SRAM) ist Elektronikbastlern als „Flip-Flop" bekannt. Diese Schaltung ist recht kompliziert, denn pro Bit werden zwei Transistoren zum Speichern benötigt, plus vier Transistoren pro Bit zum Beschreiben und Auslesen plus mehrere Widerstände und Dioden. Dieser große Schaltungsaufwand bringt einen deutlichen Geschwindigkeitsvorteil: SRAM ist etwa einhundert mal schneller als DRAM, außerdem benötigt SRAM keine Auffrischung. Die Information wird beim Auslesen nicht gelöscht, der bei DRAM notwendige Wiederherstellen-Zyklus entfällt. Deshalb wird SRAM in der CPU als Cache-Speicher verwendet. Ein großer Cache-Speicher ist derart wichtig für die Leistung der CPU, dass ungefähr die Hälfte der in einer CPU enthaltenen Transistoren für den Cache verwendet werden.

Bitte nicht verwechseln:

- SRAM = statisch (eine Transistorschaltung),
- DRAM = dynamisch (Kondensatoren) und
- SDRAM = synchroner DRAM = synchron angesteuerte Kondensatoren (veraltet).

Warum kann man den Arbeitsspeicher nicht aus dem schnelleren SRAM fertigen?

Die CPU benötigt laufend Daten aus dem RAM. Je schneller der Prozessor ist, desto öfter muss er auf Daten warten. In den letzten Jahrzehnten sind CPUs etwa einhundertmal schneller geworden, während die RAM-Zugriffszeit im selben Zeitraum lediglich von 10 ns auf 7 ns gefallen ist. Schnellerer Speicher wäre wunderbar. Die DRAM-Technologie ist an der Grenze des Erreichbaren. Es wird intensiv nach alternativen Technologien gesucht, aber bisher ist keine der neuen Erfindungen in Massenproduktion gegangen.

SRAM wäre wegen seiner Zugriffszeit von unter 0,1 ns die ideale Alternative zum DRAM. Allerdings belegt SRAM pro Bit eine etwa 15-mal größere Fläche im Schaltkreis als DRAM und ist entsprechend teurer. Es werden viel mehr Transistoren pro Bit gebraucht, um eine ausreichende Kapazität zu erreichen. Ein Arbeitsspeicher aus SRAM von 1 GB Kapazität würde eine Leiterplatte von 15 × 15 cm belegen und einige tausend Euro kosten. Der Energiebedarf wäre hoch und die Ableitung der Verlustwärme wäre problematisch.

Das größte, unüberwindbare Problem wäre die Vergrößerung der Leiterplattenfläche. Für Speichermodule von 10 x 10 cm wäre genug Platz im PC, aber die Datenwege wären viel zu lang. Eine Leseanforderung der CPU müsste einen Weg von etwa 15 cm durchlaufen (von der CPU bis zum RAM-Steckplatz und innerhalb der 10 x 10 cm großen Speicherplatine) und auf dem Rückweg zur CPU müssten die Daten weitere 15 cm zurücklegen. Um eine Strecke von 30 cm zu durchlaufen, braucht ein Lichtstrahl eine Nanosekunde (elektrische Signale sind fast so schnell wie das Licht). Was nützt eine Zugriffszeit von weniger als einer Zehntel Nanosekunde, wenn die angeforderten Daten eine halbe Nanosekunde brauchen, um die Steckkontakte des Speichermoduls zu erreichen? Und dann müssen sie noch den ebenso langen Rückweg bis zu den CPU-Kontakten bewältigen. Aus der Sicht eines Leiterplatten-Konstrukteurs ist die Lichtgeschwindigkeit geradezu unerträglich langsam.

Bild 3.8: Notebook-Speichermodul von unten
Die Signallaufzeiten sind derart kritisch, dass einige Signale mit „Serpentinen" verzögert werden.

SPEICHER

3.4 ROM

ROM ist die Abkürzung für „**R**ead **O**nly **M**emory" (Nur-Lese-Speicher, der auch als Festwertspeicher bezeichnet wird). Die Daten im ROM können im normalen Betrieb nicht geändert werden und sind gegen Fehlbedienungen, Programmabstürze und Attacken durch Computerschädlinge immun. Außerdem verliert das ROM die Daten nicht einmal dann, wenn der Strom abgeschaltet wird. Wegen dieser nützlichen Eigenschaft hat jeder Computer einen ROM-Baustein, in dem das Startprogramm gespeichert ist, mit dem die Arbeit nach dem Einschalten beginnt. Beim PC wird dieses Startprogramm als BIOS bezeichnet. Weitere ROM-Chips stecken in Grafikkarte, Festplatte, DVD-Brenner, Drucker und vielen anderen Komponenten.

3.4.1 Einmal programmierbare ROM

Wenn der Schaltkreishersteller die Daten bei der Herstellung gewissermaßen in den Chip „hineinätzt", nennt man das ROM „**maskenprogrammiert**". Die Kosten für Entwicklung und Fertigungsvorbereitung sind gewaltig, aber bei einer anschließenden Massenfertigung ist der Stückpreis gering. Dieses Verfahren lohnt sich unter zwei Bedingungen: Es werden sehr große Stückzahlen benötigt und Updates sind mit Sicherheit ausgeschlossen, weil das Produkt kurzlebig oder dessen Weiterentwicklung nicht sinnvoll ist (wie z. B. bei Steuerungen für Waschmaschinen).

Um auch bei kleineren Stückzahlen die Daten preiswert in das ROM hineinzubekommen, gibt es **PROM**-Speicherchips: „**p**rogrammierbares" **ROM**. Der Rohling wird zum Beschreiben in ein sogenanntes Programmiergerät gesteckt. Mit einer hohen Spannung werden ausgewählte Leiterzüge geradezu „weggebrannt". Diesen Vorgang nennt man „ROM brennen". Im Ergebnis ist der Speicherchip „programmiert".

3.4.2 EPROM, das „**E**rasable **PROM**"

Stellen Sie sich ein Stück Halbleiter vor, das rundum mit Silizium-Oxid isoliert ist. Als Deckel dient ein Stück Silizium, genannt „Floating-Gate". Wenn sich in der Zelle eine elektrische Ladung befindet, wird sie vom Floating Gate „eingesperrt", jahrelang. Über dem Floating-Gate befindet sich ein „Control Gate". Die Leitfähigkeit des Control Gate hängt davon ab, ob sich in der Speicherzelle eine Ladung befindet oder nicht. Man kann den Speicherinhalt beliebig oft lesen, ohne dass sich die Ladung der Speicherzelle dabei verändert.

Um eine Ladung in die Zelle hineinzubefördern, wird die Isolierschicht mit einer hohen Spannung „durchschlagen". Es wird ein quantenmechanischer „Tunneleffekt" dafür genutzt.

Das Löschen erfolgt mit energiereichem UV-Licht. Wenn man ein PROM mit einem Fenster aus Quarzglas versieht (normales Glas lässt keine ultraviolette Strahlung durch) und einige Wochen in die Sonne legt, schlagen die Photonen die Ladung aus den Speicherzellen heraus. Nun hat man nur selten einige Wochen Zeit. Man benutzt EPROM-Löschgeräte. Sie erzeugen ein derart intensives UV-Licht, dass der Speicherchip in einigen Minuten gelöscht ist. Anschließend ist der Chip wie neu und kann erneut beschrieben werden, hunderte Male. Leider muss der Chip zum Löschen und Beschreiben ausgebaut werden.

Der Chip auf Bild 3.9 ist 15 × 40 mm groß und wurde 1980 hergestellt. Durch das Quarzglasfenster kann man in den Chip hineinsehen und sieht dort den Speicherkristall von 16 kByte (128 kbit), der 5 × 6 mm groß ist, alles darum herum sind nur Keramikgehäuse und Kontakte.

Bild 3.9: EPROM-Chip 16 kB mit Fenster aus Quarzglas

Bild 3.10: Nahaufnahme eines EPROM mit Alu-Bonddrähten. Der Bereich der Speicherzellen erscheint grau, da die Vergrößerung nicht für die feinen Strukturen ausreicht.

Die Kontaktflächen eines Chips mit den „Beinchen" zu verbinden nennt man das „Bonden". Der Bonddraht besteht aus Gold oder Aluminium und ist etwa 20 Mikrometer „dick". Im Bild 3.10 sehen Sie die feinen Bonddrähte eines EPROMs, mit denen die Speichermatrix angeschlossen ist.

Der Einbau eines Quartzglasfensters ist sehr aufwendig. Heute werden nur noch preiswertere EPROMS ohne Fenster hergestellt. Sie lassen sich nur einmal beschreiben (und notfalls mit Röntgenstrahlung löschen).

3.4.3 EEPROM

EEPROM ist ein „**e**lectrically **e**rasable **PROM**" (elektrisch löschbarer PROM). Dazu wird an jeden Speichertransistor eines EPROM ein zusätzlicher Löschtransistor angeschlossen, der dessen Speicher entladen kann. Jedes einzelne Byte kann elektrisch gelöscht werden. Der Riesenvorteil: EEPROM-Chips müssen zum Löschen und erneuten Beschreiben nicht ausgebaut werden. Weil die aggressive UV-Strahlung entfällt, halten diese Chips mehr als 10 000 Schreibvorgänge aus.

EEPROM werden als Ersatz für EPROMs verwendet: Für das BIOS und andere Startprogramme, als Speicher für Parameter und Einstellungen und um Zählerstände zu speichern.

EEPROM kann man ebenso lesen und Schreiben wie RAM. Der Unterschied, abgesehen von der begrenzten Lebensdauer, ist vor allem die Geschwindigkeit. EEPROM ist wesentlich langsamer als RAM. Das Lesen dauert 100 bis 200 Nanosekunden, während es beim RAM nur etwa 7 ns sind. Beim Schreiben ist der Unterschied noch größer. Das Beschreiben eines EEPROM dauert einige Millisekunden pro Byte, also etwa 1000mal länger als RAM. Der nachfolgend vorgestellte **Flash-ROM** ist schneller, aber beim Beschreiben immer noch deutlich langsamer als beim Lesen.

3.4.4 Lebensdauer verschiedener ROM-Chips und der Daten

Im PROM oder im maskenprogrammierten ROM können Daten technologiebedingt nicht verloren gehen. EPROM und EEPROM basieren auf Ladungen, die in einer isolierenden Umgebung eingesperrt sind. Doch kein Isolator ist vollkommen, durch Leckströme gehen immer wieder Elektronen verloren. EPROMS bewahren ihre Ladung 20 bis 30 Jahre, EEPROMS etwa ein Dutzend Jahre. Längere Zeiträume sind Glückssache. Höhere Temperaturen verschlechtern die Lebensdauer. Bei älteren Geräten, z. B. Schachcomputern, sollte man rechtzeitig eine Kopie anfertigen.

Um die Ladung in die Zelle hinein- oder herauszubefördern, wird die Isolierschicht mit einer hohen Spannung „durchschlagen". Leider wird die Isolierschicht bei jedem Schreiben ein wenig beschädigt. Nach einigen hunderttausend oder Millionen Schreib- oder Löschvorgängen ist die Speicherzelle kaputt. Bei einem USB-Stick oder Kameraspeicher wird diese Zahl zum Glück nie erreicht, bei einer Speicherkarte im Smartphone oder Tablet kann das eventuell passieren.

3.5 FLASH-SPEICHER

Das Betriebssystem liest und schreibt Massenspeicher stets in Blöcken von 512 Byte oder einem Vielfachen davon. Auf einzelne Bytes kann erst zugegriffen werden, wenn ein Block in den Arbeitsspeicher eingelesen ist. Flash-EEPROM, Kurzbezeichnung Flash-ROM, ist eine Art von EEPROM, die für die Nutzung als Massenspeicher optimiert ist.

Worin besteht die Optimierung? Die Speicherzellen von Flash-Speicher sind in Blöcke von einigen kByte zusammengefasst. Es hat nicht jede Zelle einen Löschtransistor, ein Block kann nur im Ganzen gelöscht werden. Durch diese Vereinfachung passen viel mehr Speicherzellen in einen Chip.

Beim Schreiben wird NOR-Flash und NAND-Flash unterschieden. Beim NOR-Flash können einzelne Byte geschrieben werden, gelöscht werden wie bei allen EPROMs nur ganze Blöcke. NOR-Flash kann PROM und EPROM ersetzen. Hauptverwendung erfolgt als Bootcode-Speicher und Programmspeicher.

Der NAND-Flash ist voll auf Massenspeicher getrimmt: Nur ganze Blöcke können geschrieben und gelöscht werden. Das bedeutet weitere Einsparungen bei der Ansteuerung, im Ergebnis ist die Packungsdichte der Speicherzellen am höchsten.

3.5.1 Verwendung

Flash-ROM kommen als SD-Speicherkarten, als USB-Speichersticks und in SSD-Festplatten zum Einsatz.

Speicherkarten: SD, MicroSD und UFS

Sie werden in MP3-Playern, E-Book-Readern, Kameras, Mobiltelefonen, Navigationsgeräten, Smartphones und Tablet-Computern verwendet.

Leider herrscht bei den Bauformen der Speicherkarten ein unglaubliches Chaos. Bisher fehlte ein Standard. Es gibt bereits Universal-Kartenleser, die 36 verschiedene Karten lesen können. Samsung, Sony Ericsson, Nokia, Texas Instruments und andere Hersteller haben sich auf einen Industriestandard **U**niversal **F**lash **S**torage (UFS) geeinigt, der 2011 fertiggestellt wurde. UFS ist schnell und stromsparend. Leider stemmte sich die Firma Sandisk gegen den Standard: Sandisk wollte das hauseigene Format nicht aufgeben. Doch inzwischen wurde Sandisk, der ehemalige Marktführer bei SD-Speicherkarten, von Western Digital übernommen. Samsung hat im Juli 2016 die ersten Speicherkarten nach UFS-Standard vorgestellt. Es gibt sie in Größen von 32 bis 256 GB, und sie sind fünfmal schneller als MicroSD-Karten. Das Lesen mit 530 MByte/s und das Schreiben mit 170 MByte/s ist fast vergleichbar mit SSD-Festplatten. Im Jahr 2020 wurde der Standard UFS 3.1 verabschiedet, der Übertragungsraten bis 1450 MByte/s Duplex vorsieht. Das ist mehr, als gegenwärtige Flash-Speicher liefern können.

Das Galaxy Note 7 war das erste Smartphone, das UFS-Karten verwenden kann. Es besitzt einen von Samsung entwickelten Universal-Steckplatz, der wahlweise UFS- oder SD-Speicherkarten aufnehmen kann. Viele aktuelle Smartphones nutzen einen internen UFS 2.0 oder 2.1 Steckplatz für den internen Speicher.

USB-Memory-Sticks

Anstelle der altertümlichen Disketten werden sie für den bequemen Datentransport zwischen Computern verwendet. Bei Preisen von sechs Euro für 64 Gigabyte sind die größeren auch als Backup-Medium geeignet. Man sollte aber bedenken, dass Daten auf ungenutzten USB-Sticks und SSD-Speichern nach etwa einem halben Jahr beginnen verloren zu gehen.

Mit schnellen USB-Sticks könnten Sie die „Ready-Boost"-Funktion von Windows 7 und 10 nutzen. Dabei dient der Stick als zusätzliche Auslagerungsdatei. Doch es ist weitaus effektiver und mittlerweile auch bezahlbar, die Magnet-Festplatte mit dem Betriebssystem durch eine „SSD" zu ersetzen.

SSD-Festplatten

SSD steht für „**S**olid **S**tate **D**rive". Eine größere Anzahl Flash-Speicher plus die Steuerelektronik ergeben einen schnellen, geräuschlosen, stromsparenden Massenspeicher, der anstelle einer magnetischen Festplatte verwendet werden kann. Es gibt sie in zwei Bauformen: in einem Gehäuse von der Größe einer 2,5" Festplatte oder ohne Gehäuse in der M.2-Ausführung. Sie sind in vielen Notebooks anzutreffen. In Smartphones und Tablet-Computern wird dieser Festplattenersatz als „NAND-Speicher" bezeichnet.

Bild 3.11: USB-Memory-Stick, geöffnet
1=Stecker, 2=Controller, 3=Platine, 4=Speicherchip, 5=Taktgeber, 6=Anzeige-LED, 7=Schreibschutzschalter, 8=Platz für einen zweiten Speicherchip

Ein SSD-Massenspeicher ist einer Magnet-Festplatte in der Geschwindigkeit haushoch überlegen, allerdings auch deutlich teurer.

3.5.2 Drei Technologien: SLC, MLC und TLC

Zunächst konnte jede Speicherzelle nur ein Bit speichern, also „0" oder „1". Solche Zellen werden als **S**ingle-**L**evel-**C**ell-Speicherzellen, kurz SLC, bezeichnet. Inzwischen ist es gelungen, **M**ulti-**L**evel-**C**ell-Speicherzellen, kurz MLC, zu schaffen. Das sind Speicherzellen, in denen mehr als ein Bit pro Zelle gespeichert wird. Speicherzellen, die zwei Bits speichern können, arbeiten mit vier verschiedenen Zuständen („keine Ladung", „wenig Ladung", „zweidrittel geladen", „voll geladen"), denen die Ziffern „0", „1", „2" und „3" zugeordnet werden. Diejenigen MLC-Zellen, die drei Bits (8 Zustände) speichern können, werden als **T**riple-**L**evel-**C**ell-Speicher bezeichnet. Die ersten Chips mit Quad-Level-Zellen, in denen sogar vier Bits (16 Zustände) gespeichert werden, werden seit Sommer 2018 von Intel produziert. Erinnern Sie sich an die Erklärung, dass das Dezimalsystem für Computer ungeeignet ist, weil es schwer ist, zehn verschiedene Spannungen präzise zu unterscheiden? MLC-Zellen zu lesen und zu schreiben dauert länger als bei SLC.

Je mehr Ladungszustände pro Zelle unterschieden werden müssen, desto wahrscheinlicher ist das Auftreten von Bitfehlern. Das lässt sich nur mit einem höheren Aufwand für Fehlerkorrekturschaltungen kompensieren. Außerdem beansprucht das Schreibverfahren eine MLC- oder TLC-Speicherzelle stark, die Zellen altern schneller bei häufigem Schreiben. Andererseits kann pro Flächeneinheit die doppelte, vierfache und zukünftig sogar die achtfache Kapazität gespeichert werden. MLC-Zellen sind zu empfehlen, wenn Daten nur selten geschrieben werden, z. B. für USB-Memory-Sticks und für Backup-Festplatten, die nur einmal monatlich beschrieben werden.

3.5.3 Datensicherheit

Ob USB-Sticks oder Speicherkarten, sie gehen leicht kaputt oder verloren. Kontaktprobleme am Stecker können ebenfalls zu Datenverlusten führen. Manchmal genügt ein Wackeln am eingesteckten Stick.

Besonders gefährlich ist die Unsitte des Herausziehens eines USB-Sticks ohne vorheriges Abmelden. Dabei können die zuletzt geschriebenen Daten oder der ganze Inhalt des Speichersticks verloren gehen. Warum das so gefährlich ist, können Sie am Ende des Kapitels 4.5.3 über externe Festplatten nachlesen.

Wie gut auch immer die Ladung der Speicherzelle isoliert ist – es gibt keinen idealen Isolator und ganz allmählich geht die Ladung der Speicherzellen zurück. Wie lange bleiben die gespeicherten Daten erhalten, wenn keiner dieser Unfälle geschieht?

Ein SLC-Speicher behält seine Daten etwa 10 Jahre, ein MLC-Speicher ein Jahr und ein TLC-Speicher etwa sechs Monate. Die meisten Speichersticks im Handel sind aus Preisgründen mit MLC-Zellen bestückt. Wenn Sie wichtige Daten längere Zeit auf einem USB-Speicherstick aufbewahren wollen, sollten Sie mehrmals im Jahr die Daten auf die Festplatte kopieren, den Speicherstick neu formatieren und die Daten auf den Stick zurückkopieren. Falls Ihnen das zu aufwendig ist oder wenn Sie oft große Datenmengen auf einen Stick schreiben wollen, sollten Sie nach SLC-Sticks suchen. Speicher mit SLC-Zellen sind auch für Festplatten in Servern und intensiv genutzten Computern zu empfehlen: Sie sind langlebiger und haben kürzere Zugriffszeiten.

4 Magnetische und SSD-Massenspeicher

4.1 Wer braucht noch Magnetfestplatten?

In der Anfangszeit der Computer dienten Lochstreifen und Lochkarten als Massenspeicher, die von Magnetbändern und Magnettrommeln abgelöst wurden. Diese wurden seit den 50er Jahren durch Disketten und Magnetfestplatten ersetzt und seit den 80er Jahren um optische Datenträger ergänzt.

Samsung brachte 2006 die ersten rein elektronischen Massenspeicher „SSD" auf den Consumer-Markt: 32 GB zum Preis von 699 Dollar. Diese Massenspeicher kommen ohne bewegliche Teile aus und sind sehr viel schneller als Magnet-Festplatten.

SSD sind den Magnetfestplatten in der Geschwindigkeit hoch überlegen, allerdings auch deutlich teurer. Das Verhältnis von Kapazität zum Preis hat sich seitdem drastisch verbessert und es gibt mittlerweile kaum einen Grund, für das Betriebssystem etwas anderes als eine SSD in jeden PC einzubauen.

Angesichts des „Siegeszuges" der SSD-Festplatten taucht die Frage auf: Hat die magnetische Speicherung eine Zukunft?

Zwei wichtige Argumente sprechen für Magnetfestplatten: Die Speicherung pro Terabyte kostet halb soviel wie auf SSD. Musik- und Fotosammlungen oder gar Videos auf SSD aufzubewahren ist nicht vernünftig.

Zweitens verlieren ungenutzte SSD die Daten schon nach einigen Monaten, während auf einer Magnetplatte die Daten sicher sind, auch wenn die Festplatte für zehn Jahre in einem Regal archiviert wird.

Deshalb gehören die Magnetfestplatten nicht zum „alten Eisen". Für die Speicherung großer Datenmengen sind sie unverzichtbar: weil große SSD pro Gigabyte mindestens das Doppelte kosten und weil magnetisch gespeicherte Daten viele Jahre sicher sind. In Firmen und im privaten Umfeld finden sie Verwendung als Zweitfestplatte, als externe Festplatte, in Servern und Netzwerkspeichern (NAS). Auch für Backups und Archivierungszwecke sind Magnetfestplatten die erste Wahl.

Der Hauptnachteil der Magnetfestplatte, die längere Zugriffszeit, spielt bei vielen Anwendungen keine Rolle. Für viele Daten ist die Geschwindigkeit des Zugriffs unwichtig. Beim Anschauen eines Videos werden Sie kaum bemerken können, dass der Start von einer Magnetfestplatte einige Sekundenbruchteile länger dauert als von SSD. Übrigens: Beim Zugriff auf eine Seite im Internet dauert der Hin- und Rückweg durch Kabel und Router deutlich länger als die zehn Millisekunden Zugriffszeit der Festplatte.

Für die Daten auf Ihrer eigenen Festplatte gilt dasselbe wie für die Daten einer Firma: Nur ein kleiner Teil davon wird regelmäßig benutzt, der größte Teil wird monate- und jahrelang nicht benutzt. Viele Unterlagen liegen ungenutzt auf Festplatten herum, weil sie wegen steuerrechtlichen Bestimmungen zehn Jahre aufbewahrt werden müssen. Und wenn Sie Backups (Sicherheitskopien) erstellen, tun Sie dies in der Hoffnung, diese niemals benutzen zu müssen.

Der Bedarf an Speicherkapazität wächst exponentiell. Schätzungen besagen, dass 2025 nur ein Zehntel des weltweiten Speicherbedarfs mit SSD befriedigt werden können, für den Rest kommen Magnetfestplatten zum Einsatz. Großfirmen wie Google, Facebook und andere vergrößern ihre Speicherkapazität täglich um hunderte Festplatten. Wer von ihnen welche Gesamt-Speicherkapazität hat, ist unbekannt. Google nannte Anfang 2016 einen täglichen Zuwachs seiner Speicherkapazität von einem PetaByte (1000 TB), was einem Zuwachs von 125 Festplatten zu je 8 TB pro Tag bedeutet.

Die Festplattenhersteller arbeiten mit Hochdruck an der Steigerung der Kapazität pro Festplatte. Wenn Google und Co. für ihren täglichen Speicherbedarf Festplatten mit höherer Kapazität anschaffen können, brauchen sie weniger davon. Es sinken die Anschaffungskosten und der Bedarf an Gebäuden, vor allem sinkt der Energiebedarf für Betrieb und Kühlung der Festplatten.

Speicher

4.1.1 Geschichte: Vom Magnetdraht bis zur Floppy-Disk

Im Jahr 1899 wurde die Tonaufzeichnung auf Stahldraht patentiert. Um eine Stunde Ton aufzuzeichnen, wurden zwei Kilometer eines sehr dünnen Drahtes benötigt. 1935 stellte die AEG das erste Tonbandgerät her. Das Tonband bestand aus Kunststoff, mit Eisenpulver beschichtet. Der nächste Entwicklungsschritt war der Magnettrommelspeicher: Die Daten wurden auf der magnetischen Oberfläche einer schnelldrehenden Trommel gespeichert. Der Z22-Computer von Zuse (1957) benutzte einen Trommelspeicher mit 38 kByte Kapazität und einer Zugriffszeit von wenigen Sekunden.

In den 1950er Jahren wurden die ersten Bandgeräte für die Speicherung von Computerdaten hergestellt. Wegen ihrer garantierten Langlebigkeit (30 Jahre) und des exzellenten Verhältnisses zwischen Datenkapazität und Herstellungskosten werden in Rechenzentren noch immer Magnetbänder verwendet, vor allem für die Datensicherung und -archivierung. Bandroboter verwalten Bibliotheken mit tausenden Bändern und legen das gewünschte Band vollautomatisch ein. Der große Nachteil von Magnetbändern: Die Aufzeichnung erfolgt sequentiell, das bedeutet: Benötigt man die Informationen in einer anderen Reihenfolge, als sie aufgezeichnet wurden, muss man lange Wartezeiten in Kauf nehmen, während das Band vor- oder zurückspult.

1969 suchte IBM nach einer preiswerten Möglichkeit, Updates für ihre Großrechner „System/370" weltweit zu versenden. Die ersten Disketten hatten einem Durchmesser von 8 Zoll (20,3 cm). Die Information wurde auf Schallplattenpressen in die Diskette hineingepresst. Diese ersten Disketten konnten im Diskettenlaufwerk nicht beschrieben, sondern nur gelesen werden. Ihre Kapazität von 80 kByte entsprach 1000 Lochkarten. Ihr gewaltiger Vorteil gegenüber Lochkarten und Magnetbändern: der „wahlfreie Zugriff", englisch „random access". In ein bis zwei Sekunden konnte jede Information aufgefunden werden.

1972 brachte die Firma Memorex das erste Diskettenlaufwerk auf den Markt, das die 8" Disketten auch beschreiben konnte. Das englische Wort „floppy" bedeutet schlapp bzw. biegsam. Tatsächlich waren die Disketten biegsam und empfindlich. Das Diskettenlaufwerk (**F**loppy **D**isk **D**rive) wird mit FDD abgekürzt.

Das 8"-Laufwerk mit Maßen von 40 × 30 × 15 cm war für einen PC viel zu groß – so groß wie heute manch ein PC. Die Firma Shugart Associates hatte 1976 eine kleinere Diskette in der Größe 5,25" (130 mm) entwickelt. IBM baute ein oder zwei davon in den ersten IBM-PC ein (1981). Seit 1981 gibt es noch kleinere Disketten im 3,5" Format. Sie werden beidseitig beschrieben und haben eine Kapazität von 1,44 MByte. In einer steifen Hülle, die nicht mehr „floppy" ist, steckt eine flexible Plastescheibe, die beiderseits mit einem magnetischen Material beschichtet ist (z. B. Eisenoxid, daher die Rostfarbe).

Der „Spindelantriebsmotor" dreht die Magnetscheibe mit 300 U/min. Ein Schrittmotor bewegt die Magnetköpfe (über und unter der Diskette je einer) mit einem Schneckenantrieb auf die benötigte Spur. Die beiden Magnetköpfe schleifen auf den Oberflächen der Diskette. Deshalb wird der Motor nur bei Bedarf angeschaltet. Eine Zeitschaltung im BIOS sorgt dafür, dass der Spindelmotor bei Nichtbenutzung des Laufwerks nach einer Verzögerung von einigen Sekunden abgeschaltet wird.

Neue Hauptplatinen haben keinen Anschluss mehr für ein Floppylaufwerk. Wer noch Disketten mit wichtigen Daten hat, kann sich ein Diskettenlaufwerk mit USB-Anschluss für etwa 25 Euro kaufen. Es kann im Wechsel an mehrere PCs angesteckt werden, auch an ein Notebook.

Falls Sie sich für die Geschichte der Massenspeicher interessieren, konnen Sie diese unter der Adresse `eifert.net/hwhm` finden.

4.1.2 Das Prinzip der magnetischen Speicherung und dessen Mängel

Ob der Datenträger ein Draht, ein Band, eine Diskette, die Festplatte oder der Magnetstreifen einer Kreditkarte ist: Sie alle benutzen die Methode der elektromagnetischen Speicherung. Das Grundprinzip funktioniert so: Wenn Strom durch einen elektrischen Leiter (eine Spule im „Schreibkopf") fließt, erzeugt er ein Magnetfeld. Das Magnetfeld kann je nach Stromrichtung verschiedene Wirkungsrichtungen haben und beeinflusst alle magnetischen Materialien in Reichweite. Ändert man die Stromrichtung am Schreibkopf, so ändert sich die Magnetisierung der darunter vorbeigleitenden Oberfläche dauerhaft.

Während der Datenträger am Schreibkopf vorbeizieht, entsteht ein Bitmuster aus unterschiedlich magnetisierten Bereichen. Die Magnetisierung bleibt erhalten, auch wenn man den Schreibstrom abschaltet bzw. wenn die Diskette weiterdreht.

Beim Lesen des Bitmusters wird ein weiteres Phänomen genutzt: die Induktion. Wenn ein Leiter in ein veränderliches Magnetfeld gerät, entsteht ein Stromfluss in diesem Leiter. Wenn sich der Datenträger am Lesekopf vorbeidreht, erzeugt jeder Wechsel der aufgezeichneten Magnetisierung einen Spannungsimpuls, der verstärkt und ausgewertet wird.

Die magnetische Speicherung hat zwei grundsätzliche Probleme: Der Magnetismus lässt im Laufe der Jahre nach. Zweitens sind die Datenträger anfällig gegenüber externen Magnetfeldern. Selbst schwache Felder können langfristig zu Veränderungen der magnetischen Ausrichtung auf dem Medium führen und somit die Daten beschädigen. Sogar das extrem schwache Erdmagnetfeld kann im Laufe der Jahre die magnetische Ausrichtung auf einem Datenträger verändern.

Beispielsweise reicht bei aufgewickelten Magnetbändern das Magnetfeld einer Schicht bis in die darüber- und daruntergewickelte Schicht. Deshalb müssen bespielte Datenbänder alle ein bis zwei Jahre umgewickelt werden, damit sich die aufgezeichnete Information nicht allmählich selbst zerstört. Disketten sind zwar etwas dicker als Magnetbänder, aber auch bei ihnen beeinflussen sich die obere und untere Magnetschicht gegenseitig.

4.2 Festplatte

4.2.1 Grundwissen

„**H**ard **D**isk **D**rive", abgekürzt HDD, ist die englische Bezeichnung für die Festplatte.

Vor 65 Jahren, am 13.09.1956, stellte IBM die erste Festplatte der Welt vor.

Sie bestand aus 50 Scheiben mit einem Durchmesser von 60 cm, hatte 5 Megabyte Kapazität und wog eine halbe Tonne. Die Platte erreichte eine Drehzahl von 1200 U/min und eine mittlere Zugriffszeit von 600 ms. Die aufwendige Mechanik mit Spindelmotor, Getriebe und Hydraulik machten das Gehäuse so groß wie einen Schrank: 1,5 m lang, 1,7 m hoch und 74 cm breit. Die Festplatte war ein echtes Erfolgsmodell: mehr als 1000 Stück wurden hergestellt, bis IBM im Jahr 1961 die Produktion einstellte.

Diese Festplatten-Laufwerke wurden nicht verkauft, sondern für 1000 DM pro Monat an Unternehmen vermietet.

Im Laufe der folgenden Jahre wurden die Festplatten gleichzeitig größer und kleiner. Genauer: kleiner wurden die Abmessungen. 1973 begann die Firma Seagate, Festplatten der Nenngröße 8 Zoll mit der Kapazität von 30 MB zu produzieren. 1980 konnte die Nenngröße auf 5,25 Zoll und 1992 auf 3,5 Zoll verringert werden. Heute sind Festplatten von 3,5 Zoll und 2,5 Zoll erhältlich.

Im vergangenen Jahrhundert stieg die Speicherkapazität pro Jahr um etwa 50 %. Gleichzeitig fiel der Preis: Bei der IBM RAMAC (1956, 5 MB) hätte ein Megabyte noch 10 000 Dollar gekostet, bei der ST506 (Seagate 1980, ebenfalls 5 MB) noch 500 DM. Der Preis pro Megabyte ist Jahr für Jahr um 40 % gefallen.

In den letzten Jahrzehnten hat sich das Wachstumstempo verringert, denn die Technologie nähert sich den physikalischen Grenzen. Es gab einmal 221 Firmen, die Festplatten produziert haben. Davon sind nur drei Firmen übriggeblieben, welche die hohen Forschungskosten aufbringen können: Seagate, Toshiba und Western Digital. Eine aktuelle 3,5" Festplatte mit 10 TByte Kapazität und einer mittleren Zugriffszeit von 9 ms kostet 200 Euro (Juni 2023), das entspricht nur noch 2 Cent pro Gigabyte.

Der Festplatte und ihrem Inhalt drohen zahlreiche Gefahren. Am häufigsten sind Bedienfehler, Fehler in Programmen und im Betriebssystem sowie Schadprogramme (Viren u. a.), die jederzeit unverhofft auftreten können. Die meisten dieser Fehler führen nur zu kleineren Schäden. Hardwarefehler sind vergleichsweise sehr selten, aber wenn sie auftreten, sind die Folgen verheerend.

Jahr	Cent/GB
1956	10 000 000
2003	120
2005	70
2007	24
2010	6
2011	14
2012	7
2014	5
2020	2,5
2023	2

Tab. 4.1: Preis pro GByte (Anstieg 2011 wegen Flutschäden in Thailand)

Speicher

Kein anderer Schaden verursacht so viel Stress wie ein Totalausfall der Festplatte. Die Schäden sind vielfältig:

- Ihre Daten, Ihre Fotos, Ihre E-Mails, Ihre Musik- und Filmsammlung – alles ist verloren.
- Sie werden einige Tage nicht mit Ihrem PC arbeiten können.
- Eine neue Festplatte samt Einbau kostet hundert Euro oder mehr.
- Sie müssen Lizenzen neu erwerben oder reaktivieren lassen.
- Sie werden mehrere Tage brauchen, um das Betriebssystem, Ihre Geräte, die Updates und Ihre Anwendungen erneut zu installieren und anzupassen und Ihre Daten wiederherzustellen.
- Sie werden noch wochenlang kleine Nachbesserungen vornehmen, um Ihre Programme wieder optimal an Ihre Bedürfnisse anzupassen.

Wie kommt es zu Totalausfällen? Hardwarefehler werden verursacht durch:

- schnelle Lageänderungen,
- Erschütterungen und Vibrationen,
- Überhitzung,
- Verschleiß und Alterung.

Zweierlei sollten Sie gegen diese Gefahren unternehmen:

- Wissen um die Risiken kann diese verringern, aber nicht völlig abschaffen.
- Eine regelmäßige und fachkundige Datensicherung ist auf Dauer der einzige wirksame Schutz. Unter der Adresse **eifert.net/hwdse** finden Sie eine einfache Anleitung, wie Sie Ihre Daten sichern können.

Im folgenden Text geht es ausschließlich um magnetische Festplatten (die elektronischen „SSD" folgen im Kapitel 4.3). Es werden einige Grundkenntnisse über magnetische Festplatten vermittelt, anschließend werden die Risiken betrachtet. Dann folgt ein Abschnitt über Pflege und Wartung der Festplatte.

Bild 4.1: IBM 350 RAMAC: Die erste Festplatte der Welt

Bild 4.2: Köpfe einer Server-Festplatte mit acht Oberflächen

Bild 4.3: Geöffnete Festplatte

SPEICHER

Die Festplatte ist ein Massenspeicher

Die Festplatte nennt man einen Massenspeicher, ebenso wie CD-ROM und DVD. Warum?

Eine typische Buchseite (35 Zeilen zu 60 Zeichen) oder eine Bildschirmseite (25 Zeilen mit je 80 Zeichen) enthält etwa 2000 Zeichen. In der Unicode-Darstellung UTF16 werden zwei Byte pro Zeichen benötigt. Auf einer 1000-GB-Festplatte könnte man also 250 Millionen Seiten speichern. Bei beidseitigem Druck ergäbe das je nach Papierqualität einen Stapel von 12 km Höhe! Eine einfache DVD mit 4,7 GB würde es immerhin auf einen Papierstapel von 58 m bringen, und eine CD-ROM mit recht bescheidenen 0,7 GB würde ein 8 m langes Bücherregal für die Aufbewahrung des Papierstapels erfordern. Diese Zahlen gelten für Text ohne Illustrationen. Bilder benötigen – je nach Auflösung – zehn- bis hundertfach mehr an Speicherplatz als reiner Text. Dieses Buch mit 120 Bildern in sehr hoher Auflösung belegt als pdf-Datei 300 MB auf der Festplatte. Wird die Bildqualität für den E-Mail-Versand drastisch reduziert, schrumpft die Datei auf 15 MB.

4.2.2 Hauptbestandteile einer Festplatte

Handelsübliche Festplatten haben meist eine oder zwei Scheiben, die auf einer gemeinsamen Achse, der „**Spindel**", angeordnet sind. Die Scheiben mit Spindel bilden den „Plattenstapel". Die Scheiben bestehen meist aus einer Aluminiumlegierung, auf die eine Magnetschicht aufgetragen wird, die etwa einen Mikrometer dünn ist. Auch Glas wird manchmal als Trägermaterial verwendet, weil eine Glasoberfläche glatter poliert werden kann als Metall und weil im Glas keine Wirbelströme induziert werden.

Ein **Spindelantriebsmotor** erzeugt eine hohe konstante Drehzahl. Die meisten modernen Festplatten drehen mit 7200 Umdrehungen pro Minute. Zunehmend werden „Green IT"-Festplatten verkauft, die mit 5400 U/min rotieren. Das verringert ein wenig den Strombedarf, den Geräuschpegel und den Datendurchsatz. Notebook-Festplatten drehen meist mit 4200 oder 5400 U/min. Teure Server-Festplatten bringen es auf 15 000 U/min, noch höhere Drehzahlen werden getestet. Zum Vergleich: Bei Vollgas erreicht ein PKW-Motor etwa 6000 und eine Flugzeugturbine bis zu 40 000 Umdrehungen pro Minute.

Auf den Scheibenoberflächen werden die Daten ringförmig in so genannten „**Spuren**" abgelegt. Je dichter die Spuren beieinander liegen, desto mehr Daten passen auf die Platte. Im Jahr 2013 hatten Festplatten 150 000 Spuren pro Zoll. Die Datendichte auf den Spuren erreichte fast eine Million Bit pro Zoll.

Zu jeder Oberfläche gehört ein kombinierter **Schreib-/Lesekopf**, zu zwei Scheiben gehören also vier Kombiköpfe. Die Köpfe sind an Schwenkarmen, sogenannten „Actuatoren", befestigt. Die Schwenkarme sind untereinander starr verbunden und bewegen sich stets gemeinsam zur gewünschten Spur. Die Spuren eines Plattenstapels, die genau übereinander liegen (auf der entgegengesetzten Oberfläche derselben Scheibe oder auf anderen Scheiben), bezeichnet man als „**Zylinder**". Das Betriebssystem speichert umfangreichere zusammenhängende Informationen nach Möglichkeit in den Spuren eines Zylinders. So sind stets mehrere Spuren gleichzeitig verfügbar, ohne dass die Köpfe weiterbewegt werden müssen.

Die Plattenoberfläche ist in Kreisabschnitte, so genannte „**Sektoren**", unterteilt. In der Mathematik ist ein Sektor ein tortenähnlicher Ausschnitt aus einem Kreis, auf der Festplatte sind damit Kreisabschnitte gemeint. Jede Spur ist in zehntausende Sektoren (Bogensegmente) geteilt. Die dadurch entstehenden Datenblöcke sind die kleinste adressierbare Datenmenge. Jeder Datenblock kann durch die Angabe von Spur, Sektor und Oberfläche (Kopf) eindeutig adressiert werden. Die inneren Spuren sind kürzer und enthalten nur etwa ein Drittel der Sektoranzahl im Vergleich zu den äußeren Spuren.

Jeder Datenblock (Sektor) enthielt früher 512 Datenbyte, plus Verwaltungsinformationen sowie zusätzliche Paritätsbits für eine Fehlerkontrolle und -korrektur. Alle Festplattenhersteller haben sich 2011 geeinigt, bei neuentwickelten Festplatten das „Advanced Format" mit einer Sektorgröße von 4096 Byte zu verwenden. Durch größere Sektoren verringert sich die Zahl der Sektorlücken, was die Datenmenge pro Spur erhöht. Älteren Betriebssystemen wird die alte Sektorgröße von 512 Byte vorgegaukelt (emuliert).

Für die Fehlerkorrektur wurden zusätzliche Bytes reserviert, die Korrektur ist noch besser geworden als zur Zeit der 512-Byte-Sektoren.

SPEICHER

Das Produkt von Kopfanzahl und Zylinderanzahl (= Spurenanzahl) mit der Zahl der Sektoren pro Spur ergibt die Anzahl der Blöcke der Festplatte. Diese Blockzahl multipliziert mit der Kapazität eines Sektors (512 oder 4096 Byte) ergibt die Kapazität der Festplatte.

Gesetzliche Längenmaßeinheiten
1 m = 1000 mm (Millimeter)
1 mm = 1000 µm (Mikrometer)
1 µm = 1000 nm (Nanometer)
1 nm = 1000 pm (Pikometer)

Tab. 4.2: Maßeinheiten der Länge

4.2.3 Technische Daten und Herausforderungen

„Normalgroße" Festplatten werden als „3,5 Zoll" bezeichnet, die kleineren Notebook-Festplatten heißen „2,5 Zoll". Zoll ist eine englisch/amerikanische Maßeinheit von 25,4 mm. Das Maß entspricht dem ungefähren Durchmesser des Plattenstapels. Die tatsächliche Breite der Festplatten beträgt 101 mm bzw. 70 mm.

Bei 7200 Umdrehungen pro Minute erreicht der äußere Rand einer 3,5"-Festplatte eine Geschwindigkeit von 130 km/h. Notebook-Festplatten haben einen kleineren Durchmesser von 2,5" und eine kleinere Drehzahl von 4200 oder 5400 U/min, deshalb erreichen sie „nur" 60 bis 70 km/h. Das bedeutet leider: In der Zeit, welche eine Notebook-Festplatte zum Lesen eines Bits braucht, kann eine normalgroße Festplatte zwei Bit und eine Serverplatte vier Bit lesen.

0,22 nm	Durchmesser eines Siliciumatoms
1 nm	Bitabstand auf Festplatte (2015)
2 nm	Kopfabstand auf Festplatte (2016)
20 nm	Kopfabstand auf Festplatte (2000)
22 nm	Strukturbreite in der CPU
50 nm	Mittlerer Durchmesser eines Virus
75 nm	Spurabstand auf Festplatte (2015)
125 nm	Tiefe der Pits auf DVD
320 nm	Spurabstand auf Blu-ray
740 nm	Spurabstand auf DVD
1600 nm	Spurabstand auf CD
10 000 nm	Grenze zwischen Fein- und Grobstaub
50 000 nm	Mittlerer Durchmesser eines Haares

Tab. 4.3: Abmessungen von Atom- bis Haardurchmesser

Bei der schnellen Rotation wird die Luft über den Scheiben mitgerissen. In diesem Luftstrom „segeln" die aerodynamisch geformten Magnetköpfe in einem konstanten Abstand von etwa 2 nm (Nano-Meter) über der Scheibe. Das sind zwei Millionstel eines Millimeters! Zum Vergleich: Ein Haar ist 0,05 mm = 50 Mikrometer = 50 000 nm dick, also 25 000-mal dicker!

Die Flughöhe wird durch den „Bodeneffekt" stabilisiert. Sie kennen den Effekt vom Fliegen: Je näher das Flugzeug dem Boden kommt, desto mehr wird die Luft zwischen Tragfläche und Landebahn zusammengepresst, was die Sinkgeschwindigkeit verringert. Dasselbe gilt für die Köpfe der Festplatte: Je niedriger die Flughöhe ist, desto mehr vergrößert sich der Auftrieb. Dadurch pegelt sich der Kopfabstand auf einen Mittelwert ein.

Seit einigen Jahren haben Festplatten eine Feinjustierung der Flughöhe (**T**hermal **F**ly-height **C**ontrol, deutsch: Dynamische Schwebehöhensteuerung) und können den Abstand um einige Nanometer nachregeln.

Auf hohen Bergen über 3000 Meter sollte man eine magnetische Festplatte nicht benutzen. Die dünne Luft erzeugt nicht genug Auftrieb. In einem Flugzeug müssen Sie sich diesbezüglich keine Sorgen machen: in der Kabine wird ein genügend hoher Luftdruck aufrechterhalten, der einer Höhe von etwa 2200 bis 2400 Metern entspricht.

Speicher

Zugriffszeit

Mit der Zugriffszeit wird angegeben, wie schnell eine Festplatte arbeitet. Sie setzt sich folgendermaßen zusammen:

1. Die Positionierzeit gibt an, wie lange es durchschnittlich dauert, um den Kopf von einer Spur auf eine beliebige andere Spur zu positionieren. Kleine Kopfbewegungen erfolgen schnell, von einer Spur in die benachbarte dauert es beispielsweise 0,7 Millisekunden. Für die Positionierung von ganz außen nach innen oder umgekehrt werden typisch 17 ms benötigt. Je nachdem, ob kurze oder lange Kopfbewegungen häufiger sind, weicht die mittlere statistische Positionierzeit vom arithmetischen Mittelwert ab. Die Positionierzeit beträgt im Mittel 9 ms bei 3,5"-Platten und 14 ms bei 2,5"-Festplatten.

2. Die Latenzzeit gibt die Zeit an, die gewartet werden muss, bis die gewünschten Daten der Spur unter dem Schreib-/Lesekopf vorbeirasen. Diese Zeit hängt direkt von der Drehzahl ab. Eine Festplatte mit 7200 U/min braucht 8,3 ms für eine volle Umdrehung. Im statistischen Mittel muss die Platte eine halbe Umdrehung machen, bis die gewünschten Daten unter dem Kopf vorbeirasen. Das ergibt 4,2 ms bei 3,5"-Platten und 5,6 ms bei Notebook-Festplatten.

3. Einige Mikrosekunden Wartezeit, die für den eigentlichen Lesevorgang, den Vergleich der Kontrollsummen und die Übertragung in den Arbeitsspeicher erforderlich sind. Diese Zeitspanne kann man vernachlässigen.

In der Summe ergibt das eine mittlere Zugriffszeit von 13 ms für 3,5"-Platten und 20 ms für 2,5"-Festplatten. Teure 3,5"-Spezialplatten für Server drehen mit 15 000 U/min und erreichen 5 ms.

AAM

Das von der Festplatte erzeugte Geräusch entsteht aus zwei Quellen: das gleichmäßige Geräusch der Rotation und das unregelmäßige Geräusch der Kopfbewegungen. Die Geschwindigkeit der Positionierung kann durch das „**A**utomatic **A**coustik **M**anagement" verändert werden. Wenn die Magnetköpfe sanfter beschleunigen und bremsen, vermindert sich die Lärmentwicklung und der Stromverbrauch, die Zugriffszeit leider auch.

Der durch die Drehbewegung verursachte Lärmpegel lässt sich mit AAM allerdings nicht beeinflussen. Eine Verringerung der Drehzahl zwecks Geräuschminderung ist nicht möglich, denn das würde die Signalstärke im Lesekopf verringern. Außerdem würden die Köpfe niedriger schweben und schließlich aufsetzen.

Der Cache der Festplatte

Nicht nur der Prozessor benutzt einen Cache-Speicher, auch die Festplatte hat einen. Heutige Magnetfestplatten sind meist mit 16, 32 oder 64 MB Cache-RAM bestückt. Das ist viel mehr, als die ersten Festplatten als Gesamtkapazität hatten. Der Cache wird auf drei Arten genutzt:

1. Wenn die CPU einen einzelnen Block anfordert, werden die restlichen Blöcke der Spur „auf Vorrat" in den Cache-RAM eingelesen. Die Wahrscheinlichkeit ist hoch, dass einige der restlichen Blöcke demnächst gebraucht werden.

2. Leseanforderungen werden sofort ausgeführt, denn die CPU wartet auf die Daten. Das Schreiben von Daten erfolgt meist verzögert. Die zu schreibenden Daten werden im Cache der Festplatte gesammelt und die CPU erhält die Vorab-Meldung, die Daten wären schon geschrieben. Sind sie aber noch nicht. Wenn einmal keine Leseanforderungen der CPU vorliegen, nutzt die Festplattenelektronik diese Zeit, um die gesammelten Daten auf die Magnetscheiben zu schreiben. Der Vorteil des Verfahrens: Die CPU kann sofort weiterrechnen und muss nicht warten, bis die Daten tatsächlich geschrieben sind.

3. Ein AHCI genannter Standard ermöglicht es der Festplattenelektronik, Zugriffe zurückzuhalten, um sie in einer umsortierten Reihenfolge zu schreiben. Dadurch werden die Bewegungen der Köpfe optimiert und die mittlere Zugriffszeit wird verringert.

    Im einfachsten Fall funktioniert die Steuerung wie bei einem Aufzug: Erst werden alle Stockwerke in einer Richtung angefahren, dann wechselt die Bewegungsrichtung.

SPEICHER

4. Einige Arten von Daten, z. B. die Verwaltungstabellen der Festplatte, werden sehr oft geändert. Es wäre ein sinnloser Aufwand, jeden Zwischenstand zu speichern. Das Schreiben solcher Daten wird deshalb von Windows verzögert, bis die Elektronik „glaubt", dass nun keine weiteren Änderungen zu erwarten sind. Das kann einige Sekunden dauern, bei Speichersticks bis zu einer Minute.

Allerdings hat diese Zwischenspeicherung einen gefährlichen Nachteil. Wenn der Strom ausfällt oder wenn Sie den PC versehentlich ausschalten, ohne ihn herunterzufahren, verlieren Sie möglicherweise Daten. Oft sind die Verwaltungstabellen betroffen, das bedeutet: Komplette Ordner oder sogar der gesamte Inhalt der Festplatte kann verloren sein. Besonders gefährlich ist es in der ersten Minute nach dem Ende eines Schreibvorgangs. Wenn Sie dazu neigen – und sich nicht abgewöhnen können – den USB-Memory-Stick oder die externe Festplatte spontan herauszuziehen oder abzuschalten, sollten Sie den Schreib-Cache dauerhaft deaktivieren. Dadurch verlieren Sie merklich Geschwindigkeit, aber Sie verlieren Ihre Daten nicht.

4.2.4 Erschütterungen: Der plötzliche Tod

Sie haben vorhin gelesen, dass sich die Köpfe in einem Abstand von 3 Nanometern zur Oberfläche der Scheibe im Gleitflug befinden. Sie können sich das nicht vorstellen? Ich auch nicht. Stellen Sie sich die Festplatte auf einen Durchmesser von 10 Kilometern vergrößert vor. Im gleichen Maßstab vergrößert würden die Köpfe einen Abstand von 0,3 Millimetern von der Oberfläche der Scheibe haben. Die Bits würden auf dieser Riesenscheibe in einem Abstand von 0,1 mm aufeinander folgen. Der Abstand zwischen den Spuren würde 2 mm betragen. Daran sehen Sie, warum die Köpfe so niedrig fliegen müssen: Bei einem größeren Abstand von der Oberfläche wären die Bits nicht mehr voneinander zu unterscheiden.

Headcrash

Haben Sie nun eine Vorstellung davon, warum Erschütterungen so gefährlich für die Festplatte sind? Wenn der Kopf die Oberfläche bei 130 km/h berührt, kann man sich das wie einen mikroskopischen Flugzeugabsturz vorstellen. Kopfaufsetzer können Ihre Festplatte in Sekundenbruchteilen zerstören. Die Oberfläche der Scheiben ist mit einer hauchdünnen Schutzschicht aus diamantähnlichem Kohlenstoff überzogen („carbon overcoat"). Diese besteht aus Kohlenstoffatomen, die im Vakuum mit 40 km/s (etwa 100-fache Schallgeschwindigkeit) auf die Magnetscheibe geschossen werden. Dabei entsteht eine Schicht mit einer Dicke von etwa zwei Dutzend Atomen, die etwa 80 % der Härte von Diamant erreicht und gleichzeitig außerordentlich glatt ist. Dadurch können sowohl die Scheiben als auch die Köpfe „leichte" Kopfaufsetzer verkraften. Wenn der Kopf bei einem stärkeren Aufsetzer oder bei wiederholten Aufsetzern die Schutzschicht verdampft oder durchdringt, wird die Magnetschicht beschädigt (und der Kopf vielleicht gleich mit). Die Daten, die sich dort befunden haben, sind dann weg. Den Datenverlust bemerkt man meist erst später. Wenn irgendwann ein Programm diesen beschädigten Bereich zu lesen oder zu beschreiben versucht und das nicht gelingt, wird der Bereich automatisch für die weitere Benutzung gesperrt.

Eine Scherzfrage: Wie nennt man es, wenn bei voller Drehzahl ein Kopf die Oberfläche der Scheibe berührt? Spanabhebende Datenverarbeitung! In der Fachsprache nennt man es einen „Headcrash". In leichten Fällen sind einige Spuren beschädigt, in schweren Fällen ist der Kopf defekt und damit die Festplatte verloren, einschließlich aller Daten.

Wie vermeidet man solche mechanischen Unfälle?

- Den PC sollte man so aufstellen, dass er nicht kippelt – auch nicht, wenn man mit dem Knie anstößt. Möglichst geschützt, so dass man gar nicht erst mit dem Knie oder dem Staubsauger anstoßen kann! Erschütterungen und Vibrationen schädigen die Lager.
- Treten und schlagen Sie Ihren PC nicht, wenn er nicht so funktioniert, wie Sie es wollen! (Zumindest nicht, wenn er eingeschaltet ist.) Schlagen Sie auch nicht mit der Faust auf die Tischplatte, auf der Ihr PC steht (oder schalten Sie den PC vorher aus). Werfen Sie keine Aktenstapel schwungvoll auf den Tisch.
- Den PC niemals bewegen, wenn er eingeschaltet ist. Nach dem Ausschalten einige Sekunden warten, bis die Festplatte stillsteht.
- Den PC immer in Gebrauchslage transportieren (Festplatte waagerecht), damit die Magnetköpfe nicht die Parkposition verlassen und auf der Festplatte herumkratzen. Im Auto gibt es zwei günstige Plätze für den Transport: stehend angeschnallt auf einem Sitz oder stehend festgeklemmt auf dem Boden hinter dem Beifahrersitz. Liegend im Kofferraum ist die schlechteste Lösung.

- Wenn Sie Festplatten online von Privatpersonen kaufen, besteht ein hohes Risiko von Schäden auf dem Versandweg durch mangelhafte Verpackung bzw. Polsterung.
- Öffnen Sie auf keinen Fall aus Neugier das Gehäuse der Festplatte. Jeder Kubikzentimeter Luft enthält Tausende Staubkörner, selbst die kleinsten davon wirken auf Ihre Festplatte ebenso verheerend wie ein Felssturz auf Ihr Auto.
- Vermeiden Sie Vibrationen. Hoffentlich liegt Ihr Subwoofer nicht auf dem PC oder die externe Festplatte nicht auf dem Subwoofer.

Beachten Sie: Nicht jeder Stoß und jede Überhitzung zerstört Ihre Festplatte sofort. Auch kleinste Schäden addieren sich und verringern die Lebensdauer.

Schocktoleranz

Die Schreib-/Leseeinheit der Festplatte schwebt in einem selbst mit Spezialmikroskop kaum wahrnehmbaren Abstand über den Scheiben, die mit bis zu 130 km/h darunter rotieren, und ist für Stöße sehr empfindlich. 3,5"-Festplatten halten typisch 80 g im Betrieb und 300 g im ausgeschalteten Zustand aus (die Fallbeschleunigung durch Erdanziehung beträgt 1 g = 9,81 m/s^2). Angenommen, eine Festplatte fällt aus 60 Zentimetern Höhe auf einen dicken weichen Teppich, der sich um 3 mm zusammendrücken lässt. Die Bremsbeschleunigung errechnet sich als Quotient von Fallhöhe / Bremsweg, also 600 mm / 3 mm = 200 g. Es handelt sich dabei um einen Durchschnittswert. Da die Bremsung durch den Teppich nicht gleichmäßig verläuft, dürften die Spitzenwerte erheblich höher liegen. Das Ergebnis: Eine 3,5"-Festplatte ist vermutlich kaputt. Holz oder Beton federn erheblich weniger, was die Überlebenswahrscheinlichkeit noch weiter sinken lässt.

2,5"-Festplatten sind für den mobilen Einsatz optimiert und tolerieren derzeit etwa 300 g im Betrieb und 1000 g in Ruhe. Das ist das Drei- bis Vierfache der üblichen 3,5"-Laufwerke.

Lageänderungen

Solange sich die Festplatte dreht, darf sie keinesfalls bewegt werden! Durch die hohe Drehzahl von meist 7200 Umdrehungen pro Minute ist die Scheibe der Festplatte bestrebt, ihre Lage im Raum beizubehalten, wie bei einem Spielzeugkreisel. Bewegt man das Gehäuse der Festplatte, versucht die Scheibe, ihre Lage im Raum beizubehalten, und verformt sich dabei. Durch Verformungen und die Toleranzen der Lager kann es zu Kopfaufsetzern kommen. Beim Basteln also den PC nicht auf die Seite kippen, solange sich die Festplatte dreht. Und wenn Sie einmal auf einer alten Festplatte vor dem Verschrotten die Daten vernichten wollen – stecken Sie ein Stromversorgungskabel an und drehen Sie die Festplatte schwungvoll auf den Rücken. Das Kreischen ist gut zu hören ...

Ihnen ist bisher noch nie etwas passiert?

Da haben Sie Glück gehabt. Bis jetzt. Die Festplatten werden jedes Jahr empfindlicher. 1993 hatte eine typische Festplatte eine Kapazität von 20 MByte (0,02 Gbyte), heute das Hunderttausendfache. Die Drehzahl hat sich in etwa fünfzehn Jahren von 3600 auf 7200 pro Minute verdoppelt, und der Abstand der Köpfe von der Plattenoberfläche hat sich von 20 000 nm (1956) auf 3 nm (2012) verringert. Zum Vergleich: Ein Virus ist im Mittel 50 nm groß, ein Eisenatom hat 0,2 nm Durchmesser. Der Schwenkarm (Actuator) ist etwa 30 Millionen mal länger als der Abstand des Magnetkopfes von der Festplatte. Was glauben Sie wohl, wie stark sich dieser lange Arm bei Erschütterungen durchbiegt? Stellen Sie sich zum Vergleich eine 8 km lange Stange vor, deren Ende weniger als 1 mm vibrieren darf!

Haben Sie eine externe Magnetfestplatte?

Gehören Sie zu den Leuten, welche die Festplatte hochheben, um das Kabel vom Netzteil leichter einstecken zu können? Oder um sie bequemer einschalten zu können? Und dann die drehende Festplatte ablegen? Hoffentlich nicht!

Jahr	Kopfabstand
1956	20 000 nm
2000	20 nm
2006	6 nm
2012	3 nm
2016	2 nm

Tab. 4.4: Kopfabstand

4.2.5 Überhitzung: Die verkannte Gefahr

Moderne 3,5"-Festplatten brauchen 5 bis 10 Watt Leistung, unter hoher Last und beim Anlaufen dreimal mehr. Im Ruhezustand sinkt der Bedarf auf ein Watt. Die kleineren 2,5"-Platten brauchen etwa die Hälfte davon. Der Strom wird von der Elektronik und den Antrieben in Wärme umgewandelt. Die meiste Wärme entsteht an der Unterseite. Die Wärme steigt auf. In der Mitte der Platte geht das kaum: Dort sind die Magnetscheiben im Wege, und die Luft zwischen den Scheiben leitet die Wärme schlecht. Also kann die Wärme nur über die Seitenwände der Festplatte abgeleitet werden.

Die Betriebstemperatur einer gut belüfteten Festplatte sollte bei 30 bis 40 °C liegen, kühler wird es im PC-Gehäuse kaum sein. Bei dieser Temperatur wird die maximale Lebensdauer erreicht. Wenn die Temperatur unter 10 °C sinkt oder auf 50 °C steigt, verdoppelt sich die durchschnittliche Ausfallrate. Wenn die Temperatur noch weiter auf 60 Grad steigt, verdoppelt sich die Ausfallrate erneut! Bei manchen Modellen ist die Elektronik der Festplatte imstande, Abkühlpausen zu erzwingen. Sie merken das daran, dass der PC bei hoher Festplattenauslastung für einige Sekunden „hängt", meist mehrmals nacheinander.

Die Oberfläche der Magnetscheiben wird von einer harten Schutzschicht geschützt, die mit einem speziellen Polymer beschichtet ist. Diese Gleitschicht schützt die darunterliegende Magnetschicht vor Beschädigungen, falls doch einmal ein Kopf aufschlägt, z. B. wegen einer Erschütterung bei einem Transport. Leider verdunstet dieses Polymer bei dauerhaft höheren Temperaturen (Sublimation) und hört allmählich auf, die Festplatte zu schützen.

Die Wärme muss weg! Aber wohin mit der Wärme?

- Der Wärmeaustausch mit der umgebenden Luft spielt eine bedeutende Rolle. Die Luft sollte also die Festplatte gut umströmen können.
- Die Wärmeleitung ist recht wirkungsvoll. Achten Sie darauf, dass die Festplatte mit vier Schrauben am Blech des Gehäuses angeschraubt ist, dadurch wirkt das Gehäuse als Kühlblech. Die bei Bastlern so beliebten Plastikeinschübe, die einen Wechsel der Festplatte ohne Benutzung des Schraubendrehers ermöglichen, sind aus thermischer Sicht katastrophal (und auch sonst recht sinnlos: Wiegen denn drei Minuten Zeitersparnis pro Festplattenwechsel die Nachteile auf? Wie oft muss denn voraussichtlich die Festplatte gewechselt werden?

Empfehlungen

Sogenannte „grüne" Festplatten benötigen wenig Energie und werden deshalb nicht heiß. Bei „nicht-grünen" Festplatten ist es manchmal sinnvoll, sie zusätzlich zu kühlen. Sie können selbst prüfen, ob eine Zusatzkühlung nötig ist. Fassen Sie vorsichtig mit dem Finger auf die Festplatte, wenn der PC nach längerem Betrieb heruntergefahren ist. Fühlt sich die Oberfläche deutlich wärmer an als Ihr Finger? Dann ist Zusatzkühlung ratsam. Sie können auch ein Diagnoseprogramm installieren, z. B. SiSoft Sandra.

Zwei Arten der Kühlung haben sich bewährt: ein Lüfter vor der Festplatte (an deren Stirnseite) oder an der Unterseite der Festplatte. Ein Festplattenzusatzlüfter kostet 10 bis 15 Euro.

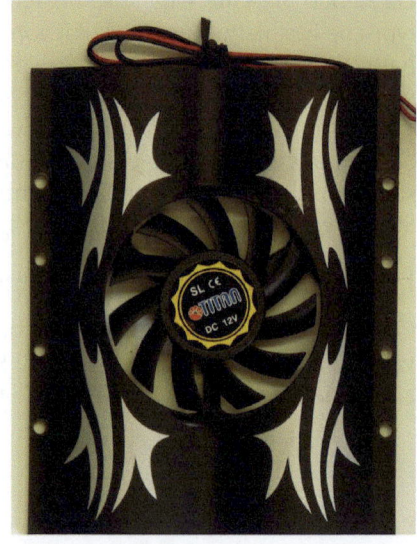

Bild 4.4: Festplattenlüfter zur Montage an der Unterseite der Festplatte

Lüfter mit einem Durchmesser unter 3 cm sollten Sie nicht einmal geschenkt nehmen. Sie sind laut und halten nicht lange. Ein Lüfter mit 6 cm Durchmesser hat die vierfache Lüfterfläche wie ein 3-cm-Lüfter und befördert etwa die dreifache Luftmenge. Das erlaubt die Verringerung der Lüfterdrehzahl auf ein Drittel, wodurch sich die Lebensdauer der Lager deutlich erhöht. Durch die kleinere Drehzahl ändert sich das Geräusch von einem lauten, unangenehmen Sirren zu einem viel leiserem Ton in einer angenehmeren Tonlage. Die Strömungsgeräusche der Luft werden praktisch unhörbar.

Achten Sie beim Kauf eines Lüfters auf dessen Lager. Viele Festplattenlüfter haben leider ein Gleitlager (um es deutlich zu sagen: eine Metallachse in einem Plasteloch). Lange hält das nicht. Kaufen Sie nur Lüfter mit Kugellager, auch wenn sie etwas teurer sind. Sie gewinnen Laufruhe und eine längere Lebensdauer.

Die Festplatte muss so eingebaut sein, dass die erwärmte Luft wegströmen kann. Insbesondere muss über und unter der Festplatte genügend Platz sein! Stellen Sie den PC nicht direkt neben eine Wärmequelle, und verdecken Sie die Lüftungsöffnungen nicht.

Dauerbetrieb

Nach den Preis-Leistungs-Daten unterscheidet man Server-, Desktop- und Notebook-Festplatten. Als Desktop-Festplatten werden die handelsüblichen Festplatten für „Normalverbraucher" bezeichnet. Manche Server-Festplatten benutzen im Vergleich zu Desktop-Platten nur den äußeren Bereich der Scheibe. Das verringert die mittlere Positionierzeit. Serverplatten sind für Dauerbetrieb zugelassen und haben fünf Jahre Garantie. Allerdings kosten sie das Zehnfache einer Desktop-Festplatte und haben eine relativ geringe Kapazität.

Gönnen Sie Ihrer Festplatte Pausen! Lassen Sie die Festplatte in längeren Pausen automatisch abschalten! Kaum jemand weiß, dass die meisten Desktop-Festplatten nicht für den Dauerbetrieb konzipiert sind. Das Problem hierbei ist die Wärmeentwicklung. Viele Hersteller erlauben nur etwa 10 Stunden Betriebszeit pro Tag, danach sollte die Festplatte mehrere Stunden abkühlen können. Wenn diese Betriebsbedingungen eingehalten werden, erreichen viele Festplatten eine Lebensdauer von mehr als fünf Jahren. Der Zusatzlüfter, falls vorhanden, sollte aber überwacht und bei Bedarf gewechselt werden.

Viele Büro-PC sind an fünf Tagen pro Woche je acht Stunden eingeschaltet. Zum Vergleich: Würden Sie Ihr Auto 40 Stunden pro Woche mit 100 km/h fahren, hätte es pro Jahr etwa 200 000 km zurückgelegt – das sind fünf Erdumrundungen. Alle 15 000 km wäre eine Wartung mit Ölwechsel fällig, das ergibt dreizehn Wartungen in einem Jahr. Sie vergessen es bestimmt nicht, Ihr Auto rechtzeitig zur Durchsicht und zum TÜV zu bringen. Doch wann haben Sie Ihrer Festplatte das letzte Mal einen Ölwechsel gegönnt? (Das ist natürlich ein Scherz! Festplatten sind wartungsfrei. Aber verschleißfrei sind sie nicht.)

4.2.6 Verschleiß: Das unabwendbare Ende

Was passiert, wenn man den PC ausschaltet?

Fliegen heißt landen – eine alte Fliegerweisheit, die auch auf die Festplatte zutrifft. Wenn die Festplatte die Drehzahl verringert, verringert sich auch der Auftrieb der Köpfe, und die Magnetköpfe „landen". Wie geht das ohne Head-Crash ab?

Windows schickt den Befehl „Festplatte parken" gegen Ende des Herunterfahrens. Aber auch wenn der Strom unvermittelt ausfällt, gibt es keinen Headcrash. Der Antriebsmotor wird zu einem Dynamo umgeschaltet. Mit der Schwungmasse der Spindel wird Strom erzeugt, um die Köpfe in die Parkposition in der innersten Spur zu bewegen. Dort ist die „Geschwindigkeit über Grund" am kleinsten, außerdem ist die „Landebahn" dort metallisch und hochglanzpoliert. Sobald sich die Köpfe über der Landeposition befinden, erfolgt die nächste Umschaltung: Der Spindelmotor arbeitet jetzt als Generatorbremse und bremst die Scheiben sehr schnell ab. Die Köpfe setzen auf, der Verschleiß dabei kann vernachlässigt werden.

Renommierte Hersteller geben an, dass die Köpfe 50 000 bis 500 000 Start-Stop-Zyklen aushalten. Bei normaler Nutzung sollte das ausreichen. Kommen Sie aber bitte nicht auf die Idee, schon nach je drei Minuten Leerlauf die Festplatte abzuschalten, um Strom zu sparen! Dann haben Sie Ihre Festplatte möglicherweise schon nach einem Jahr kaputtgespart. Dabei würde man wohl auch keinen Strom sparen, denn der Anlaufstrom des Motors ist sehr viel größer als der Leerlaufstrom bei durchgehendem Betrieb.

Manche Festplatten setzen ihre Köpfe auf einer Halterung, genannt „Lande-Rampe", ab. Die Köpfe berühren die Oberfläche nicht und der Verschleiß ist minimal.

Wie kündigen sich Probleme an?

Wenn die Festplatte nach dem Einschalten nicht innerhalb von etwa drei Sekunden ihre Normaldrehzahl erreicht, schaltet der Antrieb sicherheitshalber ab. Manchmal läuft sie nach mehreren Einschaltversuchen doch noch an. Das sollte Sie aber nicht beruhigen. Reagieren Sie umgehend – ein verschlissenes Lager repariert sich nicht von allein!

Eins der Anzeigelämpchen am Gehäuse, meist ist es rot oder gelb, zeigt die Aktivität der Festplatte an. Während der normalen Benutzung flackert die Anzeige. Wenn Windows ohne ersichtlichen Grund für einige Sekunden „stehen bleibt" und auf nichts mehr reagiert, während die Festplattenaktivitätsanzeige Dauerlicht zeigt, kommen hauptsächlich zwei Ursachen dafür in Betracht:

- Möglicherweise ist die Festplatte überhitzt, und die SMART-Elektronik erzwingt gerade eine kleine Abkühlpause. Nach einigen Sekunden geht es ohne Fehlermeldung weiter, als wäre nichts geschehen. In diesem Fall sollten Sie die Lüfter kontrollieren.
- Die Festplatte hat Oberflächenschäden, und das Betriebssystem versucht unermüdlich, ob sich die Daten vielleicht doch noch lesen lassen. Wenn es gelingt, macht Windows ohne Fehlermeldung weiter. Oft sind mehrere benachbarte Sektoren betroffen. Mit dem Gratis-Tool „HD Tune" können Sie die Festplattenoberfläche testen. Beschädigte Regionen markiert HD Tune mit roten Kästchen.

Wenn die Festplatte die gesuchten Daten nicht findet, fahren die Köpfe mehrmals an den Plattenrand zurück und zählen die Spuren neu ab. Wenn Sie dieses rhythmische Klacken hören, steht eventuell das Lebensende der Festplatte sehr dicht bevor. Wenn das Klacken lauter wird oder Sie gar ein Kreischen oder Kratzen hören, müssen Sie sich **sehr schnell** zwischen gegensätzlichen Lösungsvarianten entscheiden:

- Falls Sie gewillt sind, 500 oder 1000 Euro für eine professionelle Datenrettung auszugeben, dann knipsen Sie den PC **sofort** aus! Nicht erst herunterfahren, denn in jeder Sekunde könnte der Schaden größer werden. Und schalten Sie den PC ihn nicht wieder an.
- Falls Sie so viel Geld keinesfalls ausgeben wollen, sollten Sie unverzüglich anfangen, die allerwichtigsten Daten auf einen Speicherstick oder eine externe Festplatte zu kopieren. Machen Sie schnell, vielleicht haben Sie nur wenige Minuten bis zum Totalausfall.

Für Festplattenausfälle gibt es fast immer Warnzeichen – achten Sie stets auf Auffälligkeiten und zögern Sie nicht, umgehend um Rat zu fragen! Eine neue Festplatte hat in den ersten Wochen eine hohe Frühausfallrate, darauf folgen zwei bis drei Jahre mit einer geringen Ausfallwahrscheinlichkeit. Danach steigt die Ausfallwahrscheinlichkeit allmählich an.

Sie haben den Eindruck, dass der PC lauter als sonst ist und Sie verdächtigen die Festplatte? Sie finden die Energieverwaltung bei den Einstellungen des Bildschirmschoners, oder suchen Sie nach „Energie". Lassen Sie die Festplatte probeweise nach einer Minute Nichtbenutzung abschalten. Wenn die Festplatte nach einer Minute stehen bleibt, ist der PC immer noch laut? Dann wird es wohl ein Lüfter sein.

Übrigens:

Haben Sie eine einigermaßen vollständige, einigermaßen aktuelle Datensicherung? Stellen Sie sich einmal vor, Ihre Festplatte würde jetzt, in diesem Moment kaputtgehen. Wie groß wäre dann der Datenverlust, und wie lange würden die Wiederbeschaffung der Daten oder die erneute Eingabe dauern? In der Mehrzahl der Fälle ist eine professionelle Datenrettung möglich, aber diese kann viele hundert oder einige tausend Euro kosten! Unter der Adresse **eifert.net/hwdse** finden Sie eine einfache Anleitung, wie Sie Ihre Daten sichern können.

SPEICHER

4.2.7 Fehlerkorrektur

Ob magnetischer, optischer oder elektronischer Speicher – bei jeder Art von Speicher treten gelegentlich Fehler auf. Am häufigsten sind Einzelbitfehler, aber es können auch zwei oder viele Bits gleichzeitig falsch sein. Bei der heutigen Datendichte auf magnetischen Festplatten wird etwa ein Bit von 1000 fehlerhaft gelesen. Erschrecken Sie nicht – das sind nur „Rohfehler", die automatisch korrigiert werden. Es ist wichtig, Fehler zu erkennen, damit weitere Leseversuche unternommen werden können. Oft gelingt es, nach vielen Wiederholungen die Daten doch noch zu lesen. Bei einem nicht behebbaren Fehler muss der Benutzer entscheiden können, ob er das Programm abbricht oder ob er mit fehlerhaften Daten weiterarbeiten will.

Es gibt mehrere Verfahren, kleine Fehler automatisch zu entdecken und sogar automatisch zu korrigieren. Eines der einfachsten und bekanntesten ist das Hinzufügen einer Parität. Dabei fügt der Absender der Daten zu jeweils acht Datenbits ein neuntes Bit, das Paritätsbit, hinzu. Dieses Bit enthält keine Nutzinformation, sondern dient nur der Fehlerkontrolle. Ob das Paritätsbit eine „Null" oder „Eins" enthält, wird abhängig von den Datenbits berechnet. Es gibt zwei Möglichkeiten, wie das Paritätsbit ermittelt wird. Hier wird als Beispiel die ungerade Parität gezeigt. Es gelten folgende Regeln:

- Das Paritätsbit ist Null, wenn im Datenbyte die Anzahl der Einsen ungerade ist.
- Das Paritätsbit ist Eins, wenn im Datenbyte die Anzahl der Einsen gerade ist.

Anders und einfacher ausgedrückt: Zählt man die Anzahl der Einsen in den Datenbits und im Paritätsbit zusammen, muss stets eine ungerade Zahl herauskommen. Das nennt man „ungerade Parität".

Als Beispiel betrachten wir vier aufeinanderfolgende Bytes, die von 1 bis 4 nummeriert sind. Es wird die ungerade Parität verwendet. Die Bits auf gelbem Grund sind die Paritätsbits, die vom Absender errechnet werden. Ein „x" bedeutet, dass ein vom Absender errechnetes und übermitteltes Paritätsbit nicht mit dem vom Empfänger berechneten übereinstimmt, folglich wurden ein oder mehrere Bits im jeweiligen Byte fehlerhaft übermittelt.

Byte 1	0	1	1	1	0	0	0	0
Byte 2	0	0	0	1	0	0	1	0	1
Byte 3	1	0	0	1	1	0	0	0	0
Byte 4	0	0	0	0	0	0	0	0	1

Tab. 4.5: Vier Byte mit Paritätsbits

Wie funktioniert die Fehlererkennung? Angenommen, es sind zwei Bits falsch übertragen worden. Die falschen Bits sind im Tab. 4.6 rot, fett und kursiv hervorgehoben. Die Elektronik des Empfängers entdeckt, dass im ersten und zweiten Byte die Gesamtanzahl der Einsen gerade ist, die errechnete Parität stimmt nicht mit der übertragenen Parität überein! Jetzt sollte die Überwachungsschaltung Alarm schlagen, z. B. „Parity Error at Byte 1" melden.

Byte 1	0	*0*	1	1	0	0	0	0	*x*
Byte 2	0	0	*1*	1	0	0	1	0	*x*
Byte 3	1	0	0	1	1	0	0	0	0
Byte 4	0	0	0	0	0	0	0	0	1

Tab. 4.6: Zwei Bits und Parität sind falsch

Doch was passiert, wenn zwei Fehler in einem Byte gleichzeitig auftreten, wie in Tab. 4.7 im Byte 1? Die Parität stimmt, die Daten werden nicht als falsch erkannt! Wenn das Auftreten von Mehrfachfehlern wahrscheinlich ist, muss ein höherer Aufwand betrieben werden.

Byte 1	0	*0*	*0*	1	0	0	0	0	0
Byte 2	0	0	0	1	0	0	1	0	1
Byte 3	1	0	0	1	1	0	0	0	0
Byte 4	0	0	0	0	0	0	0	0	1

Tab. 4.7: Zwei Fehler in 1 Byte unerkannt

Eine der Möglichkeiten ist es, in senkrechter Richtung eine weitere Parität hinzuzufügen wie in Tab. 4.8. Vermutlich wurde das Verfahren zuerst bei Magnetbändern eingesetzt. Die waagerechte Parität wird als Querparität bezeichnet, in senkrechter Richtung als Längsparität.

Byte 1	0	1	1	1	0	0	0	0	0
Byte 2	0	0	0	1	0	0	1	0	1
Byte 3	1	0	0	1	1	0	0	0	0
Byte 4	0	0	0	0	0	0	0	0	1
Längsparität	0	0	0	0	1	0	1	1

Tab. 4.8: Vier Byte mit Quer- und Längsparität

Wenn nur ein einziges Bit falsch ist wie in Tab. 4.9, kann dessen Position leicht bestimmt werden. Das fehlerhafte Bit befindet sich am Schnittpunkt der Zeile und Spalte mit fehlerhafter Parität. Automatische Korrektur ist möglich.

Byte 1	0	*0*	1	1	0	0	0	0	*x*
Byte 2	0	0	0	1	0	0	1	0	1
Byte 3	1	0	0	1	1	0	0	0	0
Byte 4	0	0	0	0	0	0	0	0	1
Längsparität	0	*x*	0	0	1	0	1	

Tab. 4.9: Vier Byte mit Einzelbitfehler

Wie sieht es aus, wenn zwei Bits falsch sind? Im Beispiel 4.10 meldet zwar die Querparität keinen Fehler, doch die Längsparität zeigt einen Fehler in der zweiten und dritten Spalte an. Es wird also zuverlässig erkannt, dass Fehler vorliegen. Ob sich die fehlerhaften Bits im ersten, zweiten, dritten oder vierten Byte befinden, lässt sich nicht ermitteln.

Byte 1	0	*0*	*0*	1	0	0	0	0
Byte 2	0	0	0	1	0	0	1	1
Byte 3	1	0	0	1	1	0	0	0
Byte 4	0	0	0	0	0	0	0	1
Längsparität	0	*x*	*x*	0	0	1	0	1

Tab. 4.10: Nur die Längsparität zeigt den Fehler an

In der Tabelle 4.11 sind gleichzeitig drei Bitpaare fehlerhaft. Wenn man die Fehlermuster der Tabellen 4.10 und 4.11 vergleicht, sieht man: Es sind unterschiedliche Bits fehlerhaft, doch in beiden Fällen werden die gleichen Paritätsfehler angezeigt. Die Existenz von Fehlern wird zwar erkannt, doch es ist nicht möglich zu bestimmen, wie viele und welche der Bits fehlerhaft sind.

Byte 1	0	*0*	*0*	1	0	0	0	0
Byte 2	0	*1*	*1*	1	0	0	1	1
Byte 3	1	*1*	*1*	1	1	0	0	0
Byte 4	0	0	0	0	0	0	0	1
Längsparität	0	*x*	*x*	0	0	1	0	1

Tab. 4.11: Drei Fehlerpaare – kein Unterschied

Wenn man zu jedem der acht Bit nicht nur eins, sondern zwei Paritätsbits dazufügt und einen Algorithmus „Hamming-Code" benutzt, kann man Einzelbitfehler in einem Byte zuverlässig automatisch korrigieren und Doppelbitfehler zumindest erkennen. Solcher RAM mit 10 Bit pro Byte wird als „ECC-RAM" bezeichnet und speziell in Servern gern verwendet. ECC bedeutet „**e**rror **c**orrection **c**ode". ECC-RAM-Bausteine sind um etwa 50 Prozent teurer als „normale" RAM. Sie funktionieren nur, wenn auch der Chipsatz ECC unterstützt. Bei Serverplatinen ist die Benutzung von ECC-RAM üblich.

Weitere häufige Prüfmethoden sind die „Kontrollsumme" und die „Zyklische Redundanzprüfung" (engl. **c**yclic **r**edundancy **c**heck, abgekürzt CRC). Die Kontrollsumme wird als Summe aller Bytes errechnet und an den Datenblock angehängt. Der Empfänger addiert alle empfangenen Byte und vergleicht sie mit der übermittelten Kontrollsumme. CRC bedeutet (vereinfacht), dass bei der Berechnung der Kontrollsumme jede Zwischensumme mit Zwei multipliziert wird, bevor das nächste Byte dazuaddiert wird.

Unter „Redundanz" versteht man in der Technik das Vorhandensein zusätzlicher Ressourcen (hier: Bits), die im Normalfall nicht benötigt werden, aber bei Störungen die Ausfallsicherheit erhöhen.

Was tun, wenn in einem Datenblock sehr viele Bits gleichzeitig falsch sein können? Es ist die Aufgabe eines Teilgebiets der theoretischen Informatik, für jede **realistisch vorstellbare** Fehlerhäufigkeit Formeln und Verfahren zu entwickeln, um Fehler automatisch zu korrigieren. Das kann sehr komplexe Verfahren erfordern. Bei Festplatten beispielsweise nimmt man an, dass nicht mehr als 20 Byte pro Sektor beschädigt sind. Bei CDs kann ein Kratzer einige hunderte aufeinanderfolgende Bits zerstören. Ein Korrekturverfahren „Reed-Solomon-Code" ergänzt die Daten beim Schreiben in mehreren Etappen um immer mehr Zusatzbits. So können auch sehr großräumige Fehler automatisch korrigiert werden. Doch wenn eine ungünstig zerkratzte DVD auf ein altersschwaches Laufwerk trifft, kommen manchmal unkorrigierbare Fehler vor.

Was passiert, wenn ein Fehler noch mehr Bits beschädigt, als beim Entwurf des Fehlerkorrekturalgorithmus als schlimmstmöglicher Fall angenommen wurde? Zunächst versucht es der Computer mit wiederholten Leseversuchen. Wenn das nichts bringt, bleiben zwei Möglichkeiten: Meist wird die Elektronik melden, es wäre ein nicht behebbarer Fehler aufgetreten. Doch manchmal passiert es, dass die Elektronik den Fehler nicht entdeckt wie in Tabelle 4.7 oder ihn für korrigierbar hält, die Korrektur vornimmt und „Alles OK" meldet – doch die Daten sind trotzdem noch fehlerhaft. Es scheint, dass die Korrekturalgorithmen besondere Schwierigkeiten haben, wenn die DVD oder die Festplatte hochkomprimierte Daten enthält.

Obwohl die Magnetköpfe eins von tausend Bits falsch lesen, ist es erstaunlich, wie viel die Fehlerkorrektur retten kann. Seagate gibt für Standardfestplatten (z. B. Barracuda-Serie) eine Fehlerhäufigkeit von 1 Bit pro 10^{14} an. Das entspricht einem Fehler in 24 Stunden, wenn die Festplatte ununterbrochen Daten liest (und unter dieser Belastung nicht durchbrennt). Profifestplatten (z. B. die Constellation-Serie von Seagate) liefern im Dauerbetrieb einmal in 10 Tagen ein falsches Bit. Zum Glück bleiben die meisten Bitfehler folgenlos – ein falsches Bit in einem Foto, Video oder Musiktitel fällt niemandem auf.

4.2.8 SMART bedeutet: Die Festplatte meldet sich krank

Das Foto rechts zeigt einen Ausschnitt vom Etikett einer 29 MB großen Festplatte, Baujahr 1988 (1152 Spuren, 16 Köpfe, 32 Sektoren pro Spur). Der Hersteller hat die fertige Festplatte geprüft, die Liste der fehlerhaften Stellen ausgedruckt und auf die Festplatte aufgeklebt. Dem Händler fiel die Aufgabe zu, diese Tabelle einzutippen, um mit einem Verfahren namens „Low-Level-Formatierung" die Defekte vor dem Kunden zu verstecken. Damals waren zehn bis zwanzig defekte Sektoren normal. Eine Festplatte ohne Oberflächenfehler war eine Seltenheit. Seit damals haben sich zwei Umstände verändert:

- Der Händler braucht nicht mehr die Defekte zu verstecken, das übernimmt bereits der Hersteller mit dem Programm „SMART".
- Bei der inzwischen erreichten Datendichte gibt es keine fehlerfreien Oberflächen mehr. Doch weil die Fehler versteckt werden, merkt das der Kunde nicht.

Das Programm „SMART" ist ein Diagnose- und Statistikprogramm, es ist eine Komponente vom BIOS der Festplatte. SMART ist die Abkürzung von „**S**elf **M**onitoring, **A**nalysis and **R**eporting **T**echnology". Dieses Diagnoseprogramm wacht ununterbrochen über Ihre Festplatte. Es erkennt beschädigte Blöcke, sperrt sie und ersetzt sie durch Reserveblöcke. Es gibt Schätzungen, dass eine Festplatte 5 % bis 20 % ihrer nominellen Kapazität als „heimliche Reserve" zurückhält, um kleine Schäden ausgleichen zu können. Diese Schäden entstehen vor allem durch leichte Kopfaufsetzer. Das bedeutet ja wohl im Umkehrschluss, dass kleine Schäden recht häufig sind. Auch bei SSD-Festplatten versteckt SMART defekte Sektoren.

Wenn der Vorrat an Reservesektoren erschöpft ist, kann man das als „Reallocated Sector Count" auslesen. Wenn S.M.A.R.T. ein bevorstehenden Versagen der Festplatte vermutet, wird eine direkte Warnung ausgegeben, die z. B. so aussehen kann:

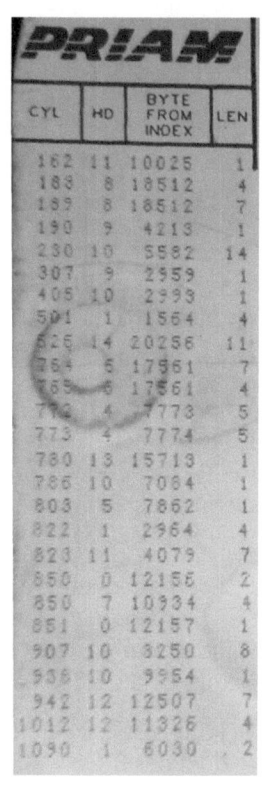

Bild 4.5: Defektliste einer 29 MB Festplatte

```
S.M.A.R.T. Failure Predicted on Primary Master: IBM-26480
Immediately back-up your data and replace the hard disk drive.
A failure may be imminent.
```

Übersetzung:

```
S.M.A.R.T. prognostiziert einen Ausfall der primären Master-Festplatte IBM-26480.
Sichern Sie unverzüglich Ihre Daten und ersetzen Sie die Festplatte.
Ein Defekt könnte unmittelbar bevorstehen.
```

Anmerkung: Diese Festplatte überlebte die obige Warnmeldung um neun Tage.

Kostenlose Programme können die SMART-Werte lesen, z. B. „HD Tune", „CrystalDiskInfo" und „SiSoft Sandra". Manche Hersteller von Festplatten bieten auf ihrer Website Diagnoseprogramme an. Wenn Ihre Festplatte in die Jahre kommt oder wenn Sie an ihrer Qualität zweifeln, sollten Sie die SMART-Werte ermitteln.

Weder Anzahl noch Bezeichnung der Werte sind standardisiert. Die wichtigsten Werte sind in der Tabelle 4.12 aufgeführt.

	SMART-Attribut	Übersetzung	Problem
	Power On Hours Count	Anzahl Betriebsstunden	Abnutzung
	Power Cycle Count	Zahl der Einschaltvorgänge	
	Raw Read Error Rate	Nicht korrigierbare Lesefehler	Plattenoberfläche
×	Write Error Rate	Anzahl Schreibfehler	
×	Seek Error Rate	Fehlerrate beim Positionieren	Positionierung
×	Spin-Up Time	Anlaufzeit des Spindelmotors	Motor oder Lager
!	Reallocated Sector Count	Verbrauchte Reservesektoren	Abnutzung
×	Spin Retry Count	Anzahl Fehlstarts	Motor
×	ECC Recovered	korrigierte Bitfehler	Plattenoberfläche
	U-DMA CRC Error Count	Übertragungsfehler zum PC	Kabel-/Kontaktfehler
!	Scan Error Rate	nicht korrigierbare Fehler	Plattenoberfläche
	Load/Unload Cycle Count	Anzahl Parkvorgänge	Abnutzung

Tab. 4.12: SMART-Attribute

Mit „Current" (aktuell) oder „Value" wird der aktuelle Wert bezeichnet, „Worst" (am schlimmsten) ist der schlechteste jemals gemessene Wert. Keiner der Werte darf den Wert „Threshold" (Schwelle) überschreiten. Die mit einem „x" gekennzeichneten Werte sind wichtig für die Lebensdauer. Ein Ausrufezeichen bedeutet, der Wert ist kritisch für den Zustand der Festplatte.

Google hat die SMART-Werte von 50 000 Festplatten ausgewertet. Einige waren fünf Jahre im Dauereinsatz.

- In den 60 Tagen nach der ersten SMART-Warnung fielen Festplatten 40 mal häufiger aus als Festplatten ohne Fehlermeldungen.
- Bei 36 % der defekten Festplatten hatte SMART keine Warnung erzeugt.
- Fabrikneue Festplatten fallen in den ersten Wochen häufiger aus als später.

Das bedeutet, dass Sie die Festplatte umgehend austauschen sollten, wenn SMART ein Problem meldet. Doch das Ausbleiben einer Warnung bedeutet nicht, dass keine Gefahr droht. Ein Drittel der Google-Platten fiel ohne eine vorherige Warnung durch SMART aus. Was SMART melden muss und wann, ist nicht genormt.

Dass SMART defekte Blöcke unauffällig aus der Reserve ersetzt, bringt dem Hersteller Vorteile: Die Zahl der Reklamationen verringert sich, denn von kleinen Fehlern erfährt der Kunde ja nichts. Schlimmer noch: Geringfügig mangelhafte Festplatten brauchen von der Qualitätskontrolle nicht mehr verschrottet zu werden, weil SMART die Mängel versteckt.

Für den Kunden ist das Versteckspiel durch SMART von Nachteil: Er erfährt zu spät, wenn seine Festplatte „im Sterben liegt". Denn im Herstellerinteresse kommt die Warnung erst, wenn die Reservesektoren vollständig oder weitgehend aufgebraucht sind. Das ist viel zu spät. Wenn ein Vorgang im Inneren der Festplatte bereits 5 % bis 20 % ihrer Kapazität zerstört hat, wird die Festplatte wohl nicht mehr lange durchhalten.

Es kommt selbst bei neuen PCs vor, dass SMART im BIOS standardmäßig ausgeschaltet ist. Möglicherweise meldet das BIOS während des Selbsttests „S.M.A.R.T. Capable but Disabled" (deutsch: SMART ist verfügbar, aber ausgeschaltet). Kontrollieren Sie die BIOS-Einstellungen und schalten Sie SMART ein! Es gibt keinen Grund, auf die SMART-Überwachung zu verzichten, es sei denn, Sie lieben „Russisch Roulette". Immerhin erfolgt in zwei Drittel aller Fälle durch SMART eine Warnung!

4.2.9 Lebensdauer

Herstellerangaben zur Lebensdauer

In den Datenblättern der Festplatten findet man verschiedene Angaben über die vermutliche Lebensdauer von Festplatten. Je nach Hersteller werden MTBF, POH oder AFR angegeben. Was sagen diese Werte aus?

MTBF ist die Abkürzung von „**M**ean **T**ime **B**etween **F**ailures", der mittleren Zeit zwischen zwei Fehlern. Wenn der Hersteller 1000 Festplatten ein halbes Jahr lang unter Idealbedingungen laufen lässt und in dieser Zeit sechs Festplatten ausfallen, rechnet man: 180 Tage x 24 Stunden x 1000 HDD = 4 320 000 Stunden, geteilt durch sechs Ausfälle ergibt eine MTBF von 720 000 Stunden = 82 Jahre. Wobei Seagate unter „Idealbedingungen" eine Temperatur von 25 °C versteht (siehe z. B. Datenblatt der Barracuda ATA V), Western Digital testet die MTBF bei 40 °C. So niedrig sind die Temperaturen in Ihrem PC bestimmt nicht!

Doch so lange wird Ihre Festplatte nicht leben, nicht mal im Durchschnitt: Weil die Lebensdauer der Hauptkomponenten für nicht wesentlich mehr als fünf Jahre konzipiert ist. Dann sind die Lager verschlissen und das Schmiermittel ist aufgebraucht. Die Schutzschicht auf der Scheibenoberfläche ist verdunstet und die Elektrolytkondensatoren sind ausgetrocknet. Dieser statistische Wert dient den Herstellern zum Vergleich verschiedener Modelle und sieht in der Werbung gut aus – doch er sagt gar nichts über die Lebensdauer Ihrer konkreten Festplatte aus, außerdem wird Ihre Festplatte nicht unter idealen Bedingungen betrieben.

AFR ist die Abkürzung von „**A**nnualized **F**ailure **R**ate", die jährliche Ausfallrate. Sie gibt an, wie viel Prozent der Festplatten innerhalb des ersten Jahres ausfallen. Der Wert sollte deutlich unter einem Prozent liegen. Wird dieser Wert in den Datenblättern nicht angegeben, ist er vermutlich wesentlich schlechter.

POH ist die Abkürzung von „**P**ower-**O**n **H**ours" und gibt die zulässige Betriebsdauer pro Tag an. Typisch sind acht bis elf Stunden pro Tag. Wird dieser Wert überschritten, verringert sich die Lebensdauer deutlich.

Nur sehr wenige Festplatten sind für Dauerbetrieb zugelassen. Das „MTBF-Adjustment-Diagramm" von Seagate sagt: Der Wechsel von der 40-Stunden-Woche zur 7 x 24-Stunden-Woche verringert die MTBF auf 60 %, der Wechsel zur 10-Stunden-Woche verdoppelt die MTBF. IBM gibt an, dass eine Temperaturerhöhung pro Grad die Fehlerrate um zwei bis drei Prozent erhöht. Zehn Grad mehr erhöht die Ausfallwahrscheinlichkeit um 20 bis 30%! Seagate gibt an, dass sich bei 56 °C der AFR-Wert vervierfacht!

Voraussichtliche Lebensdauer

Wenn Sie Ihren PC täglich einige Stunden benutzen, halten die meisten Festplatten in einem Standard-PC vier bis fünf Jahre durch. Da viele Benutzer alle zwei bis drei Jahre einen neuen PC kaufen, erleben sie das Ende ihrer Festplatte nicht. Dauerbetrieb verkürzt diese Zeit deutlich.

Warum werden keine langlebigeren Festplatten produziert? Es lohnt für die Hersteller nicht, weil sich die große Masse der Käufer ausschließlich für den Preis interessiert. Oder haben Sie schon einmal das Wort „langlebig" in der Werbung für Komplett-PCs gesehen oder haben Sie den Verkäufer jemals nach der Lebensdauer der Festplatte gefragt? Na also. Doch außer den teuren Hochleistungsplatten für Server gibt es auch langlebige, bezahlbare Festplatten. Sie werden als sogenannte „24 × 7-Platten" zu einem etwa 30 % höheren Preis verkauft, das bedeutet: für Dauerbetrieb geeignet, bei gelegentlichem Betrieb sehr lange haltbar.

Frühausfälle

Die Ausfallwahrscheinlichkeit ist in den ersten Stunden und Tagen am höchsten, dann sinkt sie für eine lange Zeit ab, sofern die Betriebsbedingungen eingehalten werden. Gegen Ende der Lebensdauer steigt die Ausfallwahrscheinlichkeit an. Mit etwas Paranoia folgt daraus: Unersetzliche Daten sollten Sie einer neuen Festplatte erst nach einigen Tagen Probelauf anvertrauen. Es wäre eine gute Idee, in den ersten Wochen die Häufigkeit Ihrer Datensicherung zu erhöhen und deren Durchführung zu kontrollieren.

Vorsicht, Magnetfelder!

Die Hersteller geben in ihren Datenblättern eine magnetische Feldstärke von 0,5 bis 1 mT (Milli-Tesla) als zulässigen Höchstwert an. Das Erdmagnetfeld ist etwa 0,05 mT stark, also 10 bis 20 Mal schwächer. Wäre das Erdmagnetfeld konstant, würde es keinen Schaden anrichten. Doch es schwankt leicht und es kann auf lange Sicht die aufgezeichneten Daten schwächen. Man rechnet mit einer Datenlebensdauer von 10 bis 30 Jahren. Den Datenverlust kann man bremsen, indem man alle paar Jahre die Daten neu schreibt.

Magnete im Haushalt haben oft ein Magnetfeld von 20 bis 50 mT, sind also durchaus gefährlich. Auch Lautsprecherboxen und Transformatoren können gefährlich sein. Die Stärke eines Magnetfeldes nimmt mit dem Quadrat der Entfernung ab, in 50 mm Abstand dürfte ein Magnetfeld von 50 mT auf 1 mT gefallen sein.

Für einen Desktop-Computer sind Magnete wenig gefährlich: Das Metallgehäuse schützt die Festplatte weitgehend, außerdem hat die Festplatte von allen Gehäusewänden mindestens zwei Zentimeter Abstand. Bei Notebooks ist die Festplatte nur zwei Millimeter von der Unterseite entfernt, und das Gehäuse ist fast immer aus Plaste. In einigen wenigen Zügen benutzt die Bahn starke Magneten an den Ecken der Klapptische, um diese an der Rückseite der Vordersitze festzuhalten. Wenn Sie Ihr Notebook so auf den Tisch legen, dass die Festplatte über einem Magneten liegt, könnte die Festplatte zerstört werden. Und wenn Sie Ihr Portemonnaie auf dem Magneten ablegen, wird eventuell Ihre EC-Karte gelöscht.

4.2.10 Festplatte rechtzeitig austauschen!

Den Inhalt einer intakten Festplatte auf eine neue zu kopieren, ist mit einem geeigneten Image-Programm leicht möglich: Zehn Minuten schrauben und klicken plus eine Stunde auf das Ende des Kopiervorgangs warten (die Anleitung dazu finden Sie in meinen Büchern „Software-Grundlagen", „Datensicherung" und auf `https://eifert.net` unter „Hilfen" → „Datensicherung" → „Festplatte klonen".

Wenn jedoch die ersten Schäden aufgetreten sind, kann es aufwendig, sehr, sehr teuer oder ganz unmöglich werden, die Festplatte einfach zu kopieren. Wechseln Sie deshalb eine alte Festplatte aus, bevor sie versagt! Sie haben von einigen Merkmalen gelesen, die auf einen möglicherweise bevorstehenden Ausfall hinweisen.

SPEICHER

Sie können sich noch nicht entscheiden, Ihre Festplatte auszuwechseln?

Alle Festplatten sind für eine endliche Betriebszeit projektiert. Eine hohe MTBF (**M**ean **T**ime **B**etween **F**ailure, deutsch: mittlere Zeit bis zum Ausfall) meint die **durchschnittliche** Zeit unter **Idealbedingungen** – Ihre Festplatte kann zu den Frühausfällen gehören, und sie wird gewiss nicht unter idealen Bedingungen betrieben. Die Hersteller konnten sich nicht einigen, wie die MTBF zu berechnen ist (im Wesen handelt es sich um einen Versuch, die Zukunft vorherzusagen), und sie kalkulieren marketinggerecht großzügig. Wie kann der Hersteller bei einer neuen Serie, deren Produktion gerade beginnt, ernsthaft behaupten zu wissen, wie langlebig seine Festplatten sein werden?

Magnetfestplatte oder elektronische Festplatte?

Im nächsten Kapitel lernen Sie die „SSD"-Massenspeicher kennen: Vollelektronische Speicher mit einer überragenden Geschwindigkeit. Wenn Sie eine neue Systemfestplatte kaufen, sollten Sie eine SSD wählen, obwohl sie etwas teurer als Magnetplatten sind. SSDs mit 240 GB Kapazität gibt es schon für weniger als 30 Euro. Wenn 240 GB oder 500 GB nicht reichen, bringen Sie zumindest das Betriebssystem auf SSD unter, und für die Massendaten bauen Sie eine zusätzliche große Magnetfestplatte ein.

Wenn Sie eine Magnetfestplatte kaufen: wie groß sollte diese sein?

Es ist ratsam, beim Kauf einer neuen Magnet-Festplatte die Kapazität überreichlich zu wählen. Dabei gilt: klotzen, nicht kleckern! Beim Preisvergleich werden Sie feststellen, dass die Kapazität viel schneller wächst als der Preis. Eine Kapazität von 1000 bis 4000 GB ist nicht unangemessen. Aber Vorsicht beim Aufrüsten älterer PCs: Festplatten von mehr als 2,2 TB funktionieren nur mit einem „UEFI"-BIOS, was in PCs des Baujahres 2013 und früher recht selten verwendet wurde.

Je kleiner der Anteil der Festplatte ist, den Sie benutzen werden, desto kürzer sind die Wege für die Magnetköpfe und desto kürzer sind die mittleren Zugriffszeiten. Drastisch formuliert: Wenn Sie nur die ersten (äußeren) zehn Prozent der Festplatte benutzen, gehen alle Kopfbewegungen über kurze Entfernungen und sind sehr schnell. Statt einer mittleren Positionierzeit von 9 ms erreichen Sie etwa 5 ms im Durchschnitt.

Es gibt einen weiteren Grund, auf die Nutzung des inneren Bereichs der Festplatte zu verzichten. Die inneren Spuren haben etwa ein Drittel des Durchmessers der äußeren Spuren. Bei gleichem Abstand zwischen den Bits passen dreimal weniger Bits auf die innere Spur. Folglich werden pro Umdrehung dreimal weniger Daten gelesen oder geschrieben als auf den äußeren Spuren. Ist Ihnen jetzt klar, warum Ihr PC immer langsamer wird, je voller die Festplatte wird?

Machen wir ein Gedankenexperiment. Angenommen, Sie ersetzen eine ältere 240-GB-Festplatte durch eine mit 2000 GB Kapazität. Beide Festplatten haben den gleichen Durchmesser und damit die gleiche Fläche, um die etwa neunmal größere Bitzahl unterzubringen. Die Bits müssen dichter zusammenrücken. Also

- müssen dreimal mehr Bits auf dem Umfang angeordnet werden. Folglich werden bei jeder Umdrehung der Festplatte dreimal so viele Daten gelesen.
- müssen drei Spuren untergebracht werden, wo früher nur eine Spur war. Die Magnetköpfe müssen weniger weit bewegt werden, die Positionierung erfolgt schneller.
- Neue Festplatten haben oft einen größeren Cache-RAM als alte. Dadurch wächst die Wahrscheinlichkeit, die benötigten Daten im Festplatte-Cache zu finden, was eine Positionierung der Köpfe überflüssig macht.

Außerdem sorgen technologische Fortschritte, z. B. die Optimierung der Kopfbewegungen (AHCI), für einen weiteren Zuwachs an Geschwindigkeit.

Das ist Ihnen nicht schnell genug? Legen Sie sich eine Hauptplatine mit einem integrierten RAID-Controller zu, oder rüsten Sie Ihren PC mit einem RAID-Controller auf einer PCI-Express-Karte nach. Kaufen Sie außerdem drei bis vier identische Festplatten.

Ein RAID-Controller kann mehrere Festplatten so zu einem Verbund zusammenfügen, dass sie aus Sicht des Betriebssystems wie eine einzige große Festplatte erscheinen. Der RAID-Controller in der Betriebsart „Level 0" verteilt Ihre Daten reihum auf alle vier Festplatten und Sie erreichen (theoretisch) den vierfachen Datendurchsatz. Realistisch ist wohl nur ein zwei- bis dreifacher Gewinn an Geschwindigkeit, aber immerhin ...

SPEICHER

Das reicht Ihnen noch immer nicht? Nehmen Sie Profi-Festplatten mit Zugriffszeiten von 5 ms und einer Drehzahl von 15 000 U/min, wie sie für Fileserver angeboten werden. Vier Stück davon plus ein geeigneter RAID-Controller kosten ein- bis zweitausend Euro (und sind seeeehr laut). Noch schneller (und teurer) wird es, wenn Sie eine PCIe-Steckkarte mit SSD-Festplatten (Single Level Cell, mit Cache) in den PC stecken.

Eine Anleitung zum Austausch der Festplatte finden Sie auf `eifert.net/hwhdt`.

Was tun mit der ausgebauten Festplatte?

Ihre alte Festplatte sollten Sie gut aufheben, sie kann sehr nützlich sein:

- Vor allem ist sie eine komplette Datensicherung. Und sollte das Betriebssystem auf der neuen Festplatte einmal beschädigt oder infiziert sein, haben Sie auf der alten Festplatte ein funktionierendes Betriebssystem, mit dem Sie z. B. Treiber herunterladen oder Antivirenprogramme starten können.
- Sie können die alte Festplatte in ein Gehäuse stecken und als externe Festplatte am USB-Anschluss weiter nutzen, z. B. für eine regelmäßige Datensicherung. Ein externes Gehäuse kostet etwa 15 Euro.
- Falls Sie die alte Festplatte verkaufen wollen, sollten Sie diese vorher zuverlässig löschen. Das geht beispielsweise mit dem Tool „Darik´s Boot and Nuke". Dazu müssen Sie ein ISO-Image von www.dban.org/download herunterladen, auf CD brennen und dann den PC von dieser CD booten. Acronis True Image bietet ebenfalls ein Tool zum „Schreddern" des Festplatteninhalts. Wenn Ihnen das zu umständlich ist, löschen Sie Ihre Daten und füllen Sie anschließend die Festlatte mit Datenmüll.

4.2.11 Anschluss IDE, SATA oder M.2

Es folgen einige Fachbegriffe, die Sie beim Kauf einer Festplatte wissen sollten. Nach der Art der Datenverbindung zwischen Festplatte und Hauptplatine werden die folgenden Anschlussarten unterschieden.

ATA
: ATA ist ein Software-Protokoll, welches den Datentransport zwischen Hauptplatine und Massenspeicher und die dazu nötigen Steuerbefehle beschreibt.

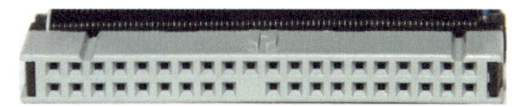

Bild 4.6: Flachbandstecker für IDE-Festplatte

IDE
: IDE (**I**ntegrated **D**evice **E**lectronics) war die erste technische Realisierung des ATA-Standards. Für die Übermittlung von Befehlen und Daten wird ein Flachbandkabel mit 40-poligen Steckern verwendet. IDE-Festplatten sowie Hauptplatinen mit IDE-Anschluss gibt es nicht mehr im Handel.

PATA oder P-ATA
: Das ist ein Handelsbegriff für IDE-Festplatten, um sie von den SATA-Festplatten unterscheiden zu können.

SATA oder S-ATA
: **S**erial **ATA** ist der aktuelle Standard für den Anschluss von Festplatten und optischen Laufwerken. Durch die serielle Datenübertragung braucht das Kabel weniger Adern. Es werden Geschwindigkeiten von 150 MByte/s (SATA) oder 300 MByte/s (SATA-II) oder 600 MByte/s (SATA-III) erreicht. Wenn die SATA-Anschlüsse farbig sind, dann ist SATA-II rot und SATA-III Anschlüsse sind blau.

Bild 4.7: SATA-Stecker ohne und mit Verriegelung

eSATA
: „**e**xternal **SATA**" benutzt spezielle Stecker und abgeschirmte Kabel, um SATA-Festplatten außerhalb des Computergehäuses zuverlässig betreiben zu können.

SATA ist nur innerhalb eines metallischen Computergehäuses nutzbar, weil das Metallgehäuse elektrische Störungen abschirmt. Um SATA-Festplatten auch außerhalb des Computergehäuses zuverlässig betreiben zu können, wurde „External **SATA**" mit speziellen Steckern und abgeschirmten Kabeln erfunden. Ein **Power-eSATA**-Anschluss stellt zusätzlich die Versorgungsspannung bereit, damit die externe Festplatte kein eigenes Netzteil braucht.

Bild 4.8: Rückwärtige eSATA-Buchse

Ein eSATA-Anschluss ermöglicht 600 MByte/s. USB ist überlegen: USB 3.0 überträgt Daten mit (theoretisch) 500 MByte/s, USB 3.1 mit 1000 MByte/s. Externe Festplatten mit eSATA-Anschluss sind inzwischen veraltet.

4.2.12 Probleme vermeiden: Pflege und Wartung von Magnetfestplatten

Was können Sie für Ihre Festplatte tun?

Festplatte entlasten

Das Betriebssystem führt eine Liste, welche Programmteile und -bibliotheken wie oft und wann zuletzt benötigt worden sind. Wenn der Platz im Arbeitsspeicher nicht mehr ausreicht, lagert das Betriebssystem einige Komponenten, die wahrscheinlich nicht wieder benötigt werden, in einen dafür reservierten Bereich der Festplatte (die „Auslagerungsdatei", englisch: Swap-File oder Page-File) aus. Wird die Programmkomponente erneut benötigt, wird sie aus dem Swap-Bereich in den RAM zurückgelesen. Der Swap-Bereich ist der am häufigsten benutzte Bereich der Festplatte. Dieses ständige Auslagern und Zurückholen führt zu einer merklichen Festplattenaktivität.

Deshalb sollten Sie Ihren PC mit genügend Arbeitsspeicher ausstatten. Windows braucht dann weniger oft Daten auf die Festplatte auszulagern. Die Festplatte wird geschont und der PC wird spürbar schneller.

Sollte man die Festplatte in jeder Arbeitspause ausschalten? Nur wenn die Pause deutlich länger als eine viertel oder halbe Stunde dauert. Sie können dazu den PC in den Standby-Modus oder den Ruhezustand versetzen oder herunterfahren. In kürzeren Pausen sollte man den PC besser eingeschaltet lassen.

Bei Notebooks ist das Abschalten der Festplatte im Batteriebetrieb schon nach 5 bis 10 Minuten ratsam, um Energie zu sparen und um die Wärmeentwicklung zu verringern.

Oberflächentest

Führen Sie gelegentlich einen Oberflächentest durch – einmal im Vierteljahr genügt. Vielleicht stellt der Hersteller der Festplatte ein Diagnosetool bereit, das meist auch SMART-Werte auslesen kann. Ansonsten klicken Sie unter Windows im „Arbeitsplatz" oder im Explorer mit der rechten Maustaste auf das zu prüfende Laufwerk, dann links auf „Eigenschaften". Unter „Extras" finden Sie zwei wichtige Buttons: die „Fehlerüberprüfung" und die „Defragmentierung".

Defragmentierung

Bei der Defragmentierung werden die Dateifragmente besser angeordnet, so dass zukünftige Zugriffe mit weniger Bewegungen der Magnetköpfe und somit schneller ausgeführt werden. Defragmentieren ist kein „Aufräumen" im Sinne von Müll beseitigen, sondern es werden nur die Daten besser angeordnet.

Windows 11, 10, 8, 7 und Vista führen eine Defragmentierung automatisch jeden Mittwoch um ein Uhr morgens durch. Wenn der PC nachts ausgeschaltet ist, wird die Defragmentierung beim nächsten Einschalten im Hintergrund ausgeführt. Eine häufigere Defragmentierung bringt keinen messbaren Vorteil. Durch neue Verfahren wie Prefetch und Superfetch ist die Fragmentierung ohnehin gering.

Wie startet man die Defragmentierung? Klicken Sie im „Arbeitsplatz" mit der rechten Maustaste auf ein Laufwerk und dann auf „Eigenschaften". Im Register „Extras" finden Sie den Button „Jetzt defragmentieren". Alternativ können Sie den Befehl `defrag c: /u /v /h /x` an der Eingabeaufforderung nutzen. Er arbeitet besonders gründlich.

Das Defragmentieren belastet die Mechanik der Festplatte und verkürzt deren Lebensdauer. Andererseits ist der dabei erzielbare Geschwindigkeitsvorteil gering bis kaum messbar. Deshalb sollte man es mit der Häufigkeit der Defragmentierung nicht übertreiben oder es Windows überlassen, sich darum zu kümmern.

Führen Sie aber KEINESFALLS eine Defragmentierung, einen Oberflächentest oder einen vollen Virenscan durch, wenn Sie den Verdacht haben, dass die Festplatte nicht in Ordnung ist! Die Belastung durch diese Programme ist hoch und könnte Ihrer Festplatte den „Todesstoß" versetzen! Zumindest sollten Sie vorher Ihre Daten sichern.

4.2.13 Zukünftige magnetische Festplatten

Obwohl SSD in Geschwindigkeit und Robustheit weit überlegen sind, wird intensiv an zukünftigen Massenspeichern geforscht. Für viele Daten ist die Geschwindigkeit des Zugriffs unwichtig. Wenn Sie ein Video anschauen wollen, spielt es keine Rolle, dass der Start von einer Magnetfestplatte einige Sekundenbruchteile länger dauert.

Für die Daten auf Ihrer eigenen Festplatte gilt dasselbe wie für die Daten einer Firma: Nur ein kleiner Teil davon wird regelmäßig benutzt, der größte Teil wird monate- und jahrelang nicht benutzt. Viele Unterlagen liegen auf Festplatten herum, weil sie wegen steuerrechtlichen Bestimmungen zehn Jahre aufbewahrt werden müssen. Backups (Sicherheitskopien) werden erstellt, auf die nie wieder zugegriffen wird.

Füllung

In Festplatten mit mehreren Scheiben ist wenig Platz für die Köpfe, und die Reibung mit der Luft bremst die Kopfbewegungen. Die Luft herauspumpen geht nicht – ohne Auftrieb würden die Köpfe auf die Platte abstürzen. Hersteller kamen auf die Idee, Festplatten mit Helium zu füllen. Helium hat eine siebenmal geringere Dichte als Luft. Deshalb haben die Köpfe bei der Positionierung einen geringeren Widerstand zu überwinden und die Positionierung erfolgt etwas schneller. Außerdem wird die Drehung der Scheiben weniger gebremst. Die Stromeinsparung ist beträchtlich. Dazu kommt, dass die Wärmeleitfähigkeit von Helium sechsmal größer ist als die von Luft. Die Wärme wird also besser abgeleitet. Dadurch können mehr Scheiben und Köpfe im Gehäuse untergebracht werden. Doch die Helium-Idee erwies sich als schwieriger als erwartet. Das Gehäuse muss hermetisch dicht sein und dennoch die Ausdehnung des Gases bei Erwärmung verkraften. Die leichten Heliumatome sind derart diffusionsfreudig, dass sie allmählich Dichtungen und sogar Metallwände durchdringen.

Heliumgefüllte Festplatten sind seit 2014 im Angebot. Toshiba, Seagate und Western Digital realisieren große Kapazitäten von 8 bis 22 TB und geben fünf Jahre Garantie.

Scheiben aus Glas und Keramik

Die japanische Firma Hoya Corp. will die Aluminiumlegierungen in den Magnetscheiben durch Glas ersetzen. Das Glas sei steifer, wodurch die Scheiben dünner werden können. In ein Standardgehäuse würden 12 statt 8 Glasscheiben hineinpassen. Die Serienfertigung ist für das Jahr 2020 geplant. Seagate verwendet Keramikscheiben für die neuen HAMR-Festplatten.

Shingled Magnetic Recording

Die Erhöhung der Aufzeichnungsdichte erfolgte in der Vergangenheit hauptsächlich durch schmalere Spuren. 2010 waren 75 nm Spurabstand und 1 nm Bitabstand in der Spur erreicht, etwa 100 Gbit/cm^2. Mehr schien unmöglich. Doch seit 2014 testet Seagate eine neue „**S**hingled **M**agnetic **R**ecording" Technologie. Weil die Leseköpfe schmaler gemacht werden können als Schreibköpfe, ist die Spurbreite gleich der Lesekopfbreite. Da der Schreibkopf breiter als die Lesespur ist, werden beim Schreiben einer Spur die beiden Nachbarspuren beschädigt, sie müssen nach jedem Schreibvorgang repariert werden. Daher sind SMR-Platten nur für solche Anwendungsfälle zu empfehlen, wo wenig geschrieben und hauptsächlich gelesen wird.

Die SMR-Technik erhöht die Speicherkapazität von vier auf fünf TB/Scheibe. Seit 2020 gibt es Festplatten bis 8 TB. Schon seit 2016 bietet Seagate eine 2,5" Notebookfestplatte mit SMR-Technologie an, die bei einer Kapazität von 2 TB nur 7 mm hoch ist.

Heat Assistant Magnetic Recording

Für die Magnetschicht wird ein Material verwendet, das nur im erhitzten Zustand ummagnetisiert werden kann. Am Schreibkopf wird eine Laserdiode befestigt, welche die Magnetschicht dort erhitzt, wo sie magnetisiert werden soll. Der Vorteil: Ein Laser kann viel feiner fokussiert werden als ein Magnetfeld. Die HAMR-Technik wurde 2002 erstmals im Labor vorgeführt. Der Beginn der Serienproduktion wurde jahrelang angekündigt und wieder verschoben, Ende 2020 hat die Serienproduktion von 20 TB Festplatten begonnen. Im Jahr 2023 will Seagate 40 TB Platten produzieren. Theoretisch soll die Datendichte auf das Hundertfache steigen können.

Microwave Assisted Magnetic Recording

Toshiba und WD entwickeln Festplatten mit MAMR (Microwave Assisted Magnetic Recording). Die Mikrowellen verstärken die Magnetfelder der winzigen Magnetköpfe. Die Aufzeichnungsdichte soll dadurch auf das vierfache steigen. Die Serienproduktion von 16 TB Platten für Großkunden sollte 2020 beginnen.

Bit-Patterned Media

Wenn das HAMR-Verfahren an seine Grenzen gekommen ist, könnte das BPM-Verfahren, an dem Hitachi forscht, einen weiteren Fortschritt bringen. In einem magnetischen Material kristallisieren die Elementarmagnete (Atome und Moleküle) zu mikroskopischen Körnchen, sogenannten „Domänen".

Die Elementarmagnete einer Domäne können in verschiedenen Richtungen magnetisiert werden. Wenn jedoch benachbarte Elementarmagnete eine verschiedene magnetische Ausrichtung haben, versuchen sie, sich gegenseitig umzumagnetisieren. Im Ergebnis sind stets alle Elementarmagnete einer Domäne in der gleichen Richtung magnetisiert.

Ob eine Domäne aus einigen hundert oder tausend Atomen besteht, ist materialabhängig. Für Festplatten werden Materialien bevorzugt, die möglichst kleine Domänen bilden. Bei den gegenwärtig verwendeten Materialien beansprucht ein Bit eine Gruppe von mindestens 20 Elementarmagneten, sonst kann der Lesekopf die „1" und die „0" nicht zuverlässig unterscheiden. Wenn die Datendichte steigen soll, steht weniger Fläche pro Bit zur Verfügung. Ab einer Kapazität von 2,5 TB (eine Scheibe mit je 1,25 TB pro Oberfläche) wird die Zahl der Elementarmagneten pro Bit zu klein, und der „superparamagnetische Effekt" macht eine sichere Aufzeichnung unmöglich.

Welche Möglichkeiten gibt es, die Aufzeichnungsdichte zu erhöhen?

Bisher sind die Domänen flächenhaft angeordnet. Es wird daran gearbeitet, Domänen als halbkugelförmige Erhebung auf der Scheibe anzuordnen, damit sie eine kleinere Fläche benötigen. Allerdings müssten die Erhebungen in einem sehr aufwendigen Verfahren auf die Magnetscheiben aufgebracht werden, was den Preis möglicherweise unattraktiv machen wird.

Möglichkeiten ohne Ende ...

Der große Sprung nach vorn: Forscher der Max-Planck-Gesellschaft und der IBM-Forschung haben im Januar 2012 den kleinsten Magnetspeicher der Welt vorgestellt: Nur 12 Atome wurden benötigt, um ein Bit zu speichern. Falls das Verfahren die Praxisreife erreicht, würde die Kapazität der Festplatten um das Tausendfache wachsen. Leider dauert es meist Jahrzehnte von der Grundlagenforschung bis zur Serienproduktion.

Forscher der Universität Hamburg haben einen anderen Weg entdeckt. Sie haben einen Iridium-Kristall mit einem zwei Atomlagen dicken Film aus Palladium und Eisen beschichtet und darin winzige magnetische Wirbel, sogenannte Skyrmionen, erzeugt. In diesen Wirbeln konnten sie Bits speichern. Das zugrunde liegende Prinzip wurde bereits vor 80 Jahren entdeckt. In einigen Jahrzehnten könnte das zu superkleinen Datenspeichern führen.

Auf meiner Website `eifert.net/hwnmt` finden Sie mehr über neue Forschungen und Technologien.

4.3 Solid State Drive

4.3.1 Was ist eine „SSD"?

Wenn man viele Flash-Speicher (ebensolche wie in den USB-Sticks) zusammen mit einer Steuerelektronik in ein Festplattengehäuse packt, trägt es den Namen „Solid State Drive" (SSD). Diese „Festplatten" sind sehr schnell und absolut geräuschlos (denn es steckt kein Motor drin). Alle aktuellen Modelle können Daten fast doppelt so schnell lesen, wie sie ein SATA-2-Anschluss mit 3 Gbit/s (300 MByte/s) weiterleiten kann. SSDs brauchen nur wenig Strom, was sie besonders für Notebooks attraktiv macht. Allerdings sind sie deutlich teurer als Magnetfestplatten. Eine 1000-GB-SSD kostet etwa 50 Euro (Stand: Juli 2023). Für ebendiese 50 Euro könnte man alternativ eine magnetische Festplatte mit 2000 GB Kapazität kaufen.

4.3.2 Lebensdauer

Flash-Speicher kann man beliebig oft lesen, doch beim Schreiben hat dieser Speichertyp einen schweren grundsätzlichen Mangel: eine begrenzte Lebensdauer. Die Hersteller erwarten eine Haltbarkeit in der Größenordnung von 3 000 Schreibvorgängen für MLC-Speicher und 100 000 Schreibvorgängen für SLC-Zellen. Wenn ein Speicherblock ausgefallen ist, wird er von einem intelligenten Controller genau wie bei heutigen Magnetfestplatten durch einen Block aus einem Reservekontingent ersetzt.

100 000 Schreibvorgänge sind viel, auch 3000 sind eine ganze Menge. Niemand schafft es, den Stick so oft zu beschreiben und zu einem anderen Computer zu tragen. Für die Verwendung als Arbeitsspeicher ist das jedoch zu wenig, denn eine CPU, die mehr als zwei Milliarden Befehle pro Sekunde ausführt, könnte einzelne Speicherbereiche Millionen mal pro Sekunde mit Zwischenergebnissen beschreiben.

Es gibt aber ein Problem: Nach jedem Schreibvorgang jeder Datei müssen die Verwaltungstabellen des Dateisystems geändert werden. Diese befinden sich am Anfang des Datenträgers. Folglich geht der Speicher dort zuerst kaputt. Deshalb muss die Anzahl der Schreibvorgänge durch geeignete Software und die Ansteuerlogik minimiert werden. Das wird auf mehreren Wegen erreicht:

1. Die Speicherzellen sind in Blöcken von z. B. 4 kByte zusammengeschaltet. Ein Block kann nur im Ganzen geschrieben werden. Wenn in einem Block ein Byte geändert werden soll, muss der komplette Block mit der Änderung auf einen freien Platz kopiert werden, anschließend wird der alte Block zum Löschen freigegeben. Die Steuerelektronik der SSD nutzt einen internen Cache-Speicher, um die Änderungswünsche zu sammeln und nicht einen ganzen Block kopieren zu müssen, wenn darin nur wenige Byte geändert werden sollen.

2. Nach einem „Wear Leveling" genannten Verfahren werden die Schreibvorgänge möglichst gleichmäßig auf den gesamten Speicherchip verteilt. In einer Tabelle wird gezählt, wie oft jeder der Speicherblöcke schon gelöscht worden ist. Der Controller verteilt die Daten einschließlich der Verwaltungstabellen häufig um. Idealerweise wird damit eine gleichmäßige „Abnutzung" aller Speicherblöcke erreicht. Zahlreiche Sticks (nicht alle) haben dieses Verteilverfahren in die Ansteuerelektronik integriert. Falls nicht, hat Windows ab der Version Vista dafür eine Softwarelösung.

3. Ebenso wie bei den Magnet-Festplatten halten die Hersteller eine Anzahl Blöcke als „heimliche Reserve" zurück. Der Zustand jedes einzelnen Blockes wird in einer Tabelle registriert. Ausgefallene Blöcke werden durch Blöcke aus der Reserve ersetzt, ohne dass der Benutzer etwas merkt.

Was bringen diese Maßnahmen für die Lebensdauer? Die Hersteller meinen, dass SSDs mindestens so lange durchhalten wie mechanische Festplatten, und geben drei Jahre Garantie und mehr. Kann das sein? Beobachten Sie doch einmal die Festplattenaktivität, während Sie eine Pause machen. Windows, besonders in der Version 10, entwickelt eine nennenswerte Aktivität. Firefox beispielsweise sichert jede Sekunde die offenen Fenster, um sie nach einem Absturz wiederherstellen zu können. Da kommen eine Menge Schreibzugriffe zusammen, selbst wenn Sie meinen, eigentlich nichts gespeichert zu haben.

Nehmen wir an, ein durchschnittlicher PC schreibt täglich 20 GB Daten pro Tag. Auf einer 240 GB SSD wäre nach zwölf Tagen jede Speicherzelle durchschnittlich einmal beschrieben worden. Wenn jede Zelle 3 000 Schreibvorgänge aushält, ergibt das eine theoretische Lebensdauer von 12 × 3 000 Tagen, etwa 100 Jahre.

Die meisten Hersteller gehen von 20 GB täglicher Schreibleistung aus und geben drei Jahre Garantie, was 20 × 365 × 3 = 21900 GB in drei Jahren ergibt, etwa 22 TeraByte. Wie viel halten die Festplatten tatsächlich aus? Der IT-Journalist Geoff Gasior hat sechs SSD-Platten verschiedener Hersteller mehr als ein Jahr lang ununterbrochen mit Schreibzugriffen „gefoltert", bis auch die letzte „den Geist aufgegeben" hat, siehe `http://techreport.com/review/24841/introducing-the-ssd-endurance-experiment`

Sein Testergebnis: Erst bei einer Schreibleistung von 700 TB (was 20 GB täglich über 90 Jahre entspricht) versagten die ersten beiden SSDs. Bei 900 und 1200 TB starben die dritte und vierte SSD. Die fünfte SSD gab nach 2100 TB auf und die letzte bewältigte 2400 TB! Bei 20 GB täglich hätte diese SSD 330 Jahre durchgehalten. Auch wenn man bei Halbleitern mit großen Parameterschwankungen rechnen muss: An Abnutzung der Speicherzellen wird eine SSD nicht sterben. Die Hersteller geben gegenwärtig eine Schreibleistung von etwa 80 bis 200 TBW (**T**era-**B**ytes **W**ritten) als garantierte Lebensdauer an.

Der Unsicherheitsfaktor dabei ist: Wie viel Daten schreibt ein durchschnittlicher PC pro Tag? 20 GB? Stammt diese Zahl von Umfragen unter Lesern von Computerzeitschriften, die ihren PC bestimmt viel intensiver nutzen als durchschnittliche Nichtleser? Arbeitet der PC intensiv mit Datenbanken auf seiner eigenen Festplatte oder speichert er Daten in der Cloud oder auf einem zentralen Server? Für Ihren eigenen PC könnten Sie das leicht ermitteln: Lesen Sie die SMART-Werte aus. SMART zählt die Schreibzugriffe.

Eine SSD besteht nicht nur aus Speichermodulen. Die Steuerelektronik und deren Algorithmen sind hoch komplex, um das Wear Leveling und andere Verwaltungsfunktionen zu realisieren. Fachhändler und Datenrettungsunternehmen berichten über einen hohen Anteil an Controllerfehlern. Ein Wunder ist das nicht, die Algorithmen sind noch lange nicht ausgereift. Es gab schon Rückrufaktionen der Hersteller.

Eine Datenrettung von einer defekten SSD ist generell schwieriger als bei einer defekten Magnetfestplatte. Doch auch hier gibt es Unterschiede. Die Firma Kuert Datenrettung beispielsweise *„warnt vor dem Kauf von SSD, die mit einem Sandforce-Controller 2281 ausgestattet sind, da sich diese bei einem Controller-Defekt nur schwer bis unmöglich retten lassen. Hinzu kamen in der Vergangenheit Kinderkrankheiten und Firmware-Problematiken, die meist mit einem Datenverlust bei betroffenen Kunden einher gingen"*. (Hinweis: Der Controller 2281 wird in aktuellen SSD nicht mehr verwendet).

Windows merkt sich, welche Daten Sie häufig verwenden. Die Funktionen „Prefetch" (ab XP) und „Super Prefetch" (ab Win 7) laden vorsorglich diejenigen Daten von der Festplatte, die Sie vielleicht benötigen werden. Bei einer SSD bringt das keinen Zeitvorteil. Wenn Sie diese Funktionen abschalten, schonen Sie Ihre SSD. Starten Sie „REGEDIT", gehen Sie zum Schlüssel `HKEY_LOCAL_MACHINE\SYSTEM\CurrentControlSet\Control\SessionManager\MemoryManagement\PrefetchParameters` und ändern Sie die Werte von `ENABLE PREFETCHER` und `ENABLE SUPERFETCH` auf Null.

Wenn man eine Datei löscht, werden die Daten nicht sofort überschrieben, es wird nur der freiwerdende Speicherbereich in der Belegungstabelle als verfügbar gekennzeichnet. Bei einer Magnetfestplatte kann ein freigegebener Speicherblock einfach von neuen Daten überschrieben werden. Bei einer SSD ist so ein „Überschreiben" nicht möglich. Der Block muss in einem ersten Arbeitsgang gelöscht werden, bevor er im zweiten Arbeitsgang beschrieben werden kann. Bei älteren SSD startete der Controller eine aufwendige Aufräumaktion (die als „Garbage Collection" bezeichnet wird) erst dann, wenn die leeren Blöcke knapp wurden. Das passiert vorzugsweise dann, wenn die SSD gerade voll beschäftigt ist.

Die SSD-Hersteller empfehlen, die Kapazität einer SSD zu höchstens 95 % auszunutzen. Andernfalls arbeitet der Controller uneffektiv, die SSD wird merklich langsamer und die Zahl der Schreibvorgänge steigt steil an. Am besten ist es, schon beim Einrichten der SSD einen Teil der Kapazität ungenutzt zu lassen. Verwenden Sie nur 95 % der SSD für Partitionen! Der nicht partitionierte Bereich von 5 % wird vom Controller genutzt, um seine Leistung zu verbessern.

4.3.3 Defragmentieren von SSD-Festplatten

Eine SSD-Festplatte dürfen Sie **keinesfalls defragmentieren**! Es reduziert die Lebensdauer, denn die Anzahl der Schreibvorgänge ist begrenzt. Außerdem ist es völlig nutzlos, denn bei einer SSD werden die Speicherzellen elektrisch digital adressiert (es werden keine Schreibköpfe bewegt!). Jede Speicherzelle wird gleich schnell erreicht, und somit hat eine Fragmentierung keinen Einfluss auf die Geschwindigkeit.

Windows 7 schaltet die Defragmentierung von SSD automatisch ab. Ab Windows 8 wird die Defragmentierung nun als „Optimierung" bezeichnet und für alle Festplatten ausgeführt. Bei Magnetplatten wird tatsächlich defragmentiert. Bei SSDs sendet Windows nur den TRIM-Befehl mit den Angaben, welche Blöcke endgültig gelöscht werden dürfen. Kontrollieren Sie, ob Windows die SSD als solche erkennt: Im Windows-Explorer Rechtsklick auf die SSD, „Eigenschaften", „Tools", „Optimieren". Wenn unter Medientyp nicht „Solid-State-Laufwerk" steht, sondern „Festplatte", löst vielleicht das einmalige Ausführen der Windows-Systembewertung das Problem – zu finden unter Leistungsinformationen und -tools. Falls Sie mehrere Festplatten haben, bleibt nur das manuelle Abschalten der Optimierung: Im Windows-Explorer Rechtsklick auf die SSD ausführen, „Eigenschaften", „Tools", „Jetzt defragmentieren" bzw. „Optimieren". Alle Laufwerke werden angezeigt. Unter „Zeitplan konfigurieren" finden Sie „Datenträger auswählen". Falls SSDs in der Laufwerksliste auftauchen, entfernen Sie den Haken davor.

4.3.4 Wie schnell sind SSDs?

Magnet-Platten benötigen etwa 8 ms, um die Köpfe in die gewünschte Position zu bringen. SSDs haben keine bewegten Teile und erreichen Zugriffszeiten von typisch 0,2 ms.

Die höchsten Datenraten werden beim sequenziellen Lesen und Schreiben erreicht, weil bei aufeinanderfolgenden großen Datenblöcken die Köpfe nur wenig bewegt werden. Doch die Anwender verbringen nur wenig Zeit damit, riesige Dateien zu bewegen. Bei der typischen Benutzung eines PCs sind die meisten Dateien relativ klein, am häufigsten 4 kByte und kleiner. Mit vielen kleinen Dateien haben sowohl SSDs als auch magnetische Platten aus unterschiedlichen Gründen Probleme: Magnetplatten wegen der Fragmentierung und SSDs wegen des oben beschriebenen aufwendigen Löschvorgangs. Deshalb ist die Leistung beim Lesen und Schreiben vieler kleiner Blöcke, die als IOPS („**I**nput/**O**utput Operationen **p**ro **S**ekunde") bezeichnet wird, die wichtigere Kennzahl. Eine SSD kann etwa 200 mal mehr kleine Dateien pro Zeiteinheit verarbeiten als eine Magnetplatte. Dazu trägt auch der große Cache-Speicher von typisch 0,5 bis 2 GB bei, welcher es der Elektronik erlaubt, Daten vor dem Schreiben optimal zu gruppieren. Magnetplatten müssen mit 32 bis 64 MB Cache auskommen.

SSDs auf SLC-Basis erreichten Anfang 2010 in Praxistests Leseraten zwischen 80 und 120 MByte/s. Die seitdem erreichten Fortschritte sind beachtlich: bei der Geschwindigkeit erreichen aktuelle SSDs bereits Lese-Datenraten von 600 MB/s, in M.2-Ausführung 3500 MB/s. Noch mehr ist die Schreibleistung gestiegen: bei älteren SSDs erreichte die Schreibgeschwindigkeit nur die Hälfte ihrer Leseleistung. Die aktuellen SSDs erreichen beim Schreiben durchschnittlich 90 % bis 95 % ihrer Leseleistung. Der Preis ist in den letzten fünf Jahren von 1 Euro/GB auf 5 Cent/GB gefallen. Zum Vergleich: Magnetische 3,5"-Festplatten kommen im Praxistests auf 200 MB/s, Spitzenmodelle auf 270 MB/s, und sie kosten 2 Cent/GB.

Ein SATA-II-Anschluss mit 3 Gbit/s kann theoretisch 300 MByte/s transportieren. Für eine Magnetfestplatte reicht das, doch für eine SSD nicht. Deshalb sollte man beim Kauf einer neuen Hauptplatine darauf achten, dass sie über SATA-III-Anschlüsse verfügt, die 600 MByte/s transportieren können. Auch bei Komplett-PCs kann es passieren, dass Anlernkräfte am Fließband die Kabel in den falschen, langsamen Anschluss stecken.

Wie rechnet man MByte/s in Mbit/s um? SATA benutzt den sogenannten 8b10b-Code: 8 Bit (ein Byte) werden vom Sender zu 10 Bit umkodiert, um über das SATA-Kabel übertragen werden zu können. Beim Empfänger werden die 8 Bit zurückgewonnen. Deshalb sind 600 MByte/s gleich 6000 Mbit/s.

Zwei Seiten weiter wird das M.2 Interface vorgestellt. Wenn man eine SSD mit M.2-Anschluss kauft, kann man den SATA-Flaschenhals umgehen. Wer noch mehr Leistung braucht, kauft eine PCI-Express-Steckkarte mit RAID-Controller und bestückt diese mit mehreren M.2-SSDs.

Beim Lesen, Schreiben und Kopieren im Praxiseinsatz erreichen also die besseren SSDs einen vielfach höheren Datendurchsatz als Magnetplatten. Diesen Vorteil nutzt man am besten, indem man eine SSD für das Betriebssystem und häufig benutzte Anwendungen verwendet und eine zweite, magnetische Festplatte einbaut, wenn größere Datenmengen gespeichert werden müssen.

Der Startvorgang von Windows wird leider nicht im gleichen Maß beschleunigt wie andere Anwendungen. Während des Startvorgangs gibt es zahlreiche rechenintensive Vorgänge, während derer nicht auf die Festplatte zugegriffen wird und eine schnellere Festplatte bringt in diesen Phasen nichts. Immerhin kann man mit einer SSD mit einer 40 % kürzeren Startzeit als bei einer Magnet-Festplatte rechnen.

4.3.5 Energiebedarf

Moderne 3,5"-Magnetfestplatten brauchen etwa 10 W im Leerlauf und 15 W bei der Arbeit. Die neuesten 2,5"-Magnetfestplatten benötigen im Leerlauf 0,4 bis 1 Watt, im Betrieb 3 bis 4 Watt. Die SSD-Platten der Samsung 840 Familie brauchen im Leerlauf 0,046 Watt, in Betrieb 0,127 Watt. Hochleistungs-SSD können 8 bis 14 Watt benötigen und dabei so heiß werden, dass ihr Controller zur Sicherheit den Takt herabsetzt. SSDs haben einen weiteren Vorteil: Sie können es sich erlauben, in kleinen Ruhepausen in den Energiesparmodus zu schalten, denn bei Bedarf wachen sie blitzschnell auf. Magnetplatten warten deutlich länger, bevor sie den Antriebsmotor abschalten: Erstens braucht das Wiederanfahren viel Zeit und zweitens wird zum Beschleunigen viel Energie verbraucht – erheblich mehr als im Dauerbetrieb. Durch allzu häufiges Stromsparen kann der Energiebedarf sogar höher werden als im Dauerbetrieb!

4.3.6 Sicheres Löschen von SSD-Festplatten und USB-Sticks

Ein Teil der Speicherkapazität entfällt auf die Reservesektoren, mit denen ausgefallene Zellen ersetzt werden sollen. Der Controller bezieht mit „Wear Leveling" auch die Reserveblöcke in den Reihum-Abnutzungs-Prozess mit ein. Dadurch gelangen Dateifragmente in den Reservebereich. Wenn der Benutzer den „sichtbaren" Bereich löscht, bleiben Fragmente im Reservebereich erhalten, die wiederhergestellt werden könnten, wenn auch mit einem nicht unbeträchtlichen Aufwand. Deutlich gesagt: Ein zuverlässiges, vollständiges Löschen ist auch durch mehrfaches Überschreiben nicht möglich. Doch neue SSDs haben einen Befehl „Secure Erase" im Befehlssatz, der von manchen Tools benutzt wird. Einige Hersteller liefern zu ihren SSDs passende Tools mit aus. Andernfalls können Sie z. B. die Testversion von „SafeErase" von „O&O" kostenlos herunterladen. SafeErase löscht Festplatten, Speichersticks und SSD-Platten. Die Vollversion kostet 29,90 Euro.

Wenn man kein Hersteller-Tool findet, kann man das Linux-Programm „Parted Magic" zum vollständigen Löschen benutzen. Laden Sie von `http://partedmagic.com/doku.php?id=downloads` ein ISO-Image herunter und brennen Sie das Image auf eine CD. Booten Sie von dieser CD. Unter „System Tool" wählen Sie „Erase Disk", dann „Internal: Secure Erase command writes zeroes to entire data area". Wenn ein Fehler „... security state is set to frozen" angezeigt wird, klicken Sie auf „Sleep". Wecken Sie den PC wieder auf und versuchen Sie es mit „Erase Disk" noch einmal.

4.3.7 Hybrid Hard Drive

Ein besseres Verhältnis zwischen Preis und Kapazität haben Hybrid-Festplatten, auch „Hybrid Disk" oder „**H**ybrid **H**ard **D**rive" (HHD) oder **S**olid-**S**tate-**H**ybrid-**D**rive (SSHD) genannt. Es handelt sich dabei um die Kombination einer großen Magnetplatte mit einer kleineren SSD-Platte, wobei der SSD-Teil als Cache-Speicher für die Magnetplatte dient. Wenn der Cache groß genug ist und wenn die Cache-Algorithmen optimal funktionieren, hat man zwei Vorteile:

- Das Hochfahren wird deutlich beschleunigt, sofern die beim vorhergehenden Hochfahren benutzten Dateien großenteils noch im SSD-Cache verblieben sind. Auch andere Routinevorgänge werden beschleunigt. Seagate gibt an, dass die dritte Generation der SSHD den PC um 30 % beschleunigt.
- Wenn Sie wenig Daten erzeugen (z. B. während Sie einen längeren Text eintippen), werden die Daten zunächst in den Flash-Speicher geschrieben, während die Festplatte geparkt ist. Erst wenn der Flash-Speicher voll ist, läuft die Festplatte an, übernimmt die Daten und schaltet wieder ab. Das könnte die Batterielaufzeit verlängern. Allerdings erfordert das Anlaufen der Festplatte mehr Energie als der Dauerbetrieb, was den Vorteil relativiert.

Wie oft aber tippen Sie einen langen Text? In praktisch relevanten Einsatzbedingungen sind die Vorteile gering, deshalb sind Notebooks mit diesen Festplatten selten geblieben.

Weil das Stromsparen in Notebooks wichtig ist und weil bei den langsamen 2,5" Festplatten ein Gewinn von Geschwindigkeit besonders deutlich ist, wurden SSHDs vor allem in Notebooks verwendet.

Bei den ersten Generationen von SSHD war der SSD-Teil noch zu klein und die Cache-Algorithmen waren nicht ausgereift. Seitdem sind Flash-Chips billiger geworden. Seagate hat einen weiteren Anlauf gestartet und produziert eine neue Generation Hybrid-Festplatten „FireCuda Gaming": Der Flash-Speicher ist 8 GB groß, die Magnetplatte hat 1, 2 oder 4 TB Kapazität. Auch ein Cache von 64 MB ist vorhanden. Der Flash-Speicher wird von einem „Adaptive Memory"-Chip verwaltet. Der Chip lernt, welche Dateien häufig benötigt werden und hält diese in den Speicherchips vorrätig. Das beschleunigt Lesevorgänge ungemein. Adaptive Memory funktioniert ohne Treiber und unabhängig vom Betriebssystem.

Diese SSHDs sind nur etwa 10 bis 20 Euro teurer als normale Festplatten und bringen einen kräftigen Geschwindigkeitsschub. Hat das Notebook nur Platz für eine einzige Festplatte und wird eine große Speicherkapazität gebraucht, ist eine SSHD eine gute Wahl. Wer die maximale Geschwindigkeit will, benutzt eine SSD für Windows und eine große Magnetfestplatte für Datenmassen. Doch das ist teurer.

4.3.8 Das schnellere M.2 Interface

Moderne SSD-Festplatten können Daten mit 6 Gbit/s und mehr liefern. Sie lasten damit bereits heute das SATA-6Gb/s-Interface voll aus. Für noch höhere Geschwindigkeiten gibt es gegenwärtig drei Lösungen:

- Die Flash-Speicherchips werden auf eine PCI-Express-Karte montiert. In der PCIe Version 3.0 kann eine PCIe x4 Schnittstelle 3,9 GByte/s pro Richtung transportieren, PCIe 4.0 das Doppelte. Alle SSD erreichen eine Leseleistung von mindestens 0,55 GByte/s.
- Die Konzepte von SATA und PCIe sind sehr ähnlich. So wie man mehrere PCIe-Lanes parallel betreiben kann, ist das auch für SATA möglich. Ein „SATA Express" Anschluss bündelt die Leistung von zwei SATA Anschlüssen. Die resultierenden 1,2 GByte/s sind etwas mehr als doppelt so viel wie die Leseleistung üblicher SSD. Perspektivisch ist das zu wenig, SATA Express hat sich nicht durchgesetzt.
- Ein neuer Standard M.2 (früher als **N**ext **G**eneration **F**orm **F**actor bezeichnet) ist für interne Massenspeicher und andere Steckkarten konzipiert. Diese M.2 Anschlüsse sind auf allen heutigen Mainboards und in vielen Notebooks verfügbar. Viele M.2 SSD, z.B. die „Samsung 980 PRO" lesen 7000 MB/s.

SSD-Speicher mit M.2-Interface kommen ohne Gehäuse aus. Das ist ein Vorteil besonders für Notebooks: Es wird wenig Platz gebraucht, um einen SSD-Speicher unterzubringen. Der voluminöse Einbauschacht für eine herkömmliche 2,5" Festplatte kann eingespart werden oder man kann eine zweite Festplatte einbauen.

M.2 Karten sind 22 mm breit und 30, 42, 60, 80 oder 110 mm lang. Die Bezeichnung „M.2 2280" bedeutet: 22 mm breit, 80 mm lang. Abgesehen von der Länge gibt es zwei Arten M.2-Steckplätze (Slots) auf der Hauptplatine: Typ B und M. Beide Steckplätze bieten ein SATA-Express-Interface (0,6 GByte/s), einen Unterschied gibt es bei den zusätzlichen PCIe Lanes (Kanälen): M.2 Typ B hat 2 PCIe-Kanäle, M.2 Typ M hat 4 Kanäle. Der Hersteller eines M.2 Speichers kann wählen, welche Anschlüsse er nutzen will: SATA oder PCIe x2 oder PCIe x4. PCIe x4 in der Version 3.0 kann über 4 Lanes (theoretisch) 3,9 GByte/s übertragen, PCIe x2 immerhin 1,9 GByte/s. SATA mit 0,6 GByte/s ist weit abgeschlagen.

Wie kann die Bandbreite (die Übertragungskapazität) von 3,9 GByte/s tatsächlich ausgenutzt werden? Indem auf der M.2-SSD ausreichend viele Flash-Module parallel geschaltet werden.

Im Herbst 2020 hat Samsung die SSD 980 PRO mit einem PCIe 4.0 Interface auf den Markt gebracht. Sie kann Daten mit 7000 Mbit/s (etwa 7 GByte/s) lesen. Das reicht bis an die Grenzen einer Hauptplatine, die schon PCIe 4.0 beherrscht: Sie kann über ein M.2 Interface Typ M mit 4 Kanälen 7,8 GByte/s übertragen. Das Nachfolge-Modell 990 Pro kostet 97 Euro für 1 TB im April 2024.

Die Crucial T700 mit PCIe 5.0 liest 12,4 GB/s und schreibt 11,8 GB/s. Mit der Kapazität von 1 TB kostet sie 180 Euro im April 2024.

Bild 4.9: SSD mit M.2 Interface, Formfaktor 2280

Allerdings hatte ich mitunter Kompatibilitätsprobleme zwischen neueren M.2-SSD und älteren Mainboards. Es wäre toll, einen schnellen SSD-Speicher an ein M.2 Interface direkt auf der Hauptplatine anzustecken – doch prüfen Sie vor dem Kauf anhand der technischen Daten, ob die Hauptplatine imstande ist, von der gewünschten M.2-SSD zu booten.

`http://www.hardwareschotte.de/magazin/alles-was-man-ueber-m-2-wissen-muss-a41637`

4.3.9 Zukünftige SSD-Festplatten

Werden magnetische Festplatten demnächst überflüssig?

Das Wachstum der Speicherkapazität erfolgt bei Magnetplatten gegenwärtig langsamer als bei SSD. Eine neue Tendenz bei SSD ist das „3D-Stacking": Die Flash-Speichermatrizen werden innerhalb des Chip-Gehäuses übereinander gestapelt. Diese als „Vertical NAND" oder „3D-NAND" bezeichnete Technologie erhöht die Kapazität und verringert gleichzeitig den Stromverbrauch pro Bit. Es könnten bis zu 128 Speicherebenen übereinander gestapelt werden. Damit können große Kapazitäten erreicht werden. Der Hersteller Crucial produziert SSD mit 176 Zellschichten, unter anderem mit 2 TB auf einer nur 22 × 30 mm großen M.2-SSD. Samsung liefert seit März 2016 eine SSD PM9A3 mit 15,36 TB Kapazität im 2,5" Gehäuse aus, bei der in jedem Chip 16 Ebenen übereinandergestapelt sind. Die Geschwindigkeit der Datenübertragung beträgt 12 Gbit/s. Sie wird nur an Firmenkunden verkauft. Diese 16 TB SSD mit einer Übertragungsleistung von 2,8 Gbit/s kostete 7200 Euro im September 2020, 3200 Euro im November 2021, im April 2024 noch 1888 Euro. Zum Vergleich: Die größte gegenwärtig erhältliche Magnetfestplatte im 3,5" Gehäuse speichert 16 TB und kostet 500 Euro.

Schon heute können SSDs mit größerer Kapazität als Magnetplatten hergestellt werden. Die SSD 870 QVO 2TB von Samsung passt mit ihrer Kapazität von 2 TB sogar in ein Notebook. Doch sie ist mit 170 Euro kein Schnäppchen, eine Magnetplatte gleicher Kapazität würde nur 60 Euro kosten. Große SSD sind richtig teuer: Die Exadrive DC100 von Nimbus fasst 100 TB und kostet 40 000 US-Dollar! Die Preise der SSDs fallen erfreulicherweise viel schneller als die der Magnetplatten.

Um größere Kapazitäten zu erreichen, müssen die Zellen kleiner werden. Auch das „Floating Gate", die Isolierschicht, wird dünner. Das hat drei Auswirkungen: Erstens ist die Zelle schneller verschlissen. Zweitens geht das Beschreiben schneller, weil die Ladungen leichter durch die Isolierschicht gepresst werden. Drittens sickern mehr Elektronen aus der Speicherzelle heraus: Auch wenn es lange dauert, die Ladung der Speicherzelle lässt allmählich nach. Das ist nicht schlimm, solange die SSD regelmäßig benutzt wird: Das Wear Leveling regeneriert die Ladung. Doch auf einer überdimensionierten SSD in einem selten benutzten PC oder auf einer im Regal liegenden Backup-SSD gehen langfristig die Daten verloren. Magnetplatten sind strapazierfähiger und können die Daten länger bewahren. Und es scheint mir, dass in zehn Jahren immer noch Magnetfestplatten genutzt werden, wenn es um größere Speicherkapazitäten oder längere Aufbewahrungszeiten geht.

Es werden ständig neue Speichertechnologien erfunden, doch die meisten erreichen nicht die Marktreife. Im Juni 2019 haben britische Forscher die Beschreibung einer neuen Speichertechnologie veröffentlicht, welche SSD, ROM und RAM ersetzen könnte – wenn es gelingt, sie bis zur Marktreife zu bringen. Durch „Nutzung der quantenmechanischen Eigenschaften einer asymmetrischen Dreifachresonanz-Tunnelbarriere" sollen stromsparende Speicher entstehen, welche gespeicherte Informationen über Milliarden Jahre bewahren können.

4.4 RAID

Der Begriff RAID steht für eine Technologie, bei der die Daten auf mehrere Festplatten verteilt werden. Die Festplatten werden zu einer logischen Einheit zusammengeschaltet. Das bedeutet: Für das Betriebssystem erscheinen die vielen HDD des RAID-Verbundes wie eine einzige Festplatte.

Je nachdem wie die Festplatten zusammengeschaltet sind, kann dreierlei passieren:

- Weil sich die Zugriffe auf mehrere Festplatten verteilen, wird RAID schneller als eine einzelne Platte. Je mehr Festplatten, desto schneller wird das System.
- Wenn die Daten auf geeignete Weise dupliziert werden, kann bei Ausfall einer der Festplatten deren Inhalt aus den Inhalten der anderen Platten automatisch rekonstruiert werden. So tritt kein Datenverlust ein, mehr noch: Die Arbeit geht unterbrechungsfrei weiter. Bei Gelegenheit wird die defekte Platte ausgewechselt.
- Eine Kombination beider Effekte ist möglich.

Die verschiedenen Verfahren werden mit Ziffern bezeichnet. RAID-0, 1, 5 sowie RAID-10 kommen am häufigsten zum Einsatz. RAID-2 und RAID-3 sind veraltet und werden nicht mehr verwendet. RAID mit Nummern oberhalb der 10 sind außerordentlich sicher, aber auch exzessiv teuer.

Als Normalanwender findet man RAID-Lösungen vor allem in NAS-Speichern. Auf vielen höherpreisigen Hauptplatinen kann man die SATA-Schnittstellen als RAID-Verbund betreiben.

RAID-0

Bei diesem auch „Data Striping" genannten Verfahren werden zwei oder mehr Festplatten so zusammengeschaltet, dass aufeinanderfolgende Datenblöcke reihum auf alle Festplatten verteilt werden. Je mehr Festplatten zusammengeschaltet werden, desto höher wird die Geschwindigkeit. Besonders bei Videoschnittsystemen ist der Geschwindigkeitsgewinn beträchtlich.

Allerdings hat RAID-0 einen gefährlichen Nachteil: Je mehr Festplatten benutzt werden, desto höher ist die Ausfallwahrscheinlichkeit. Wenn nur eine der Festplatten ausfällt, sind alle Daten verloren, auch die auf den restlichen Festplatten. Die Ausfallwahrscheinlichkeit steigt proportional zur Anzahl der Festplatten.

RAID-1

Die einfachste RAID-Sicherheitslösung ist „RAID-1", die auch „Spiegelung", „Drive Mirroring" oder „Drive Duplexing" genannt wird. Es werden Paare von identischen Festplatten benutzt. Wenn Sie vier Festplatten mit Daten haben, würden Sie vier zusätzliche Festplatten für deren Spiegelung brauchen. Das ist teuer.

Viele moderne Hauptplatinen haben einen integrierten RAID-Controller, der das Duplizieren der Daten übernimmt. Das Schreiben auf zwei Platten gleichzeitig dauert nicht länger als das Schreiben auf eine einzelne Platte. Beim Lesen kann RAID-1 einen leichten Geschwindigkeitsvorteil haben, weil der Controller sich aussuchen kann bzw. könnte, auf welcher der beiden Festplatten sich die Daten näher an der aktuellen Position des Lese-/Schreibkopfes befinden.

RAID-5

Bei RAID-5 wird zu zwei oder einer beliebig größeren Anzahl von Festplatten eine einzige zusätzliche Paritäts-Festplatte hinzugefügt. Das Verfahren ist so ähnlich wie das Hinzufügen eines Paritätsbits zu jedem Byte. Der Controller bildet die Paritätsinformation. Bei Ausfall einer beliebigen Festplatte rekonstruiert der Controller die Daten aus dem Inhalt der verbliebenen Festplatten. Dadurch gehen keine Daten verloren, mehr noch: Der PC kann ohne Unterbrechung und ohne Datenverlust weiterarbeiten.

RAID-5 ist ein hervorragender Kompromiss zwischen Kosten, Leistung und Sicherheit. Die Geschwindigkeit wächst wie bei RAID-0 mit der Anzahl der Festplatten. Das hohe Risiko eines Festplattenausfalls von RAID-0 wird durch eine einzige zusätzliche Festplatte kompensiert.

RAID-15

Es wird eine gerade Zahl von Festplatten gebraucht, mindestens sechs. Die Festplatten werden paarweise gespiegelt. Diese Paare werden zu einem RAID-5-Verband zusammengefasst. Selbst bei einem Ausfall von beliebigen drei Festplatten gehen keine Daten verloren. Der Aufwand ist aber hoch: Werden acht HDD mit je 10 GB verwendet, beträgt die nutzbare Kapazität nur 30 GB.

Sonstige RAID-Lösungen

Es gibt zahlreiche weitere RAID-Lösungen, die sich in Ausfallsicherheit, Kosten und Geschwindigkeit unterscheiden. RAID-10 beispielsweise funktioniert weiter, auch wenn zwei Festplatten ausgefallen sind. Bei RAID-15 und RAID-51 dürfen von acht Festplatten beliebige drei ausfallen, ohne dass dabei Daten verloren gehen. Beeindruckend! Allerdings sind derartige Festplattencontroller sehr teuer.

Probleme

Ein RAID-System schützt nur vor dem Ausfall einer Festplatte und der damit zusammenhängenden Betriebsunterbrechung. Die meisten Daten gehen durch andere Ursachen verloren, weniger als 10 % aller Datenverluste werden durch einen Festplattenausfall verschuldet. Insoweit ist ein RAID-System kein Ersatz für eine Datensicherung. Eine regelmäßige Datensicherung ist unbedingt notwendig!

Wenn eine der Festplatten eines RAID-Verbandes ausfällt, muss sie schnellstens durch eine neue ersetzt werden. Bei einfachen Controllern muss man den PC herunterfahren, um die Festplatte zu wechseln. Manchmal ist diese Betriebsunterbrechung nicht akzeptabel, z. B. bei Servern. Wenn die Festplatten in speziellen Einschüben stecken und der Controller „Hot-Plugging" (das „heiße Einstecken") unterstützt, können die Festplatten im laufenden Betrieb ausgetauscht werden. „Hot Swapping" (der „heiße Austausch") heißt es, wenn der Controller die neue Festplatte ohne Eingreifen des Admins automatisch integriert.

Beim Integrieren einer neuen Festplatte gibt es eine wenig bekannte Gefahr. Die Festplatten eines RAID-Systems sind im Normalbetrieb relativ wenig beansprucht, denn die Leseanforderungen werden nahezu gleichmäßig auf alle Platten verteilt. Doch nach dem Einsetzen der Ersatzfestplatte ändert sich das: Der RAID-Controller wird mit Höchstlast laufen müssen, um die Daten umzustrukturieren und die neue Platte zu integrieren. Das kann fünf oder auch zwanzig Stunden dauern. Noch nie zuvor sind Ihre Festplatten derart beansprucht, derart heiß geworden! Bedenken Sie: Die noch intakten Platten des Verbundes sind möglicherweise im Abstand weniger Minuten vom Fließband gelaufen. Sie sind deshalb mechanisch ähnlich und haben etwa die gleiche Lebenserwartung. Sie wurden im PC unter den gleichen Betriebsbedingungen betrieben und hatten immer die gleiche Belastung auszuhalten. Nach dem Ausfall der ersten Festplatte könnten die nächsten bald nachfolgen!

Besonders oft passieren solche Pannen bei SATA-Festplatten in Heimcomputern. Die hier üblicherweise verwendeten Festplatten sind nicht für derartige lang andauernde Belastungen konzipiert. Deshalb sollten Sie zuerst eine komplette Datensicherung durchführen und erst danach die defekte Festplatte ersetzen.

SPEICHER

4.5 Externe Festplatten

Eine externe Festplatte ist ein Peripheriespeichergerät, welches mit dem Computer verbunden werden kann, ohne ihn aufzuschrauben. Auch das Abstöpseln ist im laufendem Betrieb möglich, wenn die Festplatte vorher abgemeldet wird. Da externe Festplatten leicht transportiert werden können, werden sie auch als mobile Festplatten bezeichnet. In externen Festplatten stecken sowohl SSD als auch magnetische Festplatten.

Eine externe Festplatte ist eine hervorragende Idee, um Daten zu sichern oder um sie mit sich herumzutragen. Beachten Sie:

- Vor dem Ausschalten oder Ausstöpseln der Festplatte muss sie ebenso wie ein USB-Stick vom System abgemeldet werden.
- Die meisten magnetischen externen Festplatten überhitzen im Dauerbetrieb. Deshalb die Festplatte nur bei Bedarf anstecken und nach Gebrauch ausschalten. Das erhöht außerdem die Sicherheit: Daten auf einer stromlosen Festplatte sind nicht in Gefahr, durch Fehlbedienung oder einen Virus vernichtet zu werden.
- Ein und dieselbe Steckerbauform wird von Netzteilen mit verschiedenen Spannungen verwendet. Falls die Festplatte ein Netzteil braucht, verwechseln Sie es nicht mit anderen!

Wofür ist eine externe Festplatte ungeeignet?

- Für die Auslagerung (Archivierung) von Daten, wenn die interne Festplatte zu klein geworden ist. Wenn die externe Festplatte kaputt geht (manchmal genügt ein einziger Stoß), sind die Daten weg. Sie müssen von allen wichtigen Daten mindestens das Original plus eine Kopie haben, um Verluste zu vermeiden, außer wenn die Daten leicht wiederbeschaffbar sind.
- Eine zu klein gewordene Festplatte mit einer ständig eingeschalteten externen USB-Festplatte zu ergänzen, ist keine gute Idee:
  - In mehrstündigem Betrieb werden sie zu heiß.
  - Wenn Sie nur eine USB-2.0-Schnittstelle haben, begrenzt diese die Datenübertragung auf etwa 40 MByte/s. An den internen SATA-Anschlüssen könnten 100 MB/s bis 600 MB/s erreicht werden. Weil die Daten vom SATA-Protokoll ins USB-Protokoll konvertiert und nach der Übertragung zurückkonvertiert werden müssen, bremst sogar die USB-3.0-Schnittstelle die Übertragung: Bei einer magnetischen Festplatte um 10 %, bei einer SSD bis zu 50 %.
  - Der sachgemäße Einbau einer größeren Festplatte in das PC-Gehäuse ist billiger als ein vernünftiges Extra-Gehäuse für die externe Festplatte.

4.5.1 Baugrößen

Die magnetischen externen Festplatten gibt es mit 2,5 Zoll und 3,5 Zoll. Welche Größe ist die richtige?

- 2,5"-Notebook-Festplatten vertragen kleine Erschütterungen besser als 3,5"-Festplatten. Durch die geringere Umfangsgeschwindigkeit ist die Wahrscheinlichkeit größer, dass die Platte einen leichten Kopfaufsetzer übersteht.
- Die 2,5"-Platten haben eine kleinere Oberfläche, etwa die Hälfte einer 3,5"-Festplatte. Die Fläche eines Kreises ist $\pi \times \text{Radius}^2$ (die Fläche der Achse ignorieren wir). Bei gleicher Datendichte pro Quadratzentimeter lassen sich nur halb so viel Daten unterbringen.
- Bei gegebener Datendichte hängt die Lesegeschwindigkeit von der Umfangsgeschwindigkeit ab, die sich aus Durchmesser x Drehzahl x π berechnet. Kleine 2,5" Festplatten mit 4600 oder 5200 U/min haben eine wesentlich geringere Datenübertragungsrate als die großen 3,5" Platten mit 7200 U/min.
- Die kleinen Platten wurden für Notebooks entwickelt, die eine lange Akkulaufzeit erreichen sollen. Weil beim Beschleunigen und Bremsen der Köpfe mit Energie gespart werden soll, sind die Positionierzeiten deutlich länger.
- Die großen 3,5"-Festplatten sind auf maximale Geschwindigkeit optimiert, (fast) ohne Rücksicht auf den Energiebedarf. Die schnellen Beschleunigungs- und Bremsvorgänge beim Positionieren der Magnetköpfe sind energieintensiv und die hohe Drehzahl ist es ebenfalls. Sie brauchen daher immer eine eigene Stromversorgung, meist in Form eines Steckernetzteils.

Doch es könnte bald 3,5" Festplatten ohne externes Netzteil geben, die über einen USB 3.1 Typ C Anschluss mit genügend Strom versorgt werden können.

Bei den Magnetfestplatten haben Sie also die Wahl zwischen einer 2,5"-Festplatte mit geringer Geschwindigkeit und geringerer Kapazität, die relativ unempfindlich und leicht zu handhaben ist und die in die Jackentasche passt, oder einer großen 3,5"-Festplatte, die zwar schnell, aber auch klobig, empfindlich und wegen des Zusatznetzteils umständlich in der Handhabung ist.

Auch eine SSD-Festplatte im 2,5" Gehäuse käme in Frage: Sie ist leicht, unempfindlich, stromsparend und schnell, aber teuer.

Formfaktor	Gehäusegröße	Beispiel-Typ	Kapazität	Preis 2017	pro TB
2,5" magnetisch	8 x 11 x 2 cm	Toshiba Canvio Basics	4000 GB	93 Euro	2,3 Cent
3,5" magnetisch	13 x 17 x 4 cm	Intenso Memory Center	8000 GB	160 Euro	2,0 Cent
3,5" magnetisch	13 x 17 x 4 cm	Intenso Memory Center	4000 GB	79 Euro	2,0 Cent
2,5" SSD	8 x 11 x 2 cm	SanDisk Extreme Portable SSD V2	4000 GB	280 Euro	7,0 Cent

Tab. 4.13: Größe und Preise einiger externer Festplatten mit USB Anschluss

4.5.2 Sicherheit externer magnetischer Festplatten

Mechanische Festplatten werden heiß: der Spindelantriebsmotor läuft ständig und beim Lesen und Schreiben entsteht zusätzliche Wärme durch den Positionierungsantrieb. Festplattenhersteller nennen in ihren Datenblättern fast immer Werte von 55 °C oder 60 °C als höchstzulässige Temperatur. Ein repräsentatives Sortiment externer Festplatten wurde im Klimalabor von http://www.tecchannel.de getestet.

- Externe 3,5-Zoll-Festplatten im Plastegehäuse hatten bereits bei 20 °C Raumtemperatur eine – gerade noch unbedenkliche – Festplattentemperatur von 50 °C bis fast 60 °C.
- Im Sommer ist eine Raumtemperatur von 30 °C keine Seltenheit. Bei diesen Temperaturen erreichen die Festplatten bereits kritische Werte von 55 bis 66 °C.
- Bei einer Raumtemperatur von 35 °C (Zimmer in Südrichtung) erreichen die Festplatten Temperaturen von 59 bis 74 °C. Das ist deutlich außerhalb der Spezifikation! Wenn die Festplatten in der Sonne liegen, werden 100 °C locker überschritten.

4.5.3 Vor dem Herausziehen unbedingt abmelden!

Das Schreiben einer Datei auf einen Datenträger erfolgt in mehreren Etappen:

1. Es wird überprüft, ob im Inhaltsverzeichnis noch Platz ist für einen weiteren Eintrag. Eventuell muss Speicherplatz gesucht werden, um das Inhaltsverzeichnis vergrößern zu können.
2. Die Dateibelegungstabelle wird gelesen, um einen freien Platz für die Datei zu finden.
3. Die Datei wird auf den freien Platz geschrieben.
4. Die Dateibelegungstabelle wird aktualisiert, um den benutzten Platz als belegt zu registrieren.
5. Im Inhaltsverzeichnis werden die Eigenschaften der Datei eingetragen: Position, Name, Größe u. a.

Wenn die Speicherkarte in einer Kamera steckt, treten nur wenige Schreibvorgänge auf. Ist ein USB-Stick an einem Windows-PC angesteckt, könnten pro Sekunde hunderte Dateien geschrieben werden. Deshalb optimiert Windows die Schreibvorgänge durch Zwischenspeicherung.

Windows hält eine Kopie der Belegungstabellen und Verzeichnisse im Arbeitsspeicher (im Cache-RAM) bereit. Einerseits wird damit Zeit gespart: Statt alle fünf Etappen für jede zu schreibende Datei auszuführen, wird nur die dritte Etappe ausgeführt, während die Aktualisierung der Verwaltungstabellen zunächst nur im Arbeitsspeicher erfolgt. Das spart Zeit, außerdem verlängert sich dadurch die Lebensdauer des USB-Sticks oder der externen Festplatte. Erst wenn eine gewisse Zeit kein Schreibzugriff erfolgt ist oder wenn im Cache der Platz knapp wird, schreibt Windows die Verwaltungstabellen auf den Massenspeicher.

Datenverluste durch voreiliges Herausziehen sind zwar ziemlich selten, doch wenn sie auftreten, ist mit Totalverlust des Stick-Inhalts zu rechnen. Nur wenn Sie Windows von Ihrer Absicht informieren, den Stick bzw. die externe Festplatte zu entfernen, können Sie sicher sein, dass alle zu schreibenden Daten tatsächlich auf dem Datenträger ankommen.

4.5.4 Verwendung einer SSD als externen Speicher

Externe Festplatten mit SSD darin gibt es in Kapazitäten von 250 bis 4000 GB. Sie sind – im Vergleich mit magnetischen Festplatten – relativ teuer. Doch ich sehe drei Anwendungsbereiche, wo sich diese Anschaffung lohnen könnte.

Wenn Sie oft große Datenmengen zwischen Computern transportieren, wie z. B. Musiksammlungen und Filme, ist die hohe Datenübertragungsrate einer SSD vorteilhaft, und durch die mechanische Unempfindlichkeit kann die externe SSD ein langes Leben erreichen.

Wenn Sie regelmäßig Ihre Daten auf eine externe Magnetfestplatte sichern, kann das recht lange dauern. Und das zwingt Sie zu einer Pause, denn während einer Datensicherung sollten Sie nicht am PC arbeiten. Das Sichern auf eine SSD-Platte erspart Ihnen eine Menge Wartezeit.

Windows 10 kann man vollständig auf einen USB-Stick oder eine externe Festplatte installieren. Der Vorteil: Sie können diese Festplatte an jeden PC oder jedes Notebook anstecken, von dieser SSD booten und sofort mit Ihrem eigenen Windows und allen Ihren Daten arbeiten, ohne den Gast-Computer (den Host) irgendwie zu beeinflussen. Sogar auf einem PC mit kaputtem Windows können Sie sofort mit Ihrem eigenen Windows losarbeiten! Das ergibt jedoch nur Sinn, wenn Sie eine SSD benutzen und diese an einen schnellen USB3-Anschluss stecken. Wie man das macht, können Sie auf `eifert.net` lesen unter „Hilfen" → „Software" → „Mehrere Betriebssysteme auf einen PC".

4.5.5 Wie viel Gigabyte sollte die Festplatte haben?

Wenn Sie weder Filme noch umfangreiche Foto- und Musiksammlungen sichern oder transportieren müssen, können Sie vielleicht anstelle einer externen Festplatte einen USB-Speicherstick verwenden. Auf einen 128-GB-Stick passen etwa 30 Spielfilme oder 60 000 Fotos oder etwa 120 000 Minuten Musik im MP3-Format, das ist Musik für ungefähr 2000 Stunden. Einen 128-GB-Stick mit 100 MB/s Übertragungsrate können Sie schon für 20 Euro kaufen, das ist deutlich billiger als die kleinste externe Magnet-Festplatte und zudem ist ein Speicherstick kleiner und unempfindlich gegen Erschütterungen.

Wenn Sie eine externe Festplatte für Datensicherungen benutzen wollen, wählen Sie die Kapazität nicht zu klein. Die Komplettsicherung der letzten Woche, des vorhergehenden Monats und vom Jahresende sollten mindestens darauf Platz finden. Eine externe Backup-Festplatte könnte durchaus mehrere PC-Generationen überdauern und die Backups von mehreren PCs aufnehmen, also planen Sie langfristig! Wenn man bedenkt, wie wenig die Preise von der Kapazität abhängen, sollte die Backup-Platte mindestens zwei Terabyte groß sein.

4.5.6 Lebensdauer

Bei regelmäßig benutzten Magnet-Festplatten kann man mit einer Lebensdauer von mehr als fünf Jahren rechnen. Voraussetzung ist, dass sie nicht durch Dauerbetrieb überhitzen und ausnahmslos schonend behandelt werden. Ein einziger heftiger Stoß, während sich die Platte dreht, kann das Ende bedeuten.

SPEICHER

Eine mechanische Festplatte mit archivierten Dateien sollte nicht jahrelang unbenutzt im Regal liegen. Im Kapitel 12 (Warum gehen PCs kaputt?) sind einige Gründe dafür genannt. Bei mechanischen Festplatten scheint es ausreichend zu sein, alle zwei bis fünf Jahre die gespeicherten Daten auszulagern, die Festplatte zu formatieren und die Daten zurückzukopieren.

Bei SSD und USB-Speichersticks ist die Lage anders. Beide sind für **regelmäßiges Beschreiben** konzipiert. Im normalen Betrieb hat das Wear Leveling Gelegenheit, die Daten aus den am längsten nicht benutzten Speicherzellen an eine andere Stelle zu kopieren, wobei die Ladung der Zellen aufgefrischt wird. Doch wenn SSDs unbenutzt im Regal liegen, geht allmählich die Ladung der Speicherzellen verloren.

Im Jahr 2018 fand ich in einer Dokumentation zur Samsung SSD 960 EVO folgendes:

Die Speicherdichte von Triple Level Cells (TLC) liegt bei 32 Gigabits bis 512 Gigabits pro Chip. Sie arbeiten mit acht diskreten Ladungsniveaus des Floating-Gate. Das bedeutet, dass der Ladezustand und dessen Auslesung äußerst kritisch sind und entsprechend aufwendig gestaltet werden müssen. So liegen die Anforderungen für die Fehlerkorrektur mit 24 Bit bis 72 Bit um ein Vielfaches höher als die von Single-Level- und Multi-Level-Zellen.

Der Erhalt der gespeicherten Daten ist ebenfalls begrenzt und liegt in der TLC-Technologie bei ca. 6 Monaten, wobei Daten in der SLC-Technologie bis zu 10 Jahre und in der MLC-Technologie bis zu einem Jahr gespeichert werden können. Die Löschzyklen sind mit 500 ebenfalls wesentlich niedriger als die der anderen Technologien.

Möglicherweise ist nicht jede SSD geeignet für Anwender, die den PC nur eine Stunde pro Woche einschalten und dabei keine nennenswerten Schreibvorgänge verursachen. Wenn der SSD-Controller nicht genug Schreibaufträge erhält, kann er nicht genug Zellen auffrischen. Anwender, die ihr Notebook nur im Sommer im Gartenhaus benutzen und danach für ein halbes Jahr in die Schublade legen, sollten vor dem Einlagern ein Backup oder besser noch ein Image erstellen und dieses auf Magnetfestplatte aufbewahren.

4.6 USB-Speichersticks

Einen preiswerten USB 2.0 Stick mit 32 GB bekommt man für weniger als 5 Euro, im Zehnerpack für 30 Euro. 64 GB gibt es für 6 Euro und 128 GB für 10 Euro. Allerdings begrenzt USB 2.0 die Übertragung auf maximal 480 Mbit/s, das sind 60 MByte/s. Das Kopieren von 3 TB (Video in Spielfilmlänge) dauert (theoretisch) eine Minute, realistisch das Doppelte.

Die schnellsten 64-GB-Sticks erreichen Übertragungsraten von 400 MByte/s beim Lesen und 200 MByte/s beim Schreiben. Es gibt große Unterschiede bei der Leistung der Speichercontroller, die sich kaum im Preis widerspiegeln. Schnelle Geräte schalten zwei oder vier Speicherbänke parallel und erreichen eine zwei- bis vierfache Geschwindigkeit. Die Nennung von „USB 3.0" oder „USB 3.2" in der Werbung sagt nichts über die tatsächliche Geschwindigkeit aus, einige „Hochstapler" kommen kaum über USB-2.0-Tempo hinaus.

Unter `eifert.net/swusb` finden Sie eine Anleitung zum Messen der Geschwindigkeit von USB-Sticks.

Manche, möglicherweise auch fast alle Controller nutzen einige Optimierungsmethoden („Wear Leveling"), um einen vorzeitigen Ausfall einzelner Speicherzellen zu verhindern.

USB-Sticks sind bei vernünftiger Behandlung fast unverwüstlich. Für harte Umweltbedingungen gibt es Sticks speziell für den Außeneinsatz. Der Stecker ist eine Schwachstelle. Sticks mit versenkbarem Anschluss sind besser als Sticks mit Schutzkappe, weil die Kappe leicht verlorengeht.

Falls man derartige Angaben überhaupt findet, geben die Hersteller zehn Jahre als Datenlebensdauer an. Es ist um ein Vielfaches wahrscheinlicher, seine Daten zu verlieren, wenn man den Stick herauszieht, ohne ihn vorher vom System abgemeldet zu haben.

Achten Sie auf die Garantiezeit, vor allem wenn Sie den Stick intensiv nutzen wollen. Bei Transcend, Sandisk und Verbatim gibt es lebenslange Garantie, bei Lexar und Hama zehn Jahre. Auch fünf Jahre bei Kingston und Patriot reichen aus. Zwei Jahre wie bei Sharkoon und Intenso sind verdächtig wenig.

Hat Ihr PC eine USB-3.0 oder 3.1 Buchse (meist zu erkennen an der blauen oder roten Farbe)? Wenn nicht, können Sie Ihren PC mit einer USB-3.x-PCIe-Controllerkarte für etwa 10 Euro nachrüsten.

4.7 Netzwerkspeicher

Eine externe Festplatte wird an einen PC angesteckt und ermöglicht nur diesem einen PC den Zugriff auf die Daten. Doch wenn die Daten von mehreren PCs gebraucht werden? Die externe Festplatte ständig von einem zum anderen PC zu tragen ist keine brauchbare Lösung.

Gemeinsam genutzte Daten könnte man auch auf der Festplatte eines der PCs im Netzwerk ablegen. Dann könnten alle PCs des Netzwerks darauf zugreifen. Dieser PC müsste allerdings stets als erster PC eingeschaltet und als letzter PC heruntergefahren werden. Angenommen, der PC braucht 100 Watt an 16 Stunden täglich, so ergibt das pro Jahr eine Stromrechnung von 175 Euro, einen hohen Verschleiß des PC sowie ständigen Lüfterlärm.

Network **A**ttached **S**torage, abgekürzt NAS, ist ein Netzwerkspeicher für die gemeinsame Nutzung durch mehrere PCs. Die kleineren Geräte mit einer Festplatte sind nicht viel größer als ein dickes Buch. Im Prinzip handelt es sich um einen kleinen Fileserver. Kleine NAS brauchen etwa 10 Watt (das macht 20 Euro pro Jahr). Diese Mini-PCs brauchen weder Tastatur noch Maus und auch keinen Bildschirm, sie werden über den Webbrowser eines der angeschlossenen PCs konfiguriert. NAS haben außer einem Einschalter keine Bedienelemente. Daher kann man sie in jede Ecke stellen, wo ihr geringes Betriebsgeräusch nicht stört.

NAS sind optimal für eine Familie mit mehreren Computern oder eine kleine Firma geeignet, wenn mehrere PCs unabhängig voneinander auf gemeinsame Daten zugreifen sollen, z. B. Fotos, Musik oder Videos. Der Benutzer kann seine Dateien in Ordnern oder Partitionen ablegen. Außer bei sehr wenigen Einstiegsgeräten gibt es eine Benutzerverwaltung mit der Möglichkeit, Zugriffsrechte zu vergeben. Oft können die Daten verschlüsselt werden. Manche Geräte unterstützen Streaming Media (Web-Radio und Web-TV). Manchmal ist ein USB-Anschluss für einen gemeinsamen Drucker oder für den Anschluss einer externen Festplatte vorhanden.

NAS für den Heimgebrauch sind auf geringen Stromverbrauch und günstigen Preis optimiert. Die meisten Geräte haben einen Gigabit-Netzwerkanschluss, der theoretisch 100 MByte/s transportieren könnte. Realistisch kann ein Gigabit-Netzwerk nur 40 MByte/s erreichen. Doch in preiswerten NAS werden leistungsschwache Prozessoren verbaut. Wenn gar noch mehrere PCs gleichzeitig auf die Daten zugreifen, kann der Datendurchsatz eines NAS auf weniger als 10 MByte/s sinken. Um Musik oder Filme in der Auflösung 1920 × 1080 abzuspielen, ist auch das noch ausreichend. Doch das Kopieren größerer Dateien kann nervtötend lange dauern. Vergleichen Sie: Eine externe USB-2.0-Festplatte schafft 40 bis 60 MByte/s, eine interne SATA-Festplatte erreicht 150 bis 300 MByte/s.

Einige DSL-Router, wie z. B. die Fritz!Boxen, haben einen USB-Anschluss, an den man eine externe Festplatte anstecken und als NAS-Gerät nutzen kann. Eine prima Idee! Kontrollieren Sie aber, ob sich die Festplatte rund um die Uhr dreht, auch wenn niemand darauf zugreift. Für deren Lebensdauer ist das gar nicht gut. Ist das bei Ihrem Router so? Eine externe SSD-Festplatte wäre die Lösung: Die hat einen geringen Energiebedarf und verschleißt nicht, wenn sie 7 × 24 Stunden eingeschaltet ist. Auch ein USB-Stick wäre geeignet.

Eine interessante Idee ist es, ein NAS-Leergehäuse zu kaufen. Dann können Sie die Festplatten selbst aussuchen oder alte Festplatten weiterverwenden. Wenn sie in einigen Jahren zu klein werden, können Sie diese gegen größere auswechseln oder das NAS-Gehäuse mit zusätzlichen Festplatten bestücken, denn manche Gehäuse haben Platz für vier Festplatten. Nehmen Sie 24×7 Festplatten, die Dauerbetrieb aushalten (oder sind Sie sicher, dass Ihr NAS die Festplatten bei Nichtbenutzung parkt?). Sie sollten leise, energiesparende Festplatten mit 5400 U/min bevorzugen. Diese erreichen beim Lesen um die 100 MByte/s – mehr als ausreichend. Schnellere Festplatten wären Verschwendung von Geld und Energie.

SPEICHER

Mit zwei oder mehr gleich großen Festplatten kann man einen RAID-Verbund konfigurieren. Die Hersteller werben mit der dadurch angeblich erheblich größeren Ausfallsicherheit. Doch Festplattenausfälle sind relativ selten. Schäden am Dateisystem durch Stromausfälle, versehentliches Löschen von Dateien und Ordnern und Schäden durch Computerviren, insbesonders Verschlüsselungstrojaner, sind viel häufiger die Ursache für Datenverluste. Nach Aussagen von Händlern und Datenrettern ist ein Ausfall des Controllers häufiger als der Ausfall einer Festplatte. Gegen einen Controllerausfall hilft ein RAID-System nicht.

Was tun, wenn die NAS-Elektronik defekt ist? Solange Sie noch Garantie haben, können Sie das defekte Gerät einschicken und Sie erhalten ein neues Gerät, allerdings ohne Ihre Daten. Sie sollten vorher Ihre Daten retten. Wenn Sie Glück haben, können Sie die Festplatte herausnehmen, in einen PC stecken und lesen. Das oft zur Speicherung verwendete Linux-Dateisystem EXT2, EXT3 oder EXT4 lässt sich lesen, wenn Sie den PC mit einer Linux-Rettungs-DVD booten. Doch manche Hersteller verwenden ein proprietäres (herstellereigenes) Dateisystem, um einen höheren Datendurchsatz zu erreichen. Das Problem damit: Niemand außer dem Hersteller kann Ihre Daten retten, wenn die NAS-Elektronik defekt ist. Und die Datenrettung beim Hersteller könnte Sie mehr als tausend Euro kosten. Wenn Sie unwahrscheinlich großes Glück haben, hat Ihr Händler noch ein baugleiches Gerät im Ladenhüter-Regal stehen.

Was kann ich Ihnen empfehlen? Verzichten Sie auf ein NAS-System mit gespiegelten Festplatten. Kaufen Sie besser ein NAS mit nicht gespiegelter Festplatte und für das übrig gebliebene Geld eine große externe Festplatte für die Datensicherung. Machen Sie von Zeit zu Zeit eine Kopie Ihres NAS-Systems und anderer wichtiger Daten. Oder machen Sie regelmäßig eine Sicherheitskopie auf einen der Netzwerk-PCs, der noch genügend freien Platz auf seiner Festplatte hat. So kombinieren Sie die Vorteile eines NAS-Systems mit der Gewissheit, auch bei Stromausfällen, Angriffen eines Verschlüsselungstrojaners und anderen Datenunfällen nicht ohne Ihre Daten dazustehen.

Für alle RAID-Systeme, auch wenn sie als NAS-System realisiert sind, gilt gleichermaßen: Gespiegelte Festplatten schützen nicht vor allen Gefahren. Auf ein regelmäßiges Backup darf nicht verzichtet werden!

Ihre interne Festplatte ist zu klein und Sie wollen deren Kapazität mit einem NAS-System erweitern? Wenn Sie nach dem Auslagern der Fotosammlung auf NAS genug Platz auf der internen Festplatte haben, ist das Auslagern eine gute Lösung. Aber auf keinen Fall sollten Anwendungen auf ein NAS-System installiert werden! NAS ist für diesen Zweck noch weniger geeignet als eine externe Festplatte. Selbst ein USB 2.0 Anschluss liefert die Daten deutlich schneller als ein einfaches NAS-System. Außerdem ist ein NAS-System erheblich teurer als eine externe Festplatte. Wenn die interne Festplatte nicht groß genug ist, dass sämtliche Programminstallationen und die wichtigsten Daten darauf Platz finden, sollten Sie die Systemfestplatte durch eine größere ersetzen.

Externe Festplatten und NAS-Systeme sind der optimale Speicherplatz für große Multimedia-Dateien.

5 Optische Massenspeicher

5.1 Vergangenheit und Zukunft

CD

Die CD (Compact Disc) wurde von Philips und Sony zu einer Zeit entwickelt, als man Musik noch auf Vinyl-Schallplatten kaufte. Die Musik-CD sollte die Schallplatte ablösen. Um Entwicklungskosten zu sparen, orientierten sich die Entwickler an der Schallplatte. Die Spirale ist geblieben, nur die Windungen sind näher zusammengerückt. Auch die Herstellung der Platten ist geblieben: Es werden Vertiefungen in die Scheibe gepresst. Im Unterschied zur Vinyl-Platte wird die Musik digital gespeichert. Die Abtastung erfolgte berührungslos mit Laser statt mit einer kratzenden Nadel. Die Musik-CD kam 1983 auf den Markt.

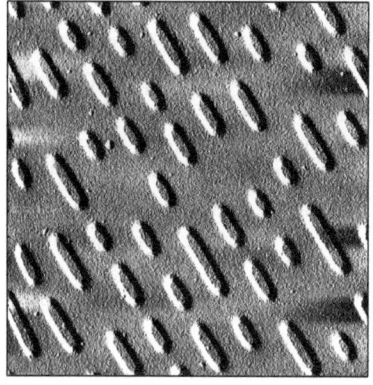

Bild 5.1: Industriell gepresste CD unter Rasterelektronenmikroskop, Spurabstand 1,6 µm (1/30 Durchmesser eines Haares)

Die Idee war naheliegend, die CD-Laufwerke auch für Daten zu nutzen. Allerdings kamen auf Musik-CDs kleine Datenfehler vor – doch es stört kaum, wenn für eine tausendstel Sekunde die Lautstärke schwankt. Für die Sicherheit von Daten sind die Anforderungen höher. Deshalb mussten zusätzliche Fehlerkorrekturmethoden entwickelt werden. 1982 wurden erste CD-ROM-Laufwerke auf Messen gezeigt. Anfangs kostete solch ein Nur-Lese-Laufwerk über 1000 DM. 1992 konnte man die ersten CD-Brenner für 22 000 DM kaufen, ein einzelner CD-Rohling kostete damals 50 DM. Bei der kleinsten Störung war ein Rohling wegen „Buffer-Underrun" hinüber. Stellen Sie sich den Ärger vor!

DVD

Für Filme, Lexika, Routenplaner und andere große Datenmengen reichte die Kapazität einer CD-ROM bald nicht mehr aus. Die **D**igital **V**ersatile **D**isc (übersetzt etwa „digitale vielseitige Disk") wurde entwickelt. „Vielseitig" deshalb, weil sie gleichermaßen für Daten, Musik und Videos geeignet ist. Die ersten DVD-Laufwerke kamen 1996 in den Handel. 1999 wurden die ersten DVD-Brenner für stolze 2500 DM verkauft. Im Laufe der Jahre sind die Preise gefallen. Im Jahr 2024 kostet ein interner DVD-Brenner 16 Euro, externe Brenner mit USB-Anschluss gibt es ab 22 Euro.

Die DVD-Technologie wurde von zwei konkurrierenden Firmengruppen entwickelt. Die Produkte vom „DVD-Forum" tragen ein Minus im Namen, die Produkte der „DVD-Alliance" ein Plus. Die Unterschiede zwischen den Rohlingen der Typen DVD–R und DVD+R sind zwar gering, doch sie sind nicht kompatibel. Alle Brenner, etwa seit dem Baujahr 2000, beherrschen beide Technologien.

Blu-ray

Die Speicherkapazität von DVDs ist nicht mehr für alle Zwecke ausreichend. Das alte analoge Fernsehbild (Auflösung 720 × 576) kommt mit weniger als einer halben Million Bildpunkte aus. Der hochauflösende Fernsehstandard HDTV mit einer Auflösung von 1920 × 1080 hat zwei Millionen Pixel pro Bild. Das ist die fünffache Datenmenge des analogen Bildes. Für einen Spielfilm in hoher Qualität war eine DVD zu klein.

Auch bei dieser Entwicklung gab es einen Wettbewerb um die beste technische Lösung. Es entstanden zwei etwa gleichwertige Technologien: Blu-ray (der „blaue Lichtstrahl") und HD-DVD („**H**igh **D**ensity **DVD**", hochauflösende DVD). Seit 2006 gab es Laufwerke und Filme in beiden Formaten zu kaufen. Nachdem immer mehr Filmstudios vom HD-DVD-Lager zu Blu-ray gewechselt waren, hatte Toshiba im Februar 2008 die Produktion von HD-DVD-Laufwerken eingestellt. Zu diesem Zeitpunkt waren schon Millionen HD-DVD-Filme verkauft worden. Kombi-Brenner „Super Multi Blue" kennen beide Blu-ray-Technologien: Sie lesen und schreiben BD (**B**lu-ray **D**isk), DVD+, DVD-, DVD-RAM und CD, außerdem werden HD-DVD zumindest gelesen. Mit diesem oder vergleichbaren Geräten ist man für alles gerüstet. Die BD-Scheiben haben eine Kapazität von 25 GB. Mit mehreren übereinandergelegten Schichten wächst die Kapazität. Es gibt zweilagige Scheiben mit 50 GB sowie drei- und vierlagige mit 100 und 128 GB.

Speicher

5.2 Funktionsprinzip

Ob CD, DVD, Blu-ray-Disk oder HD-DVD – alle diese optischen Datenträger funktionieren nach dem gleichen Prinzip. Der hauptsächliche Unterschied besteht in den Abständen der Bits in Längs- und Querrichtung. Es gibt Vertiefungen, „Pits" genannt (deutsch: „Gruben"), die verbleibende ebene Fläche zwischen den Pits heißt „Land" (deutsch etwa „ebene Fläche"). Beim Lesen wird die Oberfläche der Scheibe mit einem Laser abgetastet. Wo die Oberfläche glatt ist, wird der Laserstrahl reflektiert. An den Unebenheiten wird der Strahl zerstreut. Das reflektierte Licht wird von einer Fotodiode ausgewertet. Der Laser befindet sich stets unterhalb der Scheibe.

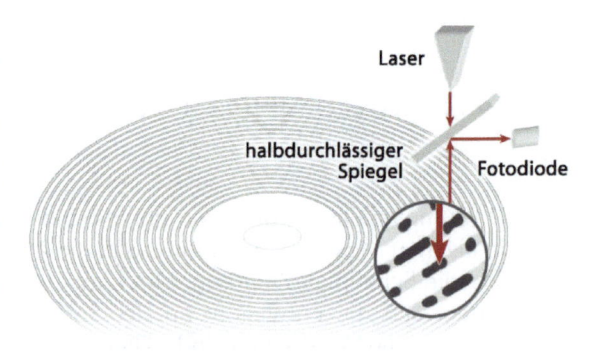

Bild 5.2: Funktionsprinzip einer CD, DVD und BD

Bei einer CD sind die Daten sind in einer 5 km langen Spirale in etwa 20 000 Windungen angeordnet, mit einem Spurabstand von 1,6 μm. Das sind etwa 600 Spuren pro mm. Zum Vergleich: Eine Langspielplatte hat 10 Spuren pro mm.

Die Spirale verläuft von innen nach außen, dadurch ist die Verzeichnisstruktur der CD am Spurbeginn bestmöglich geschützt. Sind wenig Daten auf der Scheibe, bleibt der äußere Teil ungenutzt. Dadurch ist es möglich, Mini-CDs mit 8 cm Durchmesser herzustellen, die 30 % der Kapazität einer normalen Scheibe haben. Zu Werbezwecken werden sogar CDs in rechteckiger Form hergestellt, in der Größe von Kreditkarten oder noch kleiner. Mini-CDs und

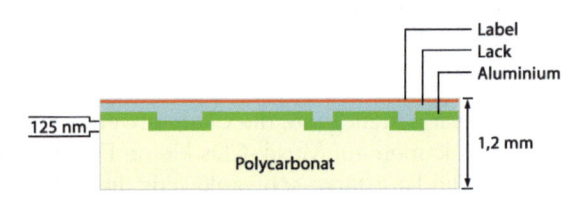

Bild 5.3: Querschnitt einer industriell hergestellten CD. Der Laser tastet die Vertiefungen von unten ab.

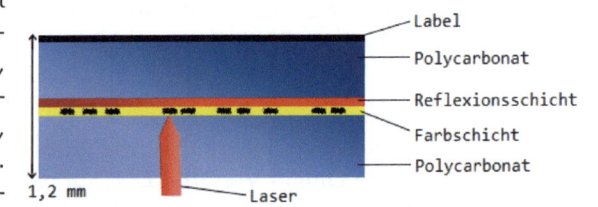

Bild 5.4: DVD-Rohling im Querschnitt (Single Layer)

Kreditkarten-CDs lassen sich nur in waagerecht liegende Laufwerke einlegen. Falls Ihr optisches Laufwerk senkrecht eingebaut ist und Sie eine Mini-CD lesen wollen, müssen Sie Ihren PC zeitweilig auf die Seite legen (aber vor dem Kippen den Stillstand einer Magnetfestplatte abwarten!)

Industrielle Fertigung

Bei der industriellen Fertigung wird, ähnlich wie bei der Fertigung von Schallplatten, eine genaue Musterscheibe aus Glas hergestellt. In einer Hochdruckpresse wird die Form mit der Musterscheibe mit flüssigem Polycarbonat ausgegossen. Die Oberfläche der CD wird mit einer reflektierenden Metallschicht überzogen. Das Metall (Aluminium oder Silber, selten Gold) wird von einer Lackschicht vor Kratzern und Korrosion geschützt. Weil Gold nicht korrodiert, kann eine lange Haltbarkeit erreicht werden (bis 300 Jahre).

Beschreibbare Datenträger

Bei beschreibbaren Rohlingen besteht die Datenschicht aus einem polykristallinen reflektierenden Material. Zum Schreiben wird der Laser auf höchste Leistung geschaltet und erhitzt die Schicht punktweise auf 500 bis 700 °C. Dadurch verflüssigt sich das Material für einige Mikrosekunden. Während der Abkühlphase geht der geschmolzene Bereich in einen amorphen, schlecht reflektierenden Zustand über und verliert das Reflexionsvermögen. So entsteht auf dem hellen Untergrund ein Bitmuster aus dunklen „Brandflecken".

Weil das Beschreiben von Rohlingen mit Hitze verbunden ist, nennt man den Vorgang „Brennen". Auch das Laufwerk, der „Brenner", heizt sich auf und beginnt sich durch Wärmeausdehnung zu verformen. Für handelsübliche Brenner wird empfohlen, nicht mehr als zwei bis maximal drei CDs oder DVDs nacheinander zu brennen, sonst könnte die Qualität der nächsten Scheiben minderwertig sein. Gönnen Sie Ihrem Brenner danach mindestens 30 Minuten Abkühlpause, damit er keinen Schaden nimmt.

Wie wird ein mehrmals beschreibbarer Datenträger gelöscht? Durch gleichmäßiges Erwärmen der gesamten Fläche mit einem schwachen Laserstrahl auf „nur" 200 °C kehrt das Material wieder in den kristallinen, gut reflektierenden Zustand zurück. Danach verfügt die gesamte Schicht wieder über gleichmäßige Reflexionseigenschaften und ist bereit, ein weiteres Mal beschrieben zu werden (mit 500 °C oder mehr). Löschen eines Teils der Scheibe ist nicht möglich.

Buffer-Underrun

Ein Stoppen und erneutes Starten des Brennvorgangs war früher nicht möglich und führte zum Verlust des Rohlings. Deshalb hat jeder Brenner einen Cache (einen RAM-Puffer), um kleine Schwankungen des Datennachschubs auszugleichen. Kommt es bei hoher Prozessorauslastung trotzdem zum Abreißen des Datenstroms, nennt man das einen „Buffer Underrun". Inzwischen haben vermutlich alle Brenner eine „Buffer-Underrun-Protection", die je nach Hersteller als BurnProof, SafeBurn, JustLink o. ä. bezeichnet wird. Dabei wird die Drehzahl verringert, sobald der Füllstand des RAM-Puffers nachlässt, oder es wird eine Lücke geschrieben. Ob sich ein dermaßen geretteter Rohling später in jedem Gerät abspielen lässt oder ob es zu Wiedergabe-Aussetzern führt, ist unklar.

Prophylaktisch sollten Sie dem PC während des Brennens keine weiteren Höchstleistungen abverlangen. Und wenn Sie die maximal mögliche Brenngeschwindigkeit nur zur Hälfte ausnutzen, braucht der Brenner nur halb soviel Daten pro Sekunde. Außerdem trifft dann der Laser den Rohling mit größerer Präzision. Das erhöht die Lebensdauer der gebrannten Daten.

DVD-RAM

Eine sehr interessante, aber leider wenig bekannte Scheibe ist die DVD-RAM. Statt einer durchgehenden Spirale enthält sie Markierungen, damit jede Position auf der DVD-RAM genau angesteuert werden kann. Diese kleinen Rechtecke kann man mit der Lupe erkennen. Jeder Sektor kann zielgenau erreicht und gelesen werden und sogar einzeln gelöscht und einzeln beschrieben werden. „RAM" in der Bezeichnung der Scheibe bedeutet **R**andom **A**ccess

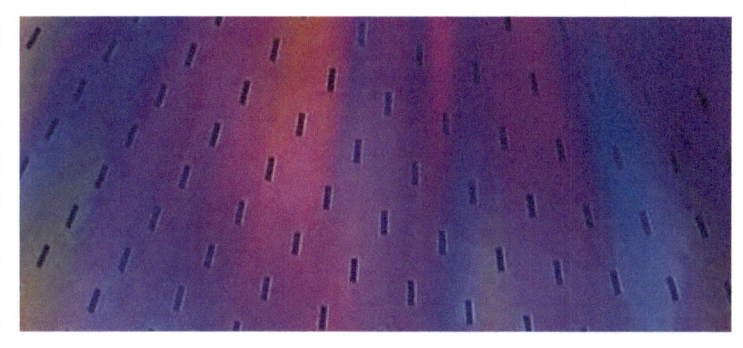

Bild 5.5: Sektormarkierungen auf einer DVD-RAM

Memory, deutsch: „wahlweise ansprechbarer Speicher" – erinnern Sie sich? Lesen und Beschreiben in einer beliebiger Reihenfolge! Eine DVD-RAM kann ähnlich wie eine Festplatte benutzt werden. Es ist sogar möglich, nahezu gleichzeitig zu lesen und zu schreiben. Das wird in manchen Festplattenrecordern für Time-Shift genutzt, die mitunter keine teure Festplatte, sondern ein DVD-RAM-Laufwerk enthalten. Während eine Sendung aufgezeichnet wird, kann man diese Sendung zeitversetzt ansehen und gleichzeitig eine weitere Sendung aufnehmen.

Die Sektormarkierungen eröffnen eine weitere Möglichkeit. Jeder Sektor wird unmittelbar nach dem Beschreiben von der Laufwerkselektronik kontrollgelesen und verglichen. Problematische Sektoren werden als defekt markiert und zukünftig nicht mehr verwendet. Es gibt daher keine unbemerkten Schreibfehler, wie sie bei DVD–RW und DVD+RW auftreten können.

DVD-RAM kommen ohne empfindliche organische Bestandteile in der Datenschicht aus. Das ist ein weiterer Grund für ihre Langzeitstabilität, die um ein Vielfaches besser ist. Die Hersteller geben eine Haltbarkeit von mindestens 30 Jahren an. Allerdings habe ich noch keinen Testbericht eines unabhängigen Labors gefunden, der diese Lebensdauer bestätigt hätte.

Kann Ihr Brenner DVD-RAM beschreiben? Das ist so gut wie sicher. Seit Jahren werden fast ausnahmslos Multifunktionsbrenner verkauft, die jeden CD-Typ als auch jeden Typ DVD schreiben und lesen können.

SPEICHER

Bezeichnungen von DVD-Brennern

In der Werbung steht: „Super Multi Plus Brenner". In der nebenstehenden Tabelle wird erklärt, was das bedeutet: Der Brenner kann „+" und „-" Formate brennen, auch mehrlagige, und auch DVD-RAM beschreiben.

Bezeichnung	Bedeutung
Multi	DVD-R/-RW, DVD+R/+RW
Plus	zusätzlich Double Layer
Super	zusätzlich DVD-RAM

Tab. 5.1: Bezeichnungen von DVD-Brennern

Wievielmal kann man einen Rohling beschreiben?

Unter optimalen Bedingungen angeblich

- 1000 Mal bei DVD-RW und DVD+RW,
- 10 000 Mal bei DVD-RAM, wenn mit 8x Geschwindigkeit gebrannt wird oder
- 100 000 Mal bei DVD-RAM, wenn mit 4x Geschwindigkeit gebrannt wird.

Allerdings erreichen manche Paarungen von Rohling und Brenner nur einen Bruchteil davon.

Bezeichnungen der Scheiben

- Die Scheibe heißt CD, wenn sie Musik enthält und in einem CD-Player abspielbar ist.
- Eine industriell beschriebene Datenscheibe mit unveränderlichen Daten heißt CD-ROM (Compact Disk – Read Only Memory) bzw. DVD.
- Einmalig beschreibbare Scheiben sind die CD–R, DVD–R, DVD+R und BD–R. Das „R" steht für „recordable" (beschreibbar).
- Mehrfach beschreibbar sind die CD–RW, DVD–RW und DVD+RW. Hier steht „RW" für „Read & Write" (Lesen und Schreiben). Mehrmals beschreibbare Blu-ray-Rohlinge werden als „BD-RE" gekennzeichnet (Read & Erase, deutsch: Lesen und Löschen).
- DL steht für Dual Layer (zweischichtig): Zwei Datenebenen übereinander auf einer Seite.

5.3 Unterschiede zwischen CD, DVD und Blu-ray

Der wesentliche Unterschied betrifft die Abstände zwischen den Spuren sowie zwischen den Bits innerhalb der Spur. Eine DVD hat im Vergleich zur CD einen halb so großen Abstand zwischen den Spuren sowie den halben Abstand der Bits innerhalb der Spur, wodurch die höhere Kapazität erreicht wird. Blu-ray hat noch kleinere Abstände zwischen den Pits und den Spuren. Die DVD-Laser können den Strahl nicht klein genug bündeln, nur kurzwellige, blaue Laser sind dazu in der Lage. Andererseits ist der Lichtpunkt des blauen Lasers zu klein für die „groben" Strukturen von CD und DVD. Deshalb hat jedes Blu-ray-Laufwerk einen zweiten Laser für CD und DVD.

Die Kapazität einer CD-ROM beträgt 640, 700 oder 800 MB, was für 72, 80 oder 99 Minuten Musik reicht. Die heute üblichen CD-Rohlinge haben meist eine Kapazität von 700 MB = 80 Minuten Musik.

Eine einfache DVD (DVD-5) hat eine Kapazität von 4,7 GB. Es gibt zwei Möglichkeiten, die Kapazität zu erhöhen: mehrere Schichten übereinander und/oder die Benutzung von Ober- und Unterseite.

- Zweiseitige DVDs werden im Presswerk aus zwei einseitigen DVDs zusammengeklebt. Zum Lesen beider Seiten muss die DVD gewendet werden. Zweiseitig beschreibbare Rohlinge gibt es nicht.

CD	0,64 GB	Einseitig	1 Schicht
CD	0,70 GB	Einseitig	1 Schicht
CD	0,80 GB	Einseitig	1 Schicht
DVD-RAM	4,70 GB	Einseitig	1 Schicht
DVD-RAM	9,40 GB	Zweiseitig	1 Schicht
DVD-5	4,70 GB	Einseitig	1 Schicht
DVD-9	8,50 GB	Einseitig	2 Schichten
DVD-10	9,40 GB	Zweiseitig	1 Schicht
DVD-18	17 GB	Zweiseitig	2 Schichten
DVD-plus	5,38 GB	Hybrid	1 Schicht
Blu-ray	≈ 25 GB	Einseitig	1 Schicht
Blu-ray	≈ 50 GB	Einseitig	2 Schichten
Blu-ray	100 GB	Einseitig	3 Schichten
Blu-ray	128 GB	Einseitig	4 Schichten

Tab. 5.2: Kapazitäten von CD, DVD und BD

SPEICHER

- Bei einer zweischichtigen DVD (**D**ual **L**ayer) liegen zwei Aufzeichnungsebenen übereinander. Zuerst wird die äußere (untere) Ebene beschrieben, anschließend die innere. Zum Schreiben und Lesen der zweiten Ebene wird der Laser schräg gestellt, um durch die Lücke zwischen den oberen Spuren auf die untere Ebene zu blicken. Die untere, versteckte Schicht hat nur eine reduzierte Kapazität von 3,8 GB, plus 4,7 GB der oberen Schicht ergibt 8,5 GB pro Seite.

Haben Sie schon einmal durch einen Maschendrahtzaun fotografiert? Wenn man nah genug am Zaun ist, sieht man die Maschen nicht auf dem Foto. Ähnlich funktionieren mehrschichtige Datenträger. Bei Blu-ray ist der Laser äußerst dicht an die Scheibe herangerückt, so kann er sehr genau auf die gewünschte Lesetiefe eingestellt werden. Außerdem wird der Laser schräg gestellt. Der Hersteller Pioneer testet BDs (**B**lu-ray-**D**isks) mit 16 übereinander gestapelten Schichten.

Ein interessantes Detail zu den Dual Layer DVDs: Wenn es sich um eine Daten-Disk handelt, werden beide Schichten von innen nach außen gelesen. Bei einer Video-DVD wird die äußere Schicht von innen nach außen gelesen und dann die innere Schicht von außen nach innen, um die Umschaltpause zu minimieren.

DVD-plus, Sony nennt sie „DualDisk", bestehen aus einer DVD-5 und einer CD mit 682 MB Kapazität, die zusammengeklebt sind. Diese Scheiben sind etwas dicker als die normalen 1,2 mm. Verwenden Sie diese nicht in Slot-In-Laufwerken (Laufwerken mit Einzugsschlitz), sie könnten das Laufwerk beschädigen!

Kompatibilität

Industriell gefertigte DVDs lassen sich auf jedem Gerät wiedergeben. Selbstgebrannte CDs und DVDs, gleichgültig welchen Typs, lassen sich in jedem Computerlaufwerk lesen, doch mit DVD-Playern gibt es mitunter Probleme. Zum Teil werden Laufwerke eingebaut, die nicht alle Standards beherrschen. DVD-RAM, DVD+R und mehrmals beschreibbare DVD werden in Playern nicht immer erkannt. Mit DVD-R haben Sie die größte Erfolgschance.

Manchmal sind die Rohlinge von schlechter Qualität. Vor dem Kauf einer größeren Menge Rohlinge sollte man Testberichte in Fachzeitschriften lesen oder eigene Tests durchführen. Andererseits kann man sich auf die Tests nicht vollständig verlassen. Die großen Hersteller haben Fabriken in mehreren Ländern mit unterschiedlich stark verschlissenen Fließbändern, die alle unter dem gleichen Label produzieren. Getestet wurde z. B. eine Charge aus Indonesien, doch eine Woche später liegt die Charge aus Pakistan in den Läden, die vielleicht eine schlechtere Qualität hat.

Spezielle Kompatibilitätsprobleme bei Blu-ray

Die BD-J-Spezifikation für Blu-ray ist leider kein Standard im üblichen Sinne. Die Produzenten haben sich gegenseitig viele Freiheiten zugestanden, wie sie ihre BD gestalten dürfen. Die Vereinbarung zwischen den Mitgliedern der Blu-ray Disk Association erlaubt:

- 3 Video-Codecs
- 5 Audio-Codecs
- 2 Authoring-Formate
- 2 Kopierschutzverfahren
- 3 Formatrevisionen

Das ermöglicht 3 × 5 × 2 × 2 × 3 = 180 mögliche Kombinationen. Die meistverwendeten Kombinationen sollten auf jedem BD-Player und mit jedem Abspielprogramm funktionieren. Einblendbare Kommentare (Picture in Picture), Online-Funktionen (BD-Live) und andere Gimmicks verursachen Probleme. Cyberlink, der Hersteller der Software „Power-DVD-Player", kauft deshalb jeden neuen BD-Film, um die Power-DVD-Software zu testen und gegebenenfalls zu überarbeiten. Andere Hersteller müssen vermutlich einen ähnlichen Aufwand treiben. Deshalb sind Software-Updates sowie Firmware-Updates für DVD-Player unverzichtbar. Dabei kann es auch einmal einige Wochen dauern, bis sich ein gerade gekaufter Film abspielen lässt.

5.4 Beschriftung oder Aufkleber?

Aufkleber für CD und DVD sind aus mehreren Gründen nicht empfehlenswert:

- Bei der hohen Drehzahl sind selbst kleine Unwuchten kritisch und können die CD unlesbar machen und zu hohem Verschleiß des Laufwerks führen.
- Alterung oder Hitze können zu Luftblasen unter dem Label führen. Das Label kann sich ablösen und dabei das Laufwerk beschädigen. Besonders bei Hitze (im Sommer im Auto!) ist die Gefahr groß.
- Bei billigen Etiketten können Lösungsmittel im Kleber das Polycarbonat-Trägermaterial angreifen. Feuchtigkeit dringt ein und die silberne Reflexionsschicht korrodiert.
- Die Scheibe erwärmt sich im Laufwerk. Wegen der verschiedenen Wärmeausdehnungskoeffizienten von Papier und Plaste verzieht sie sich. Vereinzelt gibt es DVD-Aufkleber aus Plastefolie, die einen ähnlichen Wärmeausdehnungskoeffizienten wie die Scheibe hat. Erfahrungen dazu habe ich nicht.
- Auf einer DVD ist ein Aufkleber noch weniger ratsam als auf einer CD. Die sechsfach höhere Datendichte macht die DVD deutlich empfindlicher gegen Unwuchten als eine CD.

Generell sollte man den Datenträger zuerst brennen und erst danach beschriften oder bedrucken.

In zwei Fällen sollte man unbedingt auf Etiketten verzichten: Wenn die Scheibe hohen oder niedrigen Temperaturen ausgesetzt sein wird (Auto, Strand) oder wenn sie eine längere Lagerung überstehen soll.

Falls man die Scheibe von Hand beschriften will, gibt es spezielle „CD-Marker" im Handel. Faserschreiber von Markenherstellern sind ebenfalls geeignet. Nicht zu kräftig aufdrücken, die Oberfläche ist höchst empfindlich! Kugelschreiber oder andere harte Gegenstände sind absolut tabu. Bevor Sie eine alte CD wegwerfen, machen Sie doch einen kleinen Versuch. Machen Sie mit einem Kuli ein paar Striche (kräftig aufdrücken!), und sehen Sie sich dann die Unterseite an! DVDs sind weniger empfindlich.

Neue Techniken wie „Lightscribe" oder „Laserflash" verwenden den vorhandenen Laser zur Beschriftung. Nach dem Brennen der Daten wird die Scheibe gewendet und mit der Beschriftungsseite nach unten ins Laufwerk eingelegt. Der Laser braucht fünf bis zwanzig Minuten, um die Beschriftung in die Oberseite zu brennen. Die Beschriftung erfolgt einfarbig mit bis zu 256 Helligkeitsabstufungen.

Manche Tintendrucker haben eine Spezialzuführung, um Rohlinge bedrucken zu können. Dafür benötigt man spezielle beschichtete Rohlinge mit einer weißen mattierten Oberfläche, die etwas teurer sind.

Bei normalem Papier wird ein Teil der Tinte in die Tiefe gesaugt, bei Rohlingen nicht. Ebenso wie bei Glossy-Fotopapier sollte man deshalb die Tintenmenge reduzieren: Über die „Farbsättigung" des Druckertreibers, mit der Einstellung „Premium Surface" oder notfalls über Farbkorrektur/Helligkeit. Andernfalls kann die Trocknung einen ganzen Tag oder länger dauern.

5.5 Geschwindigkeiten

Was bedeutet die Angabe „DVD±R 22x   DVD±RW 8x" ?

Die CDs wurden ursprünglich für die Speicherung von Musik entworfen. Um ein gleichmäßiges Abspielen zu erreichen, ist auf jedem Zentimeter der Spur die gleiche Musikdauer gespeichert. Weil aber die äußere Spur etwa 2,5 Mal länger als die Innenspur ist, muss die Drehzahl variieren, um eine gleichmäßige Datenübertragungsrate zu erreichen. Das Abspielen einer Audio-CD beginnt innen mit 520 Umdrehungen pro Minute. Der Lesekopf bewegt sich ganz gemächlich nach außen. Dabei verringert sich die Drehzahl allmählich bis auf etwa 210 U/min. Deshalb taugen Drehzahlangaben nicht zum Vergleich der Leistung.

Als Maß für die Geschwindigkeit gilt die „einfache Geschwindigkeit". Sie wird anhand der Datenübertragungsrate festgelegt: Eine Musik-CD liefert 150 kByte/s, während es eine Film-DVD auf 1350 kByte/s bringt (das ist genau das 9-fache wie bei einer Musik-CD).

Ein DVD-Laufwerk mit 4-facher Geschwindigkeit kann also die Daten ebenso schnell wie ein CD-ROM-Laufwerk mit 4 x 9 = 36-facher Geschwindigkeit brennen.

Wie schnell ein Laufwerk brennen kann, wird von der Leistung und Präzision des Lasers begrenzt. Bei höherer Geschwindigkeit steht weniger Zeit zur Verfügung, um die kleinen Pits zu brennen. Beim Lesen kann eine erheblich höhere Drehzahl benutzt werden.

„DVD±R 22×, DVD±RW 8×, CD-R 48×, CDRW 32×" gibt an, wie schnell das Brennen möglich ist:

- einmal beschreibbare DVD-R und DVD+R können mit 22-facher Geschwindigkeit gebrannt werden,
- wiederbeschreibbare DVD (DVD-RW und DVD+RW) mit 8-facher Geschwindigkeit,
- einmal beschreibbare CD mit 48-facher Geschwindigkeit,
- wiederbeschreibbare CD mit 32-facher Geschwindigkeit.

Lesegeschwindigkeit

Ob ein Laufwerk beim Brennen schnell oder langsam ist, hat beim Abspielen eines Films oder eines Musikstücks keine Bedeutung: Es wird immer mit 1-facher Geschwindigkeit gelesen. Wenn Sie ein Programm von einer DVD installieren, spielt die Geschwindigkeit des Laufwerks keine große Rolle. Doch wenn Sie eine DVD mit einem Lexikon, einem Telefonbuch oder einem Routenplaner einlegen, sind zwei Faktoren wichtig:

1. Der Lesekopf braucht 50 bis 100 ms, um die gewünschte Spur zu erreichen. Es dauert viel länger als bei der Festplatte, weil der Brennlaser relativ schwer ist.
2. Die Scheibe muss sich sehr schnell drehen, um eine hohe Datentransferrate zu erreichen.

Wenn Sie sehr viel Platz auf der Festplatte haben, kann man bei manchen Programmen während der Installation auswählen, ob die Daten von der DVD (fast) komplett auf die Festplatte kopiert werden sollen. Dann brauchen Sie zukünftig keine Scheibe mehr einlegen, und das Lesen von Festplatte erfolgt deutlich schneller.

Wie schnell ein Laufwerk positioniert, kann man Testberichten entnehmen. Es werden Drehzahlen bis 10 000 U/min erreicht, was einer Umfangsgeschwindigkeit von 225 km/h entspricht. Zum Vergleich: Ein Automotor erreicht bei Vollgas im Leerlauf etwa 7 000 rpm (**r**otations **p**er **m**inute, deutsch: Umdrehungen pro Minute). Wie gut, dass die Scheiben außen keine Sägezähne haben und sich die Schublade normalerweise erst öffnet, wenn die Scheibe stillsteht!

Für jede Sorte von Rohlingen hat der Hersteller eine maximale Schreibgeschwindigkeit festgelegt, die auf der Verpackung aufgedruckt und auf dem Rohling kodiert ist. Der Brenner liest diese Info und prüft dann, ob der Rohling tatsächlich dieser Geschwindigkeit gewachsen ist, indem er in einem reservierten Bereich am Innenrand einige Probe-Zentimeter brennt. Für manche DVD gilt eine Mindestbrenngeschwindigkeit.

Es muss nicht unbedingt der schnellste Brenner aus dem Vergleichstest sein. Ein Brenner aus dem Geschwindigkeits-Mittelfeld ist günstiger und reicht vermutlich auch. Ein DVD-Brenner braucht bei 4-facher Geschwindigkeit 15 Minuten für eine volle DVD (wobei nicht jede DVD randvoll ist), mit 8-facher Geschwindigkeit noch 8 Minuten, mit 16-facher noch 6 Minuten. Sie sehen, die Zeitersparnis ist nicht groß. Berücksichtigen Sie außerdem: Rohlinge für hohe Brenngeschwindigkeiten sind teurer.

Externe Brenner

Interne DVD-Brenner werden in Komplett-PCs und in Notebooks kaum noch eingebaut. Ein externer Brenner ist vor allem dann sinnvoll, wenn Sie ihn im Wechsel für mehrere PCs verwenden wollen oder wenn Sie ein Notebook ohne DVD-Laufwerk haben. Einbau-Laufwerke sind geringfügig billiger (weil das Gehäuse wegfällt). Ein Laufwerk einzubauen ist nicht schwer, das kann jeder selbst tun.

Für Brenner der Mittelklasse ist die USB 2.0-Schnittstelle schnell genug: USB 2.0 schafft eine reale Datenübertragungsrate von 40 MByte/s, dividiert durch 1,35 MByte/s (die 1-fache DVD-Geschwindigkeit) ergibt 29-fache Geschwindigkeit. Berücksichtigt man eine Sicherheitsreserve, können also DVDs bis 16-facher Geschwindigkeit mit einem USB-Brenner gelesen und geschrieben werden. Wenn das nicht reicht, brauchen Sie eine USB 3 Schnittstelle für PC und Brenner.

5.6 Datensicherheit

Die Hersteller testen ihre Brenner mit bis zu 50 Rohling-Typen. Sie speichern die Messdaten in der Firmware und können dann diese Rohlinge mit optimierten Einstellungen brennen. Auf der Support-Webseite des Herstellers finden Sie die Liste, für welche Rohlinge der Brenner optimiert ist. Bei unbekannten Rohlingen wird ein Testbereich gebrannt und analysiert, um die Einstellungen zu ermitteln.

Fehlerkorrektur

Realistisch betrachtet lassen sich kleinste und größere Kratzer nicht vermeiden. Deshalb werden die Daten in mehreren Stufen mit zusätzlichen Fehlerkorrekturbits versehen. In der ersten Stufe werden je acht Bit mit sechs redundanten Bits ergänzt. 24 dieser 14-Bit-Bytes werden zu Fehlerkorrektur-Rahmen zusammengefasst und um vier Paritätsbyte ergänzt. Diese Rahmen werden untereinander vermischt, d. h. ursprünglich aufeinanderfolgende Byte liegen nun zwei Zentimeter auseinander. Warum? Ein größerer Kratzer wirkt dadurch wie viele winzige auf den Umfang verteilte Kratzer, die leichter korrigiert werden können.

Dann werden weitere Paritätsbytes hinzugefügt und und und ... Meine Beschreibung ist stark vereinfacht. Das Verfahren basiert auf dem „Reed-Solomon-Code" (der auch bei Mobilfunk und DSL zum Einsatz kommt) und wurde 1980 in den Standards „Red Book" und „Yellow Book" von Philips und Sony beschrieben.

Insgesamt ist fast die Hälfte einer CD mit Fehlerkorrekturbits gefüllt. Diese Redundanz macht es möglich, einen **einzelnen** radialen Kratzer von 2,4 mm Breite (3500 aufeinanderfolgende Bits) automatisch zu korrigieren, oder mehrere kleinere Kratzer.

Qualität der Rohlinge

Sie hängt von der gleichmäßigen Verteilung des Farbstoffs und der Präzision der Führungsrille ab. Wenn die Fertigungsmaschinen gestartet werden – nach Wartungsarbeiten oder Schichtwechsel – entstehen einige tausend minderwertige Rohlinge, bis die Maschinen optimal justiert sind. Die drittklassigen Rohlinge werden entsorgt, die zweitklassen werden als No-Name-Material unter einem Phantasienamen billig verkauft.

Kratzer und andere Schäden

In der Beschichtung gibt es stets kleine Abweichungen. Gleich nach dem Beschreiben gibt es bereits die ersten „schwächelnden" Sektoren. Viele Fachzeitschriften ermitteln und vergleichen die „Rohfehlerrate" von Brennern. Im Laufe der Zeit kommen dann noch die Kratzer auf den Scheiben dazu. Die Elektronik des Laufwerks erkennt Lesefehler und korrigiert kleine Schäden automatisch. Bei mittelgroßen Schäden werden mehrere Leseversuche unternommen. Manche Brenner führen jeden Leseversuch mit der halben Drehzahl des vorhergehenden Versuches durch. Gelingt die Korrektur auch bei der geringsten Drehzahl nicht, wird ein Lesefehler gemeldet.

Allerdings gibt es seltene Ausnahmen: Mitunter ist das Fehlermuster so speziell, dass die Korrektur fehlschlägt, aber die Korrekturelektronik hält den Fehler für repariert. Das Ergebnis: Ein Programm lässt sich partout nicht installieren oder stürzt ständig ab, obwohl Sie bei der Installation keine Fehlermeldung bekommen haben.

Die Scheibe reinigen

Ist die Scheibe verstaubt, verschmutzt oder verfettet, legt man die CD oder DVD zur Reinigung auf eine ebene, weiche Unterlage und wischt sie vorsichtig von innen nach außen mit einem staubfreien Tuch ab.

Es kann auch ein alkoholgetränktes Tuch (Brillenputztuch) oder ein feuchtes Tuch sein. Fensterreiniger und Spülmittel sollen ebenfalls geeignet sein. Lassen Sie die Scheibe vor der Benutzung gründlich trocknen, aber ohne Hitzeeinwirkung. Unterwegs kann man sie auch mal an einem Baumwollhemd abwischen. Vorsicht! Niemals mit kreisförmigen Bewegungen reinigen, sondern immer radial. Kreisförmig verlaufende Kratzer können eine sehr lange Strecke einer Spur zerstören, was die Korrekturelektronik vor eine besonders schwere Aufgabe stellt.

Ist der Brenner in Ordnung?

Wenn eine Scheibe Probleme macht, gibt es im Wesentlichen zwei mögliche Ursachen:

1. Die Schwachstelle am Laufwerk ist die optische Linse, welche – ähnlich wie der Bildschirm eines Röhren-Fernsehers – Staub, Kondensat und Nikotin geradezu anzieht. Diesen Schmutz entfernt man am besten von Zeit zu Zeit mit Pressluft. Eine Reinigungs-CDs ist oft hilfreich, mitunter wird aber die Linsenführung verbogen oder das Öl der Führungsschienen auf die Linse geschmiert.
2. Die Linse wird im Betrieb sehr warm. Durch thermische Mikrorisse wird die Linse nach einigen Jahren trüb, unabhängig vom Staubanfall. Glaslinsen sind langlebiger, aber Linsen aus Plaste werden wohl häufiger verbaut, weil sie billiger sind.

Beide Ursachen können gleichzeitig wirken. Die Reinigung bringt nicht immer eine Verbesserung. Wenn Sie öfter Probleme haben und Ihr Laufwerk schon älter ist, sollten Sie statt eines Reinigungssets für 10 Euro lieber ein neues Laufwerk kaufen. Ein DVD-Brenner kostet etwa 15 Euro, ein BD-Brenner etwa 65 Euro.

Wenn Sie sowohl ein Lese-Laufwerk als auch einen Brenner haben, sollten Sie zum Lesen vorrangig das Lese-Laufwerk verwenden. Das höhere Gewicht des Brenn-Lasers führt zu einem schnelleren Verschleiß der Mechanik, und aus dem gleichen Grund ist der Brenner vermutlich auch langsamer beim Lesen. Andererseits kommt der Brenner oft besser mit der Fehlerkorrektur mangelhafter Scheiben zurecht.

Langzeit-Lagerung von optischen Medien

Industriell gefertigte Scheiben sind sehr lange haltbar, denn die Daten werden mechanisch in die Scheibe gepresst. Für eigene Aufzeichnungen sind DVD-RAM eindeutig die beste Wahl. Allerdings sind DVD-RAM-Scheiben etwas teurer als DVD-RW.

DVD±R und DVD±RW sind weniger haltbar als DVD-RAM, weil die Aufzeichnung auf chemischen Prozessen basiert (die Aufzeichnungsschicht besteht aus organischen, hochkomplexen Molekülen). Das Material verfärbt sich vor allem durch die Hitze des Brenn-Laserstrahls. Allerdings verfärbt sich die Datenschicht auch bei geringeren Temperaturen und durch Lichteinwirkung. Besonders gefährlich ist das energiereiche ultraviolette Licht. Auf einem Schreibtisch am Fenster kann praller Sonnenschein eine DVD in einigen Tagen vernichten, indirektes Licht in einigen Wochen. Langanhaltende Feuchtigkeit ist ebenfalls gefährlich: Wenn die Feuchtigkeit zwischen die Schichten eindringt, kann es das Ende der Daten bedeuten.

Ein weiteres Problem sind die verwendeten Kunststoffe. Einige Bestandteile gasen aus, und das Polycarbonat, das Trägermaterial, wird selbst bei normaler Lagerung spröde.

Es ist nicht ungewöhnlich, dass einige selbstgebrannte DVDs nach ein bis zwei Jahren nicht mehr fehlerfrei gelesen werden können. Viele Untersuchungen geben zwar eine Haltbarkeit von dutzenden Jahren an, aber fast alle derartigen Tests werden von den Rohlingsherstellern bezahlt und setzen ideale Lagerbedingungen voraus. Können Sie die Scheiben bei einer Temperatur von 4 °C bis 25 °C ohne Temperaturschwankungen, bei 20 % bis 50 % Luftfeuchtigkeit und in völliger Dunkelheit aufbewahren?

Die Hersteller experimentieren mit einer großen Anzahl verschiedener Farbstoffverbindungen. Deshalb sind allgemeingültige Angaben zur Haltbarkeit schwierig. Die Stiftung Warentest hat in einer umfangreichen Testreihe festgestellt, dass die meisten einmal beschreibbaren Rohlinge eine miserable Lichtbeständigkeit haben, während die RW-Rohlinge höchst empfindlich gegen Wärme und Kälte sind. Da eine Lagerung bei konstanter Temperatur in der Wohnung kaum möglich ist, vor allem im Sommer, sind DVD-R und DVD+R bei Lagerung im Dunkeln die beste Wahl. Allerdings: Die teuren DVD-RAM sind weit langlebiger.

Was sollten Sie sonst noch beachten, wenn Sie eine längere Lagerung planen?

- Ordnen und sortieren Sie Ihre Daten. Je kleiner die zu archivierenden Datenmengen, desto wahrscheinlicher gelingt es Ihnen, die benötigten Daten wiederzufinden.
- Vielleicht sollten Sie den einen oder anderen Ordner umbenennen, damit deutlicher wird, was er enthält. Bei manchen Ordnernamen kann es sinnvoll sein, sie um eine Jahreszahl zu ergänzen.
- Verfassen Sie ein Verzeichnis und/oder eine Beschreibung, wo welche Daten sind und wie diese geordnet sind. Sonst könnte die Suche nach einem Text, dessen Dateinamen Sie nicht mehr wissen, zehn Jahre später zu einem Albtraum werden.

- Verwenden Sie Markenmaterial.
- Verwenden Sie Rohlinge mit einem speziellen UV-Schutz.
- Kaufen Sie Rohlinge mit harter, kratzfester Oberfläche.
- Lagern Sie die DVD stehend, nicht waagerecht oder in einer Spindel. Ein „Jewel Case" ist optimal.
- Fachzeitschriften verwenden praktische, platzsparende Hüllen aus Plastefolie, Papier oder Pappe. Doch für eine Langzeitlagerung sind sie nicht geeignet. Nichts sollte die Oberfläche der DVD berühren.
- Brennen Sie die Rohlinge nicht mit der höchsten Geschwindigkeit. Die Hälfte der maximal möglichen Geschwindigkeit bringt bessere Ergebnisse.
- Machen Sie Pausen, lassen Sie den Brenner nicht zu heiß werden.
- Von allen wichtigen Daten sollten Sie eine zweite Kopie haben. Verwenden Sie möglichst einen Rohling eines anderen Herstellers – Ihre Lieblingsmarke könnte einer weniger guten Charge entstammen.
- Lagern Sie die zweite Kopie außer Haus für den Fall von Einbruch, Feuer oder Überschwemmung.
- Schalten Sie hin und wieder das Kontrolllesen nach dem Brennen ein.
- Testen Sie mindestens jährlich, ob Ihr Brenner noch kompatibel zu anderen ist: Probieren Sie mit dem Laufwerk eines zweiten PCs, ob sich Ihre frisch gebrannte DVD vollständig lesen lässt.
- Kopieren Sie das Wichtigste nach zwei bis drei Jahren auf einen neuen Datenträger.
- Drucken Sie die unersetzlichsten Texte und Fotos aus. Papier ist haltbarer als sämtliche optischen oder magnetischen Medien. Ein verblasstes oder beschädigtes Dokument ist noch nutzbar, während ein einziges defektes Bit ein ganze Datei unbrauchbar machen kann.
- Aus zwei Gründen sollten Sie die Daten nicht zu komprimierten Archiven zusammenfassen. Bei einem einzigen Bitfehler in einem Archiv sind meist alle enthaltenen Dateien gemeinsam verloren. Sind die Dateien einzeln gespeichert, verliert man nur eine Datei. Zweitens wird die Redundanz durch Komprimierung auf etwa Null verringert. Doch ohne Redundanz sind Fehlerkorrekturalgorithmen machtlos.

Umgekehrt: Erhöht man die Redundanz, kann die Lebensdauer der Aufzeichnung deutlich gesteigert werden. Brennern der Firma LG liegt ein Programm „SecurDisk" bei. Wer einen Brenner einer anderen Firma hat, kann das Programm DVDISASTER von http://dvdisaster.net/de/index.html kostenlos herunterladen. Diese Programme nutzen einen Teil der Kapazität des Rohlings, um zusätzliche Fehlerkorrekturdaten zu speichern. Mit deren Hilfe sind Daten auch dann noch mit einer hohen Wahrscheinlichkeit wiederherstellbar, wenn der Datenträger bereits Lesefehler verursacht. Die Sicherheitsstufe der Fehlerkorrektur ist einstellbar, mindestens 15 Prozent der Kapazität des Rohlings werden benötigt. Um die DVD zu lesen, muss das DVDISASTER installiert sein. Sicherheitshalber sollten Sie auch eine Kopie des Programms aufheben, falls das Programm in zwei Jahren nicht mehr im Internet zu finden ist.

Entsorgung und Vernichtung

Polycarbonat ist ein wertvoller Rohstoff und gut für das Recycling geeignet. Alte CDs und DVDs aus Zeitschriften kann man auf einer Spindel sammeln und in vielen Elektronikmärkten oder Sammelstellen abgeben. Bei Scheiben mit persönlichen Daten zerkratzt man die Oberfläche mit einem Messer oder Schraubendreher. Anschließend halbiert man die Scheibe mit einer kräftigen Schere und entsorgt die Hälften zu ausreichend weit auseinander liegenden Zeitpunkten. Für besonders kritische Daten (Patientenlisten, Geschäftsberichte) zerschneidet man die Scheiben in kleinere Stücke, am besten mit einem CD-Schredder. Für den Hausgebrauch gibt es preiswerte CD-Schredder mit Handkurbel. Man kann die Scheiben auch zerbrechen, aber dazu sollte man sie vorsichtshalber in eine Tüte stecken, denn die entstehenden Splitter sind sehr spitz und erreichen eine große „Sprungweite". Schützen Sie die Augen!

5.7 Langlebige optische Medien

5.7.1 M-Disk: tausend Jahre haltbar?

Seit 2011 gibt es die „M-Disk"-Rohlinge. Die organische Schicht, die in den herkömmlichen Rohlingen die Daten speichert, wird bei der „M-Disk" durch eine anorganische, metallhaltige, „gesteinsähnliche" Schicht ersetzt. Diese Schicht ist gegen Sauerstoff, Stickstoff und Wasser beständig.

Tests nach der Branchennorm ISO/IEC 10995 ergaben eine mittlere „Lebenserwartung" von 1332 Jahren. Es gibt eine gewisse Streuung (Gaußsche Glockenkurve), doch mindestens 95 % der Datenträger halten 667 Jahre ohne Datenverlust durch. Geworben wird mit „mindestens 1000 Jahre Haltbarkeit". Auf der Website http://millenniata.com/ wurde gezeigt, dass die M-Disk flüssigen Stickstoff und kochendes Wasser übersteht. Diverse Institutionen, darunter das US-Militär und die USGS (die US-Geologen – die verstehen etwas von Gesteinen), haben die M-Disk geprüft und der 1000-Jahr-Prognose des Herstellers nicht widersprochen. Vielleicht werden die 1000 Jahre nicht ganz erreicht und auch kaum benötigt, doch eine kleine Sicherheitsreserve ist beruhigend.

Zum Beschreiben wird ein Brenner mit extrem starkem Laser benötigt, der bei 500 °C Mikrolöcher in die Oberfläche brennt. Das ist gewissermaßen die moderne Methode, Informationen in Stein zu meißeln. Anfangs war LG die einzige Firma, die geeignete Brenner herstellt. Inzwischen haben weitere Firmen diese Technologie lizensiert. Auf www.mdisc.com/m-ready/ finden Sie eine Liste der kompatiblen Laufwerke. Eine gebrannte M-Disk wird in optischen Laufwerken jedes Herstellers gelesen.

M-Disk-Rohlinge als DVD mit 4,7 GB kosteten im Zehnerpack etwa 25 Euro und sind kaum noch erhältlich. Als Blu-ray-Rohlinge gibt es sie von mehreren Herstellern: 5 BD-Rohlinge mit 25 GB kosten etwa 20 Euro, mit 100 GB etwa 50 Euro.

Mehr dazu: http://www.computerbase.de/news/2011-08/m-disc-verspricht-1.000-jahre-datenbestaendigkeit/

5.7.2 Sandisk Memory Vault

Die Firma Sandisk hat im Jahr 2011 einen Speicherstick „Sandisk Memory Vault mit Chronolock-Technologie" herausgebracht, *„der die kostbarsten Erinnerungen in Originalqualität **bis zu** 100 Jahre speichern kann"*. „Kann", wohlgemerkt. „bis zu", wohlgemerkt. Das ist nur Werbe-Blabla. Sicher ist: Wenn in 20 Jahren meine Daten weg sind, bekomme ich als Garantieleistung bestenfalls einen neuen Rohling, aber keine Datenrettung.

Viel interessanter ist die Methode, wie die Lebensdauer ermittelt wurde. Das ist genau beschrieben auf http://forums.sandisk.com/t5/All-SanDisk-USB-Flash-Drives/Technology-amp-Life-Testing/td-p/245746. Es wurden 30 Sticks in 336 Stunden (das sind 14 Tage) bei 125 °C getestet. Daraus wurde mit der Arrhenius-Gleichung eine Lebensdauer von durchschnittlich 104 Jahren ermittelt. Berücksichtigt man die Streuung, bedeutet es: Die Hälfte der Sticks versagt vor Erreichen von 104 Jahren, die andere Hälfte hält länger als 104 Jahre durch. Wenn Sie einen Stick kaufen, erreicht er 100 Jahre mit einer Wahrscheinlichkeit von etwas mehr als 50 %. Was für eine dreiste Werbelüge, von „bis zu 100 Jahren" zu sprechen!

Darüber hinaus will es mir nicht einleuchten, dass sich die vielfältigen Ursachen, die zu einem Ausfall führen können, mit einer einzigen Formel berücksichtigen lassen. Dass man nur 30 Sticks nur 14 Tage lang getestet hat, verstärkt mein Vertrauen auch nicht. Was mich aber äußerst beunruhigt: Es ist anzunehmen, dass alle Hersteller diese Gleichung benutzen, um die Lebensdauer von Festplatten, DVDs und anderen Datenträgern zu prognostizieren.

Die Speicher wurden wohl nur in den USA und bei eBay verkauft. Sie sind heute nicht mehr erhältlich.

5.7.3 Andere Technologien

Die Firma Mitsui bietet spezielle goldbeschichtete Rohlinge für die Langzeitarchivierung an. Mitsui gibt für Gold-DVD eine Haltbarkeit von 100 bis 300 Jahren an.

Ein gemeinsames Projekt „Silica" von Microsoft und Warner Bros arbeitet an der Speichung von Spielfilmen. Dreidimensionale Pixel in 100 Lagen übereinander in einer zwei mm dünnen Glasscheibe überstanden kochendes Wasser, Mikrowelle und Bearbeitung mit Stahlwolle und sollen mehrere Jahrhunderte überstehen. Die Daten werden mit Laserstrahlen gelesen. Noch fehlt es an massentauglichen Geräten zum Lesen und Schreiben der Daten.

5.8 Lohnt sich Blu-ray?

Im Sommer 2011 wurden erstmals mehr Blu-ray-Player verkauft als DVD-Player. Doch im PC ist Blu-ray selten. 2009 hatten weniger als 4 % aller verkauften PC ein Blu-ray-Laufwerk. 2010 waren es etwa 6 %. Das Statistik-Portal „statista.com" hat die Deutschen gefragt, wer die feste Absicht hat, in den nächsten zwölf Monaten ein Blu-ray-Laufwerk zu kaufen. Der Anteil ist von 1,3 % im Jahr 2010 auf 0,5 % im Jahr 2015 gesunken.

Jahr	2008	2009	2010	2011	2012	2013
Mio	0,12	0,5	1,0	1,4	1,8	1,9

Tab. 5.3: Verkaufte Blu-ray-Player in Deutschland

Warum eigentlich so wenig?

- Für die Datensicherung sind sie nicht optimal. Ein Privatanwender kauft sich lieber eine externe Festplatte, die ist billiger, schneller und flexibler. Für die Datensicherung von Firmen sind 25 oder 50 GB zu wenig und das Brennen dauert zu lange. Auch für Firmen sind Festplattenlösungen günstiger.
- Die Filmindustrie verlangt unangemessen hohe Preise. Im Jahr 2020 kosteten Neuerscheinungen auf DVD 10 bis 40 Euro, ältere Filme 5 bis 15 Euro. Die Firma csmproduction bietet die Herstellung einer Kleinserie von 1000 Blu-ray für nur 88 Cent pro Stück. Was für eine gewaltige Gewinnspanne!
- Wenn ich eine BD einlege, passiert eine Weile nichts, dann kommt eine nicht überspringbare Werbung und ein Hinweis, dass Raubkopierer schlimmer als Kinderschänder sind. Dann folgen noch einige Trailer für Filme, die in ein paar Jahren laufen werden oder die seit einigen Jahren niemand mehr kennt ... und wenn endlich der Film beginnt, habe ich fast schon die Lust verloren, ihn zu sehen.

Um Filme anzusehen, gibt es dank schnellem Internet inzwischen Alternativen. In einer Online-Videothek hat man mit einem Premium-Monats-Abo für 20 Euro Zugriff auf zehntausende Videos und Serien, oder man bezahlt zwei bis fünf Euro pro Film, den man 24 Stunden lang ansehen kann. Bei Amazon Prime gibt es zwar nicht die neuesten Filme, dafür kostet das Jahresabo nur 90 Euro. Ist es ein Wunder, dass der Umsatz von Videos auf DVD von 1300 Mio Euro im Durchschnitt der Jahre 2004 bis 2007 auf 239 Mio im Jahr 2021 gefallen ist? Blu-ray schrumpfte von 29 Millionen Datenträgern im Jahr 2013 auf 26 Millionen im Jahr 2016. Von den 3490 Videotheken des Jahres 2008 sind im Jahr 2021 noch 345 übrig geblieben.

Bedenken Sie auch den schnellen Wechsel der Technologien. Haben Sie noch ein Gerät, um Videokassetten und Schallplatten abzuspielen, oder haben Sie Ihre Sammlung schon weggeworfen? In wie wenigen Jahren werden Sie Ihre Blu-ray-Filmesammlung wegwerfen, weil es keine Abspielgeräte mehr gibt?

In letzter Zeit gibt es eine neue Technologie: „echtes" 3D-Fernsehen. Dem rechten und dem linken Auge werden unterschiedliche Bilder gezeigt, was die benötigte Datenmenge verdoppelt. Ein Spielfilm in 3D passt nicht mehr auf eine DVD. Dadurch könnte der Absatz von Blu-ray-Playern steigen. Ob sich das auf die Ausstattung von PCs auswirkt, ist nicht abzusehen.

In den Kinos hat die Begeisterung für 3D nachgelassen, was nicht nur an den höheren Ticketpreisen liegt. Im Jahr 2012 kamen 41 3D-Filme in die Kinos, 2013 noch 25 und 2017 waren es 31 Filme – unter jährlich 700 Neuerscheinungen kaum erwähnenswert. Wobei 2017 nur ein Realfilm von Anfang an in 3D gedreht wurde, die Kosten sind einfach zu hoch. Drei Filme wurden teilweise in 3D gedreht. Weitere 16 Animationsfilme wurden in 3D produziert. Bei Animationsfilmen ist der Kostenunterschied zwischen 2D und 3D gering.

Einen Boom erlebt die nachträgliche Konvertierung alter Filme in 3D: Mit geringen Herstellungskosten lockt man die Zuschauer ein zweites Mal ins Kino. 23 Filme wurde 2017 in 3D konvertiert.

Speicher

Bei Bildschirmen und Fernsehern geht die Tendenz zur „UHD-4k-Auflösung" mit 3840 × 2160 Pixeln, siehe Tabelle 6.3. Dafür wird die vierfache Datenmenge wie bei HD-Auflösung (1920 × 1080) benötigt. Diese Datenmenge passt nur auf Blu-ray. Auch Videoportale bieten zunehmend die UHD-Auflösung an. Seit April 2016 gibt es erste UHD-Player mit HDR (**H**igh **D**ynamic **R**ange, deutsch: „erweiterter Kontrast"). Filme in dieser Qualität sind außergewöhnlich. Was ist HDR?

Ein **H**igh **D**ynamic **R**ange **I**mage (HDRI), deutsch: Hochkontrastbild, ist ein Bild mit hohem Kontrastumfang. Das Auge kann Helligkeitsunterschiede von mehr als 1 : 100 000 unterscheiden, während Displays und Drucker mit 8 Bit pro Farbe nur mit 256 Helligkeitsstufen pro Farbe darstellen können. Wenn ein Bild sowohl sehr helle und sehr dunkle Bereiche enthält, sind auf Bildschirmen Details in sehr hellen und sehr dunklen Bereichen nicht sichtbar. Kinoprojektoren bewältigen einen etwas besseren Kontrastumfang. Doch wenn Kameramänner extremen Kontrast (z. B. Gegenlichtaufnahmen) nicht vermeiden können, muss das Bild zur Kontrastreduzierung nachbearbeitet werden. Übrigens – auch Tonaufnahmen aus Konzertsälen müssen nachbearbeitet werden, damit man leise Abschnitte hören kann, ohne dass bei anschließenden lauten Tönen die Lautsprecher durchbrennen. Das nennt man „Dynamikkompression".

4k-Bildschirme mit höherem Kontrastumfang sind in Entwicklung. Seit einiger Zeit gibt es Bildschirme und Fernseher mit „Direct-LED": Die Hintergrundbeleuchtung besteht aus vielen LEDs, die einzeln in der Helligkeit steuerbar sind. An dunklen Bildstellen können die LED gedimmt werden.

Im Sommer 2016 gab es etwa 25 Filme auf Blu-ray, auf denen der Kontrastumfang nicht oder nur wenig reduziert worden ist. Eine Blu-ray mit HDR, geeignete Player und Ausgabegeräte ergeben laut Testbericht ein eindrucksvolles Filmerlebnis „mit umwerfender Detailfülle". Dafür sind Blu-rays mit 100 GB Kapazität notwendig, notfalls reichen 50 GB. Auch Computerlaufwerke könnten UHD-HDR abspielen. Ob das zu vermehrtem Verkauf von Computerlaufwerken führt, scheint unwahrscheinlich.

Einen leistungsschwachen PC mit Blu-ray nachzurüsten, ist kaum sinnvoll. Blu-ray stellt hohe Anforderungen an die Rechenleistung des PC und an die Grafikkarte. Die hohe Auflösung erfordert hohe Datentransferraten, und die CPU ist stark ausgelastet mit dem Verschlüsselungsprozess, der illegales Kopieren verhindern soll.

5.9 Die Zukunft optischer Medien

Seit 2010 ist die BDXL mit 100 GB Kapazität im Handel. Hersteller arbeiten an Kapazitäten bis 1000 GB. Ein „Archival Disk" wird von Sony und Panasonic als Nachfolger von Blu-ray entwickelt. Sie soll Kapazitäten von 300, 500 und 1000 GB ermöglichen, bei wesentlich gesteigerter Datenhaltbarkeit. Seit dem Jahr 2017 verkauft Panasonic Archival Disks mit 500 GB Kapazität.

In Deutschland wurden 2005 etwa eine Milliarde CD- oder DVD-Rohlinge verkauft. Im Jahr 2013 waren es nur noch 230 Millionen Rohlinge. Ursache für das allmähliche „Sterben" ist die wachsende Bedeutung von Cloud-Diensten und das Kapazitätswachstum externer Festplatten. Auf einer Terabyte-Festplatte lassen sich mehr als 200 DVDs komplett abspeichern, und mit USB 3.0 geht das richtig schnell. Außerdem gibt es vermutlich keine moderne Software mehr, die sich nicht direkt aus dem Internet installieren lässt. Drei Vorteile sehe ich für die DVD: Wenn Sie Daten auf DVD sichern, kann auch der bösartigste Verschlüsselungstrojaner die Daten nicht mehr zerstören. Und für die Weitergabe von Daten oder die Aufbewahrung von nützlichen Tools und Live-DVDs sind ein paar DVD-Rohlinge erheblich billiger als ein paar USB-Sticks. Und man kann die DVD nutzen, die vielen Computerzeitschriften beiliegen.

Wenn man den PC nicht zum Abspielen von Video- und Musik-DVD benutzt, könnte man mit dem Verzicht auf ein DVD-Laufwerk locker 15 Euro an der Ausstattung seines PCs sparen. Um tatsächlich auf ein Laufwerk zu verzichten, muss man ganz fest glauben, dass man niemals Windows neu installieren muss (Microsoft liefert Windows noch immer auf DVD aus). Dass man niemals mit einer Live-DVD seine Daten retten muss. Und dass man genug Geld hat, einen Fachmann für Datenrettung und Neuinstallation zu bezahlen, wenn der feste Glauben nicht ausgereicht hat, um den PC vor jedem Unglück zu beschützen.

Hat man mehrere PCs, empfehle ich ein gemeinsam genutztes externes USB-DVD-Laufwerk.

5.10 Probleme mit Medien

5.10.1 Was tun, wenn das Laufwerk die Scheibe nicht auswerfen will?

Versuchen Sie nacheinander folgendes:

- Wenn ein Programm auf die DVD zugreift, beenden Sie es. Drücken Sie nun die Auswurftaste.
- Klicken Sie auf „Start" und dann auf „Arbeitsplatz" oder starten Sie den Windows-Explorer. Klicken Sie mit der rechten Maustaste auf das Laufwerkssymbol und dann auf „Auswerfen".
- Fahren Sie den PC herunter und schalten Sie ihn wieder ein. Drücken Sie sofort nach dem Einschalten auf die Auswurftaste.
- Während des nächsten Neustarts die Taste DEL oder F2 drücken oder was auch immer nötig ist, um ins BIOS-Setup zu kommen. Wenn das Laufwerk nach Druck auf die Auswurftaste auch jetzt nicht aufgeht, handelt es sich um ein mechanisches Problem.
- Schalten Sie den PC aus. Biegen Sie eine Büroklammer auf, so gerade wie möglich. Stecken Sie diese in das Notauswurfloch, das sich ganz dicht unter der Schublade befindet. Drücken Sie den Draht gleichmäßig, aber kräftig etwa 4 bis 5 cm weit hinein. Die Schublade öffnet sich um etwa drei Millimeter. Nun können Sie die Schublade mit den Fingerspitzen ganz herausziehen.
- Das Laufwerk ausbauen und aufschrauben ist die letzte Möglichkeit. Der Zusammenbau ist nicht allzu kompliziert, falls das noch sinnvoll ist.

5.10.2 Die CD/DVD/BD lässt sich nicht lesen

Vielleicht ist der Brenner überhitzt?

Falls Ihr Brenner im Gehäuse senkrecht eingebaut ist, sollten Sie den (vorher ausgeschalteten) PC auf die Seite legen. Wenn das Laufwerk waagerecht liegt, könnte die Justierung besser sein. Probieren Sie mit den Laufwerken Ihrer Bekannten, ob eines davon die Scheibe lesen kann. Wenn ja, lassen Sie die Scheibe duplizieren. Bei manchen Brennern liegt die Qualität der Fehlerkorrekturverfahren weit über dem Durchschnitt.

Die Freeware-Programme „Unstoppable Copier", „CloneCD" bzw. „CloneDVD" kopieren von der Scheibe alles, was sich noch lesen lässt. Diese Programme haben einen exzellenten Fehlerkorrekturalgorithmus.

Lesefehler sind oft auf sichtbare Kratzer oder Flecken an der Unterseite zurückzuführen. Die Kratzer sind nur sehr selten tief genug, um die Datenschicht zu erreichen. Doch der Laserstrahl muss zweimal die Polycarbonatschicht durchqueren, um die Daten abzutasten. Wird der Strahl dabei abgelenkt oder geschwächt, sind die Daten nicht lesbar. Was nun? Ein vorsichtiges Abwischen der Unterseite (nicht kreisförmig, sondern von der Mitte nach außen) kann helfen. Bei schlimmen Kratzern gibt es mehrere Möglichkeiten:

- Man kann versuchen, die Scheibe zu polieren. Als Schleifmittel ist weiße Zahnpasta, Silberpolitur, Plastepolitur oder notfalls Autopolitur geeignet, die man auf ein fusselfreies Tuch, z. B. ein Brillenputztuch, aufträgt.
- Tiefere Kratzer kann man versuchen aufzufüllen. Tragen Sie Autowachs oder Möbelwachs auf die ganze Unterseite auf und wischen Sie die Reste mit einem fusselfreien Tuch ab. Die Disc wird in der Zukunft wegen des Weichwachses schadenanfälliger sein.

Bei allen Verfahren kann es passieren, das sich die Lesbarkeit der Daten verschlechtert statt sich zu verbessern. Deshalb sollte man so viele intakte Dateien wie möglich vor dem ersten Reparaturversuch sichern.

Auf der Oberseite einer DVD stören Kratzer nicht, denn bei einer DVD liegt die Datenschicht gut geschützt in der Mitte der Scheibe. Bei einer CD sind Kratzer auf der Oberseite kritisch: Weil sich sich die Datenschicht dicht unter der Oberseite befindet, nur von einem Schutzlack und der Farbschicht des Labels „geschützt", siehe Bild 5.3. Ist eine CD an der Beschriftungsseite zerkratzt, ist das Polieren sinnlos.

6 Ausgabe

6.1 Bildschirm

6.1.1 Auflösung

Der Computer als digital arbeitendes Gerät erzeugt digitale Bilder. Das bedeutet, dass jedes Bild – ob auf dem Bildschirm oder auf einem Ausdruck – aus vielen kleinen Pünktchen besteht. Diese Pünktchen nennt man „Pixel", das ist ein Kunstwort aus „**Pic**ture **El**ement". Wenn die Pixel genügend dicht angeordnet sind, vermag das Auge sie nicht mehr einzeln wahrzunehmen und sie verschmelzen zu einem Gesamteindruck.

Bild 6.1: Bildschirmausschnitt, stark vergrößert

Die Zahl der Punkte pro Längeneinheit bezeichnet man als Auflösung. Bei Druckern gibt man sie als **d**ot **p**er **i**nch (dpi, Punkte pro Zoll) an. 300 dpi (das sind 12 Punkte pro Millimeter) sind das heute übliche Minimum. Einige Drucker schaffen 600 oder 1200 dpi. Dieses Buch wurde mit einer Auflösung von 2400 dpi gedruckt.

Auflösung	Diagonale	ppi
800 × 600	14" (36 cm)	66
1024 × 768	15" (38 cm)	79
1280 × 1024	17" (43 cm)	84
1600 × 1200	19" (48 cm)	96
1920 × 1080	22" (56 cm)	101
1920 × 1200	24" (61 cm)	93

Tab. 6.1: Typische max. Auflösungen von PC-Displays je nach Größe

Bei Bildschirmen wird die Auflösung als **p**ixel **p**er **i**nch (ppi, Pixel pro Zoll) angegeben. In Laufe der Jahre wurden die Bildschirme größer und auch die Auflösung stieg. Die typischen höchsten Auflösungen von Displays je nach Bildschirmdiagonale sind in der Tabelle 6.1 dargestellt. Wenn man die Pixelzahl in der Waagerechten durch die Bildschirmbreite teilt, erhält man die Auflösung in ppi. Das Auge kann in der typischen Leseentfernung von 25 bis 30 cm etwa 300 Bildpunkte pro Zoll unterscheiden – dreimal mehr als ein PC-Bildschirm darstellen kann und ebenso viel wie ein 300-dpi-Drucker (auf gutem Papier, wo die Pixel nicht „ausfransen"). Ist Ihnen nun klar, warum viele Menschen Bücher und Dokumente lieber auf Papier als auf dem Bildschirm lesen, wenn sie die Wahl haben?

Hochauflösendes Fernsehen (HDTV) arbeitet mit 1920 × 1080 Pixeln, auch Kauf-DVDs mit Filmen werden in dieser HD-Auflösung gespeichert. Diese Auflösung ist auch für PC- und Notebook-Displays zum Quasi-Standard geworden. Einige 20"-Bildschirme, die meisten 22"- und wohl alle von 24" und größer erreichen 1920 × 1080 als Maximum. Noch höhere Auflösungen von 2560 × 1440 oder 3840 × 2160 sind noch ungewöhnlich. Aber selbst diese Auflösungen sind noch weit von den Möglichkeiten des Auges entfernt. Bessere Auflösungen wurden zuerst bei den kleinen Displays von Apple-Smartphones erreicht. Das Smartphone „iPhone 4" von Apple konnte 960 × 640 Pixel auf einem Bildschirm von 7,5 × 5 cm unterbringen. Weil es mit seinen 326 ppi mehr Pixel hat als das Auge aus 25 bis 30 cm Entfernung erkennen kann, wählte Apple für dieses Display die Bezeichnung „Retina-Display" (die Retina ist die Netzhaut des Auges mit den Lichtsensoren). Beim iPhone 11 Pro werden 458 ppi erreicht. Auch Smartphones anderer Hersteller erreichen ähnliche Pixeldichten. Wobei 350 ppi auf den kleinen Bildschirmen für Benutzer mit normaler Sehstärke bei normalem Betrachtungsabstand ausreichen, um keine einzelnen Pixel mehr erkennen zu können. Wenn man das Handy nah ans Auge hält, sind 500 ppi sinnvoll.

Gerät	B×H	Breite	Pixel	ppi
Apple iPad 3,5"		3,0"	960	326
Display 22"	4:3	17,6"	1920	109
Display 22"	16:9	19,2"	1920	100
Display 24"	16:9	20,9"	1920	92
Display 24"	16:9	20,9"	3840	184
Display 24"	16:9	20,9"	7680	368
Display 28"	16:9	24,4"	1920	79
Display 36"	16:9	31,4"	1920	61
Display 36"	16:9	31,4"	3840	122
Display 36"	21:9	33,0"	2560	77

Tab. 6.2: Abhängigkeit ppi und Displaygröße

Ausgabe

LCD-Bildschirme haben nur eine einzige feste Auflösung, auch „native" oder „nominelle" Auflösung genannt. Eine höhere als die nominelle Auflösung ist unmöglich einzustellen. Geringere Auflösungen sind möglich, aber stets mit einem gewissen Verlust an Schärfe verbunden. Das Bild wird dabei grobkörniger. Das kann man während des Startvorgangs des Betriebssystems sehen: In der Startphase verwenden die meisten Betriebssysteme die Auflösung 640 × 480 Pixel, die von jedem Monitor und vor allem von jeder Grafikkarte beherrscht wird. Nachdem das Laden der Treiber abgeschlossen ist, wird von der grobkörnigen auf die vom Benutzer gewünschte, voreingestellte höhere Auflösung umgeschaltet. Voraussetzung dafür ist, dass für die Grafikkarte ein passender Treiber installiert ist. Einzige Ausnahme: Windows bringt einen Standardtreiber für die Auflösung 800 × 600 mit, der mit fast allen Grafikkarten funktioniert.

Warum gibt es verschiedene Auflösungen?

Ob ein Film, das Fernsehbild oder ein Foto – all das wird in einer festen Auflösung aufgenommen, die von der Kamera abhängt. Eine 2-Megapixel-Kamera erzeugt stets Fotos in der Auflösung 1600 × 1200. Wenn der Bildschirm diese Auflösung nicht schafft, wird entweder nur ein Ausschnitt des Fotos dargestellt, oder das Bild wird durch Weglassen einiger Bildpunkte verkleinert.

Auflösung verringern

Wie erfolgt das etwas brutal klingende „Weglassen"? Angenommen, es soll ein Bild der Auflösung 1600 × 1200 auf einem Bildschirm der Auflösung 1280 × 1024 angezeigt werden. Vergleichen wir die Breite der Bildschirme. 1600 verhält sich zu 1280 wie 5:4. Aus fünf Pixeln in der Waagerechten müssen vier Pixel gemacht werden. Wie geht das?

Eine primitive Elektronik würde einfach die Spalten 5, 10, 15, 20 usw. weglassen. Sollte dort eine schmale senkrechte Linie sein, verschwindet sie. Pech gehabt. Eine etwas bessere Elektronik würde von den Pixeln in Spalte 4 und 5 deren Farb- und Helligkeitsmittelwert berechnen und je zwei Pixel durch ein Pixel ersetzen. Ist das Pixel in Spalte 4 weiß und in Spalte 5 dunkelblau, würden beide Pixel durch ein einzelnes hellblaues ersetzt. Eine schwarze Linie auf weißem Grund würde dann grau werden. Das sieht nicht gut aus, aber wenigstens ist die Linie nicht völlig verschwunden.

Hochwertige Grafikkarten verwenden leistungsfähige, rechenintensive Algorithmen, mit denen mehrere Bildpunkte beiderseits (Spalten 3 bis 7) und sogar über und unter dem wegzulassenden Pixel berücksichtigt werden können.

Auflösung vergrößern

Wenn die Auflösung des Bildschirms größer ist als die des Fotos, gibt es zwei Möglichkeiten: Entweder wird das Bild in Originalgröße in der Mitte des Bildschirms scharf dargestellt, mit einem schwarzen Rand ringsherum, oder es werden Bildpunkte in Höhe und Breite verdoppelt, bis das Foto den Bildschirm ausfüllt. Eine klassische (analoge) Fernsehkamera beispielsweise produziert Bilder mit der Auflösung von 768 × 576 Bildpunkten. Das ist viel weniger, als heutige Bildschirme darstellen können. Daher sieht das klassische Fernsehen auf einem Computermonitor (und auch auf einem HDTV-Fernseher) grobkörnig aus.

Analoges geschieht bei Ausdrucken eines Fotos. Nehmen wir an, die Kamera hat ein Bild in der Auflösung 1600 × 1200 aufgenommen (2 Megapixel). Einfachste Drucker haben eine Auflösung von 300 Bildpunkten pro Zoll. 1600 Pixel geteilt durch 300 ergeben gedruckt 5,33 Zoll (13,5 cm). Das Bild würde also in einer natürlichen Größe von 13,5 × 10 cm ausgedruckt. Wenn Ihnen das zu klein ist, kann das Grafikprogramm aus jedem Bildpunkt vier machen: zwei nebeneinander und zwei untereinander. Das Bild wird dadurch 27 × 20 cm groß. Ein gutes Programm würde benachbarte Pixel etwas angleichen, um bessere Farbverläufe zu bekommen.

Computererzeugte Darstellungen

Völlig anders ist die Lage bei Darstellungen, die vom Computer erzeugt werden. Ob Windows-Desktop, Word-Schriftarten oder die Szene eines Computerspiels – der PC kann das alles in jeder gewünschten Auflösung „produzieren". Mehr noch: Innerhalb der Darstellung können einzelne Bildkomponenten in der Größe verändert werden, beispielsweise kann man eine größere Schrift für Menüs auswählen.

Ausgabe

Probieren Sie doch einmal: Während Sie eine Webseite geöffnet haben, drücken Sie die Taste „Strg" und halten Sie die Taste gedrückt. Drehen Sie nun langsam am Rädchen der Maus! Oder drücken Sie die Tasten „+" oder „-" des Ziffernblocks am rechten Rand der Tastatur. Beides vergrößert oder verkleinert die Darstellung von Webseiten. Das geht auch über den Menüpunkt „Ansicht", Unterpunkt „Zoom".

Pixelgrafik und Vektorgrafik

Es gibt zwei Möglichkeiten, das Aussehen grafischer Objekte im Computer zu speichern. Bei der sogenannten „Pixelgrafik" wird Farbe und Intensität jedes Bildpunktes gespeichert. Kameras und Scanner erzeugen derartige Abbildungen. Stellen Sie sich vor, ein schwarzes Quadrat der Größe 50 × 50 Pixel soll dargestellt werden. Das sind 2500 Pixel mal 4 Byte, also 10 kByte Speicherbedarf bei 24-Bit-Farbe. Es geht auch anders: Der Grafikkarte wird die Koordinate eines Eckpunktes mitgeteilt und die Anweisung, eine 50 Pixel lange Linie nach rechts, dann 50 Pixel nach unten usw. zu zeichnen und die resultierende Fläche schwarz auszufüllen. Diese Art der Bildspeicherung nennt man „Vektorgrafik", und sie braucht hundert mal weniger Speicherplatz und lässt sich einfach im Abbildungsmaßstab verändern.

Welche Auflösung ist für mich die richtige?

Durch eine „höhere Auflösung" kann bei gleichbleibender Pixelzahl der einzelnen Elemente (Buchstaben, Bilder, …) ein größerer Ausschnitt einer Web- oder Textseite dargestellt werden. Der Vorteil: Man muss weniger scrollen. Buchstaben, Symbole und Bedienelemente, deren Darstellung nicht veränderbar ist, werden kleiner dargestellt. Doch das kann man in den Einstellungen weitgehend anpassen: Klicken Sie auf „Start" → „Einstellungen" → „System". Unter „Anzeige" können Sie sowohl die Bildschirmauflösung und auch die „Größe von Text, Applets und anderen Elementen ändern".

Die meisten Webseiten sind für eine Auflösung von 1280 x 1024 oder höher optimiert. Eine niedrigere als diese Auflösung einstellen zu müssen ist unpraktisch, man muss zu viel aufwärts/abwärts und rechts/links rollen. Trotzdem fühlen sich vor allem ältere Menschen wegen ihres teils schlechten Sehvermögens häufig zur Nutzung von niedrigen Auflösungen gezwungen.

Computerschriften

Früher wurden Schriften als Pixelmuster gespeichert, und die Schriftdesigner mussten für jeden Buchstaben in jeder Schriftgröße ein Pixelmuster entwerfen. Deshalb war die Auswahl an Schriftgrößen und Schriftarten gering. Dann wurden die „True-Type"-Schriften entwickelt. Das Aussehen der Buchstaben einer TT-Schrift ist nicht als Pixelmuster gespeichert, sondern als Formel („Vektorgrafik"). Die Ziffer drei z. B. kann vereinfacht als zwei übereinanderstehende, nach links geöffnete Halbkreise bzw. Ellipsen beschrieben werden. Für jeden Buchstaben gibt es eine einzige komplexe Formel.

Aus dieser Formel kann – je nach Arbeitsteilung – die CPU, die Grafikkarte oder der Drucker für jedes Zeichen ein Pixelmuster in jeder gewünschten Größe generieren. Deshalb sind True-Type-Schriften in jeder Größe immer scharf, und auch wenn man die abgebildete Ziffer 60 cm groß macht, ist sie immer noch scharf bis in die Ecken.

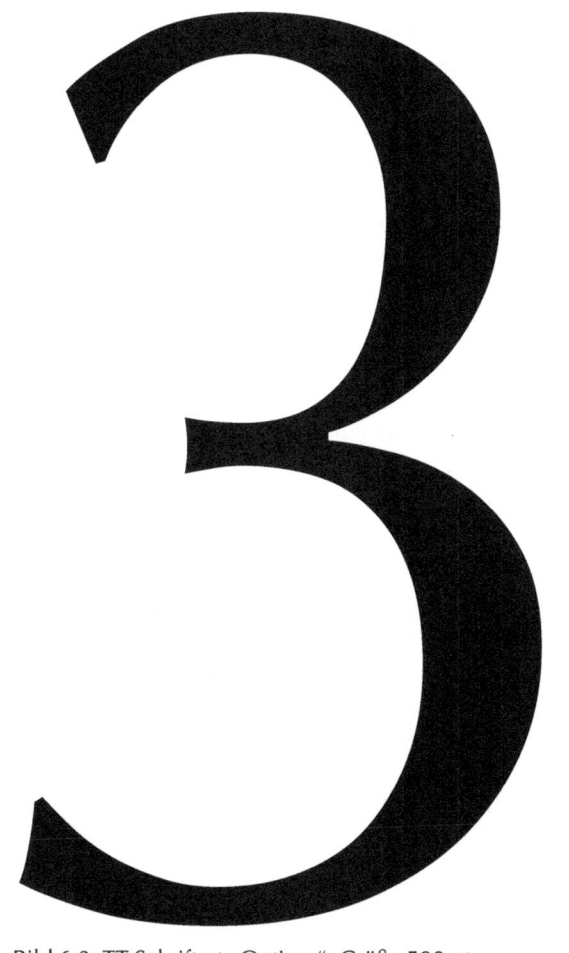

Bild 6.2: TT-Schriftart „Optima", Größe 500 pt

Ausgabe

Seitenbeschreibungssprachen

Auch für Drucker gibt es ein Äquivalent zu den TT-Schriften: die Seitenbeschreibungssprachen, von denen **P**ost**S**cript (PS), **H**ewlett **P**ackard **G**raphic **L**anguage (HPGL), **P**rinter **C**ommand **L**anguage (PCL) und **P**ortable **D**ocument **F**ormat (PDF) die bekanntesten sind. Die Druckseite wird als Liste von Formeln und Vektoren gespeichert. Die Druckerelektronik interpretiert den Druckauftrag in einem aufwendigen Rechengang (dem „Rendern") und erzeugt daraus eine Pixelgrafik, welche die Möglichkeiten des Druckers optimal ausnutzt.

6.1.2 CRT-Bildschirme

Der Bildschirm wird auch als Monitor, engl. Display oder Screen, bezeichnet. Wir betrachten zuerst den klassischen Röhrenbildschirm, weil sich Grafikkarten – auch heute noch – an dessen Arbeitsweise orientieren. Im CRT-Bildschirm steckt eine Kathodenstrahlröhre (engl. **C**athode **R**ay **T**ube, abgekürzt CRT), die nach ihrem Erfinder auch Braun'sche Röhre genannt wird. Von deren Erfindung im Jahr 1897 vergingen vier Jahrzehnte bis zu den ersten regelmäßigen Fernsehsendungen im Jahr 1936.

In den 50er Jahren entstand der Bedarf an Computerbildschirmen. Die einfachste Lösung war es, einen Fernseher ein wenig umzubauen. Die Auflösung wurde etwas höher als beim Fernsehen gewählt, die technischen Möglichkeiten waren vorhanden. Durch die veränderte Auflösung wurde der Umsatz gesichert: Wer hätte viel Geld für einen Computerbildschirm ausgegeben, wenn es der Fernseher auch getan hätte? Der Hochfrequenzteil (Senderwahl und Dekodierung) wurde weggelassen und fertig war der Computermonitor. Im Jahr 1990 kostete mein erster Monitor 540 DM (13", Auflösung 640 × 400, monochrom).

Arbeitsweise

Im hinteren Teil der Bildröhre befinden sich drei Elektronenkanonen (1). Jede ist für eine der Grundfarben Rot, Grün und Blau zuständig. Zwischen Kathode (1) und Anode (5) wird eine Hochspannung von etwa 25 000 Volt angelegt, um die Elektronen zu beschleunigen. Mit einer magnetischen Ablenkeinheit (3, 4) werden die Elektronenstrahlen (2) hauchdünn geformt und auf die gewünschte Position der Innenseite des Bildschirms gerichtet. Der Bildschirm (7, 8) ist innen mit Millionen von Farbtripeln aus Leuchtfarbe beschichtet, die unterschiedlich leuchten (rot, grün und blau), wenn sie vom Elektronenstrahl getroffen werden.

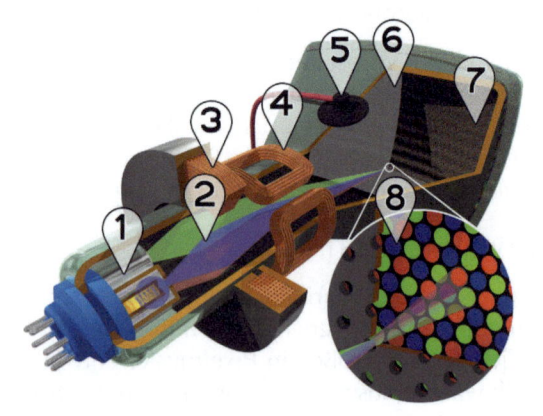

Bild 6.3: Schema eines CRT-Bildschirms

Einige Millimeter vor dem Auftreffen müssen die Elektronen durch eine Loch- oder Schlitzmaske (6), die vergrößert auf (8) zu sehen ist. Die Lochmaske besitzt so viele Löcher, wie Farbtripel auf dem Bildschirm vorhanden sind. Die drei Elektronenstrahlen kreuzen sich in einem Loch der Lochmaske und streben dahinter auseinander, bis sie auf das zugehörige Leuchttripel (blau, grün, rot) treffen. Die Lochmaske verhindert, dass z. B. der Elektronenstrahl für Rot die Stelle auf der Leuchtschicht trifft, die grün leuchten soll. Das Auge ist nicht imstande, die drei farbigen Bildpunkte getrennt wahrzunehmen, und verschmilzt die Grundfarben zu einem Gesamteindruck. Je nach Anteil der Grundfarben sieht das Auge verschiedene Farbtöne. Gleich starke Anteile der drei Grundfarben ergeben Weiß.

Während der Elektronenstrahl weiterwandert, leuchtet der Leuchtpunkt einige Millisekunden nach. Das Nachleuchten ist fast erloschen, wenn der Elektronenstrahl das nächste Mal vorbeihuscht, um die gleiche oder eine andere Farbe zu erzeugen. Um ein flimmerfreies Bild zu erhalten, sollte der Elektronenstrahl des Monitors jeden Bildpunkt schnellstmöglich wieder neu zeichnen. Abhängig von Auflösung und Betrachter gelten eine 75- bis 85-malige Wiederholung pro Sekunde (75 Hz) als Minimum. Bei dieser „Bildwiederholfrequenz" ist das Auge zu träge, um die Helligkeitsschwankungen wahrzunehmen, und sieht nur eine durchschnittliche Helligkeit.

AUSGABE

Die Grafikkarte wurde entsprechend den Eigenheiten des Bildschirms konstruiert. Weil die Bildpunkte nach einigen Millisekunden verblassen, muss die Grafikkarte die Bildinformation viele Male pro Sekunde neu senden. Dazu wird die Information über Helligkeit und Farbe jedes Pixels im RAM der Grafikkarte, im so genannten Bildwiederholspeicher, aufbewahrt. Eine Elektronik liest für jeden Bildpunkt die Information über die Helligkeit der drei Farben aus dem Bildwiederholspeicher und wandelt die drei digitalen in drei analoge Helligkeitssignale um, für jede der drei Grundfarben eins. Diese drei Farbsignale, ergänzt um Synchronisationssignale, werden über das Kabel zum Monitor gesandt.

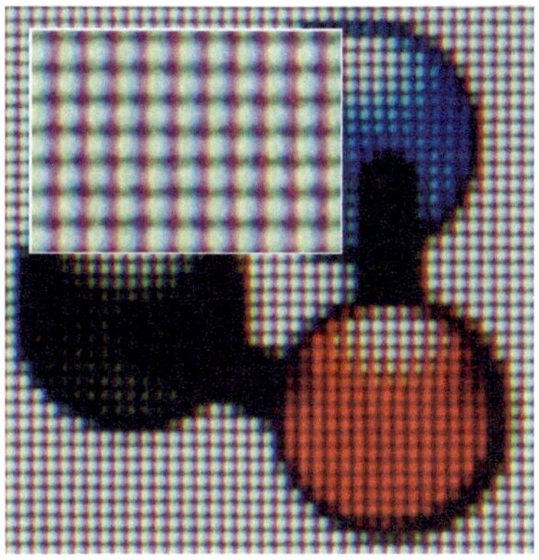

Auflösung

Jeder Röhrenmonitor kann problemlos alle gängigen Auflösungen unterhalb der maximalen Auflösung darstellen. Dazu wird der Elektronenstrahl verbreitert, so dass er mehrere benachbarte Pixel trifft, auch ein „halb getroffenes" Loch ist möglich. Dadurch sind Röhrenmonitore imstande, jede Auflösung scharf darzustellen – was TFT-Flachbildschirme technologiebedingt nicht über die gesamte Bildfläche können.

Bild 6.4: Makro-Ansicht vom Ausschnitt eines Farb-TFT-Displays

6.1.3 TFT-Flachbildschirme

Weil die TFT-Bildschirme anfangs als Alternative zum Röhrenbildschirm angeboten wurden, bekamen sie den gleichen 15-poligen analogen Anschluss und die gleichen Signale (drei Farbkanäle und das Synchronsignal). Dadurch konnte jeder Nutzer problemlos einen Röhrenmonitor durch einen TFT-Bildschirm ersetzen, ohne die Grafikkarte wechseln zu müssen. Inzwischen ist die Ablösung der CRT-Geräte vollständig erfolgt. Nur in sehr speziellen Anwendungen sind hochpreisige CRT-Geräte noch besser als TFT-Bildschirme, zum Beispiel in der medizinischen Diagnostik.

TFT ist die Abkürzung von **T**hin **F**ilm **T**ransistor (Dünn-Film-Transistor). Diese Fototransistoren sind so dünn, dass sie durchscheinend sind. Das ist eine Weiterentwicklung der LCD-Technik (**L**iquid **C**rystal **D**isplay). Allen TFT-Bildschirmen gemeinsam ist das Wirkprinzip:

Zu jedem Bildpunkt gehören drei winzige Farbfilter: Rot, Grün und Blau. Mit jedem Filter ist ein Fototransistor verbunden. Das Licht einer möglichst gleichmäßigen weißen Hintergrundbeleuchtung wird durch die Farbfilter in die drei Grundfarben zerlegt und danach wird von den Fototransistoren jede Farbe unterschiedlich stark abgeschwächt. Was nach dem Filtern an Licht noch übrig ist, trifft dann das Auge des Betrachters, wo die drei Farben zu einer Mischfarbe verschmelzen.

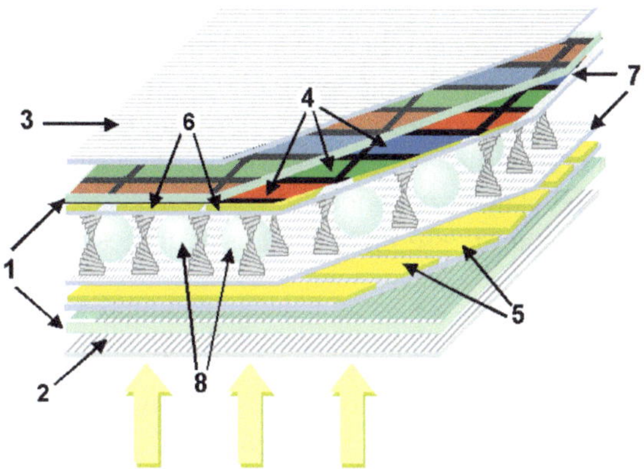

Bild 6.5: Prinzip eines TFT-DN-Monitors
1: Glas
2 und 3: Vertikale und horizontale Polarisationsfilter
4: RGB-Farbfilter
5 und 6: Horizontale und vertikale Elektroden
7: Polyamidschicht
8: Zwischenraum

Farbfilter-Technologien

Am preiswertesten sind die TN-Panels (**T**wisted **N**ematic). Sie haben prinzipbedingt den geringsten Energiebedarf, allerdings ist die Farbwiedergabe mäßig (etwa 260 000 Farben). Je schräger man auf das Display schaut, desto schlechter wird der Farbkontrast. Wird die Oberfläche mit einem speziellen Film beschichtet, verbessert es Kontrast, Farbtreue und Blickwinkel. Diese Panels werden mit „TN+Film" beworben. Die Weiterentwicklung sind DSTN-Panels (**D**ouble-**S**uper-**T**wisted-**N**ematic) mit besseren Farben. Die TSTN-Panels (**T**riple **S**uper-**T**wisted **N**ematic) sind noch besser.

VA-Panels (**V**ertical-**A**lignment) und MVA-Panels (**M**ulti **V**ertical-**A**lignment) haben einen höheren Kontrast, natürlichere Farben und erlauben einen größeren Blickwinkel.

Allerdings ist ihre Reaktionszeit länger und sie neigen zur Schlierenbildung. Wo das nicht stört, z. B. bei medizinischen und CAD-Anwendungen, sind sie begehrt. Für Spiele sind sie wenig geeignet.

IPS-Panels (**I**n-**P**lane **S**witching) vereinen die Vorteile von TN und VA. Der hohe Kontrast und die extrem hohe Farbtreue ist wichtig für Grafiker und Designer. Die Reaktionszeit ist kurz, der Betrachtungswinkel beträgt fast 180 Grad. Es gibt Weiterentwicklungen: S-IPS mit weiter verbessertem Kontrast sowie AH-IPS und E-IPS mit weiter verkürzten Reaktionszeiten.

Seit Mitte 2012 produziert Sharp erste „IGZO-Bildschirme". Fototransistoren aus **I**ndium-**G**allium-**Z**ink-**O**xid-Halbleiter anstelle von Silizium ermöglichen wesentlich kleinere Pixel. Auflösungen von 500 ppi sind möglich und auch höchste Auflösungen auf mittelgroßen Bildschirmen. Die ersten Notebooks mit IGZO-Display sind im Herbst 2013 in den Verkauf gekommen, die Massenproduktion großer Displays ist 2017 angelaufen.

Hintergrundbeleuchtung

Früher wurden alle Displays von hinten mit Leuchtstoffröhren beleuchtet (CCFL-Technik). Ältere Displays und Fernseher benutzen vier Röhren an den Außenkanten des Bildschirms. Um Herstellungskosten und vor allem Energie zu sparen, wurden zunehmend oft nur zwei Leuchtstoffröhren eingebaut (2CCFL-Technik). Das Licht wird mit milchigen und spiegelnden Folien auf die Fläche verteilt. Es ist nicht leicht, damit eine gleichmäßige Ausleuchtung zu erreichen.

Um Bildhelligkeit und Kontrast zu verbessern, wird eine möglichst helle Hintergrundbeleuchtung benötigt. Die gegenwärtig technisch beste (und teuerste) Lösung ist die Verwendung von weißen LEDs. Vorteile dieser LED-Displays sind deren geringere Bautiefe, gleichmäßigere Ausleuchtung, ein größerer Farbraum, längere Lebensdauer und im Vergleich zu Leuchtstoffröhren ein halbierter Energiebedarf.

Die LED-Hintergrundbeleuchtung wurde zuerst in hochwertigen Notebooks verwendet, um eine längere Akkulaufzeit zu erzielen. Inzwischen wird die LED-Technologie vorzugsweise verwendet.

Die Leuchtdioden können in den Ecken angeordnet sein (Edge LED), das ergibt ein recht flaches Gehäuse. Durch winzige Spiegel wird die ganze Fläche relativ gleichmäßig ausgeleuchtet. Bei der „Direct LED"- oder „LED-Backlight"-Technologie wird eine größere Anzahl LED-Dioden in der gesamten Fläche hinter dem Display angeordnet. Das ist teurer und das Display wird dicker, doch die Ausleuchtung ist gleichmäßiger.

Im hellen Sonnenschein ist auf dem Display nichts mehr zu erkennen, weil die Helligkeit der Hintergrundbeleuchtung nicht mit dem Licht der Sonne mithalten kann. Es gibt aber eine Lösung dafür: Das Sonnenlicht wird ins Innere des Displays durchgelassen und dort reflektiert. Das Sonnenlicht ersetzt oder ergänzt die Hintergrundbeleuchtung. Dabei wird sogar Strom gespart. Derartige Displays werden als transflektiv oder transreflektiv bezeichnet und vorzugsweise für Mobilgeräte genutzt. Es gibt auch große transflektive Displays, die beispielsweise im Schaufenster aufgestellt werden können.

Kontrast

Kontrast ist der Helligkeitsunterschied zwischen schwarzen und weißen Pixeln. Der „native" oder „statische" Kontrast (der maximal mögliche Helligkeitsunterschied zwischen dem dunkelsten und dem hellsten Pixel eines Bildes) liegt bei heutigen TFT-Displays bei 1:600 bis 1:1000 bei TN-Panels, bei PVA-Panels können 1:3000 erreicht werden. Ein Kontrast von 1000:1 reicht zum Arbeiten völlig aus – außer wenn der Raum sonnenüberstrahlt ist.

Da die Matrix der Fototransistoren das Licht nicht erzeugt, sondern das Hintergrundlicht durch Filterung abschwächt, ist eine große Helligkeit schwer zu erzielen. Die Hintergrundhelligkeit zu vergrößern ist keine Lösung: Dabei würde der Stromverbrauch steigen, und echtes Schwarz würde zu dunklem Grau aufgehellt.

Die Displayhersteller haben einen Trick ersonnen: Die Bilder wechseln mindestens 75 mal pro Sekunde. Bei aufeinanderfolgenden Bildern wird im Wechsel das Hintergrundlicht aufgehellt und abgedunkelt. Rasch aufeinander folgende Hell-Dunkel-Szenen scheinen kontrastreicher, schärfer zu sein.

Andererseits wird die sich ständig ändernde Helligkeitsanpassung von nicht wenigen Betrachtern als äußerst störend für die Augen empfunden.

Ausgabe

Der Unterschied zwischen dem dunkelsten Pixel eines Bildes zum hellsten Pixel des nächsten Bildes wird als „dynamischer Kontrast" bezeichnet. Abgesehen von dem fraglichen Sinn eines solchen Vergleichs gibt es kein normiertes Messverfahren. Jeder Hersteller kann einen Kontrastwert ermitteln, der mit dem der Konkurrenz nicht objektiv verglichen werden kann. Insofern sollte man den dynamischen Kontrastwert als Kaufkriterium ignorieren.

Monitore mit „Direct-LED" können die Hintergrund-LED einzeln ansteuern. Dadurch kann die Hintergrundbeleuchtung für jeden Bereich des Bildes unterschiedlich geregelt werden, was „Local Dimming" genannt wird. Werden die LED in den dunklen Bereichen des Bildes dunkler geschaltet und in den hellen Bereichen heller, steigt der Kontrast.

Bei Filmen und Videos wird der Bildeindruck durch diesen Kontrast, der ebenfalls als „dynamisch" bezeichnet wird, verbessert, bei statischen Darstellungen stört er: Die Arbeitsumgebung wird ungleichmäßig. Im Onscreen-Menü des Displays unter dem Menüpunkt „Bild" oder „Bildsteuerung" kann man den dynamischen Kontrast an- oder abschalten. Die Funktion heißt je nach Hersteller vielleicht „intelligenter" oder „optimaler" Kontrast.

Oberfläche

Vor allem einfache TN-Panels mit geringem Kontrastumfang haben oft eine glänzende Oberfläche. Sie werden als BrightView, Clear Bright, Crystal Shine, Crystal View, SuperFine, UltraSharp und mit weiteren Handelsnamen verkauft. Bei Verkaufsraum-Beleuchtung sieht das Bild richtig gut aus. Zum Betrachten von Filmen und Fotos in nicht zu hellen Räumen sind sie ideal. Doch helle Gegenstände und Gesichter spiegeln sich an der glänzenden Oberfläche. Für längeres Arbeiten, für die Arbeit bei Sonenschein und vor allem für Büroarbeitsplätze sind sie in der Regel ungeeignet, es sei denn, Sie benutzen den Bildschirm, um sich während der Arbeit zu rasieren oder zu schminken. Die besseren TFT-Displays haben eine mattierte Oberfläche, die das Umgebungslicht streut und Reflexionen vermindert. Leider verringert die Mattierung den Kontrast.

Blickwinkel

Helligkeit und Farbtreue hängt vom Betrachtungswinkel ab. Je schräger man auf den Bildschirm sieht, desto dunkler wird das Bild. Nach DIN ISO 9241-307 darf der Hersteller den Winkel, in dem der Kontrast noch mindestens 10 % vom Maximalwert (bei senkrechter Betrachtung) beträgt, als Betrachtungswinkel nennen. Anders formuliert: 90 % Helligkeitsunterschied je nach Blickwinkel gelten als akzeptabel! In der Waagerechten wird oft ein Betrachtungswinkel bis zu 178 Grad erreicht, beim Betrachten schräg von oben oder von unten sind es deutlich weniger. Wenn Sie sich das Bild auf Ihrem Computermonitor oder dem Fernseher im Winkel von 45° von unten ansehen, sieht es sehr dunkel aus, vermute ich.

Seitenverhältnis

Früher hatten Fernseher und auch Bildschirme ein Seitenverhältnis von 4:3 (= 1,33:1) (Breite zu Höhe). Bei Kinofilmen ist 5:3 (1,66:1) und 37:20 (1,85:1) üblich. Als es möglich wurde, Filme auf dem PC zu betrachten, blieb oben und unten ein schwarzer Streifen. Deshalb wurde das Seitenverhältnis auf 16:9 (= 1,78:1) verbreitet. Dem menschlichen Sehvermögen kommt eine größere Breite mehr entgegen als eine größere Höhe. Deshalb wächst das Angebot an breiteren Bildschirmen, den „UltraWide Displays". Mit einem Seitenverhältnis von 21:9 (2,33:1) mit 2560 × 1080 Pixeln (2560 = 1280 × 2) ist eine Breite fast wie von zwei herkömmlichen 4:3 Bildschirmen erreicht.

Curved Display

Ein 21:9 Bildschirm hat eine beträchtliche Breite: Ein 24" Bildschirm ist bei diesem Seitenverhältnis 24 cm hoch und 56 cm breit, ein 32" Bildschirm ist 32 cm hoch und 75 cm breit. Wenn Sie vor so einem Display sitzen, sind die Ecken des Bildschirms merklich weiter vom Auge entfernt als die Mitte.

Das Auge muss sich an ständig wechselnde Entfernungen anpassen und ermüdet. Die Lösung: Ein gebogenes Display. Videos wirken sehr plastisch, und auch das Bearbeiten großer Tabellen fällt leichter.

Obwohl die gebogenen Displays noch relativ teuer sind, steigen die Verkaufszahlen. Aktuelle Displays haben einen „Biegeradius" zwischen 3 und 1,6 Meter. Untersuchungen haben ergeben, dass ein Radius von 2 Metern optimal ist, wenn nur ein Nutzer vor dem Bildschirm sitzt.

Ausgabe

Was sind weitere Vorteile der Krümmung?

- Der gleichmäßigere Abstand zwischen Augen und Bildschirm wurde bereits genannt. Sowohl Augen als auch Halsmuskeln ermüden weniger.
- Bei einem flachen Bildschirm schaut man schräg auf die Randbereiche, unter einem Winkel von etwa 30°. Weil man bei einem gebogenen Display fast senkrecht auf die Randbereiche blickt, sind Farbabweichungen, Kontrast- und Helligkeitsunterschiede zwischen Mitte und Rand geringer.
- Filme im Digital Cinema 4k-Format (Seitenverhältnis 2,39 : 1) werden bildschirmfüllend angezeigt.

Für wen lohnt sich ein Curved Display?

- Wenn Sie hauptsächlich allein in geringem Abstand am Bildschirm arbeiten oder spielen, ist eine starke Biegung sinnvoll.
- Wenn Sie gemeinsam mit mehreren Personen Videos schauen oder wenn Sie häufig die Entfernung zum Display ändern (mal am Schreibtisch arbeitend, mal auf dem Sofa sitzend Videos anschauen), ist ein flacher oder wenig gebogener Bildschirm vermutlich sinnvoller.

Auflösung

TFT-Bildschirme haben ein festes Raster von Bildpunkten, bei einem 17" Gerät sind es meist 1280 Pixel waagerecht und 1024 Pixel senkrecht. Wenn die Grafikkarte ein Bild mit 1280 x 1024 Pixeln liefert, ist die Zuordnung eindeutig und das Bild ist scharf. Falls Sie Probleme mit der Sehleistung haben und deshalb die Grafikkarte auf eine kleinere Auflösung einstellen, zum Beispiel 1024 x 768 Pixel, hat der Grafikprozessor im Bildschirm drei Möglichkeiten:

- Es werden nur 1024 x 768 Pixel benutzt, die Ränder des Bildschirms bleiben schwarz. Damit werden nur (1024/1280) x (768/1024) = 3/5 = 60 % des Bildschirms benutzt.
- Jeder vierte Bildpunkt in der Waagerechten und jeder dritte in der Senkrechten wird verdoppelt. Bei größeren Flächen und breiten Linien ist das kein Problem. Bei schmalen Linien (zum Beispiel bei Konturen von Buchstaben) wird die Darstellung verstümmelt. Buchstaben würden sowohl in der Höhe als auch in der Breite ungleichmäßig oder unlesbar.
- Der Prozessor im Bildschirm kann nach komplizierten Formeln errechnen, welche Bildpunkte an welcher Stelle des Bildschirms hinzugefügt werden dürfen und wo nicht. Diese Berechnung heißt „interpolieren". Je leistungsfähiger der verwendete Prozessor ist, desto bessere Interpolationsformeln kann er verwenden. Trotzdem wird das Bild IMMER ein wenig oder ein wenig mehr unscharf sein.

Brillenträgern und älteren Personen sind Schrift und Windows-Symbole in der höchsten Auflösung meist zu klein, sie ziehen eine Auflösung von 1024 x 768 oder mitunter sogar 800 x 600 Bildpunkten vor, was auf vielen Monitoren recht unscharf aussieht. Daher ist vor allem diesem Benutzerkreis zu empfehlen, ihren Wunschmonitor vor dem Kauf in der benötigten Einstellung sorgfältig zu prüfen. Es gibt durchaus TFT-Monitore mit einer hervorragenden Interpolation, aber nicht in der untersten Preislage.

Bezeichnung	Auflösung	Seitenverhältnis
Analoges Fernsehen	720 × 576	1,25 : 1
HDTV ready	1280 × 768	1,67 : 1
HDTV	**1920 × 1080**	**1,78 : 1 (16 : 9)**
(Apple 27")	2560 × 1440	1,78 : 1 (16 : 9)
WQXGA	2560 × 1600	1,6 : 1
QFHD 4k	**3840 × 2160**	**1,78 : 1 (16 : 9)**
Full Aperture 4k	4096 × 3112	1,32 : 1 (4 : 3)
Academy 4k	3656 × 2664	1,37 : 1
Digital Cinema 4k	4096 × 1714	2,39 : 1
Digital Cinema 4k	3996 × 2160	1,78 : 1 (16 : 9)
UHDTV (8k)	**7680 × 4320**	**1,78 : 1 (16 : 9)**

Tab. 6.3: Hohe Auflösungen

Ausgabe

Höhere Auflösungen

Mit „4k" werden höhere Auflösungen bezeichnet, die in der Waagerechten etwa viertausend Pixel haben.

Im Januar 2012 sind auf der „Consumer Electronics Show" erste 4k Fernseher und 4k Camcorder vorgestellt worden, die mit einer Auflösung von 3840 × 2160 Pixeln arbeiten. Diese Auflösung hat in Höhe und Breite genau die doppelte Pixelzahl wie HDTV, also in der Fläche die vierfache Pixelzahl. Sie heißt **Q**uadruple **F**ull **H**igh **D**efinition (Vierfache volle hohe Auflösung).

Eine noch höhere Auflösung hat UHDTV (**U**ltra **HDTV**, auch mit „8k" bezeichnet) mit im Vergleich zu HDTV vierfacher Pixelzahl sowohl in der Breite und auch in der Höhe. Weil UHDTV die 16fache Pixelzahl von HDTV hat, ist die Speicherung und Übertragung der gewaltigen Datenmengen ein Problem. Bildschirme mit 8k-Auflösung sind teuer: Der 31,5" große Dell UltraSharp UP3218K mit 7680 × 4320 Pixeln Auflösung beispielsweise kostete 3800 Euro im Januar 2023. Den Dell U3219Q mit 4k Auflösung (3840 × 2160) gibt es für 850 Euro.

Vorsicht: Der Begriff „Ultra HDTV" wird in der Werbung fälschlich auch für 4k Monitore benutzt. Achten Sie auf die Pixelzahl! Das Attribut „8k" scheint gebräuchlicher zu sein.

Besonderheiten von TFT-Bildschirmen

- Zwar sind Geräte mit Pixelfehlern (einzelne ständig einfarbige Bildpunkte oder ständig schwarze Punkte) sehr selten geworden, doch einzelne Pixelfehler sind (rechtlich) unter Umständen kein Grund zur Beanstandung. Manche Händler bieten gegen Aufpreis „100 % pixelfehlerfreie" Geräte an.
- Durch schlechtere Reaktionszeiten kann es zu „Nachzieheffekten" kommen, die insbesondere für Spieler und Sportübertragungen nachteilig sind. Bei neuen Modellen mit Reaktionszeiten von 2 ms und weniger gibt es kaum noch Probleme.
- Die Bildfläche des Bildschirms ist mechanisch sehr empfindlich. Nicht anstoßen oder kratzen und Vorsicht bei der Reinigung! Es gibt Bildschirme mit einer Glasscheibe, doch sie sind selten und teurer.
- Ein defekter Monitor gehört nicht in den Hausmüll! Das verwendete LCD-Material ist hochgiftig. Vorsicht: Falls Leuchtstoffröhren für die Hintergrundbeleuchtung benutzt werden, setzen diese beim Zerbrechen Quecksilberdämpfe frei.
- Die Reaktionszeit von TFT-Bildschirmen wird von den Produzenten nach recht unterschiedlichen Methoden gemessen und ist teils geschönt. Es ist ratsam, Testberichte zu lesen.

Farben

Die Farbtöne sind nicht standardisiert. Dadurch sehen die Farben auf Geräten verschiedener Hersteller und sogar auf Geräten desselben Herstellers unterschiedlich aus. Beim Briefschreiben und im Internet stört das nicht, aber beim Betrachten und Bearbeiten von Fotos und technischen Darstellungen schon. Dass eine Farbe auf dem Bildschirm genau so aussieht wie später im Ausdruck, ist für manche Zwecke unabdingbar. Höherwertigen Bildschirmen sind Farbkorrekturtabellen beigelegt, mit denen Windows die Farbechtheit verbessern kann. Für höhere Ansprüche muss man mit einem Kalibriergerät aufwendig manuell nachregeln.

Die Anzahl der darstellbaren Farben ist begrenzt. Die immer noch weit verbreiteten TN-Panels verwenden nur 6 Bit pro Farbe. Jede Grafikkarte und jeder CRT-Bildschirm kann zwar problemlos $2^{(8+8+8)} = 2^{24} =$ 16 777 216 Farben erzeugen bzw. anzeigen, aber auf TN-Bildschirmen werden nur $2^{(6+6+6)} = 2^{18} = 262\,144$ Farben dargestellt. Der Verlust an Feinabstufung der Farben wird durch Interpolation verringert. Das führt bei starker Vergrößerung und zart abgestuften Gelbtönen (Blumen, Hauttöne) zu einem sichtbaren Flimmern.

Es gibt auch Profi-TFT-Bildschirme mit vollem Farbspektrum, die farblich mit Korrekturtabellen justiert werden können. Bei den besseren Bildschirmen findet man Angaben wie „Farbabdeckung NTSC-Farbraum 81 %, Adobe-sRGB Farbraum 119 %".

Ausgabe

Gedanken vor dem Bildschirmkauf

Viele Leute kaufen einen neuen PC zwei- bis dreimal so oft wie einen neuen Monitor. Ein Monitorkauf ist eine Langzeitinvestition! Der Monitor ist das wichtigste Ausgabegerät. Ein mangelhafter Monitor verstärkt die Neigung zu Augen- und Kopfschmerzen, denn das Gehirn muss das von den Augen gelieferte unscharfe Bild nachbessern.

Gegenwärtig scheint für Displays bis 22 Zoll die HD-Auflösung (1920 × 1080 Pixel) üblich zu sein. Doch vor einem Kauf sollten Sie zukünftige Entwicklungen bedenken. Denken Sie daran, wie schnell die Pixelzahl bei Digitalkameras und Handys in den letzten Jahren gestiegen ist. Auch im Internet gibt es immer größere Auflösungen und einen zunehmenden Detailreichtum bei Grafiken und Fotos. Das bedeutet für Sie:

Geizen Sie nicht beim Kauf des Monitors! Sie werden ihn jahrelang vor Augen haben!

Deshalb empfehle ich einen Monitor mit UHD-Auflösung (3840 × 2160) zu wählen. Es gibt sie für 300 bis 600 Euro, Spitzenexemplare wie den Eizo FlexScan EV2785 (27") für 840 Euro, Eizo FlexScan 3285 (31,5") für 1160 Euro. Die Bildqualität ist bei der Computerarbeit um so vieles besser, dass ich die Anschaffung eines HD-Bildschirms für Vergeudung halte, wenn man die meist lange Lebensdauer heutiger Displaytechnik bedenkt. Vielleicht ist es sinnvoll, einen geeigneten Fernseher als zweiten PC-Bildschirm zu nutzen.

Probleme mit höheren Auflösungen

Die meisten moderne Spiele können die 4k-Auflösung nutzen (wenn CPU und Grafikkarte genug Leistung haben). Immer mehr Filme und Serien im Internet werden in UHD angeboten. Youtube unterstützt die 4k-Auflösung schon seit 2010. Wenn ein Video nur in HD vorliegt, kann es die Grafikkarte problemlos umrechnen, weil die Auflösung von QFHD und UHDTV exakt das zwei- oder vierfache wie HDTV beträgt.

Schrift und Schaltflächen werden auf einem hochauflösenden Bildschirm so klein dargestellt, dass dies unangenehm klein sein kann. Mit einem Rechtsklick auf eine freie Stelle des Desktops und anschließend Linksklick auf „Anzeigeeinstellungen" können Sie die „Bildschirmauflösung" anpassen und haben die Möglichkeit, mit „Text und weitere Elemente vergrößern oder verkleinern" die Schrift zu vergrößern. Bei Windows 7 geht das nur bis 125 %. Erst ab Windows 8.1 reicht die Skalierung bis 500 %. In Word, Excel und allen gängigen Programmen können Sie über „Ansicht" → „Zoom" eine angenehme Größe einstellen. Doch einige Programme interessieren sich nicht für diese Systemeinstellung und stellen Schaltflächen und Icons winzig klein oder unscharf dar.

Den Fernseher als Hauptmonitor benutzen

Moderne Fernseher haben mehrere HDMI-Eingänge, mitunter zusätzlich DisplayPort und VGA für den PC. Technisch gesehen brauchen Sie keinen Computermonitor. Ein größeres TV-Gerät könnte allerdings sehr anstrengend für die Augen sein, wenn Sie zu dicht davor oder zu weit weg sitzen.

Allerdings ist nicht jedes TV-Gerät gleich gut als Computermonitor geeignet. Die Grafikkarte sendet das Bild mit 60 Hz an den Flachbildschirm, während Fernsehsender zwei Halbbilder mit 25 Hz schicken. Um von 60 Hz auf 2 × 25 = 50 Hz zu kommen, muss die Elektronik jedes sechste Bild durch Interpolation „weglassen". Vielleicht sollten Sie vor dem Kauf einen großen Elektronikmarkt besuchen und Ihren Wunschfernseher mit einem Notebook testen, wie gut er als Computermonitor ist. Sie werden sich vielleicht entscheiden müssen, was Ihnen wichtiger ist, und davon ausgehend das richtige Gerät kaufen.

Wenn Sie mit dem neuen Bildschirm oft bis hauptsächlich Spielfilme in bester Qualität sehen wollen, müssen Sie mit Kompromissen leben. Das Problem: Der Helligkeitsunterschied zwischen den hellsten und dunkelsten Bereichen, den das Auge wahrnehmen kann, ist sehr viel größer als die Möglichkeiten des besten Filmmaterials. Und ein Kino- oder Heimkinoprojektor hat wiederum einen größeren Kontrastumfang als ein Fernseher. In sehr dunklen Bildbereichen können Sie deshalb keine Helligkeitsabstufungen wahrnehmen. Ein schönes Schwarz ist kaum erreichbar. Auch in hellen Bereichen ist der Kontrast schlechter als im Kino.

Ausgabe

Gegenwärtig müssen Sie sich zwischen zwei nicht optimalen Technologien entscheiden: OLED (Organische LED) von LG oder QLED (Quantenpunkt-LED) von Samsung. Gegenwärtig scheint OLED die bessere Qualität zu haben, aber eine kürzere Lebensdauer.

Möglicherweise ist ein Beamer die beste Lösung für den Videogenuss.

Wenn Sie einen Bildschirm kaufen wollen, mit dem Sie häufig oder vorrangig Videos betrachten wollen, finden Sie dazu auf **eifert.net/hwnd** hilfreiche Informationen.

6.1.4 Ergonomie

Achten Sie beim Kauf auf das Prüfsiegel. Die schlechteste Norm ist MPR-1, darauf folgen MPR-2, TCO-92, TCO-95, TCO-99, TCO-03 und TCO-06. Die Norm „TCO Certified Displays 7.0", verabschiedet im Jahr 2015, wird mittlerweile von vielen Bildschirmen übertroffen.

Achten Sie beim Kauf eines hochauflösenden Displays darauf, dass die Grafikkarte dessen hohe Auflösung erreicht. Mit Thunderbolt, DisplayPort oder HDMI 1.4 sind 4k-Auflösungen (3840 × 2160) kein Problem. Bei Single-DVI beträgt die maximale Auflösung 1920 x 1200 Pixel. Für eine höhere Auflösung brauchen Sie eine spezielle Dual-Link-Grafikkarte. Diese schickt über jeden der beiden DVI-Kanäle die Hälfte des Bildes und kann damit eine Auflösung von maximal 2560 x 1600 Pixeln erreichen.

Bildschirmarbeit strengt die Augen sehr an:

- Die Blickrichtung wechselt zwischen Bildschirm, Tastatur und Vorlage. Es wurden mehrere zehntausend Kopf- und Blickbewegungen am Tag gemessen. Jedesmal muss sich das Auge an geänderte Entfernung und Helligkeit anpassen.
- Der Lidschlag benetzt etwa alle zwei Sekunden das Auge. Die Tränenflüssigkeit schützt, ernährt und glättet das Auge. Durch den für Bildschirmarbeit typischen „Tunnelblick" wird der Lidschlag weitgehend unterdrückt. Die Augen werden nicht ausreichend benetzt. Das Auge wird anfälliger für Keime. Das „trockene Auge" ist die häufigste Augenerkrankung.
- Den Augen fehlt die Abwechslung. Die Muskeln der Augen und auch die des Nackens ermüden.
- Die Anzeigeschärfe eines Bildschirms reicht bei weitem nicht an gedruckte Texte heran, siehe Tabelle 6.2. Dem Auge gelingt die Scharfeinstellung oft nur unzureichend, was zu ständig wiederholten vergeblichen Korrekturversuchen führt.
- Ab Windows 7 gibt es ein Programm, mit dem die Interpolation verbessern werden kann. Klicken Sie auf „Start", tippen Sie den Befehl „cleartype" ins Suchfeld des Startmenüs ein und drücken Sie Enter. Sie können unter vier Schriftproben wählen, welche Ihnen am schärfsten und am besten lesbar scheint.
- Nutzen Sie das Bildschirm-Farbkalibrierungsprogramm **D**isplay **C**olor **C**alibration for **W**indows. Mit der Tastenkombination Windows-Taste und „r" öffnen Sie „Ausführen". Tippen Sie DCCW ein. Mit Hilfe der Kalibrierungsbilder stellen Sie die Rot-, Grün- und Blauintensität mit Windows-Schiebereglern ein. Die Helligkeit und der Kontrast werden mit den Reglern des Bildschirms justiert. Ein Farbstich in den Grautönen wird mit Windows-Schiebereglern ausgeglichen. Am Ende entscheiden Sie, ob Sie die neue Kalibrierung übernehmen wollen.
- „*Langjährige Untersuchungen ... haben ergeben, dass nur ein Drittel (!) aller Arbeitnehmer in der Bildschirmdistanz mit beiden Augen exakt sehen kann, bei etwa 60 % liegen leichte, bei 7 % sogar erhebliche Störungen vor.*" (H. Mayer u. a.: Effizienter Schutz vor Augenschäden, in „Sichere Arbeit" 1/05, Seite 18–24). Auch minimale Weitsichtigkeit sollte korrigiert werden.

Ob Bildschirmarbeit zu bleibenden Augenschäden führen kann, wurde früher verneint. Neuere statistische Untersuchungen beweisen eindeutig: Der Beginn der Alterssichtigkeit verschiebt sich auf frühere Jahre. Je länger die tägliche Bildschirmarbeit, desto wahrscheinlicher sind Augenbeschwerden. Mehr dazu in http://www.ergo-online.de/html/gesundheitsvorsorge/beanspruchungen_erkrankungen/augen1.pdf.

Ausgabe

Immer mehr Menschen verbringen immer mehr Zeit am Computer. Im April 2012 arbeiteten 18 von 41,5 Millionen Menschen in Deutschland überwiegend am Bildschirm. Von 65 Millionen Deutschen, die älter als 20 Jahre sind, tragen 40 Millionen eine Brille. Experten meinen, dass deshalb die Zahl der Brillenträger in Deutschland auch in Zukunft weiter steigen wird.

Doch selbst die passende Brille mit der richtigen Sehstärke schützt nicht vor dem „Office Eye Syndrom", unter dem mindestens jeder fünfte „Office-Worker" heute mehr oder weniger stark leidet. Die Folgen: Brennende, müde Augen, Trockenheits- und Fremdkörpergefühl im Auge, Kopfschmerzen.

Flachbildschirme strahlen einen Anteil an energiereichem blauem Licht aus, welches angeblich die Netzhaut schädigen kann. Monitorhersteller verwenden Technologien wie „Low Blue Light", „Comfort View", „Paper Modus", Reader Mode", LowBlue" oder Eye Saver-Modus", um den Blauanteil zu verringern. Doch das ist ebenso unnötig wie Blaulicht reduzierende Brillen oder Kontaktlinsen, sagen die Augenärzte der Deutschen Ophthalmologischen Gesellschaft. Die Lichtstärke eines Bildschirms erreicht maximal 500 Lux, während das Auge im Freien 100000 Lux verkraftet. Blaulicht verursacht auch keine Schlafstörungen. Die Augenexperten empfehlen jedoch, vor dem Einschlafen die maximale Helligkeit des Displays zu vermeiden. Generell ist jedes helles Licht vor dem Einschlafen, aus welcher Quelle auch immer, schlecht für den Schlaf.

Was können Sie tun?

- Früher wurde empfohlen, dass die Oberkante des Bildschirms in Augenhöhe sein sollte. Jetzt empfiehlt die Bundesanstalt für Arbeitsschutz und Arbeitsmedizin, dass die Display-Oberkante sich 5 bis 10 cm unterhalb der Augenhöhe befinden soll. Dann muss das Auge nicht weiter als normal geöffnet werden.
- Eine gute Beleuchtung des Arbeitsplatzes ist wichtig, um die Helligkeitsdifferenz zwischen Bildschirm und Tastatur zu verringern. Tageslicht am Arbeitsplatz ist vorteilhaft, doch es sollte bei starker Sonneneinstrahlung abgedunkelt werden können. Das Licht sollte von der Seite kommen. Die Sonne sollte nicht auf das Display scheinen. Blendquellen müssen auch in der Blickrichtung entfernt werden. Sogar die eigene Brille kann blenden, Brillen sollten deshalb entspiegelt sein. Eine helle Tastatur ist besser als eine schwarze: Wir sind an schwarze Schrift auf weißem Untergrund gewöhnt.
- Die Entfernung zwischen Augen und Display sollte 50 bis 70 cm betragen, bei Bildschirmen über 24" auch mehr. Schnelltest: Ihr ausgestreckter Arm sollte das Display nicht berühren.
- Bei konzentriertem Blick auf das Display verringert sich der Lidschlag von etwa 22 auf 7 Lidschläge pro Minute. Gleichen Sie das aus, indem Sie ganz bewusst blinzeln.
- Um das Verdunsten des Tränenfilms im Auge zu bremsen, sollten Ventilatoren und Klimaanlagen keinen Luftzug am Arbeitsplatz erzeugen. Kontaktlinsen verstärken das Austrocknen der Augen. Setzen Sie daher bei der Bildschirmarbeit vorzugsweise Ihre Brille auf.
- Gönnen Sie Ihre Augen Pausen, indem Sie bewusst und regelmäßig beispielsweise aus dem Fenster schauen und in eine größere Entfernung adaptieren. Fernblick ist für die Augen eine Ruheposition. Und jede Stunde sollten Sie für 5 Minuten den Blick ganz vom Display abwenden. Ein paar Übungen für die Wirbelsäule sind ebenfalls ratsam. In Arbeitspausen nicht sitzen bleiben. Organisieren Sie die Arbeit so, dass die Bildschirmarbeit durch augenschonende Tätigkeiten unterbrochen wird.
- Gehen Sie einmal pro Jahr zum Augenarzt oder Optiker, um die Sehstärke Ihrer Augen überprüfen zu lassen. Eine unbemerkte Fehlsichtigkeit überanstrengt die Augen.

Gute Hinweise zum Schutz Ihrer Augen finden Sie in `https://www.ergo-online.de/ergonomie-und-gesundheit/gesundheit-und-vorsorge/vorsorge-augen/`

Wenn drei von den folgenden vier Kriterien zutreffen, sind Sie ein „Beschäftigter im Sinne der Bildschirmarbeitsplatzverordnung":

- Sie müssen einen Bildschirm nutzen, um Ihre Arbeitsaufgaben zu erfüllen,
- Sie benötigen besondere Kenntnisse und Fertigkeiten für die Bildschirmarbeit,
- der Bildschirm wird in der Regel täglich benutzt (das Arbeitsgerichts Neumünster urteilte, 30 bis 45 Minuten wären ausreichend, Aktenzeichen 4 Ca 1034b/99)
- die Arbeit am Bildschirm erfordert hohe Aufmerksamkeit und Konzentration, weil Fehler zu schweren Konsequenzen führen können.

Ausgabe

Als „Bildschirmarbeiter" haben Sie Anspruch auf regelmäßige Untersuchungen beim Betriebsarzt und bei Bedarf auch beim Augenarzt. Lassen Sie sich eine „Bildschirmbrille" verschreiben, denn der typische Bildschirmabstand von 60 cm ist zu weit weg für eine Lesebrille und zu nah für eine Fernbrille. Wenn Sie nicht nur auf den Bildschirm schauen, sondern auch Papierdokumente lesen oder bearbeiten müssen, ist eine Zweistärken- oder Gleitsichtbrille sinnvoll. Zusätzlicher Publikumsverkehr kann eine Dreistärkenbrille erfordern. Der Arbeitgeber muss sie bezahlen, denn „eine Mehrstärkenbrille oder Gleitsichtbrille stellt keinen Luxus dar, sondern eine medizinische Notwendigkeit, wenn mehrere Glasstärken für gutes Sehen am Arbeitsplatz benötigt werden", urteilte das Landesarbeitsgericht Hamm (LAG Hamm v. 29.10. 1999 – 5 Sa 2185 (98). Die Brille zählt zur „persönlichen Schutzausrüstung" und ist vom Arbeitgeber zu bezahlen. Wenn Sie die Brille auch privat nutzen möchten, müssen Sie sich üblicherweise an den Kosten beteiligen. Und wenn Sie an einem mangelhaften Bildschirm sitzen, können Sie (oder der Betriebsarzt) den Arbeitgeber auffordern, dem abzuhelfen. Ein Tipp an Arbeitgeber: Der Aufpreis für einen besseren Bildschirm rentiert sich bereits bei einem einzigen eingesparten Krankheitstag eines Mitarbeiters.

Im Gegensatz zu Monitoren mit Kathodenstrahlröhren (CRTs) können LCD-Monitore mit einer aufgerauten Oberfläche versehen werden (anti-glare coating), die dafür sorgt, dass Lichtquellen, die sich in der Anzeige spiegeln, nur als konturlose helle Flecken wahrgenommen werden. Dies ist möglich, da bei LCDs die visuelle Information in einer Schicht entsteht, die nur etwa einen Millimeter von der aufgerauten Schicht entfernt ist, so dass Zeichenschärfe und Kontrast durch die Aufrauhung nicht abnehmen.

Bei Monitoren ohne aufgeraute Oberfläche kann das Bild der gespiegelten Lichtquelle klar erkannt werden und das Auge des Betrachters versucht immer, dieses (weiter entfernte) Bild der Lichtquelle scharf zu stellen (Fusionswettstreit), was eine erhebliche Belastung für das visuelle System darstellt. Das Fehlen von Spiegelbildern in der Umgebung stellt eine Erleichterung für unser visuelles System dar und gestaltet die Arbeit angenehmer und weniger ermüdend.

Und nicht zuletzt: Sparen Sie bei der Anschaffung eines Bildschirms weder mit Sorgfalt noch mit Geld. Ein 24"-Bildschirm in HD-Auflösung für weniger als 140 Euro ist eine Fehlinvestition, wenn Sie täglich stundenlang vor dem Bildschirm sitzen. Wobei ich beim Entwicklungstempo in Richtung höherer Auflösungen bei einem Neukauf dringend zu einem 4k-Monitor rate.

Die beste Qualität haben Eizo-Monitore. Die Bildschärfe ist unvergleichlich. Sie haben noch nie in einer Fachzeitschrift einen Vergleichstest gesehen, an dem ein EIZO-Monitor teilgenommen hätte? Ja, das ist wahr. EIZO-Monitore zu testen, würde die gesamte Konkurrenz steinalt aussehen lassen. EIZO-Monitore sind außer Konkurrenz. Ein Redakteur hat es einmal so formuliert: „Einen EIZO-Monitor zu testen ist ebenso sinnvoll wie zu testen, ob man nass wird, wenn man ins Wasser fällt." Gehen Sie in einen Apple-Shop und bewundern Sie das brillante Bild der Monitore. Die meisten Apple-Macintosh-Computer haben Monitore, die mit EIZO vergleichbar sind.

Wenn Sie kleine Buchstaben schlecht erkennen können, greifen Sie zu einem 4k-Monitor, der 27 Zoll oder größer ist. Statt der maximalen 4k-Auflösung können Sie 2560 x 1440 oder 1920 x 1080 einstellen, dadurch sind die Buchstaben angenehm groß.

6.1.5 Displayreinigung von Smartphones und Tablet-PC

Nach einer aktuellen Untersuchung des BITKOM ekeln sich 15 Prozent der Deutschen davor, das Mobiltelefon anderer Leute zu benutzen. Das ist verständlich. Essensreste, Handcreme und Schminke bilden einen prima Nährboden für Bakterien und Keime.

Glasreiniger, Alkohol, Spülmittel und Seifenlaugen können langfristig die fettabweisende Oberfläche der Geräte beschädigen und so ihre Bedienbarkeit beeinträchtigen. Lesen Sie die Pflegehinweise im Handbuch! Gut geeignet sind Mikrofasertücher, wie z. B. **trockene** Brillenputztücher. Die Mikrofaser nimmt das Fett selbst im trockenen Zustand auf. Achten Sie darauf, dass sich keine groben Partikel auf dem Touchscreen befinden, die beim Reiben Kratzer hinterlassen könnten. Abgesehen davon sollten elektronische Geräte nicht mit Wasser in Berührung kommen: Eindringende Feuchtigkeit kann Schaltkreise korrodieren lassen.

6.1.6 Elektronisches Papier – Das E-Book

Das Prinzip wurde in den 70er Jahren von Xerox erfunden: Millionen kleiner Kugeln, die auf einer Seite weiß und auf der anderen Seite schwarz sind, werden durch Anlegen einer Spannung in die gewünschte Lage gedreht. Ein großer Vorteil der Technologie: Energie wird nur für die Änderung der Anzeige benötigt. Daher hängt bei E-Book-Readern wie dem „Kindle" oder dem „Tolino" die Batterielaufzeit nicht von Betriebsstunden, sondern von der Anzahl der gelesenen Seiten ab. Die Anzeige flimmert nicht und ist aus jedem Betrachtungswinkel gut zu sehen. Wenn man den Strom abschaltet, bleibt das zuletzt angezeigte Bild erhalten. Die Schrift ist sogar im hellsten Sonnenlicht gut zu erkennen, doch das Bild leuchtet nicht selbst: Im Dunkeln benötigt man eine Lampe. Es sind nur 16 Graustufungen möglich. Der Kontrast ist gering, weiße Flächen sind bestenfalls hellgrau. Es gibt erste Prototypen für farbige Displays, allerdings ist die Auflösung noch zu gering.

Es gibt Armbanduhren und Handys mit diesen Bildschirmen, die auch im Sonnenlicht ablesbar sind. Elektronische Preisschilder im Supermarkt können aus dem Büro per Funk geändert werden. USB-Sticks mit Mini-Display zeigen ihren „Füllstand" an, und wenn man den Stick herauszieht, bleibt die Anzeige erhalten. Versuchsweise hat man schon Zeitungen auf E-Papier „gedruckt". Vielleicht werden zukünftige Zeitungen aus elektronischem Papier bestehen, welches jede Nacht mit neuem Inhalt geladen wird?

6.1.7 Neue Entwicklungen: OLED und AMOLED

Herkömmliche LEDs werden aus hochreinen, kristallinen Materialien in Reinsträumen hergestellt. Material und Produktion sind teuer. In den letzten Jahrzehnten wurden zahlreiche organische Halbleitermaterialien entwickelt, die zur Herstellung von LEDs geeignet sind. Daraus gefertigte „Organische Leuchtdioden" (engl.: **O**rganic **L**ight **E**mitting **D**iode) haben wichtige Vorteile: Das Material ist vergleichsweise billig, der Wirkungsgrad ist hoch, die Schaltzeiten sind kurz und die Fertigung erfordert keine Reinsträume. Großflächige OLEDs, die z. B. für Raumbeleuchtung verwendet werden, können sogar im Offset-Druck gefertigt werden. Haupteinsatzgebiet sind kleine Displays in Handys, Smartphones, Tablets und Notebooks, wo – angesichts der geringen Displayfläche – der höhere Preis nicht so wichtig ist wie die längere Akkulaufzeit. Wobei nur die leuchtenden Pixel Energie benötigen. Eine weiße Uhrzeitanzeige auf schwarzem Grund benötigt nur wenig Strom.

TFT-Displays benötigen eine energieintensive Hintergrundbeleuchtung, aus der die benötigten Farben herausgefiltert werden. Bei OLED-Displays fällt die Hintergrundbeleuchtung samt deren Energiebedarf weg, denn die LED strahlen in alle Richtungen. Die Farbdarstellung und der Kontrast ist besser als bei LCDs. Doch die OLEDs haben gegenwärtig noch Schwachstellen. Die Lebensdauer, vor allem der blauen Dioden, ist noch zu gering. Die organischen Schichten sind empfindlich gegen Sauerstoff und Luftfeuchtigkeit und müssen deshalb zuverlässig gekapselt werden. OLED könnten im Prinzip so dünn wie Tapete hergestellt werden, jedoch sind die bisher erforschten flexiblen Materialien viel zu empfindlich gegen Sauerstoff und andere Gase. Außerdem sind sie zu teuer, solange sie nicht zu Massenprodukten werden.

Die Weiterentwicklung von OLED führte zu AMOLED (Active-Matrix Organic Light-Emitting Diode). Jedes Pixel besteht aus mehreren verschiedenfarbigen (grünen, blauen und roten) Subpixeln, die von darunterliegenden Dünnfilmtransistoren gesteuert werden. Die Herstellung ist kostengünstig. Leider ist die Lebensdauer der Subpixel unterschiedlich: Die blauen Subpixel altern zuerst und die Anzeige wird rot- oder grünstichig. Nach 5000 bis 10000 Stunden ist die Helligkeit von Weiß auf die Hälfte gefallen.

Die chinesische Firma „Royale" war die erste, die ab Dezember 2018 ein faltbares Smartphone „FlexPai" mit AMOLED-Display verkaufte. Inzwischen gibt es zahlreiche Nachfolger. Wenn die Darstellung auf dem Smartphone zu klein ist, klappt man es im laufenden Betrieb zum Tablet auseinander. Ober- und Unterseite sowie die Kante sind einzeln oder als Vollbild mit 810 × 1440 Pixeln ansteuerbar. Die Weltneuheit kostete anfangs ab 1388 Euro.

6.2 Grafikkarte

6.2.1 Die Aufgabe der Grafikkarte

Die Grafikkarte hatte ursprünglich die Aufgabe, den Elektronenstrahl eines Röhrenbildschirms zu steuern. Der Elektronenstrahl erzeugt durch Beschuss der Fluoreszenzschicht des Bildschirms ein leuchtendes Bild. Weil die Bildpunkte nur für Sekundenbruchteile nachleuchten, muss der Elektronenstrahl jeden Bildpunkt immer wieder neu ansteuern. Bei Röhrenmonitoren muss das 85-mal pro Sekunde geschehen, um ein flimmerfreies Bild zu erhalten. Weil Flachbildschirme nicht flimmern, genügt bei ihnen eine Bildwiederholfrequenz von 60 Hertz.

Auf heutigen Grafikkarten sind mindestens 512 MB RAM eingebaut. Ein Teil dieses „Video-RAM" wird als Arbeitsspeicher für den **Grafikprozessor** verwendet. Ein anderer Teil des RAM wird als **B**ild**W**iederhol**S**peicher (BWS) benutzt. In diesem BWS ist für jedes **Pixel** (**Pic**ture **El**ement = Bildpunkt) des Bildes gespeichert, wie hell und in welcher Farbe er leuchten soll. Während der Elektronenstrahl über den Bildschirm huscht, liest die Elektronik der Grafikkarte immer wieder, 60-mal pro Sekunde oder öfter, Punkt für Punkt die im BWS gespeicherte Farbinformation und stellt sie an den digitalen Ausgängen der Grafikkarte für Flachbildschirme bereit.

Für die Ansteuerung älterer Monitore über den analogen „VGA"-Ausgang muss eine Baugruppe „**R**AM **D**igital **A**nalog **C**onverter" (RAMDAC) die digitale Farbinformation für jeden Bildpunkt in drei analoge Helligkeitssignale umwandeln, für jede der drei Grundfarben ein Signal. Diese drei Farbsignale, ergänzt um Synchronsignale für Zeilen- und Bildanfang, werden über das VGA-Kabel zum Monitor gesandt, um die Bildschirmdarstellung zu aktualisieren.

Etwa bis ins Jahr 2000 waren PCI-Grafikkarten üblich, denn die **PCI-Steckplätze** der Hauptplatine hatten damals die schnellsten Übertragungsraten. Weil PCI mit den wachsenden Anforderungen an die Grafikleistung nicht mehr mithalten konnte, wurde für die Grafikkarte ein spezieller Steckplatz auf der Hauptplatine geschaffen: der **AGP-Steckplatz**. AGP ermöglichte die doppelte Datenübertragungsrate wie PCI, ist aber auch längst veraltet. Seit 2006 gibt es den Standard **PCI-Express**, der einen abermals deutlich beschleunigten Datentransfer ermöglicht. Seit Jahren werden nur noch Grafikkarten mit PCI-Express-Schnittstelle produziert.

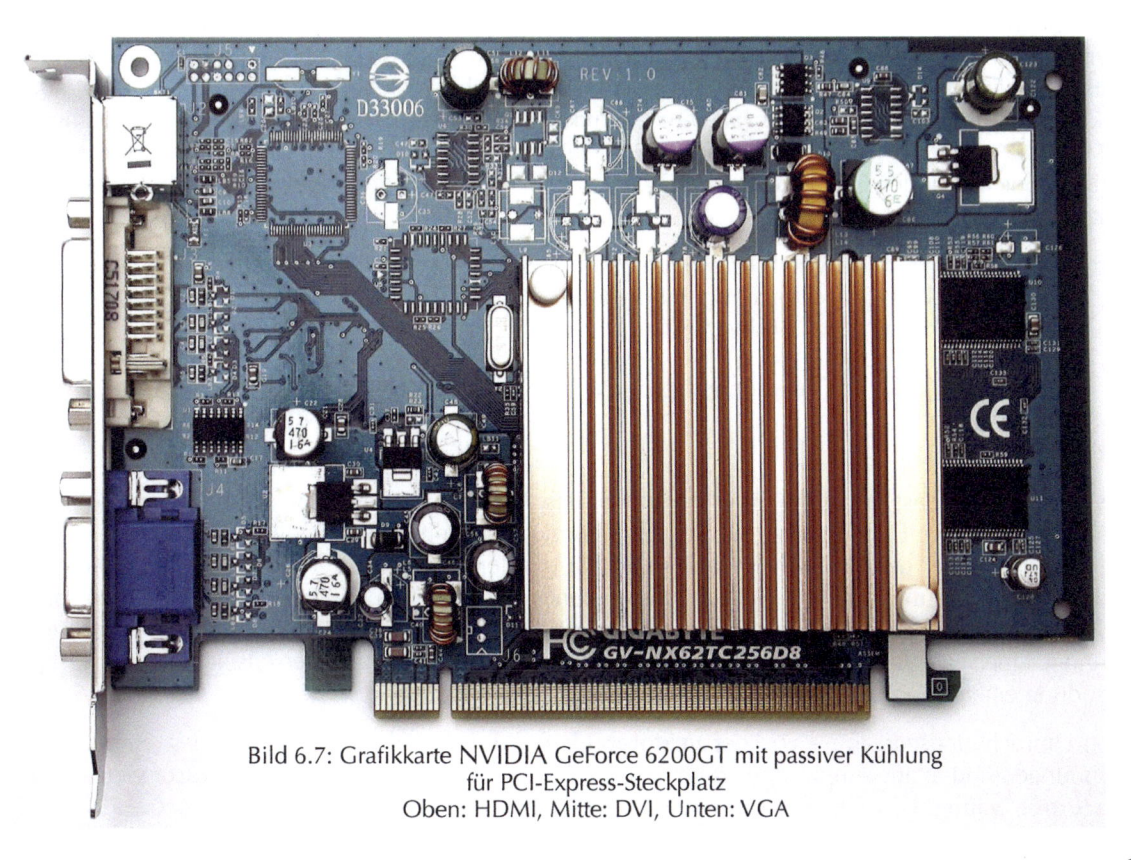

Bild 6.7: Grafikkarte NVIDIA GeForce 6200GT mit passiver Kühlung
für PCI-Express-Steckplatz
Oben: HDMI, Mitte: DVI, Unten: VGA

Ausgabe

Grafikkarten gibt es bereits ab 30 Euro. Hochleistungs-Grafikkarten für Spieler kosten über 2000 Euro, wiegen fast ein Kilogramm und brauchen bis 375 W Strom. Zwei davon kann man in einen PC einbauen. Deren Grafikprozessoren haben bis zu fünfmal mehr Transistoren als aktuelle CPUs. Solange Sie keine 3D-Spiele starten, bleibt fast die gesamte Leistung der Grafikprozessoren ungenutzt.

Für spezielle rechenintensive Aufgaben (z. B. für das „Bitcoin Mining", das Generieren von Kryptowährung) wird die Rechenlast auf viele Grafikkarten verteilt. Spezielle Mainboards wie das „ASUS B250 MINING EXPERT" haben 19 PCIe-Steckplätze, an die mit Adaptern bis zu 19 Grafikkarten zu je 300 Euro angeschlossen werden können – denn mit nur einer Grafikkarte ist das Mining unökonomisch. Von der Grafikkarte wird ein zu kleiner Teil des Stroms produktiv genutzt, der Rest-PC verheizt zu viel Energie unproduktiv.

6.2.2 Auflösung und Farbtiefe

Als Auflösung bezeichnet man die Anzahl der Bildpunkte, die horizontal und vertikal untergebracht werden können. Eine Auflösung von 800 × 600 bedeutet, dass das Bild aus 800 Pixeln in der Waagerechten und 600 Pixeln in der Senkrechten besteht.

Farbtiefe nennt man die „Feinheit" der Abstufung, mit der Farben gespeichert und wiedergegeben werden können. Windows unterscheidet True Color (24 Bit) und High Color (16 Bit).

Die 16 Bit High Color werden auf je 5 Bit für Rot und Blau sowie 6 Bit für Grün aufgeteilt. Blau und Rot können mit jeweils $2^5 = 32$ Abstufungen der Helligkeit dargestellt werden, Grün mit $2^6 = 64$ Abstufungen. Für grafische Darstellungen reicht das, für Fotos nicht. Eine Farbtiefe von 24 Bit bedeutet, dass 8 Bit auf jede der drei Grundfarben entfallen. Weil $2^8 = 256$ ist, kann man für jede der Grundfarben 256 Helligkeitsabstufungen kodieren. Das ergibt $256 \times 256 \times 256 = 2^{24} = 16\,777\,216$ mögliche Farbkombinationen. Diese Farbtiefe wird auch von Digitalkameras benutzt, so dass Fotos ohne Farbverlust wiedergegeben können. Allerdings reichen 16 Millionen Farben noch nicht aus, um tiefschwarze Schatten und gleißendes Licht darzustellen. In der Medizin und der professionellen Fotografie werden teilweise 16 Bit pro Farbkanal verwendet, was 281 Billionen Farben ergibt. Dafür braucht man Spezialkameras und -monitore. Hier sind Röhrenmonitore mitunter besser als TFT.

Wie viel RAM muss die Grafikkarte mindestens haben? Bei einer Auflösung von 1920 × 1080 werden 2,1 Millionen Pixel dargestellt. Die Farbinformation pro Pixel benötigt vier Byte (für die Speicherung von True Color werden die 24 Bit um ein weiteres Byte ergänzt, um auf eine gerade Bytezahl zu kommen). Es werden also 2,1 × 4 = 8,3 Megabyte gebraucht, aufgerundet auf die nächste Zweierpotenz ergibt das 16 MByte Bildwiederholspeicher. Wenn Sie mit Ihrem PC nicht spielen wollen, wäre mehr RAM auf der Grafikkarte nicht nötig. Tatsächlich hat Ihre Grafikkarte viel mehr RAM. Grafikkarten mit weniger als 256 MByte RAM werden nicht mehr hergestellt. Der große Rest vom RAM wird bei 3D-Darstellungen als Arbeitsspeicher für den Grafikprozessor verwendet. Für Spiele und Videoschnitt gilt: Mehr Grafikspeicher macht die Grafikkarte schneller!

Sehen Sie doch einmal nach, wie Ihr Computer eingestellt ist: Klicken Sie mit der rechten Maustaste auf einen freien Bereich Ihres Desktops, dann mit der linken Taste auf „Bildschirmauflösung". Dort können Sie die momentane Auflösung sehen und verändern.

6.2.3 Rendern, SLI, Crossfire und CUDA

Rendern

Sie wissen schon, dass bei „TrueType"-Schriften das Aussehen jedes Buchstabens mit einer Formel beschrieben wird, weil man nur so die bestmögliche Darstellung in jeder beliebigen Größe berechnen kann, ob für Drucker oder Bildschirm. Viele Gestaltungselemente von Webseiten und auch die Hintergründe, Spielszenen und -figuren von Computerspielen werden mit Formeln beschrieben. Mit den Formeln wird berechnet, welche Bildpunkte leuchten sollen und welche nicht. Diese Berechnung ist schwierig und aufwendig: Einerseits gibt es viele verschiedene Bildschirmauflösungen, andererseits kann man in fast jeder Anwendung einen Zoomfaktor wählen.

Diesen Umrechnungsvorgang – von der **Vektorgrafik** zur „Pixelgrafik" – nennt man das „Rendern". Die Berechnungen sind relativ simpel, aber zahlreich. Deshalb stecken in einem Grafikprozessor viele hunderte Kerne (Core), während die CPUs mit zwei bis zwei Dutzend Kernen auskommen.

SLI

Scalable **L**ink **I**nterface ist ein Verfahren von NVIDIA aus dem Jahr 2005, damit zwei oder mehr Grafikchips die Arbeit beim Rendern untereinander aufteilen können. AMD entwickelte eine ähnliche Technologie namens „Crossfire", um bis zu vier Radeon-Grafikkarten in einem PC „parallel" zu betreiben. Beide Lösungen machten die Darstellung von Spielen detailreicher und flüssiger. Höhere Auflösungen wurden möglich, z. B. um die Darstellung auf bis zu vier Bildschirme zu verteilen.

In der Regel benötigt man Grafikkarten des gleichen Typs mit der gleichen Grafik-BIOS-Version, doch manchmal können unterschiedliche Grafikkarten zusammenarbeiten, wenn sie aus der gleichen „Familie" stammen. „Hybrid CrossFireX" ermöglichte es, zwei unterschiedliche Grafikkarten zusammenzuschalten. Das ist besonders für Notebooks interessant: Die im Chipsatz integrierte stromsparende Grafiklösung reicht für 2D-Anwendungen aus. Bei Bedarf wird ein leistungsfähigerer Grafikchip dazugeschaltet. Aber so ganz ausgereift waren die Technologie bzw. die Treiber nicht. Bei zwei baugleichen Grafikkarten wird die Rechenleistung verdoppelt – theoretisch. Realistisch waren Leistungssteigerungen von 25 % bis 70 %, je nach Anwendung. Allerdings neigt die Darstellung zu „Mikrorucklern".

Der Artikel `https://www.computerbase.de/2018-07/crossfire-sli-test-2018/` empfiehlt, besser eine einzelne gute Grafikkarte zu kaufen. SLI und Crossfire werden von immer weniger Spielen unterstützt, und der Leistungsgewinn ist gering. NVIDIA unterstützt nur noch maximal zwei Grafikkarten. Auf absehbare Zeit werden SLI und Crossfire wohl aussterben.

CUDA

NVIDIA benutzt die Technologie CUDA (**C**ompute **U**nified **D**evice **A**rchitecture), um die Prozessorkerne der Grafikkarte flexibel zu programmieren. Die Kerne von NVIDIA-Grafikkarten können als „Co-Prozessoren" für Berechnungen programmiert werden. Manche wissenschaftliche, technische und medizinische Anwendungen können dadurch um ein Vielfaches beschleunigt werden. Die Konvertierung von Videos mit einer Software von NVIDIA konnte beispielsweise auf das 20-fache beschleunigt werden. Große Mengen von „CUDA-Grafikkarten" werden in Supercomputern eingebaut. Der „Tianhe-1A", einer der schnellsten Supercomputer der Welt, benutzt außer seinen 14 366 Sechskernprozessoren weitere 7 168 NVIDIA-Grafikprozessoren. Für die private Verwendung gibt es Hauptplatinen, die man mit bis zu 19 Grafikkarten bestücken kann, beispielsweise um Krypto-Währungen zu generieren.

6.2.4 3D-Darstellung

Spielszenen heutiger Spiele sind dreidimensional. Es ist eine gewaltige Rechenarbeit nötig, um eine naturgetreue Darstellung zu erhalten. Die Oberflächen müssen berechnet, gefärbt und texturiert werden. Textur ist das Aussehen der Oberfläche: spiegelnd, matt, geriffelt, textil, geknittert, ... Es muss ermittelt werden, welche Teile eines Körpers durch davor befindliche Körper verdeckt werden. Lichtreflexe und Schattenwurf sind zu berechnen. Die Rechenarbeit wird zwischen der CPU und der Grafikkarte aufgeteilt. Vereinfacht gesagt, liefert die CPU die Umrisse und die GPU (**G**raphics **P**rocessing **U**nit) füllt sie aus. Die von der GPU durchzuführenden Berechnungen sind zahlreich, aber einfach und lassen sich gut parallelisieren (gleichzeitig ausführen). Deshalb haben Grafikkarten viele Prozessorkerne, sogenannte „Stream-Prozessoren".

Heutige leistungsfähige GPUs verteilen die Rechenarbeit auf hunderte oder tausende Stream-Prozessoren, während die CPUs mit ein paar Dutzend Kernen auskommen müssen. Das Spitzenmodell RTX 4090 von NVIDIA hat 16384 CUDA-Kerne, braucht 450 Watt und kostet etwa 1800 Euro (04/2024).

	Cores	GPU Clock
GTX 670 MX	960	600 MHz
GTX 680 MX	1536	720 MHz
GTX 1080	2560	1607 MHz
RTX 2080 Ti	4352	1350 MHz
RTX 4090	16384	2235 MHz

Tab. 6.4: Grafikkarten von NVIDIA

6.2.5 Echte 3D-Darstellung

Die ersten dreidimensionalen Filme wurden in den 30er Jahren gedreht. Damals mussten die Zuschauer Rot-Grün-Brillen tragen. IMAX 3D wurde 1986 vorgestellt. Die Zuschauer tragen Polarisationsbrillen. Mehr als 400 Kinos weltweit benutzen die IMAX-Technologie. Mit dem Film „Avatar" wurde 3D massentauglich.

Ausgabe

Wie funktioniert räumliches Sehen? Beide Augen sehen einen Gegenstand in unterschiedlichem Blickwinkel und liefern dem Gehirn geringfügig unterschiedliche Bilder. In den ersten Lebensjahren lernt das Gehirn, die kleinen Unterschiede auszuwerten und auf diese Weise Entfernungen einzuschätzen. Für 3D-Foto- und -Filmaufnahmen werden zwei Kameras benötigt, die im Augenabstand nebeneinander befestigt sind. Sie nehmen zwei leicht unterschiedliche Filme auf, die später mit zwei Projektoren gezeigt werden können.

Wie kann man erreichen, dass jedes Auge nur „seine" Bilder sieht? Man verwendet eine spezielle Brille. Zur Zeit gibt es vier Verfahren: Head-Up-Display, Rot-Grün-Brille, Shutterbrille und Polarisationsbrille.

Head-Up-Display: Man setzt vor jedes Auge einen eigenen kleinen Bildschirm. Allerdings sind diese Brillen teuer und schwer. Die älteren unter den Lesern erinnern sich vielleicht an Stereo-Bildbetrachter in ihrer Kinderzeit, die wie ein Fernglas an die Augen gehalten wurden und jedem Auge etwas anderes zeigten.

Rot-Grün-Brille: Das Bild für das eine Auge wird durch ein Rotfilter geschickt, das andere durch ein Grünfilter. Mit der Brille sieht jedes Auge „sein" Bild. Die Augen ermüden wegen der unterschiedlichen Farbbelastung, und für Farbfilme ist das Verfahren natürlich unbrauchbar.

Shutterbrille: Eine weit verbreitete Technik ist die mit „LCD-Shutterbrille". Das Verfahren heißt XPanD und braucht kein polarisiertes Licht. Der Zuschauer trägt eine Shutterbrille, deren Gläser mit Dünnschichttransistoren (TFT) beschichtet sind – solche wie in den Flachbildschirmen. Die Projektoren werfen die Bilder für das rechte und linke Auge abwechselnd auf die Leinwand (oder den Bildschirm). Im gleichen Takt werden die TFT-Gläser abwechselnd undurchsichtig geschaltet. Der Taktwechsel der Brille(n) wird mit einem Infrarotsignal gesteuert und ist so schnell, dass das Auge nichts spürt, bei Fernsehern z. B. 200 bis 240 Hertz.

Polarisationsbrille: Was ist Polarisation? Licht kann als elektromagnetische Schwingung betrachtet werden, bei der jede Welle in einer anderen Ebene schwingt. Das Licht von zwei synchronen Projektoren wird durch unterschiedliche polarisierte Filter geschickt. Ein senkrechtes Polarisationsfilter lässt nur die senkrecht schwingenden Lichtwellen durch. Von „schräg" schwingenden Wellen wird nur die senkrechte Komponente durchgelassen. Für den anderen Projektor wird ein waagerechtes Filter verwendet. Die Zuschauer müssen Polarisationsbrillen tragen, die für ein Auge nur die senkrechten, für das andere Auge nur die waagerecht polarisierten Wellen durchlassen. Die 3D-Brillen sind preiswert und einfach zu benutzen. Leider lassen die Polfilter nur ein Drittel des vorhandenen Lichtes durch, so dass man sehr starke Projektoren braucht.

Bei dieser „linearen Polarisation" sind die Filter waagerecht und senkrecht angeordnet. Man sollte den Kopf nicht neigen, weil sich die Bilder in einem Auge teilweise vermischen und das andere Auge schwarz sieht. Um diesen Effekt zu vermindern, wurde das Verfahren „RealD" entwickelt, bei dem die „zirkulare Polarisation" diesen Effekt vermindert. Die Filter vor den Projektoren und synchron dazu die Filter in den Brillen wechseln 60 Mal pro Sekunde die Polarisationsrichtung um 45°. Das eine Auge sieht die rechtsdrehenden Bilder, das andere die linksdrehenden.

Damit das Bild nicht flimmert, muss jedes der beiden Halbbilder mit mindestens 50 Hz gezeigt werden, also braucht man einen 100-Hz- oder 120-Hz-Bildschirm. Die Tendenz geht zu 240 Hz.

Das Polarisationsverfahren kann man bereits für eigene 3D-Videos nutzen. Ein Camcorder für 3D-Videos kostet zwischen hundert und tausend Euro. Noch teurer wird die Technik für das eigene Heimkino: Man braucht zwei lichtstarke Beamer mit Polarisationsfiltern sowie Polarisationsfilterbrillen für jeden Zuschauer. Eines der Filter lässt die waagerechte Polarisation durch, das andere Filter die senkrechte.

Außerdem wird eine silberbeschichtete Spezialleinwand benötigt, weil „normale" Leinwand-Projektionsflächen die Polarisation des Lichtes zerstören würden.

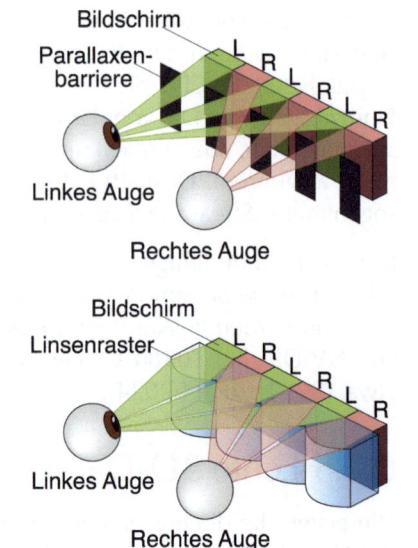

Bild 6.8: 3D-Bildschirme ohne Brille

136

Zwei neue **autostereoskopische** Verfahren kommen ohne Brille aus: Ein Linsenraster oder ein Streifenraster verdeckt die Hälfte des Bildes, so dass jedes Auge ein anderes Bild sieht.

- Mit einer Streifenmaske, der **Parallaxenbarriere**, wird jedem Auge ein anderer Streifen des Bildes gezeigt. Das Verfahren wurde bereits 1903 erfunden, doch erst 2001 kamen erste Displays auf den Markt – zu vierstelligen Preisen.
- Bei der Alternative, dem **Linsenrasterverfahren**, wird die Oberfläche des Bildschirms mit winzigen Zylinderlinsen oder Prismen bedeckt, dadurch sieht jedes Auge andere Streifen des Bildes. Sie haben bestimmt einmal eine Ansichtskarte mit „Wackelbild" in der Hand gehabt, die je nach Blickwinkel zwei verschiedene Bilder zeigt. Die Aufteilung in zwei Halbbilder verringert allerdings die Horizontalauflösung pro Bild. Erste Computermonitore mit Linsenraster-Folien wurden auf der CeBit 2005 gezeigt. Seit 2008 kann man die „Fujifilm FinePix Real 3D" kaufen und damit 3D-Fotos schießen.

Nachteil: Der Kopf des Betrachters muss sich an einer optimalen Position befinden. Seitliche Bewegungen des Kopfes verschlechtern das Bild. Manche Displays beobachten den Betrachter per Videokamera (sogenanntes Head-Tracking oder Eye-Tracking) und passen die Darstellung an die Kopfposition an. Weil das bei mehreren Betrachtern nicht geht, werden diese Displays als Single-User-Display bezeichnet.

Bei einem Multi-View-Display werden mehr als zwei Teilbilder erzeugt, dadurch können mehrere Personen zuschauen. Das Problem: 3D-Filme auf DVD und Blu-ray basieren auf jeweils zwei Ansichten. Ein Multi-View-Display braucht fünf bis zehn Ansichten der gleichen Szene. Woher die üblichen fünf bis neun Teilbilder nehmen? Forscher am Heinrich-Hertz-Institut haben eine Technologie entwickelt, die aus den vorliegenden Bilderpaaren eine Tiefenkarte erstellt – also eine Karte, die jedem Objekt einen eindeutigen Abstand zur Kamera zuweist. Daraus können beliebig viele Zwischenansichten berechnet werden, in Echtzeit. Auf der IFA 2012 war ein Funktionsmuster zu sehen.

Letztlich konnte sich 3D-Fernsehen nicht durchsetzen. Fernseher und Blu-ray-Player sind zu teuer und gute Filme gibt es zu wenig. Gemütlichkeit kommt nicht auf: Brillen sind unbequem und teuer, Sitzpositionen sind eingeschränkt, den Kopf muss man genau senkrecht halten, Kopfschmerzen sind häufig. Samsung will keine 3D-Fernseher mehr entwickeln und LG wird 3D-Technik nur noch in Premium-Modelle einbauen. Nur im Kino wird uns 3D wohl erhalten bleiben.

Leider haben alle 3D-Technologien das gleiche Problem: Das menschliche Sehvermögen perfekt zu betrügen, ist noch nicht gelungen. Die Linse des Auges justiert sich auf die Entfernung zum Bildschirm bzw. zur Leinwand, doch die wahrgenommenen Objekte befinden sich in anderen Entfernungen davor oder dahinter. Das Gehirn wird dadurch verwirrt. Das Betrachten längerer Filme kann bei empfindlichen Menschen zu Schwindelanfällen, Kopfschmerzen und Übelkeit führen, besonders wenn man den Kopf nicht genau senkrecht hält. Viele Regisseure setzen 3D-Effekte zunehmend zurückhaltend ein. Wobei zahlreiche 3D-Filme in 2D gedreht werden und die dritte Dimension erst durch die Nachbearbeitung am Computer hineingerechnet wird.

6.2.6 Onboard-Grafik

Es geht auch ohne Grafik-Steckkarte. Viele CPUs von Intel und AMD enthalten eine komplette Grafikeinheit. Aktuelle Intel-CPUs können bis zu vier Displays mit 8k-Auflösungen ansteuern, wobei die meisten Hauptplatinen nur zwei oder drei Displayanschlüsse an die rückwärtige Blende weiterführen.

Diese „Onboard-Grafik" hat Vorteile:

- Durch den Wegfall einer separaten Grafikkarte wird das PC-System um einige Dutzend Euro billiger.
- Der Energieverbrauch ist geringer.

Ein Spieler würde die Grafikleistung einer Onboard-Grafik als bescheiden bezeichnen, doch für typische Office-Anwendungen ist das völlig ausreichend, und für viele Home-PCs auch. Eigentlich wird eine separate Grafikkarte vor allem für aktuelle Action-Computerspiele und für spezielle grafische Anwendungen benötigt, z. B. für Videoschnitt und eventuell für hochauflösende Videos.

Wenn irgendwann die Leistung der Onboard-Grafiklösung nicht mehr ausreicht, kann man eine separate Grafikkarte kaufen und sie in einen freien Steckplatz stecken, soweit vorhanden. Der Onboard-Grafikchip schaltet sich dann automatisch ab, nur in Ausnahmefällen muss er im BIOS deaktiviert werden.

Ausgabe

6.2.7 Shared Memory

Der Grafikprozessor benötigt Speicher: Für den **B**ild-**W**iederhol-**S**peicher und als GPU-Arbeitsspeicher. Bei den einfacheren Onboard-Lösungen wird ein Teil des allgemeinen Arbeitsspeichers für die GPU abgezweigt. Das nennt man eine „Shared-Memory"-Architektur (deutsch: geteilter Speicher).

Woran erkennt man, dass die GPU keinen eigenen RAM hat? Die Onboard-Grafikkarte zweigt mindestens 64 MB RAM für die Grafikelektronik vom (Haupt-)Arbeitsspeicher ab. Wenn der PC z. B. 4096 MB RAM hat, bleiben noch 4096 – 64 = 4032 MB Hauptspeicher übrig. In den Prospekten wird das verständlicherweise nicht hervorgehoben, sondern mit Formulierungen wie „bis zu 4 GB RAM" verschleiert.

Leider wirkt es sich verheerend auf die Leistung aus, wenn die Onboard-Grafikelektronik sich einen Teil des Hauptspeichers mit der CPU teilen muss. Grafikelektronik und Grafikspeicher arbeiten intensiv zusammen. Bei einer Auflösung von z. B. 1920 x 1080 in True-Color muss der Grafikchip pro Sekunde 1920 x 1080 x 4 Byte x 60 Hz = 498 MByte aus dem Videospeicher lesen und zum Bildschirm senden. Weil die GPU stets den Vorrang für den Speicherzugriff erhält, müssen CPU, Festplatte und andere Komponenten mit den Speicherzugriffen auf eine der zeitlichen Lücken warten, welche die Grafikelektronik übrig lässt.

6.2.8 Turbo-Cache

Grafik-RAM ist teuer, noch teurer als Arbeitsspeicher. Die Firma NVIDIA hatte eine clevere Idee. Die Onboard-GPU bekommt einen kleinen eigenen Speicher, in einer Größe von 32 bis 128 MB. Im Vergleich zu den 2 bis 4 GB einer Grafikkarte ist das wenig. Andererseits haben wir unter 6.2.1. „Auflösung und Farbtiefe" ausgerechnet, dass 16 MB für den BWS (Bildwiederholspeicher) ausreichen.

Bei typischen Office-Anwendungen hat man keine Leistungsnachteile, solange man auf 3D-intensive Anwendungen verzichtet. Erst wenn dieser Video-RAM nicht ausreicht, wird wie beim Shared Memory ein Teil des Hauptspeichers mitbenutzt. Diese Technik ist deutlich schneller als eine Onboard-Grafiklösung ohne eigenen Speicher und wird von NVIDIA als „Turbo-Cache" und von AMD als „Hyper Memory" vermarktet. Beeindruckende Namen für eine Sparlösung, die langsamer ist als eine „normale" Grafikkarte.

Um gelegentlich im Internet zu surfen oder kleine Texte zu verfassen, reicht Shared Memory aus. Turbo-Cache ist auch für viele grafikintensive Anwendungen eine akzeptable Lösung. Allerdings setzen zahlreiche Spiele eine Grafikkarte mit eigenem Speicher zwingend voraus und funktionieren mit Turbo-Cache nicht. Es scheint, Turbo-Cache wird seltener, auch weil Grafikspeicher immer billiger wird.

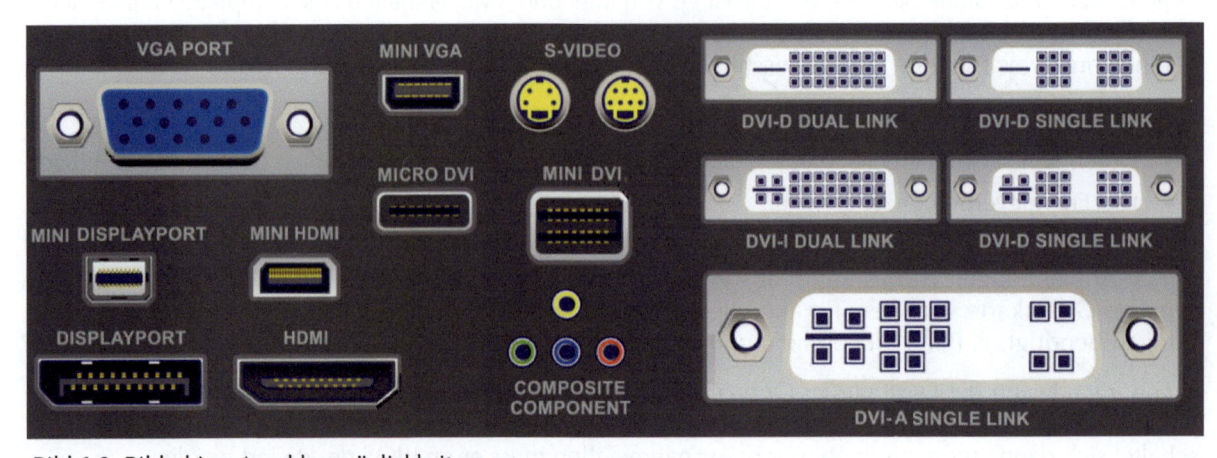

Bild 6.9: Bildschirm-Anschlussmöglichkeiten

6.2.9 Anschlüsse

Im Bild 6.9 sehen Sie alle möglichen Anschlüsse für Bildschirme, auch ungewöhnliche und veraltete.

VGA unterstützt Auflösungen bis 1920 x 1200. Im Prinzip wären 2048 × 1536 möglich, aber wegen meist schlechter Qualität ist diese Auflösung extrem selten.

Der VGA-Stecker war Standard für Farb-Röhrenbildschirme. Als die ersten TFT-Flachbildschirme auf den Markt kamen, wurden sie mit dem klassischen VGA-Stecker ausgestattet, um sie an jede Grafikkarte anschließen zu können. Das brachte nicht die bestmögliche Bildqualität, denn die digitale Bildinformation aus dem Bildwiederholspeicher wurde zuerst im RAMDAC der Grafikkarte in ein analoges Signal umgewandelt, über das VGA-Kabel übertragen und im TFT-Flachbildschirm zurück in ein Digitalsignal verwandelt. Außerdem ist das VGA-Kabel anfällig für elektromagnetische Störungen. Deshalb haben heute alle neuen Grafikkarten und TFT-Bildschirme einen digitalen Anschluss: DVI (**D**igital **V**isual **I**nterface), HDMI (**H**igh **D**efinition **M**ultimedia **I**nterface) oder DP (**D**isplay**P**ort).

DVI unterstützt Auflösungen bis 1920 x 1200 Bildpunkte. Es gibt mehrere Arten DVI-Anschlüsse: DVI-D (nur digital), DVI-A (nur analog, ungebräuchlich) und DVI-I (integriert, das heißt: analog und digital).

Wenn moderne Grafikkarten einen DVI-Anschluss haben, sind es fast immer DVI-I Anschlüsse. Wenn der Grafikkarte ein DVI-VGA-Adapter beiliegt, ist der Anschluss eines VGA-Monitors kein Problem. Auch an einen DVI-A-Anschluss kann man über einen (schwer erhältlichen) Adapter einen Monitor mit VGA-Stecker anschließen.

Eine HDMI-Buchse ist als zweiter oder dritter Monitoranschluss üblich, auch DisplayPort ist weit verbreitet. Man kann also außer DVI- und VGA-Bildschirm den Fernseher als dritten Bildschirm anstecken.

DisplayPort

Die **V**ideo **E**lectronics **S**tandards **A**ssociation (VESA) hat eine Schnittstelle „**D**isplay**P**ort" entwickelt. DP basiert auf dem Konzept von PCI-Express. Apple ist Vorreiter beim DisplayPort. Es gibt Stecker in Normal- und Mini-Ausführung. Im Vergleich zu DVI sind Stecker und Buchsen deutlich kleiner. Dadurch können Handys und andere kleine Geräte mit einem Bildschirmanschluss ausgestattet werden. Ihr Tablet hat einen DisplayPort-Anschluss, und Ihr Bildschirm nicht? Es gibt Adapter für DVI und HDMI. Wie bei DVI und HDMI wird der Kopierschutz HDCP verwendet.

Der DisplayPort ermöglicht mehr Pixel bei höherer Frequenz als DVI. DP in Version 1.3 kann über eine Hauptverbindung 2560 × 1600 Pixel mit 10 Bit Farbtiefe ansteuern. Ein Zusatzkanal ist integriert, der flexibel konfiguriert werden kann. Er kann für USB oder Lautsprecher genutzt werden oder in der Gegenrichtung für Eingabegeräte wie Mikrofon, Kamera oder für die Rückmeldungen von berührungsempfindlichen Bildschirmen. DP 1.4 mit **D**isplay **S**tream **C**ompression ermöglicht 7680 × 4320 (8k) Auflösung. Der neue Standard DP 2.0 kann 10k-Videos mit 10240 × 4320 übertragen bzw. mit eingeschalteter DSC sogar 15360 × 8460 bei 60Hz. Erste Geräte gibt es seit Ende 2020.

HDMI

Als Nachfolger von DVI wird seit 2003 die HDMI-Schnittstelle (**H**igh **D**efinition **M**ultimedia **I**nterface) entwickelt. Sowohl die Filmindustrie als auch die Hersteller von Unterhaltungselektronik unterstützen HDMI. Bild- und Tondaten werden digital mit einem Kabel mit 19-poligem Miniatur-Stecker übertragen. Leider gibt es mehrere Versionen (HDMI 1.1, 1.2, 1.3, 1.3a, 1.4, 1.4a, 2.0 und 2.1) mit unterschiedlichen Übertragungsbandbreiten und unterschiedlichen Steckertypen. Kabellängen von 5 Metern sind problemlos möglich, mit hochwertigen Kabeln sind 10 bis 15 Meter möglich. Der Kopierschutz HDCP ist integriert.

HDMI ist abwärtskompatibel zum Vorgängerstandard DVI: Mit einem Adapter oder einem Spezialkabel kann man einen DVI-Bildschirm an eine HDMI-Grafikkarte anschließen und umgekehrt.

Thunderbolt

Thunderbolt (deutsch: Donnerkeil oder Blitz) ist der Nachfolger von DisplayPort. An einen einzigen Anschluss können mehrere Monitore kaskadiert (das bedeutet: wie eine Kette hintereinandergehängt) werden, wie schon in Kapitel 2.3 „Externe (rückwärtige) Anschlüsse der Hauptplatine" erwähnt wurde.

Ausgabe

VGA, DVI, HDMI, DisplayPort oder Thunderbolt – was ist besser?

Ein Röhrenmonitor passt nur an den VGA-Anschluss, da hat man keine Wahl. TFT-Monitore haben oft beide Anschlussmöglichkeiten, damit der neue Monitor auch an eine ältere Grafikkarte ohne DVI passt. Die Bildschirmhersteller haben sich geeinigt, eine VGA-Schnittstelle nur noch bis zum Jahr 2015 zu unterstützen.

DVI oder neuer hat eine bessere Übertragungsqualität als VGA. Bei digitaler Übertragung sind Qualitätsverluste im Monitorkabel ausgeschlossen, deshalb dürfen DVI-Kabel bis zu 5 Meter lang sein. Bis 10 m sind möglich, wenn das Kabel aus hochreinem Kupfer mit hervorragender Isolierung gefertigt ist. Bei VGA-Kabeln sollte das Kabel zum Monitor nicht über 2 m lang sein, sonst lässt die Darstellungsqualität nach.

DVI, HDMI, DisplayPort und Thunderbolt sind gleichwertig, was die Bildqualität betrifft. Unterschiedlich sind die höchstmöglichen Auflösungen. Wenn Sie die Auflösung von HDMI 2.1 oder DP 2.0 nutzen wollen, brauchen Sie ein hochwertiges Kabel des entsprechenden Standards. HDMI, DisplayPort und Thunderbolt übertragen außer dem Bildsignal auch den Ton, während DVI und VGA ihn nicht übertragen.

Darüber hinaus spielt aber auch eine Rolle, welche Schnittstelle Sie für den Anschluss einsetzen. Denn die maximale Auflösung, die der Grafikchip darstellen kann, wird nicht an jeder Schnittstelle bereitgestellt. Sie sollten daher vor eventuellen Investitionen in das oder die notwendigen Anschluss- und Verlängerungskabel in der Produktbeschreibung genau prüfen, welche maximalen Auflösungen an welchen Schnittstellen der Grafikkarte nutzbar sind. Die Tabelle 6.5 zeigt Beispiele.

Anschluss	Auflösung
DisplayPort 2.0	15360 × 8460
DisplayPort 1.4	7680 × 4320
DisplayPort 1.3	5120 × 2880
HDMI 2.0	3840 × 2160
HDMI 2.1	8192 × 4320
DVI dual	2560 × 1600
VGA	2048 × 1536
DVI	1920 × 1200

Tab. 6.5: Die maximale Auflösung ist für jeden Anschlusstyp anders

Sie wollen einen Fernseher an den PC anschließen? Videos und manche Spiele sehen auf dem Fernseher richtig gut aus.

- Bei einem Röhrenfernseher ist das in der Regel unmöglich. Selbst wenn es eine Anschlussmöglichkeit gibt, hat ein Röhrenfernseher eine zu geringe Auflösung und ist für Texte und Internet kaum geeignet. Versuchen Sie einmal, sich 80 Buchstaben nebeneinander auf einem Röhrenfernseher vorzustellen!
- Sehr viele neue Flachfernseher haben einen VGA-, DVI-, HDMI- oder DP-Anschluss. Die Anschlüsse HDMI und DP sind am besten geeignet, weil auch der Ton übertragen wird. Neuere PCI-Express-Grafikkarten haben fast immer einen DP- und/oder HDMI-Anschluss.

Fernseh- und Computerbildschirme ab 22 Zoll und größer arbeiten mit der gleichen HD-Auflösung von 1920 x 1080 Pixeln. Ist es problemlos möglich, auf den Kauf eines Computerbildschirms zu verzichten und den Fernseher zu benutzen?

Im Prinzip ja. Allerdings haben mehrere Rundgänge und Experimente in diversen Elektronikmärkten ergeben, dass ein Computerbild auf fast jedem Fernseher merklich unscharf ist, gleichgültig wer der Hersteller ist. Nur auf einigen wenigen Fernsehern in der Preislage über 1500 Euro war das Computerbild genauso scharf wie auf einem mittelmäßigen Computerbildschirm.

Das hat mich verblüfft. Wie ist das möglich? Wahrscheinlich werden für die meisten Fernseher TFT-Panele von geringerer Qualität als für Computerbildschirme verwendet. Letztlich ist das nicht schlimm. Bei einem bewegten Fernseh- oder Videobild fällt diese Unschärfe nicht auf.

Miracast: Bildschirm anschließen über Funk

Miracast ist ein Peer-to-Peer-Screencast-Standard über Funk, das heißt: Um Bildschirminhalte zu übertragen, wird ein Gerätepaar über Funk verbunden. Miracast ist ein „offener Standard" der Wi-Fi Alliance. Außerdem gibt es noch einige proprietäre (herstellereigene) Lösungen: „AirPlay" von Apple, „Screen Mirroring" von Samsung und „Wireless Display" (WiDi) von Intel. Alle Lösungen ermöglichen PCs und Mobilgeräten, Videos in Full HD einschließlich 5.1-Sound auf ein kompatibles Display zu übertragen. Auf dem sendenden Gerät muss mindestens Windows 8.1 oder Android 4.2 laufen.

Etwa seit 2013 gibt es Fernseher von Samsung, LG, Philips und Sony, welche Miracast empfangen können. Allerdings ist der Standard noch nicht ausgereift: Es funktioniert nicht jeder Sender mit jedem Fernseher.

Ausgabe

Wie wird die Miracast-Übertragung konfiguriert?

Auf einem Computer mit Windows 7 oder 10 wählen Sie „Einstellungen" → „Geräte" → „Bluetooth- und anderes Gerät hinzufügen" → „Drahtlose Anzeige oder Docking-Station". Nach einigen Sekunden werden alle Miracast-kompatiblen Geräte angezeigt. Wählen Sie ein Gerät, danach sollte eine Abfrage auf dem Fernseher erscheinen, ob Sie dem Computer vertrauen.

Dann müssen Sie über „Einstellungen" →"System" → „Anzeige" → „Mehrere Bildschirme" auswählen, ob der Fernseher „Diese Anzeige duplizieren" soll (Klon-Modus) oder ob der Fernseher als erweiterter Bildschirm funktionieren soll.

Auf einem Samsung-Smartphone heißt die Miracast-Funktion „Screen Mirroring", bei HTC ist Miracast im Menü „Medienausgabe", auf Windows Phone in „Externe Anzeige". Wenn Miracast nicht funktioniert, prüfen Sie, ob ein System-Update verfügbar ist.

Der Computer, das Smartphone oder Tablet muss nicht mit einem Router verbunden sein. Sender und Empfänger vereinbaren untereinander eine individuelle WLAN-Verbindung („WiFi Direct").

Probleme

Wenn Ihr Fernseher kein Miracast kennt oder nicht kompatibel ist, können Sie z. B. den Wireless Display Adapter von Microsoft für etwa 70 Euro kaufen. Er hat die Abmessungen eines großen USB-Sticks und wird in den HDMI-Anschluss des Fernsehers gesteckt.

Auch in einem Konferenzraum macht sich Miracast gut: Man steckt einen Adapter in den Beamer und erspart sich das Verlegen eines langen, teuren Kabels als Stolperfalle.

Wie gut funktionieren Miracast, AirPlay usw.?

Ein auf dem Mobilgerät laufender Film oder ein YouTube-Video werden tadellos übertragen. Dabei ist eine deutliche Verzögerung zwischen dem Bild auf dem Smartphone/Tablet/Notebook und der Wiedergabe auf dem Fernseher zu beobachten, was aber nicht stört. Auflösungen bis 1920 × 1080 sind möglich. Auch der Stereoton wird synchron über den Funkkanal übertragen.

Andere Anwendungen haben Probleme mit der Verzögerung. Die Bewegung des Mauszeiger auf dem Mobilgerät wird mit einer deutlicher Verzögerung zum Fernseher übertragen. Bei einer Texteingabe ist das noch verschmerzbar, doch den Fernseher als Anzeige für Spiele zu nutzen ist frustrierend.

6.2.10 Dual-Monitor-Lösungen

Mindestens seit 1984 gibt es Profi-Grafikkarten mit zwei Monitoranschlüssen, zum Beispiel für Architekten und Konstrukteure. Auf einem großen Bildschirm konnte die Zeichnung erstellt werden, während ein kleinerer Zweitbildschirm für Befehle und Hilfsaufgaben verwendet wurde. Heute ist diese Technik für jeden bezahlbar geworden, denn fast jede Grafikkarte hat mehrere Anschlüsse. Auch die Onboard-Grafikkarten aktueller PCs und Notebooks unterstützen zwei bis drei Bildschirme.

Die Möglichkeit, zwei oder drei Bildschirme gleichzeitig anzuschließen, ist sehr interessant. Windows ermöglicht es, beliebige Fenster ganz einfach auf weitere Bildschirme zu verschieben. Zwei 19"-Bildschirme haben die gleiche Gesamtfläche wie ein 27"-Bildschirm. Die Bildschirme dürfen unterschiedliche Eigenschaften haben, denn man kann Auflösung und Bildfrequenz für alle Anschlüsse der Grafikkarte unterschiedlich einstellen. Wenn Sie einen neuen Monitor gekauft haben, können Sie den alten Monitor sinnvoll als Zweitbildschirm nutzen, wenn genügend Platz auf dem Tisch ist.

Wichtig ist natürlich, dass die Grafikkarte ausreichend leistungsfähig ist, HD-Inhalte auf einer doppelt- oder dreifach so großen „Pixelspielwiese" darzustellen. Doch normalerweise gibt es Probleme allenfalls bei Onboard-Lösungen mit zwei angeschlossenen hochauflösenden Bildschirmen. Wenn Geschwindigkeit oder Stabilität der GPU nicht ausreicht, meldet Windows eventuell „Der Anzeigetreiber xxxxx Windows Kernel Mode Driver, Version xxx.xx reagiert nicht mehr und wurde wiederhergestellt." Die Meldung, dass der Treiber wiederhergestellt wurde, wird von der Windows-Funktion TDR (**T**imeout **D**etection **R**ecovery), der „Totmannschaltung" erzeugt.

Ausgabe

Im Geschäftsleben muss man meist mit mehreren Fenstern arbeiten: Das E-Mail-Programm, die E-Mail mit der Bestellung des Kunden, die Preisliste, das Fakturierungsprogramm, die Webseite mit den Preisen des Großhändlers oder der Konkurrenz und noch mehr. Wenn man alle benötigten Fenster ständig geöffnet haben kann, spart man eine Menge Herumgeklicke und kann konzentrierter arbeiten. In Vergleichstests wurde festgestellt, dass durch den Ersatz eines 19" Monitors durch einen 26" Monitor die Produktivität um etwa 50% steigt. Ergänzt man einen 19" Monitor mit einem zweiten 19" Monitor, steigt die Produktivität um 25 bis 40%. Eine weitere Steigerung durch einen dritten Monitor ist von der Art der Arbeit abhängig und ist meist nur gering. Übrigens fordert die Bildschirmarbeitsverordnung bei Notebooks, die mehr als nur geringfügig stationär genutzt werden, einen großen Bildschirm und außerdem externe Tastatur und Maus.

Einmal angenommen, Sie sparen eine halbe Stunde pro Arbeitstag (was ich für krass untertrieben halte). Nehmen wir weiter an, der Mitarbeiter kostet Sie einschließlich Nebenkosten nur 20 Euro pro Stunde. Bei 11 eingesparten Stunden im Monat sparen Sie 440 Euro in nur zwei Monaten – mehr als ein zweiter Bildschirm kosten würde. Eine Investition, die sich rechnet!

An meinem Hauptcomputer arbeite ich meist mit drei Bildschirmen (2 × 28" + 24") und oft kommen noch ein weiterer PC und ein Notebook dazu.

Windows kennt einige Shortcuts, welche die Arbeit mit mehreren Monitoren erleichtern:

- Windows-Taste plus Pfeiltaste nach links oder rechts verschiebt das aktuelle Fenster an den seitlichen Rand des aktuellen Monitors. Durch wiederholtes Drücken wird es auf den daneben stehenden Monitor weitergeschoben.
- Durch zusätzliches Drücken der Shifttaste wird das Fenster auf den nächsten Monitor geschoben.
- Windows-Taste plus Leertaste macht alle Fenster transparent.

Es ist manchmal schwierig, den Mauszeiger zu finden. Sie könnten in der Maussteuerung „Zeige die Mausposition beim Drücken der Strg-Taste" einschalten, auch das Einschalten der Mausspur kann sinnvoll sein.

Ausgabe

6.3 Fernsehen mit dem PC

Statt einen Zweitfernseher für das Arbeits- oder Kinderzimmer zu kaufen, kann es sinnvoll sein, den PC mit einer TV-Karte zum Fernseher aufzurüsten. Das Fernsehbild kann als Vollbild oder in einem Fenster angezeigt werden. Eine TV-Karte kostet zwischen 30 und 150 Euro. Es gibt sie als PCIe-Karte zum Einbauen oder als USB-Stick für Notebooks. Viele TV-Karten können Sendungen aufnehmen und zeitversetzt abspielen (Time-Shift). Leider erfolgt die Aufzeichnung mitunter in einem speziellen Dateiformat, dass sich auf anderen PCs nicht wiedergeben lässt.

Hat man weder Kabelfernsehanschluss (DVB-C) noch Satellitenantenne (DVB-S2), kann man an vielen Orten das digitale Fernsehen DVB-T empfangen (**D**igital **V**ideo **B**roadcasting **T**errestrial, deutsch: Digitales Antennenfernsehen, erdgebunden). Durch moderne Digitalisierungs-, Kodierungs-, Kompressions- und Fehlerkorrekturalgorithmen ist es möglich, bei guten Empfangsbedingungen mit einer wenige Zentimeter großen Antenne das Fernsehen in HD-Qualität zu empfangen. Damit kann man auf der Wiese mit dem Notebook fernsehen. Man braucht dafür keinen Internetzugang bzw. man verbraucht sein Datenkontingent nicht.

Es gibt DVB-T2-Empfänger als USB-Gerät in einer Größe von 5 × 2 × 1 cm mit einer 15-cm-Standantenne für weniger als 20 Euro. Es gibt sogar Notebooks mit eingebautem DVB-T2 Empfänger.

DVB-T wurde 1997 eingeführt. Der Nachfolger DVB-T2 wurde 2008 als europäischer Standard verabschiedet. Das neue Videokompressionsverfahren MPEG4 (H.265) ist das gegenwärtig modernste der Welt und braucht nur noch eine Bandbreite von 4 Mbit/s für die HD-Auflösung von 1920 × 1080 Pixeln. Dadurch können viel mehr Sender bei gleichzeitig höherer Qualität übertragen werden. Allerdings ist der neue Standard nicht kompatibel zu DVB-T, deshalb wurden neue Empfänger benötigt. Im Jahr 2017 wurde das alte DVB-T abgeschaltet.

Die Anzahl frei verfügbarer Kanäle bei DVB-T2 ist gering. In einigen Ballungsgebieten ist der Empfang der öffentlich-rechtlichen Sender (ARD, ZDF, 3sat, Arte, Phönix, KiKa, Eins Festival und ZDF Infokanal) und regionaler Sender (WDR, NDR, MDR, RBB) kostenfrei möglich. Die privaten Sender übertragen meist verschlüsselt. Mit einem Abo bei `freenet.tv` (6,99 Euro pro Monat) können Sie die meisten privaten Sender empfangen.

DVB-T wird in der Werbung großspurig als „Überallfernsehen" bezeichnet. Doch das ist eine Werbelüge. Außerhalb von Ballungsräumen braucht man oft eine Zusatzantenne. Es gibt ländliche Gebiete und Kleinstädte, vor allem im Nordosten Deutschlands, wo der Empfang nicht einmal mit einer Dachantenne möglich ist. Wenn der Empfang zu schwach ist, ruckelt das Bild oder das Bild bleibt stehen.

Bild 6.10: USB-DVB-T2-Empfänger

6.4 Sound

6.4.1 Digitalisierung

Das obere Bild zeigt als rote Linie die Spannung, wie sie vom Mikrofon kommt. Der dargestellte Abschnitt entspricht einer Zeitspanne von weniger als einer tausendstel Sekunde. Die Soundkarte wandelt dieses Analogsignal in digitale Daten um, siehe fig. 2 in Bild 6.11.

In der Ausgaberichtung erzeugt die Soundkarte Töne aus digitalen Daten, die aus einer Datei oder von einer CD stammen oder von einem Computerspiel synthetisch erzeugt werden. Dabei entsteht eine treppenförmige Spannung. Die Stufen werden mit einem Filter geglättet, und es entsteht eine Analogspannung entsprechend der roten Linie. Diese ist der Ausgangslinie im oberen Bild sehr ähnlich, die kleinen Unterschiede sind nicht hörbar.

Wie geht die Digitalisierung des Mikrofonsignals genau vor sich? Die Lautstärke (Amplitude) des Tonsignals wird in regelmäßigen, sehr kurzen Intervallen gemessen. Der CD-Standard sieht eine „Samplingrate" von 44 kHz und eine „Auflösung" von 16 Bit vor.

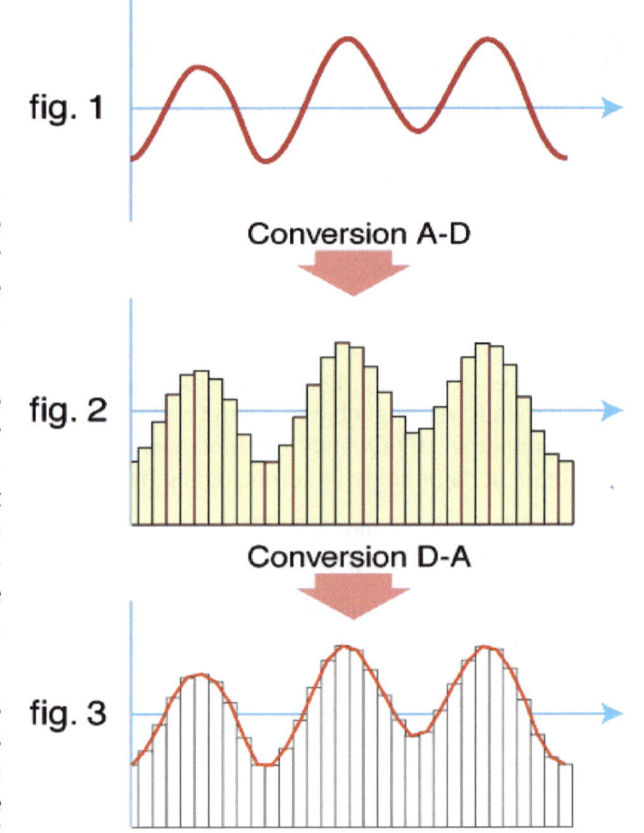

Bild 6.11: Sound digital fig. 1 zu 2: Wandlung von Analog zu Digital
fig. 2 zu 3: Wandlung von Digital zu Analog

- Die Samplingrate gibt an, wie oft pro Sekunde die Lautstärke gemessen wird. Bezogen auf das Bild bedeutet eine höhere Samplingrate mehr und schmalere Balken. Um CD-Qualität zu erreichen, muss 44 000 Mal pro Sekunde die Tonlautstärke gemessen werden.
- Auflösung bedeutet in diesem Zusammenhang, dass die Lautstärke (die Höhe jedes Balkens) mit einer Genauigkeit von 16 Bit gemessen wird, das sind 65 536 Abstufungen.

Diese Werte sind ausreichend, um Töne mit einer Frequenz bis 22 kHz zu reproduzieren. Bei Bedarf können höhere Frequenzen digitalisiert werden: Hochwertige Soundkarten können mit 96 kHz digitalisieren, und Soundkarten für Musiker erreichen 192 kHz mit 24-Bit-Auflösung. Je höher diese Werte, desto besser die Qualität. Andererseits werden die erzeugten Sounddateien sehr groß.

Deshalb können die Auflösung und die Samplingrate bei allen Soundkarten verändert werden, um den besten Kompromiss zwischen Qualität und Speicherbedarf einzustellen. Eine Abtastung mit 11 kHz bei 8-Bit-Auflösung benötigt gegenüber CD-Qualität nur ein Achtel des Speicherplatzes, erreicht aber nur noch die Qualität eines Telefongesprächs der 80er Jahre.

Welche Datenmenge entsteht bei der Digitalisierung pro Tonkanal?

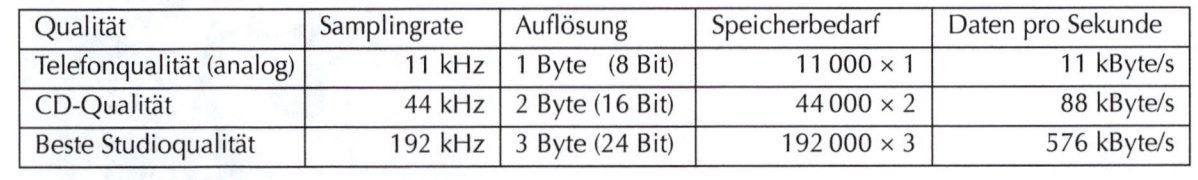

Qualität	Samplingrate	Auflösung	Speicherbedarf	Daten pro Sekunde
Telefonqualität (analog)	11 kHz	1 Byte (8 Bit)	11 000 × 1	11 kByte/s
CD-Qualität	44 kHz	2 Byte (16 Bit)	44 000 × 2	88 kByte/s
Beste Studioqualität	192 kHz	3 Byte (24 Bit)	192 000 × 3	576 kByte/s

Tab. 6.6: Datenmengen bei der Digitalisierung von Audiosignalen (pro Kanal)

Eine Stereo-Aufnahme hat zwei Kanäle, also müssen die Werte der Tabelle 6.6 verdoppelt werden. Eine Digitalisierung in bester Studioqualität (192 kHz / 24 Bit / Stereo) würde nach reichlich einer Sekunde eine Diskette füllen! Eine CD, die normalerweise für 80 Minuten reicht, wäre in Studioqualität schon nach zehn Minuten voll.

6.4.2 AC97

Früher brauchte man zwingend eine Soundkarte, um Töne zu erzeugen. Intel hatte die Idee, dass moderne CPUs über genug Leistung verfügen, um neben den normalen Aufgaben auch noch die Audiodaten zu berechnen. Herausgekommen ist die AC97-Spezifikation (**A**udio **C**odec **97**). Dadurch kann eine Soundkarte eingespart werden, es genügt ein einfacher Wandlerchip für die Erzeugung des Sounds, der mittlerweile auf jeder Hauptplatine verbaut ist. Logischerweise steigt die Prozessorlast bei Nutzung dieses Chips an. Wenn Ihre Computerspiele ruckeln, können Sie durch Einbau einer Soundkarte (in der Preislage um 20 bis 40 Euro) die Prozessorlast verringern.

Der Einbau einer Soundkarte hat weitere Vorteile: Die Tonqualität wird wesentlich verbessert, vor allem am Mikrofonanschluss. Die Verstärkeranlage kann über ein digitales optisches Kabel (Sony/Philips Digital Interface, abgekürzt S/PDIF) angeschlossen werden. Gute Lautsprecher oder Kopfhörer vorausgesetzt, werden Konzerte oder Spielfilme zum Erlebnis. Hochwertige Soundkarten (Spitzenexemplare bis 200 Euro) haben spezielle Stecker zum Anschließen von Musikinstrumenten (z. B. Synthesizer, E-Gitarren und Keyboards) und Mischpulten.

6.4.3 Raumklang

Man könnte zwar annehmen, dass für den Raumklang zwei Lautsprecher ausreichen, weil der Mensch auch nur zwei Ohren hat. Versuche haben aber ergeben, dass für einen optimalen Raumklang ein Surround-System mit drei oder mehr Lautsprechern empfehlenswert ist.

Wenn zu zwei Lautsprechern ein zusätzlicher Subwoofer (ein Lautsprecher für Basstöne) als dritter Kanal angeschlossen ist, spricht man von einem 2.1-Soundsystem. Es können auch 5, 6 oder 8 Lautsprecher angeschlossen werden. Lautsprechersysteme werden mit den Ziffernkombinationen 2.1, 4.1, 5.1 oder 7.1 bezeichnet. Die zweite Ziffer steht für den Subwoofer, die erste Ziffer gibt die Anzahl der „Satellitenlautsprecher" an. Wenn die erste Ziffer ungerade ist, steht in der Mitte außer dem Subwoofer ein zusätzlicher Hochtonlautsprecher. Die anderen Lautsprecher sind rechts und links verteilt.

Spiele übermitteln über den DirectX-Treiber den gewünschten Klang an die Soundkarte, die daraus den Raumklang berechnet. Aber nicht nur Spieler profitieren vom Raumklang. Hochauflösendes Fernsehen, neuere Video-DVDs und neuere Musik-CDs benutzen die zusätzlichen Kanäle.

6.4.4 Physiologisches

Gesunde Jugendliche können Töne zwischen 16 Hz und 20 kHz hören, wenn der Ton nicht zu leise ist (70 dB). Töne unter 30 Hz werden nicht nur mit dem Ohr gehört, sondern der Körper fühlt die Vibrationen. Gute Subwoofer können Töne bis herunter zu 15 Hz wiedergeben.

Die obere Hörschwelle verringert sich mit zunehmendem Alter. Mit 40 kann man noch 15 kHz hören, mit 60 Jahren verringert sich die höchste hörbare Frequenz auf 12 kHz. Das Gehirn ergänzt die nicht mehr hörbaren oberen Frequenzen aus der Erinnerung.

6.4.5 PMPO

Der Maximalwert, oder auch PMPO (**P**eak **M**aximum **P**ower **O**utput) ist der Spitzenwert, den ein Verstärker oder Lautsprecher nur sehr kurzzeitig aushält. Dauert diese Belastung länger als einige Sekunden, könnte der Lautsprecher ein feines Qualmwölkchen erzeugen. Mess- und hörbare Verzerrungen treten schon bei einem Bruchteil der PMPO-Leistung auf. Der PMPO-Wert ist also für die Praxis unbrauchbar. Sinnvolle Werte für die Lautstärke ergeben sich nur beim Messen von Sinuswellen. PMPO-Werte im Marketing zu verwenden, ist Dummenfang.

6.4.6 Bildschirme mit integriertem Lautsprecher

Im Lautsprecher wird eine Membrane mittels Magneten vor- und zurückbewegt, dadurch entsteht Schall. Nehmen wir an, die Membrane hat sich gerade nach vorn bewegt. Dadurch entsteht ein Luft-Überdruck, der sich nach allen Richtungen gleichmäßig ausbreitet. Auch die Rückseite der Membrane hat sich bewegt, auf der Rückseite des Lautsprechers entsteht ein Unterdruck. Ein Teil des gerade auf der Vorderseite erzeugten

AUSGABE

Luftüberdrucks strömt nach hinten, um das „Vakuum" aufzufüllen. Das nennt man einen „akustischen Kurzschluss". Die tiefen Töne sind stärker betroffen, so dass der zu hörende Ton heller, blechern wird.

Was kann man dagegen tun? Ganz einfach: Bauen Sie den Lautsprecher in eine große Wand oder eine dicke, nicht vibrierende Holzplatte ein, damit der Luft der kurze Weg von vorn nach hinten versperrt ist. Eine Kiste ist ebenso geeignet, wenn sie schalldicht und möglichst mit schalldämpfendem Material gefüllt ist (solch eine Kiste nennt man „Lautsprecherbox"). Je größer die Box ist, desto weniger werden die tiefen Töne geschwächt.

Lautsprecher, die am Rand des Bildschirms oder Fernsehers oder in einem Notebook eingebaut sind, haben deshalb keinen guten Klang. Erschwerend kommt hinzu, dass in den flachen Bildschirmen kaum Platz für Dämmungsmaterial ist. Der Ton aus einem separaten Lautsprecherpaar ist wahrscheinlich besser als der Ton aus dem Bildschirm. Doch es ist erstaunlich, wie viel durch elektronische Maßnahmen verbessert werden kann. Auch wenn Ihnen der Verkäufer die Soundqualität anpreist – zu Hause klingt es anders als im Verkaufsraum. Wenn Sie einen Fernseher kaufen, sollte er sicherheitshalber einen Anschluss für die Stereoanlage oder wenigstens für externe Lautsprecher haben, die klingen bestimmt besser als die internen Lautsprecher!

Kabel vom Typ HDMI, DisplayPort und Thunderbolt übertragen neben dem Bildsignal auch den Ton. VGA und DVI können das nicht, es wird zusätzlich zum Videokabel ein separates Tonkabel mit „Klinkensteckern" an beiden Enden benötigt.

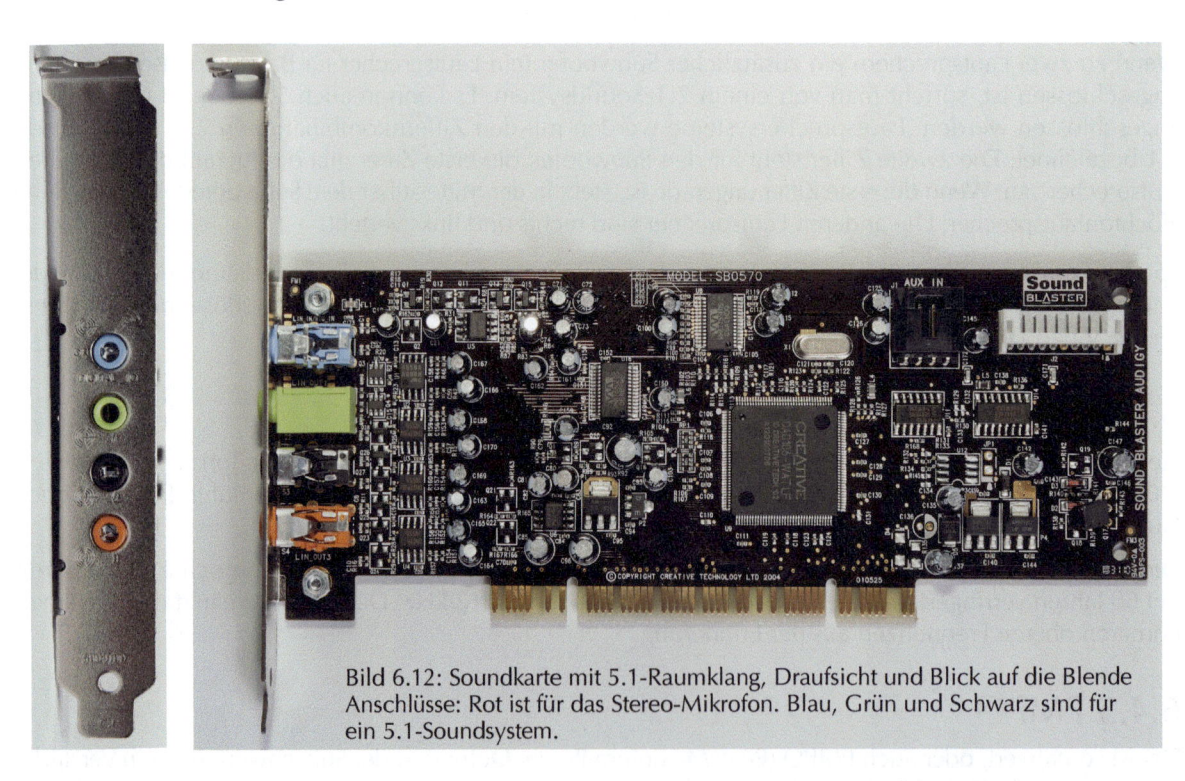

Bild 6.12: Soundkarte mit 5.1-Raumklang, Draufsicht und Blick auf die Blende
Anschlüsse: Rot ist für das Stereo-Mikrofon. Blau, Grün und Schwarz sind für ein 5.1-Soundsystem.

6.4.7 USB-Sound-Stick

Wenn der Soundchip in Ihrem PC defekt ist oder wenn Sie für den Soundchip auf Ihrer Hauptplatine keinen funktionierenden Treiber finden können, könnte der abgebildete USB-Soundstick eine Lösung sein. Er ist 3 cm lang und kostet weniger als zehn Euro. Es gibt auch Ausführungen mit Lautstärkeregelung.

Bild 6.13: USB-Sound-Stick

Ausgabe

6.5 Tintendrucker

6.5.1 Druckverfahren

Grundprinzip

Wie heißt es richtig: Tintendrucker oder Tintenstrahldrucker?

Die ersten Drucker in den 60er Jahren waren tatsächlich Tinten**strahl**drucker. Aus einer Düse kommt ein kontinuierlicher Tintenstrahl. Hinter der Düse wird der Strahl in Tröpfchen zerhackt und die Tröpfchen werden elektrisch aufgeladen. Mit Ablenkelektroden wird jedes einzelne Tröpfchen auf die gewünschte Stelle geschossen (so ähnlich wie der Elektronenstrahl im Röhrenfernseher). Nicht benötigte Tropfen werden in einen Auffangtrichter gelenkt und in den Tintenbehälter zurückgeführt. Der Vorzug dieser Technik ist die hohe Treffgenauigkeit auch bei variablem Abstand, z. B. beim Beschriften gekrümmter Flächen, z. B. von Flaschen. Derartige CIJ-Drucker (**C**ontinuous **I**nk **J**et) werden auch heute noch für spezielle Industrieanwendungen eingesetzt, z. B. für das Bedrucken von Waren mit Strichcode und Haltbarkeitsdatum.

Für den Büro- und Heimbereich gibt es DOD-Drucker (**D**rop **o**n **D**emand, dt. „Tropfen auf Anforderung"). Sie heißen „Tintendrucker". Während die CIJ-Drucker nur eine Düse haben (bzw. für jede Grundfarbe eine), haben die DOD-Drucker zahlreiche, übereinanderliegende Düsen. Ein Druckkopf bewegt sich waagerecht über das Blatt und schießt mit einer Geschwindigkeit von 10 bis 40 m/s (36 bis 144 km/h) mikroskopische Tintentropfen auf das Papier. Wenn die Zeile vollständig ist, wird das Papier weitertransportiert.

Es gibt zwei Methoden, die Tintentropfen auf das Papier zu schießen:

1. Beim „Bubble-Jet-Verfahren" wird eine kleine Tintenmenge explosionsartig verdampft. Der entstehende Dampf schleudert einen Tropfen aus der Düse heraus.
2. Der piezoelektrische Effekt wird genutzt. Durch Anlegen einer Spannung verformt sich eine Düsenkammer und schleudert den Tropfen heraus.

Die ersten Tintendrucker haben Tropfen von 200 Picoliter verschossen (Tropfendurchmesser etwa 0,07 mm). Moderne Drucker können die Tropfen in variabler Größe erzeugen. Mit großen Tropfen geht das Drucken großer einfarbiger Flächen deutlich schneller. Die kleinsten Mikrotröpfchen von 1 Picolitern (Durchmesser etwa 0,001 mm) werden für feine Strukturen oder Gesichter verwendet. Die frühen Tintendrucker hatten 50 Düsen. Moderne Geräte haben 48 bis 512 Düsen pro Farbe und verschießen aus jeder Düse bis zu 30 000 Tröpfchen pro Sekunde.

Die ersten Tintendrucker druckten nur in Schwarz. Heute drucken fast alle Drucker in Farbe. Aus den drei Primärfarben (cyan, magenta, yellow) lässt sich jeder Farbton mischen. Für die schwarze Tinte gibt es eine vierte Patrone. Weil Schwarz am meisten gebraucht wird, hat die schwarze Patrone oft größere Abmessungen. In hochwertigen Fotodruckern gibt es eine oder mehrere zusätzliche Farben: Hell-Cyan, Hell-Magenta und Hell-Gelb, um Gesichter und andere helle Töne naturgetreuer drucken zu können. Extrem billige Drucker verzichten auf die schwarze Patrone und mischen Schwarz aus den drei Grundfarben zusammen. Allerdings ergibt das ein etwas bräunliches Schwarz und es erhöht die Kosten beim Schwarzdruck auf das Dreifache.

Bild 6.14: Aus Magenta, Cyan, Gelb kann der Drucker jede Farbe mischen

Anforderungen an die Tinte

Die Druckertinte muss zahlreiche sich widersprechende Anforderungen erfüllen.

1. Die Geschwindigkeit chemischer Prozesse hängt sehr stark von der Temperatur ab. Der Drucker muss bei wenigen Plusgraden ebenso funktionieren wie im Hochsommer, selbst wenn der Druckkopf durch längeres Drucken zusätzlich aufgeheizt wird.

2. Wenn Wasser verdampft, bleibt Kalkstein zurück – sehr lästig und schwer zu entfernen. Was meinen Sie wohl, wie viel Rückstände zurückbleiben, wenn kein klares Wasser, sondern schwarze Tinte verdampft wird? Die nachströmende Tinte muss diese Rückstände blitzschnell auflösen, damit die Düse nicht „verkalkt". Aktuelle Druckermodelle verschießen bis zu 30 000 Tintentropfen pro Sekunde. Dadurch bleibt nicht viel Zeit zum Auflösen der Rückstände.
3. Das nächste Problem ist die Eindringtiefe. Wenn der Tropfen auf das Papier trifft, muss er ein wenig in das Papier eindringen – aber nicht zu tief: Tinte, die in größere Tiefe vordringt, ist vergeudet, zudem sieht dann die Papierrückseite nicht mehr weiß aus. Papier mit geringer Saugfähigkeit bringt die besten Ergebnisse, aber auch bei preiswertem Papier muss eine akzeptable Qualität möglich sein.
4. Eine weitere Schwierigkeit ist die richtige Durchmischung der Tropfen. Die Tintentropfen folgen in einer bestimmten Reihenfolge: Die kräftige Farbe zuunterst, also zuerst blau, dann folgt magenta, und gelb kommt obenauf. Einerseits müssen die drei Farbtröpfchen lange genug flüssig bleiben, um sich zu vermischen. Andererseits müssen sie schon angetrocknet sein, wenn der benachbarte Pixel gedruckt wird, damit scharfe Kanten nicht verwischen.
5. Die Trockendauer der Tinte ist ebenfalls wichtig. Bei einer Druckleistung von 20 Seiten pro Minute braucht der Drucker drei Sekunden pro Seite. Wenn die Seite nur wenige Zeilen enthält, folgen sie noch schneller aufeinander. Die Tinte muss schnell genug trocknen, damit das gerade gedruckte Blatt nicht die Tinte auf dem vorhergehenden Blatt verwischt, wenn es in die Ablage fällt. Außerdem möchte man das Blatt sofort nach dem Druck anfassen können.
6. Die Tinte darf in den Düsen nicht zu schnell eintrocknen, wenn der Drucker einige Tage nicht benutzt wird.
7. Allzu dünnflüssige Tinten sind nachteilig. Der Hersteller muss den Feuchtigkeitsgehalt der Tinte soweit wie möglich reduzieren, sonst wellt sich bei großflächigen Bildmotiven das Papier. Macht er andererseits die Tinte zu trocken, verstopfen die Düsen. Billigtinten sind durchschnittlich „flüssiger", um Verstopfungen zu vermeiden. Dadurch verschmutzt der zur Reinigung der Düsen verwendete „Filz" viel schneller, und die Tinte beginnt den Drucker zu verschmutzen.
8. Bereits 0,001% Verunreinigungen können die Düsen des Druckkopfes verstopfen.

Bei so vielen widersprüchlichen Anforderungen ist die Tinte für jeden Druckertyp eine sehr aufwendig entwickelte Spezialmischung. In der Firma HP arbeiten 100 Chemiker an der Entwicklung neuer Tinten. Sie sollten ernsthaft darüber nachdenken, nur noch Originaltinten zu kaufen.

Die meisten Drucker verwenden Farbstofftinten, bei denen die Farbstoffe in Wasser gelöst sind. Mit diesen Tinten erhält man leuchtende Farben, doch die Ausdrucke sind licht- und wasserempfindlich. Pigmenttinten sind gegen Wasser und Licht unempfindlich, doch die Qualität ist meist weniger gut.

Papier

Auf normalem Kopiererpapier verlaufen die Tröpfchen entlang der Papierfasern. Auf Spezialpapieren mit saugfähiger Oberfläche (High Glossy Foto Paper) trocknet Farbstofftinte schneller und verläuft nicht. Achtung! Für Pigmenttinte braucht man Fotopapier mit mikroporöser Oberfläche, um beste Qualität zu erreichen. Pigmenttinte auf High Glossy Foto Paper trocknet nicht und verwischt. Einige Drucker haben für Farbstoff- und Pigmenttinte je eine Patrone, um auf unterschiedlichen Papieren drucken zu können.

6.5.2 Druckkosten

Wie wird der Verbrauch ermittelt?

Für die Ermittlung des Verbrauchs von schwarzer Tinte wird ein typischer Geschäftsbrief gedruckt, der standardisierte „Dr.-Grauert-Brief". Bei Tintendruckern fallen dafür ein bis fünf Cent pro Seite an. Für Farbdrucke wird der Verbrauch nach der Norm ISO/IEC 24711 ermittelt. Es werden fünf standardisierte Testseiten gedruckt, bis die erste Patrone leer ist. Teilt man die „Reichweite" (die Seitenzahl, bis die Patrone leer ist) durch den Preis der Patrone, erhält man die Kosten pro Seite und kann Druckermodelle vergleichen.

Allerdings können Ihre Druckkosten völlig anders sein. Die verwendeten Testseiten sind nicht vollflächig bedruckt und teils schwarz, teils farbig. Eine Textseite mit Logo und ein paar farbigen Verzierungen verbraucht deutlich weniger Farbe als die Dr.-Grauert-Norm. Ein vollflächiges Motiv kommt Sie sehr teuer. Ein Foto von 10 x 15 cm kostet zwischen 10 bis 40 Cent auf dem eigenen Drucker, ein A4-Foto kostet etwa einen Euro. Für gutes Fotopapier muss man weitere 10 Cent pro A4-Blatt aufwenden. Im Fotolabor, bei Aldi oder im Internet gibt es Fotos schon für sieben Cent, in Größe A4 für 50 Cent. Wenn Sie oft in Farbe drucken, sollten Sie das Druckvolumen für die nächsten drei Jahre abschätzen und kalkulieren, ob Sie hunderte oder gar tausend (kein Scherz!) Euro sparen können, indem Sie einen hochwertigen Drucker kaufen.

Der Stromverbrauch

Tintendrucker brauchen während des Druckens viel weniger Strom als Laserdrucker. Zudem ist der Drucker nur einen kleinen Teil des Tages mit Drucken beschäftigt. Drucker der Mittel- und Oberklasse haben eine Schlummerfunktion: In den Druckpausen wird die Elektronik abgeschaltet.

Ältere sowie preiswerte Drucker brauchen auch im Standby viel Strom. Ein Verbrauch von 20 Watt kostet im Laufe eines Jahres etwa 60 Euro. Das ist vermutlich immer noch weniger als ein Satz Tintenpatronen, so dass es auch bei solchen Druckern lohnen kann, sie eingeschaltet zu lassen. Gute Drucker brauchen nur ein bis zwei Watt im Standby, was nur vier bis acht Euro Energiekosten im Jahr verursacht. So einen Drucker sollte man nie ausschalten! Allerdings steigt der Strombedarf deutlich, wenn WLAN am Drucker aktiviert ist.

Wie entstehen die großen Unterschiede? Ein Netzteil hat im Leerlauf einen Eigenbedarf von 10 % bis 25 % seiner Nennleistung. Energieeffiziente Drucker haben deshalb zwei Netzteile. Ein Stand-By-Netzteil liefert gerade genug Strom, um feststellen zu können, ob der Anwender eine Taste drückt oder ob Daten vom PC eintreffen. Erst dann wird das große Netzteil zugeschaltet, um die Rest-Elektronik und die Motoren zu versorgen.

Bezüglich Energieeffizienz sind Drucker mit Steckernetzteilen am ungünstigsten. Selbst wenn der Drucker im Ruhezustand ist, laufen viele dieser Netzteile mit voller Power, und sie werden richtig heiß dabei.

Schalten Sie den Drucker nicht aus!

„Warum sind die Farbpatronen leer, ich habe doch immer nur Schwarz gedruckt?" ist eine oft gestellte Frage. Wenn der Drucker nicht benutzt wird, beginnt die Tinte in den Düsen ganz langsam einzutrocknen. Weil die Druckerelektronik nach dem Einschalten nicht „wissen" kann, wie lange der Drucker ausgeschaltet gewesen ist und wie weit die Tinte inzwischen eingetrocknet ist, werden nach jedem Einschalten die Düsen prophylaktisch gereinigt. Bei der Reinigung wird so viel Tinte verbraucht wie für den Druck einiger Seiten. Je nach Druckermodell und Größe der Tintenpatrone kann die Patrone schon nach 40 bis 100 Reinigungen leer sein. Die verheerendsten Kosten erzielen Sie, wenn Sie nur selten drucken und den Drucker nach jeder Seite ausschalten, um Strom zu sparen. Für die meisten Drucker gilt: Schalten Sie einen Tintendrucker nur dann aus, wenn Sie mehrere Tage nicht drucken werden! Manche Drucker haben deshalb gar keinen Ausschalter.

Bevor Sie eine Entscheidung treffen, ist es am Vernünftigsten, den Energiebedarf des Druckers zu ermitteln: Aus dem Datenblatt oder durch eigene Messung. Ein Jahr hat 8760 Stunden. Bei einem Energiepreis von 0,40 Euro/kWh kostet Sie jedes Watt 4,80 Euro pro Jahr.

Wichtig: Tinte in einem sehr lange nicht benutzten Drucker kann so tief eintrocknen, dass die automatische Reinigung erfolglos bleibt. Je nach Bauart wird der ganze teure Druckkopf oder „nur" die Patrone unbrauchbar. Daher sollte man jeden Monat eine kleine Seite unter Verwendung aller Farben drucken. Der Druck der Windows-Testseite sollte genügen, um das Eintrocknen zu verhindern.

Reparaturen

Wenn der Drucker streikt, sind oft nur eine Lichtschranke, ein Sensor oder Kontakte mit Papierfetzen oder Staub blockiert. Vielleicht gelingt die Reinigung mit Pressluft. Beim Hersteller oder in einer Vertragswerkstatt kostet eine Reparatur typischerweise hundert Euro und mehr. Nach Ablauf der Garantie lohnt das nur, wenn der Anschaffungspreis über 300 Euro gelegen hat. Wenn Sie großes Glück haben, finden Sie als Nachfolger ein Druckermodell, das Ihren restlichen Vorrat an Druckerpatronen verwenden kann.

Wenn der Drucker Probleme macht, finden Sie unter **eifert.net/tinte** hoffentlich hilfreiche Tipps.

Warum haben billige Drucker so hohe Folgekosten?

Bessere Drucker haben „Permanent-Druckköpfe". Diese High-Tech-Druckköpfe beherrschen tintensparende Technologien, wie z. B. „Mikrotröpfchen". Ein Permanent-Druckkopf ist das Herzstück des Druckers und als Ersatzteil derart teuer, dass sich der Austausch eines defekten Permanentkopfes in der Regel nicht lohnt. Die Tinte befindet sich in vergleichsweise einfachen, austauschbaren Behältern und ist deshalb recht preiswert.

Billige Drucker haben meist keinen fest eingebauten Druckkopf, sondern der Druckkopf ist Teil der austauschbaren Tintenpatrone. Das macht die Tintenpatrone teurer und das Grundgerät billiger. Mitunter kostet das komplette Gerät nur 20 Euro mehr als ein Satz Tintenpatronen. Wirtschaftlich sinnvoll ist ein Billigdrucker nur bei einem Druckaufkommen von weniger als hundert Seiten pro Jahr.

Bei einigen der billigsten Druckern (das Wort „preiswert" ist hier nicht angemessen) stecken die drei Grundfarben in einer gemeinsamen Kombipatrone. Wenn Sie die Patrone wechseln müssen, weil die erste der drei Farben verbraucht ist, bleibt die Resttinte der beiden anderen Farben ungenutzt. Das ist besonders ärgerlich, wenn eine Farbe deutlich häufiger als die anderen benutzt wird. Hochwertige Drucker haben für jede Grundfarbe einen separaten Tintenbehälter. Dadurch kann jede Farbe bis zum letzten Tropfen ausgenutzt werden. Schwarze Patronen gibt es oft mit doppelter Kapazität, was die Druckkosten weiter senkt.

Fremdtinte

Es scheint, dass nur Parfüm noch teurer ist als Druckertinte, pro Milliliter gerechnet. Einige namhafte Hersteller produzieren sogenannte „kompatible" Tintenpatronen, die deutlich billiger als die Originalpatronen sind. Druckqualität, Wischfestigkeit und Lichtechtheit reichen zwar nicht an die Originaltinte heran, doch für den Alltagsgebrauch reicht die Qualität meist aus.

Eine weitere Möglichkeit ist das Nachfüllen leerer Patronen an einer „Tintentankstelle". Das ist riskanter: Erstens wird mit dünnflüssigen „Universal-Tinten" aufgefüllt, was die Gefahr von Verschmutzung und Beschädigung des Druckers erhöht. Zweitens sind die Tintenpatronen bezüglich ihrer Lebensdauer nicht für eine mehrmalige Verwendung konzipiert.

Wenn eine Patrone nicht funktioniert, muss der Händler sie nach dem Sachmängelrecht austauschen. Die Verantwortung für eventuelle Folgeschäden an Ihrem Drucker übernehmen die Verkäufer der kompatiblen Tinten und Nachfülltinten in keinem Fall. Eine defekte, angefangene Patrone muss der Verkäufer ebenfalls austauschen, eine Geldrückgabe muss er aber nicht anbieten. Oftmals lohnt sich bei den niedrigen Preisen eine Rückgabe oder Rücksendung nicht, deshalb werfen viele Leute defekte Patronen einfach weg.

In jedem Fall erlischt bei Verwendung von Fremdtinte die Garantie – das steht in jedem Druckerhandbuch. Bei Nachfülltinte besteht immer ein gewisses Risiko, den Drucker zu ruinieren. Wenn Sie Originaltinte wollen, sollten Sie das beim Kauf bzw. bei der Bestellung ausdrücklich angeben.

Andererseits muss der Druckerhersteller natürlich nachweisen können, dass der Schaden tatsächlich durch falsche Tinte entstanden ist. Eine bloße Behauptung, die Tinte wäre schuld, genügt nicht. Sind Sie notfalls bereit zu einer gerichtlichen Auseinandersetzung?

Sehr geehrter Servicepartner,

Es werden zunehmend „kompatible" Verbrauchsmaterialien angeboten und eingesetzt. Bei unseren Tintenstrahl-Geräten führt das sehr häufig zur Zerstörung des Druckkopfes. Ursache ist eine chemische Reaktion zwischen der Fremdtinte und dem Druckkopf. Wir weisen ausdrücklich darauf hin, dass wir den Einsatz von kompatiblen Verbrauchsmaterialien nicht freigegeben haben. Der Gesetzgeber schließt bei Einsatz von nicht freigegebenen Verbrauchsmaterialien Gewährleistungsansprüche gegen den Gerätehersteller aus. Sollten Sie Geräte einsenden, in welchen kein Mangel im Sinne des § 434 vorliegt, werden wir Sie deshalb für den uns entstehenden Prüfungsaufwand mit 30,00 Euro belasten.

Ausgabe

Im professionellen Umfeld wird nicht nachgefüllt. Der Arbeitszeitaufwand ist zu hoch, und eine gleichmäßige Farbqualität ist nicht zu erreichen. Originaltinten bekommen bei herstellerneutralen Tests fast immer eine deutlich bessere Bewertung, was Qualität und lange Haltbarkeit betrifft. Für viele Dokumente (Finanzen u. a.) ist eine Lesbarkeit von mindestens zehn Jahren wichtig. Wenn der Finanzbeamte die Dokumente nicht mehr lesen kann, wird er die Steuer schätzen.

Es gibt mehrere Möglichkeiten, Tintenkosten zu senken:

- Wie alt ist Ihr Drucker? Neuere Modelle verschießen Mikrotröpfchen und sparen damit erheblich an Tinte.
- Wenn Sie nicht nur gelegentlich in Farbe drucken, sollten Sie einen Drucker kaufen, der für jede Farbe eine separate Patrone besitzt.
- Bei manchen Druckern kann man wahlweise kleine Patronen oder Großraumpatronen einsetzen. Eine XL-Patrone kostet größenordnungsmäßig das Doppelte und hält viermal so lange wie eine normale.
- Bei HP gibt es „Instant Ink" Drucker mit einem Tinten-Abo. Man kann pro Monat 50, 100 oder 300 Seiten für 2,99, 4,99 oder 9,99 Euro abonnieren. Kündigung oder Abowechsel ist monatlich möglich. Zu wenig gedruckte Seiten werden in den nächsten Monat mitgenommen. Der Drucker meldet den Tintenstand über Internet, HP schickt rechtzeitig neue Tinte und einen frankierten Rückumschlag für die alte Patrone. Bei erhöhtem Bedarf oder wenn man kein Abo wünscht, kann man die Patronen im Handel kaufen.

Tankdrucker

Eine Alternative sind die Ecotank-Tintendrucker mit riesigen fest installierten Tintentanks. Die Tinte im Epson „Ecotank ET-2750" beispielsweise reicht für 6500 Farbseiten, bei einem „durchschnittlichen Verbrauch" sind das drei Jahre, dann erst muss man nachtanken! Nachfülltinte kostet 10 Euro. Ein Farbseite kostet 0,52 Cent, eine monochrome Seite unschlagbare 0,21 Cent. Allerdings kostet der Drucker 350 Euro.

Canon hat den Multifunktionsdrucker Pixma G4570 für etwa 290 Euro im Angebot. Nachfülltinte gibt es für 10 Euro pro Farbe. Die Druckkosten liegen bei 0,14 Cent pro Farbseite, schwarze Tinte kostet 0,1 Cent pro Seite (Herstellerangaben) und reicht für mindestens 10000 Seiten. (Zum Vergleich: Bei guten Patronendruckern kostet die Farbseite 25 Cent!) Die Druckqualität ist sehr gut. Eine Duplexeinheit ist vorhanden. Der Scanner hat einen automatischen Dokumenteneinzug und eine hohe Auflösung von 646 dpi.

HP bietet den Multifunktionsdrucker Smart Tank Plus 655 für 349 Euro an und erreicht damit Seitenpreise von 0,23 Cent monochrom und 0,41 Cent pro Farbseite. Das Modell ohne Dokumenteneinzug und ohne Fax kostet 249 Euro.

Ratschlag für Ihre Entscheidung

Einige der billigsten Drucker sind kaum teurer als ein Satz Tintenpatronen. Allerdings handelt es sich bei den beigelegten Patronen mitunter um nur teilweise gefüllte „Economy-Patronen", die häufig nur für wenige Ausdrucke reichen. So kann der Drucker günstiger angeboten werden. Wer nur 20 Textseiten im Monat druckt, ist mit einem billigen Drucker möglicherweise gut bedient. Billige Drucker werden allerdings über den Tintenpreis subventioniert und verursachen sehr hohe Folgekosten, wenn das Druckaufkommen steigt.

Wer sich einen teureren, technologisch hochwertigen Drucker oder ein Kombigerät (Drucker, Scanner, Kopierer, Fax in einem Gerät) mit einem Kaufpreis über 150 Euro leisten kann, hat wesentlich niedrigere Druckkosten, selbst bei Verwendung von Originaltinte. Wer viel druckt (etwa ab 200 Seiten pro Monat), sollte einen Laserdrucker als Zweitdrucker kaufen und den Tintendrucker vor allem für Farbdrucke verwenden. Es gibt übrigens preiswerte Laser-Farbdrucker bereits in der Preislage unter 100 Euro. Bedenken Sie aber, dass bezahlbare Farblaserdrucker für den Druck von hochwertigen Fotos kaum geeignet sind.

Beachten Sie: Es ist nicht selbstverständlich, dass hochwertige Drucker den Duplexdruck beherrschen.

Unter druckkosten.de können Sie herstellerunabhängig vergleichen, welcher Drucker für Ihre Ansprüche am besten geeignet wäre. Für Sie wäre es sinnvoll, einen teuren Drucker zu kaufen, doch Sie können oder wollen das Geld jetzt nicht investieren? Privatkunden oder Unternehmen können Drucker inklusive Tinte & Toner bei einer Laufzeit von 12, 24 oder 36 Monaten über die Website www.printer4you.com mieten und ihn nach Mietende behalten.

6.6 3D-Drucker

Mit 3D-Druckern kann man dreidimensionale Werkstücke im Schichtaufbauverfahren in den kompliziertesten Formen herstellen. Dabei können sehr verschiedene Materialien verwendet werden: von Gips über Plaste und Keramik bis Metall, von Gold bis Schokolade. Auch organische Materialien können gedruckt werden, sogar Lebensmittel. Mit dem Druck von Implantaten wie Knochen, Ohren und Organen (Leber) wird experimentiert. Einige von vielen aktuellen Technologien werden hier kurz vorgestellt.

Beim **Multi Jet Modeling** erzeugt ein Druckkopf mit mehreren Düsen winzige Tröpfchen, ähnlich wie bei einem Tintendrucker. Eine Druckauflösung von mehr als 450 dpi ist möglich. Die Tröpfchen werden mit ultraviolettem Licht ausgehärtet, bevor die nächste Schicht aufgebracht wird. Bei einer anderen Variante des Multi Jet Modeling wird Klebstoff gesprüht und damit Glas- oder Metallpulver zusammengeklebt. Gerichtsmediziner erzeugen damit Gipsmodelle von Gesichtsrekonstruktionen.

Bei der **Stereolithografie** wird ein flüssiger lichtempfindlicher Kunststoff (z. B. Epoxidharz) benutzt. Wo er von einem Laser getroffen wird, härtet der Kunststoff aus. Dabei entsteht eine 0,001 bis 0,25 mm dünne Schicht. Das Werkstück wird um den Betrag der Schichtdicke in das Kunststoffbad abgesenkt und der Laser härtet die nächste Schicht aus.

Das **Laser-Sintern**, das **Selektive Laserschmelzen** und das **Elektronenstrahlschmelzen** sind prinzipiell ähnlich: Ein Plaste-, Keramik- oder Metallpulver wird einige Mikrometer „dick" auf eine Arbeitsplattform aufgebracht und von einem Laser eingesintert oder eingeschmolzen. Die Arbeitsplattform wird abgesenkt, mit der nächsten Pulverschicht bestreut und eine weitere Schicht aufgeschmolzen. Mit diesem Verfahren werden beispielsweise Zahnprothesen hergestellt.

Der 3D-Druck hat einige große Vorteile:

- Hochkomplizierte Teile sind herstellbar, die mit klassischen Verfahren kaum oder nicht herstellbar sind.
- Es sind filigrane Strukturen herstellbar, und auch die Dichte und Härte des Werkstücks lässt sich regeln. Es können Leichtbau-Werkstücke und wärmedämmende Materialien produziert werden, die außen hart und glatt und innen wabenartig-porös sind.
- Ähnlich wie beim Mehrfarbdruck können auch verschiedene Materialien oder Farben kombiniert werden, z. B. Metall-Keramik-Verbindungen.
- Im Unterschied zu Gussteilen brauchen keine Formen hergestellt werden, und die Oberfläche muss nicht nachbearbeitet werden. Im Unterschied zu Zerspanungsverfahren gibt es keine Materialverluste. Außer dem Drucker wird kein großer Maschinenpark benötigt. Dadurch ist 3D-Druck in manchen Fällen rentabler als klassische Bearbeitungsverfahren.
- Muster und Modelle können in kurzer Zeit hergestellt werden.
- Kleinserien können effektiv hergestellt werden, ohne dass eine Produktionslinie gebaut werden muss. Boeing beispielsweise fertigt Teile für Kampfjets mit 3D-Druckern, und die Raumfahrtfirma SpaceX „druckt" Raketentriebwerke. Die NASA hat die Entwicklung eines 3D-Druckers in Auftrag gegeben, der in Raumstationen und -fahrzeugen zum Einsatz kommen soll. Die Ziegelsteine für die zukünftigen Mondstationen sollen mit einem 3D-Drucker produziert werden.
- Manche Ersatzteile können bei Bedarf gedruckt werden, statt auf den Lieferservice bis zum nächsten Tag zu warten. Das senkt auch die Kosten der Lagerhaltung.

Einfache Drucker gibt es für wenige hundert Euro, Industriedrucker können hunderttausende Euro kosten. In Dubai hat man in 17 Tagen die Einzelteile für ein komplettes Bürogebäude einschließlich Möbel und Inneneinrichtung gedruckt. In Italien druckt man mit einem 12 Meter hohem Drucker ein ganzes Dorf. In Bayern wurde ein Haus für fünf Familien gedruckt. Die Niedrigenergiehäuser sind schnell und sehr preiswert herstellbar. Rundungen und ungewöhnliche Formen sind kein Problem.

6.7 Laserdrucker

6.7.1 Druckverfahren

1938 wurde das Verfahren der Elektrofotografie erfunden. Daraus entstand 1950 der Kopierer und 1971 der Laserdrucker. Das Herzstück des Druckers ist eine Bildtrommel mit einer lichtempfindlichen Halbleiterbeschichtung. Diese Beschichtung wird zunächst durch die sogenannte Corona gleichmäßig mit Hochspannung aufgeladen. Der Druckauftrag wird in ein Rasterbild umgerechnet. Dieses Rasterbild wird von einem Laserstrahl über ein Spiegelsystem oder von einer Zeile aus Leuchtdioden (LED-Zeile, bei günstigen Geräten) auf die aufgeladene Bildtrommel projiziert. An den Stellen, die mit Licht bestrahlt werden, verliert die Beschichtung ihre Ladung. Die unbelichteten Stellen bleiben geladen. Nun wird der Toner auf die Trommel aufgebracht. An den aufgeladenen Stellen bleibt er kleben: Je stärker die Restladung, desto mehr Toner bleibt kleben.

Nun wird die Bildtrommel auf das Papier abgerollt und dadurch der Toner auf das Papier übertragen. Das Blatt wandert anschließend durch die „Fixiereinheit", wo der Toner durch eine erhitzte Andruckrolle bei knapp 200 °C fest mit dem Blatt verschmolzen wird. Bei einigen wenigen Geräten wird der Toner mit Blitzlicht fixiert, wodurch das Papier weniger austrocknet.

Der Laserdrucker gehört im Gegensatz zu den Tintendruckern zu den sogenannten Seitendruckern: Er druckt keine halbfertigen Seiten, sondern er wartet, bis die komplette Seite vorliegt.

Wie werden die Grautöne erzeugt?

Bei den einfachen Druckern verliert die belichtete Stelle ihre Ladung vollständig. Der Drucker kann also nur Schwarz drucken. Grauabstufungen werden durch Rasterung analog zu Tintenstrahldruckern erreicht. Dabei wird jeder Bildpunkt durch ein Raster aus 8 mal 8 Mikropunkten erzeugt. Um ein 50 %iges Grau zu erzeugen, wird die Hälfte der Mikropunkte geschwärzt, die andere Hälfte bleibt weiß. Unter dem Mikroskop sieht das wie ein Schachbrett aus. Ohne Mikroskop kann das Auge derart feine Punkte nicht einzeln erkennen und verschmilzt sie zu einem Gesamteindruck. Durch unterschiedlich hohen Anteil schwarzer Punkte sind 256 Graustufen möglich. Wenn der Drucker z. B. 32 rote und 16 gelbe Punkte im 8 x 8 Raster verteilt und die restlichen 16 Punkte weiß lässt, sieht man einen hellen roten Punkt mit einem Gelbstich.

Durch die Rasterung verringert sich die Auflösung des Ausdrucks. Bei einem Drucker, der bei reinem Schwarz-Weiß-Druck (ohne Grautöne) zu 2400 dpi (**d**ot **p**er **i**nch, deutsch: Punkte pro Zoll) fähig ist, verringern sich die sichtbaren Punkte um ein Achtel auf 300 dpi. Wo Grautöne nicht benötigt werden (z. B. Text in schwarzer Farbe) können durch Kantenglättung schärfere Konturen erzielt werden.

Sogenannte **Vollfarbdrucker** kommen ohne Rasterung aus. Die Ladung der Trommel wird in bis zu 256 Stufen variiert. Erreicht wird diese Abstufung entweder durch unterschiedliche Verweildauer des Lasers an einer Stelle oder durch das unterschiedlich oft erfolgende Überstreichen der entsprechenden Stelle. Weil jeder Bildpunkt unterschiedlich hell sein kann, spricht man von einem „Halbtonverfahren". Verwirrend, nicht wahr? **Voll**farbdrucker arbeitet mit **Halb**tonsystem! Ein Vollfarbsystem kann man in der Druckqualität nicht mit einem gewöhnlichen Laserdrucker vergleichen, es ist aber auch mindestens zehnmal teurer.

Wegen der hohen Druckqualität von Farblaserdruckern wurde schon früh an Maßnahmen zur Vermeidung und Verfolgung von Dokumenten- und Banknotenfälschungen gedacht. So bringen viele aktuelle Geräte auf jedem Ausdruck ein unsichtbares „Wasserzeichen" an, den „Machine Identification Code", um eine Rückverfolgung von Ausdrucken bis zum einzelnen Laserdrucker zu ermöglichen.

Handelsübliche Laserdrucker drucken etwa 15 bis 25 Seiten pro Minute, Spitzengeräte drucken bis zu 200 Seiten pro Minute und bei Endlospapier bis 1000 Seiten pro Minute (das sind 50 cm pro Sekunde).

Ausgabe

6.7.2 Softwaretreiber

Das Umwandeln von Grautönen bzw. Farbabstufungen in ein Mikromuster erfordert einen aufwendigen Rechenprozess, der von einem „**R**aster **I**mage **P**rozessor" durchgeführt wird. Hierbei gibt es drei Verfahren:

1. Bei Geräten der Mittelklasse erfolgt das „Rippen" im Drucker selbst – an ihn werden also keine Rasterdaten, sondern Dokumente in Seitenbeschreibungssprachen wie PCL, Postscript oder PDF geschickt. Die Aufbereitung übernimmt der Drucker selbst. Das Rasterbild einer einzigen farbigen DIN-A4-Seite benötigt rund 60 MB Speicher. Hat der Drucker nicht genug RAM, gibt er eine Fehlermeldung aus und druckt nur einen Teil der Seite. Um das Dokument doch noch drucken zu können, kann man die Auflösung von 600 dpi auf 300 dpi oder 150 dpi verringern (und eine Speichererweiterung für den Drucker bestellen, um bald wieder zur besseren Auflösung zurückkehren zu können).

2. Bei teuren Großgeräten wird ein eigenständiger, vom Drucker getrennter RIP-Server verwendet. Es ist erstaunlich, welche Qualität des Ausdrucks damit erreicht wird. Allerdings kann solch ein Server über 10 000 Euro kosten. Er ist mit einer Hochgeschwindigkeitsverbindung direkt an die Belichtereinheit angeschlossen und verfügt über entsprechend viel Speicher und CPU-Leistung.

3. Einige besonders preisgünstige Drucker nutzen das Betriebssystem des Computers für die Erzeugung des Rasterbildes. Solche Geräte werden als GDI-Drucker (**G**raphics **D**evice **I**nterface) bezeichnet und sind aufgrund des fehlenden Bild-Prozessors erheblich günstiger als Geräte mit eingebautem RIP. Der Nachteil der GDI-Methode besteht darin, dass die Drucker nur mit einem speziellen Gerätetreiber funktionieren, welcher vom Druckerhersteller geliefert wird. Viele dieser Drucker funktionieren daher nur mit den gerade populären Betriebssystemen, weil der Hersteller für ältere oder speziellere Betriebssysteme keine Treiber bereitstellt. Beim Umstieg auf ein neues Betriebssystem gibt es für ältere Drucker vielleicht keine Treiber mehr.

6.7.3 Vergleich mit anderen Druckverfahren

Laserdrucker sind in der Qualität bei reinem Textausdruck (bei Farblaserdruckern auch bei farbigem Text) sowie bei Geschäftsgrafiken unerreicht. Nur wenige Tintendrucker erreichen eine ähnliche Kantenschärfe und auf Spezialpapier eine vergleichbare Schwärzentiefe. Die wesentlichen Vorteile eines Laserdruckers sind Unempfindlichkeit gegenüber verschiedenen Papiersorten, und es gibt prinzipbedingt kein „Ausbluten" feiner Konturen, wie dies bei Tintendruckern oftmals zu beobachten ist.

Weitere Vorteile des Laserdruckers sind:

1. Die Druckkosten sind meist erheblich niedriger, und die Lebenserwartung der Geräte ist viel höher als bei Tintendruckern.

2. Wartungsfreiheit: Ein Laserdrucker kann lange Standzeiten ohne Wartung überbrücken. Zum Vergleich: bei einem Tintendrucker trocknen die Düsen ein.

3. Resistenz der Ausdrucke: Der Toner ist beständig gegen Sonneneinstrahlung, bei Tintenstrahldrucken braucht man dafür Spezialtinte. Auch UV-Bestrahlung und Feuchtigkeit hält der Toner sehr gut aus. Wer viel für Unterwegs und für den Außeneinsatz druckt, sollte dafür einen Laserdrucker nehmen.

4. Der Toner ist beständig gegen Sonneneinstrahlung, was bei Tintenstrahldrucken nur mit Spezialtinte erreicht werden kann.

Prinzipiell sind heutige Laserdrucker noch nicht die erste Wahl für das Ausdrucken von Fotos. Außerdem bleibt die Farbqualität wegen Temperatur- und Feuchtigkeitsveränderungen nicht konstant. Laserdrucker arbeiten oft mit nicht-linearen Intensitätskurven, so dass dunkle Farbtöne zulaufen und helle Töne überstrahlt werden (das Dunkle wird noch dunkler, das Helle wird heller und Zwischentöne fehlen). Meistens fehlt den Bildern die Tiefenwirkung und die Farbechtheit und bei günstigen Geräten ist eventuell eine leichte Rasterung sichtbar. Zwar sind die Ergebnisse eines Laserdruckers wischfest, jedoch kann es zu Abblättern an Knickstellen kommen. Ein guter Tintendrucker auf Spezialpapier liefert deutlich bessere Ergebnisse.

Wer mehr Zeit hat und nicht auf sofortige Ergebnisse angewiesen ist, sollte die Fotos in einem Fotolabor bestellen. Dies ist deutlich günstiger und bringt schönere Ergebnisse. Wer viel Geld hat, kauft ein Vollfarbsystem für zehntausend Euro und druckt erstklassige Fotos zu einem unschlagbaren Preis (z. B. acht Cent für eine farbige A3-Seite, was einem Cent pro Foto entspricht).

Bei den „LED-Druckern" wird die Bildtrommel nicht mit einem Laserstrahl belichtet, sondern mit 5000 in einer Reihe angeordneten LEDs. Bei LED-Farbdruckern sind es vier Reihen von LEDs. Weil die komplizierte Spiegelsteuerung wegfällt, sind LED-Drucker vergleichsweise günstig. Allerdings erreichen LED-Drucker eine Auflösung von maximal 600 dpi, bedingt durch die Anzahl der LEDs.

Bei Druckern unter 200 Euro Anschaffungspreis sind Tintendrucker pro Seite deutlich teurer als Laserdrucker. Bei neueren professionellen Tintendruckern, mit einem Kaufpreis über 400 Euro, gilt das nicht mehr. Durch großvolumige Einzeltanks für jede Farbe erreichen Tintendrucker fast die Druckkosten von Laserdruckern. Beim Druck eines Musterdokuments nach ISO 24712 schwanken die Preise laut dem Druckkostenrechner von www.druckkosten.de von 1 Cent pro Seite (Pigmenttinte, der Drucker kostet 399 Euro) bis 13 Cent pro Seite (LED-Drucker für 150 Euro Anschaffungspreis). Schätzen Sie Ihr Druckaufkommen für die nächsten Jahre, addieren Sie die Druckkosten zum Anschaffungspreis und vergleichen Sie dann die Druckermodelle! Eine falsche Entscheidung kann sehr teuer werden.

6.7.4 Gesundheitsgefährdung

Ozon

Während die Bildtrommel mit Hochspannung aufgeladen wird, entsteht Ozon: Je höher die Spannung, desto mehr Ozon. Eventuell vorhandene Ozonfilter sollten regelmäßig gewechselt werden. Das Deutsche Forschungszentrum für Gesundheit und Umwelt empfiehlt gute Belüftung der Räume und Aufstellung weit weg von den Mitarbeitern. Die Gebläseöffnung sollte vom Nutzer wegzeigen. Die Verwendung von Geräten mit dem Prüfsiegel „Blauer Engel" sei zu empfehlen. Der „Blaue Engel" kennzeichnet seit 1978 ökologisch vorbildliche Produkte. Er wird von einer Jury aus Vertretern von Umweltbundesamt, Bundesumweltministerium, Gewerkschaften, Verbraucherverbänden, Wissenschaft, Medien u. a. vergeben und ist das älteste Umweltlogo der Welt. Für Behörden und viele Großkunden ist der Blaue Engel bei Druckern ein Muss.

Bei Geräten mit niedrigen Druckgeschwindigkeiten werden die Ladungen nicht mit Coronadrähten, sondern mit gezackten Metallstreifen oder Kontaktrollern auf die Walze übertragen. Die benötigten Spannungen sind kleiner, so dass die Luftionisation geringer ist und damit weniger Ozonemissionen auftreten. Wenn es gelingt, mit den Emissionen knapp unter dem Grenzwert zu bleiben, werden diese Geräte von den Herstellern als „ozonfrei" angepriesen. „Ozonarm" wäre ehrlicher. Als Anfang 2013 die Kriterien für den Blauen Engel verschärft wurden, stellte die Bundesanstalt für Materialforschung und -prüfung fest, dass drei Viertel von den Ende 2012 im Handel erhältlichen Laserdruckern die neuen Grenzwerte nicht einhielten.

Wenn Sie zwei „ozonfreie" Geräte in einem nicht allzu großen Büro betreiben, ist es so gut wie sicher, dass die Summe der Emissionen den Grenzwert überschreitet. Wobei Grenzwerte ohnehin industriefreundlich festgelegt werden, nicht nur in Deutschland.

Toner

Schwarzer Toner enthält Eisenoxid oder Ruß, farbiger Toner enthält organische Pigmente. Zusammen mit Hilfsstoffen werden sie in thermoplastischen Kunststoff (Polymer) eingeschmolzen und zu Körnern von 3 bis 10 µm zermahlen. Tonerstaub gilt als Feinstaub, nicht als Feinststaub. Allerdings bilden sich ultrafeine Partikel, wie sie auch beim Kochen, Toasten und Abbrennen von Kerzen entstehen, aus Ausdünstungen von Paraffinen und Silikonölen.

Toner enthalten bei bestimmten Sorten auch gesundheitsschädliche Schwermetalle wie Blei und Cadmium. Umweltmediziner vom Freiburger Universitätsklinikum haben nachgewiesen, dass die Emissionen mancher Laserdrucker die DNA von Lungenzellen schädigen. In Studien an Copyshop-Angestellten in Indien konnte man DNA-Schäden in Zellen der Mundschleimhaut nachweisen.

Laserdrucker sind prinzipiell nie ganz „sauber": Ein Teil des Toners wird durch das Ventilationssystem aus dem Drucker geschleudert. Es gibt Feinstaubfilter zu kaufen, die außen am Drucker angebracht werden können. Bei privater Nutzung eines Druckers ist die austretende Tonermenge nach aktuellem Wissensstand unbedenklich. Wer viel druckt, sollte aber über eine Lüftung nachdenken.

Die Tonerstaubkörner sind um Größenordnungen kleiner als der normale Hausstaub. Wenn Sie Toner verschüttet haben, greifen Sie **keinesfalls** zum Staubsauger! Die mikroskopischen Tonerteilchen fliegen ungebremst durch normale Filter und werden großräumig in der Umgebung verteilt! Es gibt Spezialstaubsauger mit Feinstfilter. Ersatzweise kann man den Toner mit feuchten Reinigungstüchern aufnehmen.

Bei unsachgemäßer Handhabung oder Schäden am Gerät können größere Tonermengen freigesetzt werden und auf die Schleimhäute der Atemwege oder auf die Haut wirken. Toner verändert bereits bei Körpertemperatur seinen Zustand und kann mit den Schleimhäuten verkleben. Abhusten geht dann nicht mehr.

Wenn Toner auf die Kleidung gelangt, nicht daran herumreiben! Toner herausschütteln und herausklopfen (im Freien, Windrichtung beachten) und mit viel kaltem Wasser ausspülen, eventuell Spülmittel zusetzen. Achtung: Toner wird im Drucker durch Hitze fixiert. Den gleichen Effekt hat warmes Wasser: Es fixiert den Fleck für immer!

Wenn Sie einen Papierstau beheben, werden Sie vielleicht Blätter mit losem Tonerstaub herausziehen. Werfen Sie diese nicht verstaubt weg, sondern packen Sie die Blätter vorher behutsam staubdicht ein.

Servicetechniker sind den Schadstoffen besonders ausgesetzt, sie sollten unbedingt Atemschutz und Einweghandschuhe verwenden. Wenn Sie nicht auf das Nachfüllen von leeren Tonerkassetten verzichten wollen, sollten Sie sich ebenso schützen.

Wichtig: Tonerstaub darf keinesfalls in die Umwelt gelangen. Leere Patronen enthalten beträchtliche Tonerreste und sind deshalb Sondermüll! Sie werden oft von Herstellern und Händlern zurückgenommen.

Justizministerium verschrottet 4033 Laserdrucker

Nachdem drei Mitarbeiter des Amtsgerichts Burgwedel an Krebs erkrankt waren, untersuchte das Bremer Umweltinstitut die Drucker. Der Feinstaub-Grenzwert war bei den meisten Druckern überschritten. Ein Zusammenhang zwischen dem Feinstaub und den Krebserkrankungen konnte nicht bewiesen werden. „Zum Schutz und zur Beruhigung der Mitarbeiter" hat das Niedersächsische Justizministerium die Drucker in allen Gerichten ausgetauscht.

http://www.haz.de/Nachrichten/Der-Norden/Uebersicht/Justizministerium-laesst-4033-Drucker-verschrotten

6.7.5 Fremdtoner

Auch für Laserdrucker gibt es „kompatiblen" Toner. Was für Tinte gilt, ist im Prinzip auch für Toner richtig: Die Herstellergarantie erlischt. Wegen unterschiedlicher Druckverfahren sind die Toner aus unterschiedlichen Grundstoffen hergestellt. Kyocera-Toner im HP-Drucker (oder umgekehrt) benötigt maximal drei Minuten, um den Drucker in Schrott zu verwandeln. Auch in der Körnung gibt es Unterschiede. „Normaler" Toner in einem Drucker, der „Mikrotoner" benötigt, kann verheerend wirken. Da es keine Norm gibt, wie groß die Tonerteilchen im Mikrotoner sein müssen, kann der für den einen Drucker hergestellte Mikrotoner für einen anderen Drucker zu grob oder zu fein sein. Weiterhin unterscheiden sich Toner in der Temperatur, die zum Fixieren erforderlich ist. Wenn der Toner nicht vollständig einbrennt, verschlechtert sich das Druckbild und der nichtfestsitzende Toner verschmutzt zuerst den Drucker und danach Ihre Hände und Lungen. Wenn man trotzdem Fremdtoner verwenden will, sollte man nach Tests in Fachzeitschriften suchen und einen der getesteten Toner kaufen.

Eine Statistik vom Epson-Service stellte fest, dass die meisten zur Reparatur eingesandten Laserdrucker nicht defekt sind, sondern durch Fremdtoner verschmutzt sind. Die Reinigung ist aufwendig (der Drucker muss komplett zerlegt werden) und wird dem Kunden berechnet.

6.7.6 Kompaktgeräte und modulare Geräte

Es gibt zwei Grundstrategien für den Wechsel des Verbrauchsmaterials: Modulare und Kompaktgeräte.

Bei Kompaktgeräten werden Toner, Bildtrommel und Verschleißteile zu einer handlichen Baugruppe zusammengefasst. Wenn der Toner verbraucht ist, wird der „halbe Drucker" gewechselt. Natürlich ist dieses „Austauschpaket" erheblich teurer als es der Austausch nur einer Tonerpatrone wäre. Das „Restgerät" enthält keine Verschleißteile und ist preiswert. Genau genommen wird der Anschaffungspreis über die Verbrauchsmaterialien subventioniert, wie wir das auch von den Tintendruckern kennen.

Modulare Geräte bestehen aus hochwertigen, langlebigen Bauteilen und gehören dadurch zu der teureren Kategorie. Die Bildtrommel ist langlebig. Erst nach sechs- bis zehnmaligem Tonerwechsel (also etwa nach 50 000 Seiten oder mehr) muss erstmals die Bildtrommel gewechselt werden. Vielleicht ist das Auswechseln nicht einfach, und billig ist die Bildtrommel auch nicht. Trotzdem erreicht man mit diesem Druckertyp die mit Abstand geringsten Kosten pro Seite und die höheren Seitenzahlen pro Minute.

Kalkulieren Sie unbedingt Ihre Kosten mit dem Druckkostenrechner! Letztlich ist es eine Rechenaufgabe. So wie man beim Autokauf anhand der jährlich geplanten Kilometerzahl berechnet, ob sich ein teurerer Dieselmotor lohnt oder nicht, sollte man auch vor dem Kauf eines Druckers nachrechnen. Abhängig von der Druckmenge kann eine Firma durch Kauf eines teuren Modells viele Tausend Euro Folgekosten sparen! Nur bei sehr geringem Druckvolumen ist die Anschaffung eines preiswerten Druckers möglicherweise sinnvoll.

6.7.7 Betriebskosten

Die Tonerdichte bestimmt die Menge an Toner, die auf eine Seite aufgetragen wird. Eine Reduzierung um 5 % bis 20 % fällt im Ausdruck kaum auf. Konzeptdrucke sind auch bei 50 % Tonerdichte noch gut lesbar.

Die Bildtrommel ist meist mit Selen beschichtet. Selen ist wenig widerstandsfähig und je nach Druckermodell nach 50 000 bis 200 000 Seiten abgenutzt. Deshalb sind auch „langlebige" Bildtrommeln nach etwa sechs- bis zehnmaligem Tonerwechsel verschlissen. Die Kosten einer Bildtrommel machen typischerweise ein Drittel bis zur Hälfte des Druckeranschaffungspreises aus.

Nach Aussagen von Wartungstechnikern „stirbt" allerdings ein erheblicher Teil von Bildtrommeln deutlich früher durch Büroklammern und andere kleine Gegenstände, die im Papierstapel enthalten sind. Das passiert besonders denjenigen Benutzern, welche einseitig bedrucktes Papier sammeln, um die Rückseiten für Konzeptausdrucke weiter zu verwenden. Im Bürostress passiert es immer wieder, dass die Blätter noch geklammert sind oder Aufkleber oder Korrekturstiftschichten oder andere Verschmutzungen haben. Jeder solche Fall kann zu einem Papierstau führen oder die Trommel ruinieren. Bedenkt man, dass eine neue Trommel so viel kostet wie zehntausend Blatt Papier, lohnt das Risiko einer Mehrfachverwendung nicht.

Beim Bedrucken von Folien sollte man keine Haushaltsfolien oder Folien für Tintendrucker benutzen. Diese halten die hohen Temperaturen nicht aus und schmelzen. Das kostet Sie mindestens eine neue Bildtrommel.

Energiebedarf

Während des Druckens ist der Energiebedarf hoch, denn der Toner wird mit hoher Temperatur in das Papier „eingebrannt". Nach dem Druck reduzieren die Drucker den Energieverbrauch. Uralte Drucker halten ihr Heizelement auf mittlerer Temperatur, um die Vorwärmzeit bei einem neuen Druckauftrag zu reduzieren. Neue Drucker können ihr Heizelement viel schneller auf Betriebstemperatur bringen und schalten es deshalb im Stand-by ganz ab. Das spart radikal Energie. Ende 2009 ergab ein Test, dass die zehn energiesparendsten Einsteigerdrucker nur zwischen zwei und zwölf Euro pro Jahr im Standby-Betrieb verbrauchen. Die zehn energieffizientesten Farblaserdrucker verbrauchten von 7,50 bis 30 Euro pro Jahr im Standby.

Epson stellt die Herstellung von Laserdruckern bis 2025 ein. Business-Ink-Drucker mit großem Tintentank haben vergleichbare Druckkosten, verbrauchen jedoch weniger Energie, sind umweltfreundlicher und haben weniger Verschleißteile. Vor allem bei der Haltbarkeit der Ausdrucke sind Laserdrucker noch überlegen.

Farbdrucke

Die Kosten für Farbdrucke sind deutlich höher als für einen Standard Schwarz-Weiß-Druck. Farblaserdrucker haben vier Tonerkartuschen, nämlich Cyan, Magenta, Gelb und Schwarz. Wenn die Seite großflächig farbig ist, können die Kosten bis zu 20 Cent pro Seite betragen. Bei vielen Druckertreibern ist es mit einem Klick möglich, eine im Original farbige Seite in Grau auszudrucken.

Ausgabe

Wartung

Oft kommt es beim Tonerwechsel zu Verschmutzungen des Gerätes. Lesen Sie die Anleitung und gehen Sie beim Tonerwechsel überlegt vor! Nehmen Sie losen Tonerstaub mit einem feuchten Reinigungstuch auf. Während des Betriebes setzt sich feiner Tonerstaub auf der Belichtereinheit ab. Lesen Sie in der Betriebsanleitung nach, wie dieser Staub entfernt werden kann. Die Bildtrommel darf während des Tonertauschs nicht zu viel Licht abbekommen: Nur gedämpftes Licht und möglichst kurz!

Der Papiertransport erfolgt mit Gummiwalzen. Wegen der hohen Temperaturen können die Walzen spröde und rissig werden und müssen dann ausgetauscht werden.

Einen Druckauftrag abbrechen ohne Stau

Wie oft kommt es vor, dass man das falsche Dokument druckt oder statt einzelner Blätter versehentlich das ganze 100-seitige Dokument druckt. Mancher Anwender schaltet in so einem Fall den Drucker einfach ab. Das führt aber fast immer zu einem Papierstau. Der ist nicht nur stressig, sondern mehrfach gefährlich. Die Papiertransportmechanik wird belastet und verschleißt schneller. Schlimmer noch: Das Herausziehen von verklemmten Blättern kann die fotoelektrische Schicht beschädigen und von den herausgezogenen Blättern rieselt der Toner. Langfristig betrachtet ist es günstiger, hin und wieder hundert unnütze Seiten zu drucken, als den Drucker zu beschädigen.

Den Stau kann man sich ganz leicht ersparen, indem man die Papierschublade herauszieht und ein paar Sekunden wartet. Der Drucker stoppt wegen Papiermangel, ohne dass es einen Stau gibt. Anschließend schaltet man den Drucker aus und löscht den Druckauftrag aus der Windows-Warteschlange. Dann schiebt man die Papierkassette hinein und schaltet den Drucker wieder an.

Warum ist es wichtig, die Druckerwarteschlange zu leeren, bevor der Drucker wieder eingeschaltet wird? Nach dem Einschalten erwartet der Drucker einen Auftrag, bestehend aus ASCII-Zeichen. Windows erzeugt aber ein Druckbild als Pixelgrafik. Deshalb muss jeder Druckauftrag mit einem Umschaltbefehl beginnen, der den Drucker von ASCII in den Pixelmodus schaltet. Wird aber der Drucker aus- und angeschaltet, bekommt er aus der Warteschlange die restlichen, noch nicht gedruckten Bytes ohne die vorangesetzte Anweisung, in den Grafikmodus zu schalten. Der Drucker interpretiert den Grafik-Code als ASCII-Zeichen und macht daraus pro Seite ein bis drei Zeilen Zeichensalat und setzt den Buchstabenmüll auf vielen weiteren Seiten fort. Darum kann ein unterbrochener Druckauftrag nicht fortgesetzt werden.

6.8 Plotter

Die Bezeichnung kommt vom engl. „plot" = zeichnen. Ein Plotter, deutsch auch als Kurvenschreiber bezeichnet, ist ein Ausgabegerät, das technische Zeichnungen auf Papier und anderen Materialien erstellt. Architekten und Konstrukteure brauchen Plotter, um ihre am Computer erzeugten Zeichnungen zu Papier zu bringen. Meist wird das Papier von einer Rolle abgewickelt und automatisch abgeschnitten, wenn die Zeichnung komplett ist.

Die ersten Plotter bewegten einen Tuschestift, der an einem Wagen angebracht war, über ein Zeichenblatt, das bis zu DIN A0 groß sein konnte. Tuschestifte verschiedener Strichbreiten und Farben waren in einem Magazin untergebracht und wurden bei Bedarf automatisch ausgewechselt. Bei einem Schneidplotter wird statt des Tuschestifts ein Messer angebracht, um eine Beschriftungsschablone zuzuschneiden. Es gibt auch Laserplotter, bei denen statt des Messers ein Laserstrahl den Schnitt ausführt. Das Material wird dabei nicht gezerrt, was sehr feine Schnitte in Holz, Leder oder Metall ermöglicht.

Inzwischen sind die meisten Stiftplotter durch Tinten- oder Laserdrucker abgelöst worden. Für die Erstellung von Zeichnungen werden meist großformatige Tintendrucker eingesetzt. Es gibt schon erste LED-Drucker, die wie Plotter arbeiten. Damit sind Druckgeschwindigkeiten bis zu 15 Meter pro Minute (25 cm pro Sekunde) möglich. Der Vorteil: nun sind nicht nur Strichzeichnungen möglich, sondern es können auch Flächen bedruckt werden.

7 Eingabe

7.1 Tastatur

7.1.1 Funktionsweise der PC-Tastatur

Sowohl beim Druck auf eine Taste als auch beim Loslassen einer Taste schickt die Tastatur ein Unterbrechungssignal an die CPU. Das Betriebssystem liest dann den Scancode (die Nummer) der jeweiligen Taste von der Tastaturelektronik und ermittelt, welche der Modifizier-Tasten (Umschalttaste, Strg, Alt, AltGr, Feststelltaste, Num, Rollen) in diesem Moment aktiv sind. Das Betriebssystem (bzw. das Anwendungsprogramm) verknüpft den Scancode mit einem Zeichen. Dabei wird eine Tabelle benutzt, die für jedes Land die landesübliche Tastenbelegung enthält.

7.1.2 Tastenbelegung

Auf den ersten Schreibmaschinen waren die Buchstaben alphabetisch angeordnet. Weil sich beim schnellen Schreiben die Typenhebel benachbarter Tasten oft verhakten, wurde um 1870 die Tastaturbelegung geändert. Diejenigen Buchstaben der englischen Sprache, die am häufigsten verwendet werden, platzierten die Konstrukteure am weitesten voneinander entfernt. Dadurch kam es nur noch selten vor, dass benachbarte Typenhebel aufeinander folgten und sich verhakten. Diese Tastenbelegung gilt auch heute noch weltweit.

Inzwischen gibt es ergonomische Tastaturen und auch Tastaturen mit anderen, optimierten Belegungen. Das Umgewöhnen wird Ihnen vermutlich nicht leicht fallen. Falls ein Familienmitglied oder Kollege eine ungewöhnliche oder fremdsprachige Tastatur benutzen will und die anderen bei der klassischen Tastatur bleiben wollen – kein Problem! Windows kommt ohne weiteres mit mehreren Tastaturen klar. Die momentan nicht benötigte Tastatur legen Sie einfach beiseite. Wenn in Ihrer drahtlosen Tastatur die Batterien leer sind und Sie keine Ersatzbatterien haben, können Sie Ihre alte Tastatur als Reserve anstecken.

Mit entsprechender BIOS-Einstellung kann man den PC bequem über die Tastatur einschalten. Das ist recht praktisch, wenn der PC in einem Schrank oder in einem Computertisch hinter einer Klappe steht. Bei einer USB-Tastatur klappt das Einschalten über die Tastatur natürlich nur dann, wenn der verwendete USB-Anschluss auch bei ausgeschaltetem PC mit Strom versorgt wird. Das ist nicht bei allen Anschlüssen möglich und muss vielleicht im BIOS oder mittels Jumper auf der Hauptplatine aktiviert werden. Sie können eine Maus benutzen, um die USB-Ports auf Spannung zu testen: Wenn bei heruntergefahrenem PC die LED unter der Maus leuchtet, wird der USB-Anschluss mit +5$V_{StandBy}$ versorgt.

PCs mit zwei PS/2-Anschlüssen für Tastatur und Maus werden kaum noch verkauft. Es gibt PCs mit einer grün/violett gekennzeichneten PS/2-Buchse, an die man entweder eine Maus oder eine Tastatur anstecken kann. Einige ältere Programme und auch das BIOS haben in seltenen Fällen Probleme mit USB-Tastaturen. Nutzen Sie die PS/2-Buchse, wenn vorhanden. Haben Sie noch eine alte Tastatur mit PS/2 Stecker? Werfen Sie diese nicht weg! Wenn bei Kompatibilitätsproblemen die USB-Tastatur nicht mehr funktioniert – eine PS/2-Tastatur funktioniert immer, damit können Sie das BIOS einstellen und die Windows-Treiber reparieren.

7.1.3 Sondertasten

Bei einer Schreibmaschine haben fast alle Tasten zwei Bedeutungen. Drückt man die Umschalt-Taste (engl. „Shift"), wird auf die zweite Tastenbelegung umgeschaltet und es werden große Buchstaben oder eine andere Zweitbelegung geschrieben. Wenn die Feststelltaste (engl. „Caps Lock") aktiviert ist, werden alle Buchstaben groß geschrieben. Erneutes Drücken von Caps Lock deaktiviert den Großschreibmodus.

Auf einer Computertastatur gibt es noch weitere Umschalttasten: Zur Shift-Taste kommen noch Strg, Alt, Alt Gr, Num und Rollen hinzu. Die meisten Tasten einer Computertastatur haben deshalb vier und mehr verschiedene Bedeutungen, je nachdem ob die Taste Shift, Strg, Alt, Alt Gr, Num gedrückt ist oder eine Kombination davon. Diese Tastenkombinationen funktionieren nicht nur in einem Textprogramm, sondern auch im Explorer und vielen anderen Programmen.

- Feststelltaste „Num Lock", meist nur mit „Num" beschriftet: Sie wirkt nur auf den Ziffernblock. Leuchtet das „Num"-Lämpchen, sind die Tasten des Ziffernblocks mit Ziffern und Rechenzeichen belegt. Drückt man die Num-Taste, erlöscht das „Num"-Lämpchen. Nun bewegen die Tasten den Cursor.
- Taste „Alt": Alt steht für „Alternativ". Mit der Alt-Taste aktiviert man die Menüleiste einer Anwendung, zusammen mit dem unterstrichenen Buchstaben wird der entsprechende Menüpunkt geöffnet. Alt-F4 schließt ein Fenster. Mit Alt-Tab wechselt man zwischen laufenden Anwendungen.
- Taste „Alt Gr": Noch eine Gruppe von Zeichen, z. B. auf Taste „E" das Eurozeichen, auf „Q" das Zeichen @, eckige und geschweifte Klammern auf den Zifferntasten „7" bis „0".
- Taste „Strg": Sie wird für die Eingabe so genannter „Steuerzeichen" oder Befehlssequenzen (Short-Cuts) verwendet. Strg ist die Abkürzung von **St**eue**r**un**g**, nicht von „String"! Auf englischen Tastaturen ist sie mit „Ctrl" beschriftet (**C**ont**r**o**l**). Übliche Schreibweise „Strg-S", eingetippt wird der Kleinbuchstabe. Besonders nützlich sind die folgenden Zeichenkombinationen:
- Strg-Z für „Letzten Befehl/letzte Eingabe rückgängig machen",
- Strg-A für „Alles markieren", • Strg-C für „Kopieren", • Strg-X für „Ausschneiden" und
- Strg-V für „Einfügen". Eingefügt wird, was Sie mit Strg-C kopiert oder mit Strg-X ausgeschnitten haben.
- Windows-Taste: Sie wird für Sonderfunktionen verwendet, z. B. ruft Win-E den Explorer auf, Win-Pause die Systemeigenschaften und Win-L sperrt den PC. Probieren Sie es aus!
- Windows-Menü-Taste: Sie ersetzt die rechte Maustaste (das Kontextmenü wird geöffnet).
- Taste „Druck" engl.: „PrtScr" (**Pr**int **Scr**een) kopiert den gesamten Bildschirminhalt in die Zwischenablage, von wo er mit einem Grafikprogramm abgeholt und weiterverwendet werden kann, z. B. zum Ausdrucken. Betätigt man die Taste „Druck", während die Alt-Taste gedrückt ist, wird statt des ganzen Bildschirms nur das aktive Fenster in die Zwischenablage kopiert. Das ist sehr praktisch beim Erstellen von Bedienungsanleitungen oder um eine Fehlermeldung zu dokumentieren.

N-**K**ey-**R**ollover (NKRO) ist die Fähigkeit einer Tastatur, mehrere gleichzeitig gedrückte Tasten zu unterscheiden. Jede Tastatur beherrscht mindestens 3-Key-Rollover (sonst würden Tastenkombinationen wie Strg-Shift-Entf nicht funktionieren). Bei manchen (Kampf-)Spielen müssen mehr als drei gleichzeitige Tasten erkannt werden, deshalb sollten Gaming-Keyboards mindestens 6KRO bis 10KRO beherrschen. Lesen Sie die Dokumentation des Herstellers! Vielleicht muss NKRO mit einer Tastenkombination aktiviert werden.

Hilfreiche Infos über Tastaturen können Sie auf `eifert.net/hwkb` finden.

7.1.4 Ergonomie

Eine weiße Tastatur mit schwarzen Buchstaben ist augenfreundlicher als eine schwarze mit weißen Buchstaben, was besonders für Vielschreiber wichtig ist. Die Tasten sollten keine hochglänzende Oberfläche haben.

Tastaturen können sich unterschiedlich „anfühlen". Viele Tastaturen nutzen die „Rubber-Dome-Technik": Unter den Tasten sind leitfähige Noppen aus Gummi. Die Tastaturen sind sehr flach und leise. Andere Tastaturen haben Taster mit Spiralfeder, z. B. von Cherry. Solche Tastaturen sind langlebiger und werden von Vielschreibern und Spielern bevorzugt. Man braucht weniger Kraft zum Drücken der Tasten, das Handgelenk ermüdet weniger. Vor dem Kauf sollten Sie den Widerstand der Tasten beim Drücken, den Tastenweg und das Geräusch beim Betätigen („Klappern") ausprobieren. Manche Tasten („<", „+", „Entf" und andere) befinden sich nicht auf allen Tastaturen an der gleichen Stelle, was sehr störend sein kann, wenn Sie an eine bestimmte Tastenbelegung gewöhnt sind.

Bild 7.1: Schick, aber nicht ergonomisch. Jeder 5. bis 10. Tastendruck ergibt zwei oder gar kein Zeichen. Das nervt!

7.1.5 Tastatur und Maus für Tablet und Smartphone

Wer ein Tablet oder Smartphone intensiv nutzen möchte, vermisst häufig Tastatur und Maus. Doch viele Android-Mobilgeräte sind USB-kompatibel. Zwei Voraussetzungen müssen erfüllt sein: Der Chipsatz des Mobilgerätes muss USB OTG (On-the-go) unterstützen. Etwa ab 2012 ist das bei den meisten Geräten der Fall. Zweitens muss USB OTG vom Betriebssystem unterstützt werden. Das ist ab Android 3.1 der Fall. Sie können beide Voraussetzungen mit der kostenlosen App „USB-OTG-Checker" überprüfen. Bei älteren Geräten hilft eventuell ein Firmware-Update.

Ein spezielles USB-OTG-Adapterkabel oder ein USB-OTG-Adapterstecker wird benötigt, mit einem Micro- oder Mini-USB-Stecker an einem Ende und am anderen Ende mit einer USB-Buchse, in die jede USB-Maus oder -Tastatur hineinpasst. Sogar USB-Speichersticks und Kameras mit USB-Speicher funktionieren fast immer. Mit einem USB-Hub können Sie Maus, Tastatur und weitere Geräte gleichzeitig anschließen. Alle angesteckten Geräte werden vom Akku des Mobilgerätes mit Energie versorgt, was dessen Betriebsdauer etwas verkürzt. Ein aktives Hub schont den Akku des Mobilgerätes. Das Problem: Viele Mobilgeräte haben nur eine einzige USB-Buchse, deshalb kann das Ladegerät nicht gleichzeitig angesteckt werden.

Die Bedienung mit der Maus ist intuitiv, allerdings funktioniert die rechte Maustaste wie die linke oder sie wird ignoriert. Sobald eine Tastatur angesteckt ist, erscheint die Bildschirmtastatur nicht mehr. Damit hat man ein Sonderzeichenproblem: Die US-englische Belegung wird erwartet. Verwenden Sie je nach Tastatur und Smartphone die Tabelle 7.1 oder 7.2, um die Sonderzeichen zu finden.

tippe	Z	Y	;	:	'	"	[	}	]	}	\	-	?	=	+
erhalte	Y	Z	ö	Ö	ä	Ä	ü	Ü	+	*	#	ß	_	'	`

Tab. 7.1: Deutsche Sonderzeichen auf einer englischen Tastatur, Variante 1

tippe	z	y	;	:	_	-	<	>	"	§	&	/	(	)	=	ß	?	´	`	ü	Ü	ö	Ö	ä	Ä	+	*	#	'
erhalte	y	z	<	>	?	/	\			@	#	^	&	*	(	)	-	_	=	+	[	{	;	:	'	"	]	}	\		

Tab. 7.2: Deutsche Sonderzeichen auf einer englischen Tastatur, Variante 2

Vielleicht sollten Sie Tastaturaufkleber kaufen, um die entsprechenden Tasten passend zu beschriften. Die gibt es z. B. unter „Computer & Zubehör" bei Amazon.de für vier Euro.

7.1.6 Schutz und Reinigung der Tastatur

Wenn Sie Ihre Tastatur bei Nichtbenutzung vor Staub und Getränken schützen wollen, brauchen Sie dafür keine Tastaturabdeckung kaufen. Legen Sie die Tastatur einfach mit den Tasten nach unten auf den Tisch. Bei einem Notebook könnten Sie auf die Idee kommen, nach jeder Benutzung den Deckel zu schließen. Tun Sie das möglichst selten – die Deckelscharniere sind empfindlich, geradezu eine Sollbruchstelle.

Auf Computertastatur und Maus können hundert mal mehr Bakterien und Keime zu finden sein wie auf einem Toilettensitz. Hauptursachen: Verzicht auf das Händewaschen nach der Toilette und Essen bzw. Naschen am PC. Krümel, Haare und Schweißrückstände sind ein prima Nährboden für Keime.

Wie kann man eine Tastatur reinigen? Tastatur mit den Tasten nach unten leicht auf den Tisch klopfen. In die Ritzen blasen ist hilfreich, ein (gebrauchter) gelber Klebezettel ist hilfreich, ein Pinsel ist besser, ein wenig Druckluft ist prima. Eine Druckluftdose kostet vier Euro. Vorsicht: Ein Staubsauger könnte die Tasten abreißen! Alkohol tötet Bakterien: Wickeln Sie ein alkoholisiertes Reinigungstuch um die EC-Karte und ziehen Sie diese durch die Ritzen. Ein Tipp für Brillenträger: Nach jeder Brillenreinigung kann man mit dem Reinigungstuch noch ein paar Tasten abwischen. Falls Sie Desinfektionsmittel aufsprühen wollen: Vorsicht! Bei manchen Tastaturen (vor allem bei Notebooks) ist die Elektronikplatine unter den Tasten nicht vor Feuchtigkeit geschützt. Die Elektronik darf nicht feucht werden, sonst könnte die Platine aufquellen oder es könnte Kurzschlüsse geben.

Bevor Sie ein „Tastaturreinigungsset" für zehn Euro kaufen, bedenken Sie: eine einfache Tastatur gibt es schon für zehn Euro zu kaufen.

7.1.7 Notlösungen

Sie sitzen an einer wichtigen Arbeit und die Tastatur ist kaputt? Wenn eine nur selten gebrauchte Taste klemmt: Halten Sie die Alt-Taste gedrückt, tippen Sie auf dem Ziffernblock den ASCII-Code des Zeichens ein (siehe Tabelle 1.4) und lassen Sie die Alt-Taste los. Alt-6-5 beispielsweise ergibt „A". Die bessere Lösung für jede Windows-Version: Unter „Zubehör" → „Eingabehilfen" finden Sie die Bildschirmtastatur. Sie können auch „OSK" (**O**n **S**creen **K**eyboard) an der Eingabeaufforderung eintippen. Falls diese Tasten nicht funktionieren, hier der ASCII-Code von OSK: 79, 83, 75.

7.2 Maus

7.2.1 Arten von Mäusen

Die mechanische Maus, engl. „Mouse"

Eine gummierte Kugel rollt auf der Tischplatte. Im Inneren der Maus wird die Kugel gegen zwei rechtwinklig zueinander angeordnete Walzen gedrückt und dreht diese mit. Auf die Walzen sind Zahnscheiben aufgesetzt. Ein Zähler registriert, wie viele dieser Zähne sich an der Lichtschranke vorbeidrehen.

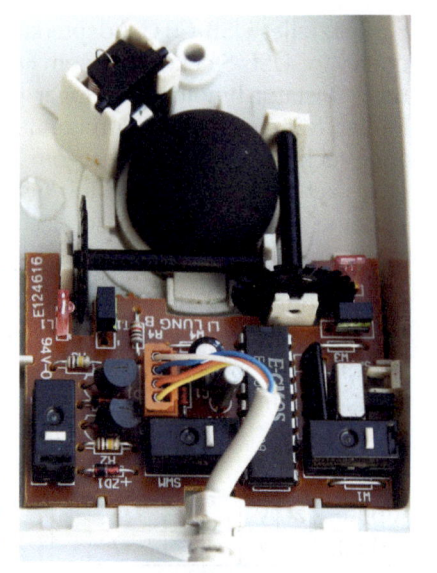

Die optische Maus

Eine Leuchtdiode beleuchtet die Tischplatte und ein Foto-Chip (ähnlich wie in einer Digitalkamera) fotografiert alle paar Millisekunden die Tischplatte. Ein Programm vergleicht aufeinanderfolgende Fotos und ermittelt daraus, ob und wie weit die Maus bewegt worden ist.

Bild 7.2: Mechanische Maus (veraltet)

Die optische Maus hat ohne mechanisch bewegte Teile eine hohe Lebensdauer. Es gibt einige Besonderheiten:

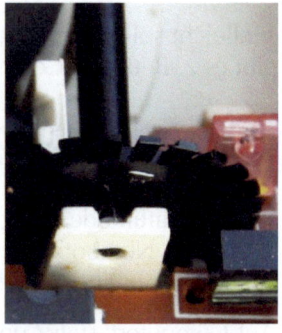

- Wegen des ständigen Stromverbrauchs zur Beleuchtung der Unterlage sind manche optischen Mäuse für Notebooks nur bedingt geeignet. Es gibt spezielle stromsparende Mäuse für Notebooks.
- Einige Mäuse schalten in längeren Arbeitspausen die Elektronik ab, um Strom zu sparen. Um die Maus aufzuwecken, muss man eine Maustaste oder – bei manchen Mäusen – das Mausrad drücken. Es kann äußerst nervig sein, wenn die Maus nicht reagiert, bis einem einfällt, dass sie noch aufgeweckt werden muss.
- Drahtlose Mäuse ohne Akkus brauchen alle paar Monate neue Batterien, das verursacht regelmäßige Kosten und Ärger (wer hat schon immer die richtige Sorte Ersatzbatterien im Haus). Logitech und einige andere Hersteller bieten Mäuse mit eingebautem Akku an. Legt man die Maus nach der Arbeit in die Ladestation, wird der Akku aufgeladen.

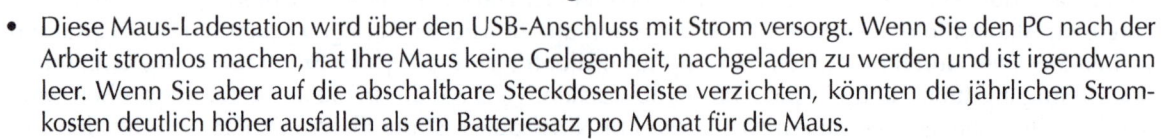

Bild 7.3: Mechanische Maus im Detail: Kugel, Walze mit Zahnscheibe und Lichtschranke

- Diese Maus-Ladestation wird über den USB-Anschluss mit Strom versorgt. Wenn Sie den PC nach der Arbeit stromlos machen, hat Ihre Maus keine Gelegenheit, nachgeladen zu werden und ist irgendwann leer. Wenn Sie aber auf die abschaltbare Steckdosenleiste verzichten, könnten die jährlichen Stromkosten deutlich höher ausfallen als ein Batteriesatz pro Monat für die Maus.

Auf Glasplatten, durchsichtigen Schreibtischunterlagen und extrem reflektierenden Flächen funktionieren „gewöhnliche" optische Mäuse nicht. Notfalls bleibt Ihnen nichts anderes übrig, als ein Blatt weißes Papier unter die Maus zu legen. Manchmal gibt es auch Probleme mit dunkel furnierten Tischplatten, Karopapier, Schreibtischkalenderunterlagen und manchen anderen gemusterten oder glänzenden Oberflächen. Bei Mäusen mit Laserabtastung sind solche Probleme seltener. Eine neue Technologie von Logitech heißt „Darkfield" und kommt auch mit Glastischen und lackierten Schreibtischen klar.

Auch ein Mousepad kann hilfreich sein. Ein hartes Mousepad erleichtert schnelle Bewegungen bei Spielen durch die glatte Oberfläche. Ein weiches Mousepad verursacht höhere Reibung: Große Bewegungen werden

EINGABE

langsamer, andererseits werden kleine Bewegungen präziser. Weil die Hand weich aufliegt, ermüdet sie weniger. Nachteilig bei jeder Art Mousepad ist deren Kante, wenn die Hand darauf liegt.

Mausrad

Mit dem Rad auf der Oberseite der Maus kann man in langen Texten schnell hoch und herunter rollen. Kennen Sie übrigens die Einrastfunktion? Umschalt-Taste gedrückt halten und auf das Mausrad drücken?

Es gibt auch Mäuse, deren Rad auf seitlichen Druck reagiert. So kann man in waagerechter Richtung rollen.

Im Jahr 2008 hat die Firma Genius das „Opto-Wheel" vorgestellt. Das Rädchen auf der Maus-Oberseite ist durch einen optischen Sensor ersetzt worden. Mit einem Darüberstreichen des Fingers kann man in jeder Richtung über das Dokument rollen.

Trackball

Stellen Sie sich eine mechanische Maus vor, die „auf dem Rücken liegt", mit der Kugel nach oben. Die Kugel mit einen Durchmesser von drei bis vier Zentimetern wird mit den Fingerspitzen gedreht. Ein solcher Trackball benötigt wenig Platz auf dem Tisch und ist eine Alternative für reisende Notebookbenutzer, die das Touchpad nicht mögen. Es gibt Notebooks mit einen Trackball neben der Tastatur und sogar Mäuse mit einem zusätzlichen Trackball.

Vertikale Maus

Eine „vertikale Maus" schont das Handgelenk noch mehr als ein Trackball. So eine „Maus" ist sehr empfehlenswert, wenn Sie zu Sehnenscheidenentzündungen neigen.

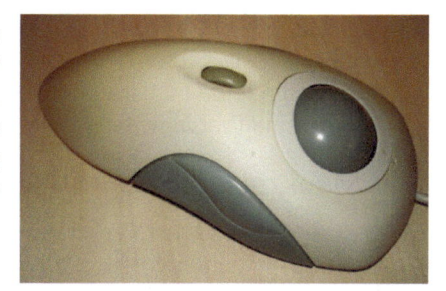

Bild 7.4: Trackball

7.2.2 Anschlüsse

Für die Maus stehen mehrere USB-Anschlüsse und manchmal auch ein PS/2 Anschluss zur Verfügung. Man kann sogar mehrere Mäuse anschließen, alle funktionieren gleichberechtigt. So kann jeder seine Lieblingsmaus benutzen. Wenn die Batterie in Ihrer kabellosen Maus leer ist, können Sie Ihre Maus mit Kabel reaktivieren.

Manchen USB-Mäusen liegt ein PS/2-Adapter bei. Tipp: Verwenden Sie diesen Adapter und stecken Sie die Maus über den Adapter an den PS/2-Anschluss, wenn die USB-Anschlüsse knapp sind.

Interessant ist die Unifying-Technologie von Logitech. Ein winziger USB-Empfänger kann die Verbindung mit bis zu sechs Mäusen oder

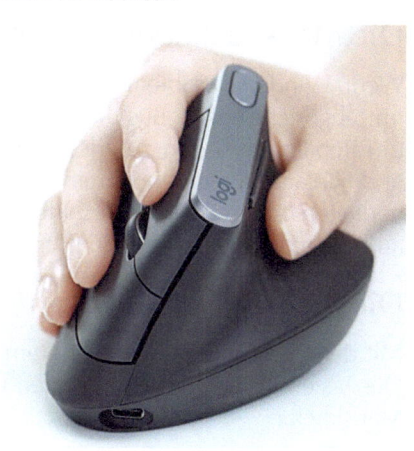

Bild 7.5: Vertikale Maus von Logitech

Tastaturen gleichzeitig halten. Die Übertragung erfolgt verschlüsselt im 2,4 GHz-Frequenzbereich. Die Technik ist stromsparend, die Batterielaufzeit kann drei Jahre erreichen. Besonders praktisch bei Notebooks: Sie können mehrere Eingabegeräte anschließen und belegen nur einen der knappen USB-Ports. Der kleine Stick kann ständig eingesteckt bleiben, ohne Schaden zu nehmen.

Es gibt immer mehr Mäuse, die ohne USB-Anschluss auskommen und sich über das heimische WLAN mit dem PC verbinden.

Funkmaus synchronisieren

Nach dem Kauf, einer Reparatur oder einem Batteriewechsel müssen Maus und Tastatur synchronisiert werden. Das bedeutet, dass beide eine unbenutzte gemeinsame Funkfrequenz suchen. Wie geht die Synchronisierung vonstatten? Lesen Sie die beiliegende Anleitung! Wenn Sie diese nicht finden, funktioniert meist das folgende Verfahren: An der Unterseite der Maus sowie am Sender-/Empfänger-Basisteil gibt es eine kleine Taste. Drücken Sie kurz nacheinander die Taste an der Maus, dann an der Basisstation und noch einmal an der Maus, und nun sollte es funktionieren. Dieser Hinweis gilt analog für kabellose Tastaturen.

7.2.3 Mögliche Probleme

Weder Funkmaus noch Funktastatur funktionieren

Das kann Ihnen passieren, wenn der Funksender gerade neu an den alten PS/2-Anschluss (siehe Bild 2.14) angesteckt wurde und die Geräte noch nicht synchronisiert sind. Windows überprüft beim Hochfahren, welche Geräte angeschlossen sind. Nicht synchronisierte Geräte gelten als nicht vorhanden. Was tun?

Synchronisieren Sie zuerst die Geräte. Doch das nützt zunächst nichts, denn Windows benutzt Geräte nicht, die beim Hochfahren noch nicht betriebsbereit waren. Drücken Sie nun kurz auf die Einschalttaste des PCs. Das ist für Windows die Aufforderung zum Notfall-Herunterfahren. Beim nächsten Start erkennt Windows, dass jetzt Eingabegeräte vorhanden sind. Nun sollten die Geräte funktionieren.

Mehrere Funkmäuse können sich gegenseitig stören

Wenn Sie mehrere PCs im selben Raum mit Funkmäusen ausstatten wollen, sollten Sie nicht mehrere Mäuse des selben Modells kaufen oder zumindest ein Rückgaberecht vereinbaren. Es ist nicht ausgeschlossen, dass alle Mäuse die selbe Funkfrequenz benutzen und sich gegenseitig stören. Bei Mäusen von verschiedenen Herstellern sind Probleme weniger wahrscheinlich, sie benutzen meist verschiedene Frequenzen.

Der Mauszeiger ruckelt

Meist ist eine überlastete CPU schuld. Auch eine schlechte Funkverbindung zur Maus kann die Ursache sein. Funkstörungen können von der Mikrowelle, dem Powerline-Adapter oder der DECT-Basisstation ausgehen. Vielleicht hilft es, wenn Sie den Mausempfänger an der Vorderseite des PC einstöpseln, näher zur Maus.

Die Maus funktioniert nicht im abgesicherten Modus

Wenn Windows Probleme hat, vor allem nach Abstürzen und bei Problemen mit Treibern, fährt Windows im „abgesicherten Modus" hoch. In diesem Modus werden nur die unverzichtbaren Standardtreiber geladen, um Reparaturarbeiten zu erleichtern. Leider betrifft das mitunter die Treiber von speziellen Funkmäusen und Funktastaturen. Ohne Treiber funktionieren weder Maus noch Tastatur. Sie können Windows nicht mehr bedienen und reparieren. Deshalb sollten Sie eine klassische Maus und Tastatur, falls vorhanden, für Notfälle aufheben. Das ist auch dann hilfreich, wenn die Batterie der Maus leer ist.

Die Maus ist kaputt

Mit der Tastenkombination Alt-Num-Rückschritttaste (Backspace) machen Sie den Ziffernblock zur Maus: Die Tasten 2, 4, 6, 8 bewegen den Cursor nach unten, links, rechts und hoch. Taste 5 ersetzt den linken Mausklick.

Sie haben eine neue Maus angesteckt und werden aufgefordert, auf „Weiter" zu klicken, um den Maustreiber zu installieren? Mit der Tabulator-Taste können Sie reihum zu jedem Button wechseln, der Mausklick wird durch die Enter-Taste ersetzt. Alt-Enter ersetzt den Klick mit der rechten Maustaste. In Options-Menüs können Sie mit den Cursortasten des Ziffernblocks navigieren und mit der Leertaste eine Option auswählen. Im Windows-Explorer wechseln Sie mit der Tab-Taste zwischen Ordner- und Dateiliste. Wenn Sie die Alt-Taste drücken, wird in der Menüzeile in jedem Wort ein Buchstabe unterstrichen. Wenn Sie den entsprechenden Buchstaben tippen, wird das zugehörige Untermenü aufgeklappt. Mit der Windows-Taste rufen Sie das Startmenü auf. Bei gedrückter Alt-Taste können Sie mit der Tabulatortaste zwischen laufenden Anwendungen wechseln. Mit Alt-F4 können Sie Programme beenden und auch Windows herunterfahren. Alles, wirklich alles, kann notfalls auch ohne Maus bedient werden – doch ich gebe zu, mit der Maus ist vieles einfacher.

Eingabe

7.3 Touchpad

So heißt die berührungsempfindliche Fläche, die vor allem bei Notebooks verwendet wird. Durch Bewegung des Fingers auf dem Touchpad wird der Mauszeiger bewegt. Statt des linken Mausklicks kann die Fläche am gewünschten Punkt angetippt werden, sogar Doppelklick ist möglich. Das Touchpad ist eine prima Erfindung, wenn man unterwegs ist und keine Tischplatte für die Maus in der Nähe ist. Für Zuhause kaufen viele Notebook-Besitzer eine konventionelle Maus, weil die Arbeit damit wesentlich schneller geht (wenn eine Tischplatte in der Nähe ist). Für Notebooks gibt es spezielle Mäuse: klein, energiesparend, mit aufrollbarem Anschlusskabel. Auch ein Trackball kann als Ersatz für das Touchpad dienen.

IBM hat in einige „Thinkpad"-Notebooks eine zusätzliche Zeigersteuerung eingebaut. Ein „Trackpoint" ist ein kleiner Steuerknüppel, mitten in der Tastatur angeordnet. Drückt man seitlich gegen diesen Stick, bewegt sich der Mauszeiger in die gewünschte Richtung.

Bild 7.6: IBM Thinkpad R5 mit Touchpad und rotem „Steuerknüppel" zwischen den Tasten G, H und B

7.4 Touchscreen

7.4.1 Verwendung

Ein Touchscreen, Tastschirm bzw. Sensorbildschirm ist eine Kombination von Ein- und Ausgabegerät. Berührt man einen solchen Bildschirm mit dem Finger oder einem Stift, kann der Computer die Koordinaten des Berührungspunktes ermitteln. Dadurch wird eine weitgehend intuitive Steuerung des Computers möglich.

Bei kleinen mobilen Geräten wie iPad, Smartphones, Navis und Tablet-PCs ist eine andere Bedienung als mit Touchscreen kaum vorstellbar. Eine Bildschirmtastatur (engl.: **O**n **S**creen **K**eyboard) wird bei Bedarf eingeblendet. Unter Windows 10 finden Sie diese Tastatur unter „Start" → „Einstellungen" → „Erleichterte Bedienung" oder Sie tippen „OSK" an der Eingabeaufforderung ein.

Solche Bildschirme werden seit vielen Jahren in Fahrkarten- und Bankautomaten verwendet. In industriellen Anwendungen ist von Vorteil, dass sie weniger störungsanfällig und schmutzempfindlich sind als Tastaturen. Berührungsempfindliche Bildschirme für den PC sind selten, lediglich ein wachsender Teil der Notebooks ist seit Windows 8 oder 10 mit Touchscreen ausgestattet.

7.4.2 Technologien

Systeme, die mehrere Berührungen gleichzeitig erlauben, heißen „Multitouch". Mit zwei Fingern kann man beispielsweise angezeigte Elemente drehen oder vergrößern.

Wie funktioniert ein Touchscreen? Von mehreren Verfahren werden hier einige genannt:

- Die ersten Touchscreens gab es schon vor 30 Jahren: Vor einem Röhrenbildschirm waren Lichtschranken angebracht. Die Genauigkeit erreichte damals zwar nur fünf Millimeter, doch zum Zeigen auf eine größere Schaltfläche reichte das völlig aus. Nachfolger dieser optischen Touchscreens findet man in Kiosksystemen, Fahrkarten- und Bankautomaten, beim Kindle Touch und dem Tolino Shine.
- Analoge Resistive Touchscreens bestehen aus einer inneren Glasscheibe und einer flexiblen äußeren Scheibe, z. B. einer dünnen Polyesterscheibe. Die Scheiben berühren sich nicht und werden durch mikroskopische Abstandshalter (engl. Spacer Dots) getrennt. Die inneren, einander zugewandten Seiten sind mit einem lichtdurchlässigen Widerstandsmaterial beschichtet. Die Polyesterschicht biegt sich durch, wenn man auf den Bildschirm drückt, und berührt die Gegenseite. Je nach Berührungspunkt wird ein unterschiedlicher Widerstand gemessen. Daraus wird die Position der Berührung berechnet.

    Vorteile: Resistive Touchscreens arbeiten sehr genau und lassen sich auch mit einem Handschuh oder einem Stift bedienen. Sie sind im hellen Sonnenschein besser zu erkennen als kapazitive Touchscreens.

Nachteile: Bei häufigem Gebrauch verändern sich die Widerstandsschichten durch den Druck und die Genauigkeit lässt nach. Die Polyester-Oberfläche ist mechanisch empfindlich und verkratzt leicht. Multitouch funktioniert nur mit maximal zwei Fingern.

- Die meisten Smartphones und Tablets haben kapazitive Touchscreens (**P**rojected **C**apacitive **T**echnology). Bei dieser Technologie sind isolierte leitfähige Streifen über Kreuz angeordnet und bilden an jedem Kreuzungspunkt einen Kondensator. Berührt man einen Kreuzungspunkt, ändert sich durch die Nähe des Fingers die Kapazität des Kondensators, was man messen kann. Je feiner das Gitter, desto höher die Genauigkeit. Die Oberfläche darf flexibel sein – muss es aber nicht.

  Vorteile: Diese Touchscreens sind sehr robust, die Glasoberfläche ist so gut wie verschleißfrei. Mehr als zwei Finger können erkannt werden.

  Nachteile: Bei grimmiger Kälte sind sie nicht so toll. Sie funktionieren nicht, wenn die Finger in einem Handschuh stecken. Im Fachhandel gibt es für etwa 30 Euro Spezialhandschuhe mit leitfähigen Fingerspitzen sowie Spezialstifte.

- Induktive Touchscreens arbeiten mit Magnetfeldern. Ein spezieller Eingabestift (mit einer Spule darin) wird benötigt. Diese Technik wurde von den Grafiktabletts übernommen (siehe zwei Seiten weiter).

  Vorteil: Die Oberfläche ist robust.

  Großer Vorteil: Das Gerät wird durch einen aufliegenden Handballen nicht irritiert, was beim Schreiben und Malen sehr vorteilhaft ist. Einige Geräte erkennen sogar die Neigung des Stiftes.

  Nachteile: Genau wie bei den Grafiktabletts funktioniert es nur mit speziellen Eingabestiften (mit einer integrierten Spule). Es wird relativ viel Strom benötigt, für Smartphones sind diese Displays deshalb kaum geeignet, doch in einigen höherwertigen Tablets werden sie verwendet.

- Die Oberflächenwellen-Technologie (engl. **S**urface **A**coustic **W**ave, SAW) arbeitet mit Ultraschallwellen, die horizontal und vertikal in eine Glasplatte eingespeist werden. Auf der jeweils gegenüberliegenden Seite treffen die Schallwellen auf einen Sensor. Bei Berührung der Glasplatte mit dem Finger wird ein Teil der Wellen absorbiert. Die Koordinaten des Berührungspunktes werden durch Messung der Laufzeit der Wellen bis zur Absorption berechnet. Die Stärke des Fingerdruckes wird über den Grad der Absorption gemessen.

  Diese Technologie ist noch recht teuer, aber sehr präzise und robust. Gehärtetes Glas mit bis zu 6 mm Dicke schützt zuverlässig vor Vandalismus.

- Die Dispersive Signal Technologie erkennt die Vibrationen, die bei Berührung des Displays entstehen. Die Vibrationsenergie wird von Sensoren gemessen, die sich in jeder Ecke des Touchscreens befinden.

- Bei der Technologie „Frustrated Total Internal Reflection" sind Infrarot-LEDs an der Seite einer Acrylglasscheibe angeordnet. Das Licht wird an den Wänden der Scheibe reflektiert und bleibt innerhalb der Scheibe. Doch wo Druck auf die Scheibe erfolgt, ändern sich deren optische Eigenschaften und das Licht wird aus der Scheibe herausgelenkt. Unter der Scheibe sind Infrarot-Sensoren, die das Licht auswerten und die Fingerposition(en) weitermelden.

Weitere Verfahren (Angulation sowie DiamondTouch) sind für tischgroße Displays geeignet und werden hier nicht betrachtet. Teilweise werden mehrere Verfahren auf einem Display kombiniert: Beim Samsung Galaxy Note wird die kapazitive Technik für die Eingabe mit den Fingerspitzen verwendet. Wenn man den S-Pen benutzt, hat dieser Priorität. Auch beim Microsoft Surface Pro hat der Stift Priorität, damit man ungestört schreiben kann.

Im Jahr 2010 wurden ein experimentelles Ultraschall-Smartphone auf einer Messe gezeigt. Im Gehäuse waren rund um das Display Ultraschall-Lautsprecher und -Mikrofone angeordnet. Damit kann die Umgebung beobachtet werden, wie es die Fledermäuse machen. Auf eine Entfernung bis zu einem halben Meter ist damit die Gestensteuerung möglich.

7.4.3 Ergonomie bei Notebooks und Tablets

In den neunziger Jahren, als der Masseneinsatz von Computern begann, wurden zahlreiche „computerbasierte Krankheiten" diagnostiziert und teils als Berufskrankheiten anerkannt. Es gibt gesetzliche Vorgaben für Bildschirmarbeitsplätze und Arbeitsschutznormen für stationäre Computer. Doch für mobile Geräte fehlen Vorgaben und Empfehlungen weitgehend.

Die Oberkante des Bildschirms sollte sich unterhalb der Augenhöhe befinden und die Oberfläche senkrecht zur Blickrichtung. Wenn Sie Notebook oder Tablet auf dem Schoß betreiben, werden die Muskeln der Halswirbelsäule überdehnt. Nacken und Wirbelsäule reagieren höchst empfindlich auf Fehlhaltungen. Quetschungen und Überdehnungen der durch die Wirbelsäule laufenden Nerven können die Folge sein.

Wenn Sie Ihr Mobilgerät unbedingt auf dem Sofa oder im Bett benutzen wollen, sollten Sie dabei zumindest nicht auf der Seite liegen und alle zehn Minuten eine Pause machen.

Ein Touchscreen oder ein Touchpad sollte zur Bedienung waagerecht liegen oder maximal 30 Grad geneigt sein. Die Handgelenke und Ellenbogen sollten auf dem Tisch aufliegen können. Andernfalls drohen zwei Arten gesundheitlicher Schäden:

- Um den oberen Teil des Touchscreens zu erreichen, muss der Arm oder zumindest der Unterarm angehoben werden. Das erschöpft die großen Armmuskeln sehr schnell.
- Um auf einem (fast) senkrecht stehenden Touchscreen eine „Taste" zu drücken, muss das Handgelenk nach oben angewinkelt werden (Dorsalflexion). In dieser angewinkelten Stellung können schnelle Multitouch-Gesten zu Verletzungen führen. Das Risiko von „Karpaltunnelverletzungen" ist groß.

Weil sich bei den meisten Notebooks Tastatur und Display nicht trennen lassen, sind entweder Tastatur oder Display stets ungünstig positioniert. Wenn Sie intensiv mit einem Notebook arbeiten, sollten Sie

- entweder einen externen Monitor für das Notebook anschaffen, siehe 6.1.4 Ergonomie (Bildschirm), um augen- und genickschonend zu arbeiten (für die Muskeln des Genicks ist es eine anstrengende Arbeit, den schweren Kopf zu halten, wenn Sie ihn für den Blick auf Tablet oder Smartphone langandauernd nach unten neigen),
- oder eine externe Tastatur und Maus anschließen, siehe 7.1.4 Ergonomie (Tastatur), und Sie sollten das Notebook hochstellen (auf einen Bücherstapel), damit es sich in einer augenfreundlichen Höhe befindet,
- und statt mit Touchpad oder Touchscreen lieber mit einer Maus arbeiten.

Am besten setzen Sie alle drei Empfehlungen um. Und wenn Sie ein Tablet intensiv nutzen, sollten Sie ebenfalls über Zusatzgeräte nachdenken.

Speziell für Vielreisende gibt es kleine und leichte Tastaturen (nur 170 Gramm!).

Bei den mechanischen Tasten einer Tastatur spüren es die Finger durch den Widerstand oder den Druckpunkt, wenn die Taste weit genug gedrückt ist. Bei den virtuellen Tastaturen fehlt dieses taktile Feedback: der Finger spürt nicht, ob er die Taste stark genug gedrückt ist. Messungen ergaben, dass der Finger bis zu acht mal stärker auf das Bild der Taste drückt, was die Muskeln vom Finger bis zum Unterarm anstrengt.

Es gibt eine Hilfe: Konfiguriert man einen Klicklaut beim Drücken einer Taste, ersetzt dies das fehlende taktile Feedback wenigstens zum Teil. Vorausgesetzt, man hört das Klicken, wenn es laut ist. Vorausgesetzt, Sie müssen das Klicken nicht abschalten, weil es in einer leisen Umgebung von den Mitmenschen als störend empfunden wird. Wenn Sie viel schreiben müssen, sollten Sie sich eine externe Tastatur anschaffen, vielleicht mit Bluetooth-Interface.

Ob Augen, Genick, Handgelenk oder Mausarm: Die meisten Beschwerden lassen sich kaum behandeln und nicht restlos heilen. Ich nehme an, auch Sie wenden viel Zeit und Geld auf, um sich gesundheitsbewusst zu bewegen und zu ernähren. Sparen Sie nicht an Aufmerksamkeit und den paar Euro, um computerbedingten Gesundheitsschäden vorzubeugen!

Eingabe

7.5 Grafiktablett

Ein Grafiktablett ist ein Zeigegerät für Computereingaben. Die Spitze eines stiftförmigen Sensors wird über eine Platte bewegt. In der Platte befindet sich ein Gitternetz aus Sensordrähten. Der Stift sendet Daten über seine Position und den ausgeübten Druck an das Tablett; die so gewonnenen Bewegungsdaten werden vom Grafiktablett an den Computer übermittelt.

Grafiktabletts haben eine sehr viel höhere Auflösung als Touchscreens. Der Stift muss die Oberfläche nicht berühren, man kann beispielsweise eine Zeichnung auf das Tablett legen und durchpausen.

Haben Sie schon einmal versucht, mit der Maus Ihren Namen zu schreiben? Es ist schwierig. Mit einem Stift zu malen, zu schreiben oder Linien zu ziehen ist einfacher und viel genauer als mit einer Maus. Deshalb werden Grafiktabletts vor allem bei der digitalen Bildbearbeitung, beim Zeichnen und in der Videobearbeitung eingesetzt. Einfache Tablets gibt es schon ab 40 Euro.

Bild 7.7: Grafiktablett mit Stift, Maus zum Vergleich

7.6 Scanner

Der Name kommt vom englischen „to scan" = abtasten. Ein Dokument wird von Sensoren abgetastet, die Daten werden digitalisiert und an den PC gesendet. Dieser kann ein Abbild des Dokuments anfertigen und das Dokument auf dem Bildschirm anzeigen oder es speichern.

Die meistverkauften Scanner sind Flachbettscanner für Dokumente in Größe DIN A4, die auch in vielen Kombi-Druckern eingebaut sind. Sie erfassen die Bilddaten nicht anders als Kopierer. Die Vorlage wird mit der zu erfassenden Seite nach unten auf eine Glasplatte gelegt. Ein Deckel wird darüber geklappt, damit die Vorlage angepresst wird und damit das Ergebnis nicht durch Nebenlicht verfälscht wird. Dann wandert eine Sensorzeile unter der Glasplatte langsam und gleichmäßig unter dem Dokument hindurch. Eine Lichtquelle beleuchtet die Vorlage, und das reflektierte Licht wird über eine Stablinse an die Sensoren geleitet. Die gemessene Helligkeit wird Pixel für Pixel digitalisiert.

Für farbige Scans benötigt man drei parallele Sensorzeilen mit vorgesetzten Farbfiltern. Billigere Geräte kommen mit einer Sensorzeile aus, müssen aber die Vorlage in drei Durchläufen scannen.

Es gibt jede Menge Spezialausführungen: Scanner für Dias, für Bücher, mit Stapeleinzug und Durchlicht-Scanner.

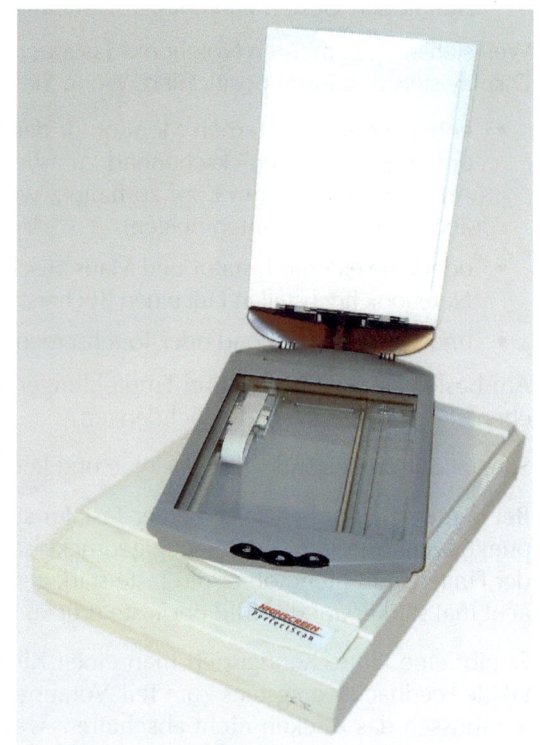

Bild 7.8: Zwei Flachbettscanner

Bild 7.9: Sensorzeile eines Scanners

Eingabe

Bei den Fotosensoren gibt es drei Verfahren.

- Ein Laserstrahl wird über ein kompliziertes Spiegelsystem im Zickzack über jeden Punkt der Vorlage geführt. Das reflektierte Licht wird ausgewertet. Die Qualität ist hervorragend, aber für private Anwender viel zu teuer in Anschaffung und Wartung.
- CIS (Contact Image Sensor) benötigt nahezu direkten Kontakt zur Vorlage – daher die Namensgebung. Die Sensoren bestehen aus einigen tausend lichtempfindlichen Punkten in einer Reihe. Über jedem dieser Punkte befindet sich eine relativ simple Kunststofflinse. Zur Beleuchtung der Vorlage sind neben den Sensoren LEDs in den Grundfarben Rot, Grün und Blau angebracht. CIS-Scanner sind preiswert, ermöglichen eine geringe Bauhöhe und benötigen wenig Strom. Dadurch wurde die Fertigung von Scannern möglich, die mit dem Strom aus einem USB-Anschluss auskommen.
- In einem CCD-Scanner (Charge-Coupled-Device) wird das von der Vorlage reflektierte Licht von Prismen in die Grundfarben zerlegt und von Linsen auf die Sensoren gerichtet. Für jede Farbe gibt es eine eigene Sensorzeile, die aus einer großen Menge lichtempfindlicher Kondensatoren besteht. In Faxgeräten und Scannern sind sie in Papierbreite in einer Linie angeordnet (Zeilensensoren). Für digitale Foto- und Videokameras werden sie in großer Zahl im Rechteck angeordnet (Flächensensoren).

CIS-Sensoren, wie sie in fast allen Multifunktionsgeräten und preiswerten Scannern verwendet werden, haben eine geringe Schärfentiefe. Das bedeutet: Die Abbildung wird unscharf, wenn die Vorlage nicht ganz flach aufliegt. Zeitschriften und vor allem Bücher werden deshalb am Rand unscharf. CCD-Sensoren haben durch ihre Bauart eine hohe Tiefenschärfe, sie werden aber nur in hochwertigen Scannern (etwa ab einem Kaufpreis von 150 Euro) eingebaut. Damit gelingt auch das Scannen von Diapositiven.

7.7 Joystick

Joysticks (von englisch joy = „Freude" und stick = „Stock") sind in der Technik weit verbreitet. Mit ihnen werden Flugzeuge, Waffen, Bagger, Landmaschinen und andere Fahrzeuge gesteuert.

Joysticks als Zubehör für Computer und Spielkonsolen werden ähnlich verwendet. Man steuert mit ihnen Fahrzeuge und Personen im Spielgeschehen. Meist gibt es zwei Achsen, um nach links/rechts sowie oben/unten zu steuern. Digitale Joysticks übermitteln dem PC nur die Richtung der Bewegung (links, rechts, vor, zurück). Analoge Joysticks übermitteln zusätzlich, wie weit der Stick bewegt worden ist, und ermöglichen das Fahren mit verschiedenen Geschwindigkeiten. Viele neuere Joysticks sind mit „Force-Feedback" ausgestattet, wobei das Spielgeschehen (z. B. holpriges Gelände) durch Vibrieren für den Spieler fühlbar gemacht wird. Der Coolie-Hat ist eine Art Mini-Steuerknüppel am Steuerknüppel, mit dem man bei manchen Spielen einen schnellen Blick rundum werfen kann.

Joysticks kommen zugunsten von Spezialsteuerungen aus der Mode. Für Autorennen beispielsweise gibt es Eingabegeräte in Form eines Lenkrades mit Fußpedalen.

Die nebenstehenden Joystick-Anschlüsse sind an Computern kaum noch zu finden. Moderne Sticks werden an USB angeschlossen. Für den Anschluss älterer Sticks gibt es Adapter.

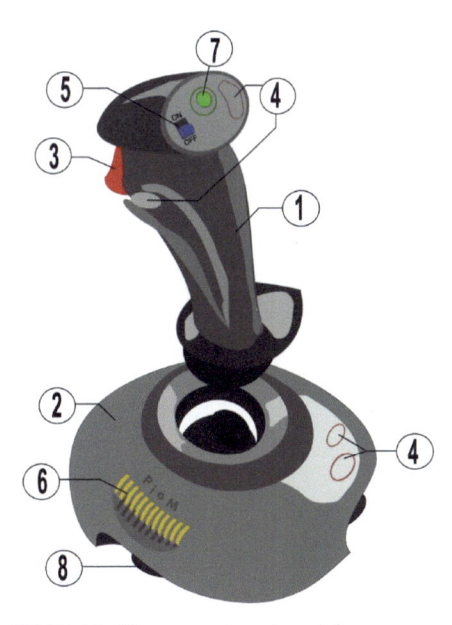

Bild 7.10: Elemente eines Joysticks:
1) Griff 2) Sockel 3) Feuerknopf
4) Zusatzknöpfe 5) Autofeuer-Schalter
6) Schubregler 7) Cooliehat 8) Saugnapf

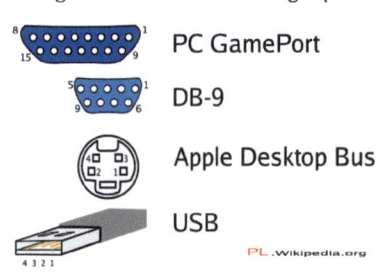

PC GamePort
DB-9
Apple Desktop Bus
USB

Bild 7.11: Es gibt unterschiedliche Anschlüsse für Joysticks

Eingabe

7.8 Gamepad

Spielkonsolen haben weder Tastatur noch Maus. Die Spiele werden mit einem Gamepad gesteuert. Viele Gamepads haben eine Vibrationsfunktion. Angeschlossen werden sie über USB, WLAN oder Bluetooth. Gamepads gibt es von vielen Herstellern. Die meisten kosten zwischen 20 und 50 Euro.

Viele Konsolenspiele gibt es auch in einer Version für den PC. Beim Anschließen eines Gamepads an den PC beachten: Meist muss der Treiber installiert werden, bevor das Gamepad erstmals angesteckt werden darf.

Bild 7.12: Gamepad der PlayStation 3

8 Netzteil, Gehäuse und Lüfter

8.1 Netzteil

8.1.1 Einleitung

Die meisten Netzteile müssen eine Gesamtleistung von 300 bis 600 Watt bereitstellen können. Die stärksten Netzteile können 1000 bis 1500 W liefern. Eine Spitzen-CPU wie die Intel i9-10990XE verheizt 380 Watt, eine gute Grafikkarte 200 bis 300 Watt. Zum Vergleich: Notebook-Netzteile liefern etwa 60 bis 85 W. Ein Bügeleisen braucht bis zu 1000 W, die Waschmaschine 2000 bis 3000 W.

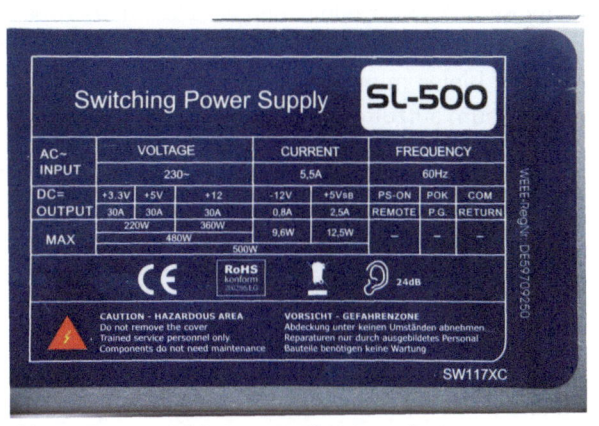

Bild 8.1: Typenschild eines 500W-Netzteils

Von der Leistung, die ein Computernetzteil bereitstellen kann, wird – grob geschätzt – durchschnittlich nur ein Viertel oder Drittel benötigt. Allerdings schwankt der Energiebedarf des PCs extrem, der Antrieb einer Magnetfestplatte beispielsweise braucht beim Anlaufen dreimal mehr Strom als im Dauerbetrieb. Das Netzteil entnimmt der Steckdose nur so viel Energie, wie gerade im PC gebraucht wird, plus den Eigenbedarf des Netzteils.

Mehr als 99 % dieser Elektroenergie werden von den PC-Komponenten in Wärme verwandelt, der Rest wird zu Schall, Licht und Elektrosmog. Prozessor, Grafikkarte, Festplatte und Chipsatz sind die größten Stromverbraucher, auch das Netzteil selbst hat einen beträchtlichen Eigenstrombedarf. Deshalb muss der PC durch Lüfter gekühlt werden.

Bild 8.2: Stromversorgung der Hauptplatine
oben: links der 4-polige Zusatzstecker für die CPU, rechts der zerlegbare 24-polige Stecker
unten: 24-polige Buchse der Hauptplatine. Zum Schutz vor Fehlbestückungen sind einige Buchsen abgeschrägt.

Ein PC-Netzteil erzeugt mehrere Betriebsspannungen:

- 12 V für CPU, Motoren und Grafikkarten,
- 5 V für allgemeine Elektronik,
- 3,3 V Rohspannung für die CPU,
- -12 V für sehr spezielle Peripheriegeräte,
- 5 V für ausgewählte Komponenten, die auch im Ruhezustand mit Energie versorgt werden müssen.

Bild 8.3: Molex 8981 Stecker für alte IDE-Laufwerke

Bild 8.4: Stromversorgung für SATA-Laufwerke

Keine der Spannungen darf mehr als 5 % vom Sollwert abweichen, obwohl der Strombedarf des Computers schnell und stark schwankt. Je nachdem welches Programm Sie gerade benutzen und was das Programm gerade tut, ändert sich in jeder Mikrosekunde mehrmals der Strombedarf. Um diese Spannungsschwankungen zu dämpfen, sind Netzteil, Hauptplatine und Steckkarten mit vielen Kondensatoren bestückt.

Hochwertige Platinen sind (komplett oder teilweise) mit „Solid Caps" ausgerüstet. So heißen die Kondensatoren mit festem Elektrolyt, die deutlich langsamer altern als herkömmliche Elektrolytkondensatoren. Siehe dazu Kapitel 12 „Warum altern PCs? Warum gehen sie kaputt?".

Bei Netzteilen sind Modelle mit Solid Caps noch selten, da dort viel höhere Spannungen beherrscht werden müssen und große Kapazitäten gebraucht werden.

8.1.2 Bauformen und Typen

Die meisten PC-Netzteile haben eine Standardgröße von etwa 15 × 15 × 10 cm, auch die Position der vier Befestigungsschrauben ist einheitlich. Hochleistungsnetzteile haben Einbautiefen von 18 und 23 cm. Einige Hersteller bieten miniaturisierte Gehäuse mit verkleinerten Netzteilen an, für die im Fehlerfall ein Ersatznetzteil kaum aufzutreiben ist.

Die Anforderungen an Netzteile entwickeln sich weiter. Die aktuelle Bauart ist ATX 2, das bedeutet „**A**dvanced **T**echnology e**X**tended". Sehr alte ATX-Netzteile und Hauptplatinen haben einen 20-poligen Steckverbinder, während neuere Netzteile einen 24-poligen Stecker haben. Viele dieser 24-poligen Stecker kann man in zwei Stecker zerlegen: 20-polig und vierpolig, so dass Sie auch die neueste Ausführung eines ATX-Netzteils an eine ältere Hauptplatine anstecken können. Umgekehrt kann man meist ein älteres Netzteil mit 20-poligem Stecker an eine Hauptplatine mit 24-poliger Buchse anschließen, vorausgesetzt die Leistung des Netzteils reicht aus und es ist nicht zu alt (die Elektrolyt-Kondensatoren im Netzteil werden recht warm und altern deshalb schnell).

Intel hat 2022 einen Standard ATX 3.0 vorgestellt. Die wichtigste Änderung: Grafikkarten werden nicht mehr mit mehreren 6- oder 8-poligen Steckern, sondern über einen 12-poligen Stecker mit bis zu 600 Watt Zusatzstrom versorgt. Außerdem kommuniziert das Netzteil über den ATX 12V Anschluss mit dem Motherboard, um im Leerlauf Strom sparen zu können.

Das Netzteil liefert fünf Spannungen – warum werden 28 Drähte benötigt, um die Hauptplatine mit Strom zu versorgen? Das Netzteil von Bild 8.1 kann auf jedem der Anschlüsse 12 V, 5 V und 3,3 V bis zu 30 Ampere liefern. Für einen einzelnen Draht wäre diese Stromstärke viel zu hoch.

Am Netzteil hängen noch viele weitere Anschlussstecker, vor allem für Lüfter, Laufwerke und Grafikkarten. Die wichtigsten sind in Bild 8.3 und 8.4 gezeigt. Wie viele Anschlussstecker von jeder Art ein Netzteil haben muss, ist nicht vorgeschrieben.

8.1.3 Luft und Lärm

An der Unterseite des Netzteils befindet sich ein Lüfter. Leistungsstärkere Netzteile haben manchmal einen zweiten Lüfter an der Rückseite. Das Netzteil saugt warme Luft aus dem Inneren des Computers an, kühlt damit sein eigenes heißes Innenleben und bläst die heiße Luft hinten aus dem Computer heraus. Kaufen Sie möglichst ein Netzteil mit einem Lüfterdurchmesser von 120 mm! Bei einer großen Ansaugöffnung kann die benötigte Luftmenge mit kleinerer Drehzahl bewegt werden. Der Lüfter läuft leiser und lebt länger.

8.1.4 Die optimale Leistung

Handelsübliche PC-Netzteile reichen von 300 bis 750 Watt. Netzteile mit hoher Spitzenleistung sind teuer in der Anschaffung, haben einen höheren Eigenstrombedarf (und verursachen dadurch höhere Energiekosten) und sind durchschnittlich lauter. Wählen Sie deshalb die Leistungsklasse nicht zu hoch. Netzteile in Büro- und Heimrechnern sind leider oft überdimensioniert. Greifen sie nur dann zu leistungsstarken Netzteilen, wenn Sie eine leistungshungrige Grafikkarte haben oder nennenswerte Nachrüstungen planen, ansonsten vergeuden Sie Energie. Achten Sie auf den Wirkungsgrad: Es gibt Stromfresser mit einem bescheidenen Wirkungsgrad von 70 %. Markennetzteile erreichen einen Wirkungsgrad von 80 % bis 96 %.

8.1.5 Ein- und Ausschalten und die Bereitschaftsspannung

Früher hatten Computer einen klobigen, anfälligen 230-Volt-Schalter an der Vorderseite (es ist nicht der kleine Netzschalter an der Rückseite gemeint). Der Starkstromschalter wurde in den 90er Jahren durch einen kleinen 5-Volt-Taster ersetzt, der mit der Hauptplatine verbunden ist. Das Ein- und Ausschalten des Netzteils wird nun von der Hauptplatine mit Niederspannung gesteuert. Das eröffnet mehrere neue Möglichkeiten, den PC einzuschalten: Durch Drücken der Einschalttaste, zeitgesteuert von der Computeruhr, über die Tastatur, durch Bewegen der Maus und durch Einschaltbefehl über das Netzwerk oder vom Modem.

Netzteil

Manche dieser Möglichkeiten müssen mit einem Jumper auf der Hauptplatine oder mit einem Eintrag im BIOS freigeschaltet werden.

Auch das Ausschalten ist auf mehrere Arten möglich: Mit Befehl über das Netzwerk, mit der Einschalt-Taste, zeitgesteuert oder per Software. So kann beispielsweise ein Administrator um Mitternacht aus der Ferne alle Computer der Firma hochfahren, auf allen PCs gleichzeitig Updates oder Installationen durchführen und sie abschließend wieder herunterfahren. Ohne diese Möglichkeit müsste er tagsüber von PC zu PC gehen und nacheinander alle Mitarbeiter auffordern, ihre Arbeit für eine Weile zu unterbrechen. Auch die Datensicherung kann vorteilhaft in der Nacht erfolgen, mit einer Stapeldatei (einer automatisch ausgeführten Folge von Befehlen der Eingabeaufforderung) und dem Scheduler (dem Windows-Zeitplaner, der Programme zum gewünschten Zeitpunkt startet) lässt sich das vollautomatisch erledigen. Sie müssen lediglich am Morgen danach das Protokoll überprüfen, ob es Probleme gegeben hat. Und an den Tagen, an denen Microsoft Updates bereitstellt, kann der Administrator diese in der Nacht installieren. Dadurch können die Mitarbeiter schon am Morgen die volle PC-Leistung nutzen und werden nicht durch Neustarts unterbrochen.

Wie funktioniert das? Das Netzteil erzeugt ständig eine Bereitschaftsspannung von 5 Volt Stand By, mit der ein Teil der Hauptplatine und alle diejenigen Geräte mit Strom versorgt werden, die einen Einschaltbefehl geben könnten: Tastatur, Maus, Netzwerkkarte und Modem. Wobei nicht alle USB-Anschlüsse mit Bereitschaftsspannung versorgt werden. Sie erkennen die versorgten Anschlüsse daran, dass die Maus und die Anzeigen der Tastatur leuchten, auch wenn der PC heruntergefahren ist. An so einem USB-Anschluss kann man den Akku einer drahtlosen Maus aufladen oder das Handy mit dem Akku des Notebooks.

Für die Energierechnung ist das nicht so toll. Ein scheinbar ausgeschalteter PC verbraucht immer noch Strom, auch die meisten Bildschirme und Drucker und manche Lautsprecher gehen in den Bereitschaftszustand und brauchen weiter Strom, wenn auch wenig. Ein durchschnittliches PC-System (mit Bildschirm, Drucker und Lautsprechern) kann durchaus auf 30 Euro Energiekosten pro Jahr kommen, obwohl es „ausgeschaltet" ist. Wenn Sie diese Kosten sparen wollen, legen Sie sich eine Steckdosenleiste mit Schalter zu. Damit können Sie PC, Monitor, Lautsprecher und weitere Geräte mit einem Handgriff vom Stromnetz trennen. Nebenbei schützen Sie Ihre Geräte: Was vom Stromnetz getrennt ist, kann nicht durch nächtliche Überspannungen im Stromnetz zerstört werden.

Bei manchen Geräten sollten Sie beim Ausschalten über eine Steckdosenleiste einige Dinge beachten:

- Das DSL-Modem oder den DSL-Router brauchen Sie nicht nur für den PC, sondern auch für das Smartphone. Falls Sie ihn doch (über Nacht) abschalten wollen, bedenken Sie: Der DSL-Router braucht einige Minuten für den Aufbau der Verbindung ins Internet (die Synchronisation). Meist dauert es nicht länger, als der PC zum Hochfahren braucht, doch in ungünstigen Gegenden können es auch 5 Minuten werden. Möglicherweise haben Sie nicht so viel Geduld. Probieren Sie es aus, ob dem DSL-Modem/Router der Strom gekappt werden darf.
- Wenn bei einem Tintendrucker eine längere Druckpause eintritt, bewegt er den Druckkopf in die Parkposition, um die Düsen zu verschließen. Dadurch wird deren Austrocknen verlangsamt. Schaltet man den Drucker über seinen eigenen Schalter aus, parkt er schnell noch den Kopf und schaltet dann erst ab. Nimmt man einem Drucker, der gerade eben noch gedruckt hat, den Strom weg, kann er die Köpfe nicht parken und die Tinte trocknet schnell ein.

Selbst wenn der letzte Druckauftrag eine Weile zurückliegt und der Drucker Zeit hatte, den Druckkopf selbstständig zu parken, drohen Mehrkosten. Wenn Sie dem Drucker den Strom wegnehmen, kann er sich nicht merken, wann das letzte Mal die Düsen gereinigt worden sind. Folglich werden nach jedem Einschalten die Düsen gereinigt. Im Laufe der Zeit wird dafür so viel Tinte verbraucht, dass es meist erheblich billiger ist, den Drucker ständig im Standby-Betrieb zu belassen.

Manche PCs besitzen an der Rückseite des Netzteils einen separaten Netzschalter. Früher war er Standard, jedoch wird gerade bei Komplett-PCs vom Discounter gerne darauf verzichtet. Wenn Sie sich keine Steckdosenleiste mit Schalter zulegen wollen, können Sie diesen Schalter an der Rückseite nutzen, um den PC komplett abzuschalten, z. B. vor dem Urlaub.

8.1.6 Überspannungsschutz

Das Netzteil kann beträchtliche Schwankungen der Versorgungsspannung verkraften. Über- oder Unterspannungen im Bereich zwischen 200 und 270 Volt sind für die meisten Netzteile überhaupt kein Problem, selbst wenn sie länger andauern. Einigen Netzteilen ist es sogar egal, ob sie an ein 110 Volt oder 230 Volt Stromnetz angeschlossen werden, manche arbeiten zwischen 80 und 280 Volt einwandfrei. Stromausfälle bis etwa eine Viertelsekunde, wie sie bei Schaltvorgängen des Energieversorgers vorkommen, werden mit der Energie überbrückt, die in Kondensatoren gespeichert ist. Die Spannungsregelstufen können viele Schwankungen ausgleichen. Sogar Überspannungsspitzen von einigen hundert Volt werden abgefangen, wenn sie nicht länger als wenige Millisekunden andauern.

Um den Computer zu schützen, sind mindestens drei Schutzschaltungen vorgeschrieben: Überspannungsschutz, Überstromschutz und Kurzschlussschutz. Oft sind zusätzliche Schutzschaltungen gegen Überlastung, Unterspannung und Übertemperatur vorhanden. Thyristorenschalter sind der letzte Schutzwall. Ein Thyristor ist ein Halbleiterschalter, der eine Stromquelle schlagartig kurzschließen kann. Sobald eine der Spannungen des Netzteils den Toleranzbereich verlässt, werden von den Thyristoren alle Spannungen gleichzeitig kurzgeschlossen. Theoretisch kann der PC sogar den „Todeskampf" des Netzteils überleben, und bei Markennetzteilen klappt das auch praktisch. Leider ist die Thyristorstufe nicht in allen Netzteilen vorhanden.

Einen Blitzeinschlag in der Nähe hält allerdings kaum ein Netzteil aus. Ein zusätzlicher Schutz ist sinnvoll. Überspannungsschutzschaltungen gibt es integriert in eine Steckerleiste oder als separaten Zwischenstecker. Die einfachen Ausführungen (etwa 10 Euro) schützen nur vor den höheren Überspannungen. Die Exemplare ab 30 Euro schützen auch vor kleineren Überspannungen, die aufgrund ihrer Häufigkeit gefährlich sind.

Generell ist es eine gute Idee, vor einem Gewitter und vor dem Urlaub die Stecker zu ziehen. Abschalten schützt vor Überspannungen auf der Stromleitung, das Herausziehen des Steckers schützt zusätzlich vor Überspannungen auf dem Schutzleiter, wie sie bei Blitzeinschlägen in unmittelbarer Nachbarschaft vorkommen können. Vergessen Sie nicht, den DSL-Stecker zu ziehen: Auch wenn die Telefonleitung unterirdisch ins Haus führt, kann ein Blitzschlag auf den Leitungen im Haus eine hohe Spannung erzeugen, die auf die Telefonleitung überspringen kann.

8.1.7 Unterbrechungsfreie Stromversorgungen

Server und andere wichtige Computer können mit einer „**U**nterbrechungsfreien **S**trom**v**ersorgung" vor Stromausfällen und Spannungsschwankungen geschützt werden. Eine USV erzeugt 230 Volt aus der Energie ihrer Akkus und kann für etwa 10 Minuten (je nach Akkukapazität auch länger) die Versorgung übernehmen. Eine einfache USV kostet weniger als hundert Euro. Mehr dazu ist auf `eifert.net/hwups` zu finden.

8.1.8 Reparaturen

Sie haben den Verdacht, dass Ihr Netzteil nicht in Ordnung ist?

Versuchen Sie nicht, ein defektes Netzteil zu reparieren!

- Es gibt im Netzteil keine Schmelzsicherung, die Sie austauschen könnten. Wenn es eine solche gäbe, wäre sie von außen zugängig.
- Die Kondensatoren im Netzteil können noch mehrere Stunden nach dem Ausschalten unter einer Spannung von mehreren hundert Volt stehen!
- Es besteht das Risiko, dass nach der Reparatur das PC-Gehäuse unter Spannung steht.
- Die Versorgungsspannungen dürfen nur wenige Prozent von den Nennspannungen abweichen, sonst kann die Elektronik durchbrennen. Am Netzteil zu sparen und dabei Hauptplatine, Prozessor, Grafikkarte und Laufwerke zu riskieren, ist nicht sinnvoll.

Für die meisten PCs genügt ein Netzteil mit 400 Watt Leistung, das 40 Euro oder etwas mehr kostet. In einer Fachwerkstatt sollte der Einbau nur selten länger als 20 Minuten dauern.

Gehäuse

8.2 Gehäuse für Desktop-PCs

8.2.1 Was ist eigentlich ein „Desktop-PC"?

Im Jahr 1981 war der IBM-PC der erste massenhaft hergestellte Computer, der für geschäftliche Nutzung geeignet war. Er war so klein, dass er auf dem Schreibtisch Platz hatte: „Desk" ist der Schreibtisch, „top" bezeichnet die Oberseite. Ein Desktop-PC ist also ein Arbeitsplatzrechner, der auf dem Schreibtisch Platz finden kann. Bis dahin hatten „kleine" Computer die Größe eines Kühlschranks oder einer Schrankwand.

Beim heutigen Gebrauch des Begriffs „Desktop-PC" unterscheidet man nicht mehr, ob der PC auf, unter oder neben dem Arbeitsplatz steht und welche Form sein Gehäuse hat. Es wird auch nicht zwischen Büro-Computern oder Consumer-PCs unterschieden. Entscheidend ist, dass sich der PC am Arbeitsplatz befindet. Weiterhin sind Desktop-PCs modular aufgebaut, Komponenten können ausgetauscht und flexibel kombiniert werden. Und weil sie leicht geöffnet werden können, sind Umbauten und Reparaturen leicht möglich. Übrigens wird mit „Desktop" auch die Benutzeroberfläche von grafischen Betriebssystemen bezeichnet.

8.2.2 Standardgehäuse

Die Wahl eines geeigneten Gehäuses entscheidet mit über Lebensdauer, Zuverlässigkeit und den Geräuschpegel Ihres Computers. Das Gehäuse ist nicht nur ein Stück Blech. Sogar die Dicke des Bleches ist wichtig: Dünne Bleche neigen mehr zu Vibrationen.

Nach der Bauhöhe unterscheidet man Mini-, Midi-, Desktop- und Big-Tower-Gehäuse. Alle haben etwa die gleiche Grundfläche: sie sind 19 cm breit und 42 bis 45 cm tief. Planen Sie 6 cm hinter dem PC für Kabel und 13 cm vor dem PC für die Schublade des CD/DVD/BD Laufwerks.

- Midi-Tower: Die meisten PCs haben ein Midi-Tower-Gehäuse. Es hat vier Einbauplätze für DVD und andere große Laufwerke und Zubehör, was eine typische Höhe von 42 cm ergibt.
- Mini-Tower: Sie sind mit etwa 34 cm Höhe etwas niedriger als Midi-Tower, denn sie haben nur zwei Einbauplätze für DVD o. ä.. Das schränkt die Erweiterungsmöglichkeiten ein. Es kommen ständig neues Zubehör und neue Geräte auf den Markt, von denen manche einen großen Einbauplatz erfordern.

    Achten Sie darauf, dass über dem Brenner sowie über und unter der Festplatte jeweils ein Slot frei bleibt. Das verbessert die Wärmeableitung.

- Desktop-Gehäuse: Stellen Sie sich ein Midi-Tower-Gehäuse vor, auf die Seite gelegt. Etwa so sieht ein Desktop-Gehäuse aus. Mit einer Höhe von etwa 19 cm sind sie besonders praktisch, wenn sie in ein Regal oder einen offenen Schrank gelegt werden sollen. Weil aber die innen entstehende Wärme wenig Platz findet, um nach oben aufzusteigen, sind sie für leistungsfähige PC wenig geeignet und inzwischen fast völlig vom Markt verschwunden.

    Leider ist die Bezeichnung „Desktop-Gehäuse" für eine Bauform von Desktop-PCs unglücklich gewählt.

- Big-Tower-Gehäuse: Manche PCs laufen rund um die Uhr und können deshalb nie abkühlen. Wenn eine hochwertige Grafikkarte, eine schnelle CPU und mehrere Festplatten viel Wärme erzeugen oder häufig DVDs gebrannt werden, kann ein Hitzestau entstehen. Besonders viel Hitze entsteht in Netzwerkservern. Es gibt zwei Möglichkeiten, einen Wärmestau zu vermeiden:

    1. Man baut viele Lüfter ein, die natürlich für einen hohen Geräuschpegel sorgen.
    2. Besser wählt man ein großes Gehäuse vom Typ „Big Tower". So ein Gehäuse ist 50 cm hoch oder höher. Es wird unter oder neben den Schreibtisch gestellt.

- Slimline-Gehäuse: So nennt man ein Desktopgehäuse, das nur etwa 10 cm hoch ist. Diese Bauform ist nicht zu empfehlen. Erstens werden die generellen thermischen Probleme von Desktopgehäusen durch die geringe Bauhöhe weiter verschärft. Zusätzliche Lüfter können zwar die thermischen Probleme etwas mindern, erhöhen aber den Lärmpegel. Zweitens sind Standard-Erweiterungskarten 120 mm hoch (Full height), deshalb kann man sie nicht direkt auf die Hauptplatine stecken.

Um Erweiterungskarten trotzdem stecken zu können, gibt es zwei Möglichkeiten:
- Es gibt Steckkarten in verkleinerter Bauhöhe (Low Profile: 79 mm). Weil den Konstrukteuren nur die halbe Leiterplattenfläche zur Verfügung steht, passen anspruchsvolle Schaltungen nicht drauf. Deshalb ist das Angebot halbhoher Erweiterungskarten sehr überschaubar.
- Es wird eine „Riser-Karte" verwendet. Das ist eine spezielle Steckkarte, die als eine Art „Winkelstück" senkrecht auf die Hauptplatine gesteckt wird. Die Erweiterungskarten werden dann parallel zur Hauptplatine in die Riser-Karte gesteckt. Die Daten- und Steuerleitungen werden länger und die Signallaufzeiten ebenfalls. Störsignale werden stärker. Nicht jede Erweiterungskarte läuft unter diesen Bedingungen stabil, eventuell muss sogar der Datenverkehr (der Takt vom Front Side Bus) gebremst werden. Solche Probleme kann man mit „aktiven" Riser-Karten (mit Verstärkern) verringern, doch die sind unverhältnismäßig teuer.

8.2.3 Miniaturgehäuse

Immer mehr Hersteller bieten miniaturisierte Gehäuse mit verkleinerten Netzteilen an, die angeblich besonders geeignet für das Wohnzimmer oder den Schreibtisch sind. Die Rechenleistung ist notgedrungen gering, doch vielen Kunden ist die Kleinheit wichtiger als Leistung oder Preis.

- In einem zu kleinen Gehäuse ist die Luftzirkulation behindert, deshalb droht ein Wärmestau. Entweder wird die Leistung begrenzt oder es werden zusätzliche Lüfter benötigt oder die Lüfter drehen mit einer höheren Drehzahl, was den PC merklich lauter werden lässt. Dadurch ist er letztlich untauglich für das Wohnzimmer, meinen meine Ohren.
- Reparaturen sind schwierig. Standard-Hauptplatinen und -Netzteile passen nicht. Die Beschaffung der herstellerspezifischen Ersatzteile ist langwierig, unmöglich oder unwirtschaftlich.
- An Steckplätzen für Erweiterungskarten wird gespart, manchmal ist kein einziger Slot frei oder es passen nur spezielle Karten hinein.
- Oft ist in solchen Gehäusen die Festplatte zwischen anderen Bauteilen eingezwängt, so dass die Kühlung nicht ausreicht. Das erhöht den Verschleiß der Magnetfestplatte und ihre durchschnittliche Lebensdauer sinkt. Auch eine überhitzte SSD-Festplatte leidet und drosselt ihre Geschwindigkeit.

Ganz allgemein kann man sagen: Je kleiner das Gehäuse, desto geringer muss die Rechenleistung sein, sonst droht der Hitzetod. Ganz klar kann man das an den kleinsten Computern sehen: den Spielkonsolen. Hier treffen zwei negative Faktoren aufeinander: die hohe Innentemperatur und die Wärmeempfindlichkeit des neuentwickelten bleifreien Lötzinns. Eine Umfrage des Spielemagazins „Game Informer" unter 5000 Nutzern im Jahr 2009 ergab eine Ausfallrate der XBox von 54,2 %. Eine andere Umfrage unter 500 000 Besitzern in gleichen Jahr ergab, dass 42 % aller XBox 360 und 8 % aller PlayStation 3 schon mindestens einmal eine Reparatur benötigt hatten oder ersetzt werden mussten. Von den reparierten Konsolen mussten sogar 55 % (XBox) bzw. 12 % (PS3) mehrmals repariert werden. Selbst wenn die Reparatur noch in die Garantiezeit fällt, ist das ärgerlich. Deshalb kann man zu einem miniaturisiertem PC nur dann raten, wenn es sich um einen PC der unteren Leistungsklasse handelt.

Die kleinsten Miniaturgeräte werden als „Nettop" bezeichnet. Sie haben die Größe eines Buches. Meist werden stromsparende Notebook-Komponenten eingebaut, um die Wärmeentwicklung zu begrenzen. Das Netzteil ist oft extern, wie bei einem Notebook. Manche lassen sich an den standardisierten VESA-Befestigungen hinter einem Flachbildschirm aufhängen. Mit leisen Lüftern und einer SSD-Festplatte sind sie faktisch unhörbar.

Die Firma „exone" produziert Mini-PCs unter dem Markennamen „Pokini". Ein kompaktes Aluminiumgehäuse, teils mit äußeren Kühlrippen, sorgt für eine exzellente Wärmeableitung. CPUs gibt es von Notebook-Typen bis zur i7 von Intel. Mit SSD und eingelöteter CPU hält der PC starke Stöße aus. Natürlich kostet ein solches Gerät etwa das Doppelte wie ein Billig-PC.

8.2.4 All-in-One-PC: Bildschirme mit eingebautem PC

So wird eine platzsparende Kombination aus Hardware und Bildschirm genannt. Kompakt und ohne Kabelsalat sieht er im Wohnzimmer gut aus, meist ist er auch leise.

Doch die All-in-One-PCs haben die meisten Kritikpunkte mit den Notebooks gemeinsam.

- Da bei solchen Geräten oft auf Lüfter verzichtet wird, ist die Wärmeableitung kritisch. Höhere Innentemperaturen bedeuten kürzere Lebensdauer der Komponenten.
- Die Leistung der Systems und vor allem der Grafikkarte reicht für Gamer nicht aus.
- Ein DVD-Laufwerk ist nur selten enthalten.
- Aufrüsten ist fast unmöglich. Treiber sind kaum zu finden. Deshalb ist ein Umstieg auf eine neuere Windows-Version wegen des Fehlens von Treibern so gut wie unmöglich.
- Ist etwas kaputt, gibt es kaum Ersatz. Vor allem Hauptplatine und Netzteil sind herstellerspezifisch.
- Ist der eingebaute PC defekt, kann man den schönen großen Bildschirm nicht weiterverwenden.

Ich mag diese Geräte nicht. Auch deshalb, weil ich schon zu viele davon aufschrauben musste – was oft eine echte Herausforderung ist – und sie dann mangels Ersatzteil doch nicht reparieren konnte. Außer es ist ein Macintosh von Apple. Die gehen nicht kaputt und haben auch ohne Aufrüstung reichlich Leistung.

8.2.5 „Montagefreundliche" Gehäuse

Es ist ja ganz nett, wenn man das Gehäuse schnell auf- und zumachen kann und wenn man die Laufwerke ohne Schrauberei auf Gleitschienen in das Gehäuse einschieben kann. Für den Hersteller ist das prima, es verringert den Montageaufwand. Aber wie nützlich ist es für den Käufer, ein DVD-Laufwerk mit wenigen Handgriffen wechseln zu können? Wie oft in einem Computerleben werden Sie denn voraussichtlich das DVD-Laufwerk wechseln? Ich bevorzuge Gehäuse, in denen ich die Festplatte und den Brenner mit dem Gehäuse verschrauben kann. Die Wärme wird besser abgeleitet, weil das Gehäuse als Kühlblech wirkt.

In manchen Gehäusen brauchen bzw. können die Steckkarten nicht an der Rückwand des Gehäuses festgeschraubt werden, sondern sie werden nur festgeklemmt. Das erspart eine Minute bei der Montage, aber es erhöht die Gefahr von Wackelkontakten.

8.2.6 Formfaktor

Wo am Gehäuse die Anschlüsse (Tastatur, Maus, USB, Sound) und die Slots für Erweiterungskarten sind, wird durch den sogenannten Formfaktor festgelegt.

Der erste Formfaktor hieß „AT" (**A**dvanced **T**echnology) und wurde 1982 eingeführt. 1996 wurde auf „ATX" umgestellt (**A**dvanced **T**echnology e**X**tended). Nach dem ATX-Standard werden auch heute fast alle normalgroßen PC gefertigt. Im Jahr 2005 propagierte Intel einen neuen Formfaktor „BTX" (**B**alanced **T**echnology e**X**tended). Diese „balancierte" Technologie soll vor allem eine bessere Kühlung der Komponenten durch die Optimierung der Luftzirkulation im Gehäuse bewirken. Die Wärme produzierenden Komponenten (Prozessor, RAM, Chipsatz) wurden auf der Hauptplatine in einer Reihe angeordnet und mit einem speziellen Kühlkanal abgedeckt, so dass ein einziger großer Lüfter zur Kühlung ausreichte. Der zusätzliche Kühlkanal macht BTX-Boards und

	Länge	Breite
BTX	325 mm	267 mm
AT	305 mm	278 - 330 mm
ATX	305 mm	244 mm
Mini-ATX	284 mm	208 mm
Micro-ATX	244 mm	244 mm
Baby-AT	216 mm	204 - 330 mm
Mini-ITX	170 mm	170 mm
Nano ITX	120 mm	120 mm
Pico ITX	100 mm	72 mm

Tab. 8.1: Formfaktoren von Mainboards

BTX-Gehäuse etwas teurer. Die „normalen" ATX-Hauptplatinen passen nicht in ein BTX-Gehäuse, bei den BTX-Platinen war die Auswahl dürftig. Die Verkaufszahlen von BTX-PCs blieben gering. Durch neue Technologien (Doppel- und Vierkern-Prozessoren) entsteht weniger Abwärme bei steigender Rechenleistung, deshalb hat Intel im Jahr 2007 aufgehört, BTX-Hauptplatinen zu entwickeln oder vorzustellen. Die PC-Industrie ist zur ATX-Technologie zurückgekehrt.

Der Begriff „Formfaktor" wird auch für andere Komponenten verwendet. So ist für Festplatten der Formfaktor 3,5" nur eine Bezeichnung und entspricht nicht deren Abmessungen. 3,5 Zoll sind umgerechnet 89 mm.

GEHÄUSE

Nichts in der Festplatte hat diese Abmessung: Die tatsächliche Breite beträgt 101 mm und die Scheiben darin haben einen Durchmesser von 84 mm.

Auch Netzteile haben einen Formfaktor. Die Spezifikation legt die Maße und Spannungen fest und welche Stecker zwingend vorhanden sein müssen. Der häufigste Formfaktor ist ATX12V in Version 2.2 oder 2.3, für Server EPS12V Version 2.92. Es gibt noch viele weitere: SFX, TFX, LFX, WTX sowie herstellerspezifische Formate.

Es gibt einen neuen Standard ATX 3.0 für Netzteile und Strom-Steckverbindungen. Doch die neuen Komponenten sind noch selten auf dem Markt. Wer eine Grafikkarte mit mehr als 300 Watt Leistung plant, sollte ein ATX 3.0 Netzteil bevorzugen, das mehr Strom an die Grafikkarte liefern kann.

8.3 Kühlung

8.3.1 Das Problem

- Die elektrischen Eigenschaften von Halbleitern hängen sehr stark von ihrer Temperatur ab. Und wenn sie zu warm werden, hören sie auf zu funktionieren.
- Die Reibung und der Verschleiß in den Kugel- und Gleitlagern wächst mit der Temperatur. Lüfter sind die am schnellsten verschleißenden Teile eines Computers.
- Die Lager einer Magnetfestplatte verschleißen ebenfalls schneller.
- Elektrolyt-Kondensatoren trocknen aus. Ihre Fähigkeit, Spannungsschwankungen zu kompensieren, verringert sich dauerhaft. Wie die Lebensdauer von der Temperatur abhängt, sehen Sie in Tabelle 12.1.
- Isolationen im Netzteil werden weich und können versagen.
- Die Elektromigration (siehe 12.2) wird verstärkt.

Die Kühlung beinhaltet zwei Teilaufgaben:

- Die Oberflächen einiger Komponenten werden sehr heiß, vor allem die Oberfläche des Prozessors. Die Wärme wird mit Kühlkörpern abgeleitet und landet im Gehäuseinneren.
- Die warme Luft muss zügig aus dem Gehäuse heraustransportiert werden. Selbst der beste CPU-Kühler ist nutzlos, wenn sich die Wärme im Gehäuse staut.

8.3.2 Lüfterarten

Gehäuse-Zusatzlüfter, CPU-Lüfter und Netzteillüfter gibt es in mehreren Bauformen. Bei Lüftern von Grafikkarten und vor allem bei Lüftern auf Chipsätzen ist die Anzahl der Bauformen und der Befestigungsarten fast unüberschaubar. Weitere Unterschiede gibt es in der Anzahl der Anschlussadern (zwei, drei oder vier) und in der Bauform der Stecker. **Empfehlung:** Bauen Sie Ihren alten Lüfter aus und nehmen Sie ihn als Muster zum Einkauf mit! Wenn das nicht geht, messen und fotografieren Sie den Lüfter. Zumindest bei den Gehäuselüftern ist der Aus- und Einbau nicht schwierig.

Lüfter mit 3-Pin-Anschluss sind temperaturgeregelt. Zwei Adern sind für die Motorspannung (Masse und 12 Volt), die dritte Ader ist für das Tachosignal, das die aktuelle Drehzahl an die Hauptplatine meldet. Die Drehzahl kann man im BIOS ansehen und einstellen oder mit einem Zusatzprogramm anzeigen lassen.

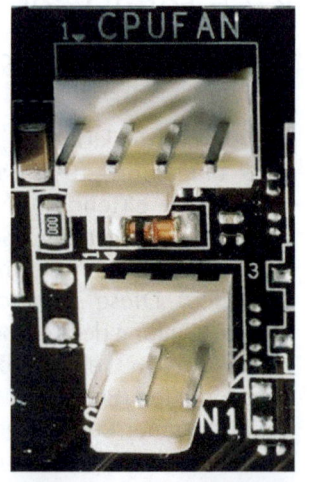

Bild 8.5: Lüfteranschlüsse
oben: CPU-Lüfter 4-polig
mitte: Gehäuselüfter 3-pol.
unten: Ungeregelter Lüfter

GEHÄUSE

Die Prozessortemperatur wurde früher über einen Messfühler der Hauptplatine ermittelt. Seit dem Core Duo hat die CPU interne Temperatursensoren für jeden einzelnen Kern. Die Lüftersteuerung auf der Hauptplatine vergleicht die aktuelle Temperatur mit der maximal zulässigen Temperatur der CPU und sendet ein Signal (schneller oder langsamer drehen) an die Elektronik des Lüfters. Der Lüfter sendet zur Kontrolle ein Tachosignal zurück an den Mainboard-Regler. Falls sich der Lüfter viel zu langsam dreht oder gar stehenbleibt, wird der Prozessor gedrosselt (Thermal Monitor) oder notfalls das System heruntergefahren.

Die meisten heutigen CPUs regeln zunächst den Takt herunter, wenn sie zu heiß werden. Wenn Ihr PC nach einigen Minuten Aufwärmzeit drastisch langsamer wird, haben Sie möglicherweise ein Kühlungsproblem.

8.3.3 Lüfter auswechseln

Der Austausch eines Gehäuselüfters oder der Einbau eines zusätzlichen Gehäuselüfters ist relativ einfach. In der Gehäuserück- und vorderseite gibt es meist vorbereitete Bohrungen für die Befestigungsschrauben und Öffnungen für die Luft. Greifen Sie nicht selbst zur Bohrmaschine! Metallspäne verursachen Kurzschlüsse, und die Erschütterungen können Magnetfestplatten ruinieren und die Wärmeleitpaste schädigen.

Wenn Sie freie dreipolige Lüfteranschlüsse auf der Hauptplatine finden, sollten Sie diese bevorzugen: An diesen Anschlüssen können Sie im BIOS die Drehzahl regeln.

Der CPU-Lüfter bildet meist eine Einheit mit dem CPU-Kühlkörper und beide können nur gemeinsam ausgetauscht werden. Dieser Austausch ist kompliziert, zumal dabei auch die Wärmeleitpaste ersetzt werden muss. Suchen sie sich Unterstützung oder informieren Sie sich in meinem Buch „Computerhardware für Fortgeschrittene"!

8.3.4 Luftströmungen

Kontrollieren Sie die Richtung, in die die Lüfter blasen. Warme Luft steigt nach oben. Es ist sinnlos, dagegen anzukämpfen. Sorgen Sie also dafür, dass die Luft optimal strömt: von vorn unten nach hinten oben.

Ungenutzte Slotblenden sollten Sie zuschrauben oder zukleben. Ungenutzte Öffnungen für Zusatzlüfter an der Rückseite sollten Sie ebenfalls zukleben, damit die von den Lüftern ausgestoßene warme Abluft nicht auf kurzem Wege zurück ins Gehäuse strömt.

In Internetforen wird oft geraten, das Gehäuse zu öffnen, wenn der PC zu heiß wird. Das ist keine gute Idee. Die warme Luft, die das Netzteil nach hinten ausbläst, kehrt auf kürzestem Wege wieder in das Gehäuse zurück. Statt durch das Gehäuse zu strömen, kreist die Luft nur um das Netzteil herum, gewissermaßen ein thermischer Kurzschluss. Folglich „steht" die Luft in der Mitte des Gehäuses fast still. Das Gehäuse offen zu lassen, ist also nur dann sinnvoll, wenn Sie mit einem Tischventilator für eine kräftige Luftbewegung sorgen. Einen zusätzlichen Gehäuselüfter einzubauen wäre die bessere Lösung. Vielleicht genügt es, den Staub aus den Kühlrippen der CPU herauszublasen.

Stellen Sie einen PC so auf, dass die Lüftungsöffnungen nicht zugestellt oder zugehängt werden. 10 bis 40 cm Abstand sind empfehlenswert. Achten Sie darauf, die seitliche Austrittsöffnung für die Kühlluft des Prozessors nicht zu verdecken!

Computertische haben oft ein mehr oder weniger geschlossenes Fach für den PC, aus dem die Wärme schlecht entweichen kann. Wenn Sie den PC unbedingt in einem Computertisch oder in einem Möbelstück unterbringen wollen, kontrollieren Sie gut, ob er sich auch bei sommerlichen Temperaturen nicht überhitzt! Möglicherweise sollten Sie in die Rückwand der Computertisches viele große Lüftungslöcher bohren.

Gehäuse

8.3.5 Lüfterausfall

Welche Folgen kann ein Lüfterausfall haben?

Der Ausfall eines Lüfters kann mehrere Probleme verursachen. Zunächst einmal beschleunigt jede Erhöhung der Betriebstemperatur die Alterung des Computers. Durch Überhitzung können nach einiger Zeit Probleme beim Betrieb des Rechners auftreten. Das Betriebssystem kann abstürzen. Im schlimmsten Fall können Schäden an der Hardware die Folge sein, so könnte etwa das Netzteil durchbrennen. Während es durchbrennt, erzeugt es vielleicht kurzzeitig Überspannungen, und weitere Schaltungen brennen durch. Wenn die Festplatte durchbrennt, verlieren Sie Ihre Daten.

Wie überprüft man die Lüfter?

Zum Glück kündigt sich ein bevorstehender Lüfterausfall fast immer durch einen höheren Geräuschpegel an. Wenn Sie dieses Warnzeichen ignorieren, wird der Lüfter irgendwann später „erfreulich" leise: Er bleibt für immer stehen. Ändert sich das Betriebsgeräusch Ihres PCs, sollten Sie versuchen, die Ursache zu finden. Den Netzteillüfter sowie andere, von außen zugängliche Lüfter können Sie völlig gefahrlos überprüfen: Falten Sie ein Papierstück mehrmals zu einem Streifen. Schieben Sie das Streifchen von hinten durch das Schutzgitter ein Stück in das Netzteil hinein, bis Sie ein Geräusch hören (aber lassen Sie das Papier nicht vor Schreck los!). Wenn es kein Geräusch gibt, ist der Lüfter ausgefallen. Die Drehzahl der inneren Lüfter können Sie über das BIOS überwachen – lassen Sie sich vom Händler oder einem Freund zeigen, wie das geht (das ist bei jedem PC etwas anders). Notfalls müssen Sie das Gehäuse aufschrauben und nachsehen, ob sich die Lüfter drehen.

Wenn Sie einen der Gehäuselüfter austauschen wollen, dann überprüfen Sie, ob sie den defekten Lüfter eventuell durch einen Lüfter mit größerem Durchmesser ersetzen können. Ein Lüfter mit doppeltem Durchmesser hat die vierfache Fläche und kann daher die gleiche Luftmenge mit einer wesentlich geringeren Drehzahl befördern. Das bedeutet eine längere Lebensdauer des Lüfters, weniger Motorengeräusch, und auch das Geräusch der Luftströmung verringert sich.

Achtung!

- Bewegen Sie den PC niemals im eingeschalteten Zustand, solange sich die Magnetfestplatte noch dreht!
- Entfernen Sie alle DVDs aus den Laufwerken, bevor Sie den PC auf die Seite legen!
- Drücken Sie niemals auf die Achse eines Lüfters – Sie beschädigen damit dessen Lager!
- Wenn das verdächtige Geräusch nur sporadisch auftritt, können Sie den PC notfalls auch mal einige Stunden oder sehr wenige Tage auf der Seite liegend betreiben, um die Lüfter besser beobachten zu können. In einem Minitower befindet sich der Lüfter der Grafikkarte unter der Grafikkarte. Den können Sie allenfalls mit einem Taschenspiegel sehen oder indem Sie den PC auf die Seite legen.

8.3.6 Staub

Leider befindet sich die Luft-Hauptansaugöffnung an der Unterseite der Frontblende. Wenn der PC auf einem glatten Tisch steht, stört das nicht, aber eine flauschige Tischdecke würde den Luftstrom bremsen. Doch wenn der PC auf den Fußboden steht, befindet sich die Hauptansaugöffnung nur einen halben Zentimeter über dem Fußboden – nicht viel höher als die Düse des Staubsaugers. Zum Staubsauger gibt es aber zwei Unterschiede, mal abgesehen vom Preis:

- Der Staubsauger läuft nur einige Minuten pro Tag, der PC saugt viele Stunden täglich.
- Der Staubsauger hat einen Filterbeutel, der regelmäßig gewechselt wird, der PC nicht.

Gehäuse

Wie können Sie die Verschmutzung verringern?

Jeder Zentimeter Abstand vom Fußboden zählt. Ein Abstand von fünfzehn Zentimeter vom Fußboden halbiert den Staubanfall. Vielleicht können Sie den PC unter der Schreibtischplatte aufhängen. Verstellbare Halterungen gibt es zu kaufen, das kostet nicht viel. Sie können auch eine (stabile!) Kiste unter den PC stellen. Eine wackelige Standfläche für den PC muss aber unbedingt vermieden werden. Im Sinne von „jeder Zentimeter zählt" können Sie zumindest ein passend zugeschnittenes dickes Brett und einen Streifen Schallisolierung darunter legen. Dann bleiben die Fusseln an der Kante des Brettes liegen und werden nicht in das Gehäuse hineingesaugt.

Manche Gehäuse haben in der Frontblende einen Luftfilter, den Sie hin und wieder reinigen sollten. Sehr interessant ist der preisgekrönte Feinstaubfilter der Firma `dustend.de` (Bild 8.6). Wenn Sie ihn an der Innenseite der Vorderwand anbringen, bläst er saubere Luft in den PC. Mit einem Luftdurchsatz von 45 m^3 pro Stunde reinigt er ganz nebenbei die gesamte Luft im Raum von Feinstaub, Tonerpartikeln und Pollen.

Bild 8.6: Feinstaubfilter der Firma dustend.de

Bild 8.7: Ohne Worte

8.4 Der leise PC

8.4.1 Lärm macht krank

Schwerhörigkeit durch Lärm macht 43 % aller anerkannten Berufskrankheiten aus. Das ist mit Abstand die häufigste Ursache für Berufskrankheiten, siehe Bericht der Bundesanstalt für Arbeitsschutz und Arbeitsmedizin „Sicherheit und Gesundheit bei der Arbeit 2007". Rauschende Lüfter und klackernde, sirrende Festplatten verringern die Produktivität. Beim häuslichen PC sieht es meist nicht besser aus. Leider gilt für viele PCs aus dem Kampfpreis-Segment: schnell = laut. Die Augen kann man schließen, die Ohren leider nicht.

Der Gesamtgeräuschpegel eines PC setzt sich aus vielen einzelnen Quellen zusammen. Einzelne Geräuschquellen zu dämpfen, reicht nicht. Sie müssen alle Geräuschquellen im Auge behalten und dann entscheiden, bei welchen Komponenten die Lautstärke verringert werden muss. Wenn der Lüfter ihrer Hochleistungsgrafikkarte wie eine Turbine klingt, brauchen Sie über den Lärm der anderen Komponenten nicht viel nachdenken. Werden Sie sich klar darüber, was Ihre Prioritäten sind: höchste Leistung oder niedrige Geräuschemissionen. Beides zusammen geht nur eingeschränkt. Hohe Rechen- und Grafikleistung ist mit viel Energieeinsatz verbunden. Jedes Watt, welches vom Netzteil in den PC hinein gepumpt wird, wird in Wärme umgewandelt und muss mit den Lüftern heraus befördert werden.

8.4.2 Beim Kauf auf leise Komponenten achten

Gehäuse

Je größer das Gehäuse, desto besser. In einem großen Gehäuse kann die Luft unbehindert aufsteigen. Ein eventueller Wärmestau im oberen Bereich ist von der Elektronik weit genug entfernt. In Miniaturgehäusen staut sich stellenweise die Wärme, deshalb müssen die Lüfter schneller und damit lauter arbeiten.

Grafikkarte

Hochleistungs-Grafikkarten kommen nicht ohne Kühlung aus. Informieren Sie sich vor dem Kauf, wie laut die Grafikkarte ist – bei gleicher Grafikleistung gibt es große Unterschiede. Wenn Sie am PC bestimmt keine 3D-Spiele spielen werden, sollten Sie eine Grafikkarte mit passiver Kühlung (ohne Lüfter) in Erwägung ziehen. Möglicherweise können Sie ganz ohne Grafikkarte auskommen.

Festplatte

Kaufen Sie einen PC mit SSD-Festplatte. SSD-Festplatten sind geräuschlos und sehr schnell, wenn auch etwas teurer als Magnetfestplatten. Wobei eine Kapazität von 250 oder 500 GB ausreichen sollte. Wenn sehr große Datenmengen gespeichert werden sollen, können Sie eine Magnet-Festplatte als zweite Festplatte für die großen, selten benutzten Dateien einplanen oder später einmal einbauen lassen. Dass Magnetplatten deutlich langsamer als SSD sind, spielt keine spürbare Rolle, solange Betriebssystem und Anwendungen auf SSD gespeichert sind.

Netzteil

Gute Netzteile haben einen Wirkungsgrad von 85 % oder etwas besser. Das bedeutet umgekehrt, dass 15 % der Nennleistung verpuffen. Ein 800-Watt-Netzteil mit 85 % Wirkungsgrad wandelt 120 Watt Energie für den Eigenbedarf in Wärme um. Ein 400-Watt-Netzteil, welches in den meisten Fällen ausreicht, verschwendet bei einem Wirkungsgrad von 85% bei voller Last nur 60 Watt im Leerlauf. Stellen Sie sich eine 60 Watt Glühlampe vor – deren Hitze plus die warme Luft aus dem Gehäuse wird vom Netzteillüfter aus dem Gehäuse herausbefördert.

Mein eigener PC kommt mit durchschnittlich 65 W aus und größere Erweiterungen sind nicht geplant. Also das Netzteil nicht zu reichlich dimensionieren und vor allem auf den Wirkungsgrad im geplanten Lastbereich achten!

8.4.3 Nachträgliche Maßnahmen

Sie können den PC innen mit schallschluckenden Materialien bekleben. Dünne Korkplatten aus dem Baumarkt sind dafür gut geeignet. Bekleben Sie das Seitenblech, das der Hauptplatine gegenüberliegt. Dieses Blech wird im Betrieb am wenigsten erwärmt, die Kühlung verschlechtert sich durch das Bekleben kaum. Auch den Boden des Gehäuses kann man bekleben. Der Schall wird dadurch nicht mehrmals im Gehäuse hin und her reflektiert. Übertreiben Sie es nicht, ein Teil des Gehäusebleches wird als „Wärmeabstrahler" gebraucht.

Gehäuselüfter

In vielen Gehäusen gibt es Zusatzlüfter. Einer könnte an der Rückwand unterhalb vom Netzteil sein, ein anderer an der Vorderwand auf Höhe der Festplatte. Es ist nicht schwierig, vorhandene Lüfter durch leisere zu ersetzen. Besonders leise Lüfter drehen mit nur 800 oder 500 Umdrehungen pro Minute und bewegen weniger Luft. Das können Sie vielleicht mit einem zweiten leisen Lüfter ausgleichen.

Grafikkarte

Einen lauten Lüfter der Grafikkarte kann man nur selten gegen einen leiseren austauschen. Außerdem würde man dabei die Garantie verlieren.

Festplatte

Im PC steckt eine SSD, und der Speicherplatz wird knapp? Eine ständig eingeschaltete Home-Server-Festplatte (ein NAS-System) könnte die Lösung sein. Sie wird an einem Ort abgestellt, wo das geringe Betriebsgeräusch nicht stört. PC und NAS kommunizieren über das Netzwerk. Dort können Sie die Daten unterbringen, die nicht auf die SSD passen. Nun können Sie von jedem Computer im Heimnetz auf diese Daten zugreifen, was ein Vorteil sein kann. Wenn Sie das nicht wollen: Bei vielen NAS-Systemen können Sie Zugriffsrechte vergeben.

Aufstellort ändern

Je weiter der PC von Ihren Ohren entfernt ist, desto weniger ist er zu hören. Für alle Arten von Computerkabeln gibt es Verlängerungen. Vielleicht können Sie einen Platz finden, wo der PC nicht mehr zu sehen ist? Hinter dem Schreibtisch statt auf oder neben dem Schreibtisch? Dann kommt der Schall nur noch als Reflexion zu Ihnen. Den PC in einen Schrank oder in ein anderes geschlossenes Behältnis zu stellen, will wohl bedacht sein: es könnte zu einem Wärmestau kommen.

Dämpfen Sie die Geräuschübertragung auf den Fußboden. Kaufen Sie eine Geräuschdämpfungsmatte für Waschmaschinen im Baumarkt. Schneiden Sie die Matte in Streifen und stapeln Sie die Streifen unter dem PC. Ein Nebeneffekt: Wenn der PC höher steht, verstaubt er weniger.

8.4.4 Der geräuschlose PC

Es gibt noch viel mehr Möglichkeiten, den PC leise oder praktisch unhörbar zu machen: von temperaturgeregelten Lüftern bis zur Wasserkühlung. Schon bei der Auswahl der Komponenten für einen PC kann man für ein geringes Geräusch sorgen. Doch dieses Buch ist für Leser geschrieben, die ihren PC vermutlich nicht aufschrauben werden. Viel mehr Möglichkeiten werden im Buch „Computerhardware für Fortgeschrittene" vorgestellt.

Sie brauchen einen leistungsfähigen PC, und „fast unhörbar" reicht aus? Mit einer SSD-Festplatte und einem lüfterlosen CPU-Kühler wie in Bild 2.6 ist das möglich. Ein bis zwei leise, langsamlaufende, temperaturgeregelte Lüfter kommen in die Rückwand des PC. Kaufen Sie ein leises, nicht überdimensioniertes Netzteil mit temperaturgeregeltem Lüfter.

Ein PC mit SSD-Festplatte und ausnahmslos passiv gekühlten Komponenten ist völlig lautlos. Solche PCs werden inzwischen produziert. Allerdings ist das nur bei relativ leistungsschwachen PCs möglich.

Gehäuse

Sie haben einen Hochleistungs-PC oder Server, der Ihnen zu laut ist? Stellen Sie ihn in den Nebenraum oder in einen nicht zu kleinen Schrank, bohren Sie für die Kabel ein Loch in die Wand bzw. den Schrank und schließen Sie die Peripherie über Verlängerungen an. Einschalten können Sie den PC über die Tastatur, wenn Sie das im BIOS so einstellen.

8.5 Stromsparfunktionen und die Umwelt

Bei vielen Computern kann man eine Betriebsart voreinstellen: Viel Rechenleistung ohne Rücksicht auf Energiebedarf oder sparsam oder eine dazwischenliegende „ausbalancierte" Betriebsart. Kontrollieren Sie nach dem Kauf, was bei Ihnen eingestellt ist.

Einige Notebooks, Tablets und Smartphones schalten automatisch in einen drastischen Sparmodus, wenn sich die Akkuladung dem Ende nähert. Es wird vor allem die CPU-Frequenz begrenzt. Einige Tablets werden mit dieser Voreinstellung ausgeliefert, um die im Prospekt versprochene Akkulaufzeit einhalten zu können.

Tippen Sie „cmd" in das Suchfeld neben dem Start-Button. Nach einem Rechtsklick auf die App „Eingabeaufforderung" wählen Sie „Als Administrator ausführen". Tippen Sie den Befehl `powercfg /energy` ein und drücken Sie Enter. Nach etwa einer Minute hat das Programm einen Report `C:\Windows\System32\energy-report.html` erstellt. Wahrscheinlich müssen Sie die Datei in einen Benutzerordner kopieren, um sie öffnen zu können. In den Energieoptionen (Rechtsklick auf „Start", Linksklick auf „Energieoptionen") können Sie versuchen, die rot markierten Hinweise umzusetzen.

Die Herstellung eines PC kostet etwa 3000 kWh Energie, hat das Wuppertaler Institut für Klima, Umwelt und Energie ausgerechnet. Daran „schuld" ist u. a. der Energiebedarf für Klima- und Filtertechnik in der Reinstraumfertigung. Einen PC mit 100 Watt durchschnittlichem Energiebedarf könnte man mit diesen 3000 kWh zehn Jahre lang acht Stunden täglich betreiben.

Rechnen wir das einmal anders. Wenn Sie diesen 100-Watt-PC pro Kalendertag fünf Stunden einschalten, braucht er in drei Jahren 0,5 kWh × 365 Tage × 3 Jahre = 550 kWh. Wenn Sie durch optimale Einstellungen 15 % Energie sparen (mehr halte ich nicht für realistisch), bleiben noch 465 kWh. Das ist gut für die Finanzen und die Akkulaufzeit. Addiert man den Energieaufwand bei der Herstellung, kommt man auf 3550 kWh bei Standardeinstellungen und 3465 kWh bei Spareinstellungen – ein Unterschied von 2,4 %. So wenig nutzen die Spareinstellungen der Umwelt.

Kaufen Sie kein Billiggerät, das schon nach drei Jahren kaputt oder zu leistungsschwach ist. Kaufen Sie einen hochwertigen PC, der mehrere Jahre genutzt werden und bei Bedarf aufgerüstet werden kann, dann ist es langfristig sowohl für Ihren Geldbeutel als auch für die Umwelt gut.

8.6 Energiesparende PCs

Sie überlegen, ob Sie einen PC für 600 Euro kaufen sollten oder lieber den als stromsparend angepriesenen PC für 750 Euro, weil das Ihre Energiekosten verringert? Rechnen wir einmal nach.

Ein durchschnittlicher Büro-PC kommt mit weniger als 100 Watt im Dauerbetrieb aus (ohne Bildschirm). Nehmen wir an, ein Stromspar-PC benötigt 20 % weniger Strom, dann beträgt die Ersparnis 20 Watt pro Stunde. Bei 40 Betriebsstunden pro Woche sind das 0,8 kWh, pro Jahr 42 kWh. Bei einem Preis von 40 Cent pro kWh sind das 17 Euro pro Jahr. Das von Verkäufern oft gehörte Argument „Den höheren Preis haben Sie ganz schnell durch Stromeinsparungen wieder hereingeholt" stimmt also nicht. Und wenn der PC einen Teil des Tages im Stromsparmodus verbringt, ist die Differenz zwischen einem „normalen" und einem „sparsamen" PC noch geringer.

Vielleicht stecken in dem 750-Euro-PC hochwertige Komponenten, die den höheren Preis rechtfertigen. Doch die Energieeinsparung allein rechtfertigt den höheren Preis auf keinen Fall.

9 Netzwerke

9.1 Grundlagen

9.1.1 Grundbegriffe

Computernetz
: Werden mehrere Computer so miteinander verbunden, dass sie Daten austauschen können, nennt man das ein Computernetz (engl.: network). Die Computer sind dann „vernetzt". Die Verbindung kann mit Kupferdraht, mit Glasfaserkabeln, über Funk oder auf anderem Weg realisiert werden. Die „Verteilerkästen", an denen die Netzwerkkabel von den Computern sternförmig zusammenlaufen, nennt man Hub oder Switch (gesprochen: „Habb" oder „Switsch"). Wenn die Anschlüsse an einem Verteiler nicht für alle PCs ausreichen, werden die Verteiler „kaskadiert", d. h. es werden Unterverteiler angeschlossen.

Server
: Computernetze haben meist einen oder mehrere zentrale Computer, die man als Server bezeichnet. Das Wort „Server" bedeutet „Diener" oder „Dienstleister". Die Server verwalten die gemeinsamen Ressourcen (Massenspeicher, Drucker, Internetzugang) und stellen sie den angeschlossenen Benutzern auf Anfrage zur Verfügung. Server sind meist ununterbrochen in Betrieb.

Client
: Einen Computer, der die Dienste eines Servers in Anspruch nimmt, nennt man „Client" (sprich „Kleient").

Intranet
: So wird ein firmeninternes Netz genannt, das mit Internettechnologie arbeitet. Der interne Versand von E-Mails ist kostengünstiger als die Verteilung von Rundschreiben. Kataloge, Anweisungen, Vorschriften, Statistiken, Handbücher usw. wurden früher in Papierform verteilt und waren oft schon beim Empfang veraltet. Heute werden solche Dokumente auf einem Intranetrechner (dem Firmenserver) bereitgestellt.

Internet
: Wenn man die internen Netze (die Intranets) von Firmen und Organisationen untereinander verbindet, entsteht ein sogenanntes Internet. Das Wort „Internet" ist aus der englischen Bezeichnung **inter**connected **net**works gebildet: „untereinander verbundene Netzwerke".

IP-Adresse
: Damit Computer Daten austauschen können – sei es untereinander oder mit dem Internet – braucht jeder Computer eine eigene Adresse. Diese „**I**nternet-**P**rotokoll-**Adresse**" Version 4 ist 32 Bit oder in der Version 6 128 Bit lang. Die 32-Bit-Adresse wird mit Punkten in vier Gruppen zu je acht Bit unterteilt. Jede der Gruppen wird einzeln in eine Dezimalzahl umgewandelt. Diese Schreibweise heißt „punktierte Dezimalnotation" (dotted decimal notation). Jede der vier Dezimalzahlen hat einen Wert zwischen 0 und 255. Die neue Generation der 128-Bit-Adressen werden in 16 Gruppen zu 8 Bit unterteilt. Weil es jede „öffentliche" Adresse weltweit nur einmal geben darf, müssen die IP-Adressen zentral beantragt werden. Ihr Provider hat einen Nummernvorrat gekauft und und verwaltet die Nummern mit einem DHCP-Server. Dieser Server teilt Ihnen für die Dauer der Internetverbindung eine IP-Adresse zu.

Gateway und Router
: Die speziellen Server, welche den Transportweg ermitteln und die Datenströme ans Ziel leiten, nennt man „Gateway" oder „Router". Ausgesprochen wird das meist als „Ruuter", seltener „Rauter". Einen Router, der technologisch unterschiedliche Datenleitungen verbindet (z. B. Kabel- mit Satellitenverbindungen), nennt man Gateway.

Online
: Wenn Sie „Online gehen" (eine Verbindung ins Internet aufbauen), bildet Ihr PC zusammen mit dem Server des Providers für die Dauer der Verbindung ein zeitweiliges Netz.

Private IP-Adresse
: IPv4-Adressen, die mit `10.` oder `192.168.` oder `169.254.` beginnen oder zum Bereich `172.16.` bis `172.31.` gehören, werden als „privat" bezeichnet. Sie dürfen in lokalen Netzwerken, z. B. von Ihrem Router, beliebig vergeben werden. Falls Datenpakete mit diesen Adressen das heimische Netz verlassen und ins Internet geraten, werden sie ignoriert.

Provider
: Privat wollen Sie kein Rechenzentrum betreiben und Sie können sich auch keine Standleitung leisten (das ist ein Direktanschluss an das Internet)? Um „ins Internet zu kommen", brauchen Sie einen Dienstleister, der beides hat. Einen Dienstleister, der Ihnen den Anschluss ermöglicht, nennt man „Internetdienstanbieter", engl.: **i**nternet **s**ervice **p**rovider, abgekürzt „ISP", oder nur „Provider" (sprich: „Proveider"). Die meisten Provider stellen außer dem Internetzugang auch Speicherplatz bereit, den Sie für das eigene E-Mail-Postfach oder für die eigene Homepage brauchen.

Je nach dem größten Abstand innerhalb des Netzes unterscheidet man LAN, MAN und WAN.

LAN
: Wenn die Verbindungen den eigenen Mietbereich oder Besitz nicht verlassen (Wohnung, Geschäft, Firmengelände), handelt es sich um ein „Lokales Computernetz", englisch „LAN = **L**ocal **A**rea **N**etwork". Weil die Entfernungen in einem lokalen Netz relativ klein sind (bis 100 Meter oder wenige Kilometer), kann man hohe Bandbreiten (Übertragungsraten) bei geringen Kosten erzielen: 10 Mbit (= Megabit) bis 1000 Mbit = 1 Gbit (1 Gigabit = eine Milliarde Bit pro Sekunde) ist heute normal. In Großfirmen gibt es Hauptleitungen mit 2,5, 10 oder sogar 100 Gbit, die das Rückgrat (engl. „backbone") der betrieblichen IT-Infrastruktur bilden.

WLAN
: WLAN steht für **W**ireless **LAN**, eine „drahtlose" Verbindung. Es erspart das Verlegen von Netzwerkkabeln. Die Reichweite des Funksignals kann im Freien 50 bis 100 Meter betragen, in Gebäuden je nach Wanddicke und -material wenige Meter.

WAN
: Bei Entfernungen von tausenden Kilometern spricht man von einem „Weitverbindungsnetz", englisch „WAN = **W**ide **A**rea **N**etwork". Das weltweite Telefonnetz ist ein solches WAN. Wegen der großen Entfernungen sind die Verbindungen teuer und langsam. Wer eine Gigabit-Übertragungsrate braucht, zahlt immense Summen dafür. Ein Beispiel: Das Kabel „TAT14" (Transatlantic Telecommunications Cable no. 14) zwischen Europa und Nordamerika ist 15000 km lang, kostete 1,3 Milliarden Dollar und überträgt Daten mit 1280 Gigabit/s. Solche Fernleitungen werden unter vielen tausenden Benutzern aufgeteilt, so dass jeder nur eine DSL-Geschwindigkeit von einigen hundert Mbit/s erhält, aber das zu erträglichen Kosten.

MAN
: MAN steht für Metropolitan Area Network, ein regionales Netzwerk. Was Preis und Übertragungsrate betrifft, nimmt es eine Mittelstellung zwischen WAN und LAN ein.

9.1.2 Wie funktioniert ein Netzwerk?

Zunächst einmal braucht man eine Netzwerkkarte. Eine Netzwerkkarte ist eine Baugruppe zur Verbindung eines Computers mit anderen Computern, ob benachbart oder im Internet.

Alle Netzwerkkarten eines Netzwerks sind mit Kabeln direkt oder über Koppelglieder, sogenannte Hubs oder Switches, miteinander verbunden. Sendet eine der Karten ein Signal, wird es an alle Karten übertragen. So kann ein Rundruf gesendet werden, zum Beispiel ein Einschaltsignal an alle Computer einer Firma.

Wenn Daten zu versenden sind, werden sie zunächst in Portionen aufgeteilt, meist sind es 1518 Byte pro Datenpaket. Jedes Datenpaket erhält einen Vorspann („Head", deutsch: Kopf), Kontrollsummen und einen Nachspann. Im Kopf sind die MAC-Adressen von Absender und Empfänger enthalten. Die sendewillige Netzwerkkarte „horcht" an der Netzwerkleitung, ob Datenpakete unterwegs sind. Sobald die Leitung frei ist, schickt die sendewillige Karte ein Datenpaket los.

Sollten zwei Karten zufällig gleichzeitig mit Senden begonnen haben, gibt es eine „Kollision". Beide Netzwerkkarten stellen sofort das Senden ein und versuchen es nach einer unterschiedlich langen Wartezeit wieder und wieder, bis die Sendung ohne Kollision beendet werden kann.

Dieses Übertragungsverfahren (jeder darf zu senden versuchen, wenn es keine Kollision gibt) heißt „Ethernet". Es funktioniert wie in einer Besprechung: Wer etwas sagen will, wartet höflich ab, bis der Vorredner fertig ist. Falls zwei Leute versehentlich gleichzeitig anfangen zu sprechen, verstummen beide und versuchen nach einer gewissen Zeit erneut, das Wort zu ergreifen.

Jede Netzwerkkarte hört den gesamten Datenverkehr ab. Nur wenn die Karte die eigene MAC-Adresse im Kopf eines Datenpakets erkennt, werden die Daten entgegengenommen, sonst werden sie ignoriert. Die Daten werden mit Hilfe der Kontrollsummen überprüft. Der Absender erhält entweder eine Empfangsbestätigung, wenn das eingegangene Paket fehlerfrei empfangen werden konnte, oder die Aufforderung, die Sendung zu wiederholen.

Wenn es Übertragungsfehler gibt, wiederholt die sendende Karte die Sendung automatisch so oft, bis eine Empfangsbestätigung eintrifft. Dadurch werden gelegentliche Störungen abgefangen. Selbst wenn durchschnittlich neun von zehn Datenpaketen verloren gehen oder beschädigt ankommen, kann das Netzwerk funktionieren, ohne dass Sie mit Störungsmeldungen belästigt werden – wenn auch sehr langsam. Nur wenn viele Dutzend Übertragungsversuche gescheitert sind, wird der Benutzer informiert, dass eine Störung vorliegt.

9.2 Technik

9.2.1 Paarweise Verbindungen zweier PCs

Als Netzwerkkarten noch fast unerschwinglich waren, konnte man zwei PC über ihre seriellen Schnittstellen verbinden. Dafür brauchte man nur ein sogenanntes „Nullmodemkabel", bei dem die Adern „gekreuzt" waren, so dass der Ausgang des einen PC mit dem Eingang des anderen PCs verbunden war und umgekehrt. Die Übertragungsgeschwindigkeit war jämmerlich: Es dauerte eine ganze Stunde, den Inhalt einer Diskette zu übertragen. Eine DVD zu übertragen hätte im 24-Stunden-Betrieb vier Monate gedauert.

Etwas schneller war die Verbindung zwischen den parallelen Druckerschnittstellen. Auch dafür brauchte man ein Spezialkabel. Heute haben die meisten PCs weder eine serielle noch eine parallele Schnittstelle.

Man kann zwei PCs auch über die USB-Anschlüsse verbinden. Dazu braucht man ein spezielles USB-Kabel mit einer Elektronikbaugruppe in der Mitte, das etwa 15 Euro kostet. Diese Lösung kann auch heute noch sinnvoll sein, um zwei PCs zwecks Datenaustausch zu verbinden. Dabei wird der eine PC nur für den Internetzugang genutzt und der andere, der Haupt-PC, bleibt vom Internet und seinen Gefahren isoliert.

9.2.2 Verbindungen zwischen zwei oder vielen PCs

Im Normalfall werden Nachrichten nur zwischen zwei PCs ausgetauscht (oft zwischen Server und Client), wobei die anderen PCs unbeteiligt bleiben. Wie werden die Nachrichten adressiert, damit sie der richtige PC entgegennimmt?

Jede Netzwerkkarte bekommt von ihrem Hersteller eine weltweit eindeutige Adresse „eingebrannt", die sogenannte MAC-Adresse (**M**edia-**A**ccess-**C**ontrol-Adresse, auch „Physikalische Adresse" genannt). Durch diese „Seriennummer" lässt sich jede Karte eindeutig adressieren.

Vor einem Vierteljahrhundert kostete eine Netzwerkkarte einige hundert DM. Heute ist die Netzwerkfunktionalität in den Chipsatz integriert und der Netzwerkanschluss befindet sich an der Rückseite der Hauptplatine, siehe Bild 9.2. Separate Steckkarten wie in Bild 9.1 werden heute nur noch in Sonderfällen verwendet, beispielsweise in Servern.

Eine der LED, meist die linke, zeigt an, mit welcher Frequenz das Netzwerk funktioniert. Grün bedeutet meist „Gigabit-LAN" (1000 Mbit/s), rot signalisiert eine Übertragungsrate von 100 Mbit/s. Die zweite LED zeigt, ob irgendwo ein Datenverkehr im Netzwerk stattfindet.

Netzwerk

9.2.3 Kabel

Ebenso wie für den Fernsehempfang müssen auch für Netzwerke abgeschirmte Kabel verwendet werden. Das liegt an der hohen Frequenz. Zum Vergleich:

- UKW-Rundfunk im Bereich 87,5 bis 108 MHz
- Kabelfernsehen 300 MHz bis 862 MHz
- Netzwerk 10, 100 oder 1000 MHz

Private Netzwerke arbeiten mit einer Übertragungsrate von 100 MBit/s oder 1000 MBit/s (Gigabit-Netzwerk). Diese Signale störungsfrei übertragen zu können, erfordert Kabel, die noch hochwertiger sind als Fernsehkabel. Die aktuelle Norm für Netzwerkkabel ist „Cat 5e" oder „Cat 6" (Kategorie 6). Neuere Hauptplatinen haben fast ausnahmslos einen Gigabit-Netzwerkanschluss, DSL-Router arbeiten oft noch mit 100 MBit/s. Jede Netzwerkkarte erkennt automatisch, welche maximale Geschwindigkeit die Gegenstelle beherrscht, und stellt sich darauf ein. Netze von Firmen arbeiten teilweise mit 10 bis 40 Gigabit und brauchen dafür Cat 8- Kabel oder Glasfaserkabel.

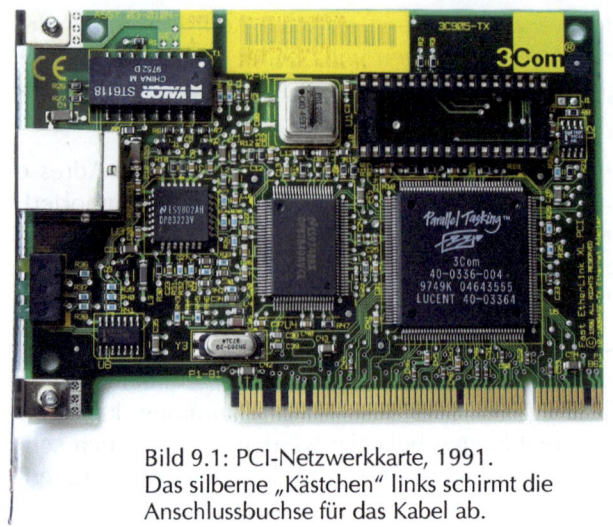

Bild 9.1: PCI-Netzwerkkarte, 1991. Das silberne „Kästchen" links schirmt die Anschlussbuchse für das Kabel ab.

Bild 9.2: LAN-Anschluss an der Rückseite des Mainboards Darunter zwei USB-2.0 Anschlüsse

Für Netzwerkkabel werden 8-polige Stecker vom Typ „RJ45" verwendet. ISDN-Anschlüsse verwenden leider die gleichen Stecker, allerdings mit einer anderen Kontaktbelegung. Also bitte aufpassen, falls Sie noch ein ISDN-Telefon haben! Verbinden Sie nicht versehentlich eine ISDN-Dose mit einer Netzwerkkarte! Die Qualität eines ISDN-Kabels reicht nicht für Netzwerkübertragungen, während ein Netzwerkkabel ohne weiteres für ISDN-Verbindungen verwendet werden darf.

Für eine Netzwerkverbindung mit 100 MBit/s wird ein Aderpaar zum Senden und ein zweites Paar für den Empfang benutzt, zwei weitere Aderpaare bleiben unbenutzt. Gigabit-Ethernet (1000 MBit/s) benutzt alle vier Aderpaare. Um nicht mehrere Kabelsorten bevorraten zu müssen, werden stets alle vier Aderpaare verbunden, auch wenn nicht immer alle benutzt werden.

Bild 9.3: RJ45-Stecker

Die Adern sind paarweise verdrillt (umeinander gewickelt), um störende Einflüsse zu vermindern. Für höhere Ansprüche kann jedes Aderpaar mit Alufolie abgeschirmt werden. Die vier Aderpaare werden untereinander verdrillt, bekommen manchmal noch eine Gesamtabschirmung und werden vergossen.

Bild 9.4: RJ45-Stecker von oben

Achtung! Netzwerkkabel dürfen nicht geknickt oder mit zu geringen Biegeradien verlegt werden. Ein Biegeradius von etwa fünf Zentimeter sollte nicht unterschritten werden, sonst kann es zu Störungen kommen. Solche Störungen bleiben fast unbemerkt, weil die Netzwerkkarten bei einer Störung die Übertragung so lange selbstständig wiederholen, bis irgendwann ein Datenpaket unverfälscht „durchkommt". Das Netzwerk wird dadurch sehr langsam. Je kleiner der Biegeradius, desto wahrscheinlicher ist ein Leistungsverlust bis zum Totalausfall.

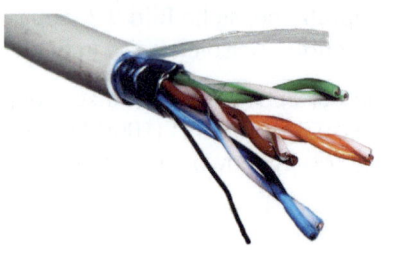

Bild 9.5: Verdrilltes Kabel Cat5e mit Schirm

9.2.4 Switch

Zwei PCs kann man direkt verbinden mit einem „Crossover"-Spezialkabel, bei dem einige Adern gekreuzt sind. Man könnte sagen, dass Eingang und Ausgang vertauscht sind. Wenn mehr als zwei PCs verbunden werden sollen, braucht man einen Verteiler, einen „Hub" oder „Switch". Ein Switch kann mehrere Paare von Netzwerkkarten gleichzeitig verbinden und ist in der Übertragungsleistung einem Hub deutlich überlegen, deshalb werden Hubs kaum noch verkauft.

Das Bild 9.6 zeigt einen „8 Port Ethernet Switch". „Port" bedeutet hier „Anschluss". Es können bis zu acht Kabel angesteckt werden, die zu PCs, einem anderen Switch oder zu einem DSL-Modem führen. Die nicht benötigten Anschlüsse bleiben frei. Alle Ports sind gleichberechtigt, man muss also nicht mit der Nummer Eins anfangen. Ein handelsüblicher Switch hat 4, 5, 8, 16, 24 oder 32 Ports.

Bild 9.6: 8-Port-Switch

Es gibt meist zwei Kontrollleuchten für jeden Port. Wenn ein Kabel eingesteckt ist, zeigt eine der Leuchten an, ob das Gerät an dessen anderem Ende betriebsbereit ist. Eine zweite LED zeigt an, ob die Übertragung mit 100 oder 1000 Mb/s stattfindet. Manchmal wird eine LED verwendet, die in zwei Farben leuchten kann.

Ein Switch muss mit Strom versorgt werden. Größere Geräte haben ein eingebautes Netzteil, kleine werden über ein Steckernetzteil versorgt. Manche Switche müssen mit einem eingebauten Lüfter gekühlt werden.

9.2.5 Modem

Telefonleitungen sind nicht dafür geschaffen, digitale Signale übertragen zu können. Deshalb werden die Nullen und Einsen von einem „Modulator" genannten Gerät, vereinfacht ausgedrückt, in Pieptöne von verschiedener Tonhöhe umgewandelt, um über die Telefonleitung verschickt zu werden. Auf der Empfängerseite werden die „Pieptöne" von einem „Demodulator" in Einsen und Nullen zurückverwandelt und zu Datenpaketen verpackt, um sie über das Netzwerk an den PC schicken zu können. **MO**dulator und **DEM**odulator in einem gemeinsamen Gehäuse nennt man „Modem".

Bis Mitte der 90er Jahre war ein einfaches Modem die einzige Möglichkeit für den Internetzugang. In fast allen Notebooks war es integriert, Desktop-PCs wurden mit einer Modem-Steckkarte ausgerüstet. Das Anschlusskabel wurde in die nächste Telefondose eingesteckt und schon konnte man in jedem Winkel der Welt ins Internet kommen. Allerdings betrug die maximale Datenrate nur 0,036 oder 0,052 MBit/s, nicht einmal ein Zwanzigstel der langsamsten DSL-Geschwindigkeit DSL 1000. Mehr war über das klassische Telefonnetz nicht möglich. Eine Flatrate gab es auch noch nicht. Man zahlte wie für ein Telefongespräch, 10 Pfennig pro Minute und mehr.

Höhere Übertragungsraten waren nur über ein digitalisiertes Telefonnetz möglich. Die dafür nötigen „**D**igitalen **S**ignal-**P**rozessoren" hatten anfangs zu wenig Rechenleistung und waren zu groß und zu teuer. Ende der 90er Jahre konnten die DSP-Schaltungen in hochintegrierten Chips untergebracht werden. Die Preise sanken und in den ersten Großstädten wurden DSL-Anschlüsse angeboten. **D**igital **S**ubscriber **L**ine (engl. für Digitaler Teilnehmeranschluss) leistete zuerst 1 Mbit/s, heute sind bis etwa 1000 Mbit/s möglich. DSL ist nur möglich, wenn an beiden Enden der Leitung – bei der Telekom und beim Kunden – ein DSL-Modem angeschlossen wird.

Früher steckt noch ein Splitter (Bild 9.7) an der Telefondose. Der Splitter ist eine „Frequenzweiche", welche die niederfrequenten Telefonsignale von den hochfrequenten Internet-Daten trennt.

Wenn Ihr Internetzugang über das Kabelfernsehnetz läuft, bekommen Sie ein Kabelmodem von Ihrem Anbieter geliefert. Meist wird das Telefonieren ebenfalls über das Kabelnetz ermöglicht. Der Splitter, der die Fernseh-, Internet- und Telefonsignale trennt, ist im Kabelmodem enthalten.

Es kann auch ein DSL-Router zwischengeschaltet werden, um mehrere PCs mit dem Internet verbinden zu können. Viele DSL-Router haben ein integriertes Modem, wie z. B. die „Fritz!Box".

9.2.6 DSL-Router

Ein Router ist ein Gerät,

- welches mehrere PCs untereinander verbindet,
- alle PCs gleichzeitig mit dem Internet verbindet und
- Ihre PCs schützt, indem er sie vor dem Internet versteckt.

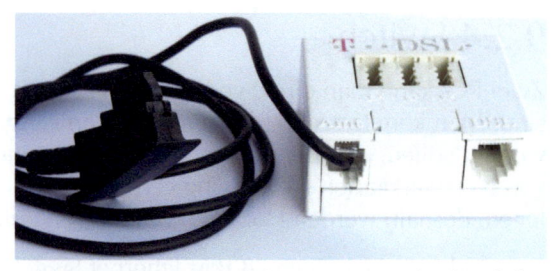

Bild 9.7: Splitter der Telekom ist ein Auslaufmodell im Zuge der Umstellung auf All-IP

Wenn Sie nur einen einzigen PC mit dem Internet verbinden wollen, können Sie das entweder mit einem Modem oder mit einem Router tun. Heute ist es üblich, einen Router zu verwenden. Ein DSL-Routers nutzt die Telefonleitung für mehrere Internetverbindungen gleichzeitig. Viele Anbieter bauen Modem und Router in ein gemeinsames Gehäuse, ein Beispiel dafür ist die weit verbreitete „Fritz!Box".

Der Vorteil eines Routers: Sie brauchen Ihre DSL-Zugangsdaten nicht in jeden einzelnen PC einzugeben, sondern nur einmalig in den Router. Zukünftig brauchen Sie sich nicht mehr um die Herstellung der Internetverbindung kümmern. Der Router stellt die Verbindung bei Bedarf automatisch her und lässt sich eine „offizielle" IP-Adresse vom DHCP-Server des Providers geben. Nach einer einstellbaren Zeit trennt der Router die Verbindung. Es kann weder Ihnen noch Ihren Kindern passieren, dass Sie nach Benutzung vergessen, die Verbindung zu trennen. Die Verbindung kann in längeren Surfpausen sogar automatisch getrennt werden. Wenn Sie keine Flatrate haben, sondern einen zeitabhängigen Tarif, erspart Ihnen das Kosten.

Der DSL-Router teilt jedem der angeschlossenen PCs eine interne IP-Adresse zu. Mit diesen Adressen können die PCs untereinander Daten austauschen sowie Drucker und andere Netzwerkgeräte gemeinsam benutzen. Wenn einer der PCs ein Datenpaket ins Internet schicken will, wechselt der DSL-Router die interne IP-Adresse gegen die öffentliche IP-Adresse aus und merkt sich, an welche Server Ihre Datenpakete gerichtet sind. Nur von diesen Servern wird er später die Antwortpakete akzeptieren. Unangeforderte, möglicherweise bösartige, Datenpakete werden nicht angenommen. Die ankommenden Datenpakete sind an den Router adressiert, nicht an Ihren PC (das ist ja logisch, denn der Router hat vor dem Versand seine eigene Adresse als Absender eingesetzt). Nun schaut der DSL-Router in seinen Tabellen nach und leitet die Daten an den richtigen PC weiter. Dieses clevere Verfahren heißt NAT (**N**etwork **A**ddress **T**ranslation).

Wichtig ist: Nur der DSL-Router kennt die internen Adressen Ihrer PCs. Da er diese vor dem Versand der Datenpakete stets austauscht, gelangen sie nicht nach außen. Somit sind Ihre PCs, vom Internet aus gesehen, unsichtbar, und daher nicht direkt angreifbar. Das macht es sinnvoll, einen DSL-Router zu benutzen, auch wenn Sie nur einen einzigen PC haben und bei Ihnen nie Besucher mit einem Notebook erscheinen.

Wie können Sie feststellen, ob Sie einen DSL-Router oder nur ein DSL-Modem haben? Ganz einfach: Wenn Sie an Ihr Gerät mehrere PCs anschließen können, ist es ein Router, sonst nur ein Modem. Wenn es eine WLAN-Antenne hat, ist es ebenfalls ein Router.

Bild 9.8: Die Fritz!Box enthält DSL-Router, Modem und Telefonanlage

Handelsübliche Router haben Anschlüsse für vier Netzwerkgeräte. Wenn Ihnen die vier Anschlüsse eines DSL-Routers nicht ausreichen, können Sie an einen davon einen Switch anstecken.

Bild 9.9: DSL-Router von hinten.
Das blaue Kabel kommt vom Modem, rotes und gelbes Kabel gehen zu den PCs. Zwei Anschlüsse sind frei, z. B. für einen Netzwerkdrucker

Manche Kabelnetzbetreiber liefern keinen Router, sondern nur ein Modem. Meist können Sie gegen einen geringen Aufpreis anstelle des Modems einen Router erhalten.

Achtung! Den vom Provider gelieferten Router müssen Sie zum Vertragsende zurückschicken, selbst wenn er uralt oder defekt ist. Wenn Sie das nicht können, müssen Sie je nach Provider 80 bis 150 Euro zahlen.

Neue DSL-Router haben 1 Gbit/s-LAN-Anschlüsse, ältere arbeiten mit 100 Mbit/s. Für das Surfen ist beides mehr als ausreichend. Wenn Sie mit einem 100 Mbit/s Router oft große Datenmengen zwischen Ihren PCs übertragen, kann es sinnvoll sein, alle PCs mit Kabeln an einen Gigabit-Switch (20 bis 30 Euro) anzuschließen und diesen mit dem DSL-Router zu verbinden. Dann verkehren die PCs untereinander mit Gigabit-Geschwindigkeit. Das Kopieren einer vollen DVD dauert über ein 100-Mbit-Netzwerk etwa zehn Minuten, in einem Gigabit-Netzwerk reduziert sich diese Zeit auf etwa zwei Minuten.

Sie wollen ein Netzwerk einrichten? Auf `eifert.net/nwe` finden Sie hilfreiche Informationen. Und auf `eifert.net/nwkabel` ist beschrieben, wie man ein Netzwerk verkabelt.

9.3 WLAN

9.3.1 Normen und Datenübertragungsraten

Normen und Verfahren für WLAN, das „**W**ireless **LAN**", hat das IEEE (**I**nstitute of **E**lectrical and **E**lectronics **E**ngineers) erarbeitet, der weltweite Berufsverband von Ingenieuren der Elektrotechnik und Elektronik. Für Deutschland gelten die nebenstehenden Standards.

International wird der Begriff „WLAN" kaum verwendet. Stattdessen werden Geräte, die von der „Wi-Fi Alliance" auf Einhaltung der IEEE 802.11 Normen geprüft sind, mit „Wi-Fi" bezeichnet. Die Wi-Fi Alliance ist eine Herstellervereinigung mit mehr als 300 Mitgliedern.

Bei den Standards ab 2010 dürfen die Geräte bis zu acht Antennen haben. Ein Router mit acht Antennen wäre aber nur sinnvoll, wenn Sie mindestens acht datenhungrige WLAN-Geräte gleichzeitig versorgen müssen! Die meisten Geräte haben weniger Antennen und die Datenrate sinkt entsprechend.

Name	IEEE Norm		Datenrate	Frequenz
Wi-Fi 1	802.11	1997	2 Mbit/s	2,4 GHz
Wi-Fi 2	802.11a	1999	54 Mbit/s	5 GHz
Wi-Fi 2	802.11b	1999	11 Mbit/s	2,4 GHz
Wi-Fi 3	802.11g	2003	54 Mbit/s	2,4 GHz
	802.11h	2006	54 Mbit/s	5 GHz
Wi-Fi 4	802.11n	2009	600 Mbit/s	2,4 & 5 GHz
Wi-Fi 5	802.11ac	2013	1300 Mbit/s	5 GHz
WiGig	802.11ad	2012	7000 Mbit/s	60 GHz
NG60	802.11ay	2020	176 Gbit/s	60 GHz
Wi-Fi 6	802.11ax	2019	9,6 Gbit/s	2,4 & 5 GHz
Wi-Fi 6E	802.11ax	2020	9,6 Gbit/s	2,4&5&6 GHz
Wi-Fi 7	802.11be	2024?	46 Gbit/s	2,4&5&6 GHz
Wi-Fi HaLow	802.11ah	2016	150 kbit/s	1 GHz
WLANp	802.11p	2010	54 Mbit/s	5,9 GHz

Tab. 9.1: WLAN Normen und (theoretische) max. Datenraten (Wi-Fi 1 bis Wi-Fi 3 sind keine offiziellen Bezeichnungen)

Bei allen angegebenen Datenübertragungsraten handelt es sich um theoretische Werte. Sogar unter optimalen Bedingungen beträgt die tatsächlich erreichbare Übertragungsrate knapp die Hälfte. Außerdem ist zu berücksichtigen, dass sich alle Geräte im Netz (sowohl Ihre als auch die Geräte von allen Nachbarn in Reichweite) die Bandbreite teilen müssen. In einem Haus mit einem Dutzend Mietern kann es problematisch sein, ein Video in HD-Auflösung per WLAN zu übertragen.

Die verschiedenen WLAN-Normen benutzen die Frequenzbereiche 2,4 GHz, 5 GHz und 6 GHz. Diese Frequenzen dürfen ohne Genehmigung von jedem und zu jedem Zweck benutzt werden, wobei das für 6 GHz nur in Innenräumen gilt.

Der Frequenzbereich 2,4 GHz ist unterteilt in 13 Kanäle, in denen auch Bluetooth, Schnurlostelefone und Babyphones funken, so dass Störungen häufig sind. Die Kanäle 9 und 10 haben fast die gleiche Frequenz wie Mikrowellenherde und können von diesen stark gestört werden. Die WLAN-Geräte suchen automatisch einen Kanal aus, in dem die Störungen gering sind und wo der bestmögliche Empfang erreicht wird. Die Kanäle überlappen sich, nur die Kanäle 1, 5, 9 und 13 sind frei von Überlappungen. Sind mehr als vier WLAN-Router in der Nähe, stören sie sich gegenseitig und der Datendurchsatz sinkt.

Im Bereich 5 GHz steht ein größerer Frequenzbereich von 380 MHz zur Verfügung, in dem 19 nicht überlappende Kanäle von je 20 MHz untergebracht sind, Störungen sind deshalb seltener. Die Flugsicherung hat Vorrang im 5 GHz Kanal, deshalb lauschen die Router nach dem Einschalten mit DFS (**D**ynamic **F**requency **S**election) und TPC (**T**ransmit **P**ower **C**ontrol), um benutzte Kanäle zu erkennen und zu vermeiden. Die maximale Sendeleistung im 5 GHz Frequenzband darf bis 1 Watt reichen, jedoch müssen alle Geräte die Sendeleistung so niedrig einregeln, dass die Verbindung gerade noch stabil ist.

Im 2,4 GHz Kanal sind 0,1 Watt Sendeleistung erlaubt, im 6 GHz Kanal 0,2 Watt.

Es müssen nicht alle Ihre WLAN-Geräte den gleichen Standard beherrschen. IEEE 802.11a und h sind untereinander kompatibel, b und g sind mit einem kleinen Geschwindigkeitsverlust kompatibel.

Der Standard 802.11n kann in den Frequenzbereichen 2,4 und 5 GHz arbeiten. Es wird die Mehrantennentechnik MIMO benutzt (**M**ultiple **I**nput **M**ultiple **O**utput): In jedem Frequenzbereich können mehrere Kanäle gleichzeitig genutzt werden. Jeder Kanal funkt mit 150 Mbit/s. Im Standard sind maximal vier Antennen vorgesehen, jede mit aufwendiger eigener Sende- und Empfangseinheit. Wenn Sender und Empfänger je vier Antennen haben, sind 600 Mbit/s möglich.

Der Standard IEEE 802.11ac arbeitet ebenfalls mit MIMO in zwei Frequenzbereichen. Pro Kanal sind 433 Mbit/s vorgesehen. Üblich sind bis zu drei Antennen, damit sind 1300 Mbit/s möglich. Vier Antennen ermöglichen 1733 Mbit/s, z. B. der Access Point „Armor X1" von Zyxel für 99 Euro. Der Standard erlaubt maximal acht Antennen.

IEEE 802.11ad (**Wir**eless **Gig**abit) sowie IEEE 802.11ay (**N**ext **G**eneration **60** GHz) benutzen den 60 GHz Frequenzbereich und sollen USB-, SATA- und HDMI-Kabel überflüssig machen. Es können beispielsweise Videos in 4k-Auflösung zwischen PC und **V**irtual-**R**eality-Brille übertragen werden. Die Reichweite ist auf wenige Meter innerhalb eines Raumes bei direkter Sichtverbindung begrenzt, Störsignale vom Nachbarn sind nicht zu befürchten. Auf Kompatibilität zu anderen Wi-Fi-Standards wird bewusst verzichtet.

Weil es im Standard 802.11ad Ungenauigkeiten gibt, hat er kaum Verbreitung gefunden. Der Standard 802.11ay soll erfolgreicher werden. Die Übertragung kann in 1, 2, 3 oder 4 Streams erfolgen, mit einer Übertragungsrate von entsprechend 44, 88, 132 oder 176 Gbit/s.

802.11ah ist ein Low-Power-WLAN für Funkverbindungen mit sehr geringer Datenrate für IoT-Geräte. Die theoretische Reichweite von 1 km würde, reduziert durch Decken und Wände, bis zum Gartenhäuschen und zum Hoftor reichen. Haustechnik, Sensoren und Regeltechnik könnten auf dem ganzen Grundstück ohne zusätzliche Repeater funktionieren und könnten mit kleinen Batterien jahrelang funken.

Der Standard 802.11p wurde für die Kommunikation von Fahrzeugen geschaffen. PKW, LKW, Züge und Schiffe sollen automatisch Informationen austauschen, z. B. über die Entfernung bis zum Stauende, die Restzeit bis die Ampel auf Rot schaltet, Meldungen über Unfälle und vieles mehr. Der Fahrzeugfunk wird bei einer Fahrgeschwindigkeit bis 200 km/h eine Reichweite von 1 km haben.

USB-WLAN-Sticks gibt es mit internen und externen Antennen, doch mehr als zwei Antennen hat wohl keiner. In einem Smartphone oder Tablet ist nicht genug Rechenleistung vorhanden, um die komplizierteren Kodierungsverfahren und MIMO zu unterstützen, und Platz für zwei Antennen gibt es in einem Smartphone wohl auch nicht.

9.3.2 Betriebsmodi

Ad-hoc

Ad-hoc bedeutet „für den Augenblick gemacht". In einem Ad-hoc-Netzwerk wird kein zentraler Knoten benötigt, alle Stationen sind gleichberechtigt. Jedes Gerät kann eine direkte Verbindung mit jedem anderen Gerät herstellen, das sich in Reichweite befindet. Mit zusätzlicher Software können Endgeräte zum Router werden und Datenpakete weiterleiten. Dadurch können Geräte kommunizieren, die für eine direkte Verbindung zu weit voneinander entfernt sind. Das war ein gutes Konzept, als Router noch mehrere hundert Euro kosteten. Seit es Router für unter 40 Euro gibt, ist Ad-hoc für Privatnutzer uninteressant geworden.

Infrastruktur-Modus

Ein zentrales Gerät, meist der DSL-Router, übernimmt die Koordinierung aller Netzteilnehmer. Dazu sendet er zehnmal pro Sekunde ein „Beacon" (engl. „Leuchtfeuer") aus, welches Informationen über die unterstützten Übertragungsraten, die Art der Verschlüsselung und die SSID enthält. Die SSID (**S**ervice **S**et **Id**entifier) ist der Netzwerkname. Diese SSID ist frei wählbar und ermöglicht es, mehrere WLANs am gleichen Ort zu betreiben. Wenn ein Client mehrere Netze „sieht", muss der Benutzer auswählen, mit welchem Netz er verbunden werden will.

9.3.3 Reichweite

Im Freien, bei direkter Sicht sind im 2,4-GHz-Frequenzband 50 bis 100 Meter möglich, unter den besten Bedingungen 300 Meter. Mit Parabol-Richtfunkantennen sind einige Kilometer überbrückbar. In Gebäuden ist die Reichweite drastisch geringer. Das Funksignal wird an glatten Oberflächen reflektiert und durch Wände gedämpft. Je höher die elektrische Leitfähigkeit der Wand, desto höher die Dämpfung. Ein großes Problem sind Betonwände und -decken. Wenn sich zwei Betonwände zwischen den Geräten befinden, wird eine sichere Verbindung kaum gelingen. Dicke Ziegelwände, vor allem wenn sie nicht knochentrocken sind, sowie Leichtbauwände (wenn die Tragekonstruktion aus Metall ist) und metallbeschichtetes Glas dämpfen das Signal stark. Man kann nie mit Sicherheit vorhersehen, ob eine WLAN-Verbindung zustande kommen wird. Wenn der Empfang zu schwach ist, erhöhen die Geräte die Sendeleistung. Reicht das nicht, dann verringern sie Schritt für Schritt die Übertragungsrate. Wenn selbst mit 1 Mbit/s keine stabile Verbindung möglich ist, bekommen Sie die Meldung „Keine Drahtlosnetzwerke gefunden".

Funkwellen mit 5 GHz werden in der Luft stärker gedämpft und dringen weniger tief in Gebäude ein. Andererseits darf die Sendeleistung höher sein, und im 5 GHz Frequenzband gibt es weniger Störungen. Im 5 GHz Band haben Sie einen höheren Datendurchsatz, aber eine geringere Reichweite.

Wenn Sie einen stationären PC mit WLAN nachrüsten wollen, ist der Einbau einer PCIe-WLAN-Karte mit Standardantenne nicht zu empfehlen. Bei vielen Aufstellungsvarianten des PCs würde sich die Antenne im Spalt zwischen Wand und metallischem PC-Gehäuse befinden und hat dort miserablen Empfang. Meist ist es besser, einen USB-WLAN-Stick für etwa zehn Euro zu kaufen und ihn in eine der USB-Buchsen **an der Vorderseite** des Gehäuses zu stecken.

Wie kann man die Reichweite erhöhen?

- Probieren Sie verschiedene Standorte für PC und Router. Manchmal helfen schon kleine Lageveränderungen um wenige Zentimeter. Stecken Sie den USB-WLAN-Stick nicht an der Rückseite an, wo der Empfang schlecht ist, besser an der Vorderseite. Wenn Sie ein USB-Verlängerungskabel benutzen, können Sie verschiedene Positionen ausprobieren. Der Router kann möglicherweise im Türrahmen aufgehängt werden, um mehrere Zimmer erreichen zu können.
- Manche Netzwerkkarten haben eine abnehmbare Antenne, die man durch eine bessere ersetzen kann. Es gibt auch Antennen mit eingebautem Verstärker.
- Mit geeigneten Parabolantennen kann die Reichweite verzehnfacht werden.
- Man kann einen „Access Point" oder einen „Repeater" als Zwischenverstärker platzieren.

9.3.4 Mesh-Netzwerke

Ein **Access Point**, deutsch „Zugriffspunkt", ist ein WLAN-Verstärker, der über ein Netzwerkkabel mit dem übergeordneten Router verbunden ist. Der Access Point benutzt eine andere SSID als der Router. Man kann beispielsweise einen alten DSL-Router als Access Point weiterverwenden.

Ein **Repeater** fängt das vorhandene WLAN-Signal auf und sendet es erneut aus. „Repeat" heißt auf Deutsch „Wiederholen". Ein Repeater kann die Reichweite eines WLAN vergrößern, ohne dass Kabel verlegt werden müssen. Allerdings lassen sich nur kürzere Entfernungen überbrücken, wobei die Qualität des Signals schlechter wird. 4k-Streaming über einen zwischengeschalteten Repeater wird kaum möglich sein.

Repeater mit Bridge-Funktion haben eine RJ45-Buchse und ermöglichen den Anschluss von Geräten über Netzwerkkabel. Das ist sinnvoll, wenn Sie einen Bereich per WLAN überbrücken möchten, wo Sie keine Kabel verlegen wollen oder können, um beispielsweise einen Fernseher ans Internet anschließen wollen. Ein Repeater übernimmt alle Einstellungen des Routers, z. B. das WLAN-Passwort.

Mehr über WLAN und die Vergrößerung der WLAN-Reichweite ist unter `eifert.net/wlan` zu finden.

9.3.5 Sicherheit

In ein ungesichertes Netz kann sich jeder Nachbar oder ein Krimineller auf der Straße einklinken. Vielleicht stört es Sie nicht, wenn andere in Ihrem PC oder Notebook stöbern können, weil Sie nichts Persönliches auf dem PC haben? Jemand könnte auf Ihre Kosten Bezahldienste abonnieren, beispielsweise um Musik herunterzuladen. Ein missgünstiger Nachbar könnte unter Ihrem Namen ein Segelboot ersteigern, was Sie nicht brauchen, aber trotzdem bezahlen müssen (so etwas ist schon vorgekommen). Es gab viele Fälle, wo ahnungslose WLAN-Nutzer von Klagen wegen Urheberrechtsverletzungen oder Kinderpornografie überrascht wurden. Deshalb ist WLAN-Verschlüsselung Pflicht.

Der Bundesgerichtshof hat im Mai 2010 geurteilt, dass für ungenügend gesicherte WLAN-Netze kostenpflichtige Abmahnungen fällig werden können. Im Juli 2016 wurde das Gesetz etwas „entschärft": Für Provider entfällt die Haftung. Im Juni 2017 wurde die Störerhaftung endgültig abgeschafft: Für ein separates Gäste-WLAN entfällt die Haftung, auch wenn es unverschlüsselt betrieben wird.

WLAN-Verschlüsselung

WEP (**W**ired **E**quivalent **P**rivacy) war der erste Verschlüsselungsstandard für WLAN. Es stellte sich heraus, dass das Verfahren Schwachstellen hatte und mit heutiger Hard- und Software in wenigen Minuten entschlüsselt werden konnte.

WPA (**W**i-Fi-**P**rotected **A**ccess) wurde 2003 als verbesserte Verschlüsselung eingeführt. 2008 wurden Methoden gefunden, um die WPA-Verschlüsselung zu brechen. Doch seit 2004 gibt es eine verbesserte Verschlüsselung WPA-2, und seit 2018 gibt es erste Geräte mit Verschlüsselung WPA-3. WPA-2 gilt gegenwärtig noch als sicher, wenn ein ausreichend langes und kompliziertes Passwort gewählt wird. Für geringe Sicherheitsansprüche genügen acht Zeichen, wenn Sie einen Mix aus Groß- und Kleinbuchstaben, Ziffern und Sonderzeichen benutzen. Normale PCs würden Monate brauchen, um ein solches Passwort zu entschlüsseln – vorausgesetzt, Ihr Passwort ist in keinem Wörterbuch der Welt zu finden. Die Hochleistungscomputer von Geheimdiensten oder konkurrierenden Firmen können ein Passwort aus acht Zeichen in Minuten oder wenigen Stunden knacken. Jedes weitere Zeichen erhöht die Sicherheit um mehr als das Fünfzigfache. Ein Passwort aus 32 Zeichen gilt als absolut sicher. Wenn Sie keine Regierungsgeheimnisse hüten müssen, dürfte ein Passwort aus 12 Zeichen ausreichend sein.

Alle Geräte im Funknetz müssen das gleiche Verschlüsselungsverfahren benutzen. Sehr alte Geräte unterstützen eventuell WPA und WPA-2 nicht. In diesem Fall haben Sie zwei Möglichkeiten: für das gesamte Netzwerk eine unsichere Verschlüsselung wählen oder die alten Geräte entsorgen. Manche Router können mittels Update auf WPA-2 umgestellt werden. Dabei kommt es allerdings manchmal zu Leistungseinbrüchen, wenn der Router die für WPA-2 benötigte Rechenleistung nicht für alle angeschlossenen PCs gleichzeitig aufbringt.

Seit 2018 gibt es einen verbesserten Verschlüsselungsstandard WPA3. Angriffe mit „Brute-Force-Attacken" (mit Durchprobieren aller möglichen Schlüssel) funktionieren nicht mehr. Ab Juli 2020 müssen alle Geräte, die mit „WiFi-certified" werben wollen, WPA3 unterstützen.

Netzwerk

Vorsichtsmaßnahmen

- Ändern Sie unbedingt die vom Hersteller voreingestellte SSID Ihres Routers. Wenn ein Nachbar einen baugleichen Router ebenfalls mit der gleichen voreingestellten SSID betreibt, bekommen Sie Probleme. Aus der SSID sollte man weder den Eigentümer noch Standort oder Typ des Geräts erkennen können.
- Falls Ihr Router ein Standardpasswort hat („Admin", „0000" o. Ä.), ändern Sie es.
- Manche Router können vom Kundendienst des Providers über das Internet konfiguriert werden. Oder von Hackern. Erlauben Sie diese Art des Internetzugangs nur bei Bedarf und nur zeitweilig!
- Bei manchen Routern kann man die Sendeleistung verringern, wenn nur eine kurze Entfernung zu überbrücken ist. Passanten und Nachbarn haben keinen Empfang, und Ihre Strahlenbelastung sinkt.
- Ein „DHCP" genanntes Verfahren teilt jedem PC, der darum bittet, eine IP-Adresse (Internet-Adresse) zu, auch den PCs unerwünschter Besucher. Es ist sicherer, den DHCP-Mechanismus des Routers auszuschalten und jedem PC eine feste IP-Adresse zuzuordnen.
- Wie Sie bereits wissen, hat jedes Netzwerkgerät eine weltweit einmalige MAC-Adresse. Bei manchen Routern kann man eine „**A**ccess **C**ontrol **L**ist" mit den MAC-Nummern derjenigen Geräte aufstellen, die Zugang erhalten dürfen. WLAN-Geräte, die nicht in der Liste stehen, werden vom Router ignoriert.
- Bei vielen Routern lässt sich die Aussendung der SSID deaktivieren. Dadurch wird Ihr Router für die Nachbarschaft unsichtbar. Das scheint die Sicherheit zu erhöhen, doch tatsächlich entsteht dadurch eine Sicherheitslücke, siehe dazu, `https://www.pcwelt.de/tipps/Sicherheit-im-WLAN-SSID-senden-oder-nicht-9601227.html`.

Sie sollten wenigstens die ersten drei Vorsichtsmaßnahmen ergreifen.

Ist Ihr Netzwerk sicher?

Selbst wenn Sie alle beschriebenen Sicherheitsmaßnahmen einsetzen, bleibt ein Restrisiko. Ihre Datenpakete können von jedem mit geeigneten Geräten aufgefangen werden. Wenn ein Auto mit einem Hacker auf dem Beifahrersitz die Straße entlangfährt und dabei nach WLAN sucht, nennt man das „Wardriving". Mit einem WLAN-Sniffer (deutsch: „WLAN-Schnüffler") kann er die Verschlüsselungsmethode und die MAC-Adresse Ihres WLAN-Modems ermitteln. Das dauert nicht einmal eine Minute. Die WPA2-Verschlüsselung kann er jedoch nicht mit mathematischen Methoden knacken. Doch das ist kein Problem: Er muss nur warten, bis jemand einen PC einschaltet. Der PC schickt ein Datenpaket mit Benutzernamen und Passwort zum Router, um sich anzumelden. Diese Anmeldedaten sind leider unzureichend verschlüsselt.

Und wenn der Hacker nicht so lange warten will, bis Sie endlich Ihren PC einschalten? Er sendet Störsignale und versucht damit, „Ihren PC aus dem Netz zu werfen". Wenn das gelingt, meldet sich der PC automatisch wieder an – und der Hacker schneidet die Zugangsdaten mit!

Sie meinen, das ist viel zu kompliziert für einen Amateur-Hacker? Auf YouTube gibt es Schritt-für-Schritt-Anleitungen, wie man mit Gratis-Programmen ein WLAN-Netzwerk knackt …

Wie schnell ist Ihr WLAN?

Wie viele Netze sehen Sie, wenn Sie sich die „verfügbaren Drahtlosnetzwerke" anzeigen lassen? In Städten sind mehrere Dutzend nicht ungewöhnlich. Sie teilen sich die Bandbreite mit allen sichtbaren und unsichtbaren Nachbarn. Zum Glück sind nicht alle gleichzeitig aktiv. Im Internet gibt es Testprogramme (fragen Sie eine Suchmaschine nach „Speedmeter"), um die Geschwindigkeit zu testen. Möglicherweise können Sie die volle Geschwindigkeit Ihres DSL-Anschlusses nicht ausnutzen, weil die WLAN-Verbindung zeitweise zu langsam ist. Vielleicht sollten Sie den Aufwand auf sich nehmen, ein Netzwerkkabel zu verlegen.

9.3.6 WLAN funktioniert nicht – was tun?

- Treiber prüfen: Wenn im Gerätemanager unter „Netzwerkadapter" die WLAN-Komponente mit einem Ausrufezeichen markiert ist, sind die Treiber zu überprüfen bzw. zu aktualisieren. Wenn das Symbol rot durchgekreuzt ist, muss der Adapter aktiviert werden.
- WLAN einschalten: Bei Notebooks kann man WLAN mit einem Schalter oder einer Tastenkombination (oft Fn F2) aktivieren und deaktivieren. Überprüfen Sie, ob die WLAN-LED leuchtet. Bei vielen Routern kann das WLAN abgeschaltet werden: über Menü oder komfortabel mit Schalter oder Tastenkombination. Moderne Router können WLAN über Zeitschalter an- und ausstellen, z. B. über Nacht.
- Ist der WLAN Standard korrekt eingestellt? Wenn Sie ältere und neuere Adapter haben, müssen Sie im Router-Menü „N+G+B" oder „Gemischt" einstellen. Dann kann jede Netzwerkkarte mit ihrer eigenen Höchstgeschwindigkeit arbeiten. Andernfalls werden einige Adapter nicht erkannt.
- Stimmen Passwort und Verschlüsselungsverfahren überein? Wenn der Router die Datenpakete mit WPA-2 verschlüsselt und das Notebook auf WPA eingestellt ist, verstehen sie sich nicht. Vielleicht reicht die Rechenleistung des Routers nicht, um die Daten für mehrere WLAN-Geräte gleichzeitig zu verschlüsseln. Versuchen Sie es probeweise unverschlüsselt. Vielleicht hilft ein Update für Treiber und Firmware.
- Ist der Abstand zu groß? Probieren Sie, ob bei einer Entfernung von wenigen Metern bei direkter Sicht eine Verbindung gelingt. Vergrößern Sie dann den Abstand und versuchen Sie, die Position der Antennen zu optimieren. Eine Lageänderung um wenige Zentimeter kann einen großen Effekt haben.
- Störungen eliminieren: Babyphone, Mikrowellen und Router in der Nachbarschaft können stören. Auch der eigene PC ist, funktechnisch gesehen, ein Störer. Wenn Ihre WLAN-Karte eine abschraubbare Antenne hat, können Sie mit einer Verlängerung für einige Zentimeter Abstand vom PC sorgen.
- IP-Adressen prüfen: Passen die Adressen aller Geräte zueinander? Aktivieren Sie DHCP am Router und überlassen Sie es den Notebooks, sich eine korrekte Adresse vom Router zuweisen zu lassen.
- Liegt es an der Filterung der MAC-Adressen? Bei den meisten Routern kann eine Liste eingerichtet werden, welche WLAN-Geräte berechtigt sind, sich anzumelden. Wenn Sie ein neues Gerät erstmals verwenden, das noch nicht in dieser Liste steht, kommt keine Verbindung zustande.
- Haben Sie Geduld! Manchmal dauert es eine bis drei Minuten, bis Ihr Notebook den WLAN-Router gefunden hat. Aktualisieren Sie mehrmals die Liste der verfügbaren Netzwerke.
- WLAN und Bluetooth stören einander? Stellen Sie Ihr WLAN auf die Nutzung des 5 GHz-Bandes um.

9.3.7 Gesundheitsgefährdung?

Die zehn Beacons pro Sekunde werden immer mit maximaler Energie gesendet. Der Datenverkehr läuft meist mit geringer Sendeleistung, solange die Verbindung gut ist. Je schlechter die Stationen empfangen, desto mehr „drehen sie auf".

Die **Reg**ulierungsbehörde für **T**elekommunikation und **P**ost „RegTP" erlaubt eine maximale Strahlungsleistung von 1 Watt für WLAN-Komponenten, die im 5-GHz-Frequenzbereich senden. Im 2,4-GHz-Bereich sind 0,1 Watt zulässig. Das Bundesamt für Strahlenschutz konnte (noch) keine Beweise finden, dass Strahlung dieser Stärke schädlich ist und sichert sich ab: „Da bislang die Fragen zu möglichen Langzeiteffekten beim Menschen und die Wirkungen auf Kinder nicht abschließend geklärt werden konnten", empfiehlt dieses Ministerium, „die persönliche Strahlenbelastung durch eigene Initiative zu verringern". Es gibt Initiativen, z. B. in Großbritannien und Österreich, die Nutzung von WLAN in Schulen zu begrenzen.

Die Strahlungsstärke sinkt mit der zweiten Potenz der Entfernung. Das bedeutet: Wenn Sie den Abstand zum Router verdoppeln, sinkt die Strahlung auf ein Viertel. Platzieren Sie den WLAN-Router nicht an Ihrem Arbeitsplatz. Stellen Sie den WLAN-Router nicht ins Schlafzimmer und schon gar nicht ins Kinderzimmer.

Router	Sendeleistung maximal
WLAN	1 W
GSM	10 W
UMTS	20 W
LTE	40 W

Tab. 9.3: Sendeleistung von Basisstationen

Handys und DECT-Telefone strahlen zwar stärker als WLAN, aber nur während der Dauer des Telefonats, und selbst Vieltelefonierer müssen Schlaf- und Esspausen machen. Die meisten WLAN-Router strahlen 24 Stunden pro Tag. Es ist eine kleine Mühe, den WLAN Router bzw. dessen WLAN-Sendeteil bei Nichtgebrauch abzuschalten. Viele Router haben dafür einen Schalter. Bei modernen Routern kann man mit einer Zeitschaltung für jeden Wochentag festlegen, wie lange WLAN eingeschaltet sein soll. Die WLAN-Antenne von Notebooks lässt sich meist mit einem Schalter, einer Taste oder Tastenkombination abschalten (was nebenbei die Akkulaufzeit verlängert).

Schadet die allgegenwärtige Strahlung der Gesundheit? Auch für Handys gibt es Grenzwerte, wie stark ein Gerät strahlen darf. Diese Werte werden von den Herstellern eingehalten. Sind die Grenzwerte niedrig genug angesetzt? Wir wissen es nicht. Die Wissenschaft hat erst vor kurzem begonnen, sich mit der Strahlungsgefährdung durch Handys zu beschäftigen. Teilweise handelt es sich um Auftragsforschung, die von Mobilfunkunternehmen bezahlt wird. Eine Untersuchungskommission der WHO konnte 2011 keine Beweise finden, dass die Strahlung von Handys und Sendemasten bei Vieltelefonierern Krebs hervorrufen kann, hält aber trotzdem die elektromagnetischen Wellen der Handys für „möglicherweise krebserregend". Zwar sei die Strahlung um ein Vielfaches geringer als Röntgenstrahlung oder Radioaktivität, doch man wisse immer noch zu wenig über die biologische Wirkung der Mobilfunkwellen.

Auf der Webseite `https://www.feldkarte.de` kann man für einige Städte die Strahlenbelastung durch Mobilfunk sehen.

Seit 1922 wird die Bevölkerung mit Radiowellen bestrahlt, und seit zwanzig Jahren kommen immer weitere Frequenzen dazu. Das Langzeitexperiment, einen großen Teil der Bevölkerung ununterbrochen zu bestrahlen, ist in vollem Gange. In 50 Jahren werden wir mehr über die Langzeitwirkungen wissen.

9.4 POWER-LAN

PowerLAN, auch dLan oder **P**ower**l**ine **C**ommunication (PLC) genannt, benutzt die 230 Volt Stromleitungen für die Datenübertragung. Zusätzlich zum 50 Hz Starkstrom überträgt die Leitung eine Datenfrequenz im Megahertzbereich. Beim Empfänger wird das Datensignal mit einem Frequenzfilter herausgefiltert.

In manchen Gebieten ist DSL über Telefonleitung nicht verfügbar. PLC sollte ursprünglich als Alternative dienen. Einige Stadtwerke bieten einen Internetzugang über Stromleitungen an. Während bei DSL jeder Kunde eine eigene Leitung bis ins Haus bekommt, müssen sich alle Internet-Kunden der Stadtwerke die Leitung teilen. Was an Datenrate übrig bleibt, stellt heute niemanden mehr zufrieden.

Inhouse-Powerline ist eine Vernetzung innerhalb der Wohnung, die recht gut funktioniert. Man steckt zwei (oder mehr) Adapter in jede Steckdose, wo ein Netzwerkgerät angeschlossen werden soll. Vom Adapter zum PC nimmt man ein normales RJ45-Netzwerkkabel.

Da die Stromleitungen im Unterschied zu Netzwerkkabeln nicht abgeschirmt sind, fangen sie wie eine Empfangsantenne eine Menge Störstrahlung (z. B. Rundfunk) auf. Außerdem wird ein Großteil des Signals in Glühlampen und anderen Verbrauchern in Wärme verwandelt. Deshalb muss das Datensignal mit großer Amplitude (mit viel „Power") eingespeist werden, damit es stärker als die Störquellen und die Verluste ist.

Das Hochfrequenzsignal wird durch Spulen, wie sie in jedem Stromzähler stecken, stark gedämpft. Vielleicht kommen ein paar Signalreste aus Ihrer Wohnung bis zur Haussicherung. Doch bis in die Wohnung Ihres Nachbarn kommt das Signal nicht, denn dorthin müsste das Signal einen weiteren Zähler überwinden. Die direkte Funkabstrahlung erreicht jedoch die Nachbarschaft. Es ist ratsam, über eine Verschlüsselung wie bei WLAN nachzudenken.

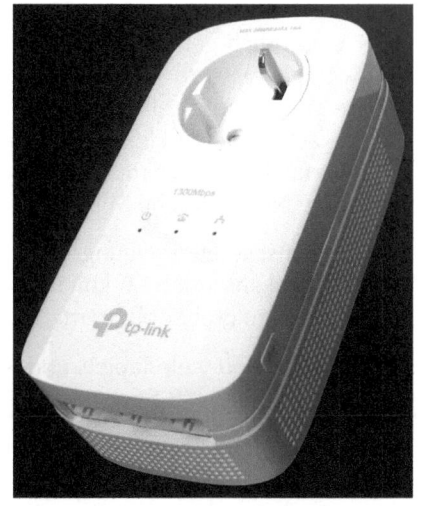

Bild 9.10: Adapter mit drei LAN-Ports (an der Unterkante) überträgt die Daten verschlüsselt

Die meisten Haushalte werden mit 3-Phasen-Strom (Drehstrom) versorgt. Üblicherweise sind die Schukodosen auf die drei Phasen verteilt. Im Sicherungskasten hängen meist die Sicherungen 1, 4, 7, 10 an einer Phase, die Sicherungen 2, 5, 8, 11 an der zweiten Phase und 3, 6, 9, 12 an der dritten Phase. Drehen Sie nacheinander die Sicherungen heraus, um festzustellen, welche Steckdosen zusammengeschaltet sind. Wenn die benötigten Steckdosen nicht an der gleichen Phase hängen, brauchen Sie einen Phasenkoppler, der das Trägersignal von einer Phase zur anderen weiterleitet. Der ist nicht billig. Möglicherweise ist es billiger, vom Elektriker einige Steckdosen umklemmen zu lassen, damit alle für die Vernetzung benötigten Dosen an der gleichen Phase hängen.

Stecken Sie die Adapter direkt in die Steckdosen. Mehrfachsteckdosen, Verlängerungskabel oder gar Kabeltrommeln dämpfen das Signal und erhöhen die Abstrahlung. Ein Überspannungsschutz-Zwischenstecker lässt kein Signal durch. In Feuchträumen und bei Außensteckdosen sind Fehlerstromschalter (FI) vorgeschaltet, die ebenfalls die Übertragung dämpfen und mit einem Phasenkoppler überbrückt werden müssen.

Falls Waschmaschine, Wäschetrockner, Staubsauger oder Mikrowelle zu sehr stören, versuchen Sie es mit einer anderen Steckdose. Je näher diese dem Sicherungskasten ist, desto besser.

Leider wirken die nicht abgeschirmten Leitungen auch als Sendeantenne. Mit Richtantennen können Ihre Daten bis in 100 Meter Entfernung empfangen werden. Der „Elektrosmog" ist größer als bei WLAN und erreicht jedes Zimmer, in dem sich eine Steckdose oder ein Schalter befindet. Die Abstrahlung Ihrer Leitungen kann zu Störungen im Frequenzbereich von etwa 3 bis 20 MHz führen. Das betrifft den Funkverkehr von Feuerwehr, Polizei, Sicherheitsbehörden, Taxi- und Amateurfunk, Kurzwellenrundfunk, den Seefunkdienst, Wetterfunk, Flugfunk und militärische Funkdienste. Wie stark diese Störungen sind und ob sie jemand bemerkt, hängt von Lage und Bau Ihres Hauses ab und lässt sich nicht vorhersagen. Auch wenn es nur sehr selten vorkommt: Wenn sich einer dieser Funkdienste (oder auch nur der Funkamateur im Nebenhaus) gestört fühlt, kann er sich in Deutschland an die Bundesnetzagentur wenden. Die schickt einen Funkmesswagen, legt Ihr Equipment still und schickt Ihnen die Rechnung für den Einsatz der Funkmesstruppe.

Weltweit konkurrieren zwei zueinander inkompatible Konzepte: das von Panasonic (vor allem in Asien) und HomePlug von Intellon. Das IEEE hat einen Standard 1901.2010 verabschiedet. Die wichtigsten Hersteller in Deutschland sind Devolo und vor allem AVM mit Fritz Powerline. Einige Adapter funktionieren „nebenbei" als WLAN-Repeater oder LAN-Switch.

Eine Schlagbohrmaschine und einen langen Steinbohrer auszuleihen und LAN-Kabel zu verlegen, dürfte in manchen Fällen die bessere (und wohl auch billigere) Möglichkeit sein.

9.5 Bluetooth

Dieses Funkverfahren arbeitet im genehmigungsfreien Frequenzbereich von 2,4 GHz (2402 bis 2480 MHz). Im Vergleich zu WLAN (das je nach Frequenz mit maximal 100 mW oder 1000 mW strahlen darf) wird mit einer wesentlich geringeren Sendeleistung gearbeitet. Eine Reichweite von wenigen Metern ist für Headset, MP3-Player, Maus, Tastatur und andere „Kleingeräte" oft ausreichend und belastet den Akku nur wenig. Eine Belastung durch Elektrosmog kann bei der geringen Sendeleistung wohl vernachlässigt werden. Wegen der kleinen Reichweite entstehen nur kleine Netze. Solche Mininetze bezeichnet man als „Piconet".

Geräteklasse	Sendeleistung	Reichweite im Freien
1	100 mW	100 m
2	2,5 mW	10 m
3	1 mW	1 m

Tab. 9.2: Bluetooth 1.0 Parameter

Die theoretische Übertragungsrate von Bluetooth in der Version 1.0 beträgt 706,25 kbit/s beim Empfang, gleichzeitig kann mit 57,6 kbit/s gesendet werden. Das reicht beispielsweise für die gleichzeitige Stereoübertragung zu drei Kopfhörern.

Smartphones und viele Tablets und Notebooks haben Bluetooth integriert. PCs lassen sich mit einer Steckkarte oder einem USB-Stick nachrüsten. Windows ab Vista unterstützt Bluetooth ohne Treiberinstallation.

Sobald Bluetooth-Geräte eingeschaltet werden, suchen sie nach anderen Geräten. Sie identifizieren sich innerhalb von zwei Sekunden über eine unverwechselbare 48 Bit lange MAC-Adresse. Eins der Geräte wird automatisch zum Master bestimmt, der die Kommunikation steuert, die anderen sind die „Slave"s. Fällt ein Master aus, wird einer der Slaves automatisch zum Master heraufgestuft.

Ein Bluetooth-Netzwerk kann bis zu 255 Teilnehmer umfassen, von denen acht Geräte gleichzeitig aktiv sein können, während die restlichen 247 geparkt werden. Die nicht aktiven Geräte bleiben synchronisiert und lauschen auf Nachrichten. Um den Akku zu schonen, gibt es mehrere Energiesparmodi. Ein Slave kann z. B. dem Master mitteilen, dass er die nächsten 0,5 Sekunden (für einen Computer ist das eine Ewigkeit) „schlafen" wird. Sofern keine zu übertragende Daten eingetroffen sind, wird der Master diesen „Wunsch" respektieren und erst nach einer halben Sekunde nachfragen, ob der Slave weiterschlafen will.

Bluetooth hat drei Sicherheitsmodi: völlig unverschlüsselt und zwei weitere, die mit Verschlüsselung und Authentifizierung arbeiten können. Wenn Sie über Bluetooth-Kopfhörer Radio hören, kann auf eine Verschlüsselung verzichtet werden. Eine Datenübertragung dürfte wohl immer verschlüsselt sein.

Ein modernes Smartphone beherrscht GSM, UMTS, LTE, GPS, WLAN und Bluetooth. Teilweise überlappen sich die Frequenzbereiche. Jedes Funksignal erzeugt Störungen auf benachbarten Frequenzen, sogenannte „Oberwellen". Alle Ihre Geräte konkurrieren untereinander, mit den Nachbarn, mit Babyfon, Mikrowelle, Funkfernsteuerung ... um eine freie, störungsarme Frequenz. Bluetooth mit seiner geringen Sendeleistung ist in diesem „Wettkampf" im Nachteil, zumal die Störungen durch andere Dienste eine höhere Amplitude haben als ein Bluetooth-Nutzsignal. Die Bluetooth Version 4.1 hat die Störsicherheit verbessert, wenn viele Bluetooth- und LTE-Geräte gleichzeitig in Betrieb sind (z. B. viele 3D-Brillen im Heimkino). Der Low-Energy-Modus von Bluetooth 5 (seit 2017) ermöglicht 2 Mbit/s bei einer Reichweite von 200 Metern im Freien. Ein zweiter neuer Modus ist für IoT-Geräte („Internet of Things") vorgesehen: Weil solche Geräte nur kleine Datenmengen übertragen, ist eine noch größere Reichweite bei minimalem Energieverbrauch möglich.

Eine interessante Verwendung ist der Einsatz von Bluetooth-Geräten als Haustürschlüssel oder für eine Zugangskontrolle. Herzschrittmacher können drahtlos überwacht werden. Die Spielzeugindustrie lässt Puppen und Spielzeugtiere untereinander kommunizieren.

9.6 RFID

RFID ist die Abkürzung von „**R**adio-**F**requency **Id**entification". RFID ist eine Technologie für das berührungslose Identifizieren von Objekten mit Radiowellen. Ein Gegenstand wird mit einem Transponder („Funketikett") gekennzeichnet. Der Transponder enthält eine Antenne, einen Analogchip für das Senden und Empfangen (den Transceiver), einen Digitalchip sowie einen Codespeicher.

RFID-Transponder können so klein wie ein Reiskorn sein und implantiert werden, etwa bei Nutztieren oder Menschen. Sie stecken in Kredit- und EC-Karten und im neuen Personalausweis. Die Herstellung von RFID-Transpondern ist preiswert, sie können sogar gedruckt werden.

Zum Lesen erzeugt ein Lesegerät entweder ein Magnetfeld oder Hochfrequenzwellen. Ein Teil der Feldenergie wird im RFID-Transponder gleichgerichtet und versorgt den Transponder mit Energie. Da die Feldstärke mit dem Quadrat der Entfernung abnimmt, ist die Reichweite kurz. Mit 1,5 Meter großen Antennen (wie am Ausgang von Kaufhäusern) sind Reichweiten bis zu einem Meter möglich. Für größere Reichweiten gibt es aktive Transponder mit eigener Stromversorgung, die allerdings teurer sind.

Der Digitalchip im RFID-Transponder decodiert die vom Lesegerät gesendeten Befehle. Die Antwort erfolgt durch Schwächung des vom Lesegerät ausgesendeten Feldes. Damit werden die eigene unveränderliche Seriennummer und weitere Daten übertragen. Der RFID-Transponder erzeugt also selbst kein Feld, sondern beeinflusst das elektromagnetische Sendefeld des Readers.

Netzwerk

9.7 NFC

Die Technik von NFC basiert auf RFID: Ein Lesegerät kann über ein elektromagnetisches Feld einen passiven Speicher auslesen. Mit **N**ear **F**ield **C**ommunication, deutsch: Nahfeldkommunikation, können über eine Entfernung von maximal zehn Zentimetern Daten ausgetauscht werden.

NFC-Logo

NFC kommt unter anderem zur Zahlung kleiner Beträge zum Einsatz: Bei der Bahn für das Handyticket „touch & travel", bei der Sparkasse unter dem Namen „girogo" und an einigen Hochschulen für die Bezahlung kleiner Beträge mit dem Studentenausweis. MasterCard bezeichnet Kreditkarten mit NFC als „payPass" und VISA als „payWave".

NFC kann auch eingesetzt werden für den Austausch von Telefonnummern, Bildern, MP3-Dateien und anderen Daten, als „Ausweisersatz" bei der Zugangskontrolle, als Autoschlüssel und für die Zwei-Faktor-Authentifizierung.

Lesegeräte am Kassenterminal haben eine Reichweite von etwa vier Zentimetern. Viele Modelle von Handys, Smartphones und Tablets haben einen eingebauten NFC-Chip und können mit einer geeigneten App als Lesegerät arbeiten, z. B. mit der App „Scheckkartenleser" eine NFC-Karte auslesen, bei einer Reichweite von etwa zwei Zentimetern. Sie können auch als Transponder funktionieren und von einem anderen Lesegerät (z. B. einem Kassenterminal) ausgelesen werden.

Wie bei allen drahtlosen Verfahren gibt es Probleme mit der Sicherheit. Bezahlvorgänge zwischen aktiven Geräten (Kasse und Smartphone) sind sicher, passive Geräte (z. B. eine Chipkarte) sind generell nicht sicher. Wer ein Lesegerät an Ihre Hosen- oder Handtasche hält, kann die Karte lesen. Wie lässt sich das verhindern?

Angeblich kann man eine RFID-Karte vor Auslesen schützen, indem man sie in Alufolie wickelt. Alufolie wirkt wie ein Faraday'scher Käfig und schirmt Funkwellen ab – ein Magnetfeld aber nicht. Eisen- oder Stahlfolie würde schützen. Es gibt Geldbörsen, in denen die Karten abgeschirmt sind, und Abschirmhüllen für Autoschlüssel. Doch die sind nicht unbedingt nötig: Denn wenn eine oder mehrere weitere NFC-Karten in der Brieftasche stecken, überlagern sich deren Felder und ein Auslesen ist praktisch unmöglich. Auch Münzen („Kupfer"münzen und Euromünzen sind magnetisierbar) stören enorm.

Und falls doch jemand heimlich die Nummer der Kreditkarte ausliest? Dann kann er nur in denjenigen Online-Shops einkaufen, welche die dreistellige Kartenprüfnummer nicht abfragen, denn diese Nummer ist nicht in der Karte gespeichert, sondern nur aufgedruckt.

Hat jemand die Daten einer EC-Karte gestohlen und eine Kopie angefertigt, kann der Dieb Beträge bis 50 Euro ohne PIN-Eingabe bezahlen. Die seit 2018 gültige „Zahlungsdienstrichtlinie" PSD2 verpflichtet die Banken, spätestens nach Erreichen einer Summe von 150 Euro oder nach fünf Zahlungen ohne Pin zur Sicherheit die PIN abzufragen.

9.8 Transferjet

Ein Transferjet Consortium hat einen neuen Nahfunkstandard entwickelt. Damit ist eine extrem schnelle Übertragung (560 Mbit/s Brutto bzw. 375 Mbit/s Netto) zwischen Notebooks, Tablets und Smartphones auf sehr kurze Entfernung möglich. Zum Vergleich: Bluetooth sendet mit 57,6 kbit/s und empfängt 706 kbit/s. Wenn die Entfernung zwischen den Transferjet-Geräten größer als etwa fünf Zentimeter ist, bricht die Übertragung ab. Das ist ein Sicherheitsvorteil: Angriffe vom Parkplatz vor dem Haus wie bei WLAN sind unmöglich. USB-Adapter gibt es von Toshiba, gegenwärtig für etwa 50 Euro pro Stück. Der Verbreitungsgrad von Transferjet ist noch gering. Der Datenaustausch über WLAN oder Cloud ist zwar langsamer, aber weiter verbreitet.

9.9 GSM

GSM (**G**lobal **S**ystem for **M**obile Communications) ist das Übertragungsverfahren für die digitalen D- und E- Mobilfunknetze. 26 europäische Telekommunikationsunternehmen haben im Jahr 1982 vereinbart, diesen Mobilfunkstandard zu entwickeln. Im Jahr 1990 war die Entwicklung abgeschlossen. Die Bundespost und Mannesmann konnten damit beginnen, die D1- und D2-Netze aufzubauen.

SMS werden nicht auf dem Sprachkanal übertragen, sondern mit niedriger Priorität auf dem Steuerkanal. Dessen Übertragungsrate ist gering, darum kann die Zustellung Minuten und manchmal auch Stunden dauern.

GSM überträgt auch Daten. Je nach Empfangsbedingungen beträgt die Datenübertragungsgeschwindigkeit 9,6 kbit/s oder 14,4 kbit/s. Damit könnte man eine Seite reinen Text in zwei Sekunden übertragen. Grafisch gestaltete Webseiten benötigen die vielfache Übertragungsleistung. Der Standard GPRS (**G**eneral **P**acket **R**adio **S**ervice) ist eine Erweiterung des GSM-Standards. Er nutzt die durch Sprachtelefonate gerade nicht belegten Zeitschlitze des GSM-Kanals und überträgt bis zu 53,6 kbit/s.

Mbit/s	Verfahren
0,010	GSM (im ungünstigsten Fall)
0,052	Modem, analog
0,064	ISDN (pro Kanal)
0,384	GSM mit EDGE
0,384	UMTS
0,424	NFC
0,706	Bluetooth
1,0	DSL 1000
3,6	UMTS mit HSDPA (auf dem Land)
7,2	UMTS mit HSDPA (Städte)
42,2	UMTS mit HSDPA+ (wenige Orte)
560	Transferjet
150	LTE 4G Cat4
1000	LTE 4G Cat11
10000	LTE 5G

Tab. 9.4: Geschwindigkeitsvergleich

Eine der Weiterentwicklungen von GSM und die Vorstufe zu UMTS ist EDGE" (**E**nhanced **D**ata **R**ates for **GSM E**volution). Je nach Qualität des Funksignals wählt EDGE zwischen zehn verschiedenen Komprimierungsverfahren und schaltet bis zu vier Funkkanäle („timeslots" genannt) parallel. Theoretisch sind 384 kbit/s möglich, wegen der Fehlerkorrektur sind 220 bis 260 kbit/s realistisch. Beachten Sie aber:

- Auch in einem „voll erschlossenen" Gebiet nimmt die Signalstärke mit der Entfernung vom nächsten Mast ab. Hinzu kommen Reflexionen, Überlagerungen und Hindernisse.
- Bei hoher Auslastung des nächstgelegenen Mastes werden Ihrer Verbindung weniger als vier parallele Funkkanäle zugeteilt.
- In den meisten Tarifen ist die Datenmenge begrenzt, die pro Abrechnungsmonat übertragen werden darf. Wenn das Limit überschritten ist, wird Ihre Datenrate für den Rest des Monats drastisch verringert, meist auf 14,4 kbit/s.

9.10 UMTS

UMTS (**U**niversal **M**obile **T**elecommunications **S**ystem) ist ein Mobilfunkstandard der dritten Generation („3G"). Im Jahr 2000 wurden die Funkfrequenzen vergeben, seit 2004 ist UMTS in Deutschland kommerziell verfügbar. Die höhere Übertragungsrate wurde durch modernere Übertragungsverfahren und gleichzeitige Nutzung mehrerer Kanäle erreicht. Allerdings ist ein guter UMTS-Empfang nur in Ballungsräumen möglich. In ländlichen Gegenden ist der Empfang von UMTS ungewiss. Eine Download-Rate von 0,22 Mbit/s reicht für den E-Mail-Empfang, aber zum stressfreien Surfen braucht man mindestens DSL-1000 (1 Mbit/s).

UMTS wird ständig weiterentwickelt. HSDPA (**H**igh **S**peed **D**ownlink **P**acket **A**ccess) vergrößert die Download-Datenrate, HSUPA (**H**igh **S**peed **U**plink **P**acket **A**ccess) steigert die Datenrate beim Upload. Wenn beide Technologien gleichzeitig angeboten werden, nennt man diese Kombination HSPA. UMTS mit HSPA ist in vielen Ballungsräumen verfügbar. Ein flächendeckender Empfang dürfte noch lange dauern, denn in dünn besiedelten Gebieten amortisieren sich die notwendigen hohen Investitionen nicht.

Eine Technologie mit der Bezeichnung HSPA+ ist vor allem in Ballungsräumen verfügbar und ermöglicht Downloads bis 42,2 Mbit/s.

Beachten Sie aber, dass Sie in einigen preiswerten Tarifen eine ständig gedrosselte Datenrate bekommen.

Selbst wenn es UMTS in Ihrer Gegend gibt, ist nicht sicher, ob Sie es nutzen können. Der Sendemast des einen Anbieters kann in einer günstigen Entfernung und Richtung liegen, der Mast eines anderen Anbieters nicht. Wenn ein Sendemast überlastet ist, kann er Sie an einen anderen Mast weiterreichen, der in der Regel ungünstiger liegt. UMTS-Sticks sind eigentlich für den Außeneinsatz „auf der Wiese im Stadtpark" konzipiert. In Wohngebieten gibt es mannigfaltige Reflexionen und Dämpfungen durch Wände oder andere Hindernisse. Schlimmstenfalls können Sie nur GSM nutzen.

Ein großer Vergleichstest von „Computerbild" erbrachte interessante Ergebnisse. Die Messungen erfolgten in fünf Großstädten an Orten mit guten Empfangsbedingungen (Empfangsstärke mindestens vier von fünf Balken). Die wichtigsten Resultate:

- Im Durchschnitt erreichten Telekom, Vodafone und O2 wenig mehr als 20 % des beworbenen Maximaltempos, BASE (E-Plus) nur 11 %.
- Es treten starke Geschwindigkeitsschwankungen während der Übertragung auf. Minimal- und Maximalgeschwindigkeit unterscheiden sich innerhalb weniger Minuten um mehr als eine Größenordnung. Oft treten sekundenlange Aussetzer aus.
- Vor allem für Online-Spiele ist die „Ping-Zeit" wichtig (die Zeit, bis auf eine Anfrage vom anderen PC eine Antwort kommt). Diese Reaktionszeit war zwei- bis fünfmal länger als über DSL. Zitat: *Wer über UMTS spielt, wartet noch, während der Gegner schon gewonnen hat.*
- Optionstarife für höheres UMTS-Tempo sind Nepp. Der Gewinn an Geschwindigkeit ist minimal oder nicht nachweisbar. Jedoch könnte das größere maximale Datenvolumen für Vielsurfer interessant sein.
- Die Übertragung ist am Tag im Schnitt halb so schnell wie nachts.
- T-Mobile und Vodafone sind mit etwa 2 Mbps (Megabit pro Sekunde) am schnellsten, O2 erreichte 1 Mbps im Durchschnitt und BASE nur 0,5 Mbps.

Die Analyse der Datentarife zeigt riesige Preisunterschiede auf. Die Kosten für Wenigsurfer lagen zwischen lediglich 1,90 Euro und bis zu knapp 30 Euro im Monat. Zahlreiche Anbieter kassieren 3 Euro pro Tag bei einer Begrenzung auf 1 GB/Tag oder 25 Euro pro Monat bei einer Begrenzung auf 5 GB/Monat. Beachten Sie die Begrenzungen für das Datenvolumen: Der Vertrag nennt sich zwar „Flatrate", doch das „Flat" bezieht sich nur auf die zeitlich unbegrenzte Nutzung, nicht auf die Datenmenge. Und falls in den letzten Tagen des Abrechnungsmonats die Übertragung schneckenlangsam wird, ist das vermutlich kein technischer Defekt, sondern die Begrenzung der Datenrate auf 0,05 Mbit/s. Wenn Ihnen das öfter passiert, sollten Sie die automatischen Windows-Updates abschalten und an den letzten Tagen des Monats die Updates manuell durchführen. Besser: einen Bekannten mit DSL-Anschluss aufsuchen.

Nur 12 % der Festnetzanschlüsse erreichen die vertraglich zugesicherten Maximalgeschwindigkeiten, bei den Mobilfunknetzen sind es nur 5 %, hat die Bundesnetzagentur Ende 2016 festgestellt, und droht den Providern mit Strafverfahren. Die Hälfte der Festnetznutzer musste mit weniger als 60 % der vereinbarten Datenrate auskommen. Besonders die langsameren Anschlüsse (8 bis 18 Mbit/s) sind benachteiligt.

9.11 LTE

9.11.1 Technik

UMTS wurde in den vergangenen Jahren in mehreren Etappen weiterentwickelt. Mit HSPA und HSPA+ wurde die Datenrate in den Bereich von 7,2 bis 42,2 Mbit/s angehoben. Damit scheint sich das Potential von UMTS erschöpft zu haben.

Durch die Abschaltung der analogen Fernsehprogramme ist ein großes Frequenzband für LTE (**L**ong **T**erm **E**volution, deutsch etwa „Lang andauernde Entwicklung") frei geworden. Ein digitaler Fernsehkanal benötigte nur etwa ein Zehntel der Bandbreite eines analogen. Die Bundesnetzagentur hat die freien Frequenzen an Vodafone, O_2 und die Telekom versteigert, unter der Bedingung, dass vorrangig die „weißen Flecken" auf der Karte Deutschlands mit DSL-ähnlichen Internetzugängen versorgt werden sollen.

Die Reaktionszeiten (Latenzzeiten) von LTE sind deutlich besser als bei UMTS. Eine LTE-Funkzelle hat bis zu 10 km Reichweite. Die niedrigste Frequenz 800 MHz ist besonders wertvoll: Sie hat im Freien die größte Reichweite und dringt am besten durch Wände.

LTE, die 4. Generation („4G") des Mobilfunks, ist seit der Einführung 2010 in ständiger Weiterentwicklung. Anfangs hatte LTE bis zu 100 Mbit/s Download und 10 Mbit/s Upload. LTE in der Kategorie 4 („CAT4") bietet 150/50 Mbit/s. LTE-Advanced (CAT6 und höher) ermöglicht 300/50 Mbit/s, und LTE 4.5 (CAT11) erreicht 1000 Mbit/s im Download. Allerdings gibt es zwei Einschränkungen: Jeder Nutzer teilt sich die Kapazität der Funkzelle mit unterschiedlich vielen Nutzern. Und wenn Ihr LTE-USB-Stick nur CAT4 unterstützt, nützen Ihnen die CAT11 am Mast gar nichts. Manche Ihrer Empfangsgeräte können wahrscheinlich mit einem Software-Update auf die höhere Leistung umgestellt werden. Mehr dazu auf http://www.dslweb.de/lte-geschwindigkeit.php

Die Telekom liegt in Vergleichstests seit Jahren vorn, dahinter folgen Vodafone und O_2.

Besonders interessant finde ich den „GigaCube Flex" von Vodafone. Dieser kleine LTE-Router versorgt für monatlich 25 oder 35 Euro über WLAN alle Ihre Geräte. Sie haben überall Empfang, auch im Garten. Und wenn Sie den Router den ganzen Abrechnungsmonat ausgeschaltet lassen, entfällt der monatliche Grundpreis.

Sie wollen ein älteres Notebook mit einem USB-LTE-Stick aufrüsten? Suchen Sie sorgfältig nach einem geeigneten Anbieter. Die Empfehlung eines Freundes taugt nur dann etwas, wenn er die Verbindung mit seinem LTE-Stick oder -Gerät getestet hat – und zwar genau an dem Ort, wo Sie Ihr Notebook normalerweise benutzen. Schlimmstenfalls schließen Sie einen unkündbaren 24-Monate-Vertrag ab, ohne LTE sinnvoll nutzen zu können. Schlechter Empfang gilt nicht als Kündigungsgrund, lesen Sie das Kleingedruckte!

Das Risiko verringern Sie drastisch, wenn Sie einen LTE-Stick ohne Vertrag kaufen. Ein solcher Stick kostet etwa 20 Euro, und dazu müssen Sie ein Anfangsguthaben bezahlen. Bei einer nur gelegentlichen Nutzung des Internets kostet das pro Monat weniger als die Rate eines 24-Monate-Vertrages. Wenn Sie Erfahrungen gesammelt haben, können Sie jederzeit auf einen Vertrag mit Flatrate umsteigen.

9.11.2 Ausbauetappen und Verfügbarkeit

Eine flächendeckende Abdeckung wird nicht erreicht werden. Die aktuellen Karten der Netzabdeckung von Telekom, Vodafone und O_2 finden Sie auf https://eifert.net/project/hwa-links/. Laut Bundesnetzagentur sollte bis 1. Januar 2020 eine Abdeckung von bis zu 98 % der Haushalte mit einer Mindestdatenrate von 50 MBit/s pro Antennensektor erreicht werden, zusätzlich sollten die Hauptverkehrswege (Bundesautobahn und Schiene) vollständig versorgt werden. 98 % klingt nicht schlecht, aber in den dünn besiedelten Gebieten gibt es nicht nur in den Wäldern noch beträchtliche Funklöcher.

Die Ausbauziele werden jedes Jahr neu festgesetzt. Die Bundesnetzagentur droht mit hohen Geldbußen, wenn die jeweiligen Ausbauziele nicht erreicht werden.

Laut dem Bericht der Bundesnetzagentur vom Dezember 2023 sind 90% der Fläche Deutschlands von mindestens einem Anbieter mit 5G versorgt.

96% der Fläche werden von mindestens einem Anbieter mit 4G (LTE) versorgt.

Auf 3,9% der Fläche steht kein mobiles Breitband zur Verfügung, es gibt nur langsame Verbindungen.

Auf 0,36% der Fläche gibt es gar keinen Mobilfunkempfang.

Um LTE nutzen zu können, benötigt man einen LTE-USB-Stick für das Notebook oder einen LTE-Router, wie beispielsweise die Fritz! Box LTE. Einige Smartphones und Tablets haben ein eingebautes LTE-Modul. Bitte aufpassen beim Kauf von Geräten im Ausland! In anderen Teilen der Welt werden andere Frequenzen verwendet. Was für die USA produziert wird, funktioniert in Deutschland vielleicht nicht. Das iPad 4 von Apple beherrscht LTE in den Frequenzbereichen 700 und 2100 MHz. Nur nützt das in Deutschland nichts, hier werden die Frequenzen 800, 1800 und 2600 MHz benutzt. Das iPhone 5 nutzt das Frequenzband 1800 MHz. Nur die Telekom nutzt diese Frequenz in Städten. Diese Frequenz hat zwar die meisten Kanäle, aber die kleinste Reichweite und erfordert deshalb ein besonders enges Netz von Funkmasten. Die Telekom kommt kaum nach mit dem Errichten neuer Masten. Auf dem Land wird die Frequenz 800 MHz genutzt, die bis 10 km Reichweite hat. Allerdings kann das iPhone 5 diese Frequenz nicht empfangen. Erst die iPhone 5s und 5c sowie iPhone 6 kennen alle deutschen Frequenzen.

Weltweit benutzte Frequenzen:

- Deutschland: 800 MHz, 1800 MHz, 2000 MHz und 2600 MHz
- Schweiz: 800 MHz, 1800 MHz und 2600 MHz
- Österreich: 800 MHz und 2600 MHz
- Spanien: 1800 MHz und 2600 MHz
- Nordamerika: 700 MHz und 2100 MHz, Sprint Nextel und T-Mobile auch auf 1900 MHz
- Westeuropa, Mittlerer Osten und Afrika: 800 MHz, 900 MHz, 1800 MHz und 2600 MHz
- Osteuropa: 800 MHz, 900 MHz, 1800 MHz, 2300 MHz und 2600 MHz
- Asia-Pazifik: 850 MHz, 1500 MHz, 1800 MHz, 2100 MHz, 2300 MHz, 2500 MHz

9.12 5G – Mobilfunk der 5. Generation

Die neueste Mobilfunkgeneration wird „5G" genannt und erreicht 1 bis 3 Gbit/s in der Startphase, später sollen 10 Gbit/s möglich werden, vielleicht sogar 20 Gbit/s. Es wird ein Frequenzbereich von 2 GHz, 3,4 bis 3,7 GHz und 24 GHz genutzt. Weil höhere Frequenzen geringere Reichweiten haben, müssen die Sender dichter platziert werden. Seit Mai 2022 nutzt die Telekom auch den 0,7 GHz Bereich. Diese langwelligen Funkwellen haben eine größere Reichweite (bis 10 km) und durchdringen Gebäude und Wände besser. Damit wird die Versorgung ländlicher Gebiete verbessert.

Die 5G-Technologie ermöglicht nicht nur höhere Datenraten, sondern auch eine deutlich erhöhte Anzahl an gleichzeitigen Verbindungen sowie eine bis zu 40 mal kürzere Signallaufzeit gegenüber LTE. Zudem können bestimmte Anwendungen automatisch priorisiert werden, was z. B. für vernetzte Autos und automatische Fabriken wichtig ist.

Die Frequenzen für 5G wurden im Herbst 2019 versteigert. Die Regierung möchte endlich ihre jahrelangen Wahlversprechen einlösen und bis 2025 eine 100%ige Flächenabdeckung erreichen. Auch die Industrie braucht eine Vollversorgung, zum Beispiel für das autonome Fahren. Andererseits wollen die Telekom, Vodafone und und Telefónica keine 100 %, denn es wäre „unfassbar teuer" und sie warnen vor einer „Verspargelung" der Landschaft durch eng stehende Masten.

Im Mai 2022 ist 5G für 92 % der deutschen Bevölkerung verfügbar, meldet die Telekom.

Seit Mitte 2021 werden die 3G-Netze (UMTS) schrittweise abgeschaltet, denn die Frequenzen werden für LTE benötigt. Ältere Handys ohne LTE können dann nur noch das 2G-Netz (GSM) nutzen. Auch mit einem neueren Handy kann es nötig sein, den Tarif oder den Provider zu wechseln, weil manche günstige Tarife keinen LTE-Zugang bieten. Es gibt auch Geräte mit UMTS, die nicht mehr funktionieren werden. Das betrifft nicht nur vernetzte Kaffeemaschinen, sondern auch Autos mit Telematik-Service. „Connected Drive" von BMW oder „Mercedes Connect Me" wird nicht mehr funktionieren, und eine Aufrüstung haben die Autohersteller bisher nicht vorgesehen.

10 Notebooks und andere mobile Geräte

10.1 Allgemeine Betrachtungen

Im Jahr 1975 kam der „tragbare" IBM 5100 auf den Markt: Er kostete bis zu $20 000 und wog 24 kg. Ein Gewicht von 10 bis 15 kg (!) bei einem Preis weit über 10 000 DM war 1983 der Stand der Technik. 1986 war ein Laptop mit Floppylaufwerk, ohne Festplatte, mit einem Gewicht von 5 kg für 4000 DM ein Hit. Heutige Geräte sind auf etwa die Größe eines (sehr dicken) Schreibblocks geschrumpft und werden deshalb als Notebook (deutsch: Notizbuch) bezeichnet. Wenn die Computerleistung weiter verringert wird und das DVD-Laufwerk entfällt, erhält man ein „Subnotebook". Ersetzt man in einem Subnotebook die Festplatte durch Flash-Speicher, wird daraus ein Netbook. Lässt man bei einem kleinen Netbook das Touchpad und die Tastatur mit ihrer großen Fläche weg, erhält man ein Tablet. Nun dient der Bildschirm als Touchpad und als Bildschirmtastatur. Zum Lesen, Surfen, für E-Mails und als Multimedia-Player ist ein Tablet ausreichend, denn für die Verwendung als Informations- und Lesegerät ist nur wenig Rechenleistung erforderlich.

Die „Mischung" eines kleinen Tablets mit einem „klassischen" Mobiltelefon nennt man „Smartphone". Der folgende Text bezieht sich auf alle genannten Bauformen.

Der Vollständigkeit halber muss man das „Kindle" von Amazon, das „Tolino" und andere Lesegeräte erwähnen. Ein Lesegerät braucht kaum Rechenleistung, und das als Display verwendete „elektronische Papier" braucht nur beim Umblättern eine winzige Menge Energie. Deshalb sind Akkulaufzeiten von mehr als einer Woche keine Seltenheit.

Tablets, Smartphones und Lesegeräte sind nicht „IBM-kompatibel" und gelten deshalb nicht als PC. Windows und seine Anwendungen laufen darauf nicht. Das Betriebssystem der meisten Smartphones und Tablets ist „Android", das auf Linux basiert. Platz zwei der mobilen Betriebssysteme belegen iPhone und iPad von Apple mit dem Betriebssystem iOS. HarmonyOS ist ein neues Betriebssystem von Huawei. Nur sehr wenige Tablets, darunter das Microsoft-Tablet „Surface", haben Windows 10 oder 11 als Betriebssystem und arbeiten mit den gewohnten Windows-Anwendungen.

Doch nun zurück zu den Notebooks. Sie sind beliebt, weil sie wenig Platz auf dem Tisch benötigen und sich gut transportieren lassen. Für einige Stunden kann man sie mit einem Akku betreiben. Zahlreiche Außendienstler, Dienstreisende, Studenten und andere können auf ein Notebook nicht verzichten.

Wenn man einen Computer nur gelegentlich braucht, um Briefe zu schreiben, E-Mails auszutauschen und zu surfen, ist jedes aktuelle Notebook ausreichend leistungsfähig, bei geringeren Leistungsansprüchen kommt auch ein Tablet-Computer in Frage, vielleicht mit Zusatztastatur. Hat man darüber hinausgehende Ansprüche, sollte man das Angebot genauer prüfen. Als Gegenpol zur Werbung hier einige Gedanken, welche Nachteile man sich beim Kauf eines Notebooks möglicherweise einhandelt.

10.1.1 Betriebsdauer

Halbleiterbauelemente haben sehr stark schwankende Betriebsparameter. Bei gleicher Taktfrequenz ist der Stromverbrauch (und damit auch die Wärmeentwicklung) sehr verschieden. Beim Hersteller werden die Prozessoren vermessen und nach Wärmeentwicklung sortiert. Die energiesparendsten Prozessoren sind selten und werden teurer verkauft. Teurere Spitzengeräte erreichen damit längere Akkulaufzeiten.

Je weniger Strom von der CPU verbraucht wird, desto weniger Leistung müssen die Lüfter aufwenden. Tablets und manche Notebooks kommen ganz ohne Lüfter aus. Übrigens ist nicht allein der Stromverbrauch der CPU wichtig, auch der Chipsatz, die Grafikkarte und die Antennen von WLAN und Bluetooth brauchen viel Strom. Damit der Akku nicht so schnell leer ist, wird die Taktfrequenz des Prozessors im Akkubetrieb oft reduziert. Einige wenige Geräte halbieren den Prozessortakt immer im Akkubetrieb.

Bevor Sie ein preiswertes Notebook kaufen, sollten Sie testen, ob das Gerät auch im Akkubetrieb einen auf DVD oder USB-Stick gespeicherten Film ruckelfrei abspielen kann. Prüfen Sie auch gleich, ob der Betrachtungswinkel des Displays es erlaubt, den Film zu zweit oder zu dritt anzusehen, und ob der Akku für den ganzen Film reicht.

10.1.2 Tauglichkeit für Spiele

Jeder Spieler weiß, dass man für moderne Spiele einen leistungsfähigen Prozessor, eine gute Grafikkarte und ein kräftiges Netzteil braucht – und etliche Zusatzlüfter, um die Wärme aus dem Gehäuse heraus zu bekommen. Leistungsfähige Grafikkarten verbrauchen 200 bis 1000 Watt, eine gute CPU 100 bis 140 Watt. Spieler statten ihre PCs meist mit Netzteilen von mehr als 600 W aus. Kein tragbarer Akku kann 600 Watt für mehr als ein Dutzend Minuten liefern. Sie müssten schon einen Autoakku im Wägelchen hinter dem Notebook herziehen, der könnte 200 Watt für zwei Stunden liefern. Selbst wenn der Strom aus der Steckdose kommt – welche Lüfter sollen denn in der Lage sein, 600 Watt Wärmeleistung aus einem so kleinen Gehäuse herauszublasen? Eine dauerhaft zu hohe Temperatur im Notebook fördert dessen frühzeitiges Ende.

Das US-amerikanische Umwelt-Bundesamt hat 1992 das Umwelt-Label „Energy Star" geschaffen, um stromsparende Geräte auszuzeichnen. Die Regierung der USA hat allen Behörden untersagt, PCs oder Zubehör anzuschaffen, die nicht das Logo „Energy Star" tragen. Viele große Konzerne haben sich dieser Initiative freiwillig angeschlossen. Notebooks mit Onboard-Grafik dürfen maximal 14 W verbrauchen, um den Energy Star zu tragen. Wenn ein Grafikchip und separater Grafikspeicher vorhanden ist, sind 22 Watt erlaubt. Ein Hersteller, der diese Werte nicht einhält, würde einen Großteil seiner potenziellen Kunden verlieren. Das bedeutet knallhart: Normale Notebooks sind für die neuesten Spiele nicht geeignet.

Freilich gibt es ältere Spiele, die selbst auf einem PC mit 500 MHz schnell genug laufen. Das Kartenspiel „Solitär" läuft (unter Windows 3.1) sogar auf einem PC mit 25 MHz. Auch „Browserspiele" brauchen kaum Leistung. Aber Actionspiele auf einem Laptop erfordern Kompromisse, und mitunter scheitert ein Spiel an Hardwareproblemen. Die Hersteller haben das Problem erkannt. Inzwischen gibt es Notebooks, die für Spieler besser geeignet sind. Ein Spieler-Notebook muss mindestens zwei Bedingungen erfüllen:

- Die Grafikelektronik braucht einen eigenen Grafikspeicher, andernfalls muss die CPU viele Millionen mal pro Sekunde Zwangspausen einlegen, weil die Grafikelektronik beim Zugriff auf den Bildwiederholspeicher stets Vorrang bekommt (siehe „Shared Memory" im Kapitel über Grafikkarten).
- Das Notebook braucht einen separaten Grafikchip. Eine in den Chipsatz integrierte Grafikelektronik hat zu wenig Leistung für aktuelle Spiele, darüber hinaus werden die Treiber von manchen Spielen nicht akzeptiert (siehe „Onboard-Grafikkarte" im Kapitel über Grafikkarten).

Die Gamer-Notebooks der ASUS-Serie „**R**epublic **of G**amers" gehören zu den besten. Das Spitzenmodell ROG Zephyrus M GM501GM hat eine i7-Vierkern-CPU, eine NVIDIA GeForce GTX1060 Grafikkarte, 16 GB DDR-4 Arbeitsspeicher, zwei Festplatten (250 GB M.2-SSD und 1 TB magnetisch), kostet 2000 Euro und wiegt 2,45 kg. Das Netzteil hat 230 Watt, im Spielbetrieb braucht das Notebook etwa 90 Watt, kurzzeitig 150 Watt. Bei manchen Spielen reicht die Akkuladung nicht einmal eine Stunde. Laut Testbericht von Notebookcheck.com lässt das Gerät keine Wünsche offen, allerdings „erinnert die Lüftung an einen Tropensturm" und das Notebook stößt Hitze aus „wie ein Heizlüfter".

Ein leistungsfähiger Grafikchip braucht viel Energie. Die volle Leistung der Grafikkarte wird z. B. für Textverarbeitung und zum Surfen nicht gebraucht. Deshalb werden manche Notebooks mit einer Grafik-Hybridlösung ausgestattet. Zusätzlich zum stromsparenden Onboard-Grafikchip ist eine leistungsfähigere Grafikkarte eingebaut. Bei einfachen Arbeiten wird der Onboard-Chip benutzt, die Grafikkarte einschließlich deren Lüfter ist abgeschaltet oder im Energiesparmodus. Bei Bedarf wird die leistungsfähige Grafikkarte zugeschaltet und übernimmt die Grafikleistung allein oder teilt sich die Arbeit mit dem Onboard-Chip.

10.1.3 Ergonomie

Eingabe

Testen Sie die Tastatur! Manchmal sind die Tasten für breite Finger zu schmal. Dreifach belegte Tasten und ein ungewohnter Druckpunkt machen das Tippen umständlich. Die Tastenbelegung, speziell der Sondertasten, ist nicht einheitlich. Möglicherweise liegen einige Tasten an Stellen, an die Sie sich nur schwer gewöhnen können.

"Normale" Tastaturen sind an der Vorderkante knapp fünfzehn Millimeter hoch. Bei Notebooks liegt die Tastatur deutlich höher. Weil der Handballen beim Schreiben tiefer liegt als die Tasten, ist längeres Schreiben anstrengend, und Vielschreibern droht eine Sehnenscheidenentzündung. Eine Handballenauflage kann das Schreiben angenehmer machen. Wenn Sie Ihr Notebook zu Hause benutzen, könnten Sie eine normal große externe Tastatur anschließen.

Wenn Sie mit dem Notebook unterwegs sind, ist ein Touchpad unentbehrlich. In jeder anderen Arbeitsumgebung ist eine externe Maus anzuraten. Die Arbeit geht damit wesentlich schneller voran. Es gibt kleine, stromsparende Notebook-Mäuse, auch solche mit einem selbstaufrollenden Anschlusskabel. Wenn Sie das letzte Quäntchen Akkuleistung benötigen, ist von Funkmäusen abzuraten. Übrigens kann man das Touchpad bei vielen Notebooks mit einem Tastendruck an- und abschalten. Das ist hilfreich, wenn Sie beim Schreiben öfter versehentlich das Touchpad berühren und jedesmal der Cursor wegspringt.

Mit Zusatztastatur, -maus und -bildschirm können Sie sich an die Bedienungs-Ergonomie eines stationären Computers annähern. Lästig sind allerdings die vielen Kabel, die an- und ausgestöpselt werden müssen. Man kann das Stecken reduzieren, indem man Tastatur, Maus und Drucker an einen USB-Hub anschließt. Auch Sound und Netzwerk können über einen USB-Hub angesteckt werden. Einige höherpreisige Geräte haben einen Spezialstecker für den Anschluss einer Docking-Station. Das Notebook wird in die Dockingstation hineingeschoben und ist sofort mit Netzwerk, Drucker, Bildschirm, Lautsprecher, Tastatur und Maus verbunden, die ständig an der Dockingstation angeschlossen bleiben.

Bei der Benutzung von Notebooks, Smartphones und Tablets gibt es zahlreiche weitere, teil unerwartete Gesundheitsgefahren. Auf `eifert.net/hwergo` sollten Sie sich informieren.

Sonnenschein

Das brillanteste Bild im abgedunkelten Zimmer (und im Verkaufsraum) haben hochglänzende Displays. Bei hellem Licht oder gar draußen im Sonnenschein sehen Sie auf einem glänzenden Display nur Ihr eigenes Spiegelbild und das der Umgebung. Displays mit matter Oberfläche sind bei hellerem Licht vorzuziehen, aber sie sind im Handel schwer zu finden, am ehesten im Business-Bereich. Es gibt Folien zum Aufkleben, um einem glänzenden Bildschirm eine matte Oberfläche zu verpassen.

Eine relativ neue Entwicklung sind "transflexible Displays", die teils auch als "transreflektive Displays" bezeichnet werden. Damit ist das Arbeiten sogar im prallen Sonnenschein möglich.

10.1.4 Vertragsgestaltung bei Mobilgeräten

Mobile Geräte werden oft in Kombination mit einem LTE-Vertrag angeboten. Sie sollten sich gut überlegen, ob Sie wirklich einen unkündbaren Einjahresvertrag abschließen wollen. Wenn Sie Pech haben, ist der Empfang in Ihrer Gegend so schlecht, dass der Empfang auf das schneckenlangsame GPRS heruntergeschaltet. Der Verkäufer hat gesagt, in Ihrer Gegend wäre der Empfang gut? Können Sie sich vorstellen, dass er einem potenziellen Kunden sagen würde, der Empfang wäre schlecht? Vielleicht sollten Sie einen Bekannten einladen, der schon einen Vertrag mit dem von Ihnen anvisierten Provider hat, und ihn testen lassen, wie der Empfang in Ihrer Wohnung ist. Abseits von Städten ist manchmal nur ein einziger Provider zu empfangen. Sich nach dem Kauf beim Verkäufer zu beschweren, bringt gar nichts.

Berechnen Sie Ihre monatlichen Raten für ein Jahr und vergleichen Sie mit dem Preis beim Sofortkauf! Das Koppelgeschäft bringt dem Verkäufer bzw. dem Besitzer des Ladens eine fette Provision, ist aber für Sie vermutlich unvorteilhaft.

Die monatliche Rate besteht aus zwei Teilen: Dem Preis für die Kommunikation und die Ratenzahlung für das Gerät. Nach ein bis zwei Jahren ist das Gerät abbezahlt und der Monatspreis müsste deutlich sinken. Tut er das? Das ist extrem unwahrscheinlich. Ab dem dritten Jahr zahlen Sie deutlich zuviel, zumal die Mobiltarife von Jahr zu Jahr sinken. Längerfristig ist es vermutlich günstiger, ein Gerät ohne Vertrag zu kaufen. Fragen Sie gebenenfalls nach einer Ratenzahlungsmöglichkeit! Oder kündigen Sie den Vertrag nach der Mindestlaufzeit und suchen Sie einen günstigeren Provider.

USB-LTE-Sticks ohne Vertrag gibt es für etwa 20 Euro. Mit einem Prepaid-Tarif bezahlen Sie nur die Zeit, die Sie nutzen. Falls Sie schlechten Empfang haben, ist der Verlust gering.

Wenn Sie das Internet auf Reisen nur gelegentlich brauchen, genügt vielleicht WLAN. Auf mehr als 100 Bahnhöfen können Sie mindestens 30 Minuten kostenlos surfen. Im ICE können Sie in der 1. und 2. Klasse kostenlos surfen, seit 2022 auch in allen IC-Zügen. Die teils schlechte Versorgung liegt daran, dass die Mobilfunkbetreiber noch nicht alle Bahnhauptstrecken versorgt haben. McDonalds sowie Raststätten der Tank&Rast Holding sind fast flächendeckend mit WLAN versorgt. In immer mehr Tankstellen, Cafés, Behörden, Arztpraxen und Verkehrsunternehmen gibt es einen kostenlosen WLAN-Zugang. Die Telekom hat bereits 300 000 Telefonzellen in Deutschland mit WLAN ausgestattet und weitere 45 000 im Ausland, vorwiegend Flughäfen, Messen, Konferenzzentren und Hotels. In einem rasanten Tempo steigt die Zahl der Städte, welche in der Innenstadt kostenloses WLAN anbieten. Die neue Gesetzeslage zur „Störerhaftung" minimiert das Risiko von juristischen Problemen für Nutzer, die ihr WLAN für die Allgemeinheit zur Verfügung stellen. Bald werden Sie private Router in jeder Straße finden.

10.2 Die Formfaktoren bei portablen Geräten

Ein mobiles Gerät soll leistungsfähig und leicht sein und gleichzeitig eine lange Akkulaufzeit erreichen. Leider stehen diese Forderungen im Widerspruch: Je mehr Rechenleistung der Computer hat, desto mehr Energie braucht er. Erinnern Sie sich, dass die Änderung der Taktfrequenz eine fast proportionale Änderung des Strombedarfs der CPU und anderer Komponenten zur Folge hat? Andererseits ist die Energiemenge, die ein Akku zu speichern vermag, fast proportional zu seinem Gewicht. Höchstleistung bei geringem Gewicht und langer Akkulaufzeit ist unmöglich. Dennoch gibt es einige Möglichkeiten:

- Vierkern-CPUs sind vergleichsweise teuer, doch sie können ihre Leistung flexibel an die Anforderungen anpassen. Im Stand-by werden drei Kerne abgeschaltet und der letzte Kern läuft mit reduziertem Takt.
- Ersetzt man die Magnetfestplatte durch eine teurere SSD, steigt die Geschwindigkeit und gleichzeitig sinkt der Energiebedarf.
- Innerhalb einer Serie haben die Chips unterschiedlichen Energiebedarf. Je weniger Strom CPU, RAM, Chipsatz u. a. brauchen, desto teurer werden sie verkauft.
- Ein Gehäuse aus Magnesium ist leicht, robust und teuer.

Bei der Auswahl eines Gerätes müssen Sie einen Kompromiss finden zwischen Gewicht, Akkulaufzeit, Rechenleistung und Preis. Wenn Sie das Gerät häufig tragen müssen, um nur kurz daran zu arbeiten, z. B. in der Uni, bei Kunden oder auf Messen, ist geringes Gewicht wichtig. Auf langen Flug- oder Bahnreisen und im Garten ist eher eine lange Akkulaufzeit wichtig.

10.2.1 Laptop und Notebook

Sie sind 12 bis 17 Zoll groß und wiegen 1,5 bis 4 kg. Die Geräte mit größerem Bildschirm sollen einen Desktop-PC ersetzen, werden nur selten umhergetragen und ihr Akku hält nur wenige Stunden durch. Sie werden als „Laptop" bezeichnet. Bei „Notebooks" steht eine häufige mobile Nutzung im Vordergrund. Das Display und das Gewicht sind kleiner. Von Kunden zu Kunden fahren und jedem Kunden eine Präsentation zeigen und ein Angebot erstellen – dafür reicht die Akkuladung, doch für acht Stunden ununterbrochenen Betriebs reicht sie kaum.

10.2.2 Netbook

Im Unterschied zu einem Notebook wird auf das DVD-Laufwerk verzichtet, daher ist es deutlich kleiner als ein Notebook. Die Idee: Alles, was man von DVD installieren kann, kann man auch aus dem Internet herunterladen. In der Realität ist ein Netbook leistungsschwächer als Notebooks. Netbooks wurden von ASUS erfunden, doch ASUS und wohl auch andere Hersteller hat sich inzwischen aus diesem Geschäftsfeld zurückgezogen. Die Verkäufe gingen zurück, weil die Konkurrenz durch Tablets zu stark geworden ist.

10.2.3 Subnotebook

Mit einem Gewicht von etwa einem Kilogramm, etwa 1 bis 2 cm dick, haben sie eine Leistung wie ein Notebook, sind aber deutlich teurer. Schnittstellen sind knapp, das DVD-Laufwerk fehlt.

10.2.4 Ultrabook

Ultrabooks sind Notebooks mit leistungsstarken Intel-CPUs, die besonders dünn und leicht sind, aber trotzdem eine hohe Akkulaufzeit von 8 bis 10 Stunden erreichen. Damit kann man einen Arbeitstag überstehen, ohne den Akku aufladen zu müssen. Ultrabooks sind für die Bedürfnisse von Geschäftsreisenden geschaffen. Sie sind leise, ihr Geräusch stört die Konzentration beim Arbeiten nicht.

Intel hat den Begriff „Ultrabook" im Jahr 2011 geschaffen. Damit ein Notebook diese Bezeichnung tragen darf, muss es einige Anforderungen erfüllen. Ultrabooks dürfen maximal 1,4 Kilogramm wiegen und das Display muss kleiner als 14 Zoll sein, sie passen also in nahezu jede Handtasche. Das Hochfahren aus dem Stand-By darf maximal sieben Sekunden dauern, das ist nur mit einer SSD-Platte zu schaffen. Ein schnelles Laden des Akkus ist wichtig, einige Geräte können in einer halben Stunde auf 80 Prozent aufgeladen werden. Manche Modelle haben eine beleuchtete Tastatur, um in dunklen Räumen arbeiten zu können.

Täglich sind in Deutschland eine halbe Million Geschäftsreisende unterwegs, etwa die Hälfte der Reisen dauert nur einen Tag. Viele der Reisenden nutzen unterwegs den PC für letzte Vorbereitungen auf ihre Geschäftstermine. Sie brauchen Notebooks, die auch beim Anzeigen eines HD-Videos oder der Bearbeitung einer Präsentation und gleichzeitiger Internet-Recherche noch genug Leistungsreserven haben. Daher kommen oft Intel Core i7 CPUs zum Einsatz. Das macht die Geräte teuer. Preiswerte Geräte kosten ab etwa 500 Euro, Spitzengeräte wie das Surface 2 von Microsoft je nach Ausstattung bis 2500 Euro.

10.2.5 Chromebooks

Ein Chromebook ist ein „Internet-Endgerät", das nur mit ständiger Internetverbindung (und einem Google-Konto) sinnvoll genutzt werden kann. Betriebssystem ist „Chrome-OS", das dem Smartphone-Betriebssystem „Android" ähnelt. Google bemüht sich, die beiden Betriebssysteme einander anzunähern.

Eine vollwertige Tastatur macht das Arbeiten leichter als mit der Touch-Tastatur eines Tablets. Im Vergleich zu einem Notebook ist die RAM-Ausstattung gering, Schnittstellen sind knapp und die Grafikkarte bescheiden. Die SSD ist klein (64 oder 128 GB), größere Datenmengen müssen online gespeichert werden. All das macht Chromebooks leichter und flacher als ein Notebook und vergleichsweise billig.

Die Apps aus dem Google Play Store laufen nur zum Teil. Anspruchsvolle Anwendungen wie Word und Excel gibt es nur abgespeckt als Mobil-Version.

10.2.6 Tablet

Allen Tablets gemeinsam ist die Bedienung über einen Touchscreen, auf eine Tastatur wird verzichtet. Dadurch können Tablets erheblich leichter und flacher als Notebooks gebaut werden. Sie sind leicht zu bedienen und fast ideal für Multimedia, E-Mail und Surfen geeignet.

Die Akkulaufzeit unter hoher Belastung (z. B. beim Anschauen von Videos) erreicht meist acht bis zwölf Stunden. Die Bildschirmdiagonale reicht von 7 bis 12 Zoll, meist 8 bis 11 Zoll. Sie sind nur 7 bis 9 mm dick und wiegen maximal 500 Gramm.

Eine Umfrage im Auftrag des Verbands Bitkom hat ergeben, dass 30 % der Befragten das Tablet ausschließlich zu Hause benutzen, weitere 31 % überwiegend zu Hause. Nur 6 % der Nutzer benutzen das Tablet überwiegend oder ausschließlich auswärts. Um unterwegs intensiv arbeiten zu können, ist ein Notebook besser geeignet. Das Display ist größer, die Bedienung komfortabler und die Rechenleistung größer. Wenn man ein Tablet mit einer Bluetooth-Tastatur zum Arbeitsgerät aufwerten will, ist der Gewichtsvorteil des Tablets dahin.

Es gibt inzwischen zahlreiche Varianten von Tablets, die als Slates, Hybrids, Convertibles, Detachables oder Two-in-Ones bezeichnet werden.

Slate

Slate wird mit „Schiefertafel" (zum Beschreiben mit Kreide) übersetzt. Diese Tablets sind besonders leicht und haben keine mechanische Tastatur. Slate-PCs sind für Nutzer geeignet, die vorwiegend im Stehen arbeiten.

Detachables und Hybride

Diese Art von Tablets hat eine abnehmbare Tastatur, wie z. B. das Microsoft Surface Pro, die Business-Version des Microsoft-Tablets. Sie sind für Leute geeignet, die nur einen kleinen Teil ihrer Arbeit unterwegs erledigen und die Tastatur nicht bei jeder Gelegenheit mitschleppen wollen.

Convertibles

Das ist eine Variante von Notebooks oder Ultrabooks mit Touchscreen, die sich durch Drehen oder Klappen des Monitordeckels in eine Art Tablet verwandeln lassen. Die Tastatur bleibt fest mit dem Gerät verbunden.

Wer sitzend im Büro oder bei einem Meeting arbeitet, hat den Komfort eines leistungsstarken Ultrabooks mit bequemer Tastatureingabe. Auf Reisen wird die platzraubende Tastatur weggeklappt und das Gerät wird zu einem (nicht ganz leichten) Tablet.

Der Klapp- oder Drehmechanismus könnte nach einiger Zeit zum Problem werden. Ich habe schon viel zu viele Notebooks gesehen, bei denen das Scharnier defekt oder extrem schwergängig war. Die Schwenkmechanismen der Convertiblen sind technisch aufwendiger – wie lange wird das gutgehen?

Phablet

Mit den Smartphones kann man telefonieren, mit Tablets nicht. Die „**Ph**one **T**ablets" schließen die Lücke zwischen den größeren Smartphones und den kleineren Tablets. Sie sehen aus wie kleine Tablets, etwa fünf bis sieben Zoll groß (13 bis 18 cm Diagonale), und man kann mit ihnen telefonieren.

10.2.7 Smartphone

So bezeichnet man Handys mit Internetverbindung und Touchscreen. Die Anzahl der Tasten ist auf das nötigste reduziert, Telefonnummern und Buchstaben werden über Bildschirmtastatur eingegeben. Sie können weitgehend die gleichen Apps wie die Tablets verwenden, soweit das auf dem kleinen Display sinnvoll ist.

10.3 Komponenten

10.3.1 CPU

Bei den Desktop-Prozessoren gilt eine CPU mit 35 Watt als stromsparend. Notebook-CPUs müssen mit zwei bis drei Watt auskommen, um das Energy-Star-Logo nicht zu gefährden. Die Notebook-CPUs der „Atom"-Serie von Intel beispielsweise brauchen weniger als drei Watt. Wie ist das möglich?

- Der Takt wird heruntergesetzt. Der Cache wird verkleinert.
- Die Vorschau-Logik wird vereinfacht.
- Die Schaltung wird vereinfacht. Komplexere Befehle werden nicht als Schaltung realisiert, sondern mit einfacheren Befehlen als CPU-internes Mikroprogramm simuliert. Beispielsweise kann die Multiplikationsschaltung entfallen, denn Multiplikation lässt sich durch mehrfache Addition ersetzen.
- Die Speicherverwaltung wird vereinfacht. Einige Notebook-CPUs vom Typ „Atom" können maximal 2 GB RAM ansteuern.

Zusammenfassend: Fast alles, was eine CPU schneller machen könnte, wird weggelassen. Wenigstens gibt es den Turbo-Modus: Die Atom-CPUs beispielsweise können den normalen Takt von 1,6 GHz im Turbo-Modus kurzzeitig bis 3,2 GHz steigern.

10.3.2 Massenspeicher

Notebooks mit SSD-Festplatten

SSD-Festplatten sind ideal für mobile Geräte: Sie benötigen weniger Energie und vor allem sind sie unempfindlich gegen Stöße und Erschütterungen. Ihr großer Nachteil: Sie waren anfangs sehr teuer, vor allem beim Vergleich vom Preis pro Gigabyte. Inzwischen sind SSD weit im Preis gefallen und Notebooks werden nur noch mit SSD-Massenspeicher verkauft. Wobei vorzugsweise die winzigen M.2-SSD eingebaut werden.

Notebooks mit Magnetfestplatten

In älteren Notebooks findet man noch Magnetfestplatten in „2,5 Zoll" Formfaktor. Sie haben eine Grundfläche von etwa 70 mm mal 100 mm. Die häufigste Bauhöhe beträgt 0,375" (9,5 mm), aber auch 19, 17 und 12,4 mm kommen vor. Der kleinere Durchmesser und eine langsamere Drehzahl (4200 bis maximal 5400 Umdrehungen pro Minute) machen diese Festplatten weniger empfindlich gegen Erschütterungen. Das Risiko von Oberflächenschäden sinkt. Durch die Gleitbeschichtung wird die Festplatte geschützt, selbst wenn die Köpfe die Oberfläche leicht berühren. Andererseits sind die Notebook-Festplatten durch die geringe Drehzahl erheblich langsamer als vergleichbare „normale" Festplatten.

Manche Notebook-Magnetfestplatten haben einen „Fall-Sensor": Fällt das Notebook vom Tisch, registriert das der Sensor. Wenn die Fallhöhe mindestens 50 cm beträgt, wird die Rotation der Magnetscheiben noch vor dem Aufschlag gestoppt und die Köpfe werden geparkt. Selbst wenn das Notebook zersplittert, überleben Ihre Daten den Sturz mit hoher Wahrscheinlichkeit. Aber wenn das Gerät aus einer geringeren Höhe als 50 cm abstürzt, ist die Fallzeit zu kurz und die Festplatte schafft es nicht rechtzeitig, die Köpfe zu parken.

Das Beste wäre, die Magnetfestplatte durch eine SSD zu ersetzen. Das lohnt auch bei älteren Notebooks: Mit einer SSD wird das Notebook gefühlt doppelt so schnell.

Wenn Sie die Magnetfestplatte nicht austauschen können oder wollen, sollten Sie Folgendes wissen: Eine Magnet-Festplatte verbraucht 10 % bis 15 % vom gesamten Strombedarf des Notebooks, auch im Leerlauf sinkt der Strombedarf kaum. Die Energie wird in Wärme verwandelt, was ein großes Problem ist. Das Plastegehäuse leitet die Wärme nicht ab. Oft sind Lüftungsschlitze über der Festplatte und über dem Arbeitsspeicher vorhanden, doch die sind nutzlos, weil für Luftkanäle kein Platz in den flachen Gehäusen ist. Eine Luftströmung gibt es nur rund um den Prozessor, und hier sind oft die Ansaugöffnungen deutlich kleiner als die Austrittsöffnung. Selbst unter den hochwertigen Notebooks gibt es nur wenige Konstruktionen, welche einen Teil der Prozessorkühlluft über die Festplatte strömen lassen. Die überwältigende Mehrzahl der Notebookgehäuse sind, unter thermischen Gesichtspunkten betrachtet, klare Fehlkonstruktionen. Am Luftaustritt wurden von mir häufig Temperaturen von 70 °C bis 90 °C gemessen. Wie heiß ist es dann wohl innen? Legen Sie doch Ihr Notebook nach einer längeren Benutzung auf den Rücken (vorher natürlich ausschalten). Wo Sie die meiste Wärme fühlen, befindet sich die Festplatte. Kein Wunder, dass Festplattenausfälle so häufig sind (abgesehen von Cola, „heruntergefallen" und „über das Netzkabel gestolpert").

Was können Sie tun, damit Ihre Festplatte deutlich länger als die Garantiezeit lebt? Benutzen Sie die Stromsparfunktionen und lassen Sie die Festplatte nach fünf bis maximal zehn Minuten Untätigkeit automatisch parken, auch wenn der Strom aus der Steckdose kommt. Versetzen Sie das Notebook in den Standby-Modus, wenn Sie eine Pause machen. Bei den meisten Geräten genügt dafür ein einziger Tastendruck oder das Zuklappen des Deckels (falls die Scharniere das mehrere Jahre durchstehen).

Notebooks mit zwei Festplatten

Einige hochwertige Notebooks sind mit zwei Festplatten ausgestattet. Von den Besitzern der Notebooks mit zwei HDD hat – grob geschätzt – jeder Dritte keine Ahnung, dass er zwei Festplatten hat. „Das hat mir der Verkäufer nicht gesagt". Mit dem Festplattenmanager `diskmgmt.msc` können Sie feststellen, wie viele Festplatten Sie haben. Falls Ihr Notebook „nur" eine Festplatte hat, sehen Sie nach: Ein zunehmender Anteil von Notebooks hat einen ungenutzten Einbauplatz für eine zweite Festplatte, vielleicht Ihr Notebook auch? Teilweise haben die Hersteller die voluminöse Festplatte durch eine winzige M.2-SSD ersetzt und der Einbauplatz für die Festplatte ist nun leer und könnte für eine zweite Festplatte genutzt werden.

Die erste Festplatte (die mit dem Betriebssystem) sollte eine SSD-Festplatte sein. Mit den vielen kleinen Dateien des Betriebssystems kann die SSD ihre Vorteile voll ausspielen. Als zweite Festplatte sollten Sie eine Magnetfestplatte nutzen, weil Sie damit viel Kapazität für wenig Geld erhalten. Mit großen Datenmengen, vor allem mit den großen MP3- und Multimediadateien, kommt auch eine Magnetplatte gut zurecht. Alternativ können Sie die zweite Festplatte für die Datensicherung verwenden. Das sollte allerdings nicht Ihre einzige Sicherung sein, denn Notebooks werden manchmal gestohlen.

Verschlüsselte Festplatten

Auch wenn alle Benutzer des Gerätes ein gutes, sicheres Windows-Passwort haben würden, kommt man trotzdem leicht an die vertraulichen Daten heran: Man braucht die Festplatte nur auszubauen und an einen anderen PC als zweite Festplatte anstecken.

Um das zu verhindern, wird in manchen Business-Notebooks der gesamte Festplatteninhalt verschlüsselt. Die Festplatte ausbauen und an einen anderen PC anstecken bringt nun nichts mehr. Wenn Ihr Notebook mit wichtigen Firmendaten verloren geht oder zielgerichtet gestohlen wird, bleiben Ihre Daten geheim.

Allerdings haben nun auch Sie ein Problem damit: Wenn Ihr Notebook kaputt ist oder auch nur Windows nicht mehr startet, kommen auch Sie nie mehr an Ihre Daten heran! Versäumen Sie also nicht, beizeiten eine Kopie Ihrer Daten an einem sicheren Ort zu deponieren und die Kopie regelmäßig zu aktualisieren.

Optisches Laufwerk

Im Januar 2022 hatten nur 2 % alle verkauften Notebooks ein DVD-Laufwerk. Die meiste Software kann man aus dem Internet herunterladen. Sie möchten eine ältere Software installieren?

- Wenn Sie einen PC mit DVD-Laufwerk haben, können Sie dieses im Netzwerk freigeben und vom Notebook darauf zugreifen.
- Damit Sie die CD/DVD auch ohne die Netzwerk-Verbindung nutzen können, können Sie „VirtualCD" installieren. Kopieren Sie die DVD in das virtuelles Laufwerk, und Sie können jederzeit zugreifen.
- Ein externes DVD-Laufwerk für etwa 30 Euro kann man an einen USB 3 Anschluss anstecken. Manche externen Laufwerke haben einen USB-Hub integriert. Für fünf Euro mehr bekommen Sie zusätzliche USB-Buchsen und ein Kartenlesegerät.

Diskettenlaufwerk

Es bietet nur eine winzige Speicherkapazität von 0,0014 GB, braucht aber viel Platz und viel Strom. Daher wird es in Notebooks schon lange nicht mehr eingebaut. Für Sonderfälle kann man für etwa 25 Euro ein externes Floppy-Laufwerk erwerben, das an den USB-Anschluss angesteckt wird.

10.3.3 Arbeitsspeicher

Für Notebooks gibt es Speichermodule mit kleineren Abmessungen (meist 68 × 30 mm), die als SO-DIMM (**S**mall **O**utline **D**ual **I**nline **M**emory **M**odule) bezeichnet werden. Die meisten Notebooks haben nur zwei RAM-Slots, die liegend übereinander angeordnet sind, um eine flache Notebook-Bauform zu ermöglichen.

Wenn Sie den Speicher aufrüsten wollen, ist vielleicht kein Steckplatz frei. Sie können dann das vorhandene Modul nicht weiterverwenden.

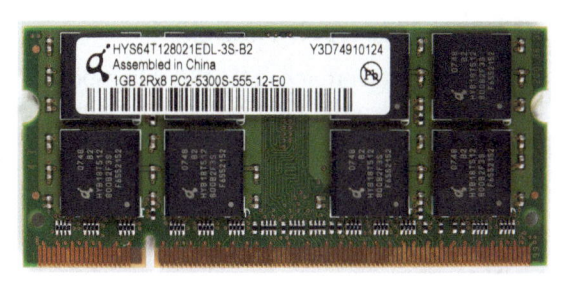

Bild 10.1: RAM für Notebook: 1 GB DDR2-5300 Abstand vom Rand bis zur Mitte der Kerbe (in mm): DDR1 15,35, DDR2 16,25, DDR3 24,8, DDR4 31,4

10.3.4 Schnittstellen

Die Möglichkeit, PCs um neue Komponenten zu ergänzen, macht viel von deren Reiz aus. Große PCs haben innen mehrere Steckplätze für Erweiterungskarten, Notebooks nicht. Deshalb wurden Möglichkeiten geschaffen, Erweiterungskarten von außen in ein Notebook einzustecken bzw. anzuschließen.

PCMCIA, CardBus und PC-Card

Die **PCMCIA** (die **P**ersonal **C**omputer **M**emory **C**ard **I**nternational **A**ssociation) hat im Jahr 1990 die Maße, die Stecker und

Bild 10.2: Ein RAM-Steckplatz ist belegt, der zweite (obere) Steckplatz ist frei

die Ansteuerung von Notebook-Erweiterungskarten standardisiert. Eine PCMCIA-Karte hat die Grundfläche einer Kreditkarte und eine Dicke von 3,3, 5,0 oder 10,5 mm. Die Geschwindigkeit dieser Schnittstelle ist mit 16 MByte/s bescheiden, deshalb wurden zwei weitere Schnittstellen entworfen: **Cardbus** ist ähnlich wie PCI, die Übertragung erfolgt mit 133 MByte/s. Der neueste PCMCIA-Standard ist die **ExpressCard** mit 250 MByte/s. Größter Mangel: Die Steckplätze sind nicht kompatibel mit PCMCIA und CardBus. PCMCIA- und Cardbus-Karten sind veraltet. Auch ExpressCard hat keine große Verbreitung erreicht, denn USB ist einfacher in der Benutzung und USB 3.0 ist schneller.

SD-Speicherkarten

Eine **S**ecure **D**igital Memory Card („sichere digitale Speicherkarte") ist ein Speichermedium, das vor allem von Mobilgeräten verwendet wird, für die ein USB-Speicherstick zu groß oder zu unhandlich wäre. Die SD-Karten werden in einen Schlitz gesteckt und verschwinden im Inneren des Gerätes. Haupteinsatzgebiet sind Notebooks, Tablets, Smartphones, Handys, Digitalkameras, Camcorder und Navigationsgeräte.

Größen

SD-Karten gibt es in drei Größen. Es gibt Adapter, mit deren Hilfe man die kleineren Karten in die größeren Slots stecken kann. Und für den PC gibt es Universal-Kartenleser, die an den USB-Anschluss gesteckt werden und in die man alle gängigen Speicherkarten einstecken kann.

Kompatibilität

Die Kompatibilität von SD-Karten und Geräten ist nicht unproblematisch. Der älteste Standard 1.0 schreibt noch das Dateisystem FAT16 vor und begrenzt damit die Kapazität auf 1 GB. SD-Karten mit mehr als 1 GB funktionieren nicht in jedem Gerät. Mitunter werden zwar 2 GB angezeigt, aber nur 1 GB kann genutzt werden. Ein Standard SDHC (**SD H**igh **C**apacity), auch als SD 2.0 bezeichnet, erlaubt bis zu 32 GB. Der neueste Standard SDXC (**SD** e**X**tended **C**apacity), auch SD 3.0, erlaubt Kapazitäten bis 2048 GB. Als Dateisystem sind FAT16, FAT32, NTFS, exFAT, UFS und andere möglich.

Es gibt SD-Karten, die als zweiten Stecker einen USB-Stecker haben. Das ist praktisch, wenn man kein SD-Speicherkartenlesegerät hat. Der USB-Anschluss ist meist mit einer Kappe abgedeckt.

Auch SD-Karten mit WLAN gibt es, z. B. die WiFi SD Card von Transcend und die FlashAir von Toshiba. Diese Karten ergänzen Fotos automatisch mit Geo-Koordinaten.

	Maße	Dicke
SD Card	32 × 24 mm	2,1 mm
Mini SD	22 × 20 mm	1,4 mm
Micro SD	15 × 11 mm	1,0 mm

Tab. 10.1: Maße von SD-Speicherkarten

Übertragungsgeschwindigkeit

Preiswerte Karten erreichen 9 MB/s, Highspeed-Karten bis 100 MB/s (wie z. B. die „Sandisk Extreme 32 GB"). Teilweise werden die Geschwindigkeitsangaben als Vielfaches der „einfachen Geschwindigkeit" von CD-ROM-Laufwerken gemacht: „50x" bedeutet 50 × 150 kByte/s = 7,5 MByte/s. Beachten Sie: Wenn eine Videokamera mit der Geschwindigkeit der Speicherkarte „unzufrieden" ist, wird sie die Auflösung oder die Bildrate begrenzen.

USB

Laut Standard muss jede USB-2.0-Schnittstelle 500 mA Dauerstrom liefern können, USB 3.0 900 mA, USB 3.1 mindestens 2 Ampere. Für einen stationären PC ist das nur selten ein Problem. Notebooks jedoch, jedenfalls einige von den preiswerten, können diesen Strom nicht immer aufbringen, und schon gar nicht an allen USB-Anschlüssen gleichzeitig. Doch zahlreiche interessante Zusatzgeräte brauchen die vollen 500 bzw. 900 mA.

Das bedeutet, dass stromhungrige LTE-Karten, Scanner oder externe Festplatten nicht an jedem Notebook funktionieren. Gute Notebooks haben eine Überlastsicherung, billige brennen schlimmstenfalls nach einigen Minuten durch. Mitunter kann man das USB-Zubehör zwar anstecken und auch die Treiber installieren, aber sobald das Zubehör die volle Leistung benötigt, bleibt das Notebook stehen oder schaltet ab. In diesem Fall bleibt nur Rückgabe des Zubehörs oder

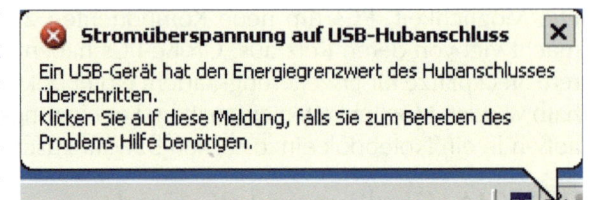

Bild 10.3: Überlasteter USB-Anschluss

das Zwischenschalten eines aktiven USB-Hubs, der den benötigten Strom aus einem eigenen Netzteil erhält.

Wenn das Notebook in den Stromsparmodus geht oder heruntergefahren wird, bekommen die USB-Schnittstellen keinen Strom mehr. Bei manchen Notebooks bleibt einer der Anschlüsse unter Spannung, z. B. um das Smartphone mit dem Akku des Notebooks aufladen zu können.

Überlegen Sie vor dem Kauf, wie viele USB-Schnittstellen Sie benötigen. Hier ist eine kleine Wunschliste:

Geräte mit sehr hohem Strombedarf, die den Strom möglicherweise aus zwei USB-Anschlüssen ziehen:

- Externe Festplatte
- Externes DVD-Laufwerk (für Netbooks ohne internes DVD-Laufwerk)

Geräte mit hohem Strombedarf:

- USB-Memorystick
- UMTS-USB-Stick oder LTE-Stick oder LAN-Stick
- Fernseher (DVB-T)
- Scanner

Geräte mit geringem Leistungsbedarf:

- Zusätzliche Maus und Tastatur
- Drucker

SD-Karte

Siehe Kapitel 3.5.3 auf Seite 67.

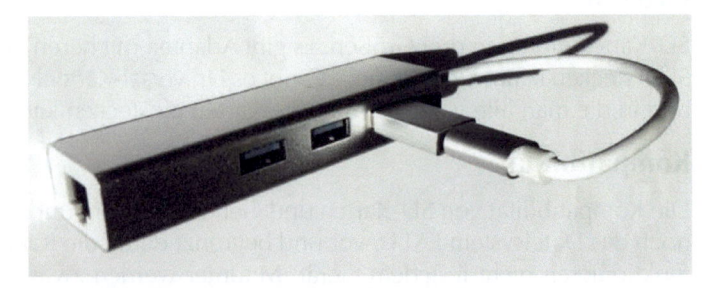

Bild 10.4: USB-3.0-Hub mit 3 Anschlüssen und LAN-Anschluss. Gut geeignet als preiswerte Mini-Docking-Station für Notebooks.

Serielle Schnittstelle

Für die Programmierung mancher Telefonanlagen wird ein serieller Anschluss benötigt. Auch Mess- und Steuergeräte benötigen ihn manchmal. Notebooks mit seriellem Anschluss sind selten geworden. Ersatzweise kann man einen USB-Seriell-Adapter kaufen.

10.4 Stromversorgung von Mobilgeräten

Das Netzteil ist in einem stationären PC sein größtes und schwerstes Einzelteil (abgesehen vom Blech des Gehäuses). Auch in einem Notebook trägt es erheblich zum Gesamtgewicht und -volumen bei. Deshalb werden Notebooks fast ausnahmslos von externen Netzteilen versorgt. Das Notebook wird dadurch kleiner, und man muss das Gewicht des Netzteils nicht mitschleppen, wenn man nur eine kurze Reise macht.

Jeder Computer benötigt 12 Volt, vor allem für die Motoren, und 5 Volt für die Elektronik. Netzteile von stationären Computern liefern außerdem -5 V, -12 V und 3,3 V. Konnten Sie einmal in einen stationären PC hineinschauen? Haben Sie gesehen, wie viele Drähte vom Netzteil zu den PC-Komponenten führen und wie dick sie sind? Ein derart dickes Kabel vom externen Netzteil zum Notebook wäre nicht praktikabel. Notebook-Anschlusskabel sind dünn und flexibel. Allerdings tritt auf dem langen Anschlusskabel ein beträchtlicher Spannungsabfall auf. Deshalb liefern Notebook-Netzteile eine Rohspannung von 17 bis 22 Volt, damit am Ende des Kabels noch genug Spannung übrigbleibt. Im Inneren des Notebooks findet die Feinregelung statt: Einerseits werden 12,0 Volt für die Motoren von Magnetfestplatte und DVD-Laufwerk erzeugt, andererseits wird eine Spannung von etwa 16 Volt gebraucht, um die Akkus zu laden.

Für die Versorgung mit 5 Volt und weiteren Spannungen gibt es zwei Strategien:

1. Das Netzteil erzeugt mehrere Rohspannungen und im Notebook erfolgt nur die Feinregelung. Diese Netzteile haben einen mehrpoligen Stecker und ein dickeres Kabel.
2. Im Notebooks werden aus einer einzigen Rohspannung alle nötigen Spannungen erzeugt. Der Stecker ist zweipolig und robust, das Kabel ist dünner. Das Netzteil wird deutlich leichter und billiger, das Notebook wird nur wenig teurer und kaum schwerer. Allerdings entsteht mehr Wärme im Notebook.

Wenn Sie ein Netzteil mit mehreren Rohspannungen haben, werden Sie im Verlust- oder Defektfall wohl ein teures Originalnetzteil vom Hersteller beziehen oder in einem Spezialgeschäft kaufen müssen. Im Laufe der Jahre ist eine deutliche Tendenz zur kundenfreundlichen zweiten Lösung zu beobachten.

Bei Verlust oder Defekt des Netzteils sind Originalnetzteile recht teuer. Für die meisten Notebooks gibt es preiswerte Universalnetzteile mit vielen Steckeradaptern. Lassen Sie sich im Notebook-Shop beraten. Wenn Sie Ihr Notebook ständig zwischen Arbeitsstelle und Wohnung hin und her schleppen, kann sich die Anschaffung eines Zweitnetzteils lohnen.

Kensington und andere Hersteller haben Konverter im Angebot, die eine einstellbare Spannung aus dem 12 Volt Autoakku erzeugen. Einer von den mitgelieferten Adaptersteckern passt bestimmt an Ihr Notebook.

Stromversorgung von Handys, Smartphones und Tablets

Diese Kleingeräte haben keine Motoren und brauchen deshalb die 12 Volt Spannung nicht. Aktuelle CPUs benötigen 3,3 Volt und weniger. Die Speichermodule kommen mit 2,5 Volt oder weniger aus, und sonstige Elektronik ebenfalls. Deshalb sind 5 Volt Stromversorgung für den Betrieb und auch für das Laden des Akkus ausreichend. Auf Drängen der EU-Kommission hatten sich die wichtigsten Handy- und Smartphone-Hersteller im Jahr 2009 selbst verpflichtet, einen neuen Standard für Ladegeräte mit Micro-USB-Stecker zu unterstützen. Seit 2017 haben Smartphones, Tablets und andere Funktechnik einen einheitlichen Ladeanschluss. Die EU-Kommission will die Hersteller verpflichten, zukünftig zu einem USB-C-Anschluss zu wechseln.

10.4.1 Wie kann man Strom sparen?

Bei der Festplatte, der CPU und der Peripherie sind Energieeinsparungen möglich:

- Entfernen Sie alle nicht benötigten Geräte. Das betrifft auch USB-Sticks. Sparsame Sticks verbrauchen 1 Watt (200 mA). Größere, schnelle Sticks brauchen mehr. Zum Vergleich: Ein Notebook mit „Energy Star" darf bis zu 14 oder 22 Watt verbrauchen, da fällt 1 Watt durchaus ins Gewicht.
- Lassen Sie keine CD/DVD im Laufwerk liegen, wenn Sie diese gegenwärtig nicht benötigen. Solange eine Scheibe eingelegt ist, läuft der Spindelmotor und verbraucht eine Menge Strom.
- Stellen Sie die Grundhelligkeit im Akkubetrieb dunkler. Lassen Sie bereits in kurzen Arbeitspausen die Helligkeit des Bildschirms noch weiter absinken.

- Lassen Sie eine Magnet-Festplatte nach einer Arbeitspause von drei bis fünf Minuten parken. Noch kürzere Zeiten bringen kaum einen Vorteil: Der Strombedarf der Festplatte ist beim Anlaufen viel größer als im Dauerbetrieb, außerdem führt das häufigere Parken der Köpfe zu erhöhtem Verschleiß.
- Manche Anwendungen (z. B. Word) speichern in kurzen Abständen sicherheitshalber den aktuellen Zustand. Dabei läuft jedesmal die Festplatte an. Man kann diese „Zwischenspeicherung" abschalten oder wenigstens einen deutlich größeren Zeitabstand einstellen.
- Manche Notebooks reduzieren den Prozessortakt im Akkubetrieb. Oft kann man einstellen, wie weit.

Beachten Sie das Kapitel 8.5 „Stromsparfunktionen".

Wie viel Energie die angeschlossenen USB-Geräte benötigen, sagt Ihnen der Gerätemanager. Klicken Sie auf das Plus vor „USB-Controller" und dann der Reihe nach doppelt auf die „USB-Root-Hub". Auf der Registerkarte „Stromversorgung" finden Sie den (gerundeten) Strombedarf der angesteckten Geräte.

10.4.2 Akku-Technologien

Nickel-Cadmium-Akkus

In den 90er Jahren wurden Notebooks mit Ni-Cd-Akkus betrieben. Das darin enthaltene Cadmium ist sehr giftig, deshalb dürfen solche Akkus nur noch produziert werden, wenn es keine geeigneten Alternativen gibt. Sie können große Stromstärken liefern und vertragen Kälte, Überladung und Tiefentladung besser als alle anderen Akkus. Die Lebensdauer ist mit typisch 500 Ladezyklen nicht hoch.

Nickel-Metallhydrid-Akkus

Die NiMH-Akkus kommen ohne giftige Stoffe aus und haben etwa die doppelte Energiedichte (Energiemenge je kg Akkugewicht) wie Ni-Cd-Akkus. Sie sind preiswert und mimosenhaft empfindlich: Überladung und Tiefentladung, Überhitzung und Falschpolung vertragen sie schlecht. Benutzung unter dem Gefrierpunkt ist kaum möglich, bei -20 °C werden diese Akkus zerstört. Die Selbstentladung ist hoch: 5 % bis 10 % am ersten Tag, dann sinken die Verluste auf etwa 1 % pro Tag. 500 Ladezyklen sind die typische Lebensdauer.

Die Firma Sanyo hat 2006 einen NiMH-Akku mit geringer Selbstentladung auf den Markt gebracht. Die Selbstentladung von nur 15 % pro Jahr erlaubt es, sie aufgeladen zu verkaufen. Sie können in den gleichen Ladegeräten wie die „normalen" NiMH-Akkus geladen werden und erreichen eine ähnliche Lebensdauer.

Der Memory-Effekt

Wenn der Akku wieder aufgeladen wird, bevor er weitgehend entladen war, bilden sich bei Ni-CD-Akkus und NiMH-Akkus Kristalle an der Elektrode. Dadurch verringert sich die nutzbare Kapazität, das nennt man den „Memory-Effekt". Vermeiden Sie deshalb Mini-Ladezyklen! Durch mehrmaliges vollständiges Entladen und Wiederaufladen, am besten in einem Akkuladegerät mit Refresh-Funktion, kann die ursprüngliche Kapazität weitgehend wiederhergestellt werden.

Lithium-Ionen-Akkus

Diese Akkus haben die höchste Energiedichte und eine geringe Selbstentladung, allerdings sind sie ungefähr 30 % teurer als NiMH-Akkus. Sie haben keinen Memoryeffekt. Die Spannung ist unabhängig vom Ladezustand fast konstant. Ein toller Akku – doch es gibt auch Nachteile.

Der Akku altert schneller, wenn er voll geladen ist. Also den Akku nicht voll aufladen, bevor das Notebook am Freitag zum Feierabend abgeschaltet wird! Empfehlung für optimale Lebensdauer: Den Akku bis etwa 20% entladen, dann auf etwa 80% aufladen, Restaufladung erst vor Verlassen des Hauses. Laden Sie den Akku nicht über Nacht – eine Nacht ist zu lang: Nachdem der Akku 100 % erreicht hat, wird er noch mehrere Stunden mit immer mehr Strom „gequält". Für längere Lagerung wird empfohlen, die Akkus zu etwa 60 % zu laden. Die Selbstentladung beträgt etwa 3 % monatlich, deshalb sollte ein unbenutzter Akku etwa alle 6 Monate auf 60 % bis 75 % aufgeladen werden. Kühle Lagerung (15 °C) wird empfohlen.

Die meisten Akkus verlieren bei Temperaturen unter 10 °C stark an Leistung. Bei -25 °C frieren die meisten Elektrolyte ein und der Akku ist kaputt. Bei Elektroautos ist das ein Problem. Manche Elektrolyte funktionieren bis -40 °C, Spezialakkus bis -54 °C.

Lithium-Polymer-Akkus

Mehrere Technologien basieren auf Lithium: LiIo (**Li**thium-**Io**nen), LiPo (**Li**thium-**Po**lymer), LiColon, LiFePO4 und andere. Bei LiPo-Akkus wird der flüssige Elektrolyt durch ein Polymer ersetzt. Weil der Elektrolyt nicht auslaufen kann, wird ein stabiles Metallgehäuse nicht mehr gebraucht. Akkus müssen nicht mehr rund oder eckig sein, jede Bauform ist jetzt möglich. Ihre Energiekapazität ist etwas höher als bei den Lithium-Ionen-Akkus, sonst sind die elektrischen Eigenschaften ähnlich.

10.4.3 Lebensdauer von Akkus

Alle für Mobilgeräte genutzten Akkus haben eine begrenzte Lebensdauer. Sie verlieren bei jedem Ladevorgang ein wenig von ihrer Speicherkapazität und werden nach etwa 300 bis 1000 Ladezyklen unbrauchbar. Doch Sie können die Lebensdauer Ihres Akkus auf verschiedene Weise beeinflussen.

Die Lebensdauer von Akkus hängt stark von deren Betriebstemperatur ab. Die optimale Ladetemperatur der Akkus liegt zwischen 10 und 30 Grad Celsius. Das bedeutet, dass die Akkus eigentlich nur geladen werden dürften, wenn das Notebook ausgeschaltet ist, was nicht sehr realistisch ist.

Wenn die Entladung bei 20 bis 40 Grad erfolgt, hat der Akku die maximale Kapazität. Bei höheren oder niedrigeren Temperaturen gibt er weniger Strom ab. Leider wird der Akku immer bei erhöhter Temperatur betrieben. Dafür gibt es zwei Ursachen:

- CPU, Grafikkarte, Festplatte und weitere Komponenten erzeugen jede Menge Wärme und erhöhen die Innentemperatur des Geräts. Aus einem kompakten Notebook kann die Wärme kaum entweichen.
- Jeder Akku hat einen Innenwiderstand. Fließt Strom durch den Akku, erzeugt der Innenwiderstand Wärme. Je höher der Strom, desto höher die Eigenerwärmung. Bei Handys kann die Eigenerwärmung vernachlässigt werden, denn der Entladestrom und damit die Wärmeentwicklung verteilen sich auf einige Tage. Bei Notebooks dauert die Entladung nur wenige Stunden.

Ein Notebook sollte von allen Seiten gut mit Luft versorgt sein. Eine flauschige Tischdecke unter dem Gerät ist äußerst ungünstig. Legen Sie es nicht auf ein Kissen oder auf die Bettdecke, falls Sie im Bett surfen wollen.

Es gibt eine überaus einfache Maßnahme, um die Lebensdauer von Akku (und Festplatte) zu verlängern: Legen Sie unter die hinteren Füße des Notebooks eine ein bis zwei cm dicke Leiste, um die Belüftung der Unterseite zu verbessern. Der CPU-Lüfter hat weniger Arbeit, das verlängert die Akkulaufzeit. Notfalls reicht auch ein Lineal oder ein Buch. Die leichte Neigung der Tastatur wird wohl den Schreibkomfort kaum verschlechtern. Es gibt auch Notebook-Cooler-Pads, auf denen das Gerät abgestellt werden kann.

In welchem Zustand ist mein Akku?

Tippen Sie „cmd" ins Windows-Suchfeld ein. Nach einem Rechtsklick auf „Eingabeaufforderung" und Linksklick auf „Als Administrator ausführen" tippen Sie folgenden Befehl ein:
`powercfg /batteryreport /output C:\battery_report.html`

Nach dem Drücken der Enter-Taste erstellt Windows eine Datei `battery_report.html` mit Akkuinfos. Tippen Sie „battery" ins Windows-Suchfeld, um die Datei zu finden. Im Abschnitt „Installed batteries" sehen Sie die ursprüngliche Kapazität im Neuzustand („design capacty") sowie die verbliebene Kapazität („full charge capacity").

Allgemeine Empfehlungen

- Bei einem nagelneuen Notebook sollte die allererste Aufladung etwa 12 Stunden dauern und nicht unterbrochen werden, damit der Akku seine volle Kapazität „erwirbt".
- Ein Akku muss regelmäßig benutzt werden, ein ständiger Ladezustand von 100 % tut ihm nicht gut. Sie sollten wenigstens hin und wieder einmal den Stecker ziehen, um den Akku zu benutzen.
- Wenn Sie das Notebook über Tage oder Wochen ausnahmslos stationär benutzen, nehmen Sie den geladenen Akku heraus. Damit entfernen Sie eine große Wärmequelle aus dem Gerät. Die Festplatte wird geschont und das Lüftergeräusch verringert sich. Stecken Sie alle ein bis drei Monate den Akku einen Tag lang ins Notebook, um ihn nachzuladen. Wenn Sie Ihr Notebook ausschließlich am Stromnetz betreiben, ohne jemals den Akku herauszunehmen, ist der Akku nach etwa 18 Monaten ruiniert.

Achtung! Akku nicht herausnehmen oder einlegen, während das Notebook im Stand-by ist! Es drohen Datenverluste und Hardwareschäden. Vorher das Notebook herunterfahren!

- Nehmen Sie das Smartphone während des Ladens aus der Hülle, damit es sich weniger erwärmt.
- Kaufen Sie keinen Akku auf Vorrat, wenn Sie ihn nicht tatsächlich benötigen. Ungenutzt wird er unbrauchbar. Durch Selbstentladung verliert ein Akku monatlich bei Zimmertemperatur 10 % bis 15 % seiner Ladung. Wenn die Ladung 5 % unterschreitet (Tiefentladung), nimmt der Akku Schaden. Wenn Sie einen Reserve-Akku besitzen, lassen Sie ihn nicht unbenutzt! Tauschen Sie beide Akkus regelmäßig aus, zum Beispiel monatlich. Wenn der Akku im Notebook steckt, verhindert Windows eine Tiefentladung und fährt herunter, sobald der Ladezustand 5 % unterschreitet.
- Wenn Sie ein gebrauchtes Notebook kaufen, sollten Sie nicht damit rechnen, dass der Akku noch brauchbar ist. Viele Leute verkaufen Ihr Notebook genau deswegen, weil die Akkulaufzeit nicht mehr für die tägliche Arbeit reicht. Testen Sie die Akkulaufzeit, bevor Sie sich über den Kaufpreis einigen!
- Die Lebensdauer von Akkus hängt wesentlich von der Anzahl der Ladezyklen ab. Wenn Sie z. B. bei acht aufeinanderfolgenden Kundenbesuchen je 10 % der Akkuladung verbrauchen und nach jedem Kundenbesuch den fast vollen Akku nachladen, sind das acht Ladezyklen. Wenn Sie den Akku erst nach dem letzten Kundenbesuch

> Notebook-Akkus sind Spezialanfertigungen. Ersatzakkus kosten oft 100 bis 150 Euro. Akkus gelten als Verschleißteile, deshalb ist die Garantie meist auf 6 Monate beschränkt.

aufladen, sparen Sie sieben Ladezyklen ein. Vermeiden Sie deshalb Mini-Ladezyklen! Stecken Sie das Notebook vorzugsweise erst dann ans Stromnetz, wenn der Akku weitgehend entladen ist. Lassen Sie ihn am Stromnetz, bis der Akku vollständig oder besser: zu 80 % geladen ist.

10.4.4 Brandgefahr

Alle Lithium-Akkus sind „brandgefährlich". Hat Ihnen der Lehrer im Chemieunterricht vorgeführt, wie heftig Natrium mit Wasser reagiert? Die Reaktion von Lithium mit Wasser ist noch sehr viel heftiger. Selbst kleinste Risse im Akku sind höchst gefährlich, denn Lithium reagiert sogar mit der Feuchtigkeit der Luft. Deshalb sind aufwendige Schutzmaßnahmen nötig. Im Akku steckt eine komplizierte Elektronik, die Laden und Entladen regelt und Überhitzung verhindert. Die Akkugehäuse sind besonders druckfest und haben ein Überdruckventil, um eine Explosion zu verhindern.

Sie sollten das Smartphone zum Aufladen nicht auf eine flauschige Unterlage legen. Wenn sich die Wärme staut, regelt die Elektronik den Ladestrom herunter. Ein Fensterbrett oder sonnenüberstrahlter Tisch ist ein hochgefährlicher Ort! Ein Mobilgerät mit ins Bett zu nehmen und gar noch zuzudecken hat schon zu mehreren Bränden geführt. Wenn es brennt: Löschen Sie nicht mit Wasser – Wasser facht den Brand an!

Kleinste Fehler oder Verunreinigungen bei der Herstellung können zu Kurzschlüssen führen. Deshalb hat es bei allen Herstellern schon Rückrufaktionen gegeben, wenn die Gefahr besteht, dass ein überhitzter Akku einen Brand verursacht. Falls Sie einen besonders günstigen Ersatzakku im Internet kaufen, sollten Sie hoffen, dass im Akku alle Schutzvorrichtungen vorhanden sind und den Standards des IEEE entsprechen!

Im Herbst 2016 musste Samsung das „brandneue" Galaxy Note 7 nach zahlreichen Bränden zurückziehen, nachdem sich sogar Fluglinien weigerten, Passagiere mit diesem Smartphone zu befördern. Nach Meinung von Experten waren die Akkus ein wenig zu groß und passten nur mit einem gewissen Druck in das Batteriefach.

Ein Herunterfallen von Smartphone, Akkuschrauber oder Laubbläser, ein Sturz mit dem E-Bike oder der Absturz eines E-Copters oder eines anderen Flugmodells kann Mikrorisse hervorrufen und zu einem Brand führen, auch verzögert nach einigen Tagen. Wobei der Akku eines E-Bikes mit 500 Wh Ladung weitaus gefährlicher ist als der Akku eines Smartphones mit 5 Wh. Wenn Sie das E-Bike oder die Drohne im Winter nicht nutzen, kann eine Tiefentladung zum Durchbrennen führen. Lassen Sie kein Gerät mit Lithium-Akku bei Minusgraden draußen stehen! Haben Sie einen Brandmelder in der Garage und im Keller? Leider erkennen die Brandmelder die speziellen giftigen Gase schlecht, die bei Li-Akkubränden entstehen.

10.4.5 Neue Entwicklungen

Es wird intensiv geforscht. Andere Elektroden werden getestet, z. B. Lithium-Kohlenstoff, Lithium-Schwefel, Nickel-Eisen, Nickel-Zink und viele andere. Elektroden aus Graphit werden durch Elektroden aus Silizium-Nanopartikeln und Graphen (eine spezielle Struktur von Kohlenstoff) ersetzt. Eine Kapazitätssteigerung von 20 bis 50% wird erwartet und das vollständige Aufladen soll nur 30 Minuten dauern. Beginnend 2022 will Samsung solche Akkus in seine Smartphones einbauen.

Das israelische Start-up StoreDot präsentierte 2018 Lithium-Ionen-Akkus für PKW, die sich in fünf Minuten auf 100 Prozent laden lassen. Das Problem: Ladegeräte für solche Stromstärken gibt es nur im Labormaßstab. Smartphone-Akkus, die sich in zwei Minuten laden lassen, werden seit Januar 2021 in Kleinserie hergestellt.

Es gab auch schon erfolgreiche Versuche mit Brennstoffzellen für Notebooks. Die bestehende Rechtslage erlaubt es gegenwärtig nicht, **Brenn**stoffzellen in Flugzeugen zu befördern oder gar zu benutzen.

Der Nobelpreisträger Goodenough, Miterfinder der Lithium-Ionen-Akkus, arbeitet an Akkus mit Glaspulver statt Lithium mit doppelter Energiedichte. Die Lebensdauer soll von 300 auf 10 000 Ladezyklen steigen. Der chinesische Autohersteller BYD verwendet Natrium-Ionen-Akkus. Natrium-Akkus kosten nur die Hälfte wie Lithium, sind aber dreimal schwerer.

Die US-Firma „Out Next Energy" baut Lithium-Eisenphosphat-Akkus mit erstaunlicher Kapazität.

10.4.6 Kabelloses Laden

Die Energie wird durch Induktion übertragen, wie in einem Trafo. Bringt man die Spule in einem neueren Smartphone und eine Spule im Ladegerät nahe genug zusammen, können 5 Watt drahtlos übertragen werden, bei manchen Geräten auch 10 Watt. Über Ladekabel ginge es schneller. Leider gibt es mehrere Standards: am bedeutsamsten ist der QI-Standard vom „Wireless Power Consortium", nebenbei gibt es noch die Powermat- und die Rezence-Technik. Achten Sie beim Kauf einer Ladeschale auf die Kompatibilität!

Bei Starbucks und McDonalds sind Ladeschalen in die Tische integriert, auch Autohersteller bauen diese als Sonderausstattung ein.

10.5 Mobile Geräte in der Sommerhitze

Notebooks, Netbooks und Ultrabooks werden schon bei normalen Umgebungstemperaturen recht warm. Das liegt vor allem an ihrer kompakten Bauweise. Darüber hinaus werden mobile Geräte nicht allzu gut gekühlt, denn zusätzliche Lüfter würden nicht nur den Geräuschpegel erhöhen, sondern auch die Akkulaufzeit verringern. Im Sommer verschärfen sich die Temperaturprobleme. Das Notebook kann sich verziehen, die Oberfläche des Gehäuses kann ausbleichen, die Elektronik kann durchbrennen. Die Schublade des DVD-Laufwerks könnte klemmen. CDs und DVDs können sich verziehen, sogar die Beschichtung kann sich lösen. Auch Speicherkarten können sich verziehen. Ein erhitzter Akku altert dramatisch schneller als sonst. Versicherungen ersetzen getoastete Notebooks nicht, sondern sie berufen sich auf fahrlässige Handhabung. Wie die Versicherung das beweisen kann? Kein Problem, die SMART-Elektronik der Festplatte registriert die höchste jemals aufgetretene Temperatur. Falls sich Ihr Notebook wegen Überhitzung abschaltet (einige Geräte haben so einen Sensor), lassen Sie es ausreichend abkühlen, bevor Sie es erneut einschalten!

Sonnige Parkplätze sind Killer für mobile Geräte. Die vielen Glasflächen machen das Auto zum Treibhaus. Im geschlossenen Fahrzeug kann sich die Luft bis auf 60 Grad erhitzen, sagt der ADAC. Plasteoberflächen bringen es in praller Sonne auf 70 °C. Wickeln Sie das Gerät in eine Decke oder decken Sie es zumindest mit einer Zeitung oder dem Autoatlas zu. Ein Hinweis: Im Kofferraum ist es meist kühler, und potenzielle Diebe sehen das Gerät nicht.

Wenn Sie das Gerät einschalten, legen Sie es nicht auf eine erhitzte Oberfläche und auf eine staubige schon gar nicht. Bei einem Notebook befindet sich die Ansaugöffnung des Lüfters fast immer an der Unterseite, zur Tischplatte bleibt ein Abstand von zwei Millimetern. Ein Notebook an den staubigen Strand mitzunehmen, geht natürlich gar nicht. Ein Smartphone oder Tablet sollten Sie in eine luftdicht verschließbare Tüte stecken, falls es sich darin noch bedienen lässt, und vor der Sonne schützen.

10.6 Mobile Geräte in der Winterkälte

Kondenswasser

Wenn ein Gegenstand von der Kälte in die Wärme kommt, bildet sich Kondenswasser, genau wie auf der Brille. Schon ein kleiner Wassertropfen, der zwei Leiterbahnen verbindet, kann zu Kriechströmen und Kurzschlüssen führen. Wenn Sie Pech haben, brennt die Elektronik durch. Dazu braucht es nicht einmal Minusgrade. Abhilfe: das Gerät in der Notebooktasche lassen oder in eine Plastetüte stecken und einige Stunden aufwärmen lassen. Oder sofort (innerhalb einer Minute) nach Betreten eines warmen Raumes einschalten, damit es sich von innen erwärmt, bevor sich Kondenswasser bilden kann. Die Leiterplatten von Smartphones sind oft mit einem feuchtigkeitsabweisenden Material beschichtet, was die Gefahr ein wenig mildert. Übrigens: Ein warmes Notebook in die Kälte zu bringen ist ungefährlich, dabei bildet sich kein Kondenswasser.

Ihr Smartphone ist in den Schnee gefallen oder nass geworden? Entnehmen Sie den Akku, um Kurzschlüssen vorzubeugen. Entfernen Sie die SIM-Karte und SD-Karte, um einen möglichen Datenverlust zu verhindern. Wickeln Sie das Smartphone in Küchenpapier und legen Sie es drei Tage zusammen mit Reis in ein Behältnis. Achten Sie darauf, dass der Reisstaub nicht in das Gerät eindringt (deshalb das Küchenpapier). Oder Sie trocknen es an einem warmen Ort (nicht auf der Heizung, maximal bei 35 °C).

Display

„LCD" steht für **L**iquid **C**rystal **D**isplay, es enthält also flüssige Kristalle. Die sind bei niedrigen Temperaturen weniger flüssig, reagieren also langsamer. Das fällt besonders bei bewegten Bildern auf. Je nach Hersteller werden unterschiedliche Substanzen verwendet, daher gibt es zur Frostbeständigkeit keinen allgemeingültigen Wert. Sie müssen schon in der Betriebsanleitung nachsehen. Beachten Sie den Unterschied zwischen Betriebs- und Lagertemperatur. Geräte für „draußen" und das Navi haben aufwendigere Displays, die einiges an Frost aushalten. Für handelsübliche TFT-Bildschirme wird eine Betriebstemperatur über 0 °C gefordert, in der Regel auch für Handys, DVD-Player, Notebooks, Digitalkameras und andere Indoor-Geräte.

Das iPad und die meisten anderen Smartphones versagen schon bei geringen Minustemperaturen. Beispielsweise gibt Apple für das iPhone 5s eine Betriebstemperatur zwischen 0 bis 35 Grad Celsius an.

Wenn das eiskalte Gerät **allmählich** aufgewärmt wird (Achtung! Kondenswasser! Während des Aufwärmens zur Vorsicht in eine Plastetüte stecken, damit keine Luftfeuchtigkeit eindringen kann!), dürfte es meist wieder funktionieren. Aber es gibt auch Berichte, dass eingefrorene LCD-Displays dauerhaft geschädigt blieben.

Festplatte

SSD-Festplatten sind offenbar durch Frost gefährdet. Datenrettungsunternehmen beobachteten einen überproportionalen Anteil von Problemen mit SSD-Speichern im Winter.

Empfehlungen

Tablets und Smartphones können durch ihre geringe Masse nur wenig Wärme speichern und kühlen sehr schnell aus. Nun, ein Smartphone werden Sie wohl kaum im Auto zurücklassen. Ein Notebook sollten Sie in einer (möglichst gepolsterten) Tasche aufbewahren. Einige Stunden im kalten Auto übersteht das Gerät eingewickelt in eine dicke Decke. Haben Sie eine Auto-Kühlbox für den Sommer? Die hat eine gute Wärmeisolation und kann das Gerät im Winter längere Zeit vor dem Abkühlen bewahren. Es wäre besser, das Gerät oder wenigstens den Akku ins Warme mitzunehmen. Wenn Sie eine längere Lagerung im Auto nicht vermeiden können, sollten Sie den Akku zu Hause lassen. Mit einem Konverter, der 230 Volt aus dem Autoakku erzeugt, können Sie das Notebook auch ohne Akku betreiben.

10.7 Reparaturen

10.7.1 Ersatzteile

Notebooks sind sehr empfindlich. Je nach Auftraggeber der Untersuchung und den Kriterien der statistischen Auswertung benötigen 15 % bis 30 % aller Notebooks eine Garantiereparatur in den ersten beiden Jahren. Dazu kommen noch Sturzschäden oder Cola auf der Tastatur, die nicht unter Garantie fallen. Ein überproportionaler Anteil der Ausfälle entfällt auf das dritte Jahr, wenn die Garantie abgelaufen ist. Wobei höherwertige Notebooks deutlich weniger ausfallen als günstige.

Eine defekte Festplatte zu ersetzen, ist unproblematisch und einigermaßen preiswert. Darüber hinaus gibt es in einem Notebook kaum standardisierte Teile. DVD-Laufwerke gibt es in mehreren Bauformen und Abmessungen. Wenn das Notebook ständig wegen Überhitzung abstürzt, weil der CPU-Lüfter verschlissen ist, wird preiswerter Ersatz kaum aufzutreiben sein.

Generell sind Reparaturen teuer. Die Anbieter tauschen auch bei kleinen Defekten lieber teure Teile aus, statt sie zu reparieren. Eine neue Tastatur kostet 100 Euro, ein Prozessorlüfter 80 bis 120 Euro, ein Akkutausch 45 bis 210 Euro (alle Preise mit Einbau). Der statistisch häufigste Schaden scheint ein Defekt der Hauptplatine zu sein. Die Stiftung Warentest hat ermittelt, dass eine Hauptplatine als Ersatzteil mindestens 250 Euro kostet, meist sind es 300 bis 400 Euro. Dazu kommen die Einbaukosten: Das Notebook muss für den Austausch komplett zerlegt werden, das dauert allermindestens eine halbe Stunde. Der Zusammenbau dauert wahrscheinlich ebenso lange.

Am zweithäufigsten geht der Bildschirm kaputt, ein neues Display ist für etwa 200 Euro zu haben. Den dritten Platz in der Häufigkeit belegen Festplattenausfälle. Eine neue Festplatte kostet weniger als hundert Euro, aber wie schlimm würde Sie der Verlust Ihrer Daten treffen?

Bild 10.5: Hauptplatine eines Notebooks (Ausschnitt). Preis als Ersatzteil: meist über 300 Euro

Bei diesen Preisen haben die Hersteller, zumindest bei den Billiggeräten, kein Interesse daran, dass ihr Gerät wesentlich länger als die Garantiezeit funktioniert. Der Hersteller verkauft Ihnen gern ein neues Gerät. Und wenn Sie es reparieren lassen – noch besser! Ersatzteile bringen mehr Gewinn als der Verkauf eines neuen Notebooks.

10.7.2 Reparaturdauer

Wird an einem Notebook eine Komponente ausgetauscht – sei es wegen des technischen Fortschritts oder weil ein anderer Zulieferer ein billigeres Teil anbietet – bekommt das Notebook eine neue Modellnummer. Es gibt eine unglaubliche Vielfalt an Notebook-Modellen. Der Wechsel der Modellreihen geht schnell vor sich, und das Nachfolgemodell ist mitunter nicht kompatibel zum Vorgänger. Im Katalog von IPC, einem Notebook-Ersatzteilhändler, sind 400 Hersteller aufgezählt. Acer, einer der großen Hersteller, ist mit etwa 500 Serien gelistet, von denen jede durchschnittlich zehn Modelle enthält. Die Serie Acer Aspire 1690 beispielsweise besteht aus 59 Modellen. Auch andere Hersteller haben eine gewaltige Zahl von Modellen produziert. Die Serie HP Pavilion Dv5xxx beispielsweise umfasst 150 Modelle. IPC gibt an, eine Million Ersatzteile auf Lager zu haben. Unter diesen Bedingungen wäre es wirtschaftlich ruinös, wenn ein Verkäufer von Notebooks sich einen Ersatzteilvorrat zulegen würde. Folglich müssen defekte Notebooks immer zur Reparatur an den Hersteller oder an eine zentrale autorisierte Vertragswerkstatt eingeschickt werden.

Um die Versandkosten zu senken, werden in vielen Elektronikgroßmärkten die defekten Geräte (nicht nur die Notebooks) gesammelt, bis eine genügende Anzahl zusammen ist. Die Reparatur dauert mitunter ein paar Wochen. Anschließend stapelt die Werkstatt die reparierten Geräte, bis sich der Rückversand lohnt.

Die Stiftung Warentest ermittelte im Juni 2010 eine durchschnittliche Reparaturdauer von ein bis zwei Wochen, wobei Apple und HP mit drei bis fünf Tagen auffielen. Bei Samsung und Medion dauerte es bis zu vier Wochen. Die Stiftung testete verschiedene Reparaturdienste erneut im März 2020 und konnte keine grundlegende Verbesserung feststellen. Mitunter waren die Reparaturen teurer als ein vergleichbares Neugerät. Eine Studie des Bitkom (**B**undesverband **I**nformationswirtschaft, **Tel**e**kom**munikation und neue Medien) im Januar 2020 ergab eine typische Reparaturdauer von 5 - 10 Tagen.

Bei einigen hochwertigen Notebooks kann man gegen Aufpreis eine Versicherung abschließen, um während der Reparaturzeit ein Ersatzgerät zu bekommen. Die Daten vom defekten Gerät auf das Ersatzgerät zu kopieren (und später wieder zurück), gehört üblicherweise nicht zu den Versicherungsleistungen. Beachten Sie bitte, dass bei vielen Herstellern (nicht nur von Notebooks) im Kleingedruckten steht: **Bei den zur Reparatur abgegebenen Geräten wird grundsätzlich die Festplatte gelöscht!**

Wie rettet man die Daten, wenn das Notebook nicht mehr funktioniert? Nehmen Sie die Festplatte heraus! Suchen Sie an der Unterseite des Notebooks nach einer etwa 9 × 13 cm großen Abdeckung oder an der Seite nach einem 9 × 2 cm großen Einschub. Mehr als zwei bis sechs Schrauben brauchen Sie nicht zu lösen. Achten Sie darauf, dass das Notebook während des Aus- und Einbaus der Festplatte stromlos ist (Akku herausnehmen). Die ausgebaute Notebook-Festplatte kann man an den S-ATA-Anschluss eines stationären PCs anschließen oder mit einem Adapter an den USB-Anschluss. Falls Windows für die Benutzerverzeichnisse den „Zugriff verweigert", auch wenn Sie als Administrator angemeldet sind, müssen Sie in den „Eigenschaften" des Ordners den „Besitz übernehmen".

10.7.3 Besonders robuste Geräte

Einige Tablets, Smartphones und Notebooks haben die Schutzklasse „IP67". Das bedeutet, dass das Gerät staubdicht ist und ein kurzes Untertauchen in Süßwasser aushält. Darüber hinaus sind Stöße und Stürze eine häufige Schadensursache. Die Notebooktasche ist von der Schulter gerutscht oder an einen Türrahmen angeschlagen, ein Stolpern über das Kabel hat das Notebook auf den Fußboden befördert oder die Stromanschlussbuchse beschädigt oder Sie sind im Sessel eingeschlafen und das Gerät ist heruntergefallen ... Es gibt Geräte, die so etwas locker überstehen. Eine der härtesten Prüfungen für Notebooks ist der „U.S. Militär Falltest-Standard" (MIL-STD-810F). Militär-taugliche Notebooks müssen bei Temperaturen von -20 °C bis 55 °C arbeiten können, 15 Minuten Platzregen überstehen (aufgeklappt und eingeschaltet), Vibrationen und harte Stöße aushalten. Unter anderem müssen sie im ausgeschalteten Zustand und mit geschlossenem Display 26 Stürze aus einer Höhe von 75 cm auf Beton überstehen.

Googeln Sie nach „MIL-STD-810 Notebook", wenn Sie ein robustes Gerät suchen. Es gibt auch Geräte, die etwas weniger robust sind und nicht mehrere tausend Euro kosten. Ein Gehäuse aus Aluminium- oder Magnesiumlegierung ist empfehlenswert für ein Notebook, welches tagtäglich unterwegs benutzt wird. So ein Metallgehäuse splittert nicht und leitet die Betriebswärme gut ab.

Toshiba hat viele Jahre das Militär beliefert und das erworbene Know-How auch für Privatkunden-Notebooks genutzt. Toshiba-Notebooks gibt es seit 2019 unter dem neuen Namen „Dynabook". Einige Modelle der „Tecra"-Serie werden bis heute mit sogenannter „Reliability Guarantee" verkauft: Falls das Gerät während des ersten Jahres ausfällt, bekommen Sie es natürlich kostenlos repariert. Zusätzlich bekommen Sie als Entschädigung für die erlittenen Unannehmlichkeiten den vollen Kaufpreis erstattet. Für wie wahrscheinlich hält es wohl der Hersteller, dass ein Garantiefall eintritt? Freilich ist der Preis überdurchschnittlich, doch dafür bekommt man ein Gerät mit einer weit überdurchschnittlichen Lebensdauer. Ein Beispiel: Der Tecra A40-J (CPU i7-1165G7, 16 GB RAM, 512 GB SSD, 14", MIL-STD-810H), kostet 1200 Euro (Juli 2023).

Auch andere Hersteller verkaufen einige besonders robuste Geräte: z. B. die ASUSPRO-Reihe mit stoßdämpfenden Polsterungen für die Festplatte und mit Scharnieren, die auf 20 000maliges Öffnen getestet sind, mit spritzwassergeschützten Tastaturen und erweiterten Falltests, und das bei bezahlbaren Preisen.

10.7.4 Reparaturen vermeiden

Zu den häufigsten Schäden zählen defekte Displays (auf das geschlossene Notebook draufgesetzt oder Kuli beim schwungvollen Zuklappen eingeklemmt), defekte Tastaturen (Krümel, Cola, Bier), das Stolpern über das Kabel vom Ladegerät und Stürze. Bei allzu schwungvollem Zuklappen des Notebooks können auf dem Bildschirm Pixelfehler auftreten. Die Scharniere des Deckels bzw. die zum Bildschirm hindurchführenden Kabel gehen so oft kaputt, dass man fast von einer „Sollbruchstelle" sprechen kann. Wenn Sie das Gerät zu Hause benutzen, sollten Sie darauf verzichten, mehrmals am Tag den Deckel zuzuklappen, damit die Deckelscharniere geschont werden. Um das Gerät in den Ruhemodus zu versetzen, haben die meisten Notebooks eine Taste, oft ist sie mit einem abnehmenden Mond gekennzeichnet. Wenn nicht, probieren Sie bei gedrückter Taste „Fn" die Taste „F1" zu drücken und danach „s" wie „Standby".

Behandeln Sie ihr Notebook nicht zu grob. Legen Sie sich eine hochwertige Tasche zu. Wenn man mehrere Gepäckstücke herumtragen muss, steigt die Gefahr, eins davon zu vergessen. Deshalb sind Notebook-Taschen zu empfehlen, die genug Platz für Akten und Kleinkram bieten. Es gibt auch gut gepolsterte Notebook-Rucksäcke. Achten Sie darauf, dass nichts auf den Deckel drückt.

Legen Sie ein Notebook nicht auf den Beifahrersitz, egal ob eingeschaltet oder nicht! Bei einer Notbremsung landet es im Fußraum. Wenn es gar noch aufgeklappt ist (und nicht dem US-Militärstandard entspricht) ...

Wenn Ihr Notebook eine Magnetfestplatte hat, sollten Sie es nicht im eingeschalteten Zustand herumtragen. Auch wenn Notebook-Festplatten recht robust sind, unterliegen sie doch den Gesetzen der Physik. Das Ankippen des Notebooks ist wegen des Kreiseleffekts besonders riskant. Ein ruckfreies Verschieben des Notebooks auf der Tischoberfläche ist relativ gefahrlos. Schaukeln Sie das Notebook möglichst nicht auf den Knien, suchen Sie besser eine vibrationsfreie Unterlage. Studien sollen ergeben haben, dass die Wärmestrahlung die Fruchtbarkeit von Männern beeinträchtigt, wenn diese ihr Notebook regelmäßig direkt auf dem Schoß benutzen.

Sie halten das alles für Schwarzmalerei? Manchmal staune auch ich, wie viele „Schikanen" eine Festplatte aushalten kann. Nun, der Magnetkopf ist winzig im Vergleich zur Fläche der Festplatte. Die Platte kann tausende leichte Kopfberührungen vertragen, ohne dass eine Stelle zweimal getroffen wird. Schadhafte Stellen werden von SMART versteckt. Außerdem würden Sie nicht jeden kleinen Schaden bemerken – oder kontrollieren Sie regelmäßig, ob alle Ihre Fotos und Videos noch bis ins Detail unbeschädigt sind?

Wenn während des Kopierens einer Festplatte an manchen Stellen die Datenübertragungsrate drastisch einbricht, liegt das daran, dass Windows bei vielen aufeinanderfolgenden Sektoren mehrere Leseversuche braucht, um die Daten doch noch zu lesen. Es ist erstaunlich, was die Fehlerkorrekturalgorithmen zu leisten vermögen. Ganz grob geschätzt hat jede dritte Kundenfestplatte solche auffälligen Problemstellen.

Und was den Tod durch langandauernde Hitze betrifft: Lesen Sie Kapitel 12 „Warum gehen PCs kaputt", besonders 12.2 „Elektromigration". Alle paar Wochen muss ich einem Kunden sagen „Werfen Sie Ihr Notebook weg, eine Reparatur wäre wirtschaftlich unsinnig. Das einzige Weiterverwendbare ist die Festplatte mit Ihren Daten. Mit einem kleinen Gehäuse kann sie als externe Festplatte weiter genutzt werden."

10.7.5 Wasserschäden

Haben Sie Flüssigkeit auf die Tastatur geschüttet? Falls Sie gerade immens wichtige Daten bearbeitet haben, die Ihnen wichtiger sind als das Notebook: Speichern Sie diese schnell noch! Bei den meisten Programmen geht das mit der Tastenkombination Strg-S. Mit der Tastenkombination Alt-F4 geht es am schnellsten, Fenster zu schließen und Windows zu beenden.

Vielleicht neigen Sie dazu, das Gerät reflexartig umzudrehen und mit der Tastatur nach unten abzulegen. Mit „reflexartig" ist gemeint: innerhalb von ein bis maximal zwei Sekunden, ohne Zeit mit Nachdenken oder Jammern zu vertrödeln! Dann schnell den Netzstecker ziehen und den Akku herausnehmen. Aber tun Sie das nur, wenn in Ihrem Notebook eine SSD steckt. Bei einer Magnetfestplatte droht beim schnellen Umdrehen ein Kopfaufsetzer mit Zerstörung der Festplatte und Komplettverlust Ihrer Daten.

Falls Sie den Moment für das Herumdrehen verpasst haben, schalten Sie das Notebook sofort aus (auf die Einschalttaste drücken, bis das Gerät aus ist). Bewegen Sie dann das Gerät ruckfrei zur Tischkante und nehmen Sie den Akku heraus, wenn das ohne Ankippen des Notebooks möglich ist! Versuchen Sie mit Küchentüchern zwischen den Tasten und entlang des Randes der Tastatur die Flüssigkeit herauszusaugen.

Bei manchen Notebooks liegt die Tastatur in einer kleinen „Wanne", die ein wenig Flüssigkeit auffängt. Diese Wanne hat fast immer einen Abfluss zur Unterseite. Wenn Sie das Gerät kippen würden, läuft die Flüssigkeit auf die Hauptplatine. Legen Sie Küchentücher unter das Notebook, damit die Flüssigkeit besser ablaufen kann.

Bewegen Sie das Notebook (waagerecht!) an eine warme Stelle zum Trocknen, es sollte dort aber nicht wärmer als 40 °C werden, sonst leiden die Elektrolytkondensatoren. Nach ein bis drei Tagen sollte das Gerät so weit getrocknet sein, dass Sie es zu einem Spezialisten bringen können, der das Notebook vollständig zerlegt und mit Isopropanol reinigt. Isopropanol gibt es flüssig oder als Spray, z. B. bei Conrad Elektronik.

Warum ist es so wichtig, dass die Flüssigkeit nicht die Hauptplatine erreicht?

- Leitungswasser enthält Salze, die das Wasser leitfähig machen und das Metall der Leiterzüge angreifen. Kaffee und Wein sind schlimmer als Wasser, ganz besonders aggressiv ist Cola. Zucker verklebt die Kontakte und die Tasten.
- Flüssigkeit ist elektrisch leitfähig. Schon ein einzelner Tropfen kann mehrere Kurzschlüsse gleichzeitig verursachen. Schnell einmal probieren, ob das Notebook noch funktioniert, kann es umbringen.
- Die Hauptplatine ist mehrlagig, d. h. aus mehreren Schichten zusammengeklebt. Wenn Feuchtigkeit zwischen die Schichten gerät, quillt die Platine auf und zerfetzt dabei Lötstellen und Leiterzüge.
- Die Flüssigkeit kann in die Steckverbinder eindringen und einen Film auf den Kontakten bilden. Nach dem Eintrocknen der Flüssigkeit bleiben Rückstände, die zu Kontaktproblemen führen können.

Ihr Notebook ist so alt, dass sich eine professionelle Reinigung nicht lohnt? Warten Sie wenigstens, bis Sie sicher sind, dass das Notebook trocken ist. Wenn Sie wichtige Daten auf der Festplatte haben, entfernen Sie die Festplatte vor dem ersten Einschalten (und kopieren Sie vorsorglich die Daten auf einen anderen PC).

10.7.6 Erweiterungen und Aufrüstung

Eine Speicheraufrüstung ist fast immer möglich und meistens empfehlenswert. Bestellen Sie den zusätzlichen RAM in einem Fachgeschäft und lassen Sie ihn dort einsetzen. Dann trägt der Händler das Risiko, wenn der RAM-Baustein nicht funktioniert, nicht mit voller Kapazität erkannt wird oder im extrem unwahrscheinlichen Fall Ihr Notebook Schaden nimmt.

Die CPU ist oft eingelötet. Selbst wenn nicht: Die Hauptplatine ist meist nicht für eine schnellere CPU vorbereitet. Die „Grafikkarte" ist fast immer ein Teil der Hauptplatine und kann nicht ausgetauscht werden.

Wenn Sie sich eine SSD-Festplatte zulegen, verlängern Sie deutlich die Akkulaufzeit. Dabei gewinnen Sie auch noch enorm an Geschwindigkeit. Früher musste man beim Austausch einer Magnet-Festplatte auf die Bauhöhe und den Strombedarf der neuen Festplatte achten. SSD-Festplatten sind flach genug und brauchen so wenig Strom, dass sie jede ältere Festplatte ersetzen können.

Das Umkopieren der Festplatte erfolgt am besten mit einem Image-Programm. Die meisten Image-Programme können eine komplette Festplatte duplizieren und dabei die Größe der Partitionen anpassen. Eine Anleitung finden Sie auf `eifert.net` unter Hilfen → Software → Anleitungen (nicht Microsoft).

Das DVD-Laufwerk von Notebooks wird unterwegs nur selten gebraucht. Bei einigen Modellen ist es möglich, das Laufwerk herauszunehmen und es durch einen Zusatzakku zu ersetzen. Es gibt auch Einbaurahmen, mit denen man eine zusätzliche Festplatte in den DVD-Slot einschieben kann. Falls Sie die Magnetfestplatte in Ihrem Notebook durch eine schnelle SSD-Platte ersetzen wollen, können Sie die ausgebaute Magnetfestplatte in einem solchen Einbaurahmen als zweite Platte weiter betreiben. Sie sollten überlegen, ob Ihr nächstes Notebook ein DVD-Laufwerk braucht. Bei Bedarf könnten Sie ein USB-DVD-Laufwerk anstecken.

10.8 Welches Notebook soll ich kaufen?

10.8.1 Kriterien

- Wenn Sie beruflich von Kunde zu Kunde eilen, sollten Sie Wert auf ein robustes Gerät legen. Die Mehrkosten werden durch die wesentlich höhere Lebenserwartung kompensiert.
- Für manche Geräte können Sie in den ersten Tagen nach dem Kauf eine Garantieverlängerung erwerben. Angesichts der hohen Ausfallrate ist eine Garantieverlängerung meist empfehlenswert, auch wenn Sie Ihr Notebook nur zu Hause benutzen. Sie sollten aber den Vertrag genau durchlesen. Eine Versicherung, die 50 Euro Aufpreis kostet und Ihnen im Schadensfall nur den **Rest**wert zahlt (nach vier Jahren wären das z. B. 100 Euro) ist unsinnig.
- Es gibt Geräte, die man wahlweise mit normalem Akku oder mit extragroßem Akku kaufen kann, oder man kann einen großen Zusatzakku nachkaufen. Für einen langen Arbeitstag kann das sinnvoll sein.
- Können Sie es sich leisten, sechs Wochen auf eine Reparatur zu warten? Für manche Geräte, vor allem im Businessbereich, können Sie die Bereitstellung eines Ersatzgerätes für die Dauer der Reparatur vereinbaren. Doch das nützt Ihnen vielleicht nichts, wenn Sie keine aktuelle Datensicherung haben.
- Im Chipsatz integrierte Grafiklösungen sind Rohrkrepierer, wenn Sie mit dem Notebook spielen wollen. 3D-Spiele funktionieren in der Regel nicht, und ruckelfreie Videos können ein Problem sein. Spieler brauchen einen separaten Grafikchip mit eigenem Speicher.
- Wenn Sie öfter im Freien oder in Fensternähe arbeiten, ist von einem glänzenden Display abzuraten.
- Als Festplatte sollte eine SSD eingebaut sein, der Arbeitsspeicher sollte 8 GByte oder größer sein.
- In der gehobenen Preisklasse gibt es Notebooks mit zwei Festplatten: eine schnelle SSD-Platte für das Betriebssystem und eine zweite Magnetfestplatte für größere Datenmengen.
- Testen Sie, wie laut das Notebook unter Belastung ist. Starten Sie den Taschenrechner in der wissenschaftlichen Ansicht, tippen Sie 100 000 ein und dann auf die Taste „n!". Die Berechnung der Fakultät (1×2×3×4×5×6×7× ... ×100 000) heizt die CPU auf und lässt bald den Lüfter anspringen.

10.8.2 Bildschirmarbeitsverordnung

Sollen Notebooks außer im Außendienst auch regelmäßig an einem Büroarbeitsplatz eingesetzt werden, so müssen sie alle Anforderungen der Bildschirmarbeitsverordnung erfüllen. Das bedeutet unter anderem:

- Die Tastatur muss vom Bildschirmgerät getrennt und neigbar sein, damit die Benutzer eine ergonomisch günstige Arbeitshaltung einnehmen können. Helle Tasten mit dunkler Beschriftung sind auch bei schlechtem Licht noch gut lesbar, auch dann, wenn Tasten durch häufige Benutzung glänzen.
- Der Bildschirm muss gut entspiegelt sein (solche, die man als Spiegel benutzen kann, sind ungeeignet).
- Eine Maus ist Pflicht. Kleine „Notebook-Mäuse" sollten nur für kurzzeitige Arbeiten benutzt werden. Ergonomisch geformte, an die Handgröße angepasste Mäuse sind besser. Touchscreens bei stationären Computern sind aus ergonomischer Sicht eine Katastrophe.

Eine Untersuchung der Landesanstalt für Arbeitsschutz des Landes Nordrhein-Westfalen unter 1000 „Bildschirmarbeitern" ergab, dass 62 % über Schmerzen im Nacken-Schulter-Bereich klagen. Ein Viertel leidet unter dem „RSI-Syndrom": Kribbeln, Taubheit und Schmerzen in Armen, Händen und Fingern („Mausarm", „Tennisarm"). Zu den Ursachen gehören unergonomische Tastaturen und Mäuse, kombiniert mit zu wenig Abwechslung im Arbeitstag. RSI ist zwar behandelbar, aber nicht restlos heilbar.

Die US-Behörde „Occupational Safety and Health Administration" hat bereits 1996 festgestellt, *„dass sich die mit RSI verbundenen jährlichen Kosten für Arbeitgeber in den USA auf 120 Milliarden Dollar summieren"*. Jede vierte Krankschreibung basiere auf Beschwerden im Zusammenhang mit RSI.

Auf `eifert.net/hwergo` können Sie mehr über Gesundheitsgefahren durch mobile Geräte lesen.

Die häufig anzutreffende „Arbeitshaltung" mit dem Notebook auf dem Schoß ist nicht zu empfehlen. Der Kopf eines Erwachsenen ist etwa 6 kg schwer. Neigt man den Kopf um 45° nach vorn, steigt die Belastung der Halswirbelsäule auf 22 kg! Auch bei der Smartphone-Nutzung besser das Gerät hochheben als den Kopf nach unten zu neigen! Wissenschaftler und Physiotherapeuten warnen vor dauerhaften schmerzhaften Schäden an der Wirbelsäule. Außerdem werden einige Notebooks auf der Unterseite unangenehm heiß.

Hängt man eine Notebook-Umhängetasche mit einem Notebook mit mehr als zwei Kilo Gewicht, einem Netzteil und noch einigen Akten auf eine Schulter, wird die Wirbelsäule ungleichmäßig belastet. Achten Sie wenigstens auf einen breiten, gut gepolsterten Trageriemen. Deutlich besser wäre ein Notebook-Rucksack.

10.8.3 Brauche ich ein Notebook?

Abgesehen von der Ergonomie: Notebooks werden auch von Leuten gekauft, die es zu Hause auf den Tisch legen und niemals vom Platz bewegen. Als Argument hört man meist, es wäre so schön klein. Nun, jeder darf sein Geld nach Belieben verschwenden. Miniaturisierung ist nun einmal teuer und aufwendig, deshalb ist ein Notebook stets deutlich teurer als ein stationäres Gerät gleicher Leistung. So sparen Sie etwa 40 % des Kaufpreises, wenn Sie statt eines Notebooks einen stationären PC gleicher Leistung kaufen (wobei PCs mit derart geringer Leistung und kleine Bildschirme kaum zu finden sind, allenfalls im An- und Verkauf). Ein Flachbildschirm und eine Tastatur beanspruchen nur wenig mehr Standfläche auf dem Tisch als ein Notebook, und die „große Kiste" kann sicherlich unter dem Tisch einen Platz finden.

Berücksichtigen Sie bitte außerdem:

- Festplatte und RAM eines Notebooks lassen sich austauschen, aber eine andere Art von Aufrüstung ist meist nicht möglich. Im Gegensatz dazu lassen sich stationäre PCs leicht aufrüsten, wodurch sich ihre Nutzungsdauer deutlich verlängern lässt, auch in mehreren Etappen. Die Umwelt profitiert auch davon.
- Notebooks haben eine entsetzlich hohe Ausfallrate. Magnetische Festplatten haben eine geringe Lebensdauer, und im Sommer schaltet das Gerät möglicherweise wegen Überhitzung ab. Hinzu kommen Probleme mit den Deckelscharnieren und Kabelbrüche im Scharnier. Ein defektes Notebook lässt sich nur selten reparieren. Nach Ablauf der Garantie ist eine Reparatur meist wirtschaftlich unsinnig. Im Gegensatz dazu sind Reparaturen an stationären PCs vergleichsweise preiswert und sinnvoll.
- Das relativ kleine Notebook-Display ist nicht augenfreundlich.

Wenn Sie einen stationären PC kaufen und als Zubehör ein größeres Display, können Sie dieses Display auch mit ihrem nächsten und übernächsten PC nutzen. Mit dem Notebook-Display geht das nicht.

Jedenfalls sollten Sie sich fragen, ob Sie viel Geld für ein relativ leistungsschwaches Gerät ausgeben wollen, welches ergonomisch mangelhaft und knapp mit Schnittstellen ist, eine erschreckend hohe Ausfallrate hat, kaum repariert und nicht aufgerüstet werden kann – nur weil es so schön klein und schick ist?

10.8.4 Gebrauchte Notebooks

Bei Ebay und Ebay Kleinanzeigen gibt es bei Privatverkäufern keine Garantie und auch keine Rücknahme. Wenn Sie von einem gewerblichen Anbieter bei Ebay kaufen, gelten Rückgaberecht und Käuferschutz. Besonders Mutige kaufen zwei baugleiche Notebooks mit unterschiedlichen Schäden und verwenden eins als Ersatzteilspender.

Bei `backmarket.de` und `refurbed.de` gibt es überarbeitete Gebrauchtgeräte, bei `Conrad.de` als „Refurbished" und bei Amazon als „Renewed", jeweils mit einem Jahr Garantie. `Pearl.de` verkauft generalüberholte Leasing-Rückläufer, mit bis zu drei Jahren Garantie.

Außerdem kann man nach Ware zweiter Wahl, sogenannter „B-Ware" suchen: Dazu gehören Vorführgeräte, Retouren oder unbenutzte Geräte, die nicht mehr originalverpackt sind.

Empfehlung: Wenn Sie über PayPal bezahlen, sind sie über den Käuferschutz abgesichert, wenn das gekaufte Gerät unerwartete Mängel hat und es Streit mit dem Verkäufer gibt.

11 Gedanken vor dem Kauf

Aus Montage und Reparatur von tausenden PCs habe ich zahlreiche Erkenntnisse gewonnen. Trotzdem finden Sie hier keine Empfehlungen für bestimmte Modelle, sondern nur persönliche Anmerkungen, die Sie zum Nachdenken anregen sollen. Eine Kaufberatung im engeren Sinne ist nicht zu verantworten und angesichts der rasanten Entwicklung ohnehin fragwürdig. Bitte suchen Sie selbst einen kompetenten Berater! Es gibt VHS-Kurse mit Ratschlägen zum PC-Kauf in Dresden, Köln und Düsseldorf, vielleicht auch in Ihrer Stadt?

11.1 Allgemeine Gedanken

Sogenannte Komplettsysteme werden so entwickelt, dass sie die typischen Anforderungen möglichst vieler Käufern erfüllen. Aus Sicht der Industrie ist das sinnvoll – je mehr Käufer, desto größer die Serie, und je größer die Stückzahl, desto niedriger die anteiligen Entwicklungs-, Herstellungs- und Vertriebskosten.

Die Komplettsysteme der großen Ladenketten haben große Vorteile:

- In Prospekten und Fachzeitschriften gibt es relativ gute technische Beschreibungen.
- Die Geräte werden von vielen Fachzeitschriften verglichen und kritisch bewertet.
- Sie können recht sicher sein, dass es die Ladenkette bis zum Ende Ihres zweijährigen Garantiezeitraums geben wird oder dass notfalls eine andere Ladenkette die Garantieleistungen übernimmt. Das Garantieversprechen eines Fachhändlers ist nichts wert, wenn er Pleite geht.
- Kein Einzelhändler kann Ihnen die gleichen oder vergleichbare Komponenten zu diesem Preis bieten.
- Ladenketten erhalten Software zu Sonderkonditionen.

Aus Sicht des Käufers haben Komplettsysteme aber auch prinzipielle Nachteile:

- Kaum eine Funktion oder Eigenschaft ist hervorragend gut. Eine Grafikkarte der Spitzenklasse einzubauen, mit der ein Spieler glücklich wäre, ist zu teuer. Manchmal – aber viel zu selten – kann man gegen Aufpreis einzelne Komponenten auswechseln lassen. Meist bleibt nur das Austauschen von Komponenten nach dem Kauf, wobei die ausgebauten Teile übrig bleiben. Diese muss man wieder einbauen, wenn man eine Garantiereparatur beanspruchen möchte.
- Einige Funktionen und Eigenschaften des Geräts sind besser (und teurer), als der Käufer es braucht. Wenn Sie den PC für Büroarbeit brauchen, ist beispielsweise die Grafikkarte stets überdimensioniert und eine Soundkarte meist überflüssig. Und falls Sie den PC als Arbeitsgerät von der Steuer absetzen wollen, kann das Vorhandensein einer TV-Karte oder von anderen Multimedia-Komponenten ein willkommener Grund für das Finanzamt sein, den PC nicht als Arbeitsgerät anzuerkennen.
- Die Geräte sind geradezu vollgemüllt mit Software, die Sie größtenteils nicht brauchen.
- Oft werden Komponenten in nicht standardisierter Bauweise verwendet. Ist das Netzteil defekt, findet man keinen Ersatz. Speicher lässt sich nicht nachrüsten, die Grafikkarte nicht auswechseln und nicht mal für den CPU-Lüfter ist Ersatz zu finden. Steckplätze für Erweiterungen? Fehlanzeige.

Eine Serie, ein PC-Modell muss relativ langfristig geplant und entwickelt werden. Was meinen Sie, wie lange das bei der Länge der Entscheidungswege in einem großen Konzern dauert? Um günstige Einkaufspreise zu erzielen, werden mit den Zulieferern langfristige Lieferverträge über große Stückzahlen ausgehandelt. Wenn die Produktion beginnt, ist der PC bereits technologisch veraltet. Dann wird das Modell ein halbes oder ganzes Jahr lang verkauft und bleibt dabei noch mehr hinter der technischen Entwicklung zurück. Deshalb sind die verbauten Komponenten oft veraltet und manchmal auch minderwertig. Fachhändler können da sehr viel flexibler sein. (Natürlich gibt es auch Fachhändler, die minderwertige Teile verbauen.)

Eine eigene Reparaturabteilung an jedem Standort einer Ladenkette ist nicht wirtschaftlich. Um die Kosten für Garantiereparaturen zu minimieren, gibt es Zentralwerkstätten. Die defekten Geräte werden in vielen Elektronikmärkten nur einmal pro Woche abgeholt und zurückgebracht.

Die Kapazität der Zentralwerkstätten ist knapp kalkuliert, damit keine Stillstandszeiten eintreten. Eine Reparaturdauer von ein bis zwei Wochen und mehr ist deshalb die Regel. Der Händler vor Ort würde vielleicht kürzere Reparaturzeiten haben, aber Garantie haben Sie natürlich nur dort, wo Sie das Gerät gekauft haben.

Dann gibt es noch die Komplettsysteme der großen Hersteller wie IBM, HP, Dell, Packard Bell und andere, die zum Teil im Direktversand vertrieben werden. Auch die großen Versandhäuser bieten PCs in ihren Katalogen an. Vor dem Kauf eines dieser Versandmodelle sollten Sie beachten:

- Beratungsbedarf nach dem Kauf sollten Sie besser nicht haben. Die Hotlines sind meist recht teuer und ob die telefonische Hilfe Ihnen wirklich hilft, ist nicht sicher.
- Der Versand (bei Reparaturen und Rückgabe) ist teuer: DHL berechnet 9,49 Euro bis 10 kg Gewicht und 16,49 Euro bis 31,5 kg. Haben Sie die Originalverpackungen aller Geräte aufgehoben? Wenn das Gerät nach Meinung der Werkstatt unzureichend verpackt ist, kann die Werkstatt die Garantiereparatur ablehnen („selbst schuld") oder das Gerät vor der Rücksendung kostenpflichtig neu verpacken.

Die verwendeten Teile (Gehäuse, Netzteile, Platinen, ...) sind mitunter absichtlich sehr herstellerspezifisch. Markenhersteller sorgen oft dafür, dass nur deren Originalteile verwendbar sind. Eine kleine Abweichung in der Position der Befestigungsbohrung oder der Steckerform genügt schon, und preiswerte Standardteile passen nicht mehr. Beispielsweise ist es mitunter unmöglich, den lauten Billiglüfter gegen einen leisen zu tauschen, weil die Befestigungslöcher nicht passen. Abgesehen von einer RAM-Aufrüstung, einer größeren Festplatte oder einem Brenner ist es oft unmöglich, den PC aufzurüsten oder mit preiswerten Standardkomponenten zu reparieren. Wenn die Garantiezeit vorbei ist, sind Reparaturen wirtschaftlich kaum sinnvoll.

Wenn der Katalog neu ist, sind die Preise attraktiv. Wenn der Katalog schon ein dreiviertel Jahr alt ist, sind die Preise nicht mehr gut, denn bei den Mitbewerbern ist in dieser Zeit der Preis für ein vergleichbares Gerät deutlich gesunken. Die Preise für Massenspeicher beispielsweise fallen im **langjährigen** Durchschnitt pro Jahr um etwa 30 %. Aber seit dem Sommer 2020 steigen die Preise, bei RAM beispielsweise um 50 %. Ursache: Erhöhte Nachfrage bei verringerter Produktion, beides wohl hauptsächlich pandemiebedingt.

Beispiele, wie Sie mit einem individuell angepassten PC sparen können:

- Firmen-PCs sind in der Regel vernetzt, und auch Familien mit mehreren PCs können ihre PCs vernetzen. Dann genügt möglicherweise ein Brenner für die gemeinsame Nutzung durch alle PCs.
- Sie sind an den neuesten Actionspielen nicht interessiert? Dann brauchen Sie keine „durchschnittliche" Grafikkarte, sondern die integrierte Grafikkarte oder eine Grafikkarte für etwa 40 Euro mit passiver Kühlung reicht aus. So wird der PC nicht nur billiger, sondern auch deutlich leiser.

11.2 Darf es auch etwas teurer sein?

Nehmen wir an, dass ein durchschnittliches PC-System für das Büro (einschließlich Bildschirm) 700 Euro kostet (bei einem Spieler-PC kämen noch 700 Euro für die Grafikkarte dazu). Bei einer Abschreibungsdauer von zwei Jahren entspricht das knapp 1 Euro pro Tag, bei einer Abschreibung über drei Jahre entspricht das etwa 65 Cent pro Kalendertag. Im Vergleich zu manch anderem Hobby ist ein PC gar nicht so teuer. Fragen Sie doch Ihren Händler, was er Ihnen für Verbesserungen vorschlagen kann, wenn Sie ein paar zusätzliche Euros locker machen! Wenn Sie einem vertrauenswürdigen Händler zusätzliche 100 Euro bewilligen (auf drei Jahre verteilt sind das 3 Euro pro Monat), wird er Ihnen einen wesentlich besseren PC zusammenstellen können: schneller, zuverlässiger, leiser ... Ist Ihnen das nicht 10 Cent pro Tag wert?

Wenn Sie Firmenchef sind, vergleichen Sie diese Mehrkosten mit den Tausenden Euro Lohnkosten und Lohnnebenkosten pro Monat und Mitarbeiter! Ihr Angestellter wird (für nur 3 Euro zusätzlich pro Monat) effektiver und schneller arbeiten können, weniger PC-Probleme und Datenverluste haben, und der PC wird weniger Lärm machen, was das Arbeiten angenehmer macht. Einen überdurchschnittlich guten PC zu erhalten, wird Ihr Angestellter als Wertschätzung empfinden, und er wird seinen Bekannten davon erzählen. Auch Ihre Kunden und Gäste werden sehen (einige zumindest), ob Sie „Schrott ab Werk" kaufen oder gute PCs benutzen, und sie werden daraus ihre Schlüsse ziehen.

Zahlreiche Statistiken sagen übereinstimmend, dass die laufenden Betreuungskosten von Firmen-PCs (Service, Updates, Reparaturen usw.) plus die Ausfallkosten bei Störungen drei- bis zehnmal höher sind als die Anschaffungskosten. Anders gesagt: Langfristig betrachtet fällt der Anschaffungspreis nicht ins Gewicht. Statistisch erwiesen ist aber, dass qualitativ höherwertigere PCs geringere Betreuungskosten verursachen.

Bedenken Sie, dass sich auch die Servicequalität im Preis widerspiegelt. Bei Billiggeräten kann die Beschaffung von Ersatzteilen problematisch sein und die Reparaturdauer sowieso.

Gedanken

Sie sind kein Firmenchef? Denken Sie trotzdem darüber nach. Wenn Ihnen das Basteln am PC Spaß macht, werden Sie die Arbeitsstunden nicht zählen. Wenn Sie aber bei Problemen häufig einen Fachmann rufen und bezahlen müssen, sollten Sie vielleicht anfangen, wie ein Firmenchef zu denken und zu rechnen.

> »Es gibt kaum etwas auf dieser Welt, das nicht irgend jemand etwas schlechter machen und etwas billiger verkaufen könnte, und die Menschen, die sich nur am Preis orientieren, werden die gerechte Beute solcher Machenschaften.
>
> Es ist unklug, zu viel zu bezahlen, aber es ist noch schlechter, zu wenig zu bezahlen. Wenn Sie zu viel bezahlen, verlieren Sie etwas Geld, das ist alles.
>
> Wenn Sie dagegen zu wenig bezahlen, verlieren Sie manchmal alles, da der gekaufte Gegenstand die ihm zugedachte Aufgabe nicht erfüllen kann.
>
> Das Gesetz der Wirtschaft verbietet es, für wenig Geld viel Wert zu erhalten.
>
> Nehmen Sie das niedrigste Angebot an, müssen Sie für das Risiko, das Sie eingehen, etwas hinzurechnen. Und wenn Sie das tun, dann haben Sie auch genug Geld, um für etwas Besseres zu bezahlen.«
>
> Jim Ruskin, Ökonom, um 1900

Die Engländer sagen „You get what you pay" (Du bekommst das, wofür du bezahlst), sehr frei übersetzt „Ich bin zu geizig, um mir billige Produkte leisten zu können".

Statista.de ermittelte die folgenden Durchschnittspreise für 2022: Konsumenten-Notebooks 804 Euro, professionelle Notebooks über 1000 Euro, Desktop-PCs 978 Euro.

11.3 Muss es die allerneueste Technologie sein?

Sie wollen einen wirklich schnellen PC haben? Im Jahr 2021 hätte ich Ihnen eine CPU Intel Core i9 7980XE (2250 Euro) empfohlen, dazu 32 GB DDR-4 PC2133 (320 Euro), eine 2000 GB SSD-M.2-Festplatte (250 Euro), ein oder zwei Grafikkarten Nvidia Titan XP (je 1300 Euro), ein Netzteil 1500 Watt (400 Euro), eine Wasserkühlung für mindestens 500 Euro und einige Kleinteile, die einen Gesamtpreis von knapp 7000 Euro ergeben. Das ist Ihnen zu teuer? Mir auch. Die Zeitschrift „PC-Welt" baut jedes Jahr aus den besten verfügbaren Komponenten eine „Höllenmaschine". Die im Jahr 2019 verloste Höllenmaschine HMX2 hatte einen Wert von 18 000 Euro, siehe `https://www.channelpartner.de/a/der-hoellischste-pc-der-pc-welt,3336461`

„Neu" bedeutet im Unterschied zu „bewährt" auch immer: Es ist noch nicht allzu sehr in der Praxis bewährt und kaum getestet. Es gibt für PCs keinen TÜV und keine Crashtests. „Neueste Technologie" bedeutet in der Computerbranche, dass Sie zuerst das Testobjekt für Ihr Geld kaufen müssen, um als unbezahlter Tester an einem Großversuch teilzunehmen. Drei bis sechs Monate nach der Markteinführung hat der Hersteller das neue Produkt meist so weit nachgebessert, dass man es relativ unbesorgt kaufen kann. Die Fachzeitschriften werden hilfreiche Tipps zur Bewältigung der übriggebliebenen Probleme veröffentlichen. Ob Hard- oder Software: Kaufen Sie nichts, was gerade erst brandneu auf den Markt gekommen ist!

Sie halten meine Meinung für übertrieben und Sie glauben mir nicht? Im Grundgesetz wird die Glaubensfreiheit garantiert. Sie dürfen glauben, woran Sie wollen. Am besten glauben Sie niemandem, denken Sie selber nach! Andererseits: Von den Herstellern werden immer wieder freiwillige Beta-Tester dringend gesucht. Kaufen Sie das neumodische Zeug und werden Sie zum Beta-Tester! Der Hersteller kann aufgrund Ihrer Erfahrungen das Gerät verbessern und mir ein halbes Jahr später ein Gerät mit weniger „Kinderkrankheiten" verkaufen. Dankeschön für Ihre Mühe!

11.4 Wo werden sorgfältig geprüfte PCs verkauft?

Leider nirgends, besonders wenn er einigermaßen preiswert sein soll. Ein PC besteht aus etwa einem Dutzend Hauptbestandteilen, wobei es für jedes Teil bis zu einem Dutzend mögliche Hersteller gibt, von denen jeder mehrere ähnliche Produkte anbietet. Bei sehr neuen Erzeugnissen wechselt die Produktversion anfangs alle paar Wochen.

Das bedeutet, dass es eine unermessliche Vielfalt von Kombinationen gibt, und selbst in der Serienfertigung läuft am Ende der Woche oft ein anderes Gerät vom Band als am Anfang der Woche, weil inzwischen beim Brenner die Firmware verändert wurde oder die Grafikkarte neuerdings mit Kondensatoren eines anderen Herstellers bestückt wird (der im Moment den günstigeren Preis hat). Das bedeutet, dass Sie praktisch immer einen PC kaufen, der in Ihrer speziellen Konfiguration noch nie sorgfältig getestet wurde, sondern nach Fertigstellung nur einen Kurztest durchlaufen hat. Dieser traurige Umstand wird dadurch dramatisch verschärft, dass es erstens keine fehlerfreie Software gibt und zweitens jeder Benutzer auf seinem PC eine andere Kombination von Software-Produkten installiert, jeder in einer anderen Reihenfolge.

Was können Sie trotzdem tun, um einen möglichst zuverlässigen PC zu kaufen?

- Verwenden Sie Komponenten von Marktführern oder zumindest von renommierten Herstellern.
- Werden Sie nicht zum Beta-Tester. Bauen Sie möglichst keine Komponenten ein, die weniger als drei bis sechs Monate auf dem Markt sind!
- Wechseln Sie nicht zu einem brandneuen Betriebssystem, bevor das erste Servicepack zwei Monate auf dem Markt ist!
- Geizen Sie nicht mit RAM. Reichlich RAM von bester Qualität ist ein bedeutender Beitrag zur Systemstabilität und zur Geschwindigkeit.

Wenn Sie mehrere PCs für eine Firma kaufen wollen, suchen Sie nach einem spezialisierten Händler. Gegen einen deutlich höheren Preis können Sie gut geprüfte PCs von Markenherstellern kaufen, wobei Ihnen garantiert wird, dass Sie einen baugleichen PC jederzeit in den nächsten zwei Jahren nachkaufen können. Zwar sind diese PCs nicht auf dem allerneuesten Stand (sonst wären sie nicht gut geprüft), aber sie sind einschließlich BIOS und Chipsatz identisch. Sie können alle PCs nach dem gleichen Muster installieren bzw. kopieren. Sie sparen deutlich mehr beim Aufwand für die Systemadministration, als die PCs bei der Anschaffung mehr kosten. Die Gesamtkosten eines Firmen-PCs setzen sich statistisch zu 10 % bis 20 % aus dem Anschaffungspreis und zu 80 % bis 90 % aus Betreuungs- und Folgekosten zusammen. Bei den Folgekosten gibt es ein beträchtliches Sparpotential!

11.5 Wo kauft man einen PC?

Wenn Ihre Ansprüche an die Leistung gering sind und die Nutzung nur gelegentlich erfolgt, können Sie die billigsten PCs bei Aldi und beim Bäcker kaufen. Sie sollten ganz genau wissen, was Sie wollen, denn es ist der Verzicht auf Beratung und Kundendienst, der die Computer billig macht.

Auch im Versandhandel kann man billige PCs kaufen. Wo wollen Sie das Gerät reparieren lassen? Das Rücksenden eines defekten Systems kann bis zu 40 Euro kosten. Wenn der Versandhändler den Schaden nicht als Garantiefall akzeptiert, haben Sie die Versandkosten zu tragen. Verpackungsmaterial für einen PC aufzutreiben ist nicht einfach, Sie sollten die Versandverpackung aufheben.

Wenn Sie bei einer großen Ladenkette kaufen, kostet der PC vielleicht etwas mehr. Hand aufs Herz: Sind 30 Euro mehr ein wirkliches Problem? Dafür können Sie eine mehr oder weniger gute Beratung bekommen, die Sie vor groben Fehlinvestitionen schützt. Sie haben die Auswahl unter mehreren Modellen. Und wenn der PC kleine Probleme macht, kann er vielleicht in der Reparaturannahme sofort repariert werden. Allerdings treffen Sie gelegentlich auf von der Industrie bezahlte Promotion-Kräfte. Von den industriegesponserten Markenagitatoren, getarnt durch den Verkäuferkittel, werden Sie garantiert nicht objektiv beraten.

Bei größeren Problemen (bzw. bei ausnahmslos allen Problemen, wenn Sie bei Aldi gekauft haben), wird der PC in eine Zentralwerkstatt eingesandt, die meist gut ausgelastet ist. Die Reparatur kann Wochen dauern.

Gedanken

Wenn Sie den PC intensiv nutzen wollen und/oder Ansprüche haben, sollten Sie bei einen vertrauenswürdigen Computerhändler kaufen. Beim Händler „um die Ecke" haben Sie die Chance, Ihren PC in ein bis zwei Tagen repariert zu bekommen. Auch kleine Händler können Ihnen einen preiswerten PC zusammenstellen, allerdings mit spartanischer Softwareausstattung. Doch das ist eher ein Vorteil. Für praktisch jede Aufgabe kann man kostenlose Software im Internet finden. Die Komplettsysteme der Ladenketten sind mit Gratis-, Demo- und Schnickschnack-Software so zugemüllt, dass ein erheblicher Teil der Rechnerleistung verlorengeht.

Meine Empfehlung: Wenn Sie das selbst können, sollten Sie nach einem Funktionstest die Festplatte löschen und Windows von der Original-DVD neu installieren. Anschließend installieren Sie nur die wirklich benötigten Programme. Falls Ihnen die Neuinstallation nicht gelingen sollte, ist das nicht schlimm: Sie haben ja beim Kauf eine Recovery-DVD mitbekommen (oder Sie sind in den ersten Tagen nach dem Kauf vom PC aufgefordert worden, diese selbst zu brennen), mit der Sie den PC jederzeit in den Auslieferungszustand zurückversetzen können.

Handelsketten locken die Käufer mit aufwendiger Werbung an. Kleine Händler haben wenig Geld für Werbung. Langfristig überleben sie nur, wenn sie gut sind und von ihren Kunden weiterempfohlen werden. Die kleinen Computerläden stehen seit Jahren unter großem Druck durch die großen Elektronikmärkte. Nur wer sich zu einem guten Fachmann entwickelt hat, übersteht die ersten drei bis fünf Jahre.

Achten Sie darauf, nicht an einen Halb-Spezialisten zu geraten. Jedes Jahr gibt es eine Menge frisch ausgebildeter EDV-Fachleute, die keinen Job finden. Dazu kommen noch diejenigen, die die Prüfung nicht geschafft haben (die IHK-Prüfung ist nicht leicht) sowie jene, die auch ohne Ausbildung überzeugt sind, genug über Computer zu wissen. Selbst ein abgeschlossenes oder abgebrochenes Informatikstudium (etwas mehr als 50 % brechen das Studium ab!) befähigt nicht unbedingt zu praktischen Arbeiten. So wird eben mal eine Computerfirma gegründet. Ein bis zwei Jahre überlebt die neue Firma mit der Förderung des Arbeitsamtes, mit Hilfe der Verwandtschaft und mit 70 Wochenarbeitsstunden. Außerdem gibt es eine Menge Fachhändler anderer Branchen (Fernsehen, Elektronik, Mobilfunk, Büroartikel, Copyshops), die als zusätzliches Standbein Computerdienstleistungen anbieten. Produktgenerationen wechseln rasend schnell. Wer sich nur nebenbei und vierteltags mit Computerkonfiguration beschäftigt, wird bestenfalls ein Halbspezialist. Bei kleinen Arbeiten, z. B. bei der Nachrüstung eines PCs mit einem DVD-Brenner, reicht das aus. Wenn das Problem etwas größer ist und Sie keine aktuelle Datensicherung haben, reicht das eventuell nicht.

11.6 Warum sind die Elektronikmärkte so günstig?

Ein Hersteller kann sich glücklich schätzen, wenn Media Markt bereit ist, seine Ware zu verkaufen. Die Hersteller zahlen Pauschalen von bis zu 60 000 Euro, damit der Media Markt ihre hochauflösenden Fernseher ins Sortiment aufnimmt. Paletten mit „Schnäppchenangeboten" an einem stark frequentierten Durchgang aufstellen zu dürfen, kostet bis 40 000 Euro. Wenn Sie aufgeklebte Fußspuren sehen, die zu einem „Schnäppchen-Angebot" hinführen, hat der Hersteller bis zu 20 000 Euro dafür bezahlt. Sie können sich bestimmt vorstellen, wie die Hersteller ausgepresst werden, wenn die Lieferpreise verhandelt werden. Im Ergebnis liegt für kleine Elektronik-Einzelhändler bei zahlreichen Produkten der Großhandelspreis über dem Endkundenpreis vom Media Markt. Aus Sicht der Hersteller ist das logisch: Wenn man an den Großkunden (fast) nichts verdient, holt man es sich bei den „Kleinen".

Es ist nicht unüblich, dass die Industrie Werbekostenzuschüsse zahlt, damit ihre Produkte in den bunten Werbeprospekten des Handels vertreten sind. Der Media Markt als Europas größter Elektronikhändler hat das System so weit getrieben, dass die Staatsanwaltschaft wegen Korruption und „gewerbsmäßiger und bandenmäßiger Bestechung" ermittelt. Der frühere Deutschlandchef und der Regionalleiter Süd wurden im Dezember 2012 zu Gefängnisstrafen von fünf Jahren verurteilt, weil sie Schmiergelder von mindestens vier Millionen Euro angenommen hatten. Weitere Manager saßen eine Weile in Untersuchungshaft. Dabei kamen einige interessante Details ans Licht. Die „Wirtschaftswoche" berichtete darüber in

```
http://www.wiwo.de/unternehmen/handel/korruptionsvorwuerfe-die-dubiosen-tricks-
bei-media-markt/6219262.html
```

Auf jedem Komplettsystem ist die Demo eines Antivirenprogramms vorinstalliert. Die Wahrscheinlichkeit ist hoch, dass der Käufer nach Ablauf des Testzeitraums ein Jahresabo erwirbt und dem Antivirenprogramm einige Jahre treu bleibt. Was macht also ein Softwarehersteller, der seinen Umsatz erhöhen will? Er bietet seinen Großabnehmern einen Werbekostenzuschuss. Wer am meisten bietet, dessen Software wird auf jedem PC der Serie vorinstalliert. Außer dem Antivirenprogramm werden noch mehr Anwendungen und Tools vorinstalliert, meist handelt es sich um ältere Versionen. Wenn sich der Anwender an das Programm gewöhnt hat, kauft er vielleicht ein Update?

Auf vielen neuen PCs und Notebooks ist „Microsoft Office" vorinstalliert. Es handelt sich meist um eine 60 Tage gültige Testversion. Viele Anwender, wenn nicht die meisten, sind überzeugt, man müsse Microsoft Office haben, um einen Brief schreiben zu können, und sie kaufen nach Ablauf des Testzeitraums für etwa 100 Euro die Vollversion. Das könnten Sie sich sparen. Das Programm „WordPad" in der Zubehörgruppe ist für übliche Schreibarbeiten völlig ausreichend. Selbst wenn Sie anspruchsvolleres schreiben wollen wie Serienbriefe, einen Roman oder ein Fachbuch, mit Fußnotenverwaltung und einem automatisch erstellten Inhaltsverzeichnis, können Sie statt Microsoft Office das kostenlose „Libre Office" installieren.

Ist Ihnen jetzt klar, warum Komplettsysteme derart mit Software vollgemüllt sind?

11.7 Gebrauchte PCs

Beim Kauf eines gebrauchten PCs kann man ein gutes Preis-Leistungs-Verhältnis erreichen, aber die Risiken sind nicht gering. Die PCs kommen oft nicht aus privatem Vorbesitz, zahlreiche Händler und Hinterhofwerkstätten verkaufen gebrauchte PCs. Die Gefahr ist groß, einen irgendwie aus Aufrüstungs-Resten zusammengeschraubten Rechner oder ein Gerät mit versteckten Fehlern zu erwerben.

PC-Komponenten gehen oftmals nicht schlagartig kaputt. Alterung und Mikroschäden können die Ursache für ein allmähliches Ansteigen der Zahl von Abstürzen sein. Ist nun die CPU, die Hauptplatine, der Arbeitsspeicher, die Festplatte oder das Netzteil schuld an den Abstürzen? Wenn sich die genaue Ursache für Probleme nicht mit vertretbarem Aufwand ermitteln lässt, ist eine „Flucht nach vorn" in Form einer Aufrüstung oder eines Neukaufs die sinnvollste Lösung. Was glauben Sie denn, was mit den ausgebauten Teilen passiert? Wahrscheinlich ist nur eins davon defekt und die anderen sind OK.

Beim üblichen „gekauft wie gesehen" haben Sie keine Gewährleistung und keine Herstellergarantie, keinen Schutz vor versteckten Fehlern, meist kein Betriebssystem, keine Dokumentation und keine Treiber. Windows 10 und 11 finden die meisten Treiber automatisch, aber „exotische" Komponenten können zum Problem werden. Das Fehlen von Treibern kann teuer werden, wenn Sie es nicht selbst schaffen, die richtigen Treiber im Internet zu finden und sie zu installieren. Der Fachhandel berechnet typisch 15 Euro für die Installation eines Treibers, und Sie brauchen mehrere davon (Chipsatz, Sound, LAN und vielleicht WLAN).

- Kaufen Sie keinen PC, der älter als drei Jahre ist. Der Wertverlust bei PCs ist dramatisch. Ein PC verliert pro Jahr die Hälfte seines Wertes, nach drei Jahren ist noch ein Achtel seines Kaufwertes übrig.
- Wenn der Verkäufer die Treiber-CDs nicht findet, verlangen Sie, dass er für einen kleinen Aufpreis das von Ihnen gewünschte Betriebssystem installiert. Dann muss er selbst nach den Treibern suchen.
- Lassen Sie sich die enthaltenen Komponenten genau auflisten und zeigen Sie diese Liste jemandem, der sich halbwegs auskennt. Noch besser: Nehmen Sie jemanden mit. Schauen Sie in den PC hinein. Sehen Sie auch nur einen aufgeblähten Elko (siehe Bild 12.1), wird der PC Sie bald im Stich lassen.

Es gibt auch renommierte Händler für gebrauchte, geprüfte Hardware, Zubehör und Software, z. B. itsco.de, greenpanda.de und softwarebilliger.de. Unter miete24.com können Sie Office- und Home-Produkte für 12, 24 oder 36 Monate mieten, darunter auch gebrauchte, geprüfte Komponenten.

Gute Erfahrungen habe ich beim Kauf von Leasing-Rückläufern gemacht. Einige Firmen leasen überdurchschnittlich leistungsfähige Markencomputer und wenn sie diese nach ein, zwei oder drei Jahren zurückgeben, sind sie immer noch leistungsfähig genug für Büroanwendungen.

Nur gute Erfahrungen habe mit dem Kauf von Komponenten bei eBay gemacht, denn den Verkäufern ist eine gute Bewertung wichtig. Kürzlich habe ich eine Hauptplatine mit Core i3-3220 samt Kühler und 8 GB RAM plus Versand für 25 Euro erworben. Plus Gehäuse, Netzteil und SSD hatte ich für weniger als 100 Euro einen PC, auf dem auch Windows 11 (mit RUFUS angepasst) vernünftig läuft.

11.8 Wie kauft man einen PC?

Sie denken jetzt vermutlich: Was soll diese Frage?

Schreiben Sie auf, was Sie mit dem Computer machen wollen und was nicht. Denken Sie mindestens einen Tag darüber nach. Welche Schnittstellen brauchen Sie? FireWire, serielle Schnittstelle, parallelen Druckeranschluss, externen SATA, optische Links zur Stereoanlage? USB 3 mit 20 Mbit/s oder reichen 5 Mbit/s? Reichen Ihnen 5+1 Lautsprecheranschlüsse oder müssen es 7+1 sein?

Vielleicht kann Ihr vorhandener PC sinnvoll umgebaut werden – dann nehmen Sie ihn mit zum Händler. Nicht raten, sondern fragen! Lassen Sie sich von einem Fachhändler ein detailliertes Angebot machen. Geben Sie ihm ein paar Tage Zeit dafür und sagen Sie ihm vorher, er solle jedes Teil genau bezeichnen! Zeigen Sie dieses Angebot dem nächsten Fachhändler und fragen Sie ihn, was er anders machen würde.

Gehen Sie mit den beiden Angeboten vielleicht noch zu einem dritten Fachhändler (oder auch einmal in einen Elektronik-Supermarkt) und abschließend noch einmal mit allen Angeboten zu dem ersten Fachhändler. Fragen Sie Freunde und Bekannte. Für Komplettsysteme der Ladenketten gibt es Testberichte. Denken Sie selbst nach und glauben Sie nicht alles, was Sie hören – auch wenn es der Freund erzählt (der ganz andere Dinge mit seinem PC macht als Sie). Entscheiden Sie sich zügig – schon nach ein bis zwei Wochen haben sich Preise und Verfügbarkeit wichtiger Komponenten verändert. Überlegen Sie sich, ob Sie den PC bei einem Fachhändler oder einer Ladenkette kaufen. Falls Sie sich nur wenig mit PCs auskennen, erhalten Sie bei Fachhändlern meist die bessere Beratung, auch noch nach dem Kauf.

Und noch etwas: Lassen Sie sich vom Händler Ihres Vertrauens alles erläutern, aber nerven Sie ihn nicht mehr als nötig, sonst wird er Ihnen bei späteren Problemen weniger Kulanz entgegenbringen. Insbesondere sollten Sie sich nicht ein halbes Jahr lang jeden Monat ein neues Angebot machen lassen.

11.9 Wann kauft man einen PC?

Fachzeitschriften veröffentlichen Testberichte der neuesten Computerkomponenten. Doch oft bekommen die Zeitschriften Vorab-Exemplare, die noch gar nicht im Handel erhältlich sind. Und wenn es diese Neuheiten endlich gibt, zahlen Sie dafür überdurchschnittlich viel und Sie werden mit den Kinderkrankheiten der neuen Produkte geärgert.

„Ich kaufe nicht zu Weihnachten, sondern erst im Januar, da sind die Preise besser." Das ist grundsätzlich richtig. Großhandelspreise für Komponenten fallen halbwegs kontinuierlich Monat für Monat. Doch gegen Ende November hören meist die Großhandelspreise auf zu sinken und rutschen dafür im Januar etwas schneller nach unten. Doch ob Ihnen das etwas nützt, ist fraglich. Die großen Hersteller und die Ladenketten beziehen die Komponenten zu langfristig vereinbarten Konditionen und außerdem decken sie sich schon im Herbst für das Weihnachtsgeschäft ein. Und selbst wenn sich der Einkaufspreis für die großen Ladenketten erhöhen sollte, verzichten diese lieber auf einen kleinen Teil des Gewinns als in den äußerst umsatzschädlichen Ruf zu kommen, vor Weihnachten die Preise zu erhöhen.

Kaufen Sie also einen neuen PC in aller Ruhe genau dann, wenn Sie ihn brauchen. Doch verzichten Sie möglichst auf das vorweihnachtliche Gedränge, denn zu jeder anderen Jahreszeit ist die Beratung und die Auswahl besser.

Der allgemeine Preisverfall wird von unvorhersehbaren Ereignissen überlagert. Zwei Beispiele:

- Im Oktober 2011 wurden in Thailand mehrere Festplattenfabriken überschwemmt. Die Hälfte der weltweiten Produktion fiel weg, die Festplatten wurden knapp und deshalb hatten sich die Preise zeitweilig verdoppelt. Es dauerte ein reichliches Jahr, bis die Preise auf das frühere Niveau fielen.

- Seit dem Sommer 2020 steigen die Preise für Elektronik kontinuierlich, bei Arbeitsspeicher um 50 % in neun Monaten. Die Pandemie hat Produktion und Lieferketten gestört, gleichzeitig ist der Bedarf gestiegen durch mehr Homeoffice, größere Anstrengungen bei der Digitalisierung und höheren Bedarf der Autoindustrie für E-Autos.

11.10 Was für einen PC brauchen Sie?

11.10.1 Profi-PC für Filmbearbeitung und Programmentwicklung

Hier sollte man nicht mit der Prozessorleistung geizen. Mindestanforderung ist ein Vierkernprozessor, doch eine Intel i7- oder i9-CPU mit mindestens acht bis 12 Kernen ist vorzuziehen. Auch der Chipsatz der Hauptplatine sollte von Intel sein, im Sinne von „Möglichst alles aus einer Hand". Programmentwicklung erfordert großzügig mit Hauptspeicher ausgestattete PCs, sehr viel RAM ist wichtig. Nehmen Sie eine SSD für das Betriebssystem. Beim Bearbeiten von Filmen sollten Sie auf eine große Festplattenkapazität achten, denn meist will man bis zur Fertigstellung eines Projektes und auch darüber hinaus dieses in einem verlustfreien Format aufbewahren. Dies erfordert jedoch sehr viel Speicherplatz. Sie brauchen schnelle Magnetfestplatten, am besten als RAID-System.

Einen solchen PC gibt es nicht „von der Stange". Es besteht erheblicher Beratungsbedarf, um die meist sehr individuellen Anforderungen mit dem Budget in Übereinstimmung zu bringen. Der Wunsch nach einer bestimmten, speziellen Software scheitert oft an Problemen mit den Treibern mancher Grafikkarten.

11.10.2 PC für Spieler

Da viele Spieler jung und knapp bei Kasse sind, müssen sie mehr auf den Anschaffungspreis achten als Firmen. Daher könnte eine AMD-CPU vom Preis-Leistungs-Verhältnis empfehlenswert sein, zumal AMD ihre neuen Prozessoren immer auch in Richtung Spiele optimiert. Zudem lassen sich AMD-Prozessoren besser übertakten. Das ist zwar arbeitsaufwendig, aber Zeit ist kein Kostenfaktor.

Ein weiterer wichtiger Punkt ist der Chipsatz der Hauptplatine. Der Chipsatz arbeitet sehr eng mit der CPU zusammen, deshalb entwickelt und fertigt Intel für jede neue CPU mehrere Chipsätze. Die Chipsätze für AMD-CPUs werden von AMD produziert.

Bei den Grafikkarten liefern NVIDIA und AMD vergleichbare Produkte. Wobei NVIDIA den größten Wert auf technologische Innovationen legt. AMD bemüht sich stärker um Benutzerfreundlichkeit der Software. Zudem ist es bei einer AMD-Grafikkarte weniger wahrscheinlich, dass sie mangels Treiberunterstützung bei einem Wechsel des Betriebssystems ausgemustert werden muss.

Eine Quad-Core-CPU ist vorzuziehen, Dual-Core funktioniert auch. Die Mehrzahl der modernen Spiele ist multithreading. Die Zeiten, als nur ein Prozessorkern ausgelastet war, während der andere vom Spiel völlig unberührt blieb, sind vorbei.

Wenn der Computer ausschließlich eine Spielmaschine sein soll, kommt vielleicht eine Spielkonsole infrage. Im Vergleich zu den Preisen hochgerüsteter Spieler-PCs sind Konsolen erheblich preisgünstiger. Bei einer Playstation oder XBox müssen Sie nichts installieren oder konfigurieren, jedes Spiel läuft auf Anhieb. Andererseits ist ein PC viel flexibler zu nutzen, nicht nur zum Spielen. Und einige Genres, beispielsweise First-Person-Shooter, MMORPGs (Massen-Mehrspieler-Online-Rollenspiele) und Strategiespiele sind auf Konsolen kaum vertreten.

11.10.3 PC für Internet sowie Büro-PC für Office-Anwendungen

Die Prozessorleistung wäre selbst mit der kleinsten aktuellen CPU groß genug. Nehmen Sie trotzdem nicht die langsamste aller CPUs, denn einige hundert zusätzliche Megahertz kosten nur wenige Euro mehr. Wenn Sie z. B. einen Celeron von Intel oder einen Sempron von AMD nehmen würden, sparen Sie im Vergleich zu einer „voll"-CPU (Pentium oder Ryzen) nur 10 bis 20 Euro – das lohnt nicht. Eine Zehnkern-CPU wäre überdimensioniert. Sparen Sie nicht mit Arbeitsspeicher, 4 GB reichen für Windows 7 bis 11 im Prinzip aus, doch einen neuen PC sollten Sie mit 8 GB RAM oder mehr ausstatten.

> Ein schnellerer Prozessor wartet nur schneller auf den nächsten Tastendruck. Ein um 15 % schnellerer Prozessor beschleunigt das Gesamtsystem nur um etwa 5 %.

Gedanken

Wenn Sie sich nur gelegentlich mit leistungshungrigen Spielen amüsieren, reicht Ihnen vermutlich eine Grafikkarte für etwa 70 Euro mit passiver Kühlung. Mit ein paar Einschränkungen (z. B. Abschalten von ein paar Schatten und Spezialeffekten) reicht diese **notfalls** auch für aktuelle 3D-Actionspiele, verursacht aber kein Lüftergeräusch und erzeugt nur wenig Wärme.

Achten Sie auf ein Netzteil mit großem 12 cm oder 14 cm Lüfter. So lange Sie keine Hochleistungs-Grafikkarte einbauen, reichen 350 bis 400 W Leistung auch für zukünftige Erweiterungen. Computernetzteile haben bei Teillast einen schlechten Wirkungsgrad, so dass ein allzu üppig dimensioniertes Netzteil vor allem Ihre Energierechnung erhöht und mehr Verlustwärme erzeugt, wodurch das Lüftergeräusch ansteigt.

Wählen Sie unbedingt einen SSD-Speicher für das Betriebssystem. Falls Sie viel Speicherplatz brauchen, nutzen Sie eine zusätzliche mechanische Festplatte, die in Testberichten als leise eingeschätzt wird. Bei einer Festplatte mit „Eco" in der Typbezeichnung ist eine Zusatzkühlung wahrscheinlich überflüssig. Sonst sollte über und unter der Festplatte ein Einschub frei bleiben. Ein Zusatzlüfter an der Gehäusevorderwand direkt vor der Festplatte kann nützlich sein. Dessen Luftstrom kommt auch anderen Komponenten zugute. Wenn Sie geräuschempfindlich sind, betreiben Sie diesen (aber nur diesen!!!) Lüfter mit 7 Volt statt mit 12 Volt, indem Sie ihn zwischen 5 V und 12 V schalten. Es gibt im Fachhandel entsprechende Adapter (etwa 2 bis 4 Euro), die ohne Löten einfach zwischen Lüfter und Stromanschluss gesteckt werden. Die verringerte Drehzahl reicht völlig aus, und der Lüfter wird so gut wie unhörbar. Überprüfen Sie unbedingt die Strömungsrichtung und ob der Lüfter mit der verringerten Spannung noch zuverlässig anläuft! Eine andere Möglichkeit sind Lüfter, die mit einer reduzierter Drehzahl von 500 oder 800 Umdrehungen laufen. Deren Geräuschpegel ist sehr gering.

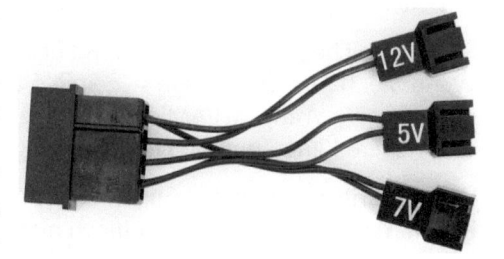

Bild 11.1: Adapter für Lüfter

Wählen Sie kein miniaturisiertes Gehäuse, Sie bezahlen dafür mit Hitzestaus und folglich mit verringerter Lebensdauer und höherem Lüftergeräusch. Quetschen Sie den PC nicht in ein Möbelstück und beachten Sie die Hinweise zur Aufstellung des PC. Bei einem normalgroßen Gehäuse können Sie oft auf einen zusätzlichen Gehäuselüfter verzichten.

Diese beschriebene Konfiguration erzeugt nur wenig Wärme, so dass drei Lüfter (CPU, Netzteil und eventuell Festplatte) ausreichen und nur wenig Geräusch entsteht.

11.10.4 Notebook, Thin Client und Tablet

Wie im vorhergehenden Kapitel dargelegt, müssen Notebooks am Energieverbrauch sparen, was ihre Rechenleistung begrenzt. Aber sie haben ein vollwertiges Betriebssystem und können auch komplexe Anforderungen meistern, und zu Hause kann man einen großen Bildschirm und eine Tastatur anschließen.

„Thin Client" – so heißen die Winzlinge in der Größe eines dicken Buches. Obwohl sie die Energie aus der Steckdose bekommen, müssen sie trotzdem damit sparen, damit das winzige Gehäuse nicht überhitzt. Anfangs lagen sie in der Rechenleistung in der Nähe von Notebooks. Zunehmend werden die gleichen stromsparenden Computerchips wie in Smartphones und Tablets verwendet, auch Ein-Chip-Lösungen (CPU, Chipsatz, Grafik, ... alles in einem Chip) kommen auf den Markt, was den Preis reduziert und die Rechenleistung auf das Niveau eines Tablets senkt.

Ursprünglich sind die Thin Clients als Peripherie eines großen zentralen Computers konzipiert worden, auf dem die Anwendungen gestartet werden. Der Client, der hauptsächlich als Ein-/Ausgabeeinheit dient, würde in diesem Szenario keine Rechenleistung brauchen. Doch bei einer Verwendung als Büro-PC mit Office und vielleicht noch einem Warenwirtschaftssystem kann ein Thin Client überfordert sein.

Das schwerste Einzelteil an einem mobilen Gerät ist der Akku. Tablets sollen möglichst leicht sein, also wird am Akku gespart. Andererseits erwarten die meisten Nutzer eine längere Akkulaufzeit als bei einem Laptop. Da bleibt nur ein Ausweg: Es wird an der Rechenleistung gespart.

Tablets haben kaum Anschlussmöglichkeiten für Peripheriegeräte. Manchmal ist eine externe Tastatur möglich, siehe 7.1.5. Das Betriebssystem stellt eine weitere Einschränkung dar: Mit Ausnahme des sehr guten, aber auch sehr teuren Microsoft-Tablets „Surface" ist Android installiert, auf dem nur einfache Apps laufen, aber nicht die vom PC gewohnten leistungsfähigen Anwendungen.

11.10.5 PCs mit alternativen Betriebssystemen

Alternative Betriebssysteme wie z. B. Linux können in vielen Bereichen mit Windows konkurrieren. Doch sollten Sie viel Zeit einplanen, denn der Lernaufwand ist beträchtlich, bis man mit der Installation und Konfiguration eines Linux-Systems klar kommt. Insbesondere sind die meisten Anleitungen (die „**Man**ual **Pages**", abgekürzt „Manpages") in Englisch.

Um ein solches System möglichst schmerzfrei zu nutzen, sollten Sie auf Komponenten achten, die gut unterstützt werden. Wenn Sie einen Standard-PC mit Windows kaufen und Sie Linux darauf nicht zum Laufen bekommen, ist das – juristisch gesehen – kein Reklamationsgrund, außer Sie haben sich eine schriftliche Zusicherung geben lassen, dass der PC für die Linux-Distribution (genaue Angabe, welche) geeignet ist.

Massenspeicher, DVD-Brenner, USB-Sticks, USB-Platten, Mäuse, Tastaturen etc. sind für Linux kein Problem. Wenn Sie 3D-Anwendungen wie Spiele oder Rendering nutzen wollen, ist eine Grafikkarte von NVIDIA die sicherere Wahl. ATI/AMD hängt hingegen in der Programmierung der Treiber teilweise hinterher, so dass neuere Karten nur mit Einschränkungen oder komplizierter Mehrarbeit genutzt werden können.

Weitere kritische Punkte können Drucker und Scanner sein sowie komplexere Hardware wie z. B. TV-Karten. Wenn Ihr Fachverkäufer Ihnen hierbei nicht weiterhelfen kann (und „Fachverkäufer" in Großmärkten können das in der Regel nie) müssen Sie selbst selektiv an die Wahl Ihrer Komponenten gehen. Nach einer Empfehlung zu fragen, kostet jedoch nichts. Bestimmt hat Ihr Fachhändler ein Vorführexemplar für Sie. Probieren Sie es gleich auf dem Ladentisch des Händlers mit Ihrem mitgebrachten PC aus. Als treuer Kunde dürfen Sie das Teil vielleicht sogar für einige Tage zum Test nach Hause mitnehmen.

11.10.6 Den alten PC bekommen die Kinder zum Spielen?

Für Textverarbeitung, Lernsoftware, einfache Computerspiele und den Internetzugang reicht ein älterer PC. Moderne Spiele laufen auf alten PC schlecht und die modernsten gar nicht. Auf der Verkaufsverpackung jedes Spiels sind die Mindestanforderungen an den PC genannt. Der PC sollte die Mindestanforderungen deutlich übertreffen, sonst gerät das Spielen und das Konfigurieren des Spiels für die Kinder zum Lehrstück, wie hart das Leben sein kann. Vielleicht ist es für den Familienfrieden besser, wenn Sie den älteren Kids einen guten Spiele-PC kaufen. Wenn die Kinder den ganzen PC oder einige Teile als antiquiert aussondern möchten, ist er für Ihre Büroarbeiten immer noch schnell genug.

11.11 Nach dem Kauf

11.11.1 Beim Einkauf nichts vergessen

- USB-Kabel für Drucker und andere Peripherie (das Kabel liegt den Geräten nicht immer bei),
- Steckdosenleiste 6-fach mit Schalter (PC, Monitor, Lautsprecher, Drucker, Scanner ...), vielleicht mit Überspannungsschutz,
- DVD-Rohlinge, weil Sie bei der Inbetriebnahme vieler Komplettsysteme aufgefordert werden, ein Backup anzulegen. Dafür sind DVD-R geeignet. Kaufen Sie ein paar mehrfach beschreibbare Rohlinge (DVD-RW), um den Brenner ausprobieren zu können und eine Datensicherung zu versuchen.

Einen Computertisch sollten Sie – wenn überhaupt – erst dann kaufen, nachdem Sie sich für einen Drucker entschieden haben und dessen Abmessungen und Bedienanforderungen kennen. Die meisten Computertische sind ihr Geld nicht wert – außer Sie lieben es, vor Ihrem Drucker auf dem Bauch zu liegen.

11.11.2 Auspacken und aufstellen

Packen Sie die Geräte sorgsam aus, und heben Sie die Verpackungen für einige Wochen auf. Das erleichtert eventuelle Reklamationen und Umtauschwünsche. Stellen Sie den Computer so auf, dass

- er nicht kippelt und Sie nicht mit dem Fuß anstoßen,
- er nicht von Sonne oder Heizkörper erwärmt wird,
- rund um die Luftaustrittsöffnungen 10 cm Platz bleibt,
- die Sonne weder direkt auf den Bildschirm noch in Ihre Augen scheint.

Vor der Tastatur sollte genug Platz sein, um beim Schreiben den Handballen auflegen zu können.

11.11.3 Den Computer anschließen

Es ist unwahrscheinlich, dass Sie beim Anschließen des Computers Hilfe brauchen. Jeder Stecker passt nur an einer Stelle und in einer Lage, mit zwei Ausnahmen:

- Es gibt noch Tastaturen und Mäuse mit rundem Stecker der gleichen Bauform, aber in verschiedener Farbe. Der Mausstecker ist grün, der Tastaturstecker violett. In den gleichen Farben sollten die Buchsen des PCs markiert sein. Selbst wenn nicht: Ein Vertauschen von Maus und Tastatur macht nichts kaputt, es funktioniert nur nicht. Wenn nur eine einzige runde, grün/violett markierte Buchse da ist, kann man dahinein wahlweise Tastatur oder Maus stecken.
- Der Computer hat zahlreiche USB-Anschlussbuchsen. In seltenen Fällen sind einige davon nur für langsame Geräte vorgesehen (High Speed, sehen Sie im Handbuch nach!). USB 3.0-Buchsen erkennt man an der blauen Farbe. Langsame Geräte wie Tastatur und Maus an USB 3.0 anzustecken ist Verschwendung. Ansonsten ist es gleichgültig, welches Gerät Sie wo hinein stecken. Sie sollten aber die Zuordnung nicht grundlos verändern, damit Treiber nicht mehrfach installiert werden.

Wenn Sie wenig Erfahrung haben, sollten Sie den PC zuerst auf den Tisch stellen, die Stecker probeweise einstecken und den PC testen, bevor Sie ihn in den Computertisch stellen oder in eine dunkle Ecke schieben.

Empfehlung: Falls Sie mehrere Zusatzgeräte erworben haben, schließen Sie jedes davon erst dann an, wenn Sie es das erste Mal verwenden wollen. Sowohl das Betriebssystem als auch Ihre Nerven könnten überfordert sein, mehrere neue Geräte gleichzeitig zu konfigurieren. Außerdem sollten Sie unbedingt die Installationsanleitung lesen. Manche USB-Geräte dürfen erst dann erstmals angesteckt werden, nachdem deren Treiber bereits installiert worden sind.

11.12 Lohnt sich Tuning?

Durch das Aufrüsten (Tunen) eines PC kann man für relativ wenig Geld eine merkliche Leistungssteigerung erreichen, wenn die Aufrüstung einen Leistungs-Flaschenhals beseitigt. Dabei sollte man aber darauf achten, dass die Komponenten leistungsmäßig zueinander passen. Die neue tolle Grafikkarte nützt nichts, wenn die CPU es nicht schafft, sie mit Daten zu versorgen.

Im Wesentlichen kommen vier Komponenten für das Tuning in Frage:

1. Arbeitsspeicher erweitern: Das ist die beste Maßnahme überhaupt, die jeder Betriebssituation zu Gute kommt. Die Dokumentation zu Ihrem Mainboard verrät Ihnen, wie viel Arbeitsspeicher installiert werden kann. Vorsicht, Falle: Viele Mainboards verfügen nur über zwei Steckplätze für Speichermodule, so dass oft keine neuen Module installiert werden können, ohne die alten Module mit der kleineren Kapazität zu entfernen.
2. Grafikkarte: Das beste Tuning, wenn Sie anspruchsvolle Spiele bevorzugen. Wenn Ihre jetzige Grafikkarte „onboard" ist, erreichen Sie bereits mit einer Grafikkarte im Preisbereich zwischen 100 bis 150 Euro eine deutliche Verbesserung. „Gute" Grafikkarten kosten ab 250 Euro aufwärts.
3. Festplatte: Zum häufigsten Tuning zählt das Auswechseln oder Hinzufügen einer wesentlich größeren Festplatte. Noch wirkungsvoller ist der Austausch einer Magnetplatte gegen eine SSD-Festplatte. Damit dieses Tuning auch von der Geschwindigkeit her Vorteile bringt, muss die Systempartition mit dem Betriebssystem auf der neuen Festplatte eingerichtet werden.

4. Prozessor: Wenn die neue CPU doppelt so schnell rechnet wie die alte, dann steigt die Gesamtleistung des PCs um 30 % bis höchstens 40 %. Doch Leistungssteigerungen von weniger als 20 Prozent sind kaum zu fühlen. Diese Art der Aufrüstung ist nur sinnvoll, wenn Sie rechenintensive Anwendungen einsetzen. Weil leistungsfähige CPUs recht teuer sind, ist dieses Tuning meist unwirtschaftlich.

Es ist fraglich, ob mehrere dieser Aufrüstungen gleichzeitig sinnvoll sind. Vielleicht sollte man nicht kleckern, sondern klotzen und die Kernbestandteile (Hauptplatine, CPU und RAM) auf einen Schlag austauschen. Das ist bereits für 200 bis 300 Euro möglich.

Eine große Festplatte ist immer eine gute Investition, sie kann auch in Ihrem nächsten PC oder als externe Festplatte noch gute Dienste leisten. Eine Magnetfestplatte gegen eine SSD-Festplatte auszuwechseln ist eine der besten Möglichkeiten, den PC deutlich schneller zu machen.

Das Tuning mit dem allerbesten Preis-Leistungs-Verhältnis ist es, bei einen intensiv genutzten PC ein- bis zweimal pro Jahr die Systempartition zu löschen, Windows von Grund auf neu zu installieren (oder das Image eines frisch installierten Systems zurückzuholen) und bei der Auswahl der Anwendungs- und Hilfsprogramme in Zukunft sehr zurückhaltend zu sein.

11.13 Overclocking

Im Kapitel „Einführung" haben Sie gelesen, wie stark die elektrischen Eigenschaften von Halbleitern schwanken. Im Abschnitt 2.1.4. „Turbomodus, Speedstep und Wärmeentwicklung" haben Sie gelernt, dass die Wärmeentwicklung fast proportional zur Taktfrequenz ist. Durch „Übertakten" (Erhöhung der Taktfrequenz), englisch „Overclocking", kann eine höhere Computerleistung erzielt werden. Dabei wird der Verlust der Garantie, eine teils drastische Verkürzung der Lebensdauer der Komponenten und eine Neigung des Systems zu Abstürzen bewusst in Kauf genommen.

Für das Übertakten kommen CPU, Grafikkarte, RAM und Chipsatz in Frage. Bei manchen Hauptplatinen kann man diverse Taktfrequenzen im BIOS verstellen. Manchmal muss bei Änderung der Taktfrequenz gleichzeitig die Betriebsspannung der Komponente verringert werden, damit sie weniger stark überhitzt. Bei Grafikkarten wird für die Umstellung meist ein Hilfsprogramm benötigt, das vom Hersteller der Grafikkarte bereitgestellt wird. Manche Hauptplatinen sind für das Übertakten sehr gut geeignet, bei anderen ist es fast unmöglich. Auf jeden Fall ist das Übertakten eine „Sportart", die viel spezielles Wissen erfordert und nicht immer den gewünschten Leistungsschub bringt.

Die gesteigerte Wärmeentwicklung muss mit aufwendigerer Kühlung kompensiert werden. Hochleistungskühlkörper sind das Minimum. Für nennenswerte Erfolge ist eine Wasserkühlung unverzichtbar.

Wie effektiv ist das Übertakten? Auf den dritten deutschen Overclocker-Meisterschaften im Jahr 2010 hatte es der Sieger geschafft, den Prozessor mit dem doppelten Takt zu betreiben. Die CPU wurde mit flüssigem Stickstoff (Siedepunkt: -196 °C) gekühlt. Gesiegt hatte übrigens die Reserve-CPU, die erste CPU war nach dem Vorausscheid durchgebrannt.

Lohnt sich das Übertakten in finanzieller Hinsicht? Das ist unwahrscheinlich, weil eine gute Kühlung teuer ist. Ein Standard-Prozessorkühler kostet etwa 15 Euro, ein leistungsfähiger CPU-Kühler 60 bis 100 Euro. Für das Übertakten geeignete Komponenten sind teurer als „normale". Statt viel Geld für die Kühlung auszugeben, hätte man von Anfang an leistungsstärkere Komponenten kaufen und mit Standardkühlung betreiben sollen.

11.14 Lohnt sich Eigenbau?

Selbstbau ist ein Hobby und kostet wie jedes Hobby viel Zeit und auch Geld.

Kauft man die Teile einzeln, hat man viel Lauferei und/oder Versandkosten. Funktioniert etwas nicht, haben Sie keinen Ansprechpartner, viele Händler werden die „Schuld" auf die Komponenten schieben, die bei anderen Händlern gekauft wurden. Bei der enorm schnellen Weiterentwicklung kann es auch Fachleuten passieren, dass Komponenten nicht zueinander passen oder erstklassige Komponenten beim Zusammenwirken nicht die erwartete Leistung bringen. Der Händler hat einige Alternativen für Experimente im Regal, Sie vermutlich nicht.

Muss ein Teil umgetauscht werden, hat man wieder Versandkosten und meist wochen- oder monatelange Wartezeiten auf die Bearbeitung von Reklamationen. Während Sie auf das Ersatzteil warten, liegen Ihre anderen Teile ungenutzt herum und verlieren jede Woche an Wert.

Andererseits können Sie beim Selbstbau eines PCs, im Gegensatz zu Fertigangeboten, selbst auswählen, was Sie wirklich benötigen. Komplettsysteme enthalten oftmals viele unterschiedliche Komponenten, die nicht unbedingt nötig wären. Wenn Sie auf Ihrem PC nicht Fernsehen wollen, brauchen Sie keine TV-Karte. Für jede möglicherweise entbehrliche Komponente müssen Treiber installiert werden. Durch Weglassen von Unnötigem gewinnen Sie Stabilität und Geschwindigkeit. Muss es eine der modernsten Grafikkarten für aufwendige Spiele sein, oder reicht für Ihre Büroarbeit eine ältere Grafikkarte oder die Onboard-Grafik völlig aus? Sind Ihnen eine kabellose Maus und Tastatur so wichtig? All diese Dinge sind zwar für sich genommen Kleinigkeiten, zusammengenommen können Sie aber hier schon bares Geld sparen.

Wenn Sie einen individuellen PC wünschen, können Sie bestimmt einen Fachhändler finden, der Sie berät und anschließend das System aus Ihren Wunschkomponenten zusammenbaut. Zwar müssen Sie das Zusammenbauen bezahlen, aber dafür haben Sie Garantie auf den PC.

Wenn Sie auch mit etwas geringerer Leistung zufrieden sind, kann es sich lohnen, gebrauchte Einzelteile bei eBay zu kaufen. Ein Beispiel: Hauptplatine mit Intel Quad Core i5-2400 (3,1 GHz) mit 16 GB RAM für 49,99 Euro (inclusive Versand und Rückversand bei Unzufriedenheit) ist ein Schnäppchen. Sie brauchen noch ein Netzteil (Be Quiet! 300 Watt für 25 Euro bei eBay) und eine SSD (240 GB für 20 Euro, neu). Ein (neues) Gehäuse können Sie für 30 Euro kaufen. Gesamtpreis: 125 Euro.

11.15 Marktführer

Die nebenstehende Tabelle enthält meine persönlichen Favoriten. Diese Firmen geben auf ihre Erzeugnisse teilweise drei bis fünf Jahre Garantie, weil deren Ausfallhäufigkeit gering ist. Sie haben einen großen Marktanteil und dadurch die Finanzkraft, an bahnbrechenden Technologien zu forschen. Sie sind in der Lage, Spitzengehälter für die weltbesten Ingenieure zu zahlen. Sie können es sich leisten, mit der Auslieferung angekündigter neuer Produkte monatelang und notfalls jahrelang zu warten, bis alle vorhersehbaren Probleme gelöst sind.

Diese Liste bedeutet nicht, dass Erzeugnisse dieser Firmen immer die besten sind. Auch bei den Besten gibt es Qualitätsschwankungen in Forschung und Produktion, und das Rudel der Konkurrenten arbeitet unablässig daran, mit neuen Technologien die Marktführerschaft zu übernehmen. Doch wenn Sie weder Zeit noch Lust haben, zahllose Testberichte auszuwerten, dann greifen Sie zu einem Produkt dieser Firmen. Es wird wahrscheinlich kein Fehlgriff sein.

CPU und Chipsatz	Intel
Mainboard	ASUS
RAM	Kingston
Grafikkarte	NVIDIA
Festplatte, magnetisch	Seagate
Festplatte, SSD	Samsung
Optische Laufwerke	LG
Bildschirm	ASUS, Samsung
Drucker (Tinte)	Canon
Drucker (Laser)	HP

Tab. 11.1. Meine Hardware-Favoriten 2024

11.16 Reparaturen, Reklamationen und Umtausch

Unerschütterlicher, erfahrungsresistenter Optimismus

Erkennen Sie sich wieder?

- „Wenn diese unverständliche Fehlermeldung kommt, starte ich den PC neu und schon geht es wieder."
- „Irgend ein Lüfter brummt nach dem Einschalten, doch nach einigen Minuten wird er ja wieder leise."
- „Manchmal läuft der PC erst nach dem dritten Einschaltversuch an, aber das sind ja nur ein paar Sekunden, die ich verliere. So schlimm wird das nicht sein."
- „Der PC riecht etwas, aber es ist bestimmt nur Staub, der heiß wird."
- „Datensicherung? Dafür habe ich jetzt gerade keine Zeit. Nächste Woche denke ich bestimmt daran."

Woher kommt eigentlich die Überzeugung, dass Hightech-Geräte nicht kaputt gehen? Es gibt durchaus „beinahe unkaputtbare" Computer: RAID-Systeme, doppelte Prozessorbestückung, überdimensionierte Lüfter, klimatisierte Serverräume, Notstromversorgungen, gespiegelte Server und gespiegelte Rechenzentren. Doch all das haben Sie nicht. Ihr Auto bringen Sie regelmäßig zur Durchsicht und zum TÜV – bringen Sie auch Ihren PC jedes Jahr zur Durchsicht und Reinigung?

Kennen Sie „Murphys Gesetz"? Alles, was schief gehen kann, wird auch irgendwann schiefgehen – und zwar meist dann, wenn es ganz besonders weh tut.

Daten retten

Die meisten Probleme des Computers befinden sich zwischen Stuhl und Bildschirm. Dass die Hardware versagt, ist relativ selten. Etwa 70 bis 90 Prozent aller Reklamationen haben Software-Probleme als Ursache und sind deshalb keine Garantiefälle. Wohl aus diesem Grund sind zahlreiche (möglicherweise die meisten?) Elektronik-Großmärkte dazu übergegangen, bei zur Reparatur abgegebenen Geräten grundsätzlich den Auslieferungszustand herzustellen (das bedeutet: die Festplatte mit Ihren Daten wird gelöscht). Bevor Sie ein Gerät zur Reparatur abgeben oder einsenden, sollten Sie sich genau über die Garantiebedingungen informieren! Lassen Sie sich gebenenfalls schriftlich zusichern, dass Ihre Daten erhalten bleiben, und/oder versehen Sie sicherheitshalber Ihren PC mit einem unübersehbaren Aufkleber: „Achtung! Festplatte enthält wichtige Daten, die wegen Computerdefekt nicht gesichert werden konnten. Tel. xxxxxx für Rücksprachen!" Fotografieren Sie den PC mit diesem Aufkleber zu Beweiszwecken! Auch wenn die Reparatur in einem örtlichen Fachgeschäft erfolgen soll, ist ein solcher Aufkleber sinnvoll. Es sind schon Festplatten in Werkstätten gelöscht worden mit der Begründung „ich wusste nicht, dass Daten drauf sind" (mancher Kunde hat wirklich keine Daten auf der Festplatte, weil die auf einem Server liegen, oder er hat sie vorher gesichert). Der Mitarbeiter, der im Laden den Reparaturauftrag annimmt, führt die Reparatur vielleicht nicht selbst aus. Wenn die Werkstatt voller Arbeit steht, hat der Techniker mehrere PC gleichzeitig in Arbeit: Während der eine PC gerade neu startet, läuft auf den zweiten eine Installation, auf den dritten PC läuft ein Update und der Techniker zerbricht sich vor dem vierten PC seinen Kopf. Dabei kommen Informationsverluste und Verwechslungen leider vor.

Reparaturkosten minimieren

Weil die meisten Computerprobleme auf Software-Probleme zurückzuführen sind, auf die es keine Garantie gibt, lohnt es sich, über Kostenreduzierung nachzudenken.

Schreiben Sie den Wortlaut von Fehlermeldungen genau auf, auch wenn die Meldung englisch ist! Ausnahme: Wenn die Meldung viele lange Zahlen enthält, sind meist nur die ersten beiden Zahlen wichtig.

Notieren Sie alle Fehler und nicht nur den nervigsten. Gab es bereits früher Probleme?

Ist der Fehler zuverlässig reproduzierbar? Notieren Sie den Ablauf, was Sie in welcher Reihenfolge tun müssen, damit der Fehler auftritt.

Eine Fehlersuche kann leicht einige Stunden dauern, wenn der Fehler nicht regelmäßig auftritt. Wenn Sie Pech haben, berechnet Ihnen der Händler fünf Stunden Fehlersuche zu 50 Euro pro Stunde. Wenn Sie Glück haben, schämt sich der Händler zuzugeben, dass er so lange für die Fehlerlokalisierung gebraucht hat, und berechnet Ihnen nur hundert Euro. Ihre qualifizierte Mitarbeit kann Ihnen eine Menge Geld sparen!

Gedanken

Bringen Sie Ihre Windows-DVD mit Seriennummer, Recovery-DVD, Installations-CD für alle Programme und Treiber für alle Ihre Geräte mit, denn die Fehlersuche nimmt mitunter überraschende Wendungen. Die Installation von USB-Geräten (z. B. Drucker) ist nur dann möglich, wenn Sie das Gerät mitbringen.

Ohne das BIOS-Passwort, das Benutzer- und Administratorpasswort ist eine Reparatur eventuell unmöglich. Notieren Sie Passwörter LESERLICH, achten Sie auf Groß/Kleinschreibung und Leerzeichen. Wenn das Passwort aus einem Namen besteht, schreiben es die Kunden oft gewohnheitsmäßig mit großem Anfangsbuchstaben auf, obwohl sie es stets mit Kleinbuchstaben eintippen.

Besuchen Sie Ihren Händler nicht ohne ein Blatt Papier mit folgenden Angaben:

- Ihren Namen (leserlich), Adresse, Telefon und Erreichbarkeit für Rückfragen (tagsüber von – bis und abends von – bis über welche Telefonnummer),
- Beschreibung Ihres Problems,
- was gemacht werden soll und was nicht gemacht werden soll (z. B. keine Neuinstallation),
- wie viel die Problemlösung höchstens kosten darf oder beim Überschreiten welcher voraussichtlichen Kosten Rücksprache zu nehmen ist und
- wie lange die Reparatur dauern darf. Sind Sie eventuell bereit, einen Expresszuschlag zu zahlen?

Sonstiges

Wenn Sie eine schnelle Reparatur wünschen, sollten Sie den PC im Winter nicht auskühlen lassen (z. B. im Auto über Nacht). Wenn der kalte PC in einen warmen Raum gestellt wird, muss er mehrere Stunden akklimatisieren, sonst entsteht Kondenswasser auf den Platinen.

Wenn Sie die Hotline anrufen müssen, wird es teuer. Stiftung Warentest ermittelte Kosten von durchschnittlich sechs Euro pro Anruf. Halten Sie die genaue Typenbezeichnung und die Seriennummer bereit, bevor Sie anrufen (bei einem Komplettsystem tippen Sie `wmic csproduct get name` an der Eingabeaufforderung als Administrator ein, um diese Information zu erhalten). Schalten Sie das defekte Gerät ein, soweit möglich. Führen Sie die Schritte durch, die den Fehler verursachen (und schreiben Sie auf, was Sie getan haben). Die Fehlermeldung sollte auf dem Bildschirm stehen, wenn Sie den Hörer in die Hand nehmen.

Sie meinen, ich übertreibe? Nun, es ist Ihr Geld, das Sie an die Hotline verschwenden.

Reparaturdauer

Sie haben Ihren PC aus Einzelteilen selbst zusammengebaut und nun ist ein Teil defekt? Die Lieferkette vom Hersteller über Exporteur, Importeur, Distributor, Groß- und Zwischenhändler ist als Einbahnstraße konzipiert. Wenn Sie das Glück haben, ein defektes Teil direkt an den Hersteller schicken zu dürfen, dauert die Garantieabwicklung typischerweise zwei Wochen. Wenn Sie das Teil dort abgeben oder einsenden, wo Sie es gekauft haben, durchläuft es die ganze Lieferkette und die Garantieabwicklung dauert üblicherweise zwei Monate.

Umtausch

Hunderte Hersteller weltweit entwickeln und fertigen PC-Komponenten. Es ist nicht ungewöhnlich, dass es beim Zusammenwirken mitunter zu Problemen kommt. Was kann man tun, wenn das in Fachzeitschriften angepriesene Teil ausgerechnet in Ihrem Computer nicht arbeiten will? Muss der Händler es zurücknehmen?

Grundsätzlich gilt: Gekauft ist gekauft. Allerdings sind viele Händler bereit, unbeschädigte Ware aus Kulanz zurückzunehmen. Wenn die Rücknahme freiwillig geschieht, darf der Händler bestimmen, zu welchen Bedingungen das geschieht. Wenn er Aufwendungen hat, die Ware in einen verkaufsfähigen Zustand zu bringen (z. B. Windows neu zu installieren) oder der Händler die zurückgenommene Ware nur noch preisgesenkt als gebrauchte Ware weiterverkaufen kann, wird er Ihnen nicht den vollen Preis erstatten. Wenn Sie die Originalverpackung weggeworfen oder sichtbar beschädigt haben, vermindert das ebenfalls die Weiterverkaufsmöglichkeiten.

Allerdings gibt es eine Ausnahme. Wenn Sie als Computerlaie um eine Beratung bitten und der Fachhändler Sie falsch beraten hat, hat er die Folgen selbst zu vertreten. Wenn Sie jedoch versuchen, einen fachkundigen Eindruck zu erwecken und, einen Testbericht schwenkend, ein ganz bestimmtes Teil verlangen, muss Ihnen der Händler keine Beratung aufzwingen, und Sie tragen das Risiko selbst.

Es gibt mehrere Möglichkeiten, solchen Problemen aus dem Weg zu gehen:

- Lassen Sie sich auf der Rechnung oder in einem schriftlichen Angebot zusichern, dass das Teil die gewünschte Eigenschaft hat (z. B. dass es mit Windows 10 oder mit Linux kompatibel ist).
- Bringen Sie Ihren Computer in den Laden und lassen Sie das gekaufte Teil vom Händler einbauen.
- Lassen Sie sich mindestens mündlich zusichern, dass ein Kulanzumtausch möglich ist. Merken Sie sich den Namen des Verkäufers. Probieren Sie zu Hause das gekaufte Teil sofort aus und bringen Sie es möglichst noch am gleichen Tag zurück, wenn Sie nicht zufrieden sind. Wenn sich der Verkäufer noch an die von ihm gegebene Zusicherung erinnern kann, ist es optimal für beide Seiten.

11.17 Garantie und Gewährleistung

Gewährleistung

Gewährleistung (Mängelhaftung, engl. warranty) bedeutet, dass der Händler dafür verantwortlich ist, dass das verkaufte Gerät frei von Mängeln ist. Der Verkäufer haftet für alle Mängel, die schon zum Zeitpunkt des Verkaufs bestanden haben – auch für solche Mängel, die erst später bemerkbar werden. Zu Gunsten des Käufers wird in den ersten 6 Monaten nach dem Kauf angenommen, dass die Ware schon beim Kauf mangelhaft war, außer der Verkäufer kann nachweisen, dass der Mangel zum Zeitpunkt des Kaufs noch nicht bestand. Wenn der Käufer den Mangel später als 6 Monate nach dem Kauf bemerkt, ändert sich die Beweislast: Nun muss der Käufer beweisen, dass die Ware schon beim Kauf einen versteckten Mangel hatte.

Die Gewährleistungsfrist beträgt nach § 438 BGB 24 Monate. Sie kann bei Gebrauchtwaren auf 12 Monate verkürzt werden, aber sie kann nicht vertraglich ausgeschlossen werden. Bei einer Reparatur verlängert sich die Gewährleistungsfrist um die Reparaturdauer. Der Verkäufer muss die Nebenkosten tragen (Versandkosten, Aus- und Einbau).

Bei einem Mangel hat der Käufer zunächst den Anspruch auf Nacherfüllung durch Austausch oder Reparatur (§ 439 BGB). Grundsätzlich bestimmt der Käufer, ob er das Gerät ausgetauscht oder repariert haben will. Dabei sollte er bedenken, dass er beim Austausch des Geräts seine Daten verliert, soweit sie nicht gesichert sind. Deshalb ist eine Reparatur meist sinnvoller. Der Händler darf die vom Kunden gewählte Art der Nacherfüllung nur ablehnen, wenn sie unverhältnismäßig teuer oder unmöglich ist (z. B. wenn das Gerät oder Ersatzteil nicht mehr lieferbar ist).

Wenn eine Reparatur zweimal fehlgeschlagen ist, hat der Käufer weitere gesetzliche Rechte:

- Rücktrittsrecht (§ 440; § 323; § 326 Abs. 5 BGB), d. h. Rückgabe des defekten Gerätes gegen den vollen gezahlten Kaufpreis. Der Händler darf dabei keinen Ausgleich für den Wertverlust fordern, auch wenn das fehlerhafte Gerät lange Zeit benutzt wurde.
- Minderung (§ 441 BGB),
- Anspruch auf Schadensersatz (§ 437 Nr. 3 BGB).

Garantie

Die Garantie (engl. „guarantee") ist eine freiwillige Leistung eines Herstellers oder auch des Händlers gegenüber dem Kunden. So könnte ein Hersteller z. B. 5 Jahre Garantie auf die Festplatte geben. Weil Garantie eine freiwillige Leistung ist, darf der Hersteller die Garantiebedingungen nach Belieben festsetzen.

Wenn es um die Gewährleistung geht, darf der Händler die Kunden nicht an den Hersteller verweisen. Nur der Händler ist der Vertragspartner, egal, was der Lieferant des Händlers oder der Hersteller dazu sagt. Anders sieht es bei der Herstellergarantie aus. Will der Käufer die Herstellergarantie beanspruchen, muss er sich an den Hersteller wenden.

Beachten Sie: Die obigen Verbraucherschutz-Regelungen betreffen nur Geschäfte zwischen gewerblichem Handel und Privatkunden. Für Geschäfte zwischen Privatleuten oder zwischen Firmen gelten teilweise andere Regelungen.

Defekte

12 Warum altern PCs? Warum gehen sie kaputt?

12.1 Kondensatoren

12.1.1 Alterung von Elkos

Im Netzteil, auf der Hauptplatine, auf den Erweiterungskarten und anderen Komponenten sind insgesamt fünfzig und mehr Elkos (**El**ektrolyt-**Ko**ndensatoren) verbaut, um die Betriebsspannungen zu glätten. Sehen Sie einmal auf Bild Bild 12.4 (übernächste Seite), wie viele davon auf der Hauptplatine verbaut sind: es sind die runden silberglänzenden Zylinder, bei denen ein Viertel der Fläche mit roter oder schwarzer Farbe bedeckt ist. Leider hat das Elektrolyt die Neigung auszutrocknen: je wärmer es im Computer ist, umso schneller. Dadurch verringert sich die Fähigkeit der Elkos, elektrische Ladungen zu speichern und die Spannung zu glätten.

So sehen minderwertige Kondensatoren am Ende ihres Lebens aus. Die rechts abgebildeten Kondensatoren sind kaum noch in der Lage, Spannungen zu stabilisieren. Aus der Sollbruchstelle (dem vom Hersteller vorsorglich eingeritzten Kreuz) tritt bereits Elektrolyt aus. Der PC stürzte alle paar Minuten ab, die Hauptplatine musste ausgetauscht werden. Auch wenn noch kein Elektrolyt austritt – sobald der Deckel aufgewölbt ist, läuft der PC nicht mehr zuverlässig.

Bild 12.1: Aufgeblähte minderwertige Kondensatoren

Könnte man nicht einfach den defekten Elko ersetzen? Das lohnt nicht. Einerseits ist das Löten an einer mehrlagigen Leiterplatte kompliziert und fehlerträchtig. Außerdem dauert es erfahrungsgemäß nicht lange, bis die nächsten Elkos versagen.

Elkos dürfen nicht beliebig lange unbenutzt bleiben. Im eingeschalteten PC fließt durch einen Elko ständig ein kleiner „Reststrom". Sind Elkos längere Zeit spannungsfrei, finden im Inneren chemische Umwandlungsprozesse statt. Beim nächsten Einschalten fließt deshalb anfangs ein erhöhter Reststrom. Normalerweise stört das nicht. Unter Spannung regeneriert sich der Elko innerhalb einiger Minuten oder Stunden. Je länger die stromlose Lagerung gedauert hat, desto höher ist der Reststrom. Wenn Elkos nach mehrmonatiger Lagerung unter Spannung gesetzt werden, fließt ein hoher Anfangsstrom, der fast so stark wie ein Kurzschluss sein kann. Der Elko erwärmt sich stark durch den hohen Strom, das Elektrolyt verdunstet schneller und der Elko ist seinem Lebensende ein Stück nähergerückt.

Bild 12.2: Beim Einschalten wurden von zwei Elkos die Kappen abgesprengt. Das ist das Ergebnis zu langer Lagerung.

Der kritische Zeitraum bei hochwertigen Elkos liegt bei zwei Jahren, aber die Hauptplatine ist vermutlich nicht mit hochwertigen Elkos bestückt. Gehen Sie sicherheitshalber davon aus, dass sechs Monate ohne Spannung gerade noch ungefährlich sind.

Was man dagegen tun kann? Schalten Sie einen ungenutzten PC jedes Quartal einmal für einige Stunden ein. Das ist auch für Festplatten und SSD gut, und vielleicht kann Windows einige Updates durchführen. Tastatur, Maus und Bildschirm brauchen Sie nicht unbedingt anschließen. Lassen Sie den PC einige Stunden eingeschaltet und drücken Sie dann kurz auf die Power-On-Taste, dann sollte er herunterfahren. Falls Sie im Schrank eine alte Festplatte mit Daten eingelagert haben, sollten Sie auch diese hin und wieder für einige Stunden an die Stromversorgung eines Computers anstecken. Ein Datenkabel braucht nicht unbedingt angeschlossen zu werden, es genügt, wenn sich die Festplatte einige Stunden dreht.

Defekte

Haben Sie noch einen alten Fernseher o. a. für Notfälle auf dem Dachboden eingelagert? Das Problem mit den Kondensatoren haben alle elektronischen Geräte, also auch andere elektronische Geräte hin und wieder für einige Stunden einschalten!

12.1.1 Zu kurze Lebensdauer

Seit einigen Jahren gibt es Kondensatoren, bei denen der flüssige Elektrolyt durch festes Polymer ersetzt wurde (Solid Capacitors). Leider werden diese Kondensatoren nur auf hochwertigen Boards verbaut – sie sind teurer als herkömmliche Elkos.

Wie drastisch die Lebensdauer der Kondensatoren von der Temperatur abhängt, sehen Sie in der Tabelle 12.1. Bei manchen Notebooks musste ich Temperaturen der austretenden Luft von 80° und sogar 90° C messen. Wie heiß ist es wohl im Inneren des Gehäuses?

Temp.	Elektrolyt	Polymer
95°C	4 000 h	6 300 h
85°C	8 000 h	20 000 h
75°C	16 000 h	64 000 h
65°C	32 000 h	200 000 h

Tab. 12.1: Abhängigkeit der Lebensdauer von der Betriebstemperatur (Angaben von Sanyo)

Um die Platinen billiger zu machen, werden manchmal minderwertige Kondensatoren eingebaut. Dabei gehen manche Firmen durchaus selektiv vor: Auf Platinen für professionelle Computer werden die besseren Elkos eingebaut. Platinen für Spieler werden mitunter mit verwertbarem Schrott bestückt, weil Hardcore-Gamer ohnehin jedes Jahr einen neuen PC kaufen, wozu also eine Haltbarkeit von zwei Jahren vorsehen? Zumal viele Gamer den PC übertakten und dadurch ohnehin die Garantie verlieren.

Verschärft wird die Lage durch die Unsitte, unterdimensionierte Elkos einzusetzen. In Fachkreisen wird empfohlen, Elkos nur mit der Hälfte ihrer zulässigen Maximalspannung zu betreiben. Auch wenn es nur selten vorkommt: Eine Spannung von 12 Volt mit einem Kondensator zu stabilisieren, der maximal 12,6 Volt verträgt, ist zumindest unseriös. Immerhin spart der Hersteller dadurch 50 Cent pro Hauptplatine.

Die Unsitte, minderwertige Kondensatoren zu verwenden, hat so weit um sich gegriffen, dass erste Hersteller in ihrer Werbung Garantien für die Lebensdauer der verwendeten Kondensatoren geben. Nebenstehend ein Ausschnitt von der Verkaufsverpackung einer Hauptplatine. Der Hersteller meint, dass jeder einzelne Elko mindestens 5000 Stunden durchhält. Das sind jedoch nur 625 Tage zu je acht Arbeitsstunden! Wenn der Hersteller 5000 Stunden für einen so guten Wert hält, um damit zu werben – wie hoch ist dann wohl die durchschnittliche Lebenserwartung von Boards, die nicht beworben werden? Abgesehen davon dürfte es für Sie schwierig sein,

Bild 12.3: Reklame auf Hauptplatine

bei einer defekten Hauptplatine nachzuweisen, dass einer von den mehr als 50 Elkos am Defekt schuld ist. Selbst wenn Sie mit bloßem Auge sehen können, dass ein Kondensator kaputt ist – wie wollen Sie dem Hersteller der Hauptplatine nachweisen, dass nicht eine Überspannung aus dem Netzteil den Schaden verursacht hat?

In höheren Preisklassen werden durchaus hochwertige Komponenten verbaut. Sehen Sie die ASUS-Hauptplatine an, die auf der nächsten Seite abgebildet ist. Sie gehört zur Kategorie „The Ultimate Force", die robuste, besonders langlebige und zuverlässige Hauptplatinen bezeichnet. Dieser Hauptplatine liegt ein Qualitätszertifikat bei, das auf der übernächsten Seite abgebildet ist. Die Kondensatoren und andere Komponenten erfüllen die Qualitätsanforderungen des US-Militärs. Wärmeschocks, Feuchtigkeit, Wüstenhitze und arktische Kälte, Stöße, Vibrationen und die härtesten Umweltbedingungen – diese Elkos sind unverwüstlich und werden nicht zur Ursache für einen Ausfall werden. Ähnlich hochwertig sind die anderen Komponenten. ASUS gewährt unglaubliche fünf Jahre Garantie auf diese Hauptplatine!

Einige dieser SABERTOOTH-Mainboards habe ich 2011 in die PCs eines Steuerberaters eingebaut. Sie funktionieren nun schon 13 Jahre ohne Störung. Im Laufe der Jahre habe ich den RAM verdoppelt und die zu klein gewordene Festplatte durch eine SSD ersetzt. Die PCs erfüllen noch immer die Leistungsanforderungen des Steuerberaters, ich kann ihn nicht zu einer Aufrüstung überreden.

Ein weiteres dieser Boards funktionierte 12 Jahre 7 x 24 Stunden im Server einer mittelständigen Firma.

Defekte

Bild 12.4: Hauptplatine SABERTOOTH X58 („Säbelzahntiger") mit Sockel LGA 1366.
Beachten Sie die Drei-Kanal-Speichertechnologie und die vielen Kühlkörper. Alle Kondensatoren sind aus Polymer.
Linke Seite: Drei Kühler für CPU-Stromversorgung über, unter und links vom CPU-Sockel.
    Darunter Steckplätze PCIe x1 (dunkelbraun), PCIe x16, PCI, PCIe x16 (alle hellbraun), PCIe x1, PCIe x16 (beide dunkelbraun).
Rechte Seite: 2 × 3 Steckplätze für DDR3-RAM (Triple Channel), darunter der Kühler vom Chipsatz (mit ASUS-Logo).
    Rechts davon, unter dem Strichcode-Aufkleber: Sechs SATA-Anschlüsse.

12.2 Elektromigration

Kleiner werdende Prozessorstrukturen führen zu neuen Problemen. Die Leiterbahnen im Inneren moderner CPUs und GPUs sind teilweise nur noch 15 bis 20 Atome breit und nur wenige Atome dick. Die elektrostatischen und magnetischen Felder um jeden Leiter herum, verbunden mit den hohen Temperaturen im Inneren des Chips, bewirken, dass einzelne Atome ihren Platz im Kristallgefüge verlassen. Diesen Vorgang nennt man „Elektromigration". Wenn dadurch ein hauchdünner Leiterzug noch dünner wird, steigt sein elektrischer Widerstand. Es kommt zu einem sich verstärkenden Effekt: Je größer der Widerstand wird, desto mehr erwärmt sich der Leiter durch den Stromfluss. Die Abwanderung der Atome beschleunigt sich immer mehr, bis der Leiterzug durchbrennt.

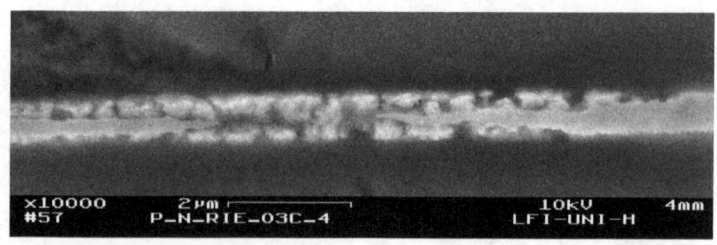

Bild 12.5: Elektronenmikroskopische Aufnahme einer 12 Mikrometer langen Leiterbahn in der CPU

Dieser Alterungseffekt tritt vor allem bei langandauernd überhitzten Komponenten auf: Bei übertakteten oder schlecht gekühlten CPUs und in Notebooks mit deren steigendem Alter. Notebooks werden wegen ihrer kompakten Bauweise sehr warm. Die Kunden wünschen eine flache Bauweise, also ist kein Platz für Luftkanäle da. Ein kräftiger Lüfter würde zu viel Strom fressen. Der Akku ist das schwerste Teil eines Notebooks und die Kunden wünschen sich ein geringes Gewicht bei langer Akkulaufzeit. Also werden auch weiterhin Wegwerf-Notebooks produziert.

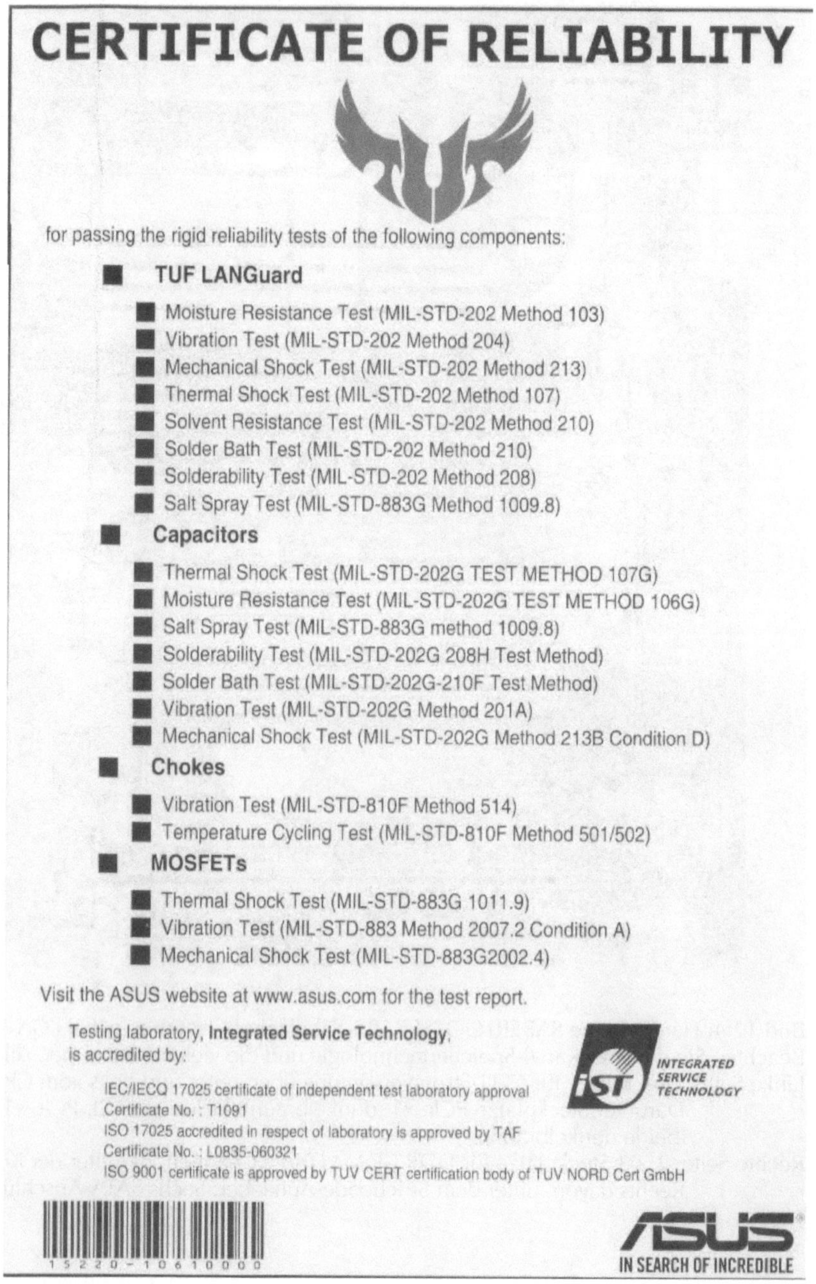

Bild 12.6 ASUS Qualitäts-Zertifikat für ein TUF Mainboard

12.3 Dreck und Hitze

Es ist manchmal kaum zu glauben, wie dreckig ein PC nach einem Jahr oder schon nach einem halben aussehen kann. Staub und Fusseln setzen die Kühlrippen zu, besonders beim Prozessorkühler. Ein Desktop-Prozessor verwandelt 60 bis 140 Watt in Wärme. Können Sie sich im Zeitalter von Energiesparlampen noch daran erinnern, wie heiß eine Glühlampe mit 100 Watt Leistung wird? Wenn der Lüfter keine Luft mehr durch den Kühler pressen kann oder die Wärmeleitpaste spröde ist, wohin geht dann die Wärme? Es bleibt nur der Weg nach unten. Sie heizt die Hauptplatine auf. Ganz dicht neben dem CPU-Sockel befinden sich mehrere Elektrolytkondensatoren, um die Versorgungsspannungen der CPU zu glätten. Ein CPU-Takt dauert 0,3 ns, in dieser Zeit ändert sich der Energiebedarf der CPU mehrmals. Nun legen aber elektrische Signale in diesen 0,3 ns nur 10 cm zurück. Es gibt deshalb keine Alternative – die Elkos müssen so dicht wie möglich an die CPU heranrücken. Und dort trocknen sie in der Hitze schneller aus.

Nicht anders sieht es mit der Kühlung von Grafikkarten aus, besonders bei den teuren, die 300 Watt in Wärme verwandeln. Auch im Netzteil sammelt sich eine beachtliche Menge Dreck an.

12.4 Mechanische Ursachen

Die Lager der Festplatte werden hoch beansprucht. Normalerweise halten sie einige Jahre durch. Hohe Temperaturen, Vibration und Erschütterungen können die Lebensdauer stark verringern.

Am schnellsten jedoch versagen die Lager der Lüfter. Der Staub verringert die Drehzahl der Lüfter und dringt auch in die Motoren ein. Beim Anlaufen hat der Lüftermotor den größten mechanischen Widerstand zu erbringen. Irgendwann schafft er es nach dem Einschalten nicht mehr, loszulaufen. Weil er dadurch seinen eigenen Motor nicht mehr kühlen kann, steigt die Wahrscheinlichkeit, dass er durchbrennt.

12.4.1 Mikrorisse

Die Leiterzüge in den viellagigen Leiterplatten der Hauptplatine sind sehr dünn und empfindlich. Wenn sich beim Bestücken mit Arbeitsspeicher und Flachbandkabeln die Hauptplatine durchbiegt, werden Leiterzüge gedehnt und können einreißen.

Auf einigen Leiterzügen werden hohe Frequenzen übertragen. Die UKW-Frequenzen reichen von 30 bis 300 MHz, die Taktfrequenz einer CPU ist mehr als hundert mal höher. Datensignale in einer solchen Leitung können eventuell einen kleinen Mikroriss überspringen, werden aber dabei geschwächt. Die Mikrorisse werden im Laufe der Zeit größer und die Störungen stärker. Nach jedem Einschalten erwärmt sich die Hauptplatine und dehnt sich aus, wobei Trägermaterial, Leiterzüge und Bauelemente unterschiedliche Wärmeausdehnungskoeffizienten haben. Nach dem Ausschalten des PCs schrumpft die Platine wieder. Diese mechanische Belastung vergrößert vorhandene Mikrorisse.

12.4.2 Steck- und Lötverbindungen

Wo sich Metalle lange Zeit berühren, beginnen Oberflächenatome zu diffundieren. Vermutlich kennen Sie das Problem: Sie ziehen eine Schraube mäßig an, und nach ein paar Jahren sitzt sie fest wie angeschweißt. Im Computer gibt es ein ähnliches Phänomen: An den Steckverbindungen bilden sich sogenannte „intermetallische Phasen", welche den Übergangswiderstand vergrößern und die Kontaktstelle aufheizen.

Steckt man eine Zink- und eine Kohleelektrode in eine leitfähige Lösung, erhält man eine Batterie. Das funktioniert nicht nur mit Zink und Kohle, sondern zwischen beliebigen Metallen. An jeder Lötstelle, aber auch an Schraub- und Steckkontakten, können zwei oder drei verschiedene Metalle aufeinandertreffen. Wo sich beispielsweise Silber und Gold berühren, entsteht eine Spannung von 0,6 Volt. Zwischen Kupfer und Zinn sind es 0,21 Volt. Sobald Spuren von Feuchtigkeit sowie Sauerstoff dazukommen, bildet sich ein galvanisches Element. Der entstehende Stromfluss führt zu einer unabwendbaren Korrosion, die an der Oberfläche beginnt und in die Tiefe fortschreitet.

Defekte

Lötstellen unterliegen durch unterschiedliche Wärmeausdehnungskoeffizienten der verwendeten Materialien ständig wechselnden mechanischen Belastungen. Bei jeder Erwärmung und Abkühlung der Baugruppe entstehen mechanische Spannungen. Die Lötstellen von großen, heiß werdenden Widerständen und Leistungshalbleitern sind besonders belastet. Bei Verwendung von herkömmlichen Bleilot gibt es nach etwa zehn Jahren die ersten Kontaktprobleme („kalte Lötstellen"), was Ihnen jeder Fernsehmonteur bestätigen kann. Für Consumer-Elektronik werden bleifreie Lote verwendet, die weniger haltbar sind.

Lötzinn ist eine Legierung von zwei Drittel Zinn und einem Drittel Blei. Blei ist gesundheitsschädlich. Damit sich niemand vergiftet, wenn er am Lötzinn leckt und damit die Umwelt nicht vergiftet wird von den aus Autofenstern geworfenen Geräten, gibt es seit 2003 die RoHS-Verordnung der EU, welche die Verwendung von Blei zum Löten (und zu vielen anderen Zwecken) verbietet. Leider haben die Hersteller nun zwei Probleme: Bleifreie Lote haben einen höheren Schmelzpunkt. Zum Ausgleich muss die Lötdauer verkürzt werden, um die hitzeempfindlichen Schaltkreise nicht zu zerstören. Das erhöht die Gefahr, dass massereichere Lötstellen nur an der Oberfläche gelötet sind. Die Fertigungstoleranzen werden kleiner. Durch gezieltes Absenken der Löttemperatur kann ein Hersteller sogar erreichen, dass die Lötstellen die Garantiezeit nicht allzu lange überleben.

Das zweite Problem: Selbst wenn die Kontakte perfekt gelötet sind, haben die bleifreien Lote eine deutlich schlechtere Langzeitstabilität als Bleilot. Langfristig ist mit anfälliger werdenden Lötstellen zu rechnen. Deshalb darf für sicherheitsrelevante Anwendungen (Autoelektronik, medizinische Geräte, Überwachungs- und Kontrollinstrumente und für das Militär) ausnahmsweise weiterhin Bleilot verwendet werden.

Einen Vorgeschmack bietet die Ausfallrate bei der ersten Generation der XBox 360, einer Spielkonsole von Microsoft. Der Temperaturunterschied zwischen ein- und ausgeschaltetem Gerät ist bei solch kleinen, lüfterlosen Computern besonders groß. Durch diese Temperaturschwankungen ist bei etwa einem Drittel aller Geräte das Lötzinn brüchig geworden. Microsoft musste die defekten Konsolen zurücknehmen und verschrotten. Außerdem wurde die Garantiezeit von zwei auf drei Jahre verlängert, um die wütenden Kunden etwas zu besänftigen. Im Internet findet man Anleitungen, wie man den Fehler selbst reparieren kann, wenn die Garantie abgelaufen ist: mit dem Fön. Das Erhitzen der spröden Lötstellen regeneriert sie zumindest teilweise.

12.4.3 Elektronische Bauteile leben nicht ewig

Daran, dass mechanische Bauteile verschleißen und altern, sind wir gewöhnt. Elektronische Bauteile scheinen vergleichsweise langlebig. Von einigen Alterungsursachen haben Sie gerade gelesen, doch es gibt noch viele weitere. Beispielsweise diffundieren Atome an der Grenzschicht von p- und n-Halbleiter von einer Schicht in die andere („Ausdiffundieren von p/n-Übergängen"). Durch Radioaktivität werden Atome umgewandelt. Bei einer typischen Dotierung von einem bis 100 Fremdatomen pro Milliarde Siliziumatome ändert jedes ungewollte Fremdatom die Eigenschaften eines Halbleiterbauteils. Von der allmählichen Zerstörung der Isolationsschicht bei Flash-Speicher durch das Beschreiben haben Sie ebenfalls gelesen. „Thermische Degradation des Gateoxids", „Schäden durch Leckströme (Gate Leakage)", „Parasitäre Bipolare Strukturen" sind einige weitere Alterungsursachen.

12.5 Physikalisch-chemische Vorgänge

Durch welche physikalisch-chemischen Vorgänge werden magnetisch gespeicherte Daten zerstört?

- Das Erdmagnetfeld wirkt zwar schwach, aber ausdauernd auf die Magnetisierung ein.

- Seit mehr als 50 Jahren werden in Rechenzentren Magnetbänder benutzt. Das Magnetfeld wirkt durch das Trägermaterial hindurch und schwächt die Aufzeichnung in den benachbarten Lagen ab. Deshalb werden Magnetbänder routinemäßig jedes Jahr umgewickelt und alle zwei bis drei Jahre umkopiert.

- Die Bits auf einer Festplatte sind so winzig und liegen so dicht hintereinander in der Spur, dass sie sich allmählich gegenseitig ummagnetisieren. Eine lagernde Festplatte sollten Sie alle zwei bis fünf Jahre auf die PC-Festplatte kopieren, neu formatieren (keine Schnellformatierung!) und die Daten zurückkopieren, um die Magnetisierung aufzufrischen.

DEFEKTE

Durch welche physikalisch-chemischen Vorgänge werden optische Datenträger zerstört?
- Das Trägermaterial, aus dem CD und DVD bestehen, trübt sich ein und zerfällt allmählich.
- Die Klebstoffe zersetzen sich, mit denen die Schichten verklebt bzw. am Rand abgedichtet sind.

Auch die Elektronik der Laufwerke ist anfällig:
- Das BIOS von Festplatten und optischen Laufwerken ist in PROMS oder EPROMs gespeichert, die eine Haltbarkeit in der Größenordnung von zehn Jahren haben, bis die Bits verloren gehen.
- Kontakte können durch Korrosion oder nachlassende Federkraft unsicher werden. Ein einziger „Aussetzer" kann zu hunderten falschen Bits führen. Falls der PC gerade damit beschäftigt war, Verwaltungstabellen zu aktualisieren, könnte der gesamte Festplatteninhalt in Sekundenbruchteilen verloren gehen. Kontaktprobleme können auch innerhalb der Festplattenelektronik auftreten.

Sogar Festplatten im Schrank sind gefährdet, wenn sie jahrelang nicht benutzt werden. Wenn es der Motor nicht mehr schafft, die Platte zu drehen, weil das Gleitmittel in den Lagern hart geworden ist („verharzt"), nennt man den Fehler „sticky disk". Wie schon erwähnt, trocknen außerdem die Elektrolytkondensatoren aus.

12.6 Fehler des Herstellers

12.6.1 Softwarefehler der Firmware

Jede nicht-primitive Software enthält Fehler, auch die Firmware (das BIOS der Festplatte oder SSD) macht da keine Ausnahme). Die Festplatte verwaltet einen eigenen Cache-Speicher. Dazu kommen die sehr komplexen S.M.A.R.T. Funktionen. Leider nimmt mit der Komplexität der Firmware auch deren Ausfallwahrscheinlichkeit zu. Hier sind einige interessante Fehlerbeschreibungen (englisch), die alle auf fehlerhafte Firmware zurückzuführen sind:

- http://www.dataclinic.co.uk/data-recovery-western-digital-caviar.htm
- http://www.dataclinic.co.uk/hard-disk-smooth-l7250.htm
- http://www.dataclinic.co.uk/data-recovery-western-digital-wd-series.htm
- http://www.dataclinic.co.uk/maxtor-glist-corruption.htm

12.6.2 Absichtliche oder fahrlässige Verstöße gegen Spezifikationen

- Auf Seagate-Festplatten brannte eine Schutzdiode durch, wenn Netzteile zu langsam auf gelegentliche Überspannungsspitzen reagiert hatten. Der Hersteller der Schutzdiode hatte es nicht für möglich gehalten, dass es derart schlechte Netzteile geben könnte.
- Auf zahlreichen Platinen werden Kondensatoren mit ungenügender Spannungsfestigkeit verbaut. Das ist fahrlässig, aber es senkt geringfügig die Herstellungskosten.
- Ein großer Teil der externen Festplatten wird bei mehrstündigem Betrieb zu heiß.
- Notebook-Festplatten sind fast ausnahmslos ungekühlt und werden deshalb zu heiß.
- Ich habe viele Komplettsysteme in der Werkstatt gehabt, bei denen die Kühlung des PCs und vor allem der Festplatte ungenügend war, obwohl eine geringfügige Änderung am Gehäuse oder eine veränderte Einbauposition der Festplatte die Kühlung deutlich verbessert hätte. Haben Gehäusekonstrukteure und -designer keine Ahnung von den thermischen Anforderungen an ein Computergehäuse oder ignorieren sie diese? Oder sind langlebige Computer nicht erwünscht?

12.7 Umwelteinflüsse

12.7.1 Temperatur

Wird der Computer, eine externe Festplatte, ein optisches oder magnetisches Laufwerk nach einem längeren Aufenthalt in der Kälte in einen warmen Raum getragen, droht Gefahr:

- Kondenswasserbildung auf der Elektronikplatine kann zu Kriechströmen und Kurzschlüssen führen.
- Kondenswasser kann sich sogar im Inneren der Festplatte bilden. Ein Zusammenstoß eines Wassertröpfchens mit dem Lesekopf kann diesen beschädigen.
- Bauteile dehnen sich bei Erwärmung aus, je nach Material unterschiedlich: Kupfer 16, Aluminium 23, Zink 36, Polyethylen 100 bis 250, Porzellan 3 (Angaben in Millionstel der Länge pro °C). Das scheint sehr wenig zu sein. Zum Vergleich: Der Schwenkarm der Festplatte ist etwa zehn Millionen mal länger als der Abstand der Köpfe von der Festplatte. Schon eine kleine Verbiegung könnte zu einem Aufsetzen des Kopfes führen.

12.7.2 Überspannungen und Stromausfälle

Einige Beispiele, wodurch gefährliche Überspannungen entstehen können:

- Blitzeinschläge in Überlandleitungen sind nicht selten.
- Überspannungsspitzen treten bei Schaltvorgängen auf Hochspannungsleitungen auf.
- Auch auf der Telefon/DSL-Leitung können Überspannungen auftreten.
- Bei einem Blitzeinschlag fließen gewaltige Ströme durch den Blitzableiter. In einem Umkreis von 50 Metern und mehr werden in jedem Draht beträchtliche Überspannungen induziert.
- Am Einschlagpunkt steht der Erdboden kurzzeitig unter einer Spannung von Millionen Volt.

Im Spätsommer 2013 tobte ein Gewitter über Leipzig. Als ich dachte, es wäre nun weit genug weg, schaltete ich den PC wieder ein und startete die tägliche Datensicherung. Plötzlich schlug in der Nähe ein letzter Blitz ein – Nachbarn hatten einen Kugelblitz beobachtet. Bei allen Mietern im Haus hatten die Fernseher und zahlreiche weitere Geräte einen Totalschaden. Bei mir waren Fernseher, Receiver und Drucker zerstört, obwohl ausgeschaltet. Der PC sprühte Funken – Netzteil, Grafikkarte und Festplatte waren defekt. Die Backup-Festplatte war angesteckt, weil die Datensicherung noch lief – sie war ebenfalls zerstört. Der Überspannungsschutz in der Steckdosenleiste (Preis: zehn Euro) hatte nicht gelitten. Er signalisierte mit einer grünen LED, es wäre alles in Ordnung und er würde mich weiter beschützen. Danke schön!

Warum waren sogar die ausgeschalteten Geräte durchgebrannt? Der PC und auch das Zubehör sind über den Schutzkontakt der Steckdose geerdet. Auch wenn das Gerät ausgeschaltet ist, bleibt die Erdung erhalten. Wo der Blitz einschlägt, steht die Erde unter einer Spannung von Millionen Volt, die sich ringförmig in der Umgebung verteilt. Dadurch stehen alle geerdeten Geräte kurzzeitig unter Spannung. Dagegen hilft nur: Stecker ziehen! Auch das DSL-Kabel aus der Telefondose ziehen!

Zum Glück hatte die zweite Backup-Festplatte überlebt – sie war nicht angeschlossen und lag im Regal.

Stromausfälle können ebenfalls Schäden anrichten. Selbst ein kurzer Stromausfall von nur 50 bis 100 Millisekunden kann zum Absturz des Computers führen. Wenn der PC zum Zeitpunkt des Stromausfalls mit dem Schreiben auf die Festplatte beschäftigt ist, sind Schäden an einigen oder vielen Dateien wahrscheinlich. Solche Unterbrechungen treten bei Schaltvorgängen des Stromversorgers auf sowie beim Durchbrennen einer Sicherung und beim Einschrauben der Ersatzsicherung. Wenn jemand an der Stromversorgung im Haus werkelt, sollte man den PC (und andere elektronische Geräte) vorsorglich ausschalten!

13 Reinigung, Kleinreparaturen und Aufrüstung

Diese sechs Seiten richten sich an diejenigen, welche vielleicht einmal den Schraubendreher in die Hand nehmen wollen. Wenn Sie das ganz bestimmt nicht vorhaben, können Sie dieses Kapitel überspringen.

Ihren PC regelmäßig von innen zu reinigen ist das Einfachste und das Mindeste, was Sie tun sollten. Damit verlängern Sie die Lebensdauer des PCs und die Lüfter laufen anschließend leiser. Wenn Sie imstande sind, mit einem Kreuzschlitz-Schraubendreher umzugehen, akzeptiere ich keine Ausrede. Das Seitenblech vom PC abzuschrauben ist kein Hexenwerk, und schon können Sie den PC reinigen. Es gibt weitere simple Arbeiten, die Sie problemlos bewältigen können: Das Austauschen eines allzu lauten Gehäuselüfters und eines defekten DVD-Laufwerks, das Aufrüsten des Arbeitsspeichers und der Einbau einer zusätzlichen Festplatte. Auch der Austausch der Festplatte ist keine schwierige Sache, soweit es die Hardware betrifft.

Für anspruchsvollere Vorhaben empfehle ich mein Buch „Computerhardware für Fortgeschrittene". Vom Austausch der CPU und des CPU-Kühlers, Austausch der Hauptplatine bis zu Auswahl und Zusammenbau der Komponenten für einen Eigenbau-PC ist alles reichlich bebildert und so genau beschrieben, dass Sie Ihren ersten Eigenbau-PC in Angriff nehmen können.

13.1 Allgemeine Hinweise

Ihr PC ist mit Aufklebern oder lackierten Schrauben „versiegelt"? Dürfen Sie trotzdem den PC aufschrauben, ohne Verlust von Garantie oder Gewährleistung? Ja! Der PC ist seit seiner Geburtsstunde als modulares System konzipiert. Sie dürfen jederzeit RAM und andere Komponenten nachrüsten. Sie dürfen die CPU, die Festplatte und die Grafikkarte austauschen. Und reinigen sollten Sie Ihren PC auch. All das ist nicht schädlich für die Gewährleistung – mit einer Ausnahme: Wenn Sie beim Reinigen oder Basteln unvorsichtig oder leichtsinnig sind und dadurch etwas kaputt geht, müssen Sie diesen Schaden selbst tragen.

Notebooks lassen sich nicht komplett öffnen. Doch zumindest für eine RAM-Aufrüstung und einen Festplattenaustausch sollten leicht aufschraubbare Abdeckungen vorhanden sein.

Smartphones und Tablets sind nicht als modulare Geräte konzipiert, deshalb führt das Öffnen und Reparieren zum Verlust der Garantie. Das Aufrüsten ist ohnehin nicht möglich und eine Reinigung nicht nötig.

Neuerdings gibt es auch versiegelte Notebooks, bei denen das Öffnen vom Hersteller ausdrücklich untersagt ist. Man kann sie nicht aufrüsten, und auch den Akku kann man nicht herausnehmen oder auswechseln. Das ist schade, doch während der Garantiezeit wird man sich an das Verbot halten müssen. Im übrigen vergisst kaum ein Hersteller darauf hinzuweisen, dass es auf Akkus nur sechs Monate Gewährleistung gibt, weil Akkus als Verschleißteile gelten. Deshalb halte ich es für ein Verbrechen an der Umwelt, Geräte zu produzieren, bei denen man das Verschleißteil „Akku" nicht wechseln kann. Unterstützen Sie diese Hersteller nicht durch den Kauf eines solchen Wegwerf-Notebooks!

13.2 Reinigung und Inspektion

Ein- bis zweimal im Jahr sollten Sie den PC aufschrauben und reinigen. Vielleicht finden Sie Rändelschrauben an der Rückseite, die Sie ohne Werkzeug lösen können. Wenn nicht, lösen Sie die Kreuzschlitzschrauben, welche das rechte (von vorn gesehen) Seitenblech festhalten und schieben Sie das Blech nach hinten.

Die Grobreinigung können Sie mit einem Staubsauger durchführen. Benutzen Sie eine kleine Düse und übertreiben Sie es mit der Saugleistung nicht, damit Sie keine Jumper von der Platine absaugen. Achtung: Lüfter dürfen nicht ins Drehen geraten, bitte mit sanftem Druck festhalten oder mit einem Pappstreifen blockieren! Die Lager könnten bei hoher Drehzahl überfordert werden, was deren Lebensdauer verkürzt. Zudem könnte der Lüfter als Generator arbeiten und Strom in die Platine einspeisen.

Restliche Staubansammlungen am Boden und anderen glatten Flächen können Sie mit Küchentüchern oder alkoholisierten Reinigungstüchern beseitigen. Die Lüfter im Netzteil, auf der CPU und der Grafikkarte sollten hin und wieder ausgeblasen werden, achten Sie dabei auf Staubansammlungen zwischen den Kühlrippen.

Am besten nehmen Sie dafür Pressluft (eine Druckgasflasche kostet typisch fünf Euro). Pusten und danach Haare waschen hilft auch.

Halten Sie den Lüfter dabei vorsichtig fest oder blockieren Sie den Lüfter mit einem Papierstreifen, damit der Lüftermotor nicht als Dynamo arbeitet.

Sehen Sie sich aufmerksam die Elektrolytkondensatoren der Hauptplatine an: Gibt es welche mit aufgewölbtem Deckel oder mit ausgetretener Flüssigkeit wie in Bild 12.1? Dann können Sie damit rechnen, dass der PC zunehmend Probleme machen wird. Denken Sie über eine Datensicherung nach, solange der PC noch funktioniert.

Durch die ständigen Vibrationen der Lüfter und auch durch die Reinigung könnten Steckverbinder gelockert worden sein. Prüfen Sie alle Steckverbinder mit gefühlvollem Wackeln und drücken Sie die Stecker gefühlvoll fest. Kontrollieren Sie, ob Lüfter durch herumhängende Kabel behindert werden könnten.

13.3 Sicherheit

Bei den nachfolgenden Sicherheitshinweisen habe ich mich bemüht, nichts zu vergessen. Ich hoffe, die Hinweise rufen nicht das Gefühl hervor, ein PC wäre gefährlicher als Ebola und Atombombe zusammengenommen. PCs überstehen eine Menge „kleine Sünden", doch „Vorsicht ist die Mutter der Porzellankiste".

Schützen Sie sich selbst!

So lange Sie nicht das Netzteil öffnen oder Metallgegenstände hineinstecken, droht Ihnen kein elektrischer Schlag. Es gibt andere Verletzungsgefahren:

- Die inneren Blechkanten des Gehäuses sind manchmal messerscharf. Legen Sie Pflaster bereit oder benutzen Sie dünne Stoffhandschuhe.
- Hauptplatine und Steckkarten sind auf der Unterseite etwa so kratzbürstig wie eine Drahtbürste.
- Manche Lüfter haben scharfkantige Schaufeln. Wenn man mit dem Finger in einen Lüfter gerät, der mit 2000 Umdrehungen läuft, kann es hässliche Hautabschürfungen geben.

Schützen Sie den Computer!

Wichtig ist es, keine mechanischen Spannungen zuzulassen und eine Durchbiegung der Hauptplatine oder der Steckkarten unbedingt zu vermeiden. Auch beim Anstecken von Kabeln darf sich die Platine nicht verbiegen, sonst könnten Haarrisse entstehen. Das Problem: Winzige Risse wirken wie Minikondensatoren und verschlechtern die Qualität der elektrischen Signale, führen aber nicht immer sofort zu einem Ausfall.

In modernen Hauptplatinen sind die Leiterbahnen in bis zu zwanzig Ebenen übereinander angeordnet und sehr schmal. Die Temperatur der Platine schwankt zwischen Raumtemperatur und 60 Grad, die Platine dehnt sich bei Erwärmung aus und schrumpft beim Abkühlen. Mikroskopische Haarrisse und Lötschäden vergrößern sich dadurch und führen nach Monaten und Jahren zu wachsenden Störungen. Deshalb sollten Sie so vorsichtig und überlegt wie möglich vorgehen, um jegliche Schäden beim Reinigen und Montieren zu vermeiden.

Eine der größten Gefahren für den Computer ist elektrostatische Aufladung. Elektrostatische Entladungen (electrostatic discharge) kann PC-Komponenten zerstören, da die Spannungen bei einer Entladung kurzzeitig sehr hoch sein können. „Erden" Sie sich deshalb, bevor Sie Teile im Computer berühren, indem Sie einen ins Erdreich führenden metallischen Leiter berühren; beispielsweise eine herkömmliche Heizung an einer nicht lackierten Stelle oder den Schutzkontaktbügel einer Schuko-Steckdose (siehe Bild).

Es reicht nicht, Windows nur herunterzufahren, bevor Sie den PC reinigen oder Komponenten wechseln wollen. Denn ein ATX-Netzteil liefert ständig 5 Volt Bereitschaftsspannung!

Reinigen und Aufrüsten

Man könnte einfach den Netzstecker ziehen, um den PC stromlos zu machen. Doch das ist nur die zweitbeste Lösung, denn dann ist der PC nicht mehr geerdet.

- Zwei bessere Lösungen:
    1. Wenn das Netzteil einen eingebauten Kippschalter hat: schalten Sie ihn aus, aber lassen Sie das Schuko-Kabel angeschlossen, dann ist der PC ausgeschaltet, bleibt aber über den Schutzkontakt geerdet.
    2. Wenn das Netzteil keinen eingebauten Kippschalter hat: Schließen Sie den PC über eine ausgeschaltete Steckdosenleiste oder über einen schaltbaren Stecker wie im Bild 13.1 an. Dann ist der PC ebenfalls über den Schutzkontakt geerdet.

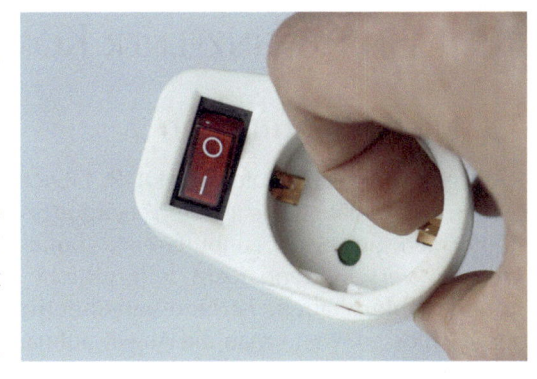

Bild 13.1: Der Schutzkontakt bleibt auch in der Aus-Stellung immer geerdet

- Berühren Sie hin und wieder einen geerdeten Körper (z. B. Netzteil, Kühlschrank, Heizkörper) oder einen Schutzkontakt wie im Bild.
- Vermeiden Sie Kurzschlüsse. Wenn beispielsweise eine Schraube in den eingeschalteten PC fällt, kann das die Hauptplatine durch einen Kurzschluss zerstören.
- Berühren Sie nicht die Kontakte von CPU, Steckkarten und Kabeln. Die Kontakte korrodieren durch die Einwirkung von Schweiß.
- Verbiegen Sie die Hauptplatine nicht beim Bestücken mit Arbeitsspeicher-Modulen.
- Achten Sie auf die richtige Polung von Steckern, vor allem der Stromversorgung.
- Behindern Sie nicht die Luftzirkulation durch herumhängende Kabel und schlecht durchdachten Einbau von Komponenten. Lassen Sie keine ungenutzten Kabelenden lose im Gehäuse herumhängen. Sie könnten in einen Lüfter geraten und ihn stilllegen.

Ist das mit der elektrostatischen Aufladung nicht ein wenig übertrieben? Wenn die Schaltkreise auf der Leiterplatte eingelötet oder eingesteckt sind, ist die Gefahr geringer, denn jede Menge Kondensatoren können Überspannungen auffangen. Einzeln sind Schaltkreise viel empfindlicher. Eine Spannung von wenigen Volt, in falscher Polarität zwischen Basis und Emitter von Transistoren angelegt, ist tödlich für jeden Transistor.

Die elektrostatische Gefahr wird größer, wenn Sie Bekleidung aus Synthetik tragen, wenn die Luftfeuchtigkeit gering ist und wenn Sie die Haare frisch gewaschen haben. Ein Bürosessel auf Rollen, der auf einer Plasteunterlage bewegt wird, lädt sich ebenfalls auf. Nun, es ist ohnehin besser, sich erst nach der Beschäftigung mit einem verstaubten Computer zu waschen als vorher.

Gefahren durch Überhitzung

- Durch Öffnen des Gehäuses ändern sich die Luftströme im PC. Einige Komponenten werden dadurch besser gekühlt, andere werden nicht mehr mit Luft umströmt und können heiß werden. Deshalb sollten Sie den PC nicht tagelang geöffnet betreiben.

Gefahren durch Dreck:

- Achten Sie auf Lüfterdrehzahl und Geräusche. Unzuverlässige Lüfter sollten rechtzeitig getauscht werden. Ein Gehäuselüfter kostet selten mehr als 15 Euro, und das Auswechseln ist leicht.

Sonstige Gefahren

- Festplatte oder Gehäuse keinesfalls bewegen, so lange sich die Festplatte dreht. Der Kreiseleffekt kann bei Magnetfestplatten zu Kopfaufsetzern führen!

13.4 Einbau einzelner Komponenten

13.4.1 RAM aufrüsten

RAM gibt es in den Bauformen DDR, DDR2, DDR3, DDR4 und DDR5. Jede benötigt eine andere Versorgungsspannung. Jede dieser Bauformen gibt es als „unbuffered", „buffered" und als „ECC". Obwohl verschiedene RAM teils gleiche Abmessungen und Kontaktzahlen haben, ist eine versehentliche Fehlbestückung ausgeschlossen, wenn man die Augen aufmacht. Jedes Modul hat eine Kerbe an einer anderen Stelle. Theoretisch verhindert die Kerbe das Einstecken eines falschen Moduls. Trotzdem kommen Fehlbestückungen vor. Mitunter ist der Steg nicht hoch genug. Mit etwas zu viel Kraft kriegt man ein falsches Modul rein, ohne es zu merken. Dass sich dabei die Hauptplatine durchbiegt, kann man in der Draufsicht nicht wahrnehmen. Halten Sie deshalb das RAM-Modul neben den Steckplatz, suchen Sie den Steg und vergleichen Sie genau! Bei einer fehlerhaften Bestückung geht der RAM fast immer kaputt. Das ist oft deutlich zu riechen. Meist ist auch der benutzte Steckplatz futsch und manchmal auch die gesamte Hauptplatine.

Bild 13.2: Kerbe eines Speichermoduls

Paarweise bestücken

Moderne Hauptplatinen ermöglichen den Dual-Channel-Betrieb. Dabei werden zwei gut zueinander passende RAM-Module von der CPU nicht nacheinander, sondern zeitversetzt angesteuert. Sie erreichen dadurch eine etwas höhere Arbeitsgeschwindigkeit. Es genügt aber nicht immer, zwei RAM aus der gleichen Serie zu nehmen. Kaufen Sie vom Hersteller vermessene Paare! Im Handbuch zur Hauptplatine gibt es eine Liste der vom Hersteller empfohlenen Fabrikate.

Die RAM-Steckplätze der Hauptplatine sind meist paarweise unterschiedlich gefärbt. Wenn Sie kein Handbuch haben und auch auf der Webseite des Herstellers keins finden, sollten Sie Ihr RAM-Paar in gleichfarbige Fassungen stecken, beginnend mit „Channel A" oder Steckplatz 1. Wenn Sie nicht wissen, welches der erste RAM-Steckplatz ist, beginnen Sie mit dem Steckplatz, welcher der CPU am nächsten ist.

Speicher nachrüsten

Von den Herstellern wird grundsätzlich empfohlen, Speichermodule des gleichen Typs, besser noch aus der gleichen Serie zu verwenden. Das Mischen von älteren und neuen Modulen kann zu Instabilitäten und Abstürzen führen. Warum ist das so?

Das BIOS führt während des Systemstarts eine Diagnose durch, um die maximal mögliche Geschwindigkeit jedes Speichermoduls zu ermitteln. Auf jedem Modul befindet sich ein „SPD-ROM", in dem der Hersteller 128 oder 256 Byte mit den detaillierten technischen Daten des Moduls hinterlegt hat. Das BIOS muss diese Daten mit den Möglichkeiten des Chipsatzes vergleichen und ein Betriebsregime konfigurieren. Wenn mehrere unterschiedliche Speichermodule vorhanden sind, ist das nicht immer erfolgreich. Stecken Sie den langsamsten Speichermodul in den ersten Steckplatz, weil manches BIOS nur die Eigenschaften des ersten Moduls auswertet und dann annimmt, dass alle Speichermodule identische Parameter haben.

Der Einbau

- Klappen Sie die Sicherungshebel an beiden Enden nach außen. Manchmal gibt es nur auf einer Seite einen Hebel. Falls im Steckplatz ein RAM-Modul steckt, wird es dadurch herausgehebelt.
- Stecken Sie das neue Modul lose auf.
- Drücken Sie das Modul an den Enden mit beiden Daumen in den Slot hinein. Stecken Sie gleichzeitig die Fingerspitzen unter den Rand der Hauptplatine, damit sie sich nicht durchbiegt.
- Während das Speichermodul hineingedrückt wird, klappen die Sicherungshebel nach innen. Drücken Sie die Sicherungshebel bis zum Anschlag zusammen.

13.4.2 DVD und Festplatte

Optische Laufwerke gehen verblüffend oft kaputt: Die Linse wird matt oder verstaubt, die Achse vibriert zu stark, die Justierung des Lasers stimmt nicht mehr, der Brenner wurde durch pausenloses Brennen überhitzt. Meist äußern sich Probleme durch eine zunehmende Anzahl gemeldeter und ungemeldeter Lesefehler.

Das Auswechseln eines DVD-Laufwerks ist kein Problem. Am PC braucht nichts eingestellt zu werden. Auch das Auswechseln der Festplatte ist unproblematisch, soweit es die Hardware betrifft. Es müssen maximal vier Schrauben herausgedreht werden. Die beiden Stecker kann man nicht falsch aufstecken.

Falls Sie ein zusätzliches optisches Laufwerk oder eine zusätzliche Festplatte einbauen wollen, brauchen Sie ein SATA-Datenkabel, das etwa drei Euro kostet. Die Hauptplatine hat mindestens vier Anschlüsse dafür. Vielleicht sind nicht alle SATA-Anschlüsse gleich schnell (SATA II mit 3 Gb/s oder SATA III mit 6 Gb/s)? Sehen Sie im Handbuch der Hauptplatine nach oder stecken Sie das Kabel in einen Anschluss der gleichen Farbe wie die erste Festplatte. Wenn es nicht genug schnelle Anschlüsse gibt, dann stecken Sie das DVD-Laufwerk an einen der langsamen Anschlüsse und die Festplatte an den frei werdenden. Ein eventueller Unterschied in der Geschwindigkeit wäre kaum messbar.

Der Stromanschluss ist meist kein Problem, an den aus dem Netzteil hängenden Stromkabeln ist meist noch ein Stecker frei. Möglicherweise brauchen Sie eine Verlängerung, einen Adapter oder ein Y-Kabel.

Falls Sie das Betriebssystem auf der neuen Festplatte neu installieren wollen (was unbedingt zu empfehlen ist), stecken Sie die neue Festplatte an das Kabel, das vorher zur alten Festplatte führte. Stecken Sie die alte Platte an das zusätzliche neue Kabel an. Damit ersparen Sie sich, die Bootsequenz im BIOS neu einstellen zu müssen. Und falls die BIOS-Einstellungen einmal auf Standardwerte zurückfallen, bootet der PC trotzdem von der richtigen Festplatte.

Wenn Sie die alte Festplatte auf die neue kopieren wollen, finden sie auf **https://eifert.net** unter „Hilfen" → „Datensicherung" oder in meinem Buch „Datensicherung für Home und Office" eine Anleitung zum Klonen der Festplatte.

13.4.3 Vergleich von Datenübertragungsraten

Um Sie bei der Kaufentscheidung von Komponenten zu unterstützen, sehen Sie auf der nächsten Seite einen Vergleich der wichtigsten Datenübertragungsraten im PC und zur Peripherie.

Um sie besser vergleichen zu können, sind die Werte in MByte/s und auch in Mbit/s angegeben. Die in Prospekten und Dokumentationen üblicherweise genannten Werte sind fett hervorgehoben.

Reinigen und Aufrüsten

MByte/s	Mbit/s	Verfahren	Übertragungsdauer für 100 MByte
0,005	**0,052**	Modem, analog	256 Minuten
0,007	**0,055**	GSM ohne EDGE	242 Minuten
0,008	**0,064**	ISDN (64 kbit/s pro Kanal)	208 Minuten
0,028	**0,220**	GSM mit EDGE	60 Minuten
0,048	**0,384**	UMTS ohne HSPA	35 Minuten
0,125	**1,0**	DSL 1000	13 Minuten
0,450	**3,6**	UMTS mit HSPA	4 Minuten
0,900	**7,2**	UMTS mit HSPA (wenige Orte)	2 Minuten
2,000	**16**	DSL 16 000	50 Sekunden
12,500	**100**	LTE	8 Sekunden

Tab. 13.1: Datenübertragungsraten zum Internet (theoretisch, maximal)
Zum Vergleich: 100 MByte = 1/8 der Kapazität einer CD = Größe eines mittelgroßen Hilfsprogramms

MByte/s	Mbit/s	Verfahren
0,125	**1,0**	Bluetooth
0,200	**1,5**	USB 1.1 Low Speed
1,500	**12,0**	USB 1.1 Full Speed
2	**16,0**	Centronics-Schnittstelle (Druckeranschluss)
50	**400**	FireWire (IEEE 1394a)
60	**480**	USB 2.0 High Speed
100	800	SD-Speicherkarte (Sandisk Extreme)
100	**800**	FireWire (IEEE 1394b)
400	**3200**	FireWire (IEEE 1394b S3200)
625	**5000**	USB 3.0 Superspeed
1250	**10 000**	USB 3.1 Superspeed plus (Generation 2)
1250	**10 000**	Thunderbolt
2500	**20 000**	USB 3.1 Gen 2x2 (früher als USB 3.2 Superspeed 20 Gb/s bezeichnet)

Tab. 13.2: Datenübertragungsraten der externen Schnittstellen (theoretisch, maximal)
Die in der Werbung üblicherweise angegebenen Werte sind fett hervorgehoben.

MByte/s	Mbit/s	Verfahren
0,150	1,2	1-fache Abspielgeschwindigkeit CD-ROM
1,350	10,8	1-fache Abspielgeschwindigkeit DVD-ROM (wie 9x CD-ROM)
16	133	Ultra ATA 16 (P-ATA), auch als UDMA 16 bezeichnet
33	266	Ultra ATA 33 bzw. UDMA 33
66	533	Ultra ATA 66 bzw. UDMA 66
100	800	Ultra ATA 100 bzw. UDMA 100
133	1066	Ultra ATA 133 bzw. UDMA 133
166	1333	Ultra ATA 166 bzw. UDMA 166
150	**1500**	SATA 1.0
160	1280	Ultra 160 SCSI
300	**3000**	SATA II oder SATA 300 (3 Gb/s)
600	**6000**	SATA III oder SATA 600 (6 Gb/s)
3500	28000	M.2 auf Basis von PCIe 3.0
7000	56 000	M.2 auf Basis von PCIe 4.0 (Samsung 980 Pro)
13000	104 000	M.2 auf Basis von PCIe 5.0

Tab. 13.3: Datenübertragungsraten zu Festplatte und DVD (theoretisch, maximal)

14 Notebook reinigen und reparieren

Ziehen Sie das Netzteil heraus und entnehmen Sie den Akku, bevor Sie das Gerät reinigen oder aufschrauben!

14.1 Pflegemassnahmen ohne Aufschrauben

Die Kühlung von Notebooks ist fast ausnahmslos unzureichend, weshalb viele Notebooks den Wärmetod sterben. Deshalb ist alle sechs bis zwölf Monate eine Reinigung des Lüftungssystems zu empfehlen.

Kaufen Sie eine Flasche Druckluft. Diese kostet im Büro- oder Computerhandel 5 bis 10 Euro. Bearbeiten Sie jeden Lüftungsschlitz am Notebook im Wechsel mit Druckluft und der kleinsten Düse des Staubsaugers, zwei bis drei Mal abwechselnd. Blasen Sie bei der Gelegenheit in die Ritzen der Tastatur. Eine Reinigung der Tasten kann mit alkoholisierten Reinigungstüchern erfolgen (z. B. Brillenputztücher sind nach der Brillenreinigung noch sauber genug für die Tastatur). Verwenden Sie keine Flüssigkeiten!

Das Reinigen der Lüftungsschlitze genügt auf Dauer nicht. Meist gibt es Ecken, wo sich Fusselteppiche festsetzen, und außerdem trocknet die Wärmeleitpaste aus. Ein hochwertiges Notebook sollten Sie etwa alle zwei Jahre in eine Fachwerkstatt oder zu einem wirklich erfahrenem Bastler zur Grundreinigung und eventuell zum Auswechseln der Wärmeleitpaste bringen.

14.2 Ungefährliche Massnahmen mit Aufschrauben

An der Unterseite des Notebooks befinden sich meist zwei bis drei Abdeckungen, die mit Schrauben befestigt sind. Sie riskieren nichts, und Sie verletzen auch nicht die Garantie, wenn Sie die Schrauben herausdrehen und nachsehen, was unter den Abdeckungen ist. Überzeugen Sie sich, ob noch ein Steckplatz für Arbeitsspeicher frei ist oder ob Platz für eine zweite Festplatte ist. Vielleicht finden Sie weitere Staubnester.

14.3 Massnahmen, die einiges Geschick erfordern

Die Miniaturisierung der Komponenten macht Notebooks sehr empfindlich. Wenn man beim Auseinander- oder Zusammenschrauben Fehler macht, können empfindliche Komponenten beschädigt werden. Weil Ersatzteile unverhältnismäßig teuer sind, kann ein kleiner Fehler zum wirtschaftlichen Totalschaden führen.

Dennoch kann es Gründe geben, zum Schraubendreher zu greifen.

- Die Tastatur ist defekt oder verklebt und soll ausgewechselt werden? Das erfordert Geduld und Sorgfalt, ist aber kaum mit Risiken verbunden.
- Das Notebook ist schwer beschädigt, z. B. nach einem Sturz oder durch Flüssigkeit? Dann gehört es in eine Fachwerkstatt. Wenn Sie sich handwerklich etwas zutrauen, können Sie das Notebook zerlegen und sich einen Überblick verschaffen, was daran kaputt ist. Möglicherweise ist es nur ein Kontaktproblem, auch wenn das wenig wahrscheinlich ist. Vielleicht können Sie ein Ersatzteil günstiger beschaffen als der Fachhändler, z. B. bei Ebay?

Bevor Sie beginnen, sollten Sie die einführenden Hinweise im vorhergehenden Kapitel „Kleinreparaturen, Aufrüstung und Reinigung" lesen und beherzigen.

Zu manchen Geräten kann man im Internet eine Anleitung finden, manchmal sogar ein Video, wie das Notebook zerlegt werden kann.

Notebook reinigen

Beachten Sie außerdem:

- Die Flachbandkabel und vor allem die Steckverbinder sind sehr empfindlich.
- Sehen Sie sich genau an, was Sie tun wollen. Sorgen Sie für helles Licht und benutzen Sie eine Lupe!
- In manch einem Notebook werden fünf bis zehn Sorten Schrauben verwendet. Es ist **außergewöhnlich wichtig**, sich zu merken, welche Schraube wohin gehört. Besonders kritisch wäre es, eine lange Schraube an Stelle einer kurzen einzudrehen. Dabei beschädigt man vielleicht die Hauptplatine oder andere Komponenten.

Beim Sortieren der Schrauben haben sich drei Methoden bewährt:

- Legen Sie das Notebook auf den Kopierer und kopieren Sie die Unterseite. Legen Sie die Schrauben auf der Kopie an den entsprechenden Stellen ab. Das Problem dabei: Wenn Sie am Tisch wackeln, rollen die Schrauben weg.
- Bekleben Sie das Notebook mit Markierungen. Legen Sie die Schrauben und Kleinteile auf einer Skizze des Notebooks ab.
- Kleben Sie einige Streifen doppelseitiges Klebeband auf den Arbeitstisch, auf ein Tablett aus der Küche o.ä. Skizzieren Sie das Notebook auf den Streifen und kleben Sie die Schrauben an entsprechenden Stellen senkrecht auf. Die Schrauben kullern nicht herum und lassen sich leicht greifen.

Falls Sie Ersatzteile selbst bestellen, beachten Sie:

Ersatzteile gibt es in vielen sehr ähnlichen Bauformen. Es ist nicht ungewöhnlich, dass ein Teil trotz korrekter Bestellnummer nicht in Ihr Notebook passt. Als Privatkunde haben Sie ein 14-tägiges Rückgaberecht, wenn das Teil unbenutzt und möglichst nicht vollständig ausgepackt ist. Packen Sie das Teil zunächst nur so weit aus, dass Sie überprüfen können, ob es voraussichtlich passen wird.

Wenn an Ihrem Notebook das Display oder die Tastatur defekt sind, suchen Sie auf Ebay nach einem typgleichen defekten Gerät („Bastlerware ohne Garantie"). Bei den meisten angebotenen Bastlergeräten ist „nur" die Hauptplatine oder der Grafikchip defekt und das Display und die Tastatur sind noch in Ordnung.

Bei vielen modernen Geräten muss nur eine einzige große Abdeckung abgeschraubt werden, um an die meisten wichtigen Teile heranzukommen. Doch es gibt leider auch extrem wartungsunfreundliche Geräte, die man fast vollständig zerlegen muss, um an den Lüfter oder die BIOS-Batterie heranzukommen. Diese sollten Sie besser in eine Fachwerkstatt bringen.

Bei Smartphones und Tablets gibt es kaum einen Grund, sie zu öffnen, und auch kaum eine zerstörungsfreie Möglichkeit dazu. Wenn Sie das Display auswechseln müssen, rate ich zu einer Fachwerkstatt, zumindest aber zur Suche im Internet nach einer Anleitung.

15 Fehlersuche

Die nachfolgenden Tipps können nur einen ersten Anhaltspunkt liefern, welcher Fehler wahrscheinlich ist und was eine Reparatur kosten könnte. Bedenken Sie: Fehler können sehr komplexe Ursachen haben.

Ich kann Ihnen leider keinen „Fehlersuchbaum" anbieten. Fehlersuchbäume basieren auf Fragen, auf die nur zwei Antworten möglich sind: Ja oder Nein. Doch Computerfehler sind nicht selten derart komplex, dass hinter einem Symptom mehr als nur zwei Ursachen verborgen sein können. Deshalb bewerte ich mit Prozentzahlen die Wahrscheinlichkeit, welche Ursache zutreffen könnte. Dabei handelt es sich nicht um sorgfältig ermittelte statistische Werte, sondern um Schätzungen, basierend auf tausenden Reparaturen.

15.1 Startprobleme

Ganz wichtig für eine erfolgreiche Fehlersuche: Wissen Sie, wie sich Ihr PC normalerweise nach dem Einschalten verhält? Gibt das BIOS einen Piepton von sich? Nach wie vielen Sekunden? Blinken die LEDs der Tastatur einmal und wann? Welcher Text erscheint nach dem Einschalten auf dem Bildschirm? Mit welcher Taste können Sie die Boot-Sequenz konfigurieren? Notieren Sie Ihre Beobachtungen für einen späteren Vergleich. Wenn Sie den normalen Ablauf nicht kennen, wie wollen Sie dann Abweichungen vom normalen Ablauf erkennen?

15.1.1 Hardware-Startprobleme

Symptom: Der Computer geht nicht an. Weder das Anlaufen der Festplatte noch der Piep vom BIOS ist zu hören. Die LED an der Unterseite der Maus leuchtet.
- 50 % Hauptplatine defekt
- 10 % Einschalttaster defekt
- 30 % Netzteil teilweise defekt
- 10 % sonstiges

Symptom: Der Computer geht nicht an. Weder die Lüfter noch das Anlaufen der Festplatte sind zu hören, auch der Piep vom BIOS bleibt aus. Die LED an der Unterseite der Maus leuchtet nicht, obwohl die Maus mit Kabel angeschlossen ist. Die Schublade des DVD-Laufwerks lässt sich nicht öffnen.
- 80 % Netzteil defekt
- 10 % Manche Mainboards überprüfen die Drehzahl der Lüfter und starten nicht bei defektem Lüfter.
- 5 % Außer dem Netzteil ist ein Teil der Elektronik der Hauptplatine durchgebrannt.
- 5 % Einschalttaster defekt

Falls Sie den Einschalttaster verdächtigen: Prüfen Sie, ob der Einschalttaster leichtgängig ist. Vielleicht ist der Reset-Taster verklemmt und sendet Dauer-Reset? Ziehen Sie beide Anschlüsse von der Hauptplatine ab und starten Sie das System durch Kurzschließen der Power-On-Pins oder vertauschen Sie probeweise die Anschlüsse von Reset- und Einschalt-Taster.

Symptom: Man hört die Festplatte anlaufen, der Bildschirm bleibt dunkel, kein BIOS-Piep (vorausgesetzt, der PC hat einen Pieper).
- 80 % Hauptplatine defekt
- 10 % Netzteil teilweise defekt
- 10 % sonstiges

Empfehlung: Alle verzichtbaren Komponenten (Festplatte, DVD, Fernsehkarte usw.) probeweise nacheinander ausbauen, vielleicht blockiert eine davon den Start. Verzichtbare externe Geräte ausstöpseln. Letztes Mittel: RAM und Grafikkarte ausbauen. Wenn die Hauptplatine auch jetzt nicht empört piept, ist sie kaputt (oder sie hat keinen Pieper).

FEHLERSUCHE

Symptom: Die Festplatte läuft an, der Bildschirm bleibt dunkel, nach einigen Sekunden piept das BIOS 8 × kurz oder lang – kurz – kurz.
- 90 % Grafikkarte defekt
- 10 % sonstiges

Empfehlung: Manche PCs haben einen Onboard-Grafikanschluss. Bauen Sie die Grafikkarte aus, dann wird die Onboard-Grafik aktiviert. Stecken Sie den Monitor an den Onboard-Anschluss.

Anmerkung: Wenn der erste Piepton erklingt, sind CPU, Hauptplatine und Netzteil definitiv in Ordnung. Wobei man beim Netzteil noch nicht wissen kann, ob es auch höhere Belastungen verträgt.

Symptom: Die Festplatte läuft an, Festplatten-Aktivitätsanzeige flackert, Betriebsgeräusche wie bei einem normalen Startvorgang, doch der Bildschirm bleibt dunkel.
- 70 % Das Display ist defekt oder Bildschirmkabel nicht richtig angesteckt.
- 20 % Grafikkarte ist defekt.
- 10 % sonstiges

Funktioniert das On-Screen-Menü des Bildschirms? Wenn nicht, ist der Monitor defekt. Testen Sie den Bildschirm an einem anderen PC oder Laptop oder tragen Sie Ihren Bildschirm zum Nachbarn, um ihn dort zu testen. Vielleicht können Sie zeitweilig Ihren Fernseher als Monitorersatz anschließen, wenn Ihr Monitorkabel an einen Anschluss des Fernsehers passt.

Ihr Monitor hat vermutlich mehrere Eingänge und die Grafikkarte mehrere Ausgänge. Vielleicht ist nur einer der Kanäle defekt? Testen Sie, ob ein anderer Kanal (z. B. VGA oder DVI statt HDMI) das Bild überträgt.

Wenn Sie die Grafikkarte verdächtigen: Stecken Sie diese probeweise in einen anderen Steckplatz oder benutzen Sie den Onboard-Grafik-Anschluss, falls vorhanden.

Symptom: Der PC friert im BIOS ein oder es wird nur ein blinkender Cursor angezeigt.

Falls Ihnen die Pieptöne des Systemlautsprechers keinen Hinweis geben, sollten Sie die BIOS-Einstellungen auf Standardwerte zurücksetzen. Stecken Sie bei stromlosem PC den „Clear CMOS"-Jumper in die Löschposition und nach 15 Sekunden wieder zurück. Oder entnehmen Sie für fünf Minuten die BIOS-Batterie. Hilft auch das nicht, bauen Sie alle verzichtbaren Komponenten aus. Wenn das Board mit zwei RAM-Modulen bestückt ist, probieren Sie jedes RAM-Modul einzeln. Wenn nur ein RAM-Modul vorhanden ist, probieren Sie den anderen RAM-Slot aus.

Symptom: Der PC oder das Notebook können von Festplatte starten, aber sie booten weder von Live-CD noch von USB, und ins BIOS kommen Sie auch nicht.

Vermutlich hat der Computer ein UEFI-BIOS, das den Computer vor Datendiebstahl per Live-CD schützt.

- Fahren Sie Windows herunter. Der PC ist jetzt vermutlich im „Instant-On" Modus. Trennen Sie den PC vom Stromnetz. Bei einem Notebook drücken Sie die Power-On-Taste für etwa fünf Sekunden, bis Sie hören, dass das Notebook „richtig aus" ist.
- Halten Sie die Taste Entf gedrückt, schalten Sie den PC ein und lassen Sie die Taste erst los, wenn der BIOS-Bildschirm erscheint. Falls das nicht klappt, probieren Sie es mit den Tasten F2 oder Esc.
- In der Kategorie „Boot" aktivieren Sie „Launch CSM" (**C**ompatibility **S**upport **M**odule).
- In der Kategorie „Security" deaktivieren Sie „Secure Boot Control".
- Speichern Sie mit F10 die BIOS-Einstellungen.
- Halten Sie während des Neustarts die Taste F8, F10 oder Esc gedrückt, damit sich das Boot-Menü öffnet.

Fehlersuche

Symptom: Der PC „spinnt". USB- und andere Geräte werden nicht mehr erkannt, das Herunterfahren klappt nicht.

Stromstöße durch eine defekte Steckerleiste („Funkenknistern") oder über die Netzleitung haben Kondensatoren des Netzteils überladen.

- Windows herunterfahren und PC ausschalten, notfalls zehn Sekunden auf den Power-Taster drücken.
- Netzkabel abziehen. Netzteil-Reset durchführen: Drücken Sie den Power-On-Taster eine Minute lang.
- Netzkabel anstecken, Windows hochfahren.

15.1.2 Ist es ein Problem der Hardware oder der Software?

Mitunter ist es nicht leicht zu entscheiden, ob Sie ein Ersatzteil brauchen oder ob eine Windows-Reparatur oder Neuinstallation ausreichend ist. Versuchen Sie, den PC von einer CD oder DVD zu booten. Haben Sie eine Windows-Installations-DVD? Vielleicht enthält die zur Hauptplatine gehörende Treiber-CD ein Betriebssystem und ist bootfähig. Wenn Sie Ihr Antivirenprogramm auf CD gekauft haben, ist diese CD vermutlich bootfähig. Gelingt das Booten von irgend einer Live-CD? Können Sie mit der Live-CD arbeiten?

- Wenn nein: Ein Hardware-Problem ist sehr wahrscheinlich.
- Wenn ja: Sie haben ein Problem mit der installierten Software oder mit der (Magnet-)Festplatte.

Möglicherweise kann die Festplatte einige Dateien manchmal nur unter großen Schwierigkeiten nach vielen Wiederholungen lesen. Wie kann man prüfen, ob ein Festplattenproblem vorliegt?

Versuchen Sie, das Ereignisprotokoll auszuwerten, wie in Kapitel 15.2 beschrieben. Fehlermeldungen mit `Quelle:Disk` weisen eindeutig auf ein Problem mit der Festplatte hin, doch es könnte auch ein defektes oder lockeres Kabel oder ein defekter Chipsatz sein. Allerdings kann die Festplatte Probleme haben, die nicht im Ereignisprotokoll erscheinen.

Erstellen Sie probeweise von Ihrer Festplatte eine Kopie, mit einem Programm wie z. B. Acronis True Image. Falls Ihre Festplatte ein Problem hat, ist es ohnehin gut, eine Kopie zu haben. Es gibt zwei Möglichkeiten:

- Wenn Sie eine leere Festplatte haben, die mindestens so groß ist wie die verdächtige Festplatte, dann klonen Sie die gesamte Festplatte.
- Wenn Sie keine leere große Festplatte haben, genügt auch eine externe Festplatte mit mindestens so viel freiem Platz, wie auf der Betriebssystempartition belegt ist. Erstellen Sie nur ein komprimiertes Image der Systempartition.

Während das Image-Programm die Festplatte kopiert, sollten Sie die Prognose der Restlaufzeit ständig im Auge haben. Wenn die Restzeit plötzlich von einigen Minuten auf einige Stunden oder Tage hochschnellt oder sogar Fehlermeldungen kommen, sollten Sie die Festplatte ersetzen.

Eine Anleitung zum Klonen finden Sie in meinem Buch „Datensicherung für Home und Office" und auf `eifert.net` unter „Hilfen" → „Datensicherung".

Symptom: Der PC findet kein Boot-Laufwerk.
- 10 % Festplatte defekt
- 20 % Kabel- oder Steckerproblem

Prüfen Sie, ob alle Stecker richtig sitzen. Stecken Sie die Festplatte mit einem anderen Kabel (notfalls mit dem vom DVD-Laufwerk) an einen anderen SATA-Anschluss an. Wenn das Laufwerk auch dann nicht im BIOS erkannt wird, stecken Sie es probeweise an oder in einen anderen Computer.

- 70 % Partition oder Startdateien beschädigt

Vielleicht hilft eine Systemstartreparatur. Versuchen Sie mit einer Live-DVD zu booten und die wichtigsten Daten zu sichern, denn es könnte sich um einen Hardware- oder Dateisystemfehler handeln. Booten Sie von der Windows-Installations-DVD im „Abgesicherten Modus (nur Eingabeaufforderung)" oder über „Computerreparaturoptionen" → „Eingabeaufforderung".

- Geben Sie den Befehl `bootrec /fixMBR` ein, um den **M**aster **B**oot **R**ecord zu reparieren und dann versuchen Sie, den PC zu starten.
- Hat das nicht geholfen, geben Sie an der Eingabeaufforderung den Befehl `bootrec /fixBoot` ein. Dieser Befehl repariert den Microsoft-Startsektor. Versuchen Sie erneut, den PC zu starten.
- Hilft auch das nicht, probieren Sie `bootrec /rebuiltBCD` an der Eingabeaufforderung aus. Der Befehl durchsucht die Partitionstabelle nach Betriebssystemen und erstellt eine neue Tabelle „**B**oot **C**onfiguration **D**ata". Wenn auch diesmal der nächste Start misslingt, bleibt vermutlich nur eine Neuinstallation.

Symptom: Der BIOS-Selbsttest verläuft normal, doch dann folgt die Meldung, das Betriebssystem wäre nicht zu finden.
- 30 % Das Betriebssystem ist durch einen Virus oder einen Bedienfehler beschädigt.
- 20 % Festplatte ist beschädigt
- 30 % Fehler im Dateisystem
- 20 % sonstiges

Empfehlung:
- Schauen Sie im BIOS nach, ob die Festplatte noch erkannt wird.
- Versuchen Sie, ob Sie den PC mit einer Live-CD starten können und ob Sie mit der Live-CD auf die Festplatte zugreifen können.
- Überprüfen bzw. reparieren Sie das Dateisystem. Vielleicht gibt es auf der Live-CD ein Programm dafür, z. B. an der Eingabeaufforderung `CHKDSK C: /F`. Stecken Sie notfalls die Festplatte zur Überprüfung als zweite Festplatte in oder an einen funktionierenden PC.

15.1.3 Ein Hardware-Problem ist am wahrscheinlichsten

Symptom: Der PC startet normal, nach einigen Minuten friert er ein oder stürzt ab, aber nicht immer auf die gleiche Weise. Sie haben bereits geprüft, dass sich alle Lüfter drehen (Beachten Sie dabei: Manche Lüfter drehen sich erst, wenn das zu kühlende Teil heiß genug ist, z. B. wenn die Grafikkarte im 3D-Modus ist).

- 60 % Testen Sie, ob die CPU zu heiß wird. Starten Sie den Taschenrechner in der wissenschaftlichen Ansicht, tippen Sie 100 000 ein und dann auf die Taste „n!". Wenn Ihr PC sehr leistungsfähig ist, starten Sie mehrere Taschenrechner. Die Berechnung der Fakultät macht die CPU heiß.
- 20 % Grafikkarte wird zu heiß. Reinigen Sie den Lüfter und die Kühllamellen der Grafikkarte!
- 10 % Einer der Speicherriegel hat Schwachstellen. Testen Sie den RAM mit `memtest`, probieren Sie die Module einzeln oder tauschen Sie die Riegel untereinander aus.
- 10 % sonstiges

Fehlersuche

Symptom: Der PC stürzt immer häufiger ab, bis er gar nicht mehr angeht, doch eine Überhitzung von CPU oder GPU halten Sie für ausgeschlossen.
- 50 % Kondensatoren der Hauptplatine sind aufgebläht (das können Sie mit bloßem Auge erkennen).
- 30 % Die Festplatte liegt im Sterben. Empfehlung: Überprüfen Sie das Windows-Ereignisprotokoll, ob Fehler registriert sind, siehe Bild 15.1 auf der nächsten Seite.
- 10 % Zwei RAM-Module wurden verwendet, die nicht zueinander passen. Empfehlung: Probieren Sie, ob der PC mit nur einem der Speicherriegel funktioniert.
- 10 % sonstiges

Symptom: Der PC stürzt ab, sobald der Grafikkarte hohe Leistung abverlangt wird (z. B. ein 3D-Spiel).
- 70 % Kühlung der Grafikkarte unzureichend oder Zusatzstromversorgung nicht angeschlossen.
- 10 % problematisches Tuning der Grafikkarte? Einstellungen im Haupt-BIOS und Grafik-BIOS auf Standardwerte (default) zurücksetzen.
- 10 % Dem BIOS gelingt es nicht, einen Ressourcenkonflikt mit kürzlich neu eingebauter Hardware zu lösen. Probieren Sie einen anderen Steckplatz für die neue Hardware.
- 10 % sonstiges

Symptom: Der PC vergisst über Nacht Datum und Uhrzeit.
- 90 % Die BIOS-Batterie ist leer. Batterie ersetzen.
- 10 % sonstiges

Symptom: Der Bildschirm hat einen Farbstich.
- 30 % Der Bildschirm ist defekt.
- 10 % Kabel ist nicht richtig angesteckt oder defekt (tritt vor allem bei VGA-Kabeln auf).
- 40 % Die Grafikkarte ist defekt.
- 20 % sonstiges

Symptom: Während des BIOS-Tests (und später) sind die Buchstaben „ausgefressen" oder es sind dünne Streifen auf dem Bildschirm (meist senkrecht). Farben sind falsch, ungewöhnliche Muster sind zu sehen.
- 80 % Der Grafikspeicher ist defekt. Grafikkarte austauschen oder Onboard-Grafikanschluss benutzen. Wenn es ein Notebook ist: Externen Monitor testen oder Hauptplatine wechseln.
- 10 % Der Bildschirm ist defekt (probieren Sie es mit einem anderen Bildschirm).
- 10 % sonstiges

Symptom: Der PC braucht „ewig" zum Starten, manchmal friert er für mehrere Dutzend Sekunden ein.
- 70 % Die Festplatte liegt im Sterben oder ist zu 99,9 % voll.
- 30 % sonstiges

Symptom: Wenn der PC nach dem Ruhezustand aufwacht, funktionieren Maus und/oder Tastatur nicht.
Wahrscheinliche Lösung: Suchen Sie nach „Energieoptionen" → „Energiesparplaneinstellungen ändern" → „Erweiterte Energieeinstellungen ändern" → „USB-Einstellungen" → „Einstellungen für selektives USB-Energiesparen" → „deaktivieren". Wenn das nicht hilft, gehen Sie im Gerätemanager zum „USB-Controller". Schalten Sie bei allen „USBRoot-Hub" in der Energieverwaltung die Option „Computer kann das Gerät ausschalten, um Energie zu sparen" aus.

15.2 Auswertung des Ereignisprotokolls

Zum Ereignisprotokoll kommen Sie durch Rechtsklick auf das Windows-Startsymbol und anschließendem Linksklick auf „Ereignisanzeige". Sie können auch an der Eingabeaufforderung „eventvwr.msc" eingeben (das ist die Abkürzung von **Event-Viewer**). Das funktioniert selbst dann, wenn der Start von Windows nur noch im „Abgesicherten Modus mit Eingabeaufforderung" gelingt.

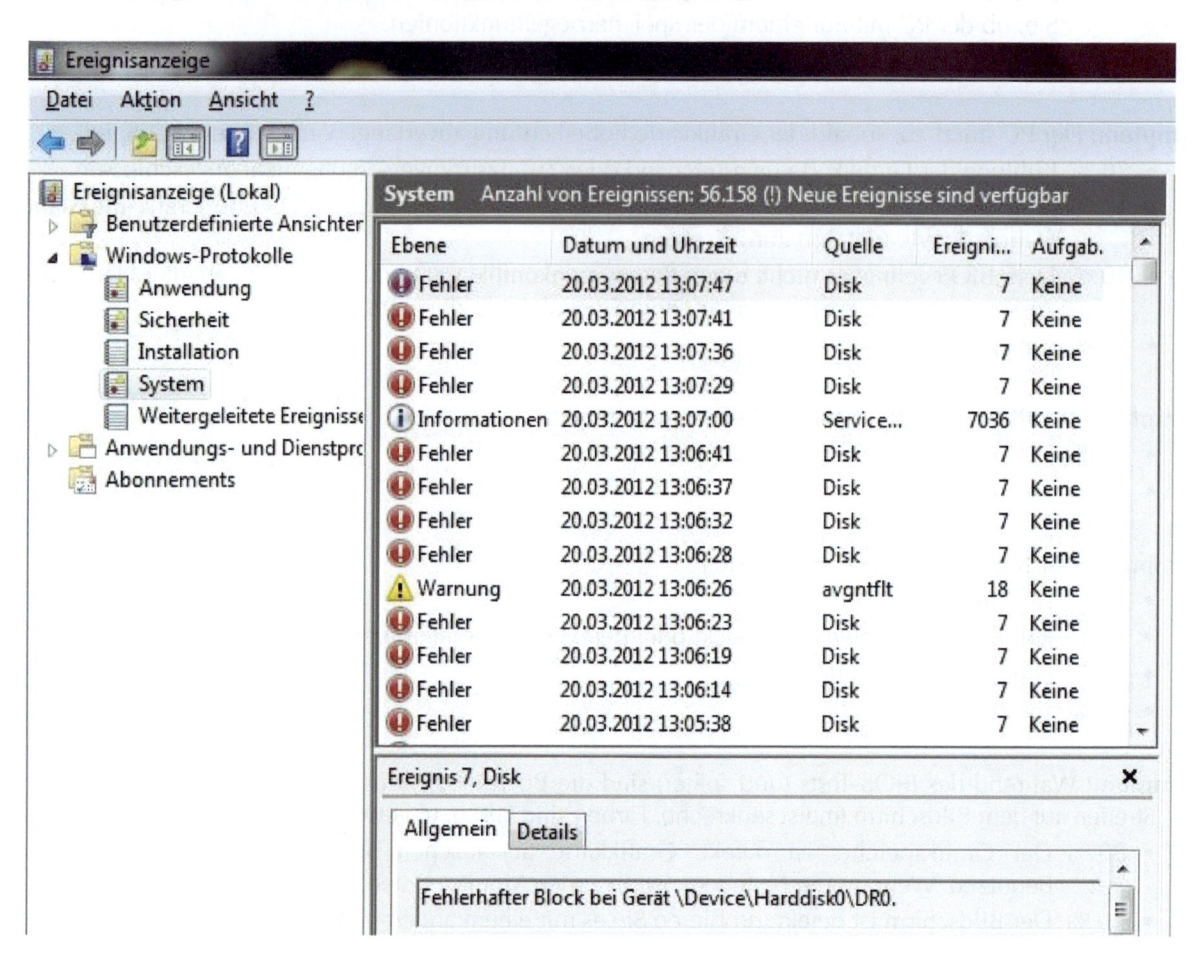

Bild 15.1: Ereignisprotokoll mit Festplattenfehlern
Mehrere Fehler pro Minute – da wird Windows schneckenlangsam.

In den Rubriken „Anwendung", „Sicherheit", „Installation" und „System" protokolliert Windows hunderte Ereignisse pro Sitzung: den Start und die Beendigung von Diensten und Treibern und vor allem die dabei auftretenden Probleme. Auch die Ergebnisse von Speichertests und Festplattenüberprüfungen werden hier protokolliert. Wenn sich Windows mit einen „Blue Screen" verabschiedet, können Sie meistens hier den Fehlercode finden.

Empfehlung: Rechtsklick auf „Start", dann Linksklick auf „System", Abschnitt „Verwandte Einstellungen": „Erweiterte Systemeinstellungen" → „Starten und Wiederherstellen: Einstellungen" sollten Sie den Haken vor „Automatisch Neustart durchführen" entfernen. Nachträglich geht das auch, wenn Sie den PC im abgesicherten Modus starten können. Andernfalls startet nach einem Blue-Screen-Fehler der PC so schnell neu, dass Sie keine Möglichkeit haben, die Fehlermeldung zu lesen.

Fehlersuche

Symptom: Der PC stürzt ab und startet von selbst neu bzw. er lässt sich wieder starten.

Schauen Sie ins „Ereignisprotokoll" → „Windows-Protokolle" → „System". Gibt es zum Zeitpunkt des Absturzes oder während des anschließenden Hochfahrens einen Fehler „Kernel Power"?

- „Kernel Power Event ID 41": „The system has rebooted without cleanly shutting down first" (deutsch: Das System wurde neu gestartet, ohne dass es zuvor ordnungsgemäß heruntergefahren wurde). Dieser Fehler kann auftreten, wenn das System nicht mehr reagiert hat oder abgestürzt ist oder die Stromzufuhr unerwartet unterbrochen wurde."
- Kernel-Power mit anderer Event ID:
  Überhitzte CPU, fehlerhaftes Netzteil oder Abschalten des PC ohne Herunterfahren. Eventuell ist sogar die Temperatur angegeben, bei der die Abschaltung erfolgte. Die Angaben erfolgen in °Kelvin: 0 °Celsius = 273 °K, 90 °C = 363 °K.
  Ein Zusammenhang mit Stromsparfunktionen wie Standby, Hibernate oder C1-C7 ist möglich. Alle Stromsparfunktionen deaktivieren und probieren, ob es dann läuft.

Symptom: Sie wissen nicht mehr weiter.

Vertrauen Sie auf die „Schwarm-Intelligenz". Wahrscheinlich hat jemand Ihr Problem schon gehabt. Falls Sie auf der Website des Geräteherstellers keine Lösung zu Ihrem Problem finden, suchen Sie im Internet. Wählen Sie einige wenige, signifikante Suchworte, klammern Sie diese gebenenfalls mit Anführungszeichen ein. Wenn Sie nur viele Klagen, aber keine einzige Lösung finden, fügen Sie „gelöst" oder „solved" zu den Suchworten hinzu.

Beachten Sie das Angebot auf der letzten Seite dieses Buches.

Vielleicht finden Sie eine Lösung auf www.eifert.net unter „Hilfen" → „Software" → „Fehlersuche".

15.3 Internet geht nicht

Sind alle Ihre Internet-Geräte ausgefallen? Oder nur diejenigen, die über WLAN betrieben werden?

Testen Sie, ob Internet noch über LAN-Kabel funktioniert. Jedes Notebook hat eine LAN-Buchse und baut auf Anhieb eine Verbindung zum Router auf, sobald Sie es anstecken. Ein (kurzes) LAN-Kabel hat sehr wahrscheinlich dem Router beigelegen.

Symptom: WLAN ist ausgefallen, LAN geht noch.

- Klicken Sie in der Taskleiste unten rechts auf das Symbol „Netzwerk- und Freigabecenter öffnen". Werden irgend welche Nachbar-WLAN angezeigt?
- Vermutlich alle Notebooks können mit einer Tastenkombination und/oder zeitgesteuert WLAN abschalten, um Energie zu sparen. Darüber hinaus haben fast alle Notebooks einen mechanischen Schalter, um WLAN und Bluetooth ausschalten zu können.

Symptom: Internet geht nicht, der Router scheint in Ordnung zu sein.

- Fahren Sie den PC herunter. Trennen Sie den Router für zwei Minuten vom Stromnetz.
- Versorgen Sie den Router mit Strom. Warten Sie zwei Minuten, bis der Router gebootet hat.
- Fahren Sie den PC hoch. Geht es jetzt?

Erläuterung: Der Router wird relativ oft von Überspannungsspitzen getroffen und stürzt dann ab. Wie auch beim PC hilft ein Neustart. Hinweis: Der Router hat einen (versteckten) Reset-Taster. Drücken Sie den **nicht**, denn das setzt den Router auf Werkseinstellungen zurück und Ihre DSL-Zugangsdaten gehen verloren.

Symptom: Internet geht nicht, obwohl der Router neu gestartet wurde.

- Bei jedem Provider gibt es ein- bis zweimal im Jahr eine Störung, die einige Stunden dauern kann oder einen halben Tag. Vielleicht funktioniert in einigen Stunden alles wieder?
- Wenn Sie nicht warten können, rufen Sie die Service-Hotline Ihres Providers an. Dieser kann die Leitung bis zu Ihrem Router überprüfen, eine Entstörung vornehmen und Ihnen gebenenfalls einen neuen Router schicken.
- Lassen Sie Windows die Netzwerkkarte und die Einstellungen prüfen. Melden Sie sich als Nutzer mit Administratorrechten an und klicken Sie in der Taskleiste unten rechts auf das Symbol „Netzwerk- und Freigabecenter öffnen". Unter „Probleme beheben" finden Sie die Netzwerkdiagnose. Prüfen Sie „Netzwerkadapter" und „Internetverbindung".
- Booten Sie Ihren PC von einer geeigneten Notfall-CD und prüfen Sie, ob damit eine Internetverbindung möglich ist. Eine Anleitung finden Sie auf `www.eifert.net` unter „Hilfen" → „Software", z. B. für die Kaspersky Rescue CD.
- Melden Sie sich an Ihrem Router an. Dazu müssen Sie mit **ipconfig** an der Eingabeaufforderung die „Gateway-Adresse" (das ist die eigene IP-Adresse des Routers) ermitteln. Nehmen wir an, es ist die `192.168.1.1`. Starten Sie den Browser und geben Sie als Adresse `http://192.168.1.1` ein, um Verbindung zum Router aufzunehmen. Benutzername ist meist „Admin" oder „admin", Passwort ist „0000" oder keins (sehen Sie auf der Rückseite des Routers nach). Schauen Sie auf die Status-Seite oder suchen Sie das Protokoll.

Symptom: Internet ist ungewöhnlich langsam.

Das Programm `netlimiter 4` von `www.netlimiter.com` (engl.) zeigt Ihnen, welche Prozesse für welchen Datenverkehr zuständig sind. Sie können die Upload- und Download-Bandbreite für „gierige" Anwendungen begrenzen.

Allgemeiner Ratschlag:

Booten Sie den PC von einer geeigneten Rettungs-DVD, zum Beispiel von der Kaspersky Notfall-DVD, oder von einem zweiten Betriebssystem. Wenn Sie damit ins Internet kommen, müssen Sie nach einem Software-Problem suchen.

Die Stabilität der Internetverbindung können Sie an der Eingabeaufforderung testen. Mit dem Befehl

```
ping 192.168.1.1 -t
```

Fehlersuche

(setzen Sie die IP-Adresse Ihres Routers ein) sendet der PC kleine Datenpakete an den Router. Eine „Zeit<1ms" oder nur wenig mehr als eine Millisekunde (wenn weitere PCs aktiv sind) ist OK. Gibt es keine großen Schwankungen, ist Ihr Netzwerk in Ordnung. Brechen Sie den Test mit der Tastenkombination Strg-C ab. Testen Sie dann die Verbindung ins Internet:

```
ping google.de -t
```

sollte Zeiten von 10 bis 20 ms melden. Gelegentliche Ausrutscher sind tolerierbar, Abbrüche nicht.

15.4 Besonderheiten bei Notebooks

Symptom: Notebook lässt sich nicht einschalten. Kein Ton, kein Buchstabe auf dem Bildschirm.
- 10 % Nehmen Sie den Akku heraus. Manchmal schließt ein defekter Akku das Notebook kurz.
- 40 % Ist das Netzteil in Ordnung? Gibt es eine Anzeige, dass Spannung am Notebook anliegt? Kontrollieren Sie das Netzteil mit einem Voltmeter. Allerdings schalten manche Netzteile erst an, wenn sie messen können, dass das Notebook angesteckt ist.
- 5 % Vielleicht hat die Festplatte einen Kurzschluss? Nehmen Sie die Festplatte heraus.
- 35 % Hauptplatine ist defekt. Eine neue Hauptplatine kostet möglicherweise 300 Euro.
- 10 % sonstiges

Symptom: Es scheint, dass das Notebook normal startet, doch der Bildschirm bleibt dunkel.
- 50 % Der Grafikchip auf der Hauptplatine ist durchgebrannt.
- 20 % Kabelbruch im Scharnier. Variieren Sie den Winkel, wie weit das Display aufgeklappt ist.
- 20 % Bildschirm ist defekt, mit einem externen Bildschirm funktioniert das Notebook. Gebenenfalls müssen Sie auf den externen Bildschirm umschalten: Suchen Sie dazu nach einer Taste, auf der zwei Bildschirme abgebildet sind, oft ist es Funktionstaste F8. Drücken Sie diese Taste bei gedrückter Fn-Taste (befindet sich unten links) mehrmals im Abstand von fünf Sekunden.
- 10 % sonstiges

15.5 Ich finde die Ursache nicht, die Werkstatt auch nicht

Als junger Ingenieur arbeitete ich in einem Rechenzentrum, das auch Berechnungen für die Uni ausführte. Eines Morgens holte ein Professor der Astronomie die Berechnungen ab, stutzte und behauptete, unser Großrechner, ein Serienmodell aus den USA, würde falsch rechnen. Dass der Mond den Erdmittelpunkt unterhalb der Erdoberfläche umkreise, könne ja wohl nicht wahr sein („Das Rumpeln wäre nicht zu überhören"). Wir testeten den Computers gründlich: Es war alles in Ordnung und alle anderen Kunden waren mit den Ergebnissen ihrer Berechnungen zufrieden. Es war ganz und gar offensichtlich, dass der Fehler nur im Programm des Professors stecken konnte. Auch ein Professor kann mal irren ...

Nach ein paar Tagen brachte der Professor ein paar Lochkarten mit einer einzigen Gleitkommadivisionsaufgabe. Er sagte, es läge nicht an seinem Programm. Bei dieser einen Division würde der Computer seit Tagen ein völlig falsches, ein geradezu irrwitziges Ergebnis errechnen. Leider hatte er recht.

Gleitkommazahlen benutzt man in wissenschaftlichen Berechnungen, um mit sehr großen und sehr kleinen Zahlen zu rechnen. Ein Beispiel für eine Gleitkommadivision: $1{,}496 \times 10^{11}$ m (mittlere Entfernung Erde-Sonne) geteilt durch $2{,}99792458 \times 10^{8}$ m/s (Lichtgeschwindigkeit) ergibt 499 Sekunden = 8,31 Minuten (so lange braucht das Licht von der Sonne zur Erde).

Der Großrechner arbeitete mit 48 Bit Genauigkeit und war – für die damalige Zeit – fast ein Superrechner. Jeden Morgen absolvierte er ein umfassendes Prüfprogramm, und das hatte auch an diesem Morgen keine Fehler gemeldet. Und doch rechnete er falsch. Was war da kaputt gegangen?

Fehlersuche

Alle, die imstande waren, eine Gleitkommadivision mit 48-stelligen Dualzahlen Bit für Bit nachzurechnen, wurden zusammengerufen. Auf riesigen Blättern und Tapetenrollen rechneten wir nach. Der Großrechner führte endlos nur noch diese eine Division durch. Zwei Kollegen fuhren in der CPU mit dem Oszilloskop umher (die Schaltschränke mit der CPU nahmen einen Saal von 30 m^2 ein), um nachzuprüfen, an welcher Stelle Theorie und Praxis nicht mehr übereinstimmten.

Am nächsten Tag, nach 24 Stunden fast rastloser Rechnerei, hatten wir das Problem gefunden: Der Rechner war nicht kaputt gegangen, sondern er und alle Rechner der Serie waren schon defekt ausgeliefert worden. Auf einer späten Etappe der Entwicklung hatten die Ingenieure des Herstellers den Schaltungsentwurf verändert und dabei vergessen, einen überflüssig gewordenen Draht aus den Fertigungsunterlagen zu streichen. Wir mussten „nur" den überzähligen Draht aus der Zentraleinheit herauszuschneiden, und schon rechnete der Computer richtig.

Der Computer hatte nicht nur diese eine Division falsch gerechnet. Es gab unendlich viele Zahlenkombinationen, deren Division schon immer ein falsches Ergebnis geliefert hatte. Nur hatte es noch niemand bemerkt.

Bild 15.2: Verdrahtungsseite von 3 Steckkarten der CPU. Auf jeder 5 x 10 cm großen Steckkarte befanden sich etwa fünf Transistoren plus Dioden, Widerstände und Kondensatoren. Jeweils 40 Steckkarten nebeneinander und davon 25 Reihen passten in einen Gestellrahmen von 200 x 80 cm. Acht solche Rahmen bildeten die CPU. Ihr Wohnzimmer wäre für diese CPU von 1971 zu klein gewesen.

Natürlich haben wir uns gefragt, warum die Konstrukteure den Computer vor der Auslieferung nicht vollständig getestet hatten, mussten aber schließlich einsehen, dass sie das nicht gekonnt hatten.

Stellen Sie sich vor, Sie wollen **Ihren** PC allumfassend testen. Ihr PC rechnet mit 64-Bit-Zahlen, also Zahlen bis 2^{64} = 18 446 744 073 709 551 616 (18 Trilliarden). Beginnen Sie mit dem Test der Addition: 1+1, 1+2, 1+3, 1+4, 1+5, ... bis 1+2^{64}. Dann 2+1, 2+2, 2+3 usw. bis 2+2^{64}, das sind weitere 2^{64} Additionen. Addiert man jede mit jeder Zahl, sind das $2^{64} \times 2^{64} = 2^{128}$ Additionen. Nehmen wir an, Ihr PC läuft mit 3 GHz Taktfrequenz und bewältigt drei Milliarden Additionen pro Sekunde. 2^{128} Befehle geteilt durch 3 Milliarden ergibt $1{,}134 \times 10^{29}$ Sekunden. Umgerechnet sind das $3{,}596 \times 10^{21}$ Jahre, um die Addition komplett zu testen. Sie können sich eine so lange Zeit nicht vorstellen? Auch ich nicht. Teilen wir die Jahre durch das Alter des Universums: 13,75 Milliarden Jahre sind seit dem Urknall vergangen. Der vollständige Test der Addition würde also 261 582 619 898 mal so lange dauern wie das Universum alt ist.

Und das war nur die Addition. Sorgfältige Menschen würden noch die Subtraktion, Multiplikation und Division überprüfen und die komplexeren Funktionen wie Kehrwert, Wurzel, Potenz, Logarithmus, Sinus, Tangens ... Also halten Sie bitte weder sich noch die Techniker vom Computerservice für Idioten, wenn sie einen Fehler nicht finden können.

Auch in der Hardware Ihres PC stecken Fehler, die noch niemand gefunden hat. Aber deshalb brauchen Sie Ihren PC nicht wegwerfen. Sie selbst machen – seien Sie jetzt bitte nicht beleidigt – viel mehr Fehler als Ihr PC. Ob Jumbojet, Spaceshuttle oder Atomkraftwerk – sie werden von Menschen gebaut, die manchmal Fehler machen. Und wenn der PC ein merkwürdiges Ergebnis ausrechnet, denken Sie nie „weil es der Computer berechnet hat, muss es richtig sein". Bleiben Sie kritisch. Benutzen Sie Ihren „gesunden Menschenverstand".

16 Anhang

16.1 Fachwortverzeichnis

3,5"-Festplatte
: Standard-Festplatte mit einem Scheibendurchmesser von etwa 3,5 Zoll = 89 mm. Daraus ergeben sich Gehäusemaße von etwa 10 cm Breite, 14,5 cm Länge und 2,5 cm Höhe. In Notebooks werden kleinere Festplatten mit 2,5" und 1,8" Nennbreite verwendet.

64-Bit-Prozessor
: 16-Bit-CPUs verarbeiten Zahlen bis 65 535 (2^{16}) in einem Schritt, 32-Bit-CPUs verarbeiten Zahlen bis 2^{32}, also etwa vier Milliarden, in einem Rechenschritt. 64-Bit-CPUs schaffen das mit Zahlen bis 2^{64}, also etwa 18 Trillionen (18 Milliarden Milliarden). Eine Multiplikation wie z. B. 72 057 594 037 927 936 x 122 = 8 791 026 472 627 208 192 gehört für eine 64-Bit-CPU noch zum „kleinen Einmaleins".

8-Bit-Prozessor
: Ein 8-Bit-Prozessor kann Zahlen aus 8 Bit, also Zahlen von 0 bis 255 (2^8-1) in einem Rechenschritt verarbeiten. Das in der Schule gelernte kleine Einmaleins geht bis 100, bei einer 8-Bit-CPU bis 255. Rechnungen mit größeren Zahlen muss der Computer so wie wir nach den gleichen Rechenregeln in einfachere Rechenschritte zerlegen.

Abgesicherter Modus
: Eine funktionell eingeschränkte Betriebsart. Nur die allernotwendigsten Treiber werden geladen, wodurch nach schweren Abstürzen oder Installationsfehlern auch ein beschädigtes Windows oft noch gestartet und repariert werden kann.

AC97
: Ein Verfahren, den Sound mit der CPU zu berechnen, um auf eine Soundkarte verzichten zu können.

Access Control List
: Eine Liste im Dateisystem NTFS mit den Zugangsberechtigungen der Benutzer.

Access Point
: Basisstation für ein WLAN, z. B. der DSL-Router.

Ad-hoc
: Das ist Latein und bedeutet „für diesen Augenblick gemacht", im Sinne von „spontan entstanden".

AFR
: **A**nnualized **F**ailure **R**ate: die jährliche Ausfallrate von Festplatten. Sie gibt an, wie viel Prozent der Festplatten innerhalb des ersten Jahres ausfallen. Der Wert sollte deutlich unter einem Prozent liegen.

AGP
: **A**dvanced **G**raphic **P**ort: Eine Schnittstelle für Grafikkarten, Nachfolger des PCI-Interfaces, veraltet. Neue PCs benutzen PCI-Express, vor allem für Grafikkarten.

AHCI
: **A**dvanced **H**ost **C**ontroller **I**nterface: Neuerer Standard für den Zugriff auf (Magnet-)Festplatten. Ermöglicht es der Festplatte, eintreffende Lese- und Schreibanforderungen in geänderter, optimierter Reihenfolge abzuarbeiten. Für SSD-Speicher ist das NVMe-Protokoll vorteilhaft.

AMD
: Bedeutender Hersteller von hochwertigen Halbleiterchips, vor allem von Prozessoren, Chipsätzen und Grafikprozessoren.

Analog
: Eine Größe, die beliebig viele Zwischenwerte haben kann. Das Gegenteil ist „Digital".

Android
: Ein auf Linux basierendes Betriebssystem, das auf den meisten Smartphones, Mobiltelefonen, Netbooks und Tablet-Computern installiert ist. Es wird von der „Open Handset Alliance" weiterentwickelt, deren Hauptmitglied Google ist.

Anschluss
: Steckverbinder für zusätzliche Baugruppen. Fast alle PC-Steckverbinder haben eine andere Form, so dass es bei Fehlsteckung nicht zu Verwechslungen und Schäden kommen kann.

ANSI
: **A**merikanisches **N**ationales **S**tandardisierungs **I**nstitut: Normungsinstitut der USA, das die gleiche Aufgabe wie das Deutsche Institut für Normung e.V. (DIN) hat.

Fachwortverzeichnis

Apple
: Führender Hersteller von Smartphones, Tablets und hochwertigen Computern (iPhone, iPad und iMac).

Arbeitsspeicher (Memory)
: Schneller elektronischer Speicher aus DRAM-Chips für die Zwischenspeicherung der in Benutzung befindlichen Daten und Programme. Der Kurzzeitspeicher verliert beim Ausschalten die Information. Meist 4 – 8 GB groß, bei Servern ein Vielfaches davon.

ASCII
: **A**merican **S**tandard **C**ode for **I**nformation **I**nterchange: weitverbreitete Zeichencodetabelle. Nachfolger: ANSI

ATA
: Standard für Massenspeicher-Schnittstellen (Festplatte, DVD u.a.)

Athlon
: Markenname für eine Prozessorserie des Herstellers AMD.

ATI
: bedeutender Hersteller von Grafikprozessoren (GPU), wurde von AMD übernommen.

ATX
: Aktueller Formfaktor für PCs, vor allem für Gehäuse, Platinen und Netzteile.

Auflösung
: Anzahl der Bild- oder Druckpunkte in waagerechter und senkrechter Richtung auf Bildschirm oder Drucker.

Auslagerungsdatei
: engl.: swapfile. Bereich der Festplatte für kurzzeitige Zwischenlagerung von momentan nicht benötigten Daten und Programmen.

Backbone
: besonders leistungsfähige Netzwerkverbindungen, die das „Rückgrat" einer Firma bilden.

Ball bearing
: Kugellager-Lagerung

Bandbreite
: Obergrenze für die Datenmenge, die über einen Übertragungskanal übermittelt werden kann. In der Computertechnik wird sie in Bit pro Sekunde angegeben, in der Kommunikationstechnik in Baud (was etwa das gleiche ist).

Beacon
: von einer WLAN-Basisstation regelmäßig ausgesandtes Synchronisationssignal.

Befehlssatz
: Die Menge aller Maschinensprachebefehle einer CPU.

Benchmark
: Testprogramm zum Messen und Vergleichen der Leistung von Computern.

Bereitschaftsspannung
: Eine Spannung von 5 Volt, mit der es Maus, Tastatur, Netzwerkkarte und Netztaster möglich wird, den „ausgeschalteten" PC aufzuwecken.

Betatester
: Kunde, der ein unausgereiftes Produkt gekauft hat und es unter Nutzung von Fachzeitschriften, Internet und Hotline mühsam in einen brauchbaren Zustand bringen muss.

Betriebssystem
: Eine aufwendige Software, welche die grundlegende Steuerung des PCs, die Verwaltung seiner Ressourcen und das Management der Anwendungen übernimmt.

Big-Tower-Gehäuse
: Großes Computergehäuse, 50 cm hoch oder mehr

Bildtrommel
: Lichtempfindliche Trommel eines Laserdruckers, meist mit Selen beschichtet.

Bildwiederholspeicher
: RAM der Grafikkarte, der für jeden Bildpunkt Farbe und Helligkeit speichert. Siehe BWS.

Binärsystem
: auch: Dualsystem. Zahlensystem mit zwei Ziffern: 0 und 1

FACHWORTVERZEICHNIS

BIOS
: **B**asic **I**nput/**O**utput **S**ystem. Ein fest eingebautes Programm mit den ersten Befehlen, welche die CPU nach dem Einschalten ausführt. Außerdem sind einige grundlegende Hilfsprogramme eingebaut.

BIOS-ROM
: Festwertspeicher, der das BIOS-Programm enthält.

Bit
: Wortkreuzung von engl.: binary digit; dt.: Binärziffer). Als Bit wird eine Stelle einer Binärzahl bezeichnet. Ein Bit ist die kleinste binäre Informationseinheit und kann die Ziffern (Werte) „0" oder „1" darstellen.

Blauer Engel
: Das älteste Umweltlogo der Welt kennzeichnet seit 1978 ökologisch vorteilhafte Produkte. Er wird von einer Jury aus Vertretern von Umweltbundesamt, Bundesumweltministerium, Verbraucherverbänden, Gewerkschaften, Wissenschaft, Medien u. a. vergeben.

Blu-ray
: Optischer Datenträger mit einer Kapazität von 25 GB oder mehr.

Bluescreen
: Fehlermeldung des PC in weißer Schrift auf blauem Hintergrund nach einem Absturz.

Bluetooth
: Funkverfahren mit geringer Sendeleistung für den Nahbereich.

Booten
: Vorgang des „Hochfahrens" nach dem Einschalten des Computers, bei dem die Hardware erkannt und das Betriebssystem in den Arbeitsspeicher geladen wird.

Branch Prediction
: Teil der CPU, der den weiteren Programmablauf vorherzusagen versucht.

BrightView
: Eine der Bezeichnungen für Bildschirme mit hochglänzender Oberfläche.

BTX
: „**B**alanced **T**echnology e**X**tended", ein veralteter Gehäuse-Formfaktor.

Buffer-Underrun
: nennt man es, wenn es beim Brennen zu Stockungen im Datennachschub kommt. Bei früheren Brennern wurde der CD/DVD/BD-Rohling unbrauchbar. Moderne Brenner tolerieren kurze Unterbrechungen.

Bulldozer
: Markenname für eine Prozessorgeneration von AMD.

Bus
: Verbindungssystem zwischen einer variablen Anzahl von PC-Komponenten, bestehend aus Daten-, Adress- und Steuerleitungen.

BWS
: Der „**B**ild**W**iederhol**S**peicher" ist derjenige Teil des RAM Speichers der Grafikkarte, in dem ein Abbild des aktuellen Bildschirminhalts gespeichert ist.

Byte
: Maßeinheit für digitale Daten, besteht aus 8 Bit.

Cache
: Zwischenspeicher: schneller Halbleiterspeicher zur Beschleunigung eines langsameren Speichers.

CAD
: Computer Aided Design = Design-Entwurf am Computer. Mit einem solchen Programm kann man Werkstücke und Autos entwickeln und auch eine Küche dreidimensional planen.

Celeron
: Bezeichnung des Herstellers Intel für CPUs mit halbiertem Cache.

Chip oder Schaltkreis
: Hochintegrierte Schaltung in einem kleinen Plast- oder Keramikgehäuse.

Chipsatz
: Eine Gruppe von hochintegrierten Schaltkreisen auf der Hauptplatine, welche den Datenverkehr zwischen dem Prozessor, den anderen Hauptbaugruppen und den Anschlüssen steuert.

FACHWORTVERZEICHNIS

Client
: PC in einem Netzwerk, der Dienste anderer Computer in Anspruch nimmt.

Cluster
: Zusammenfassung mehrerer Sektoren der Festplatte zu einer Verwaltungseinheit.

CMOS-RAM
: Complementary Metal Oxide Semiconductor: Extrem stromsparende Halbleitertechnologie. Ein RAM aus diesem Material wird vom BIOS verwendet, um Konfigurationseinstellungen zu speichern.

Compiler
: Computerprogramm, das die Anweisungen einer Programmiersprache (den Quelltext) in Maschinencodebefehle übersetzt. Im Unterschied zum Interpreter wird der gesamte Code „im Ganzen" vor dem ersten Start des Programms übersetzt.

Convertible
: Bezeichnung für ein Notebook, das durch Umklappen des Deckels in ein Tablet verwandelt werden kann.

Core Duo
: Bezeichnung für eine Intel-CPU mit zwei Kernen. Siehe „Multikernprozessor".

Core Quad
: Bezeichnung für eine Intel-CPU mit vier Kernen. Siehe „Multikernprozessor".

CPU
: **C**entral **P**rocessor **U**nit, Hauptprozessor: oberste Steuerungs- und Recheneinheit des Computers.

Crossfire
: eine Technologie von AMD bzw. ATI, um die Grafikberechnungen auf zwei Grafikkarten aufzuteilen.

Crossover-Kabel
: Bezeichnung für ein Kabel für die Direktverbindung zwischen Computern, an dem die Eingangs- und Ausgangssignale vertauscht sind.

CUDA
: eine Technologie von NVIDIA, einen Teil der CPU-Arbeit auf den Grafikprozessor zu verlagern.

DDR-RAM
: Das sind die gegenwärtig in PCs verwendeten Speicherbausteine für den Arbeitsspeicher. DDR (von engl.: double data rate) steht für **D**oppelte **D**aten-**R**ate: Die RAM-Vorgängergeneration „SD-RAM" konnte einmal pro Takt Daten liefern, DDR-RAM können zweimal pro Takt und häufiger Daten lesen bzw. schreiben.

Defragmentierung
: Wenn die Daten auf der Festplatte nicht zusammenhängend gespeichert werden, sondern irgendwie auf der Festplatte verteilt werden, wo gerade eben Platz frei ist, spricht man von Fragmentierung. Wenn man gelegentlich (Empfehlung: monatlich) ein Defragmentierungsprogramm laufen lässt, werden die Daten besser (zusammenhängender) angeordnet, wodurch der PC um einige wenige Prozente schneller werden kann. Moderne Dateisysteme achten bereits beim Speichern auf eine sinnvolle Verteilung der Daten und brauchen keine Defragmentierung.

Desktop-PC
: Bezeichnung für einen nicht-mobilen PC, der auf oder unter dem Tisch (Desktop) seinen Platz hat.

DHCP
: Über das **D**ynamic **H**ost **C**onfiguration **P**rotocol kann ein Computer eine IP-Adresse anfordern, die ihm vom DHCP-Server automatisch aus einem Nummernkontingent zugeteilt wird. Dabei erfährt der Computer (Client) auch die IP-Adressen des zuständigen Gateway und des DNS-Servers.

Digital
: bezeichnet eine Größe, die nur genau definierte Werte annehmen kann. Zwischenwerte müssen auf den nächsten Zahlenwert gerundet werden. Das Gegenteil ist „Analog".

Direct-LED
: Hintergrundbeleuchtung von Flachbildschirmen mit mehreren LED.

DirectX
: Schnittstelle von Windows zu den Treibern von Grafikkarte, Soundkarte, Joystick und Netzwerk.

Diskette
: Veralteter magnetischer Massenspeicher mit 1,4 MByte Kapazität.

DisplayPort
: moderne Schnittstelle zum Anschließen vor allem von Bildschirmen.

FACHWORTVERZEICHNIS

Dockingstation
: wird verwendet, um tragbare Geräte mit geringem Aufwand mit dem Netzwerk, der Energieversorgung und externen Geräten zu verbinden, z. B. Tastatur, Maus, Zweitbildschirm, Lautsprecher usw.

DOS
: Das ist die Abkürzung von Disk Operation System, deutsch etwa „Disk-Betriebssystem", wobei Disk sowohl für Hard-Disk (Festplatte) als auch für Floppy-Disk (Diskette) steht. Dieses Betriebssystem wurde bis in die Mitte der neunziger Jahre von den Firmen Microsoft (MS-DOS), Digital Research (DR-DOS) und anderen angeboten. Ist teilweise als „Eingabeaufforderung" erhalten geblieben.

Dotierung
: Hinzufügen von winzigsten Spuren eines Stoffes zu einem anderen hochreinen Material, um dessen Eigenschaften zu ändern. In der Regel kommt ein „Fremdatom" auf viele Milliarden Siliziumatome.

Downlink
: Übertragungskanal vom Internet zum PC oder – allgemeiner formuliert – vom Provider zum Kunden, z. B. zu einem Mobilfunkgerät.

Download
: Datenübertragung vom Internet zum PC (eingehende Daten). Gegenrichtung: Upload.

DPI
: **D**ot **P**er **I**nch (Pixel pro Zoll), Maßeinheit für die Auflösung von Druckern und Bildschirmen.

DRAM
: **D**ynamischer **RAM**, wird als Arbeitsspeicher verwendet.

DSC
: Display Stream Compression: Verlustfreie Komprimierungsmethode für hochaufgelöste Bildsignale.

DSL
: Digital Subscriber Line (Digitaler Teilnehmeranschluss) überträgt bis 1000 Mbit/s über Telefonleitungen.

Dual Channel
: Verfahren zur Geschwindigkeitssteigerung, indem zwei Speichermodule abwechselnd, zeitlich überlappend angesprochen werden.

Dualsystem
: auch: Binärsystem. Zahlensystem mit zwei Ziffern: 0 und 1

Dual-BIOS
: Auf dem Mainboard integrierte Sicherheitskopie vom BIOS, die bei Fehlern im BIOS einspringt.

Duron
: Frühere Bezeichnung des Herstellers AMD für CPUs mit halbiertem Cache. Der Nachfolger für das untere Preissegment heißt „Sempron".

DVB-T
: Fernsehnorm, sogenanntes „Überallfernsehen". Der Empfang ist in Ballungsgebieten mit Zimmerantenne möglich.

DVD
: **D**igital **V**ersatile **D**isc, deutsch: digitale vielseitige Disk. Optischer Datenträger mit 4,7 GB oder mehr Kapazität.

DVD-RAM
: Besonders langlebige vielmals beschreibbare DVD, die wie eine Festplatte beschrieben werden kann.

DVI
: **D**igital **V**ideo **I**nterface. Eine digitale Verbindung zwischen Grafikkarte und Flachbildschirmen.

ECC-RAM
: RAM mit **E**rror **C**orrection **C**ode kann einzelne Bitfehler automatisch korrigieren.

EDGE
: **E**nhanced **D**ata Rates for **G**SM **E**volution: Standard zur Beschleunigung von GSM.

EEPROM
: Elektrisch löschbarer und beschreibbarer ROM, wird zum Speichern des BIOS verwendet.

Eingabeaufforderung
: Blinkender Cursor in schwarzem Fenster, der auf das Eintippen eines Kommandozeilenbefehls wartet.

Elko
: **E**lektrolyt-**Ko**ndensator: Ein elektronisches Bauteil zum Speichern von Energie und zum Glätten von Spannungsschwankungen.

FACHWORTVERZEICHNIS

Embedded Computer
: Spezialisierte Kleincomputer in Navis, Handys, MP3-Playern, Waschmaschinen usw.

EPROM
: Erasibler PROM: Löschbarer und erneut beschreibbarer Festwertspeicher.

Erdung
: Elektrische Geräte mit einem Metallgehäuse müssen über den Schutzkontakt des Steckers geerdet sein, damit bei einem Schaden an der Stromversorgung das Gehäuse nicht unter Spannung steht. Durch Berühren dieses Schutzkontaktes, des über Schutzkontakt geerdeten Gehäuses oder eines Heizungsrohrs kann man elektrostatische Ladungen (ESD) ableiten, die bei Arbeiten im Computer zu Schäden führen könnten.

eSATA, auch e-SATA
: **Extern SATA**: nach außen geführter, abgeschirmter SATA-Anschluss.

ESD
: Elektrostatische Entladung (engl. electrostatic discharge) ist ein Funke oder Stromstoß, der elektronische Komponenten zerstören kann. Ursache ist meist eine Auflladung durch Reibung. Beim Laufen über einen Teppichboden kann ein Mensch bis auf 30 000 Volt aufgeladen werden.

Ethernet
: Übertragungsstandard für Netzwerke.

Even
: deutsch: gerade. Meist bei der Angabe der Parität und im Druckertreiber („Even Pages = gerade Seiten") verwendet. Gegenteil: Odd = ungerade.

Farbtiefe
: Anzahl der möglichen Farben für einen Bildpunkt.

Farbtripel
: Eine Gruppe von drei Farbpunkten (rot, grün und blau) auf dem Bildschirm. Das Auge verschmilzt die Farbpunkte wegen ihrer Kleinheit zu einem einzigen Farbeindruck.

Fernsehkarte
: Erweiterungsbaugruppe (Steckkarte oder USB-Stick), die den Fernsehempfang auf dem Computermonitor und das Mitschneiden von Sendungen ermöglicht.

Festplatte
: Massenspeicher, bestehend aus schnell drehenden Metallscheiben in einem hermetischen Gehäuse. Die Scheibenoberfläche ist mit einem Material beschichtet, in dem durch Magnetisieren gewaltige Informationsmengen dauerhaft gespeichert werden können.

Festplattenaktivitätsanzeige
: Ein rotes oder gelbes Lämpchen an der Vorderfront des PCs, das beim Zugriff auf die Festplatte flackert.

Firewire
: auch als iLink oder IEEE1394 bezeichnet, ist ein Datenübertragungssystem ähnlich USB.

Firmware
: BIOS-Software

Flash-ROM
: mit relativ hoher Geschwindigkeit wiederbeschreibbarer nichtflüchtiger Speicher.

Flatrate
: Bezeichnung für einen Tarif, der nicht von der übertragenen Datenmenge oder der Dauer der Verbindung abhängt.

Front Side Bus
: Abgekürzt: FSB. Eine Bezeichnung für die schnellsten Datenwege im PC, die von der CPU zum RAM des Arbeitsspeichers und zum Chipsatz führen.

Full-HD
: Bezeichnung für die High-Density-Auflösung von 1920 × 1080 Pixeln.

Full-Speed (USB)
: Höhere Geschwindigkeit von USB 2.0 (12 Mbit/s). Zum Vergleich: High Speed 480 Mbit/s, Low Speed 1,5 Mbit/s.

Gamer
: Meist ein junger Mensch, der viel Zeit damit verbringt, an einem hochgerüsteten Computer-Boliden in anspruchsvollen Spielen (meist 3D-Actionspiele) den Sieg über den PC oder (über das Internet und auf LAN-Partys) gegen Gleichgesinnte zu erringen. Andere Bezeichnung: Zocker oder einfach nur Spieler.

Fachwortverzeichnis

GDI-Drucker
: Drucker mit minimierter Elektronik, dessen Bildaufbereitung im PC geschieht.

Gigabit-Ethernet
: Netzwerkprotokoll mit einer theoretischen Übertragungsrate von 1 Milliarde Bit pro Sekunde.

Gleitkomma
: In der Wissenschaft gebräuchliche Zahlenschreibweise, mit der auch sehr große und kleine Zahlen dargestellt werden können, z. B. 3×10^8 m/s = 300 000 000 m/s = Lichtgeschwindigkeit.

GPU
: Die **G**raphics **P**rocessor **U**nit ist der Prozessorchip auf der Grafikkarte. Die GPU übernimmt rechenintensive Aufgaben der 2D- und 3D-Computergrafik und entlastet damit den Hauptprozessor, die CPU. Moderne GPUs haben eine ähnliche oder höhere Rechenleistung als die CPU.

Grafikkarte
: Auf dieser Steckkarte befindet sich der Grafikprozessor (GPU), RAM (als Bildwiederholspeicher (BWS) und Arbeitsspeicher der GPU genutzt), Converter (RAMDAC) und andere Komponenten. Die Grafikkarte wandelt die von der CPU kommenden Signale in eine Form um, die vom Bildschirm dargestellt werden kann.

GSM
: Global System for Mobile Communication: Mobilfunk-Standard für Sprache, SMS und Daten.

GUI
: **G**rafisches **U**ser **I**nterface, deutsch: Grafische Bedienoberfläche.

Hauptplatine
: Größte Leiterplatte im Computer, welche den Prozessor, den Chipsatz und viele andere wichtige Komponenten trägt.

HD-Ready
: Bezeichnung für einen Fernseher, der Vollbilder der Auflösung 1280 × 720 oder Halbbilder mit 1920 × 1080 Pixeln wiedergeben kann.

HDD
: **H**ard **D**isk **D**rive = Festplatte. Massenspeicher mit magnetischer Aufzeichnung.

HDMI
: **H**igh **D**efinition **M**ultimedia **I**nterface: Schnittstelle für digitale Übertragung von Bild- und Tonsignalen.

HDTV
: **H**igh **D**efinition **TV**: Fernsehnorm für hochauflösendes Fernsehen mit 1920 × 1080 Pixeln.

Headcrash
: Zerstörung einer Festplatte durch Aufsetzen eines Magnetkopfes bei voller Drehzahl.

Heatpipe
: Spezialkühler für CPUs und Grafikkarten, die ähnlich wie ein Kühlschrank oder eine „Wärmepumpe" arbeiten.

Hexadezimalsystem
: Zahlensystem mit 16 Ziffern: 0 bis 9 sowie A B C D E F

High **D**ynamic **R**ange **I**mage (HDRI)
: deutsch: Hochkontrastbild, Bild mit hohem Kontrastumfang. Das Auge kann Helligkeitsunterschiede von mehr als 1 : 100000 unterscheiden, während Displays und Drucker nur 256 Helligkeitsstufen pro Farbe darstellen können. Daher sind auf Bildschirmen Details in sehr hellen und sehr dunklen Bereichen nicht sichtbar. Kameras und 4k-Bildschirme mit höherem Kontrastumfang sind in Entwicklung.

Hot Plug
: Verfahren, um Geräte im laufenden Betrieb anschließen und abkoppeln zu können, wie z. B. USB.

Hot Spare
: Ein betriebsbereites, noch ausgeschaltetes Reservelaufwerk in einem RAID-System.

Hot Spot
: Stelle an der Oberfläche eines Chips, wo sich die Wärme konzentriert.

Hot Swapping
: Austausch der Festplatten von RAID-Systemen im laufenden Betrieb.

HT
: **H**yper **T**hreading: Eigenschaft eines CPU-Kerns, zwischen zwei Programmteilen umschalten zu können.

Hub
　Netzwerk-Verteiler im LAN. Veraltet, wurde durch „Switch" abgelöst.

Hyper Memory
　Technologie von ATI, die einen zu knapp dimensionierten Grafikspeicher mit einem Teil des Hauptspeichers ergänzt. Bei NVIDIA heißt die gleiche Technologie TurboCache.

IBM
　Bedeutender Hersteller von (vor allem großen) Computern, der die Computerfamilie „PC" bzw. „IBM-kompatibel" begründete.

IC
　Integrated **C**ircuit, deutsch: integrierter Schaltkreis, Mikrochip.

IDE
　Integrated **D**evice **E**lectronic: Schnittstelle von älteren Festplatten.

IEEE
　Das „**I**nstitute of **E**lectrical and **E**lectronics **E**ngineers" ist ein weltweiter Berufsverband von Ingenieuren der Elektrotechnik, Elektronik und Informatik. In 38 Fachbereichen werden Standards erarbeitet.

IEEE 1394
　Standard für den Anschluss schneller Geräte, vorzugsweise Videokameras. Auch als „Firewire" bezeichnet.

IEEE 802.11
　Gruppe von Standards des IEEE für WLAN.

Image
　Ein Image (deutsch: Speicherabbild) ist eine 1:1 Kopie einer Partition oder der ganzen Festplatte, mit der eine identische, sofort startfähige Festplatte erstellt werden kann. Ein Image enthält Informationen über das Dateisystem und die Struktur des Datenträgers, einschließlich Master Boot Record und Partitionstabelle. Betriebssystem, Programme und Daten werden einschließlich ihrer Position auf der Festplatte gesichert. Kopiert man das Image auf eine Festplatte zurück, entsteht ein Bit für Bit identisches Abbild des Originals.

Intel
　Bedeutender Hersteller von hochwertigen Halbleitern, vor allem von Prozessoren und Chipsätzen.

Interlacing
　Methode des Bildaufbaus aus zwei Halbbildern.

Interrupt
　Unterbrechung der Befehlsfolge der CPU durch ein Ereignis, das zu einem unvorhersagbaren Zeitpunkt eintritt, z. B. eine Bewegung der Maus oder das Eintreffen eines Datenpakets aus dem Internet.

iOS
　Betriebssystem der Apple-Geräte iPhone und iPad, basierend auf OS X, dem Betriebssystem der „großen" Apple-Computer.

IP-Adresse
　Damit Computer Daten austauschen können – sei es untereinander oder mit dem Internet – braucht jeder Computer eine eigene Adresse. Diese „**I**nternet-**P**rotokoll-**A**dresse" In Version 4 ist 32 Bit lang. Die Adresse wird mit Punkten in vier Gruppen zu je acht Bit unterteilt. Jede der vier Gruppen wird in eine Dezimalzahl umgewandelt. Diese Schreibweise heißt „punktierte Dezimalnotation" (dotted decimal notation). Jede der vier Dezimalzahlen darf einen Wert zwischen 0 und 255 haben. Jede „öffentliche" Adresse darf es weltweit nur einmal geben. Eine IP-Adresse wird Ihnen von Ihrem Provider für die Dauer der Internetverbindung zugeteilt. Einige Adressbereiche sind für private Verwendung freigegeben.
　Mit 32 Bit sind zwei hoch 32 Adressen möglich, etwa vier Milliarden. Das reicht nicht mehr. Deshalb wird die gegenwärtige vierte Version des Internet-Protokolls (IPv4) schrittweise durch die sechste Version (IPv6) abgelöst, die mit 128 Bit Adresslänge ausreichend viele Adressen ermöglicht.

ISO
　Die „**I**nternational **S**tandardisation **O**rganization" ist die Dachorganisation der Normierungsinstitute von 89 Staaten, darunter DIN und ANSI. Die ISO erarbeitet internationale Standards, die aber nicht verbindlich sind. ISO-Normen werden erst dadurch verbindlich, indem sie von den nationalen Normierungsorganisationen (z. B. DIN) in nationale Normen umgesetzt werden.

FACHWORTVERZEICHNIS

ISO-Image
: deutsch: ISO-Abbild. Ein von der ISO standardisiertes Verfahren, den Inhalt einer CD oder DVD auf der Festplatte so abzulegen, dass zu einem späteren Zeitpunkt eine oder viele präzise Kopien des optischen Datenträgers erstellt werden können.

Jewel Case
: Hartplastehülle für CD, DVD und BD, Abmessungen 140 x 125 x 10 mm.

kB
: kByte = 1024 Byte. Beachte Groß- und Kleinschreibung: kb = kbit. In meinen Büchern wird kbit und kByte zur Eindeutigkeit oft ausgeschrieben.

Kommandozeilenbefehl
: Kommandozeilenbefehle können nach dem Öffnen der „Eingabeaufforderung" mit der Tastatur eingetippt werden. Zu den klassischen DOS-Befehlen sind neue Befehle dazugekommen.

Kompatibilität
: Kompatibilität bzw. Abwärtskompatibilität ist die Strategie, bei der Entwicklung einer neuen Hard- oder Software alle Eigenschaften der Vorgängerversion beizubehalten und sie um neue Funktionen zu ergänzen. Dadurch funktioniert eine Software, die für ein bestimmtes Computermodell entworfen wurde, auch mit den Nachfolgermodellen.

LAN
: **L**ocal **A**rea **N**etwork: Lokal begrenztes Netzwerk mit einer Ausdehnung von wenigen hundert Metern.

Lane
: Bezeichnung für einen Datenübertragungskanal einer PCI-Express-Verbindung. Pro Lane können zwischen 0,25 bis 4 GByte pro Sekunde übertragen werden. PCIe kann mit 1, 4, 8 oder 16 parallelen Kanälen arbeiten.

Level-1-Cache und Level-2-Cache
: kleiner Zwischenspeicher zwischen CPU und Arbeitsspeicher, der langsamer als die CPU und schneller als der Arbeitsspeicher ist.

LightScribe
: Das ist eine Technik zur Beschriftung optischer Datenträger. Der DVD- oder BD-Rohling wird mit der speziell beschichteten Beschriftungsseite nach unten in den Brenner eingelegt und mit dem Laser bearbeitet.

Live-CD
: auch als Boot-CD bezeichnet. CD mit startfähigem Betriebssystem. Startet man den PC von Live-CD, wird die Festplatte nicht benutzt. Mit einer Live-CD kann man Daten retten, wenn Windows nicht mehr startet, oder einen PC auf Malware überprüfen.

Low-Speed
: Geschwindigkeit von USB 1.1 (1,5 Mbit/s).

LTE
: **L**ong **T**erm **E**volution: Moderne, schnelle Datenübertragung über Funknetz, Nachfolger von UMTS.

M.2
: Neuer Standard auf höherwertigen Hauptplatinen für Massenspeicher und andere Steckkarten. Die eingesteckten Karten können auf ein SATA-6Gbit/s-Interface und gleichzeitig auf vier PCIe-Lanes (Kanäle) zugreifen. Im Profibereich wird das U.2 Interface verwendet.

MAC-Adresse
: Jede Netzwerkkarte hat eine weltweit eindeutige Media-Access-Control-Adresse, Microsoft nennt sie die „Physikalische Adresse". Über die MAC-Adresse werden die Geräte in einem Netzwerk identifiziert.

Mainboard, auch Motherboard
: Hauptplatine, Träger von Prozessor, Arbeitsspeicher und Steckkarten.

Mainframe
: Großrechner

Malware
: „**Mal**icious Soft**ware**", Sammelbegriff für Viren, Trojaner, Spyware und sonstige Arten böswilliger Software.

MB
: MByte = 1024^2 = 1048576 Byte. Beachte Groß- und Kleinschreibung: Mb = Mbit.

Fachwortverzeichnis

Micro ATX
: Formfaktor für 24,5 × 20,5 cm große Mainboards. Maximal 2 Erweiterungssteckplätze (PCI) sind möglich.

Miracast
: Ein offener Standard, um den Fernseher und (große) Displays als Ausgabegerät für Mobilgeräte nutzen zu können, wobei die Übertragung über WLAN erfolgt.

MLC
: **M**ulti-**L**evel-**C**ell, eine Technologie für Speichersticks und SSD-Festplatten.

MMX
: **M**ulti**m**edia-E**x**tension, ein spezieller Befehlssatz der CPU.

MO
: Magneto-Optische Speicher kombinieren Magnetfelder mit der Zielgenauigkeit von Lasern, um eine Datenlebensdauer von 10 bis 30 Jahren zu erreichen, bei Kapazitäten bis 9 GB.

Modding
: Verändern des eigenen PCs, um dessen Aussehen zu verändern. Beliebt sind Fenster und Beleuchtungen.

Modem
: Ein Kunstwort aus **Mo**dulation und **Dem**odulation. Weil Einsen und Nullen nicht über Telefonkabel übertragen werden können, verwandelt sie das Modem in eine Folge von Tönen. Im Empfänger werden die Töne demoduliert, d. h. in Einsen und Nullen zurückverwandelt.

Motherboard
: auch Mainboard: Hauptplatine

MTBF
: **M**ean **T**ime **B**etween **F**ailures: Bezeichnung für die mittlere Zeit bis zum Ausfall einer Komponente. Wenn eine Festplatte eine MTBF von 1 200 000 Stunden (137 Jahre) hat, übersteht sie fünf Jahre mit einer Wahrscheinlichkeit von 96,4 %.

Multikernprozessor
: Eine CPU besteht intern aus Rechen-, Speicher-, Verwaltungs- und anderen Komponenten. Wenn die Rechenkomponenten mehrfach vorhanden sind, ist es ein Multikernprozessor.

Multisession
: die Fähigkeit eines CD-Laufwerks, CDs zu lesen, die in mehreren Durchgängen beschrieben wurden. Ist heute selbstverständlich.

Multitasking
: ist die Fähigkeit eines Betriebssystems, mehrere verschiedene Programme oder auch verschiedene Teile eines Programms gleichzeitig abarbeiten zu können.

NAND-Speicher
: Bezeichnung für Flash-Speicher, der in Tablet-Computern statt einer Festplatte verwendet wird.

Nano ITX
: Formfaktor für 12 × 12 cm große Mainboards.

NAS
: **N**etwork **A**ttached **S**torage ist ein lokaler Netzwerkspeicher für die gemeinsame Nutzung durch mehrere PC, im Prinzip ist es ein Mikro-Fileserver.

NAT
: **N**etwork **A**ddress **T**ranslation („Übersetzung von Netzwerkadressen") wandelt die internen IP-Adressen eines lokalen Netzwerks in eine öffentliche IP-Adresse und zurück. Dadurch sind die PCs aus dem lokalen Netzwerk mit ihren privaten IP-Adressen unsichtbar, vom Internet aus gesehen. NAT wird von jedem Router beherrscht.

Native Auflösung
: die echte, „natürliche" Auflösung eines Bildschirms. Die höchste Auflösung, die man einstellen kann.

Netzteil
: Englisch: Power Supply. Netzteile für mobile Geräte liefern meist eine Niederspannung zwischen 5 und 19 Volt. Netzteile für Desktop-Computer erzeugen stabilisierte Spannungen von 3,3 Volt, 5 Volt, 12 Volt und -12 Volt mit Stromstärken bis 40 Ampere bei einer Gesamtleistung von typisch 450 bis über 1000 Watt.

Netzwerkkarte
: Komponente zur Verbindung der Computer untereinander oder mit dem Internet. Früher nur als Steckkarte, heute auf der Hauptplatine integriert.

FACHWORTVERZEICHNIS

NIC
Network Interface Card, deutsch: Netzwerkkarte.

Northbridge
Hochintegrierter Schaltkreis auf der Hauptplatine, zuständig für schnelle Verbindungen zwischen CPU, RAM, Steckplätzen und Southbridge. Teil des Chipsatzes.

Nullmodemkabel
Crossover-Kabel für die serielle Schnittstelle, bei dem Eingangs- und Ausgangsleitungen gekreuzt sind. Damit konnte man zwei PC ohne Verwendung von zwei Modems (Modem-Anzahl = null) verbinden. Veraltet.

NVIDIA
bedeutender Hersteller von Grafikprozessoren.

Odd
deutsch: ungerade. Meist bei der Angabe der Parität und im Druckertreiber („Odd Pages = Ungerade Seiten) verwendet. Gegenteil: Even = gerade.

OEM
Original **E**quipment **M**anufacturer: ein Hersteller, der Hard- oder Software anderer Hersteller unverändert in seine Produkte übernimmt.

Onboard-Grafikkarte
in den Chipsatz integrierte Elektronik der Grafikkarte.

Open Source
deutsch: Öffentlicher Quellcode. Bezeichnet kostenlos nutzbare Software, wobei aber Lizenzbedingungen zu beachten sind.

Optane
Neue Speichertechnologie mit „3D Xpoint" Speichermodulen. Optane soll die Flash-Technologie in SSD und USB-Speichersticks ablösen.

OTG
USB OTG (**On** **t**he **g**o, etwa: USB für unterwegs) ist ein Standard, der es USB-Peripheriegeräten erlaubt, Daten ohne zwischengeschalteten PC auszutauschen. Wenn Sie USB-OTG-fähige Digitalkamera, Drucker, Smartphone, Tastatur, Maus, USB-Stick u. a. zusammenstecken, wird eins der Geräte zum Master und übernimmt die Steuerung. Bedingung: Beide Geräte müssen OTG-tauglich sein, was Sie an einem grünen Pfeil unter dem USB-Logo erkennen.

Overclocking
ist das Übertakten von CPU und Hauptplatine, um einen kleinen Geschwindigkeitszuwachs zu erhalten. Nicht zu empfehlen, weil es die Lebensdauer des Systems verkürzt und oft zur Instabilität des Systems führt.

Ozonfrei
Beschönigende Bezeichnung für einen Drucker, dessen Ozonausstoß geringer ist als der gesetzliche Grenzwert.

P-ATA
Schnittstelle für Massenspeicher, unter Verwendung eines 40-poligen Flachbandkabels. Veraltet.

Parallelisierung
Mehrere Aufgaben gleichzeitig ausführen.

Parallelport
25-poliger Anschluss für einen älteren Drucker.

Parität
Fehlerkorrekturverfahren, mit dem eventuelle Einzelbitfehler erkannt werden können.

PATA oder P-ATA
veralternde Schnittstelle für Festplatten mit Parallelübertragung.

PCI
Peripheral **C**omputer **I**nterface: veralternde Schnittstelle für Erweiterungskarten. Auf einer Hauptplatine lassen sich theoretisch bis zu acht PCI-Karten unterbringen, z. B. Soundkarte oder Netzwerkkarte. Üblich sind zwei bis fünf Steckplätze. PCI wird in neuen PCs durch PCI-Express-Steckplätze ersetzt.

PCI Express oder PCIe
Neuester Schnittstellen-Standard für Erweiterungskarten. Hat AGP und PCI abgelöst.

PCMCIA
: Schnittstellenstandard für Notebook-Erweiterungskarten.

PEG
: **PC**I **E**xpress **G**raphics. Eine Grafikkarte kann maximal 25 Watt über ihren PCIe-Slot erhalten. Über PEG-Zusatzstecker kann der Grafikkarte zusätzliche Leistung zugeführt werden: 150 Watt über einen 8-poligen und/oder 75 Watt über einen 6-poligen Stecker.

Permanent-Druckkopf
: nicht austauschbarer Druckkopf in hochwertigen Tintendruckern.

Piezoelektrischer Effekt
: Verformung von Kristallen durch Anlegung von Spannung, wird in Tintendruckern zum Herausschleudern der Tintentropfen genutzt.

Pivot-Funktion
: ist die Möglichkeit, den Bildschirm hochkant zu drehen (und das Bild anzupassen).

Pixel
: ist die Abkürzung von **Pic**ture **El**ement und bezeichnet den kleinsten Leuchtpunkt auf einem Bildschirm oder den kleinsten druckbaren Punkt auf dem Papier.

Pixelgrafik
: Darstellung eines grafischen Objekts als Matrix von Pixeln. Der Speicherbedarf ist proportional zur Bildfläche.

Platine
: Isolierplatte mit aufgebrachten Leiterzügen und aufgelöteten elektronischen Bauelementen.

Plotter
: deutsch: Kurvenschreiber. Gerät zur Anfertigung technischer Zeichnungen. Ursprünglich wurde ein Zeichenstift, von Präzisionsmotoren gesteuert, über ein Zeichenblatt geführt, heute kommen meist großformatige Tintendrucker zum Einsatz.

Plug-and-Play
: Wird mit PnP abgekürzt und bedeutet „Einstecken und Loslegen". Gemeint ist, dass das BIOS bzw. das Betriebssystem neue Hardware automatisch erkennt und weitgehend selbst konfiguriert.

PnP
: siehe **P**lug a**n**d **P**lay.

Polling
: Die CPU fragt die Computerbaugruppen in kurzen Abständen ab, ob es Neuigkeiten gibt, die ein Eingreifen der CPU erfordern. Alternativtechnologie ist der Interrupt.

Port
: von lateinisch porta = Tor. Ein Zusatz zur IP-Adresse, mit dem die Zuordnung der Datenpakete zu den Anwendungen erfolgt. Jedes Betriebssystem hat 65 535 Ports, von denen einige für bestimmte Anwendungen reserviert sind. Der Port für den Browser (http) beispielsweise hat die Nummer 80.

Portable Software
: Software, die nicht installiert werden muss. Sie kann direkt vom USB-Speicherstick o. Ä. ausgeführt werden, ohne das installierte Windows zu verändern. Gut geeignet, um an einem fremden PC mit der gewohnten Software arbeiten zu können, ohne sie installieren zu müssen.

POST
: **P**ower **O**n **S**elf **T**est: vom BIOS nach dem Einschalten durchgeführter Test des PCs.

PowerLAN
: Verfahren, welches das 230 Volt Stromnetz für Netzwerkübertragungen nutzt.

Power Supply
: Englische Bezeichnung für das Netzteil.

Prefetch
: Verfahren zur Startbeschleunigung bei Windows XP, wurde seit Windows Vista durch Superfetch abgelöst.

PROM
: **P**rogrammierbarer **ROM**: einmalig programmierbarer (beschreibbarer), nicht löschbarer Festwertspeicher.

Proprietäre Software
: Bezeichnung für eine herstellereigene Software, deren Einzelheiten geheim gehalten werden, im Unterschied zu „quelloffener" Software.

Fachwortverzeichnis

Provider
: Anbieter von Internet-Dienstleistungen. Spezialisierte Dienstleister stellen den Internetzugang oder E-Mail-Postfächer oder Speicherplatz für eine eigene Website zur Verfügung. Full Service Provider wie z. B. die Telekom bieten alles zusammen an.

Prozessor
: Zentrale Steuer- und Recheneinheit im PC. Engl. „CPU" = „Central Prozessor Unit".

PS/2
: Standard von IBM, wird für runde Tastatur- und Mausstecker verwendet.

QFHD
: **Q**uadruple **F**ull **H**igh **D**efinition (Vierfache volle hohe Auflösung) mit 3840 × 2160 Pixeln, eine der 4k-Auflösungen. Vergleich: HDTV hat 1920 × 1080 Pixel, UHDTV (Ultra HDTV) zeigt 7680 × 4320 Pixel.

Quelloffene Software
: Software, die in allen Details offengelegt ist und die jeder kostenlos nutzen darf, z. B. Linux. Wird auch als „Open Source Software" oder „freie Software" bezeichnet, im Unterschied zu proprietärer Software.

QVL
: Die Qualified Vendor List (Liste der qualifizierten Hersteller) gibt an, welche Komponenten von welchen Herstellern garantiert kompatibel sind. Im Handbuch zur Hauptplatine ist meist nur eine einzige QVL abgedruckt: Welche RAM-Module mit dem Board garantiert kompatibel sind. Auch die meisten nicht aufgeführten Komponenten funktionieren einwandfrei – es ist einfach unmöglich, alles zu testen, was auf dem Markt ist. Die vollständige Liste ist im Internet zu finden.

RAID
: **R**edundant **A**rray of **I**ndependent **D**isk: Festplattenverband, bei dem der Ausfall einer Festplatte nicht zu Datenverlust und Arbeitsunterbrechung führt.

RAM
: Schneller Halbleiterspeicher für Arbeitsdaten und -ergebnisse.

RAMDAC
: **RAM**-**D**igital-**A**nalog-**C**onverter: Teil der Grafikkarte. Wandelt den digitalen Inhalt des Bildwiederholspeichers in ein analoges VGA-Signal.

Raster Image Prozessor
: Ein Programm oder Gerät, welches die Daten einer Seitenbeschreibungssprache (PDF, PCL oder PostScript) in eine Rastergrafik umrechnet, die auf einem Drucker ausgegeben werden kann. Jeder PCL- oder PostScript-fähige Laserdrucker hat ein RIP-Programm in seiner Firmware.

Rastergrafik
: wird auch als Pixelgrafik bezeichnet. Ein grafisches Objekt wird in Zeilen und Spalten von Pixeln zerlegt und für jedes Pixel die Farbinformation gespeichert. Der Speicherbedarf ist zur Bildfläche proportional und relativ groß. Beim Verkleinern und vor allem beim Vergrößern wird die Darstellung unscharf. Die Vektorgrafik hat diesen Nachteil nicht.

Read Only Memory
: Speicher „nur zum Lesen", Festwertspeicher, siehe „ROM".

Readyboost
: Die Readyboost-Technologie nutzt den Flash-Speicher eines USB-Sticks, um den Arbeitsspeicher effektiver zu machen.

Redundanz
: Hinzufügen von Zusatzinformationen (Kontrollsummen o. a.), um die Gefahr von unbemerkten Fehlern bei der Datenübertragung zu verringern.

Reed-Solomon-Korrekturverfahren
: Verfahren, um auf CD-ROM oder DVD eine größere Anzahl fehlerhafter Bits automatisch zu reparieren.

Refresh
: „Auffrischung" der RAM-Speicherzellen, damit diese nicht durch Leckströme die gespeicherte Information verlieren.

Registry
: Datenbank mit zehntausenden Einträgen im Kern des Windows-Betriebssystems, in der die Parameter der installierten Hard- und Software gespeichert sind.

Fachwortverzeichnis

Rendern
: Verarbeitung eines geschnittenen Videos zu einer fertigen Videodatei, was viele Stunden dauern kann.
oder:
Konvertieren einer Vektorgrafik oder eines TrueType-Textes in die Pixeldarstellung (vor dem Ausdrucken).

Retail
: Ein Produkt in Retail-Verpackung ist für den Verkauf im Einzelhandel bestimmt und deshalb attraktiv verpackt. Handbücher, Treiber-CDs, Kabel, Einbaumaterial und anderes Zubehör ist enthalten, mitunter gibt es Spiele, Antivirenprogramme und andere Software als Zugabe. Im Unterschied dazu ist die Bulk-Version eines Produkts schlicht verpackt und sinnvolles Zubehör wird weitgehend eingespart, was den Preis reduziert.

RIP-Server
: Raster Image Processor: Server zur Druckaufbereitung für hochwertige Laserdrucker.

Rippen
: vom engl. „to rip" = (herunter)reißen: Das Kopieren von einer Datenquelle auf einen anderen Speicher, z. B. die eigene Festplatte. Datenquelle können DVDs, Audio-CDs oder Daten aus dem Internet, z. B. Internetradio sein. Häufig werden die Daten (Audio oder Video) in ein anderes Format umgewandelt. Wenn ein Kopierschutz vorhanden ist, wird dieser entfernt, was für rein private Zwecke meist urheberrechtlich erlaubt ist.

RJ45
: International genormter rechteckiger achtpoliger Anschluss für ISDN-, DSL- und LAN-Kabel.

RMA
: **R**eturn **M**aterial **A**uthorization: deutsch etwa „Genehmigung zur Rücksendung". Bei Hardwareherstellern muss im Garantiefall eine Rücksendung angemeldet werden.

RoHS-Verordnung
: Verordnung der EU, dass bleihaltiges Lötzinn nur noch in genau definierten Ausnahmefällen verwendet werden darf.

ROM
: „**R**ead **O**nly **M**emory". Speicher für grundlegende Daten und Programme, die während der Herstellung von Hauptplatine, Grafikkarte, Brenner o. Ä. gespeichert werden und danach nicht mehr verändert werden sollen. ROM ist ein nichtflüchtiger Speicher, d. h. bei Stromausfall gehen die Daten nicht verloren.

Router
: Netzwerkgerät, das Computer untereinander und mit anderen Routern verbindet und Datenpakete zum Ziel leitet.

rpm
: **r**evolutions **p**er **m**inute, deutsch: Umdrehungen pro Minute.

RTC
: **R**eal **T**ime **C**lock: Der im PC eingebaute Uhrenchip.

Samplingrate
: bei der Digitalisierung von Tönen die Häufigkeit, mit der die Lautstärke gemessen wird.

SATA, auch S-ATA
: **S**erial **ATA**: Moderne serielle Schnittstelle für Festplatten und optische Laufwerke.

Scanner
: Gerät zum Digitalisieren von Vorlagen. Texte, Zeichnungen und Fotos werden in eine Form umgewandelt, die vom PC gespeichert und weiterverarbeitet werden kann.

Schaltkreis
: kompakte Elektronikschaltung in einem kleinen Plastik- oder Keramikgehäuse, engl.: chip.

Schnittstelle
: engl. „Interface". Hat zwei Bedeutungen: eine Programmschnittstelle für die Übergabe von Daten zwischen zwei Programmen oder der Anschluss für Peripheriegeräte. Aussehen und Form der Stecker, Spannungspegel und Timing (zeitliche Abfolge der Signale) an jedem Steckerstift sind genau definiert.

SCSI
: Abkürzung für **S**mall **C**omputer **S**ystem **I**nterface, wird „Skasi" ausgesprochen. Es handelt sich um eine sehr flexible, sehr schnelle, sehr zuverlässige und sehr teure Technik zur Ansteuerung von Festplatten und anderen Massenspeichern, die fast nur in Profi-Systemen zum Einsatz kommt.

FACHWORTVERZEICHNIS

SDRAM
: **S**ynchroner **d**ynamischer **RAM**, eine veraltete RAM-Bauart, Vorgänger von DDR-RAM.

Seitendrucker
: Drucker, der keine einzelnen Zeilen, sondern nur komplette Seiten drucken kann.

Sektor
: Kleinste Speichereinheit auf Diskette und Festplatte, enthält 512 oder neuerdings 4096 Datenbyte und Zusatzinformation (z. B. Kontrollsummen).

Self-Powered Hub
: Ein USB-Hub mit eigenem Netzteil. Gegenteil: ein Bus-Powered Hub bezieht den Strom aus dem PC.

Server
: Computer, der Speicherplatz, Drucker, Internet oder andere Ressourcen für die gemeinsame Nutzung durch andere Computer bereitstellt.

Shared Memory
: Eigenschaft einer Grafikkarte, die keinen eigenen Speicher hat, sondern einen Teil des Arbeitsspeichers für sich abzweigt.

Slate
: eine besonders leichte und flache Bauform eines Tablets.

SLC
: **S**ingle **L**evel **C**ell, eine Technologie für USB-Speichersticks und SSD-Festplatten.

SLI
: **S**calable **L**ink **I**nterface – eine Technik von NVIDIA, um mehrere GPUs zusammenzuschalten.

Slot
: Steckplatz auf der Hauptplatine für Einsteckkarten, RAM oder M.2 Speicher. Auch: Einbauplatz im Gehäuse für einen Massenspeicher.

SMART
: In die Festplattenelektronik integriertes Diagnose- und Verwaltungsprogramm, das vor manchen Arten von bevorstehenden Ausfällen warnen kann.

Smart Cache
: Eine CPU besitzt mehrere Cache-Speicher (L1 bis L3, selten einen L4) verschiedener Größe. Der Smart Cache ist der letzte und größte Cache, den sich alle Kerne einer CPU teilen. Eine integrierte Grafikeinheit darf diesen Smart Cache ebenfalls nutzen.

SMD
: **S**urface **M**onted **D**evice: Oberflächen-montiertes Bauteil. Indem Elektronikbauteile direkt auf die Oberfläche der Leiterplatte gelötet werden, können Bohrungen eingespart werden.

Socket
: Steckfassung für die CPU.

Software
: Oberbegriff für Computerprogramme jeder Art.

Solid Caps
: Solid Capacitors: Diese Feststoffkondensatoren sind im Unterschied zu Elektrolytkondensatoren teurer, haben aber eine mehrfache Lebensdauer.

Soundkarte
: Diese Steckkarte wandelt die vom Computer kommenden Daten in eine Form um, die vom Lautsprecher wiedergegeben werden kann. Mit einem Mikrofon können Tonaufzeichnungen gemacht werden. Heute meist auf der Hauptplatine integriert.

Southbridge
: Hochintegrierter Schaltkreis auf der Hauptplatine, zuständig für „langsame" Komponenten. Teil des Chipsatzes.

SPD-ROM
: **S**erial **P**resence **D**etect: Auf dem RAM-Modul aufgelöteter **ROM**-Chip, in dem der Hersteller die technischen Daten des Speicherriegels hinterlegt hat. In mehr als hundert Byte stehen Details über Zugriffszeiten, Aufbau des Moduls und Fehlerkorrektur für die PnP-Funktion des BIOS bereitgestellt.

Speedstep
: Verfahren, um den Energiebedarf der CPU zu verringern, wenn sie gering belastet oder im Leerlauf ist.

Speicherbank
: Gruppe von Steckplätzen (Slots) auf der Hauptplatine zur Aufnahme von Speichermodulen.

Speicherbus
: Verbindungsleitungen (Adress-, Daten- und Steuerleitungen), die vom Chipsatz oder der CPU zu den Speichermodulen führen.

Speichermodul oder Speicherriegel
: kleine Leiterplatte mit aufgelöteten RAM-Speicherbausteinen. 133 mm breit, etwa 30 mm hoch.

Spiegelung
: Duplizierung von Daten auf zwei identische Speicher, um bei Ausfall von einem der Speicher die Daten nicht zu verlieren. Es können auch Computer und ganze Rechenzentren gespiegelt werden.

Splitter
: Der Splitter (von englisch.: to split; deutsch: aufspalten) trennt das DSL-Signal vom Telefonsignal, die bei einem DSL-Anschluss über dieselbe Leitung übertragen werden. Dadurch können der DSL-Anschluss und der ISDN-(oder Telefon-) Anschluss gleichzeitig genutzt werden. Wird bei den neuen „All-IP-Anschlüssen" nicht mehr benötigt.

SRAM
: **S**tatischer **RAM**. Sehr schnell, wird deshalb vor allem als Cache-Speicher in der CPU verwendet.

SSD
: **S**olid **S**tate **D**isk: So heißen die Massenspeichergeräte, die anstelle von Festplatten verwendet werden. Im Inneren haben sie keinerlei Mechanik, sondern nur Flash-ROM und sind dadurch schnell, stromsparend, robust und lautlos. Wenn die SSD kein Gehäuse hat und direkt auf die Hauptplatine gesteckt wird (in einen M.2-Steckplatz), wird sie als „M.2 NVMe SSD" bezeichnet.

SSID
: **S**ervice **S**et **Id**entifier: der Netzwerkname eines DSL-Routers, mit dem der Router in der WLAN-Umgebung jedem PC ständig seine Dienste anbietet.

Stand-By-Modus
: Bereitschaftsmodus, wenn der PC nicht benutzt wird. Im Standby-Modus wird der aktuelle Systemzustand im RAM gespeichert, anschließend werden Festplatte, CPU, Grafikkarte und Bildschirm abgeschaltet. Der Arbeitsspeicher wird weiter mit Strom versorgt. Der Leistungsbedarf fällt auf weniger als 10 Watt. Vorteil: Abschalten und Aufwecken dauert nur Sekunden.

Steckkarte
: Bestückte Leiterplatte, die in einen Steckplatz (Slot) der Hauptplatine gesteckt wird.

Strukturbreite
: Halber Abstand zwischen den Leiterbahnen in Prozessoren und anderen Mikrochips.

Super Speed
: Ältere Bezeichnung für die Übertragungsraten von USB 3 Schnittstellen. USB 3.1 Gen 1 = 5 Gbit/s, USB 3.1 Gen 2 = 10 Gb/s, USB 3.2 Gen 1×1 = 5 Gb/s, USB 3.2 Gen 2×1 = 10 Gb/s, USB 3.2 Gen 2×2 = 20 Gb/s, USB 4.0 = 40 Gb/s..

Supercomputer
: Bezeichnung für die leistungsfähigsten Großcomputer der Welt, mit einem Stückpreis ab einer Milliarde Euro.

Superfetch
: Speichermanagement ab Windows Vista, bei dem häufig benötigte Dateien einer Magnetfestplatte vorsorglich im Arbeitsspeicher bereitgehalten werden.

Switch
: Netzwerk-Verteiler im LAN, der sich die Adressen der angeschlossenen Geräte merkt und dadurch die Datenpakete zielgerichtet zustellen kann.

Systemeinheit
: Kernstück eines Computersystems: Gehäuse mit Hauptplatine, Festplatte, DVD u. a.

Taskleiste
: Bei Windows die Leiste am unteren Bildrand, die links den Start-Button, rechts die Uhr und dazwischen die laufenden Programme („Tasks") anzeigt. Sie lässt sich an jeden Bildschirmrand verschieben.

Tastatur-Controller
: Ein integrierter Schaltkreis, der das Drücken und Loslassen jeder Taste registriert und unter Berücksichtigung der Feststell- und Sondertasten einen Zeichencode an den Prozessor schickt.

FACHWORTVERZEICHNIS

TBW
: **T**era-**B**ytes **W**ritten ist eine Angabe zur Lebensdauer von SSD: Welche Datenmenge kann man schreiben, bis die Speicherzellen verschlissen sind. Wer täglich 20 GB auf die SSD schreibt, kommt auf 7 TB pro Jahr. Für aktuelle SSDs werden Werte von 80 bis 200 TBW angegeben.

TDP
: **T**hermal **D**esign **P**ower: Herstellerangabe zur maximalen Leistungsaufnahme einer CPU oder anderer elektronischer Bauteile. Auf Grundlage der TDP wird die Kühlung und der Strombedarf geplant.

Thunderbolt
: Moderne Schnittstelle für den Anschluss von Bildschirmen und Massenspeichern.

TLC
: **T**riple **L**evel **C**ell, eine Technologie für USB-Speichersticks und SSD-Festplatten, bei der pro Speicherzelle drei Bit gespeichert werden. Mehr dazu siehe MLC.

Tool
: wird ins Deutsche als „Werkzeug" übersetzt. Mit PC-Werkzeug ist eine kleine Anwendungssoftware oder Dienstprogramm gemeint.

Touchpad
: Ersatz für die Maus in Notebooks. Wird mit einem oder mehreren Fingern bedient.

Touchscreen
: Bildschirm mit berührungsempfindlicher Oberfläche. Der Computer kann mit einem oder mehreren Fingern gesteuert werden. Wird vor allem in Smartphones und Tablets verwendet.

Transferjet
: Nahbereichsübertragungstechnik, die auf Entfernungen von max. 3 cm um mehrere Größenordnungen schneller ist als Bluetooth oder NFC. Dient zur schnellen Übertragung großer Datenmengen zwischen Mobilgeräten oder zu Drucker oder Fernseher.

True-Type
: („Echte Schrift"): Verfahren für Vektorschriften. In den 80er Jahren wurden Buchstaben als ein Muster von Bildpunkten definiert (sogenannte Bitmap-Schriften). Für jede Kombination von Schriftmerkmalen (kursiv, fett, normal) und Schriftgröße wurde eine andere Tabelle benötigt. Bei Vektorschriften wird das Aussehen der Buchstaben mit Linien, Kreis- und Ellipsenabschnitten beschrieben. Für jeden Buchstaben ist eine Formel gespeichert, mit der das Aussehen eines Buchstabens in jeder Schriftgröße ohne Qualitätsverlust errechnet werden kann.

Tuner
: Empfangsbaugruppe in Radio- und Fernsehgeräten. Der Tuner filtert aus der Vielzahl von Frequenzen die gewünschte Senderfrequenz heraus.

Turbo-Cache
: Technologie von NVIDIA, die einen zu knapp dimensionierten Grafikspeicher mit einem Teil des Hauptspeichers ergänzt. Bei ATI heißt die gleiche Technologie HyperMemory.

Turbo-Modus
: Wenn in einem Mehrkernprozessor einzelne Kerne zeitweilig nicht gebraucht werden, können die benutzten Kerne höher getaktet werden.

Übersprechen
: Ungewollte Übertragung von Signalen zwischen parallel verlaufenden Kabeladern. Benannt nach dem Effekt auf analogen Telefonleitungen, Gespräche auf benachbarten Telefonleitungen leise mithören zu können. Das Übersprechen kann durch Abschirmung und durch Vermeidung von Kabelbündelung verringert werden.

Übertakten
: Ein Art von Tuning, bei der es darum geht, durch Erhöhung der Taktfrequenzen und Verändern der Betriebsspannungen über die vom Hersteller vorgegebenen Grenzen hinaus unter Verlust der Garantie einige wenige Prozente mehr Leistung aus dem PC herauszuholen.

UEFI-BIOS
: Neue BIOS-Generation mit grafischer Bedienung, die Festplatten über 2 TB nutzen kann. Der Startvorgang wird beschleunigt und eine Festplatten-Komplettverschlüsselung ist möglich.

UEFI-Modus
: Eine beim Startvorgang des BIOS verwendete Betriebsart des UEFI-BIOS, die einen sicheren Start („Secure Boot") ermöglicht. Das Gegenteil ist der Legacy-Modus.

Fachwortverzeichnis

UHDTV
: Ultra HDTV mit 7680 × 4320 Pixeln (waagerecht und senkrecht jeweils die vierfache Auflösung von HDTV) wird hauptsächlich in Kinos genutzt. Zum Vergleich: Quadruple Full High Definition (Vierfache volle hohe Auflösung) arbeitet mit 3840 × 2160 Pixeln, HDTV hat 1920 × 1080 Pixel.

UMTS
: **U**niversal **M**obile **T**elecommunications **S**ystem: Datenübertragungsverfahren über das Mobilfunknetz.

Unicode
: Standard für einen Zeichensatz mit bis zu 65536 Zeichen, der alle gegenwärtig weltweit verwendeten Schriftzeichen enthält. Mit der UCS-Erweiterung sind 4 Milliarden Zeichen möglich.

Unterbrechungsleitung
: Eingänge der CPU für Meldungen von der Peripherie über unerwartete Ereignisse.

Uplink
: Übertragungskanal vom PC in Richtung Internet oder – allgemeiner – vom Kunden zum Provider.

Upload
: Datenübertragung vom PC ins Internet (Senden). Die Gegenrichtung ist der Download.

USB
: **U**niversal **S**erial **B**us mit Übertragungsgeschwindigkeiten Low-Speed (1,5 Mbit/s), Full-Speed (12 Mbit/s), High-Speed (480 Mbit/s), USB 3 (5 Gbit/s bis 20 Gbit/s) und USB 4.0 (40 Gbit/s).

USV
: Eine **U**nterbrechungsfreie **S**tromversorgung, englisch: **U**ninterruptible **P**ower **S**upply (UPS) erzeugt bei Ausfall der Stromversorgung eine Versorgungsspannung aus der in Akkumulatoren gespeicherten Energie und kann die angeschlossenen Verbraucher für einige Minuten versorgen. Längere Ausfälle können mit Dieselgeneratoren überbrückt werden.

Utility
: deutsch: Dienstprogramm. Ein Programm oder eine Programmsammlung, welches das Betriebssystem bei Verwaltungs- und Wartungsarbeiten unterstützt. Utilities gehören zur Systemsoftware, nicht zur Anwendungssoftware. Einige Beispiele: Anzeige und Bearbeiten von Dateien, Defragmentierer, Statistiken und Auslastungsanzeige, Konvertieren von Dateien, Datensicherungsprogramme.

Vektorgrafik
: Ein Bild (oder Buchstabe) wird durch eine Folge von Linien und geometrischen Figuren (z. B. Kreisabschnitte) beschrieben.

Wear Leveling
: Verfahren des Speichercontrollers von SSD-Platten, um eine möglichst gleichmäßige Abnutzung der Speicherblöcke zu sichern.

WEP
: **W**ired **E**quivalent **P**rivacy: veraltete Verschlüsselung für WLAN. Die Nachfolger sind WPA und WPA-2.

WiDi (**Wi**reless **Di**splay)
: Microsoft's proprietäre Realisierung des Miracast-Standards, um Videos über WLAN von einem Mobilgerät auf einen großen Bildschirm zu übertragen.

Wi-Fi
: **Wi**reless **Fi**delity: Bezeichnung für ein Funknetzwerk (WLAN) nach den IEEE 802.11-Normen.

WiFi Alliance
: Ein Konsortium von Firmen, das WLAN-Geräte zertifiziert und WLAN-Standards entwickelt, wie z. B. die Verschlüsselungsverfahren WEP, WPA, WPA-2 und WPA-3.

Workstation
: So bezeichnet man besonders leistungsfähige Computerarbeitsplätze. Bei einem Preis von vielen zehntausend Euro haben sie eine mehr als zehnfache Leistung eines bestens ausgestatteten PC.

WPA
: **Wi**Fi-**P**rotected **A**ccess: Verschlüsselung für WLAN, WPA-2 ist der aktuelle Standard, WPA-3 der zukünftige.

XEON
: Bezeichnung für hochwertige Server-CPUs von Intel.

Hinweis

Der Platz im Buch ist begrenzt, deshalb wurden hier nur die wichtigsten Begriffe erläutert.

Das Fachwortverzeichnis unter „Hilfen" auf www.eifert.net enthält mehr als doppelt so viele Begriffe.

ABBILDUNGEN

16.2 Verzeichnis der Abbildungen

1 Grundlagenwissen

Bild 1.1: Leiterplatten-Ausschnitt mit versilberten Leiterzügen, einfachen Bauelementen und Microchip 14
Bild 1.2: Mehrlagige Leiterplatte im Querschnitt mit vier durchgeschnittenen Leitern 15
Bild 1.3: Hochintegrierter IC („Northbridge") mit Kühlkörper, aufgelötet auf Hauptplatine 15
Bild 1.4: Vergoldete Pins eines Mikrochips 15
Bild 1.5: Aufgelötete Miniaturwiderstände 15
Bild 1.6: Schaltung mit npn-Transistor 16
Bild 1.7: Einfache Speicherschaltung ohne Leiterplatte, 1967, zum Speichern von 1 Bit. 16
Bild 1.8: Ungefähre Kennlinie eines Schalttransistors 19

2 Zentraleinheit

Bild 2.1: Hauptbestandteile eines PCs 24
Bild 2.2: Pentium Pro aufgeschnitten, von unten, 1995 30
Bild 2.3: Pentium II mit abgenommenem Kühler, 1997 30
Bild 2.4: Intel-Standardkühler von unten 38
Bild 2.5: Hochleistungskühler mit „Heatpipe", von hinten 38
Bild 2.6: Passiver CPU-Kühler mit vier Heatpipes, 12 × 12 cm 38
Bild 2.7: Ausschnitt einer Leiterplatte mit hochintegriertem SMD-Schaltkreis .39
Bild 2.8 und 2.9: Dual-Core-CPU D925, 3 GHz Abmessungen: 38 × 38 mm × 4 mm 39
Bild 2.10: Hauptplatine ASUS TUF Gaming B760M-PLUS WIFI 40
Bild 2.11: BIOS-ROM-Speicherchip 42
Bild 2.12: Batterie in der Halterung 42
Bild 2.13: Kurze Wege auf der Hauptplatine 43
Bild 2.14: Tastatur- und Mausbuchse, PS/2 43
Bild 2.15: Rückwärtige Blende einer Hauptplatine ASUS B360-G, 160 × 45 mm 44
Bild 2.16: Serieller Port, 9-polig 44
Bild 2.17: Parallel-Port, 25-polig 44
Bild 2.18: USB Stecker Typ C 45
Bild 2.19: Verschiedene USB-2-Stecker 45
Bild 2.20: USB 3.0-Buchse (am Gerät) 45
Bild 2.21: USB 3.0 Stecker zum Gerät 45
Bild 2.22: USB 3.0 Stecker A (zum PC) 45
Bild 2.23: USB-2-Kabel für externe Festplatte mit höherem Strombedarf 47
Bild 2.24: FireWire-Stecker 47
Bild 2.25: Jumper 49
Bild 2.26: Detail: IRQ Einstellung 49
Bild 2.27: Netzwerkkarte von 1992, ohne PnP, mit 15 roten Jumpern 49
Bild 2.28: Mini-Pieper auf dem Mainboard 49

3 Speicher

Bild 3.1: Einzelner Speicherchip, 256 kbit, etwa 1991 58
Bild 3.2: SDRAM-Modul, 64 MB, PC133 (133 MHz) mit 168 Kontakten 60
Bild 3.3: DDR-1-Modul, 256 MB, PC2100 (266 MHz) mit 184 Kontakten 60
Bild 3.4: DDR-2-Modul, 2 GB, PC6400 (200 MHz) mit 240 Kontakten 60
Bild 3.5: DDR-3-Modul, 2 GB, DDR3-1600 (200 MHz) mit 240 Kontakten 60
Bild 3.6: DDR-4-Modul, 4 GB, mit 288 Kontakten (Notebooks haben 260 Pins) 60
Bild 3.7: DDR-5-Modul, 16 GB, mit 288 Kontakten 60
Bild 3.8: Notebook-Speichermodul von unten 64

Bild 3.9: EPROM-Chip 16 kB mit Fenster aus Quarzglas 65
Bild 3.10: Nahaufnahme eines EPROM mit Alu-Bonddrähten. 65
Bild 3.11: USB-Memory-Stick, geöffnet 67

4 Magnetische und SSD-Massenspeicher

Bild 4.1: IBM 350 RAMAC: Die erste Festplatte der Welt 72
Bild 4.2: Köpfe einer Server-Festplatte mit acht Oberflächen 72
Bild 4.3: Geöffnete Festplatte 72
Bild 4.4: Festplattenlüfter zur Montage an der Unterseite der Festplatte 78
Bild 4.5: Defektliste einer 29 MB Festplatte 83
Bild 4.6: Flachbandstecker für IDE-Festplatte 87
Bild 4.7: SATA-Stecker ohne und mit Verriegelung 87
Bild 4.8: Rückwärtige eSATA-Buchse 87
Bild 4.9: SSD mit M.2 Interface, Formfaktor 2280 95

5 Optische Massenspeicher

Bild 5.1: Industriell gepresste CD unter Rasterelektronenmikroskop, Spurabstand 1,6 μm 105
Bild 5.2: Funktionsprinzip einer CD, DVD und BD 106
Bild 5.3: Querschnitt einer industriell hergestellten CD. 106
Bild 5.4: DVD-Rohling im Querschnitt (Single Layer) 106
Bild 5.5: Sektormarkierungen auf einer DVD-RAM 107

6 Ausgabe

Bild 6.1: Bildschirmausschnitt, stark vergrößert 119
Bild 6.2: TT-Schriftart „Optima", Größe 500 pt 121
Bild 6.3: Schema eines CRT-Bildschirms 122
Bild 6.4: Makro-Ansicht vom Ausschnitt eines Farb-TFT-Displays 123
Bild 6.5: Prinzip eines TFT-DN-Monitors 123
Bild 6.7: Grafikkarte NVIDIA GeForce 6200GT mit passiver Kühlung 133
Bild 6.8: 3D-Bildschirme ohne Brille 136
Bild 6.9: Bildschirm-Anschlussmöglichkeiten 138
Bild 6.10: USB-DVB-T2-Empfänger 143
Bild 6.11: Sound digital 144
Bild 6.12: Soundkarte mit 5.1-Raumklang, Draufsicht und Blick auf die Blende 146
Bild 6.13: USB-Sound-Stick 146
Bild 6.14: Aus Magenta, Cyan, Gelb kann der Drucker jede Farbe mischen 147

7 Eingabe

Bild 7.1: Schick, aber nicht ergonomisch. 160
Bild 7.2: Mechanische Maus (veraltet) 162
Bild 7.3: Mechanische Maus im Detail: 162
Bild 7.4: Trackball 163
Bild 7.5: Vertikale Maus von Logitech 163
Bild 7.6: IBM Thinkpad R5 165
Bild 7.7: Grafiktablett mit Stift, Maus zum Vergleich 168
Bild 7.8: Zwei Flachbettscanner 168
Bild 7.9: Sensorzeile eines Scanners 168
Bild 7.10: Elemente eines Joysticks: 169
Bild 7.11: Es gibt unterschiedliche Anschlüsse für Joysticks 169
Bild 7.12: Gamepad der PlayStation 3 170

ABBILDUNGEN

8 Netzteil, Gehäuse und Lüfter

Bild 8.1: Typenschild eines 500W-Netzteils 171
Bild 8.2: Stromversorgung der Hauptplatine 171
Bild 8.3: Molex 8981 Stecker für alte IDE-Laufwerke 171
Bild 8.4: Stromversorgung für SATA-Laufwerke 171
Bild 8.5: Lüfteranschlüsse 178
Bild 8.6: Feinstaubfilter der Firma dustend.de 181
Bild 8.7: Ohne Worte 181

9 Netzwerke

Bild 9.1: PCI-Netzwerkkarte, 1991. 188
Bild 9.2: LAN-Anschluss an der Rückseite des Mainboards 188
Bild 9.3: RJ45-Stecker 188
Bild 9.4: RJ45-Stecker von oben 188
Bild 9.5: Verdrilltes Kabel Cat5e mit Schirm 188
Bild 9.6: 8-Port-Switch 189
Bild 9.7: Splitter der Telekom ist ein Auslaufmodell 190
Bild 9.8: Die Fritz!Box enthält DSL-Router, Modem und Telefonanlage ...190
Bild 9.9: DSL-Router von hinten. 190
Bild 9.10: Adapter mit drei LAN-Ports (an der Unterkante) überträgt die Daten verschlüsselt 197

10 Notebooks und andere mobile Geräte

Bild 10.1: RAM für Notebook: 1 GB DDR2-5300 213
Bild 10.2: Ein RAM-Steckplatz ist belegt, der zweite (obere) Steckplatz ist frei 213
Bild 10.3: Überlasteter USB-Anschluss 214
Bild 10.4: USB-3.0-Hub mit 3 Anschlüssen und LAN-Anschluss. 214
Bild 10.5: Hauptplatine eines Notebooks (Ausschnitt). Preis als Ersatzteil: meist über 300 Euro 221

11 Gedanken vor dem Kauf

Bild 11.1: Adapter für Lüfter 235

12 Warum altern PCs? Warum gehen sie kaputt?

Bild 12.1: Aufgeblähte minderwertige Kondensatoren 243
Bild 12.2: Beim Einschalten wurden von zwei Elkos die Kappen abgesprengt. ...243
Bild 12.3: Reklame auf Hauptplatine 244
Bild 12.4: Hauptplatine SABERTOOTH X58 („Säbelzahntiger") mit Sockel LGA 1366. 245
Bild 12.5: Elektronenmikroskopische Aufnahme einer 12 Mikrometer langen Leiterbahn in der CPU ..246
Bild 12.6 ASUS Qualitäts-Zertifikat für ein TUF Mainboard 246

13 Reinigung, Kleinreparaturen und Aufrüstung

Bild 13.1: Der Schutzkontakt bleibt auch in der Aus-Stellung immer geerdet 253
Bild 13.2: Kerbe eines Speichermoduls 254

15 Fehlersuche

Bild 15.1: Ereignisprotokoll mit Festplattenfehlern 264
Bild 15.2: Verdrahtungsseite von 3 Steckkarten der CPU. 268

ABBILDUNGEN

16.3 Bildlizenzen

Nr.	Autor	Lizenz	Quelle
2.11	MOS6502	CC 2.5	de.wikibooks.org/wiki/Datei:AMIBIOS_ROM-Chip_1992.jpg
2.19	GeroZ	CC 3.0	upload.wikimedia.org/wikipedia/de/6/6b/USB-Steckerformen.jpg
2.22	Rainer Knäpper	art libre	commons.wikimedia.org/wiki/File:Connector_USB_3_IMGP6024_wp.jpg
3.7	Smial	GFDL	commons.wikimedia.org/wiki/File:DDR5_SDRAM_IMGP6298_smial_wp.jpg
3.9	Ulf Seifert	PD	commons.wikimedia.org/wiki/File:Epromf.jpg
3.10	Jrockley	CC 3.0	de.wikibooks.org/wiki/Datei:Usbkey_internals_edit.jpg
4.1	DingirXul	CC 2.5	de.wikibooks.org/wiki/Datei:IBM_350_RAMAC.jpg
4.3	Rednammoc	PD	de.wikibooks.org/wiki/Datei:Festplatte.jpg
4.4	Rainer Knäpper	CC 2.0	commons.wikimedia.org/wiki/File:Sata_2_Stecker.jpg
4.6	Rainer Knäpper	art libre	commons.wikimedia.org/wiki/File:SSD_mPCIe_IMGP1268_wp.jpg
5.1	Freiermensch	CC 3.0	de.wikibooks.org/wiki/Datei:Afm_cd-rom.jpg
5.2	Akroti	CC 3.0	de.wikibooks.org/wiki/Datei:CD_Prinzip.png
5.3	Jailbird	CC 3.0	de.wikibooks.org/wiki/Datei:CD_Querschnitt.png
5.4	Christoph Neumüller	PD	de.wikibooks.org/wiki/Datei:Dvd_querschnitt.png
5.5	Jailbird	CC 2.5	de.wikibooks.org/wiki/Datei:DVD-RAM_Blue_Mood.jpg
6.3	Grm wnr	CC 3.0	commons.wikimedia.org/wiki/File:CRT_color_enhanced.png
6.4	Lozère	PD	de.wikibooks.org/wiki/Datei:Color-LCD_Display_Macro-View.jpg
6.5	Lozère	PD	de.wikibooks.org/wiki/Datei:Color_TN-LCD_Layout.png
6.7	Clemens Pfeiffer	CC 2.5	de.wikibooks.org/wiki/Datei:PCI-Express-graphics-board.jpg
6.8	CihatG91	CC 3.0	commons.wikimedia.org/wiki/File:Parallax_barrier_vs_lenticular_screen-de-01.png
6.9	Minipipo1	CC 3.0	https://commons.wikimedia.org/wiki/File:Connection_screen.jpg
6.10	Gmhofmann	CC0	commons.wikimedia.org/wiki/File:DVB-T-Stick.jpg
6.11	Megodenas	PD	de.wikibooks.org/wiki/Datei:Conversion_AD_DA.gif
7.4	Faboli	PD	de.wikibooks.org/wiki/Datei:Trackball.jpg
7.6	Aka	CC 2.5	commons.wikimedia.org/wiki/Datei:IBM_Thinkpad_R51.jpg
7.7	Tobias Rütten	CC 2.5	de.wikibooks.org/wiki/Datei:Wacom_Pen-tablet.jpg
7.8	Dbenzhuser	CC 3.0	de.wikibooks.org/wiki/Datei:Flachbettscanner_01.jpg
7.9	Michele M. F.	CC 2.0	de.wikibooks.org/wiki/Datei:Flatbed_scanner_sensor_bar.jpg
7.10	Piotr Michal Jaworski	CC 3.0	commons.wikimedia.org/wiki/Datei:Joyopis.svg
7.11	Piotr Michal Jaworski	CC 3.0	commons.wikimedia.org/wiki/Datei:Joyports.svg
7.12	Grumbel	CC 1.0	commons.wikimedia.org/wiki/File%3APlayStation_3_gamepad.svg
9.5	BaranIvo	PD	de.wikibooks.org/wiki/Datei:FTP_cable3.jpg
9.6	Zuzu	CC 3.0	commons.wikimedia.org/wiki/Datei:Gigabit_Switch_GS108.jpeg
9.8	Hans Meyer	PD	commons.wikimedia.org/wiki/Datei:Fritzbox.jpg
12.5	Patrick-Emil Zörner	CC 3.0	commons.wikimedia.org/wiki/File:Leiterbahn_ausfallort_elektromigration.jpg
13.2	Justin Smith	CC 3.0	commons.wikimedia.org/wiki/File:RAM_-_closeup_of_connector.jpg
15.2	Dave Fischer	CC 3.0	commons.wikimedia.org/wiki/File:KL10-backplane-tp.jpg

Tabellen

Lizenzen:
　CC = Creative Commons, siehe http://creativecommons.org/licenses/by-sa/3.0/deed.de
　PD = Public Domain (Gemeinfrei)
　art libre = Lizenz „Freie Kunst"

Fotos von Andre Gaerditz, alle Rechte vorbehalten:
2.4, 2.5, 2.6, 2.12, 2.14, 2.25, 6.3, 9.2, 9.3, 9.4, 12.1, 12.2, 12.3, 12.4, 13.1

Fotos bei Fotolia.de erworben:
Titelseite, 1.1, 1.2, 1.3, 1.6, 2.7, 2.12, 4.2, 6.11, 7.1, 9.10
Produktfotos mit Genehmigung des Rechteinhabers: 8.6
Alle anderen Abbildungen sind selbst fotografiert.

16.4 Verzeichnis der Tabellen

1 Grundlagenwissen
- Tab. 1.1: Transistor-Stromverstärkungsklassen 19
- Tab. 1.2: Umrechnung Binär – Hexadezimal am Beispiel der Dezimalzahl 1 000 000 21
- Tab. 1.3: Umrechnung Dezimal – Binär – Hexadezimal 21
- Tab. 1.4: Auszug aus der ASCII-Tabelle 22

2 Zentraleinheit
- Tab. 2.1: Wichtige Prozessorfamilien von Intel 25
- Tab. 2.2: Maßeinheiten der Zeit 26
- Tab. 2.3: Entwicklung der Strukturbreite (in der Serienproduktion) 34
- Tab. 2.4: PCIe: Maße und Netto-Datenraten in GByte/s (etwa) 42
- Tab. 2.5: Datenübertragungsraten der USB-Schnittstelle 45
- Tab. 2.6: Datenübertragungsraten von FireWire 47

3 Speicher
- Tab. 3.1: Umrechnungen Tera – Giga – Mega – Kilo – Byte 55
- Tab. 3.2: Übersicht über Speichertechnologien. Preise pro MByte von 06/2023 56
- Tab. 3.3: Übersicht Speichermodule seit 1992 (Auswahl) 58
- Tab. 3.4: Preisentwicklung bei RAM 59
- Tab. 3.5: Spannungen 59
- Tab. 3.6: Abstand der Mitte der Kerbe vom nächstgelegenen Rand 62
- Tab. 3.7: Speicherbedarf verschiedener Windows-Installationen 63
- Tab. 3.8: Preise 04/2024 63
- Tab. 3.9: RAM Mindestausstattung 63

4 Magnetische und SSD-Massenspeicher
- Tab. 4.1: Preis pro GByte (Anstieg 2011 wegen Flutschäden in Thailand) 71
- Tab. 4.2: Maßeinheiten der Länge 74
- Tab. 4.3: Abmessungen von Atom- bis Haardurchmesser 74
- Tab. 4.4: Kopfabstand 77
- Tab. 4.5: Vier Byte mit Paritätsbits 81
- Tab. 4.6: Zwei Bits und Parität sind falsch 81
- Tab. 4.7: Zwei Fehler in 1 Byte unerkannt 81
- Tab. 4.8: Vier Byte mit Quer- und Längsparität 81
- Tab. 4.9: Vier Byte mit Einzelbitfehler 81
- Tab. 4.10: Nur die Längsparität zeigt den Fehler an 82

Tab. 4.11: Drei Fehlerpaare – kein Unterschied 82
Tab. 4.12: SMART-Attribute 83
Tab. 4.13: Größe und Preise einiger externer Festplatten mit USB Anschluss 100

5 Optische Massenspeicher

Tab. 5.1: Bezeichnungen von DVD-Brennern 108
Tab. 5.2: Kapazitäten von CD, DVD und BD 108
Tab. 5.3: Verkaufte Blu-ray-Player in Deutschland 116

6 Ausgabe

Tab. 6.1: Typische max. Auflösungen von PC-Displays je nach Größe 119
Tab. 6.2: Abhängigkeit ppi und Displaygröße 119
Tab. 6.3: Hohe Auflösungen 126
Tab. 6.4: Grafikkarten von NVIDIA 135
Tab. 6.5: Die maximale Auflösung ist für jeden Anschlusstyp anders 140
Tab. 6.6: Datenmengen bei der Digitalisierung von Audiosignalen (pro Kanal) 144

7 Eingabe

Tab. 7.1: Deutsche Sonderzeichen auf einer englischen Tastatur, Variante 1 161
Tab. 7.2: Deutsche Sonderzeichen auf einer englischen Tastatur, Variante 2 161

8 Netzteil, Gehäuse und Lüfter

Tab. 8.1: Formfaktoren von Mainboards 177

9 Netzwerke

Tab. 9.1: WLAN Normen und (theoretische) max. Datenraten 191
Tab. 9.2: Bluetooth 1.0 Parameter 198
Tab. 9.3: Sendeleistung von Basisstationen 196
Tab. 9.4: Geschwindigkeitsvergleich 201

10 Notebooks und andere mobile Geräte

Tab. 10.1: Maße von SD-Speicherkarten 213

11 Gedanken vor dem Kauf

Tab. 11.1. Meine Hardware-Favoriten 2024 239

12 Warum altern PCs? Warum gehen sie kaputt?

Tab. 12.1: Abhängigkeit der Lebensdauer von der Betriebstemperatur (Angaben von Sanyo) 244

13 Reinigung, Kleinreparaturen und Aufrüstung

Tab. 13.1: Datenübertragungsraten zum Internet (theoretisch, maximal) 256
Tab. 13.2: Datenübertragungsraten der externen Schnittstellen (theoretisch, maximal) 256
Tab. 13.3: Datenübertragungsraten zu Festplatte und DVD (theoretisch, maximal) 256

Index

16.5 Anleitungen

Anleitung: Arbeitsspeicher aufrüsten 62
Anleitung: BIOS-Setup-Programm 53
Anleitung: BIOS-Update 54
Anleitung: Boot Sequence einstellen 53
Anleitung: DVD / CD reinigen 112
Anleitung: DVD-Laufwerk auswechseln 255
Anleitung: Fehlersuche 259
Anleitung: Festplatte auswechseln 255
Anleitung: Geräusche dämpfen 183
Anleitung: Lüfter auswechseln 179
Anleitung: Maus ist kaputt 164
Anleitung: Notebook reinigen 257
Anleitung: PC reinigen 251
Anleitung: Pflege von Magnetfestplatten 88
Anleitung: Probleme mit CD/DVD/BD 118
Anleitung: Sicheres Löschen von SSD 94
Anleitung: Strom sparen (Notebook) 215
Anleitung: Tastatur kaputt 162
Anleitung: WLAN funktioniert nicht 196

16.6 Index

3DNow! 33
4G Mobilfunk 203
4k Auflösung (3840x2160) 127
5G Mobilfunk 204
64-Bit-Prozessor 33
8k Auflösung (7680x4320) 127

A

AAM (Automatic Acoustik Management) 75
Abgesicherter Modus 164, 264
Access Point 193
ACL (Access Control List) 195
Ad-hoc 193
AFR (Annualized Failure Rate) 84
AGP (Accelerated Graphics Port) 41
AHCI 75, 86
All-IP 190
AMD 25, 32
Android 205
Apple 25
ASCII-Zeichensatz 22
ATA 87
Athlon 32
ATX (Advanced Technology eXtended) 172
Auflösung 121, 144
Auslagerungsdatei 88

B

Backbone 186
Bandbreite 186
BD (Blu-ray Disk) 105
Beacon 193
Befehlssatz 30
Benchmark 33
Bereitschaftsspannung 173
Betriebssystem 12, 50
Bildwiederholfrequenz 133
Bildwiederholspeicher 123, 133, 139
Binärsystem 18
BIOS (Basic Input Output System) 49
BIOS-Batterie 42
BIOS-ROM 42
BIOS-Update 54
Bitcoin Mining 134
Blu-ray 108, 116
Bluetooth 198
Branch Prediction 29
BrightView 125
Buffer-Underrun 105, 107
Bus 27
BWS (Bildwiederholspeicher) 138

C

Cache (Brenner) 27
Cache (CPU) 27
Cache (Festplatte) 27, 75
Cardbus 213
CCFL-Beleuchtung 124
CD (Compact Disc) 105
Celeron 32
Chip 16

Index

Chipsatz 41
CISC (Complex Instruction Set Computer) 30
Client 185
CMOS-Batterie 42
CMOS-RAM 42
Convertible 210
Core Duo CPU 26
Core Quad CPU 26
CPU (Central Processing Unit) 25
Crossfire 135
Crossover-Kabel 189
CSM (Compatibility Support Module) 52, 260
CUDA 135

D

DDR-1 59
DDR-2 59
DDR-3 59
Defragmentierung 88
Desktop-PC 13
Detachables 210
Dezimalsystem 18
DFS (Dynamic Frequency Selection) 192
DHCP 195
Direct-LED 117, 124
DirectX 145
DisplayPort 139
Dockingstation 207
Doppelte Daten-Rate 59
DOS (Disk Operation System) 12
DPI (dot per inch) 119
DRAM 57
DSC (Display Stream Compression) 139
DSL (Digital Subscriber Line) 189
DSL-Router 190
Dual Channel 27, 61
Dualsystem 18
Duron 32
DVD (Digital Versatile Disc) 105
DVD-RAM 107, 113
DVI (Digital Visual Interface) 129, 139
Dynamischer Kontrast 125

E

EDGE (Enhanced Data Rates for GSM Evolution) 201
Edge LED Beleuchtung 124
EEPROM (Electrically Erasable PROM) 66
Elektronisches Papier 132
Energiebedarf (Display) 124
Energiebedarf (Drucker) 149
Energiebedarf (Netzteil) 171
Energiebedarf (SSD) 94
Energy Star 206
EPROM (Erasable PROM) 65
Ereignisprotokoll 264
Ergonomie (Bildschirm) 129
Ergonomie (Notebook) 206
Ergonomie (Notebooks und Tablets) 167
Ergonomie (Tastatur) 160
eSATA (external SATA) 87
Ethernet 187
ExpressCard 213

F

Fall-Sensor 211
Farbtiefe 134
Farbtripel 122
FDD (Floppy Disk Drive) 70
FireWire (IEEE 1394) 47
Firmware 50
Flash-EEPROM 50
FSB (Front Side Bus) 41
Full Speed (12 Mbit/s) 44

G

Gamepad 170
Gigabit-Ethernet 188
Gleitkomma 33, 267
GPRS (General Packet Radio Service) 201
GPT-Partitionen 50
GPU (Graphics Processing Unit) 135
Grafikkarte 133
Grafikprozessor 133
Grafiktablett 168

Index

GSM (Global System for Mobile Communications) 201
GUI (Graphical User Interface) 12

H

Halbleiter 15
HAMR (Heat Assistant Magnetic Recording) 89
Hauptplatine (Mainboard) 39
Head-Up-Display 136
Headcrash 76
Heatpipe 36
Hexadezimalsystem 20
High Dynamic Range 117
High Speed (480 Mbit/s) 44
Hot Plug 46, 98
Hot Spot 36
Hot Swap 98
HSDPA (High Speed Downlink Packet Access) 201
HT (Hyper Threading) 26
Hub (Netzwerk) 189
Hub (USB) 214
Hybrid Hard Drive 94
Hyper Memory 138

I

IDE (Integrated Device Electronics) 87
IEEE 802.11 192
Intel 25
Internet 185
Intranet 185
IOPS (Input/Output Operationen/Sekunde) 93
IP-Adresse 185
ISO-Image 87

J

Joystick 169

K

Kernel Power 265
Kompatibilität 12, 25, 109
Kopfabstand 77

L

LAN (Local Area Network) 186
Lane 41
Laptop 208
LCD (Liquid Crystal Display) 123
LED-Backlight 124
LED-Display 124
Legacy Boot 52
Legacy-BIOS-Modus 50
Leiterplatte 15, 39
Level-1-Cache 29
Level-2-Cache 29
Lightscribe 110
Lithium-Ionen-Akku 216
Lithium-Polymer-Akku 217
Live-CD 261
Lochmaske 122
Low-Speed (1,5 Mbit/s) 44
LTE (Long Term Evolution) 202
LTE-Advanced 203

M

M.2 Interface 95
MAC-Adresse 186, 187, 195, 198
Mainframe 23
MAMR (Microwave Assisted Magnetic Recording) 90
MAN (Metropolitan Area Network) 186
Massenspeicher 73
MBR (Master Boot Record) 51, 262
Memory-Effekt 216
MicroSD-Speicherkarten 67
MIMO (Multiple Input Multiple Output) 192
Miracast 140
MLC (Multi-Level-Cell) 68
MMX (Multimedia Extension) 33
Modem 189
Motherboard 39
MPR-2 129
MTBF (Mean Time Between Failures) 84

Index

N

NAS (Network Attached Storage) 103
NAT (Network Address Translation) 190
native Auflösung 120
Netbook 208
Next Generation Form Factor 95
NFC (Near Field Communication) 200
NG60 (Next Generation 60 GHz) 191, 192
Ni-Cd-Akku 216
NiMH-Akku 216
Northbridge 41
Notebook 208
Nullmodemkabel 187

O

OLED (Organic Light Emitting Diode) 132
Onboard-Grafikkarte 137, 206
OSK (On Screen Keyboard) 162
Overclocking 238

P

Page-File 88
Parallelport 44
Parität 112
PATA (Parallel ATA) 87
PCH (Platform Controller Hub) 41
PCI (Peripheral Component Interconnect) 41
PCI-Express 41
PCMCIA 213
Permanent-Druckkopf 150
Phablet (Phone Tablet) 210
piezoelektrischer Effekt 147
Pixel 119
Pixel (Picture Element) 133
Pixelgrafik 121, 134
Platform Controller Hub 41
Platine 39
PMPO (Peak Maximum Power Output) 145
PnP (Plug and Play) 49
POH (Power-On Hours) 84
Polarisationsbrille 136

Port 44, 189
POST (Power On Self Test) 50
PowerLAN 197
Powerline 197
PROM (programmierbares ROM) 65
Provider 186
Prozessor 17, 25
PS/2 43

Q

Quad Channel 61
Quad-Level-Cell 68

R

RAID 86, 97
RAMDAC (RAM Digital Analog Converter) 133
Random Access 70
Redundanz 112
Reed-Solomon-Code 112
Refresh (RAM) 58
Rendern 122, 134
Repeater 193
Retina-Display 119
RFID (Radio-Frequency Identification) 199
RISC (Reduced Instruction Set Computer) 30
ROM (Read Only Memory) 65
Router 185
rpm (rotations per minute) 53, 111

S

Samplingrate 144
SATA (Serial ATA) 87
SATA Express 95
Scanner 168
Schaltkreis 16
Scheduler 173
Schutzklasse IP67 222
SD-Card (Secure Digital Memory Card) 67, 213
SDHC (SD High Capacity) 213
SDRAM 59
SDXC (SD eXtended Capacity) 213
SecurDisk 114

Index

Secure Boot 52
Seitenbeschreibungssprache 122
Sektor 73
Sempron 32
Server 185
Shared Memory 138
Shutterbrille 136
Slate 210
SLC (Single-Level-Cell) 68
SLI (Scalable Link Interface) 135
Slot 41
SMART 83
SMR (Shingled Magnetic Recording) 89
SO-DIMM (Small Outline Dual Inline Memory Module) 213
Socket 39
Solid Caps 171
Solid State Drive 67, 91
Solid-State-Hybrid-Drive 94
Soundkarte 146
Southbridge 41
SPD-ROM 59
Speedstep 31
Speicherbus 27
Spiegelung 97
Spindelantriebsmotor 73
Splitter 189
SRAM 64
SSD 67, 91
SSE (Streaming SIMD Extensions) 33
SSHD (Solid-State-Hybrid-Drive) 94
SSID (Service Set Identifier) 193
Stacking 96
Stand-by 208
Standleitung 186
Stapeldatei 173
Statischer Kontrast 124
Steckkarte 41
Stromverstärkungsfaktor 16
Strukturbreite 34, 74
Subnotebook 209
Supercomputer 23
Superfetch 92

SuperSpeed (5000 Mbit/s) 44
Swap File 63, 88
Switch 185, 189
Systemeinheit 24

T

Tablet 209
Taktfrequenz 26, 36
Taskleiste 42
Tastenkombination 22, 53, 63, 162
Tastenkombination: mehrere Monitore 142
TBW (Tera-Bytes Written) 92
TCO-06 129
Thin Client 235
Thin Film Transistor 123
Thunderbolt 47, 139
Thyristorenschalter 174
TLC (Triple-Level-Cell) 68
Touchpad 165
Touchscreen 165
TPC (Transmit Power Control) 192
TPM (Trusted Platform Module) 51
Trackball 163
Trackpoint 165
Trans(re)flektives Display 124, 207
Transferjet 200
Triple Channel 61
True-Type-Schrift 121
Tuning 238
Turbo-Boost Max 31
Turbo-Cache 138
Turbo-Modus 31

U

Übertakten 36, 238
UEFI-BIOS 50
UFS (Universal Flash Storage) 67
Ultrabook 209
Umschalttasten 159
UMTS (Universal Mobile Telecommunications System) 201
Unicode 22

Universalcomputer 23
Unterbrechungsleitung 49
USB (Universal Serial Bus) 44
USB 3.0 Superspeed (5000 Mbit/s) 45
USB 3.1 Gen. 1 45
USB 3.1 Gen. 2 45
USB 3.1 Gen. 3 45
USB 3.1 SuperSpeed Plus (10000 Mbit/s) 45
USB 3.2 (20 Gbit/s) 45
USB 4.0 (40 Gbit/s) 45
USB Full Speed (12 Mbit/s) 44
USB High Speed (480 Mbit/s) 44
USB Low Speed (1,5 Mbit/s) 45
USV (Unterbrechungsfreie Stromversorgung) 174

V

Vektorgrafik 121, 134
Vertikale Maus 163

W

WAN (Wide Area Network) 186
Wear Leveling 102
WEP (Wired Equivalent Privacy) 194
Wi-Fi Alliance 140, 191
WiDi (Wireless Display) 140
WiGig 191
WLAN (Wireless LAN) 186
WLAN-Sniffer 195
Workstations 24
WPA (Wi-Fi-Protected Access) 194

Z

Zahlensystem 17

Verlagsprogramm

BEZUGSMÖGLICHKEITEN

Für die beiden Hardware-Bücher sowie „Datensicherung" gibt es drei Bezugsmöglichkeiten:

- Bestellung im örtlichen Buchhandel. Die Buchhandlung hat das Buch vermutlich nicht vorrätig, doch der Großhändler liefert wahrscheinlich über Nacht.
- Bestellung bei Amazon. Das Buch kommt nach etwa zwei Arbeitstagen bei Ihnen an. Sie bekommen nicht immer die neueste Auflage.
- Ich empfehle Ihnen die Direktbestellung über meinen Shop. Sie bekommen garantiert die neueste Ausgabe des Buches. Bei Bestellung über Amazon oder den Buchhandel bekommen Sie möglicherweise die Restexemplare der Vorgängerversion. Auf deren Lagerhaltung habe ich keinen Einfluss.

Wenn Ihre Bestellung bis 15 Uhr eintrifft, erreicht Ihr Buch noch am gleichen Abend das Brief- und Paketzentrum Leipzig und trifft mit etwas Glück am nächsten Vormittag bei Ihnen ein. Rechnung liegt bei, Sie überweisen den Betrag nach Erhalt des Buches. Bestellen Sie in meinem Webshop unter www.eifert.net oder formlos per Brief oder über verlag@eifert.net. Ich gebe Ihre Adresse nicht weiter und belästige Sie nicht mit Werbung.

Sie können jedes meiner Bücher auch als Ringbuch (genauer: mit „Drahtkammbindung") bekommen, wenn Sie bei mir bestellen. Das ist recht praktisch, wenn man das Buch unterwegs liest oder wenn man neben dem PC nur wenig Platz auf dem Tisch hat. Einen Aufpreis kostet die Ausführung als Ringbindung nicht. Übrigens: Die Ausführung als Ringbuch ist oft neuer als die Softcover-Ausführung.

Gleichgültig auf welchem Weg Sie bestellen, es werden innerhalb Europas keine Versandkosten berechnet. Aufgrund der Buchpreisbindung zahlen Sie überall den gleichen Preis.

Wenn Sie beim örtlichen Buchhändler bestellen, gehen die Steuern an Ihre Kommune. Amazon verschiebt Gewinne in eine Steueroase und zahlt in der EU gar keine Steuern.

BEILAGEN

Zu Ihrer Buchbestellung empfehle ich Ihnen die folgenden Beilagen:

- „Erste Schritte mit dem PC für Neuanfänger": Einführung für Neulinge von 10 bis 99 Jahre.
- Kleines Fachwortbuch: Es enthält die Fachworterklärungen aus allen meinen Büchern. Es dürfte recht praktisch sein, diese Broschüre beim Lesen eines meiner Bücher daneben zu legen.
- Software-DVD: Einige Programme, die in meinen Büchern empfohlen oder erklärt werden.

BESTELLUNGEN VON SCHULEN

Schulen und andere Bildungseinrichtungen können ohne Aufpreis Bücher mit selbstgestaltetem Cover bestellen. Bei kleineren Stückzahlen (Klassensatz) ist nur die Ausführung als Ringbuch möglich. Es sind auch inhaltliche Ergänzungen möglich, z. B. das Einfügen von Kapiteln aus anderen Büchern.

VERLAGSPROGRAMM

1. Auflage: Mai 2016, überarbeitet im August 2016
2. Auflage: Februar 2018, überarbeitet Oktober 2018
3. Auflage: Sept. 2019, überarbeitet im Nov. 2020 und Febr. 2021
4. Auflage: Juli 2021,   überarbeitet im Dez. 2021 und Febr. 2022
5. Auflage: August 2022, 6. Auflage: Juli 2023, 7. Auflage: März 2024

ISBN 978-3-9814657-2-7   Preis: 32,00 Euro
212 Seiten, 125 Abbildungen, 45 Tabellen

Dieses Buch soll Ihnen Mut machen, Ihren Computer zu reparieren, aufzurüsten und die Komponenten eines Computers auszuwählen, den Sie anschließend selbst zusammenschrauben.

Sie haben sich bisher nicht getraut, an Ihrem PC herumzuschrauben? Wenn Sie aus dreißig Teilen nach Anleitung eine Schrankwand montieren können, schaffen Sie das auch mit einem PC. Wobei ein PC viel einfacher ist: Er besteht nur aus einem Dutzend Komponenten.

Rezensionen

ekz - Informationsdienst: „Anknüpfend an „Computerhardware für Anfänger" wendet sich der EDV-Spezialist an fortgeschrittenere PC-Nutzer und vermittelt, wie man PCs/Notebooks selbst repariert oder aufrüstet, geeignete Komponenten auswählt und den eigenen Wunsch-PC zusammenbaut. In der 1. Hälfte wird weniger bekanntes Detailwissen zu den einzelnen Bauteilen wie Zentraleinheit, Kühlung, RAM, Massenspeicher und Netzteil behandelt. Anschließend wird die Auswahl der Komponenten für einen PC der gehobenen Mittelklasse und die Montage erklärt. Separate Kapitel gehen auf die Reparatur/Reinigung eines Notebooks und die systematische Fehlersuche bei Soft- und Hardwareproblemen ein. Thematisch anspruchsvoller als der Anfängerband, aber ebenso anschaulich und gut nachvollziehbar mit zahlreichen Farbfotos, Warnhinweisen bei kritischen Arbeitsschritten, konkreten Produktvorschlägen, geldwerten Praxistipps, ausführlichem Fachwort-Glossar, weiterführenden Links und Quellenangaben."

Superstaticus: „Ich habe immer wieder die einschlägigen Buchangebote des Marktes durchstöbert und einige Bücher zum Thema gefunden. Leider versprechen die meisten Bücher zu viel. Selbst Bücher mit dem Hinweis „gute Selbstbauanleitung" scheitern am Thema, weil diese häufig die Kompetenz vermissen lassen und/oder es an der Systematik oder der treffenden Beschreibung von Bauteilen mangelt. Ganz arg wird es wenn die „aktuelle Auflage" gar schon 2 Jahre alt ist. Vielen Autoren geht bei der Aktualität die Puste aus. Genau an diesem Punkt gewinnt dieses Buch. ... Dem Autor sei Dank!"

Inhaltsübersicht des Buches „Computerhardware für Fortgeschrittene"

1. Zentraleinheit: BIOS, BIOS-Update, Dual-BIOS, Bussysteme, Energiesparfunktionen, USB.
2. Kühlung: CPU-Kühler, Materialien, Wärmeleitpaste und Alternativen, leise und lautlose PC.
3. RAM: Grundwissen, Timing, Speicherfehler, DDR4.
4. Massenspeicher: Firmware, Datenrettung, Fehlerkorrektur, Flash-Speicher, SSD.
5. Optische Massenspeicher: Red Book und Yellow Book. Justierung, Codierung, Fehlerkorrektur.
6. Netzteil: Wirkungsgrad, Power Factor Correction, Standby, Schutzschaltungen, Kabelmanagement.
7. Wunsch-PC zusammenstellen: Kriterien, Marktführer, Umwelt. Konkrete Empfehlungen.
8. Den Wunsch-PC montieren oder aufrüsten: Hinweise, Sicherheit, Material und Werkzeuge.
9. Gehäuse: Öffnen, Montieren, Frontblende befestigen.
10. Hauptplatine, CPU und RAM einbauen: CPU einsetzen, Kühler montieren, Abschlusskontrolle.
11. RAM bestücken: Typ auswählen, Bestücken, Nachrüsten.
12. Mainboard Connectors: Vorstellung aller Steckverbindungen.
13. Rund ums Netzteil: Prüfen, ATX12V und EPS12V, AUX, Zusatzstrom für Grafikkarten, Luftführung.
14. Hauptplatine einbauen: Abstandsbolzen, rückwärtige Blende, Einbau.
15. Montage Massenspeicher: Festplatten, S-ATA, M.2, P-ATA, DVD, Notfall.
16. Notebook reinigen und reparieren: Pflege, Komponenten wechseln, Wasser im Notebook.
17. Systematische Fehlersuche: Startprobleme, Abstürze, Einfrieren, PC zu langsam, Netzwerk, Notebooks.
18. Allerlei auswechseln: Mainboard, Batterie, Grafikkarte, Festplatte.
19. Anhang: Übersicht Datenübertragungsraten, Verzeichnis der Fachwörter, Tabellen und Bilder, Index.

Verlagsprogramm

1. Auflage: Juni 2013, überarbeitet im Januar 2014
2. Auflage: März 2015, überarbeitet im Dezember 2016
3. Auflage: Jan. 2017, überarbeitet Febr. und Sept. 2018
4. Auflage: Okt. 2020, überarbeitet Dez. 2020
5. Auflage: Mai 2021, ergänzt Dez. 2021 mit neuem Titel:
„**Datensicherung für Home und Office**", aktuell Januar 2024
26,00 Euro, 226 Seiten, 88 Abbildungen, ISBN 978-3-9814657-1-6

Nur sehr wenige Computernutzer sichern Daten regelmäßig. Einige Nutzer sichern Daten nur sporadisch. Und es gibt nicht wenige Nutzer, die ihre Daten noch nie gesichert haben. Die meisten wissen einfach nicht, wie es gemacht wird.

- Ist Ihnen eigentlich bewusst, auf welchem Minenfeld sich Ihre Daten befinden? Wie vielfältig die Risiken für Ihre Daten sind? Es gibt mehr Gefahren als nur Festplattenfehler und Viren. Und wenn die Daten weg sind: Wissen Sie, dass eine professionelle Datenrettung viele hundert Euro kostet?
- Ist Ihnen bekannt, wie klein der Aufwand sein kann, Ihre Daten regelmäßig zu sichern? Mit einer Investition von nur 20 Euro und 20 Minuten (nach Lesen der ersten 30 Seiten dieses Buches) können Sie das Schlimmste verhindern.
- Außerdem: Ist Ihnen klar, wie problematisch die Aufbewahrung von Daten über mehr als fünf Jahre ist? Was Sie tun müssen, um Ihre digitalen Fotos auch nach 20 Jahren noch betrachten zu können?

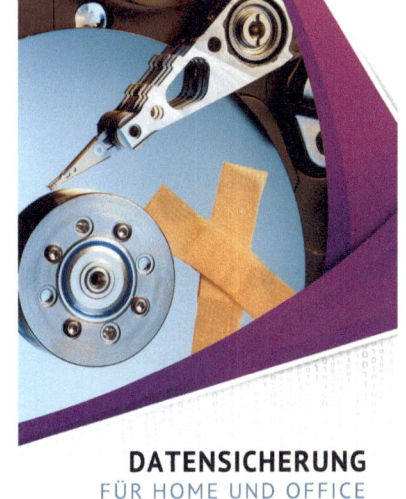

Aus den Rezensionen bei Amazon

Superstaticus: „Schade für andere Autoren die sich zum Thema abmühen und auf 500 Seiten nicht das zusammenbekommen was hier auf nur 132 Seiten gelungen ist. … Dieses Buch ist keine Empfehlung, sondern ein Muss!"

Karin Kösling-Berger: „Ein informatives Nachschlagewerk rund um die Datensicherung. Verständlich und interessant geschrieben. Es macht Spaß, dieses Buch zu studieren. Ich kann es uneingeschränkt empfehlen."

Gorski: „Das Buch ist sehr übersichtlich gestaltet und verständlich geschrieben. Die Ausführungen übertreffen meine Erwartungen. Ein gutes Nachschlagewerk für jeden PC-Benutzer."

Willi Robotnik: Geniale Tipps aus der Praxis! „Es ist immer wieder für alle ein Gewinn, wenn jemand aus der Praxis sich aufrafft und seine Erfahrungen für uns zugänglich macht. Das Buch ist erfreulich schmal, die Beschreibungen der Problemlösungen sind erprobt und rasch umzusetzen (auch für absolute Laien)."

Inhaltsübersicht des Buches „Datensicherung für Anfänger"

Risiken: Stellen Sie sich vor: Ihre Festplatte ist defekt. Sind Ihre Daten in Gefahr? Was sind Ihre Daten wert?

Geräte für die Datensicherung: DVD und Blu-ray, Externe Festplatte und USB-Speicherstick, Festplatte eines anderen PC, Online-Backup.

Methoden und Hilfsmittel: Vollsicherung und Teilsicherung, Drei-Generationen-Sicherung. Image und Klon.

Daten sinnvoll ordnen: Wo befinden sich Ihre Daten? Partitionen: Programme und Daten trennen.

Langzeit-Archivierung: Lebensdauer von Daten und Datenträgern, von Technologien und von Codierungen.

Werkzeuge und Programme: Eingabeaufforderung, Umzugsassistent, Windows-Backup, Automatisierung.

Kopierprogramme: Windows-Explorer und ROBOCOPY. MS Disk Manager und seine Konkurrenten.

Den optimalen Platz für die Daten finden: Die „Eigenen Dateien" verlagern, Voreinstellungen für den Speicherort ändern. E-Mail und Adressbücher, Besonderheiten beim Sichern von Datenbankprogrammen.

Netzwerk-Grundlagen: IP-Adresse und Netzwerknamen ermitteln, Benutzer einrichten, Ordner freigeben, Verbindungen einrichten.

Disaster Recovery: Sich auf die schlimmsten Datenkatastrophen vorbereiten.

Ich kann die Daten nicht mehr lesen! Was nun? Tipps und Anleitungen.

VERLAGSPROGRAMM

1. Auflage im Juli 2012, überarbeitet im September 2012
2. Auflage im März 2015,
3. Auflage im April 2017, überarbeitet 02/18, 06/18
4. Auflage im Juli 2019, überarbeitet 04/2020, 05/2021 und 02/2022
5. Auflage im Mai 2024

ISBN 978-3-9814657-1-6   Preis: 26,00 Euro
296 Seiten, 79 Abbildungen (nur mit Ringbindung)

Rezension des ekz - Informationsdienstes

Die ekz ist die Einkaufszentrale der öffentlichen Bibliotheken und gibt Rezensionen und Empfehlungen zum Bestandsaufbau heraus.

„Der Autor ... wendet sich an den Normalbenutzer, der seinen PC ganz einfach zum Arbeiten oder für sein Hobby einsetzen will. Auf Hintergrundwissen und Fachterminologie wird weitestgehend verzichtet; englische Fachwörter werden erklärt und möglichst durch deutschsprachige Begriffe ersetzt. Eine Einführung in das Programmieren im klassischen Sinn ist das Buch nicht. ... Hier finden sich auch Hinweise, dass der Leser sorgfältig prüfen sollte, ob er jeder neuen Version auch folgen muss. Inhaltliche Schwerpunkte liegen u.a. bei Dateien und Dateisystemen, bei der Systemregistrierung, bei Treibern, beim Installieren von Anwendungsprogrammen und bei der Wartung und Fehlersuche. Hinweise auf nützliche Freeware. Viele Tabellen und Praxistipps, locker geschrieben, gut nachvollziehbar."

Aus den Rezensionen bei Amazon

UncleBens schreibt: „Ich habe das Buch in meiner Begeisterung über „Computerhardware für Anfänger" ... gekauft und wurde dabei auch nicht enttäuscht. „Software-Grundlagen" ist ein wirklich gutes Buch zum Einstieg in die Thematik der Software. Der Inhalt wird gut erklärt und ist somit für jeden leicht zu verstehen. Es beinhaltet zudem eine Menge Tipps und Tricks im Umgang mit dem PC und lässt sich auf Grund der Fülle an Informationen auch als Nachschlagewerk verwenden. Ein Buch von Klaus Eifert würde ich jeder Zeit wieder kaufen."

AfricanQueen meint: „Seit vielen Jahren wieder einmal ein Computerfachbuch, welches so spannend – und dazu auch noch leicht und einfach zu lesen – ist, dass ich es von Anfang bis Ende in einem Zug durchgelesen habe. ... Viele Tipps, wie man mit dem Computer besser umgehen kann, werden so nebenbei eingestreut. ... Schade, dass ich „nur" maximal fünf Sterne vergeben kann, das Buch hätte mehr verdient."

Wolfgang Hernach schreibt: „Kann dieses Buch einfach nur jedem PC-User, welcher einfach verstehen will was da im Hintergrund so passiert, nur empfehlen! Gut, einfach, übersichtlich und nachvollziehbare Lektüre!"

Sandra Milbradt schreibt: „Ich fand das Buch schon in der 1. Auflage so toll und einfach geschrieben, so dass es auch Laien verstehen, dass ich das Buch unbedingt besitzen musste. Und was soll ich sagen... Die 2. Auflage ist sogar besser geworden, da sich ja die Technik laufend weiterentwickelt. Das Gute an dem Buch ist auch, das sich Bilder zum besserem Verständnis darin befinden :-)"

Inhaltsübersicht des Buches „Software-Grundlagen"

1. Einleitung: Grundlagenwissen, Hardware-Grundkenntnisse, Software-Grundkenntnisse
2. Programmiersprachen: Was bedeutet „Programmieren"? Assembler- und Hochsprachen
3. Massenspeicher: Cloud, Unterteilung der Festplatte, Partitionen. 4. Dateien und Dateisysteme.
5. Das Betriebssystem: Fachbegriffe, Treiber und Dienste, Updates. 6. Die Systemregistrierung
7. Anwendungsprogramme installieren: Programminstallation, Programmbibliotheken, Programme entfernen, Windows muss neu installiert werden, mehrere Installationen auf einem PC, virtueller PC.
8. Wartung und Fehlersuche: Wartung, Datensicherung, Fehlersuche. 9. Softwarefehler
10. Anleitung zur Neuinstallation: Das Betriebssystem installieren, Windows verbessern und optimieren,
11. Daten optimieren, Eigene Dateien verlagern, Explorer optimieren.
12. Windows optimieren, 13. Anwendungen optimieren.
14. E-Mail installieren und konfigurieren, Postfach mieten und einrichten, Virenschutz.
15. Anhang: Zahlensysteme, Fachwörterbuch, Index. 16. Besonderheiten von Windows 8, 10 und 11.

Verlagsprogramm

1. Auflage im Dezember 2014, 2. Auflage im September 2015, 3. Auflage im Dezember 2017, 4. Auflage im September 2019, überarbeitet im Mai 2020, Februar 2021. 5. Auflage im Februar 2022 6. Auflage im März 2024

ISBN 978-3-9814657-3-0   Preis: 23 Euro
290 Seiten, 59 Abbildungen, 17 Tabellen (nur mit Ringbindung)

Im Internet werden wir mit Spam belästigt und mit Werbelügen eingedeckt, von Phishern ausgetrickst und von Geheimdiensten ausspioniert. Viren und Trojaner greifen unsere Internetgeräte an, ruinieren das Betriebssystem und zerstören unsere Daten. Abmahnanwälte und betrügerische Webshops wollen an unser Geld, und kriminelle „Hacker" scheffeln Millionen. Doch Sie sind dieser Heerschar von Betrügern nicht hilflos ausgeliefert. Dieses Buch wird Ihnen die Gefahren und die Gegenmittel in leichtverständlicher Sprache erklären. Jeder kann es verstehen.

Und wenn Ihnen die Art der Bedrohung klar geworden ist, werden Ihnen auch die Abwehrmaßnahmen einleuchten. Einige davon sind simpel und trotzdem hochwirksam.

Im Buch werden die folgenden Themen behandelt:

Um sich schützen zu können, muss man wissen, wie das Internet funktioniert.
1. Grundlagen des Internets und wie die Internet-Anwendungen funktionieren
2. HTML, Webseiten und Suchmaschinen
3. Verschlüsselung, Zertifikate, digitaler Fingerabdruck und die Cloud
4. Alles über E-Mail sowie Anleitungen zum Einrichten und Benutzen

Welche Gefahren es gibt und wie Sie sich schützen können
5. Wie Viren, Trojaner und andere Malware funktionieren
6. Auf welchem Wege Ihr PC angreifbar ist
7. Big Brother: Nackt im Internet
8. Antivirenprogramme, Firewalls, Updates, sichere Passwörter
9. Vorsichtsmaßnahmen

Der PC ist befallen - was nun?
10. Ist der PC befallen? Wie rette ich meine Daten?
11. PC neu installieren und Daten säubern

Aus den Rezensionen

Helena H., 19. November 2018: Erst einmal – danke, dass Sie das Buch „Sicherheit im Internet" verfasst haben. Es hat mir ein solides Grundwissen über die Funktionsweise des Internets an sich und das Vermeiden grober Fehler bzgl. Malware (die ich leider teilweise schon gemacht habe) gebracht.

Fam. Haas, 9.10.2016: „Ich bin sowas von begeistert und komme erst heute zum Schreiben dieser Mail, da mich die Neugier einfach dazu gezwungen hat, alle drei Bücher erst einmal grob zu überfliegen und mir ein erstes Bild vom Inhalt zu machen. Die Darstellung einerseits und die Praxisbezogenheit andererseits sind beispiellos und unterscheiden sich um Welten von anderen Computerbüchern."

U. Peters, 01.08.2017 „Das Internet ist für uns alle Neuland" … und dieses Buch von Klaus Eifert ist quasi eine Landkarte bzw. ein Kompass. Der Autor hat ein Talent dafür, Fachbegriffe verständlich zu erklären. Er erläutert, wie das Internet funktioniert, welche Gefahren es birgt, wie der PC geschützt werden kann und was bei einem befallenen PC zu tun ist. Dieses Buch ist sowohl für Anfänger als auch für Fortgeschrittene empfehlenswert."

Warnung!

Es könnte sein, dass Sie nach dem Lesen dieses Buches ein wenig paranoid reagieren, wenn Sie an Ihren Computer denken. Das tut mir leid. Doch Angriffe auf PCs und Bankkonten sind alltäglich und die Augen zu verschließen ist keine geeignete Strategie. Viele Vorsichtsmaßnahmen kosten weder Zeit noch Geld – man muss sie nur kennen.

Vorschläge und Hinweise

Ich bin Ihnen **außerordentlich** dankbar, wenn Sie mir schreiben, was Sie nur mit Mühe oder gar nicht verstanden haben. Wie soll ich das Buch verbessern, wenn ich nicht weiß, wo die Probleme sind? Vielleicht habe ich die gewünschte Info schon niedergeschrieben, dann kann ich sie Ihnen zuschicken. Wenn Sie die „Problemstelle" genau genug angeben, kann ich wahrscheinlich Ihre Frage beantworten. Trauen Sie sich!

Schauen Sie doch auf `www.eifert.net` vorbei, speziell im Bereich „Hilfen", wo ich von Zeit zu Zeit Anleitungen und Tipps veröffentliche, für die ich (noch) keinen Platz in einem Buch gefunden habe. Und am Ende jeder Webseite gibt es ein Kommentarfeld. Schreiben Sie Ihre Anregungen einfach dort hinein!

Kostenlose Beratung

Um dieses und meine anderen Bücher zu verbessern, bin ich auf Ihre Mithilfe angewiesen. Wenn Sie an meinen Büchern kräftig herummäkeln (was ist schwer verständlich, welche Themen vermissen Sie, was könnte gekürzt werden), erwerben Sie ein Anrecht auf eine kostenlose Beratung per Telefon oder E-Mail.

Sie erreichen mich über `service@eifert.net` und über Telefon 0049 341 910 377 41. Die beste Zeit zum Anrufen: 19:00 bis 22:00. Wenn Sie Ihren Anruf per E-Mail ankündigen und dabei Ihr Problem benennen, werde ich Ihnen besser helfen können.

Sie können mir Ihre Frage natürlich auch mit der Post senden. Sie erhalten garantiert eine Antwort.

Bitte geben Sie an, welche Auflage Sie gekauft haben (siehe Seite 1), z. B.: „Sicherheit, 6. Auflage vom März 2024". Vermutlich ist es wichtig zu wissen, welches Betriebssystem auf Ihrem PC installiert ist.

Wenn ich Ihnen einen Tipp gegeben habe oder einen Ratschlag für eine Fehlersuche, erwarte ich eine kurze Antwort: Waren meine Spekulationen über die Fehlerursache zutreffend? Denn ich biete Ihnen die Beratung nicht aus Langeweile an, sondern damit auch ich daraus lernen kann!

Probelesen

Ich versuche, meine Bücher so zu schreiben, dass sie auch für Computerlaien verständlich sind. Doch es fällt mir extrem schwer einzuschätzen, wie ausführlich meine Beschreibungen sein müssen. Ich bin sehr dankbar für jeden Verbesserungsvorschlag, um die nächsten Auflagen meiner Bücher verbessern zu können.

Haben Sie Interesse, an der nächsten Auflage dieses (oder eines anderen) Buches mitzuwirken? Schreiben Sie mir!

Besonders interessieren mich die Antworten auf folgende Fragen:

- Welche Erklärungen haben Sie nicht verstanden oder leuchten Ihnen nicht ein (Seite angeben)?
- Welche Kapitel sollten gekürzt werden, weil sie Unverständliches, Uninteressantes oder Veraltetes enthalten?
- Welche Kapitel sollten ausgebaut werden? Welche Themen oder Anleitungen haben Sie vermisst?
- Welche Begriffe vermissen Sie im Fachwortverzeichnis? Welche Begriffe sind unzureichend erklärt?

Falls Sie recht viele Anmerkungen haben, können Sie diese einfach in Ihr Buch hineinschreiben und es mir zurückschicken. Sie bekommen Ihr Buch nach der Auswertung zurück sowie ein neues Buch mit der überarbeiteten Auflage – in diesem Fall kostenlos. Sie können auch zukünftige Auflagen meiner Bücher zum „Probelesen" anfordern.

Seien Sie mutig! Sie helfen mir, sich selbst und zukünftigen Lesern!

Klaus Eifert